经时济世
继往开来
贺教育部
重大攻关项目
成果出版

季羡林
时年九十有八

教育部哲学社會科学研究重大課題攻關項目

“十三五”国家重点出版物出版规划项目

民间借贷与非法集资风险防范的法律机制研究

STUDY ON RISK PREVENTING LEGAL MECHANISM FOR PRIVATE LOAN AND ILLEGAL FUND-RAISING

岳彩申

等著

中国财经出版传媒集团

经济科学出版社

Economic Science Press

图书在版编目（CIP）数据

民间借贷与非法集资风险防范的法律机制研究/岳彩申等著.
—北京：经济科学出版社，2017.10
教育部哲学社会科学研究重大课题攻关项目“十三五”国家
重点出版物出版规划项目
ISBN 978-7-5141-8560-7

Ⅰ.①民… Ⅱ.①岳… Ⅲ.①民间借贷-金融风险防范-研究-
中国②金融诈骗罪-金融风险防范-研究-中国 Ⅳ.①F832.479
②D924.334

中国版本图书馆CIP数据核字（2017）第259862号

责任编辑：白留杰
责任校对：王肖楠
责任印制：邱　天

民间借贷与非法集资风险防范的法律机制研究
岳彩申　等著
经济科学出版社出版、发行　新华书店经销
社址：北京市海淀区阜成路甲28号　邮编：100142
总编部电话：010-88191217　发行部电话：010-88191522
网址：www.esp.com.cn
电子邮件：esp@esp.com.cn
天猫网店：经济科学出版社旗舰店
网址：http：//jjkxcbs.tmall.com
北京季蜂印刷有限公司印装
787×1092　16开　33.75印张　650000字
2018年1月第1版　2018年1月第1次印刷
ISBN 978-7-5141-8560-7　定价：85.00元
（图书出现印装问题，本社负责调换。电话：010-88191510）

课题组主要成员

（按姓氏笔画排序）

主要成员 车亮亮　邓　纲　朱　宇　刘少军　张晓东
陈　蓉　胡启忠　袁　林　徐玖玖　盛学军

编审委员会成员

总　序

哲学社会科学是人们认识世界、改造世界的重要工具，是推动历史发展和社会进步的重要力量，其发展水平反映了一个民族的思维能力、精神品格、文明素质，体现了一个国家的综合国力和国际竞争力。一个国家的发展水平，既取决于自然科学发展水平，也取决于哲学社会科学发展水平。

党和国家高度重视哲学社会科学。党的十八大提出要建设哲学社会科学创新体系，推进马克思主义中国化时代化大众化，坚持不懈用中国特色社会主义理论体系武装全党、教育人民。2016 年 5 月 17 日，习近平总书记亲自主持召开哲学社会科学工作座谈会并发表重要讲话。讲话从坚持和发展中国特色社会主义事业全局的高度，深刻阐释了哲学社会科学的战略地位，全面分析了哲学社会科学面临的新形势，明确了加快构建中国特色哲学社会科学的新目标，对哲学社会科学工作者提出了新期待，体现了我们党对哲学社会科学发展规律的认识达到了一个新高度，是一篇新形势下繁荣发展我国哲学社会科学事业的纲领性文献，为哲学社会科学事业提供了强大精神动力，指明了前进方向。

高校是我国哲学社会科学事业的主力军。贯彻落实习近平总书记哲学社会科学座谈会重要讲话精神，加快构建中国特色哲学社会科学，高校应需发挥重要作用：要坚持和巩固马克思主义的指导地位，用中国化的马克思主义指导哲学社会科学；要实施以育人育才为中心的哲学社会科学整体发展战略，构筑学生、学术、学科一体的综合发展体系；要以人为本，从人抓起，积极实施人才工程，构建种类齐全、梯队衔接的高校哲学社会科学人才体系；要深化科研管理体制改革，发挥高校人才、智力和学科优势，提升学术原创能力，激发创新创造活力，建设中国特色新型高校智库；要加强组织领导、做好统筹规划、营造良好学术生态，形成统筹推进高校哲学社会科学发展新格局。

哲学社会科学研究重大课题攻关项目计划是教育部贯彻落实党中央决策部署的一项重大举措，是实施“高校哲学社会科学繁荣计划”的重要内容。重大攻关项目采取招投标的组织方式，按照“公平竞争，择优立项，严格管理，铸造精品”的要求进行，每年评审立项约40个项目。项目研究实行首席专家负责制，鼓励跨学科、跨学校、跨地区的联合研究，协同创新。重大攻关项目以解决国家现代化建设过程中重大理论和实际问题为主攻方向，以提升为党和政府咨询决策服务能力和推动哲学社会科学发展为战略目标，集合优秀研究团队和顶尖人才联合攻关。自2003年以来，项目开展取得了丰硕成果，形成了特色品牌。一大批标志性成果纷纷涌现，一大批科研名家脱颖而出，高校哲学社会科学整体实力和社会影响力快速提升。国务院副总理刘延东同志做出重要批示，指出重大攻关项目有效调动各方面的积极性，产生了一批重要成果，影响广泛，成效显著；要总结经验，再接再厉，紧密服务国家需求，更好地优化资源，突出重点，多出精品，多出人才，为经济社会发展做出新的贡献。

作为教育部社科研究项目中的拳头产品，我们始终秉持以管理创新服务学术创新的理念，坚持科学管理、民主管理、依法管理，切实增强服务意识，不断创新管理模式，健全管理制度，加强对重大攻关项目的选题遴选、评审立项、组织开题、中期检查到最终成果鉴定的全过程管理，逐渐探索并形成一套成熟有效、符合学术研究规律的管理办法，努力将重大攻关项目打造成学术精品工程。我们将项目最终成果汇编成“教育部哲学社会科学研究重大课题攻关项目成果文库”统一组织出版。经济科学出版社倾全社之力，精心组织编辑力量，努力铸造出版精品。国学大师季羡林先生为本文库题词：“经时济世　继往开来——贺教育部重大攻关项目成果出版”；欧阳中石先生题写了“教育部哲学社会科学研究重大课题攻关项目”的书名，充分体现了他们对繁荣发展高校哲学社会科学的深切勉励和由衷期望。

伟大的时代呼唤伟大的理论，伟大的理论推动伟大的实践。高校哲学社会科学将不忘初心，继续前进。深入贯彻落实习近平总书记系列重要讲话精神，坚持道路自信、理论自信、制度自信、文化自信，立足中国、借鉴国外，挖掘历史、把握当代，关怀人类、面向未来，立时代之潮头、发思想之先声，为加快构建中国特色哲学社会科学，实现中华民族伟大复兴的中国梦作出新的更大贡献！

教育部社会科学司

前　言

民间借贷作为一种古老的信用活动，具有分散性、隐蔽性和自由性等特点，其风险防范从古至今都是一个难题。在我国金融市场二元结构体制下，民间借贷的繁荣是非正规金融市场发展的投影，吸引了大量社会闲散资金，并游离于国家正规金融体系之外，极易积累并引发经济风险和社会公共风险。近年来，因我国经济环境变化和宏观经济政策调整，民间借贷的风险不断暴露，民间借贷纠纷剧增，特别是高利息民间借贷常常导致企业资金链断裂，如果不能及时化解风险，容易引发区域性经济危机和社会群体事件，对经济秩序和社会安全带来很大冲击。新中国成立后尤其是改革开放以来，国家对民间借贷的治理高度重视，但对民间借贷治理的价值目标、规则设计、制度构建、机制运行并不完全符合民间借贷的特点，以刑法规范为主的命令控制型法律治理模式存在明显的失灵，因此，如何规范民间借贷行为，克服民间借贷法律规制的失灵，促进民间借贷市场的健康发展，防范和化解民间借贷与非法集资可能引发的经济风险及社会风险，成为我国理论界和实务界共同关注的重大问题。

围绕这一重大理论和实践问题，本书以法学、制度经济学、信息经济学等不同学科的原理为理论基础，采用了分层分类规制与激励性规制相结合的理论框架，就民间借贷与非法集资的风险类型、引导机制、行为监管、刑法治理和危机应对机制等重点领域展开深入研究，对现行国家和地方两个层面的立法进行了全面实证分析，阐述了完善民间借贷与非法集资风险防范法律机制的切入点、路径及措施，提出了一系列的立法建议。概括起来，本书的研究成果具有两个突出特点：

一是坚持理论性与实践性相结合，以民间借贷的最新发展和现行制度体系作为分析基础，将实践中的问题抽象为普遍的理论性问题，提出有针对性和可行性的风险防范对策与建议；二是强调研究方法的多元化，引入跨学科的研究范式，收集和借鉴国内外不同立法例，综合使用来自法学、经济学、管理学等不同领域的学术文献，从多方位、多角度认识和把握民间借贷与非法集资风险的形成原因、扩散规律及防范机制。

本书是2012年教育部哲学社会科学研究重大课题攻关项目“民间借贷与非法集资风险防范法律问题研究”（项目编号：12JZD038）的最终成果。2012年7月重大课题攻关项目立项后，由李昌麒教授、徐孟洲教授、卢代富教授、胡光志教授、刘普生教授和徐文胜处长等专家组成的开题答辩专家组对课题研究提出了宝贵的意见和建议。经过反复推敲和论证，课题组最终确定了由六个子课题构成的研究框架。岳彩申教授作为首席专家统筹整个课题的研究方案和计划实施。自2012年以来，项目研究团队根据研究计划收集了大量基础资料，多次赴内蒙古、山西、浙江、海南、深圳、山东等地进行调查走访，围绕“民间借贷和非法集资风险防范”的核心问题与实务部门、专家学者进行交流和研讨。在实地调查的基础上，课题组潜心钻研，通力合作，历时四年终成一稿。

2016年课题成果通过专家鉴定，课题组根据专家鉴定意见对研究成果又进行了认真修改。作为重大攻关项目的阶段性成果，课题组成员近年来已先出版了《互联网与民间融资的法律问题研究》《民间高利贷规制的困境与出路》《普惠金融、消费者保护与民间借贷法律问题研究》《2014年民间金融法治发展报告》和《2015年民间金融法治报告》等著作，先后在《中国社会科学》等核心期刊上发表数十篇学术论文，在《高校智库专刊》《专家建议》等重要智库平台上刊登多项决策咨询建议。课题组在这些丰富的阶段性成果基础上进一步深化研究，反复讨论和研究，攻坚克难，几经修改终于付梓，因此，本书是课题组成员在长达四年的时间里砥砺前行、合作攻关、集体探索的成果。

本书由岳彩申教授作为首席专家，刘少军教授、盛学军教授、邓纲教授、袁林教授、胡启忠教授、陈蓉副教授、车亮亮博士、朱宇、徐玖玖为主要成员，各子课题负责人组织研究和执笔，具体分工如下：

第一章由邓纲负责，万江、张瑞玺、张元华、麻松林参与撰写；第二章由陈蓉负责，张继红、吴涛、范水兰、朱琳参与撰写；第三章由盛学军负责，王煜宇、杨贵桥、刘志伟、龚暄杰参与撰写；第四章由袁林、胡启忠负责，秦正发、姚万勤、吕垚瑶、尹振国参与撰写；第五章由刘少军负责，张西峰、王一鹤、朱宇、刘中杰参与撰写；第六章由岳彩申负责，何伟、张晓东、闫夏秋、徐玖玖参与撰写。全部书稿最后由岳彩申教授整理和定稿。以上研究人员为本书的写作所劳甚多，在此表示感谢。

本书的写作从开始到完成，得到了教育部社科司的指导和支持，撰写过程中走访了内蒙古、山西、浙江、海南、深圳、山东等地，参阅了大量国内外的相关研究文献资料，得到相关部门和单位的热忱帮助，在此一并表示感谢。

民间借贷和非法集资的风险防范问题是一个涉及甚广、影响极大的问题，而且仍在不断发展和演变中，本书限于篇幅，不可能彻底解决民间借贷和非法集资风险防范法律机制的全部问题，但研究团队心力虔诚，图其至远，力求为问题的解决先行探索一条可行的路径。由于研究水平有限，书中难免存在一些不足，敬请各界朋友批评指正。

岳彩申

2017年5月于重庆

摘 要

民间借贷快速发展最初源于制度抑制和信贷配额限制下正规金融对市场需求的漠视，是正规银行信贷以外的重要融资渠道，以商业银行为代表的正规金融市场和以民间借贷为代表的非正规金融市场并存，形成二元结构体系。但是民间借贷高利率和资金的快速流动加剧了风险的积累，借贷关系复杂化和信息不透明使风险更加隐蔽，民间借贷风险以不同方式向正规金融体系传递，甚至诱发大规模的非法集资行为，形成区域性的群体性事件，严重影响经济和社会秩序，因此急需构建有效的风险防范法律机制。本书的逻辑思路为：民间借贷法律治理中传统的以禁止、限制等命令控制型法律治理模式存在失灵现象，范式选择和制度优化是民间借贷法律制度创新的关键和突破点，应当在对民间借贷和非法集资的现状进行调研和对风险特征深入剖析的基础上，充分考虑信息约束条件的双重性，特别是引入激励性规制的理论范式，采用公层监管和分类监管的路径，综合使用引导、监管、刑法治理和危机应对相结合的治理模式，构建差异化、多样化的风险防范法律机制。

研究报告针对当前民间借贷市场的现状和特点，提出坚持分类规制和重点规制的思路，从登记备案、日常监测、非存款类放贷人规则、双层监管体制、市场准入等方面创新和完善现有制度，建立防范和化解民间借贷和非法集资风险的法律机制。本书共分为六章，其主要内容如下：

第一章民间借贷与非法集资的风险类型、成因与影响。该章基于民间借贷和非法集资内涵和外延的界定，对民间借贷风险进行类型化分析。民间借贷与非法集资风险的内因是人性中的贪婪倾向，外因是宏观政策失衡和法律治理缺陷相叠加所产生的复合效应，同时以内蒙古、温州等地区的民间借贷案件作为实证分析的辅助材料。

第二章民间资本的引导法律机制。该章从民间资本的运行态势和特点入手，分析民间资本风险积累的经济原因和法律原因，大量采用了比较法研究方法，通过对美国、德国、意大利、法国、英国、韩国、日本、部分非洲国家和我国台湾地区等境外民间资本引导法律机制的立法考察，认为应转变传统规制理念，在路径选择中引入激励性规制正确引导民间资本的流动。

第三章民间借贷与非法集资典型行为的监管。该章认为，民间借贷的开放性是其向非法集资转化的重要原因，转贷套利成为推动借贷信用无限膨胀的动力机制，为民间借贷向非法集资转化提供了条件。在历史考察和理论分析的基础上，强调应完善民间借贷主体法律制度，改进转贷套利行为，完善民间借贷利率监管制度，完善典型行为监管体制。

第四章非法民间借贷与非法集资的刑法治理。刑法治理手段是国家规制非法民间借贷与非法集资行为的最后手段。目前我国非法民间借贷与非法集资的刑法治理整体而言规制效果不佳，存在立法理念落后、立法原则悖谬、价值目标偏离、犯罪圈划不当、罪刑配置失衡等问题，建议应当根据经济发展需要转变民间融资刑法规制理念，确立民间融资立罪原则，重构罪名体系和刑罚体系，为有效防范民间借贷与非法集资的风险提供保障。

第五章民间借贷与非法集资的危机应对机制。该章从危机的特征及基本类型出发，分析了危机应对的主体、客体、行为、责任、程序五个方面危机发生和应对的基本法律要素，提出应在危机应对机制的构建中转变理念，完善相关监管体制，弥补制度空白，加强投资人保护，构建民间借贷和非法集资危机应对的执法程序和司法程序。

第六章民间借贷与非法集资风险防范机制的立法考察与建议。以我国立法现状为基础，从效力层次、颁布时间、经济发展关联度、风险防范机制类型四个角度进行考察和梳理，为构建民间借贷和非法集资风险防范机制提供实证基础。在立法思路上提出应在充分考虑民间借贷与非法集资风险新特点的基础上，以人权保障为主线形成内生性的制度变迁，采用分类规制与重点规制相结合的路径，着力克服现有监管制度的失灵，建立约束与激励相容的规制机制。具体而言，立法重点应落脚于建立多样化的差异性利率机制，完善民间借贷主体制度，构建差异化税收减免制度，完善民间借贷登记备案制度，建立阻断风险传染的危机监测和应对机制。

Abstract

Private loan developing rapidly was initially deprived from institutional repression and restriction of credit lines where formal finance can't adapt to market demand. Now private capital has already been a vital financing channel besides formal bank credit. Thus, Formal financial market represented by commercial banks and informal financial market represented by private loan now are coexistence, and have formed the binary structure system. But, high interest rate of private loan and fast flowing of fund intensify risk accumulation; the complexity of loan relationship and non-transparent information make risk more subtle. The risk of private loan now conveys to formal financial system in various ways, and even induces the behavior of illegal fund-raising and regional mass incidents, which are making severe effects on economical and social order. Therefore, it is urgent to construct an effective legal mechanism for risk prevention. The logical rout map of this book is as follow: there are failures phenomenon in the traditional legal governance pattern of prohibiting and restricting control method among the legal governance of private loans. Pattern selection and system optimization is the key to private loan legal system innovation and the breakthrough point. It's necessary to survey on the current situation of private loans and illegal fund-raising as well as to deeply analyze on the features of risk, and basing on that taking into full consideration the dual nature of information constraints, especially the introduction of incentive regulation theory paradigm, adopt the path of the hierarchical classification regulation and supervision, comprehensive use of guidance, supervision, management and crisis management patterns, to build up differentiated and diversified risk preventing system.

This research in view of the current status and characteristics of private loans market, adhere to the thinking of classification regulation and key regulation, from the aspects of record registration, daily monitoring, non-deposit lender rules, system of dual regulations, and market access etc. to innovate and improve the existing system, and set up to guard against and dissolve the risk of private loan legal system and illegal fund-raising. This book is divided into six chapters, and its main contents are as follows:

Chapter 1 types, causes and effects of private loan and illegal fund-raising risk. This chapter will adopt typed analysis on risk of private loan based on defining connotation and denotation of private loan and illegal fund-raising. The tendency towards to greed in humanity has become the connotation of private loan and illegal fund-raising risk. The external cause is the composite effect which generate from unbalance of macro policy and shortage of legal governance. In the meantime, we will do empirical analysis on the case of private loan in Inner Mongolia and Wenzhou as supplementary materials.

Chapter 2 law guiding mechanism of private capital. This chapter will analyze economic and legal reason of risk accumulation of private capital by research on operation status and characteristics of private capital. This chapter use comparative research methods to inspect the legislation of law guiding mechanism of private capital in America, German, Italy, France, the Great Britain, Korea, Japan, so me African countries and Chinese Taiwan, then put forward that we should change traditional regulation concept and bring in motivated regulation to lead to private capital working in a correct way by routing selection.

Chapter 3 supervision of typical behaviors in private loan and illegal fund-raising. This chapter introduces that the openness of private loan is a significant reason that transforming itself into illegal fund-raising. Re-lending arbirage has been the power mechanism promoting loan credit swells up illimitably and which also provides good conditions to transform private loan into illegal fund-raising. The chapter, On the basis of historical investigation and theoretical analysis, emphasizes that perfecting legal system of the main body of private loan, improving the behavior of re-lending arbirage, completing the interest rate supervision system of private loan, and improving typical behavior supervision system are necessary.

Chapter 4 criminal law governance on illegal private loan and illegal fund-raising. In restricting illegal private loans and illegal fund-raising, criminal law governance is considered to be the last resort. But currently, such regulations are inefficient due to over-conservative legislative philosophy, contradiction between principles, deviation in values, ambiguity in definition and unbalanced allocation of crime and punishment. This governance need to meet the demands of economic growth, therefore, establishing fundamental convictive rules, restructuring crime and penalty system should be put forward in order to provide effective prevention on the risk of private loan and illegal fund-raising.

Chapter 5 crisis response mechanisms of private loan and illegal fund-raising. Starting from the features and primitive types of crisis, this chapter analyze the essentials of basic law such as subjects, objects, behaviors, responsibilities and procedures regrading to crisis and response mechanism. The results indicate that, in order to establish an effective response mechanism, changing traditional thinking, perfecting supervision system, filling institution vacant and enforcing investor protecting are quite necessary.

Chapter 6 legislation investigation and suggestions on risk prevention mechanism of private loan and illegal fund-raising. On the basis of legislation of current situation in China, we inspect and comb from four aspects of effectiveness level, date of issue, relevancy to economic growth and risk prevention mechanism to provide empirical basis of establishing risk prevention mechanism of private loan and illegal fund-raising. On the thought of legistation, we should take the full consideration of the new characteristics of aforesaid risks, stimulate an endogenous reform with human rights protection as a main focus as well as overcome the malfunction of the current system. With the help of a regulatory mechanism that embraces both restraint and incentive, a path that includes the fusion of classification and focus, we could set foot on building (or consummating) a diverse and differentiated interest rate mechanism, qualification main body of private loan system, tax reduction mechanism, registration system and a crisis contagion monitoring and coping mechanism.

目录

Contents

Contents

第一章

民间借贷与非法集资风险的类型、成因与影响

中国当代的民间借贷是改革开放的产物。1949年新中国成立后，由于国家实行计划经济，非公有经济被改造和收编，采取“一大二公”的经济体制，国家全面垄断金融，非公金融机构和商业性的民间借贷在一段时期内基本消失。直到20世纪80年代初期，民营经济开始发展，其融资需求不断扩大，民间借贷在民营经济发展较为迅猛的浙江、福建、广东、江苏等地率先兴起，在市场经济体制下发展一段时期后成为不可忽视的经济活动。据统计，2003年，全国民间借贷总规模约为7 405亿~8 164亿元，而2011年中国民间借贷规模超过4万亿元，约为银行表内贷款规模的10%~20%。[①] 考虑到还有上市公司、商业银行通过委托贷款、理财产品等表外业务等形式流入民间借贷市场的部分资金，民间借贷的实际规模还要大一些。西南财经大学中国家庭金融调查与研究中心2014年发布的统计数据表明，2013年中国家庭民间金融市场规模为5.28亿元，其中有息借入款占到14.8%，与之前相比有明显的增长，[②] 这与正规金融市场流动性扩张与收紧的宏观背景在阶段性上不谋而合。

对民间借贷范围的不同理解及其本身的隐蔽性使得调查者难以获取其准确数字，学界因而对此有比较大的分歧。表1－1为学者测算出的从2002~2011年我

---

① 董伟：《社科院发布2012社会蓝皮书指出：民间借贷潜在风险巨大》，载《法制与经济》2012年第2期，第52~53页。

② 数据可参见“中国家庭民间金融市场规模为5.28亿”，载《扬子晚报》2014年2月27日，第A23版。

国民间融资规模情况。该研究将地下金融和非法金融排除在民间金融之外，因而数字远低于前述数据，但若算上这两种类型，当前实际民间融资规模在万亿数量级应无疑问。

表 1-1　　2002~2011 年我国民间融资规模情况

年份	社会融资规模（亿元）	民间融资规模（亿元）	民间融资规模占社会融资规模比例（%）
2002	20 112	1 216.4	6.0
2003	34 113	2 475.3	7.3
2004	28 629	1 177.8	4.1
2005	30 008	1 563.6	5.2
2006	42 696	2 027.2	4.7
2007	59 663	1 887.7	3.2
2008	69 802	3 155.5	4.5
2009	139 104	14 877.9	10.7
2010	140 191	10 195.4	7.3
2011	128 286	8 623.3	6.7

资料来源：广州民间金融研究院、中央财经大学金融学院课题组：《中国民间金融发展研究报告》，知识产权出版社 2013 年版，第 141 页。

民间借贷规模的不断扩大，一定程度上改变了中国金融市场的格局。这种格局的一个突出的特征是形成了二元分化的市场，即以商业银行为代表的正规金融市场和民间借贷为代表的非正规金融市场，两者之间存在较为明显的互补关系。非正规金融市场对民营经济早期的发展做出了巨大贡献，也引发了不小的争议。争议主要来自于对民间金融风险无法控制的担忧，这种担心部分是基于计划经济体制时期形成的思维定势和指导思想。改革开放初期，民间金融的主要问题是组织形式的选择与落后生产力时期极其相似，如合会、标会、私人钱庄、当铺等，反映出生产关系不得不与落后的生产力相适应的约束条件。近年来，随着民营资本的发展，民间金融的主要矛盾转为高度投机性、盲目性与相关市场波动的关联反应引发危机集中爆发。民间资金大量流向房地产、煤炭等所谓暴利行业和投机性强的领域，风险爆发后立刻产生诸多民间金融案件，包括民事领域的借贷案件和刑事领域的非法集资案。大约自 2007 年开始，全国各地法院民间借贷案件数量大增。据最高人民法院 2014 年工作报告介绍，该年度民间借贷案件数量占全部一审民事案件的 19.59%，仅次于婚姻案件的 29.35%，排名第 2 位。2014 年，我国非法集资类案件的数量、涉案金额、参与集资人数同比增长都在2倍左右，其中，跨省案件达133起，参与集资人数千人以上的案件145起，涉案金额超亿元的达到364起，均明显高于2013年。此外，发案区域不断向中西部扩散，目前非法集资类案件涉及全国31个省份的87%的市，河北、山西、陕西、新疆等成为新的高发区域。[①]

在这些案件中，出现了著名的吴英案、苏叶女案、中富公司案等民间借贷和非法集资案，广受全国社会各界关注。综上所述，从金融市场和司法诉讼角度对民间借贷和非法集资及其风险防范的研究具有重大的现实意义，而研究的出发点首先应当是准确界定研究对象，即确定民间借贷和非法集资的内涵和外延。

第一节　民间借贷与非法集资的界定

一、民间借贷的界定

（一）广义的民间借贷

1. 民间借贷的语义学解释

广义的民间借贷可以先从语义学上来理解。“民”在古代是指有别于君主、群臣百官和士大夫以上各阶层的庶民。现代大多是指有别于军人和政府工作人员的群众。古人最初把平民分为四种职业，即士、农、工、商，此即所谓古者有四民，有士民，有商民，有农民，有工民，[②] 大致相当于现在的知识分子、农民、工人和商人。士民有思想，[③] 农民有土地，工民有技术，商民有金钱，这四个阶层都没有的是权力。因此从语义历史上的考察大致可以认为，“民”在汉语中是指和君臣等权力阶层相对的百姓。

由“民”字的文义可以得出“民间”一词的基本含义为民与民之间的，或非官方的。这可以理解为民间的关系都没有直接包含官方的关系，如由民间兴办

① 彭波、李纵：《我国非法集资案件爆发式增长：一年增两倍以上》，载《人民日报》2015年8月5日。

② 参见《春秋谷梁传成公元年》。

③ 如果指武士，则为有武艺。

的企业是没有政府资本的，民间团体应该是没有官方直接参与、由民众自愿形成的组织等，这些概念表述都是从上述基本含义出发，符合对民间一词的语义学解释，借此我们可以从广义和狭义两个侧面得出对民间借贷不同的理解。

2. 对民间借贷的广义理解

一些学者对民间借贷进行了范围比较广泛的界定。例如，认为民间借贷是游离于官方监管之外，实质是一种处于国家货币宏观调控和规范金融市场之外的民间自发形成的进行中短期投资或投机的个人金融行为。[①] 这种观点注意到了民间借贷脱离政府监管以及实施期限不长的特征，但用个人金融行为来涵盖民间借贷至少在法律上不够严谨。还有观点认为，民间借贷是指居民个人向集体及其相互间提供的信用。[②] 这种观点注意到了民间借贷具有信用金融特征，但居民、集体等术语也明显不够准确。

根据当前民间借贷的实践，可以看出其几个基本特性：

第一，民间借贷是一种发生在民间的金融行为。民间借贷符合金融在一般意义上跨时间、跨空间的价值交换的特征，其内含的金融性无可否认。这种金融行为与正规金融最大的不同之处在于只能出现在纯粹的民众之间，金融机构、政府机关不能成为民间借贷的当事人。

第二，民间借贷不以组织性为必备条件。民间借贷可以发生于普通的亲戚朋友等熟人之间，也可以发生在陌生人之间，还可以发生在民间组织之间，经济活动的组织化不是其必备条件。因此，除了广义的政府部门和正规金融机构外，民间借贷的主体范围非常广泛。

第三，民间借贷基本不受政府监管。至少在 2014 年以前，除了司法解释和刑法规定外，民间借贷没有进入正规金融监管的视野。这对于金融活动而言比较少见，或许是因为市场经济发展到一定程度之前，很多民间借贷对全国或区域经济影响力不足，相当一部分民间借贷也不具有商业性所致。不过，随着对民间借贷的认识不断深入和民间借贷问题的充分暴露，民间借贷的地方法规已经出现，民间借贷不受政府监管或许在不久的将来会有明显的改变。

第四，民间借贷的标的仅限于货币。民间借贷作为一种货币行为，当事人交换之物应当仅包含货币。这一方面是因为借贷的表述本身在汉语中仅限于金钱货币；另一方面如果将民间借贷的标的扩大到货物等其他范畴，可能造成民间借贷与民间贸易、民间投资等问题的混淆。现实中存在以其他形式掩盖民间借贷的情

① 赵泉民：《农村民间借贷兴盛的内蕴、效应及对策》，载《农业经济问题》2003 年第 10 期，第 59～62 页。

② 石丹林、欧阳姝：《我国农村民间借贷的问题及对策分析》，载《武汉金融》2006 年第 6 期，第 27～28 页。

况，恰恰说明民间借贷以货币为标的的特征有助于准确识别其内涵。

第五，民间借贷实行风险自主控制。熟悉金融业的人都知道，为了控制金融风险，金融监管部门对正规金融机构风险管理的规范要求复杂严苛，而民间借贷作为一种金融活动，其风险几乎完全由当事人自己掌握，具有自主、自发的性质，这一性质在给民间借贷带来活力的同时，也不可避免地埋下了风险隐患。

综上所述，可以对民间借贷做一个广义的界定：民间借贷是指发生在政府部门和正规金融机构之外的民事主体之间的货币借贷行为。

（二）狭义的民间借贷

1. 狭义民间借贷的产生及其问题

从法律意义上，狭义的民间借贷可以直接参照最高人民法院的司法解释。1991年8月13日，最高人民法院根据审判实践经验，出台了《最高人民法院关于人民法院审理借贷案件的若干意见》（以下简称意见）。该意见共22条，其中第1条规定："公民之间的借贷纠纷，公民与法人之间的借贷纠纷以及公民与其他组织之间的借贷纠纷，应作为借贷案件受理。"由此规定形成了一种实践中公认的对民间借贷的狭义理解，即民间借贷是指公民之间、公民与法人之间以及公民与其他组织之间的借贷。此后民间借贷的司法实践基本都是遵照该意见认定民间借贷，将其作为案件办理的重要法律依据，在当时的理论界也几乎成为民间借贷定义的通说。

然而，仔细阅读该意见全文，再结合广义民间借贷的内涵，可以发现根据该意见所形成的狭义民间借贷的定义存在一些问题：首先，从意见的标题上分析，标题中只有"借贷"并没有"民间"二字，可以理解为该意见并非专门针对民间借贷，而是覆盖所有借贷案件；其次，从意见第1条的整体内容上分析，该条的表述方式没有采用定义常用的"某某是指……"的表述，只是说明这三类主体之间的借贷纠纷作为借贷案件受理，实际是一项针对借贷案件案由类型划分的规定；最后，该意见全部22条中只有第6条关于4倍利率限制的规定中出现了"民间借贷"一词，其余条款均仅使用"借贷"的表述，说明民间借贷只是该意见适用范围的一部分。

综上所述，把意见第1条作为民间借贷的狭义解释缺乏明确依据，因此学理上对民间借贷进行更具普遍意义的解读十分必要，这种解读可以从对两种理解的比较中进行。

2. 民间借贷狭义和广义解释的比较

对比民间借贷的广义理解和根据最高院意见所形成的狭义理解，可以发现两者之间的联系和区别。在二者的联系上，有以下三个共同点：第一，都承认民间借贷是一种金融行为，或者更准确地说是一种借贷行为；第二，都将正规金融机构和政府部门排除在民间借贷主体之外；第三，都不以组织性作为民间借贷的条件，甚至较为普遍地认同民间借贷当事人必须包括自然人。

二者的区别对准确界定民间借贷同样重要，甚至比二者的共同点更加重要。这一区别的关键在于对民间借贷主体范围的确定。在狭义的理解中，法人和其他组织之间的借贷不属于民间借贷，但就广义理解而言，除了政府部门和需国家金融监管部门审批成立的正规金融机构之外的所有法人或其他组织之间的借贷都可以视为民间借贷，后者比前者的范围要广一些。现实经济生活中存在大量的企业组织之间的借贷，一般称为非金融企业间借贷。如果这种借贷既不属于民间借贷，也不属于正规金融市场交易，就无法将其合理地归类。改革开放后很长一段时期，司法体系内部一直对非金融企业间的借贷采取无效认定，直到近些年这种处理方式才有所变化。

需要说明的是，在意见中提出了“因借贷外币、台币和国库券等有价证券发生纠纷诉讼到法院的，应按借贷案件受理。”该条将有价证券借贷归入借贷案件，似乎打破了前面提出的仅限于货币作为标的的要求。然而，该条只是列举了国库券一项，另外与其并列的是外币和台币，都是域外货币，而国库券，尤其是不记名的国库券，虽然性质上属于债券，但实际的信用度和流通性很高，信用程度几乎类似于法定货币，也有自己专门的公开流通市场，因此该条实际上可以理解为与国库券信用度和流动性类似的债券类有价证券才可作为借贷案件处理，使用“归入”一词也表明这是例外情况。更何况股票类的有价证券无论记名还是不记名，按理是不可能借贷的，这类有价证券也就不可能出现在借贷纠纷中。

3. 本课题对民间借贷的理解

前述对民间借贷广义和狭义理解的分析，从语言学、经济学、法学等不同侧面为准确合理地界定民间借贷打下了基础。语义学解释的最大贡献是指出了民间借贷与政府监管之间的关系，即政府权力不涉及其中是民间借贷重要特征之一，这种理解在广义解读中被解读为不受正规金融制度监管。对民间借贷的广义理解最大的贡献是不以组织性为民间借贷的特征，这种理解在司法解释中被具体化为任何一个民间借贷都必须有自然人参与。对民间借贷的狭义解释具体列举了三类主体之间的借贷属于民间借贷，这种理解对于法院审判具有直接的指导意义，但从学理上分析已经不能适应市场经济和司法实践的发展状况，也落后于法学、经济学理论研究的共识。大量的学术研究和最高人民法院的非正式意见都表明，把非金融企业间的借贷置于民间借贷之外，甚至将其简单地认定为无效，既无理论依据，实践中也无可取之处。①

迄今为止，民间借贷还算不上一个严格意义上的法律术语。司法机关和金融监管部门对民间借贷的认识存在一定差异，司法机关的理解体现在最高人民法院前述意见之中，其界定的民间借贷范围相对较小；金融监管机构则认为所有商业银行系统之外的借贷都属于民间借贷，以此区分正规金融机构参与的借贷交易。这种类型化认识上的差异主要根据自身工作需要，以帮助划清本职工作和其他部门工作或本单位不同内设部门工作间的界限。从本课题的需要出发，结合司法实践和金融监管的规定，我们把民间借贷界定为：民间借贷是指自然人、非金融机构法人和其他组织之间以货币资金为标的的价值转移和交易行为。

对该界定需要说明以下几点：第一，主体范围选择比较宽泛，以利于对非正规金融市场之外的所有民间借贷现象进行全面的研究，因为除了必须获得监管部门批准方可设立的金融企业之外的非金融企业间借贷具有非常重要的现实意义，不宜排斥在民间借贷范围之外。第二，借贷行为不仅包括了货币借贷，也直接或间接涵盖了融资、集资等常见的民间金融行为，上述定义便于将非法集资问题纳入本课题的研究范围之内，并对其展开充分的讨论。第三，一般观点认为，民间借贷不属于正规金融监管部门管辖，但不能排除在司法部门的规制之外。由于温州市出台了第一部规制民间融资的地方法规，所以本课题对民间借贷的界定没有把政府监管与否作为判断民间借贷性质的标准，也不影响司法机关对民间借贷进行审理的司法权限。但即便范围有所扩大，就目前的规定而言，金融监管部门对本课题所涉民间借贷的管制权主要集中于取缔非法金融机构和非法金融业务活动方面，对于正常的民间借贷活动仍然难以监管。第四，本课题将民间借贷定性为一种价值转移和交易行为，一方面体现了民间借贷所具有的时空价值交换的金融关系特征，另一方面是将研究范围限定于商业性民间借贷，不包括民事主体之间不以盈利为目的的民间借贷，因为后者不会也不可能引发整体性法律风险或经济危机，与本课题的研究目标没有关联性。

2015 年 8 月 6 日，最高人民法院发布《最高人民法院关于审理民间借贷案件适用法律若干问题的规定》。该规定公布施行的同时，废止了最高人民法院 1991 年发布的意见。在该规定第 1 条中，最高人民法院将民间借贷重新界定为：自然人、法人、其他组织之间及其相互之间进行资金融通的行为。该条第 2 款又

---

① 最高人民法院 2014 年对企业间借贷合同效力曾经提出：对不具备金融从业资质的企业实际经营放贷业务，以放贷收益作为企业主要利润来源的，应当认定借款合同无效；为生产经营需要所进行的临时性资金拆借行为，如提供资金的一方并非以资金融通为常业，不属于违反国家金融管制的强制性规定的情形，不应当认定借款合同无效。应当说这个意见比简单地一律认定无效更为合理，但操作中法院如何认定提供资金一方是否以放贷作为主要利润来源或常业，并非易如反掌，可能由此产生新的问题。

补充指出，经金融监管部门批准设立的从事贷款业务的金融机构及其分支机构，因发放贷款等相关金融业务引发的纠纷，不适用本规定。本课题与最高人民法院新规对民间借贷范围的界定，主要的共同点是将部分企业间借贷纳入民间借贷范围，而主要差别是在对民间借贷金融机构范围的选择上。我们认为，中国的金融机构包括中央银行、银行（主要包括商业银行、政策性银行）、非银行金融机构（主要包括证券公司、保险公司、信托公司、城市信用合作社、农村信用合作社、融资性担保公司、投资基金等）。这些机构的借贷与其他非金融机构的借贷相比更具专业性，而且也往往有专门的法规规章予以管理，因此从研究的视角不将其业务纳入民间借贷范围，能够使民间借贷的内涵更为明晰。不过必须说明的是，一些金融机构在实践中也可能违规介入民间借贷活动，对民间金融市场造成不可忽视的影响，这是另外一个问题，尽管在本课题中也会有所涉及，但并不影响对民间借贷含义的理解。

（三）民间借贷与非正规金融的比较

民间借贷是发生在正规金融体系以外的资金融通活动，因此常常有人将其直接等同于非正规金融，这种看法实际上是不准确的。正规金融是指经国家机关批准设立并对其监管的金融机构参与形成的金融体系，而非正规金融在国内外文献中一般是指在政府批准并进行监管的金融活动之外，游离于现行法律制度边缘，未纳入国家金融管理体系的金融活动。

民间借贷和非正规金融之间既有联系，也有区别。二者的主要联系为民间借贷和非正规金融都是以营利为目标的资金融通活动，民间相对于官方，非正规相对于正规，以区别于必须经过国家立法或行政权力认可的金融体系，只是民间借贷强调主体的身份属性，非正规金融强调国家权力认可的规范属性。① 交易各方都是融资需求未能从正规金融体系中得到满足的个人或组织，都不在现行正规金融监管的范围之内。

二者的主要区别为：一是实施方式不同。民间借贷的贷方大多要求借方在未来某个期限还本付息，而非正规金融并不仅仅只有借贷形式，贷方提供信用的方式更加广泛，如入股、联营、互助、提供担保等。二是一些尚未纳入正规金融体系的、有组织的经营活动，一般归入到非正规金融而非民间借贷范畴之中。典型的例子是当前我国小额贷款公司的经营活动，并不在银监会等金融监管部门的管辖之内，有些地方政府赋予其金融工作办公室对小额贷款公司的管辖权，有些地

① 王相敏、张慧一：《民间金融、非正规金融、地下金融：概念比较与分析》，载《东北师大学报》（哲学社会科学版）2009年第6期，第66~68页。

方则只是按照普通企业由工商部门进行管理。因此，小额贷款公司的经营就不宜作为民间借贷，而是一种非正规金融活动。不过在司法和仲裁活动中，常常对小贷公司套用民间借贷规则。三是非正规金融在内涵和外延上比民间借贷更广。非正规金融包括民间借贷、私募基金、民间票据、企业集资、私人典当等，也有一些未受认可的、不属于民间借贷的民间金融创新可归入非正规金融。

二、民间借贷的形式

（一）直接融资形式和间接融资形式的民间借贷

早期的民间借贷大多发生在亲戚、朋友或熟人之间，金额一般不大，主要用于临时性调剂资金周转，凭个人关系，自由商定借款金额、借款期限、还款办法等内容，有些还没有利息约定，或只是口头约定，打张借条就可以成交。如果关系亲密，相互非常熟悉和信任，甚至可以不定期限、不写字据、不计利息，完全是互帮互助的形式，双方都量力而行，[①] 这实际是一种基于信用产生的直接借贷，在形式上相当于一种直接融资方式。

随着经济发展对资金融通的需求越来越高，原始的类似于直接融资的民间借贷已经不敷使用，中介机构、中间人不可避免地出现在该类活动之中。例如，在农村地区以会计组或会计站等统一管理机构的形式开展集体组织内部资金融通，统一安排调剂资金余缺，抑或成立合作性质的信用机构，以存款业务的形式吸收集体或社会各阶层闲散资金，再转贷给需要资金的企业，又或干脆直接向村民或社会集资开办集体企业，这些方式一时间大量出现在民间借贷市场。[②] 由于缺乏金融管理的意识和经验，经营中的问题越来越多，金融风险不断积聚，最终导致对农村合作基金会等各类信托基金组织的全面清理整顿，才结束了一个不规范的民间融资时期。

然而，民间借贷的发展只是稍作停歇，并未停止行色匆匆的脚步。在中国宏观经济高速增长、金融管制依然严厉、利率居高不下的背景下，一些活跃的民营经济为主的领域、房地产行业和自然资源型经济发挥引导作用，使得民间借贷的势头愈演愈烈，形式也日趋多样化。直接融资式的民间借贷、无息民间借贷、以消费为主的民间借贷几乎在市场上销声匿迹，取而代之的是中间人或中间机构穿针引线，以间接融资形式出现的民间借贷高级形式，这种形式逐渐成为前几年民

---

① 顾国民：《浅谈目前民间借贷形式》，载《金融理论与实践》1997 年第 6 期，第 50 页。
② 肖喜镇：《民间借贷的形式和作用》，载《经济科学》1989 年第 1 期，第 48～49 页。

间借贷市场的主流，其特点是以金字塔形式将借贷范围和区域向外大幅度扩张，在全国范围内引发了以浙江温州、内蒙古鄂尔多斯、陕西神木、河南安阳、河北邯郸等城市为代表的令社会震惊的金融风险。

（二）民事性民间借贷与商事性民间借贷

以民间借贷的营利性为标准，可以将其分为民事性（也可称为非经营性）民间借贷和商事性（也可称为经营性）民间借贷两种形式。民事性民间借贷不以营利为目的，一般不收利息，只是不定期或偶尔发生，借贷双方是相互熟悉的亲友，大多属于前述直接融资型的民间借贷。商事性民间借贷以盈利为目的，利率一般明显高于同期银行存款利率，贷款一方多以此为业，并将该项业务作为利润的主要来源。这种划分有助于合理规范民间借贷和非法集资，防范其风险，是设计和检讨我国民间借贷立法科学性的重要依据，具有十分重大的理论意义和实践价值。

审视我国的法律规定，民事性民间借贷在不违反民间借贷利率管制规定的条件下，几乎都能得到法律的保护。对于具有商事性质的民间借贷，如果没有法定机关审核批准，则很容易归入非法金融业务活动之列。[①] 值得注意的是，并非所有有偿的民间借贷都属于商事性民间借贷，只有那些以该项业务作为职业，通过多次、连续的借贷获取利润的行为，才属于商事性民间借贷，一般民事主体偶尔从民间借贷中获取盈利，并不代表这种行为属于职业性的商事民间借贷行为，也不需要经过法定机关的批准。

然而，在法律法规没有明确区分界定民事性和商事性民间借贷的情况下，民间借贷和非法金融业务活动之间的界限变得模糊不清。与此相反，在其他一些国家或地区，由于规范了商事性民间借贷主体，这种问题得到了较好的监督和控制。例如，我国香港地区1980年颁布的《放债人条例》规定，未领有牌照，任何人都不能经营放债业务。美国纽约州《放债人法》第340条明确指出，个人或企业偶尔在该州发放贷款不需要遵守该法“禁止无牌照经营”的规定。[②] 我国一些地区民间借贷出现失控的情况，和缺少规制商事性民间借贷的相关规范有着非常直接的联系。因此，出台全国统一或者各个地方的商事性民间借贷立法将是防范民间借贷和非法集资风险的重要法律武器。

（三）有组织借贷和无组织借贷

正规金融市场主体一定是有组织形式的，因为只有获得金融牌照的组织才能

①② 岳彩申：《民间借贷规制的重点及立法建议》，载《中国法学》2011年第5期，第84～96页。

合法交易。然而在民间借贷市场上，金融交易主体并不必须要有组织形式。由此可以将民间借贷按照交易主体类型分为有组织的民间借贷和无组织的民间借贷两大类型，实践中的情况还要稍微复杂一些。

有组织的民间借贷又可以分为准金融机构和地下金融组织两类。准金融机构是接近于正规的金融机构，其从事的金融业务范围受到一定限制，如小额贷款公司、投资公司、担保公司、财务公司等，它们不能吸收公众存款，但利用法律漏洞“打擦边球”开展借贷业务，实际成为民间融资中介。地下金融组织则是未经正式注册登记的组织，一般是私人形成的松散型的互助合作组织，如传统的合会、标会、抬会，有些商会或企业家俱乐部事实上也发挥着融资中介作用。

无组织的借贷是指不以任何组织身份形式出现的借贷，简言之，就是自然人之间的借贷。实践中与民事和商事借贷对应，自然人借贷又可分为两种情况，一种是贷款人为专门从事借贷的经纪人，在我国香港地区称为放贷人。目前，中央银行已经起草了《放贷人条例》并提交国务院法制办，但主要因《贷款通则》未修订等障碍一直未能出台，因此，迄今为止，我国大陆地区尚不存在合法注册的专业从事放贷业务的自然人，然而实际经济生活中存在此类情况。另一种是偶尔从事放贷业务，并不以放贷作为固定收入和主要来源的自然人。民间借贷的风险主要集中在有组织形式和职业放贷人形式下的民间庞氏融资模式。

（四）线下借贷与线上借贷

随着互联网技术的不断发展，互联网金融成为社会关注的焦点，改变了传统金融市场的要素及结构①。互联网金融的重要业务之一是利用网络借贷平台开展民间借贷，这种借助网络平台开展的个人对个人的借贷，在国外又称为 P2P 借贷，实际是把民间借贷借助 P2P 第三方网络平台从线下搬到了线上，属于互联网经济背景下前述民间借贷的一种新形式。虽然对该类借贷没有权威统一的表述，不过根据一般将互联网称为线上、互联网以外称为线下的习惯，可以把传统的、无需互联网借贷平台支持的民间借贷和通过互联网借贷平台开展的民间借贷分别称为线下借贷和线上借贷。

如果说前述间接融资型民间借贷相较于直接融资型扩大了民间借贷的地域范围和人际范围的话，那么线上借贷的出现则将这种范围的扩大推向了一个前所未有的新高度，同时也将民间借贷和非法集资风险在理论上几乎推向了极致，只是由于当前爆发的大量民间借贷主要还是前些年传统线下的形式，所以线上的民间借贷风险还暴露得不够明显。尽管如此，网络借贷平台跑路的情况近年来已并不

① 岳彩申：《互联网时代民间融资法律规制的新问题》，载《政法论丛》2014 年第 10 期。

少见。据中国互联网金融诚信联盟统计，至2014年中旬，全国大约1 200多家网络借贷平台中，跑路的大约有140多家。[①] 随着互联网P2P借贷模式规模的迅速增长，一旦整体经济波动加大，互联网借贷平台监控不及时，相关的金融风险势必更加剧烈。统计数据也印证了这一点，2015年，P2P网贷行业成交额已经达到11 805.65亿元，相较2014年增长了258.63%。然而与此同时，全国一共出现了868家问题平台，与2014年（261家）相比，问题平台数量增长了233%[②]，该领域风险的同步扩张反映出监管缺失并未得到明显改善。

（五）普通形式和特殊形式的民间借贷

在对民间借贷规制完全缺位的时期，民间借贷基本上都采取普通的货币转移形式。典型的做法是借贷双方约定好借款金额、时间、利率等基本条款，用借条、协议等方式固定下来后即可履行。然而，随着有关民间借贷司法解释的出台，一些规避民间借贷规定的特殊形式也随之浮出水面。这类形式十分隐蔽，大多利用现有法律法规，以降低风险程度、转移不利后果、规避利率限制和主体限制。其中典型的有利用承兑汇票、签订虚假购房屋合同等形式。

利用承兑汇票进行民间借贷是着眼于发挥票据贴现的贷款功能，这主要是因为民间企业的票据贴现资料不完备，来源渠道不正规，难以通过正规途径在银行获得贴现，民间贴现市场相比正规金融市场更为快捷方便，但也存在较大的风险。票据贴现型的民间借贷一般有两种情况，第一种情况是低息收取银行承兑汇票，然后高息借出，赚取利差。由于民间常常把银行承兑汇票视为现金，因此许多企业或个人都接受银行承兑汇票。然而，当借款人无力偿还债务后，同样可能引发民间借贷资金链断裂。第二种情况是利用承兑汇票的挂失来规避资金风险。当发现资金可能出现风险的情况后，出票人立刻伪报汇票挂失，同时到法院进行公示催告，利用票据当时的实际持有人不知晓汇票被公示催告挂失的机会，令其丧失汇票兑现的权利，实际是带有欺诈性质的民间借贷手法。

签订虚假房屋合同是本课题组在内蒙古调研时了解到的一种民间借贷形式，具体是指通过签订价格极低的房屋销售合同，掩盖实为民间借贷的真实交易。当借款人无法偿还债务时，放贷一方则要求按照该合同获得房屋所有权，其高利息的收益通过极低的房屋价格得到实现。从性质上讲，这是一种变相的民间借贷形式，也可以视为以房屋作为还款保障的担保类型，但其以合法形式掩盖规避法律

① 《北京首例网络借贷平台跑路，金融骗局曝监管盲区》，网易财经，http://money.163.com/14/0610/08/9UC8PGVE00253B0H.html，发布日期：2015年6月10日，访问日期：2015年10月9日。

② 《P2P疯狂：2015年500多家平台跑路》，载《中国企业报》2016年2月2日，第3版。

对高利率的限制而签订的房屋购买合同，依照《合同法》、《担保法》等相关法律的规定，似乎应视为无效合同。

特殊形式的民间借贷相较普通形式的民间借贷产生的法律关系比较复杂，因而需要立法、司法和执法部门给予必要的关注。遗憾的是这种特殊形式的民间借贷前些年并未得到及时的解决。在最高人民法院公布的朱俊芳与陕西嘉和泰房地产开发有限公司商品房买卖合同纠纷案中，最高人民法院认为双方当事人基于同一款项先后签订商品房买卖合同和借款协议，约定如借款到期，偿还借款，商品房买卖合同不再履行；若借款到期，不能偿还借款，则履行商品房买卖合同。在合同、协议均依法成立并已生效的情况下，应当认定当事人之间同时成立了商品房买卖和民间借贷两个法律关系。该行为并不违反法律、行政法规的强制性规定，也不违反担保法、物权法有关禁止流押的规定。[①] 该案判决忽视了商品房买卖与民间借贷之间的关联性，对商品房买卖的价格合理性未做分析，其判决结论值得商榷。

可喜的是，最高人民法院在其最新司法解释中注意到了这些特殊形式的民间借贷，并做出了相应的规定。例如，在第 9 条中规定了以票据交付的，自借款人依法取得票据权利时合同生效。第 24 条规定当事人以签订买卖合同作为民间借贷合同的担保，借款到期后借款人不能还款，出借人请求履行买卖合同的，人民法院应当按照民间借贷法律关系审理，并向当事人释明变更诉讼请求。当事人拒绝变更的，人民法院裁定驳回起诉，这些规定为今后特殊形式民间借贷的处理提供了法律依据。

三、非法集资的界定

（一）非法集资含义的确定

迄今为止，虽然非法集资的表述被广泛使用，却一直是一个内涵并不十分明确的概念。早期见于 1993 年颁布的《中国人民银行关于集中资金保证经济法制中需注意的若干问题》，提出了“要及时预防并坚决制止与非法集资有关的一切行为活动”，表明政府监管部门开始注意到市场经济体制建立初期已经露出苗头的非法集资活动。[②] 1998 年，国务院颁布《非法金融业务活动和非法金融机构取

① 《朱俊芳与山西嘉和泰房地产开发有限公司商品房买卖合同纠纷案》，载《中华人民共和国最高人民法院公报》2014 年第 12 期，第 18 ~ 24 页。

② 周骥：《关于非法集资类案件的分析》，载《法制博览》2014 年第 11 期，第 219 页。

缔办法》（国务院［1998］247 号令），其第 4 条在界定“非法金融业务活动”的含义时，规定了“未经依法批准，以任何名义向社会不特定对象进行的非法集资”，首次将“非法集资”纳入到行政法规之中。然而，不知道是否是立法时候的疏忽，该办法随后仅仅明确了非法吸收公众存款和变相吸收公众存款的含义，却没有界定何谓非法集资，这给随后的执法带来了混乱。一些地方的人民银行分支行在执法中对非法集资出现理解不统一的情况，导致执法措施和处罚差别明显。鉴于此，1999 年 1 月 27 日，中国人民银行发布《关于取缔非法金融机构和非法金融业务活动中有关问题的通知》（银发［1999］41 号）。该通知指出：“非法集资是指单位或者个人未依照法定程序经有关部门批准，以发行股票、债券、彩票、投资基金证券或其他债权凭证的方式向社会公众筹集资金，并承诺在一定期限内以货币、实物及其他方式向出资人还本付息或给予回报的行为”，从而为非法集资含义首次提供了官方的正式解释。

如果对非法集资上述规则用法律解释的方法进行解读，可以得出以下三点基本认识：第一，非法集资是非法金融业务活动的一种表现形式，从而被国务院公布的取缔办法中将其列入。第二，非法集资是一种和非法吸收公众存款、变相吸收公众存款不同的非法金融业务活动，这是因为国务院取缔办法中将非法吸收公众存款和变相吸收公众存款与非法集资并列。这一点和当前普遍认为非法吸存是非法集资的一种表现形式的观点不一致，应当在未来修订或制定新规时给予纠正。第三，非法集资是一种和非法发放贷款、办理结算、票据贴现、资金拆借、信托投资、金融租赁、融资担保、外汇买卖不同的非法金融业务活动。这同样是因为当规则用平行并列的方式列举非法金融业务活动表现形式时，按照一般常理，文字中相互平行并列的部分应当视为独立和有区别的内容。

此外，根据前述银发［1999］41 号文件通知的规定，非法集资具有四项特征：（1）未经有关部门依法批准，包括没有批准权限的部门批准的集资以及有审批权限情况下超越权限批准的集资；（2）承诺在一定期限内给出资人还本付息。还本付息的形式除货币形式外，还包括实物形式或其他形式；（3）向社会不特定对象即社会公众筹集资金；（4）以合法形式掩盖其非法集资的性质。这四项特征分别对应集资在行政许可、表现方式、社会性和隐蔽性等方面的要求，对认定非法集资有指导作用，但随着民间借贷的不断扩张，该通知和其他的一些相关规定发生了冲突和矛盾，后文会有进一步的分析。

（二）非法集资与民间借贷的关系

非法集资和民间借贷关系十分密切。从实际公布的情况看，大部分非法集资都发生在民间借贷市场。然而，二者有着明显和可比的差异，这些差异反映出行政法和刑法规则之间的对接并非毫无破绽，相关的概念运用并非完全一致，从深层次根源上看，可能与行政系统和司法系统的沟通协调机制以及规则制定者的法学、经济学、金融学等方面的知识结构、功底有关。

1. 非法集资和民间借贷的法律定性不同

非法集资顾名思义，必然是一种违法行为，而民间借贷本身是中性的，既可能是正常的民间资金转移，也可能演化为违法行为。前者的违法性是确定的，既可能违反行政法，也可能违反刑法；后者的合法性则是不确定的，存在着合法和违法的双重可能。

2. 非法集资是广义民间借贷表现形式之一

根据本书对民间借贷的定义，民间借贷的主体采取广义理解，除政府部门和金融机构之外的所有组织和个人，都可以成为民间借贷主体。非法集资的主体也很广泛，有些单位未获得金融监管部门的批准，只在工商注册登记后，就以基金公司、担保公司、投资咨询公司等名义，违规从事非法吸收公众存款、高利放贷业务，这些单位并非正规金融机构，所以还是可以纳入民间借贷范畴之内。正规金融机构理论上也可能参与非法集资，但自从20世纪90年代中后期清理各种基金会之后，这种情况已经非常少见。

3. 非法集资和民间借贷产生的法律责任有差别

非法集资因其违法性，根据刑法、前述办法和通知等规定，不仅会导致没收违法所得和罚款等行政处罚，承担相应的行政责任，如果构成犯罪，还需承担相应的刑事责任。合法的民间借贷在正常履行中不会产生法律责任，但是纠纷出现后会产生民事责任，只有当其演化为非法金融业务活动后，才产生行政责任或刑事责任。

4. 非法集资和民间借贷产生的社会效果不同

非法集资具有社会危害性，这种危害性的核心是扰乱甚至破坏法律制度构建的金融秩序。民间借贷出现在非正规的民间金融市场，形成相应的民间金融秩序，这种秩序是对正规金融市场的补充，在资金资源上也与其形成一定的竞争关系，但只要没有转化为非法集资等违法行为，就不会破坏正常的金融秩序。

5. 非法集资在民间借贷中的表现形式有明确的限定

在前述银发［1999］41号文中，已经把非法集资的表现形式限定为未经批准下发行股票、债券、彩票、投资基金证券或其他债权凭证，其后没有“等”的表述，这意味着非法集资的表现形式与上述几项具体的物权和债权凭证相关联，非法集资既可以表现为直接融资，也可以是间接融资。民间借贷中的非法吸收公众存款、未经批准的非法贷款是典型的非法集资表现形式，规则上定性为间接融资，而实际大多数为直接融资，简单定性导致的错位几乎没有给民间金融合法化留下空间。①

（三）众筹与非法集资

众筹一词译自英语 crowd funding，是指一种向群众募资，以支持发起的个人或组织的行为。众筹一般基于互联网技术或平台，因而被许多人视为一种互联网金融创新。众筹的目的可以是营利性的，也可以是非营利性的。众筹最初是艺术家为其创作筹措资金的一种手段，后来和互联网相结合，逐步成为创业者为自己项目争取资金的一个渠道，主要特点为门槛低、依靠大众、方向多样、注重创意。

随着众筹的不断发展，演变出捐赠、预售、借贷、股权等多种模式。捐赠型众筹属于公益事业，预售型众筹属于商品买卖，他们都与资金错期配置的金融活动有着本质上的不同。因此，互联网金融意义上的众筹主要是指借贷和股权型的众筹。借贷型众筹主要采取 P2P 模式，属于民间借贷与互联网结合的产物；而股权型众筹并非以货币为标的，属于证券业务，股权众筹网站的性质属于证券中介机构。②

无论是借贷型还是股权型众筹，都是一种向公众募集资金的行为，因而在规范不明确的情况下，比较容易触犯非法集资罪名。2014 年 7 月，深圳市罗湖区人民法院判处东方创投两位主要负责人“非法吸收公众存款罪”，此案被称为“国内互联网众筹第一案”，更引起了社会对金融性众筹的关注。不过众筹并不等同于非法集资，只要项目目的得当，具体处置不逾越资金池、公众性等红线，在现阶段仍然有合法生存的空间。③

基于众筹行为显而易见的风险，无论是普通大众还是专家学者，在需要对众筹活动进行监管问题上已然达成共识。然而在中外法律实践中，众筹监管权的归属存在歧义。在中国，普遍认为借贷型的众筹应归银监会监管，而股权型众筹归证监会监管，美国把 P2P 业务和股权型众筹都归证监会监管。出现认识差异的原因主要是因为中美两国对证券的定义不同，因此我国《证券法》修改后对“证券”的界定，将对众筹风险的控制和监管产生一定的影响。当前对互联网金融监管权配置的指导性意见依然遵循分业监管模式，第三方支付归口人民银行、P2P 归口银监会，众筹归口证监会，互联网保险归口保监会。

综合分析 P2P 借贷型和股权型众筹的法律风险，最直接的莫过于违反吸收公

---

① 彭冰：《非法集资活动规制研究》，载《中国法学》2008 年第 4 期，第 43 ~ 55 页。

② 肖凯：《论众筹融资的法律属性及其与非法集资的关系》，载《华东政法大学学报》2014 年第 5 期，第 29 ~ 36 页。

③ 余政：《众筹与非法集资之分野探究》，载《江西警察学院学报》2015 年第 2 期，第 31 ~ 37 页。

众存款和公开发行证券的有关规定。两者都属于国务院“取缔办法”中列举的主要非法金融业务活动，在“取缔办法”中有所界定，但对何谓“公众存款”、何谓“不特定对象”解读都不够明晰。虽然《刑法》规定了非法吸收或者变相吸收公众存款罪、擅自发行股票或公司、企业债券罪、集资诈骗罪，但其与行政法规的协调、关联以及具体认定方面，都还需要结合众筹等互联网金融的发展进一步完善。

第二节　民间借贷风险的类型化

一、民间借贷语境下对风险的理论解读

风险作为金融问题的核心概念，一直是学界和实务界研究的热点。弗兰克·奈特在其所著的《风险、不确定性和利润》一书中，更是对其进行了经典的解读。通过对风险与不确定性的区分，奈特指出：“利润的真正来源是不确定性，仅有变化和进步不足以产生利润，变化和进步的结果并不是其本身的结果，而是不确定的结果。”① 社会经济生活的不确定性会通过人的行为给风险造成极大的影响，因此风险是一种人们可知概率分布的不确定，用以根据过去推测未来的可能性，② 后果往往都是负面的。不确定性则是无法判断概率的、不可重复、不可预期的因素，市场主体很难予以掌控，不确定性既可能产生风险，也可能带来利润。

具体到民间借贷关系中，出借人向借款人提供贷款，其目的是通过提供高于银行同期利率的借款，帮助借款人进行某些营利活动，如企业拆借、资金周转、投入生产等，从而为自己寻求利润。然而借款人的营利活动并不完全由其主观因素决定，而是更多地取决于国家政策、法律制度、市场环境、借款人经营能力、公司治理体系等诸多因素，因此借贷结果存在着不确定性，这种不确定性的发生概率几乎无法确定，只有在具体的时空才可能较为准确地做出判断。

风险的复杂性会给出借人的投资决策带来一定的干扰。如果这种干扰超出了

① ［美］富兰克林·H·奈特，王宇等译：《风险、不确定性和利润》，中国人民大学出版社 2005 年版，第 26 页。

② 同上，第 178 页。

出借人或者政府的既定预测，就可能给金融市场，乃至社会造成不可估量的损失。因此，最好能把这种干扰维持在可控范围内。对于银行等正规金融机构而言，可能表现为内控机制，如对借款人的资格、用途等条件进行合理的审查，在对材料进行严格的审核后，方能决定是否提供商业贷款，所以正规商业贷款的风险基本上是可控的。然而对于民间借贷而言，民间借贷的双方当事人正是寻求通过投资规则的变动来获取利益。利润最大化是出借人的终极追求，资金的获取则是借款人的最终目的，双方的终极目的有可能重合，也有可能冲突，所以，从借贷关系开始前到借贷合同订立后，双方的决策及规则就决定了风险的具体形态。只有双方的决策及规则合理合法，民间借贷的风险才可以被计量，处于可控状态。故而，“我们不仅要关注人们如何地运用金融产品、通过金融交易来规避风险，还要关注因人们所选择的制度规则而决定的风险形态。”① 可见，从规则视角分析民间借贷风险类型，对于民间借贷的风险防范有着至关重要的理论价值和实践意义。

关于风险的类型，现有规则已经有所涉及。如国务院国有资产监督管理委员会在2006年颁布实施的《中央企业全面风险管理指引》中，对企业风险进行了分类，认为“企业风险一般可分为战略风险、财务风险、市场风险、运营风险、法律风险等；也可以能否为企业带来盈利等机会为标志，将风险分为纯粹风险（只有带来损失一种可能性）和机会风险（带来损失和盈利的可能性并存）。”机会风险实际相当于奈特所谓的不确定性。从风险规制的角度，《巴塞尔协议》则将风险划分为信用风险、市场风险、操作风险、法律风险、声誉风险以及流动性风险六种类型。②

上述分类有其合理性和实用性，不过从本书的视角还可以有不同的类型划分。第一，民间借贷是一种以转移金钱货币为主要目的的市场交易行为，交易的一方期待对方能够按时还本付息，这种一厢情愿的希望一旦破灭则意味着风险转变为现实，类似的风险在许多其他市场上都有所呈现。第二，民间借贷中存在一些触犯现行法律的违法行为，这不仅是因为行为本身确实违法，也与当前实践中以行为结果而不是行为性质判断民间借贷违法，尤其是触犯刑法的结果导向模式有关，这种结果导向模式与我国刑法社会危害性理论不谋而合，使得在放松民间借贷管制的大环境下对民间借贷的刑法治理依然没有丝毫弱化的迹象。第三，在正常情况下民间借贷相较于正规金融机构出现的危机而言，其宏观风险本应要小

① 唐寿宁：《风险、不确定性与秩序——投资者参与》，投资者参与资讯网，http://www.aordo.org/html/Aordo%201/2006-10/5/05192404_3.html，发布日期：2006年10月5日，访问日期：2015年10月9日。

② 刘志伟：《民间借贷风险的法律规制——以风险的类型化为视角》，载《四川师范大学学报》（社会科学版）2014年第1期，第45~53页。

得多。因为民间借贷都是一对一的合约关系，不像正规金融机构涉及面广，危机容易产生连锁反应。然而由于中国特有的民众利益与政治权力形成的社会稳定结构关系，如果民间借贷交易在较短的一个时期内出现大量违约，则有可能导致社会不稳定以及对其他经济领域产生较大的冲击，这种冲击还会因为社会结构关系而波及政治决策，这属于社会风险。鉴于上述考虑，本书将民间借贷的风险划分为市场风险、法律风险和社会风险三种类型，这三种风险实际还可以做进一步的细分，以更加透彻和深入地掌握民间借贷和非法集资风险的作用形式、影响范围和扩张机制。

二、民间借贷三种风险的具体表现

（一）市场风险

市场风险通常包括因借款人经营不善、违约事件、风险传染等市场因素所产生的风险，是民间借贷与非法集资风险的主要类型，也是法律防范的重点。具体讲，市场风险主要包括以下几种类型。

1. 经营不善造成不能履约的风险

民间借贷的高利率和高回报往往会给金融市场较大的冲击，引发各种市场风险。市场风险首先作用于参与民间借贷的各类市场主体，其直接后果是无法履行借贷合约，这种情况常见于民营中小企业，近年来，在一些大中型企业身上也不时发生。一些中小企业之所以通过民间借贷方式获取资金，往往是由于企业自身规模不大，获取银行借贷难度较高，只好求助于民间借贷市场。一些企业在借贷时处于资金周转困难时期，高昂的民间利率使企业面临巨大的债务压力，企业自身的财务支出急剧增加。若市场环境整体不佳，为了支付到期债务，企业又不得不选择借入新的高息资金来偿还高额负债。这种“拆东墙补西墙”借新还旧的方式给企业带来负债的恶性循环。若自身盈利能力一再下降，企业只能走向关门倒闭的结局。更有甚者，在经营实业无利可图时，将所借资金从实体经济中抽离，转而投入股票、房地产等投机性较强的行业领域，名为投资，实为投机。当民间借贷演化为纯粹的资金炒作后，不仅造成产业“空心化”，还会带来资金的热钱化和资产的泡沫化。一旦股市或房市泡沫破灭，企业资金链条断裂，必然造成市场多米诺骨牌式的“地震”。[①]

---

① 赵勇：《中国民间借贷风险研究——风险表现、成因剖析与对策建议》，载《南方金融》2012 年第 2 期，第 9 ~ 14 页。

2. 借贷双方信息不对称埋伏下的风险

在借贷实务中，风险往往来自借贷双方存在着的极大的信息不对称。民间借贷早期的发展一定程度上源于当事人之间存在的或远或近的私人关系，这种私人关系使得交易双方相互比较了解，从而降低了交易中确认对方信用的成本，促进了民间借贷的增长。这种传统的民间借贷中较为理想的环境，即基于“熟人社会”带来的“信息对称”，却随着商事性民间借贷范围的不断扩张产生的借贷风险复杂化、常态化和信息不对称，彻底把这种理想境界粉碎了。

和借贷有关的信息有时只为交易一方私有，或交易一方的行为无法为所有交易方观察到。出借人要想尽可能降低风险，需要获取关于借款人的一项或几项信息，如出借人的经营规模、还债情况、资金实力、诉讼情况、风险承担能力和风险控制能力，乃至借贷用途、收益形式、费用和利润结构等，这些因素共同构成了出借人在市场状态下决策环境的变量。出借人只有了解到借款人充分的信息后，才有可能作出最优的决策。然而借款人基于自身利益的考虑，不会主动、全面、真实地公开上述信息，这就需要出借人花费大量的时间和精力去搜集足够的信息，同时要求出借人必须是理性、明智的，最好具备良好的金融意识，掌握一定的专业知识，才能作出符合自身利益的判断。显然，这在以便捷、快速、高效著称的民间借贷中是非常困难，或者说非常不现实的。

民间借贷实践中，许多出借人无法搞清楚资金的最终流向，甚至不关心资金的真实用途，其提供资金仅仅是受高利率的诱惑以及对借款方的片面信任，很少使用风险防范手段。这些借贷资金如果全部流向制造业或可谓之“合理”，然而制造业的利益回报根本不可能支撑民间借贷的高利率，实情却是大量转向房地产、煤炭等高利润行业以及投机性领域。以温州 2011 年的情况为例，1 100 亿元民间借贷资金中，用于一般生产经营的仅 35%，用于房地产项目投资或集资炒房的占 20%，停留在民间借贷市场自我循环的占 40%，投机及不明用途的占 5%，进入实体经济尤其是一般生产经营的资金比例很低。[①] 一些投机者甚至冒险挪用金融机构贷款来偿还或参与民间高息融资，这也进一步扩大了风险，并且触犯了我国刑法，涉嫌高利转贷罪。这种情况的出现和民间借款的资金来源、去向等信息不透明，具有一定的隐蔽性有关。[②]

在经济环境和信用状况发生变化的过程中，出借人基于借贷主体之间的私人关系，一般不好意思积极主动地采取跟踪调查，无法了解借款人的财产增减和财富累积是否与其借贷所需信用相匹配、项目资金是否使用合理等信息。即便是通

---

① 董伟：《报告称中国民间借贷总规模超过 4 万亿潜在风险大》，腾讯新闻，http：//news. qq. com/a/20120130/000083. htm，发布日期：2012 年 1 月 30 日，访问日期：2015 年 10 月 9 日。

② 秦玉洁：《民间借贷若干法律问题研究》，载《金融与法》2010 年第 10 期，第 45 ~ 46 页。

过尽职调查了解到对自己不利的情况，如借款人存在着较为严重的违约可能或债务问题，出借人也常常不愿意放弃借贷，而更愿意去铤而走险，冒险追求过度的利润。因此，在民间借贷发展到一定阶段后，事前未进行充分调查，或不利用尽职调查来进行信用预判的情况较为普遍，这种不正规的交易模式给借贷合同的履行带来极大的风险。在自然人民间借贷纠纷中，双方当事人的法律意识淡薄，常因为人情关系而导致合同约定不明或仅采取口头约定方式。在较为严重的信息不对称条件下，这些形式不完备的习惯性做法进一步加重了市场风险，也加大了未来纠纷解决的难度。

3. 互保联保形成的担保圈扩散的风险

在民间借贷关系中，为了减少风险，出借人会要求借款人提供担保，由此也会产生不可忽视的风险。由于民间借贷中担保需求极其旺盛，企业互相担保的情况十分普遍。通过相熟的企业提供保证，是民间借贷担保的主要形式。当担保企业也需要资金时，出于来而不往非礼也的惯例，原来的被担保人又会为其提供相应的担保，形成互保联保的担保圈结构，这种结构犹如赤壁之战中相互捆绑在一起的战船，虽然可以抵御资金匮乏的“大风”，但碰到资金链断裂的“大火”，则会大船小船“玉石俱焚”。有些企业老板法律意识比较淡薄，对于借贷担保的风险意识不强，往往存在着“企业互利”的考虑，轻易帮人担保，最终导致多年的产业毁于一旦。

商业性担保公司的中介行为也能造成市场风险的范围转移和扩大。由于民间借贷利益可观，一些商业性担保公司将自身业务扩展到民间借贷领域，主动向中小企业民间借贷提供担保服务，同时为了避免自身承担过多风险，担保公司往往通过商业宣传，鼓励民众将闲散资金聚集起来进行投资并以高额利润作为回报，致使许多普通民众为谋求高额回报，在不具备相关法律常识的情况下盲目通过担保中介对中小企业进行借贷融资，导致资金最终无法收回。①

民间散户随意或出于自身利益考虑的担保也是市场风险扩散的一个因素。一般而言，在市场上为他人或者企业担保，每年有3%甚至有近10%的回报率，或者能够和主债务人一起分享和使用所借款项。这类担保不用自己直接出钱，只要拿个房产证抵押一下，在贷款合同上签个字，所担保的对象表面资产也挺雄厚，在不少人眼中担保程序无非是走个过场，是很好赚的轻松钱。② 对一些需要资金的担保人而言，提供担保还可以借此搭便车，与被担保人私下约定使用部分借贷

① 最高人民法院课题调研组：《建立和完善我国民间借贷法律规制的报告》，载《民事审判指导与参考》2012年第1期，第34～43页。

② 《当心民间借贷担保风险》，网易新闻，http：//news.163.com/11/0708/08/78E7SLMP00014AED.html，发布日期：2011年7月8日，访问日期：2015年10月9日。

资金，这隐含着在签约时就有违反资金用途的意思，而出借方有时明知道而为高息利益放任其发生，进一步扩大了市场风险。

4. 银行资金流入民间借贷的风险

民间借贷火爆的同时，往往伴随着银行存款的加速流出。以 2011 年 8 月数据为例，当时银行一年期居民存款利率为 3.5%，当月居民消费指数（CPI）达到 6.2%，实际的负利率推动资金向银行体系外流动。民间借贷与银行存款之间如果存在关联性，那就意味着部分民间资本为了追逐更高的收益，流入到民间借贷市场之中。更严重的问题是一部分银行信贷资金流入到民间借贷，放大了银行的市场风险和经营风险，无形中提高银行不良资产率，将风险从非正规金融市场的民间借贷转移给了正规金融市场的银行。

最直接的风险是冒名和编造用途从银行借贷，从而使资金实际流入到民间借贷市场，借款人通过转贷牟取暴利。虽然刑法针对此种情形明确规定了高利转贷罪，但在民间借贷与银行之间巨大的利率落差下，一些人仍然铤而走险，利用各种渠道骗取银行贷款后放入民间借贷市场。例如，国家对环保、农业等领域的中小企业有信贷支持政策，不法分子就大量低价收购一些经营较差的此类企业或与其合作，然后用这些企业的名义向银行获得优惠贷款，再把这些贷款转借给他人牟取利差。由于各种因素，银行的贷后资金监控效果不佳，更给不法分子以可乘之机。尽管根据监管部门的要求，许多银行对资金流入民间借贷进行了自查，但业务人员的自利动机、担责压力以及检查者的激励兼容不足，使得自查难以暴露出该风险的真实状况。

资金从银行搬家到民间金融领域可以获取巨大的利差，催生出一批专业的资金贩子。倒贷，又称过桥贷款，是银行和民间借贷资金转移的典型游戏之一。具体操作方法是债务人有一笔贷款，假设是 100 万元，即将到期。债务人手里仅有 30 万元，于是先以高利贷借入 70 万元，还给银行，银行再续贷 100 万元，债务人从续贷的 100 万元中连本带息偿还高利贷。倒贷的风险关键在于银行是否继续放贷，一旦银行抽贷断贷，债务人连同资金贩子往往就会崩盘，而银行如果不抽贷断贷，风险就会长期依附在银行体系。从表面上看，银行贷款都是有抵押的，而且还款情况也很正常，但实际上借款人是还不起的，事实上已经变成了坏账，只是在银行或明或暗的认可下，通过民间借贷的资金把贷款还清，再用原来的抵押物续贷。表面上贷款还款一直延续，看不出任何问题，只要风险不在银行领导任期内爆发即可。

（二）法律风险

此处所称的法律风险是指在民间借贷中由于无法满足或有意违反法律规定

而导致法律纠纷，给借贷主体造成损失的可能性。民间借贷实践中存在着交易隐蔽、风险不易监控等特点，容易引发高利贷、中小企业资金链断裂甚至破产以及非法集资、暴力催收导致人身伤害等违法犯罪问题。民间借贷纠纷案件往往与非法吸收公众存款、集资诈骗、高利转贷、违法发放贷款等经济犯罪案件交织在一起，[①] 增加了处置风险的难度。毋庸置疑，这些法律风险对金融秩序乃至经济发展、社会稳定都造成不利影响，也使得人民法院妥善化解民间借贷纠纷的难度加大，民间借贷的法律风险长期以来难以得到有效的监督和控制。

1. 企业间借贷的合法性曾经一度是广义民间借贷中最大的法律风险

2008 年全球金融危机后，我国民间借贷井喷，因债务清偿不及时或债务人出逃，造成了相关民间借贷纠纷案件短期内突增，不仅给法院带来了较大的办案压力，也给经济发展和社会稳定造成了较大冲击。在此背景下，国家对企业间借贷的立法态度在悄然发生变化。2011 年，最高人民法院就专门下文指出，“人民法院在审理民间借贷纠纷案件时……要依法认定民间借贷的合同效力，保护合法借贷关系，切实维护当事人的合法权益，确保案件处理取得良好的法律效果和社会效果，”[②] 此时最高人民法院对非金融企业借贷已表现出谨慎且适度宽容的态度。[③] 各级地方人民法院在审理企业间借贷纠纷案件时，也相应适度放宽对企业间借贷的管控，不过该风险直到最高人民法院出台新的民间借贷司法解释，对企业间借贷的合法性原则上给予认可，才算最后真正被化解。

2. 与企业间借贷合法化问题同时存在的另一法律风险是高利贷的合法性

民间借贷在中国当前借贷市场中之所以有着非常重要的地位，究其原因主要得益于高利率的存在。与之相比在正规金融市场上，在一段时期内中央银行多次上调存款准备金率，放松银根，减少银行信贷额度，使民间借贷看到了新的发展契机——“量价齐升”，[④] 融资规模和利率都不断攀高。在新的司法解释出台之前，法律可以支持的最高利率上限为银行同期同类贷款利率的 4 倍，但是实践中借贷双方之间有许多做法来规避该上限，一旦这种规避行为被证实，不仅不能得到法官的支持，还容易让法官认为系不合法的“问题借贷”，原因是借贷双方间的“意思自治”被过分滥用。民间借贷是合同的一种，由合同法予以调整和规

---

① 《依法妥善审理民间借贷纠纷案件——最高法院负责人就民间借贷纠纷案件立案受理、利息保护等有关问题答记者问》，载《人民日报》（海外版）2011 年 12 月 7 日，第 4 版。

② 最高人民法院 2011 年颁布实施的《关于依法妥善审理民间借贷纠纷案件促进经济发展维护社会稳定的通知》。

③ 曹全清：《浅议企业间借贷的法律效力及风险》，载《新会计》2014 年第 3 期，第 19 ~ 20 页。

④ 李智、程娟娟：《民间借贷风险的法律防范》，载《重庆大学学报》（社会科学版）2013 年第 1 期，第 32 ~ 37 页。

制。由于民间借贷合同的形式和内容由借贷双方按照意思自治原则自行确定，没有金融借款合同那么规范，因此一旦发生纠纷，“意思自治”这一合同本质就会被滥用，反而变成某些人牟取暴利的工具。例如，在“吴英案”中，吴英为他人介绍的每1万元借贷，要支付35～50元的日利息费用，[①] 自起步阶段就会因融资成本太高而导致投资项目亏损。[②] 过高的利息实际在借贷一开始就为违约埋下了导火索，只是等待资金链最终断裂来引爆，而资金链一旦断裂引发的不仅是个别风险，还有可能是一系列的连锁反应。鉴于此类民间借贷的高利息得不到法律的全面保护，当事人又处心积虑地安排假协议的方式掩盖真实利率，制造虚假交易，如果在司法诉讼中被揭穿，势必无法得到法律保护。

最高人民法院最新司法解释对高利贷的认定和处理与1991年的4倍规则有了明显的变化。根据最新的司法解释，年利率在24%以下的民间借贷其利息受到法律保护，年利率超过36%的利息不受法律保护。24%～36%的利率空间属于当事人意思自治的空间，如果当事人自愿执行该利率，则法律不予干涉；如果当事人之一（通常是借入方）不愿意执行该利率而诉诸法律，则该利率不受法律保护。该规定出台后，对交易实践起到了重大的影响，许多合同约定的违约金高于24%的年利率，司法诉讼中的原告方或仲裁中的申请人方都主动把违约金比例降到了24%年利率水平。该利率标准尽管也谈不上有科学性，但比原来的4倍利率标准更加方便易行，降低了操作成本，到目前为止社会反响好于此前的4倍规定。

3. 民间借贷实践中当事人利用虚假诉讼损害债权人利益

虚假诉讼是指为了达到保护自己的私人财产，将本应由其承担的损失风险通过虚假民间借贷诉讼摊薄，从而达到逃避部分甚至全部债务的目的。[③] 虚假诉讼通常是当事人恶意串通，通过虚构借贷关系、捏造借贷事实、编造虚假用途、签订虚假合同、出具虚假“借条”或“欠条”等途径，故意让自己在诉讼中败诉，让关系人取得虚假的债权，从而侵害其他债权人的正当权益。订立虚假合同的形式还包括“购销资金回笼”、[④] “银行存单”、[⑤] “工程垫资承包”、[⑥] “建筑工程代

---

① 《吴英百度百科》，百度百科，http：//baike. baidu. com/subview/606422/5544760. htm，发布日期：2015年9月16日，访问日期：2015年10月9日。

② 董文晶、宋志文：《民间借贷的困境及其合同法律规制浅析》，载《老区建设》2014年第4期，第31～33页。

③ 王雨平：《民间借贷公证面临的风险及防范对策》，载《中国司法》2013年第12期，第71～74页。

④ 参见“最高人民法院（1998）经终字第381号”民事判决书。

⑤⑥ 参见“上海市高级人民法院（2001）沪高经终字第264号”民事判决书。

付费用”、[1] “资金合作”、[2] “回购合同”、[3] “委托销售”、[4] “企业联合投资”、“合伙”、“股权纠纷”[5] 等形式。借贷操作手段日益复杂，给法院的审判工作带来了很大的难度。如果法院在诉讼中只凭借当事人提供的材料进行简单的形式审查，而当事人提供虚假证明或进行虚假陈述的行为又没有可供操作的制裁措施，虚假诉讼就容易四处泛滥，占用司法资源牟取不正当利益。

一段时间以来，我国民事诉讼中虚假诉讼泛滥，在民间借贷案件中显得尤为突出，既妨害了民事诉讼的正常秩序，又损害了其他民事主体的合法权益，但在立法层面一直缺乏明确、有效的规制措施，使得虚假诉讼成为一个久治不愈的难题。2015 年 12 月“全国虚假诉讼第一案”——辽宁特莱维置业发展有限公司与上海欧宝生物科技有限公司上诉案的再审二审判决书由最高人民法院发布。此案由最高人民法院审判委员会副部级专职委员、第二巡回法庭庭长胡云腾任审判长，判决书全文洋洋洒洒 15 000 多字，说理精辟透彻。判决书认定上诉人上海欧宝生物科技有限公司、被上诉人辽宁特莱维置业发展有限公司构成虚假诉讼，并对双方当事人分别罚款 50 万元。这次最高法院的判决，为公众观察、跟踪裁判者对待虚假诉讼的态度和观点提供了极好的视角。本案的审判与罚款处罚，昭示了最高法院打击虚假诉讼的决心，也将推动地方各级人民法院进一步增强对民间借贷中虚假诉讼的防范意识。[6] 一些地方的高级人民法院也有针对性地发布了指导意见，旨在提高对民间借贷中虚假诉讼的甄别能力并加大打击力度。

4. 民间借贷的最大法律风险常见于触犯非法集资罪

在民间借贷实践中，有的以虚假诉讼的合法形式掩盖非法目的；有的涉嫌集资诈骗犯罪；有的实际发放高利贷、将利息计入本金出具借条；有的属于赌博产生的债务；有的则属于法律所禁止的民间做会产生的“会债”。部分当事人还以放贷为主业，从其他人处低息收储高息放贷，甚至有的当事人还拥有专门催收贷款的车辆和人员，伴生黑社会性质的组织犯罪及暴力催收导致人身伤害等其他暴力性犯罪。法律风险在民间借贷中已不是“时有发生”，而是“时常发生”，[7] 不仅牵涉民事责任，还可能涉及刑事责任。综合各种情况而言，

① 参见“上海市第一中级人民法院（2002）沪一种民四（商）终字第 453 号”民事判决书。

② 参见“广东省广州市中级人民法院（2006）穗中法民二终字第 548 号”民事判决书。

③ 参见“上海市第二中级人民法院（2009）沪二中民三（商）初字第 51 号”民事判决书。

④ 参见“浙江省杭州市中级人民法院（2010）浙杭商终字第 377 号”民事判决书。

⑤ 参见“浙江省台州市黄岩区人民法院（2010）台黄商初字第 124 号”民事判决书。

⑥ 赵晨熙：《全国虚假诉讼第一案的标本意义》，载《法治周末》2015 年 12 月 17 日，第 2 版。

⑦ 《依法妥善审理民间借贷纠纷案件——最高法院负责人就民间借贷纠纷案件立案受理、利息保护等有关问题答记者问》，载《人民日报》（海外版）2011 年 12 月 7 日，第 4 版。

最大的法律风险或许还是触犯非法集资罪。在迅猛发展的互联网金融催化下，这种风险犹如一团难以吹散的乌云，直至2016年依然笼罩在民间借贷从业者的头顶。

P2P是点对点网络借贷，是一种将小额资金聚集起来借贷给有资金需求人群的一种民间小额借贷模式。这种模式一般的做法是个人借助互联网第三方平台向其他人提供有偿小额贷款，是随着互联网金融和民间借贷兴起而发展起来的一种新金融模式。虽然P2P网络借贷发源于英美，但在2011年后在我国进入爆发期，网贷平台从极少量的试水者大幅度增加到2013年底的3 000多家。由于监管机关对新生事物的宽容，P2P在迅猛发展的同时也集聚了巨大的风险，如利用P2P归集出借人资金、为自身或关联人借款、虚构或夸大融资项目的真实性和收益前景等。最根本的风险或许在于很多P2P平台会做期限错配，贷款的期限大多为1~2年，但很多P2P投资人只投2~3个月的项目，理财产品到期后，若没有新的钱进来，原有的投资人就无法赎回，风险随之爆发，一些P2P平台老板迅速跑路。在2015年底发生的金易融网络科技有限公司（e租宝）和大集团为典型代表的网络金融风暴，实际是民间借贷法律风险借助互联网蔓延的真实写照，推动监管机关加快《网络借贷信息中介机构业务活动管理暂行办法（征求意见稿)》的起草和征求意见。尽管该征求意见稿还存在着诸多问题，本课题组曾专门召开研讨会加以讨论，不过还是让规范一直落后于实践的P2P网络金融交易环境看到了一些希望。2016年8月17日，该暂行办法作为银监会2016年第1号令正式颁布，信息中介服务的定位以及多达12项具体禁令的规定，有助于控制和降低该领域的法律风险。

（三）社会风险

社会风险指因民间借贷或非法集资所形成的对社会信用、社会稳定、政府管理等正常社会秩序带来冲击的风险。中国社会面临着结构和体制的转型，在转型期间存在着风险共生的表征。不同地区、不同行业、不同群体以不同方向和不同速度集聚和叠加出大量的社会风险，腐败、诚信、安全生产、贫富悬殊等都潜藏着巨大的社会风险，而民间借贷无疑是近年来这种风险比较集中的领域之一，其后果不容忽视。

1. 民间借贷的风险一旦爆发，严重破坏社会信用

首先最受伤害的是人与人之间原本存在的信任关系，即直接损害民间信用。早期的民间借贷当事人彼此之间一般是熟人或亲戚朋友，相互之间比较信任，出于亲朋好友的情面，当事人一般觉得无需设定担保。正是基于人际关系而形成的信用，因而民间借贷中存在无息、低息和高息三种不同的借贷情况。无息借款不能还款的情况很少，低息借款不能守信偿还的情况也不多，高息借款造成违约失信的情况比较常见，只要高利借贷中的某个环节发生问题，借款人就有可能无法按时偿还债务，这一方面符合收益越高，风险越大的一般规律，同时也从另一个侧面反映出高利率与违约之间的关联关系。尤其是以信用借贷为基础的民间借贷方式常常无法通过抵押担保措施来消解债务，只能将流动性困难一环一环地传导下去，进而损害中国市民社会本就比较脆弱的信任关系。

社会信用受到重创后，社会诚信缺失的环境也会反过来给民间借贷带来风险。当失信行为引发的信任危机堆积到一定程度时，局部区域甚至是整个社会的信用体系就将面临崩塌，这种崩溃对社会经济的影响是短期内难以恢复的，因为任何社会的信用体系都需要历经长期的培育、积累方能形成，一旦被破坏，其修复绝非一朝一夕之功。譬如传统合会大多是在熟悉的亲戚朋友之间开展业务，但随着人口流动性增强和利率不断攀升，会员之间关系不再紧密，会员参加合会的动机也逐渐从互助合作转化为投机牟利，倒会的风险不断加大。可见关系信用乃是传统熟人社会民间金融的桥梁，但在现代陌生人社会中可能产生较大的社会风险，对此应当借鉴征信业的发展和成熟加以有效化解。如何通过征信业的发展提升民间借贷诚信水平，防范信用风险，给刚刚开始成长的征信业和征信管理提出了现实和严峻的挑战。

2. 一些地方出借人和中间人存在类型化趋势，酝酿出不可忽视的社会风险

民间借贷的疯狂造就出一批专业从事掮客业务的中介机构或中间人，将民间借贷风险向更广泛的群体和范围扩散。职业化的放贷人和中介人（机构）的出现扩大了民间借贷的规模和范围，也相应扩张了风险的强度和边界。在民营经济比较发达的地区，一部分先富起来的工商户、养殖户、种植户等早年经商获得一定的积蓄，伴随利率的攀升开始转变为以放贷或介绍放贷为主业的营生。在风险未爆发前，贷款人可以轻松获得收益，远比此前整日劳累赚钱来得更快、更容易，对其而言是何乐而不为的事情。一些有关系、有门路的人通过对企业和经营户提供“过桥贷款”的倒贷业务，[①] 就能赚取介绍费，连资金风险都没有，自然无心再从事实体经营。这种借款掩盖了民间借贷风险的真实情况，加大了风险的累积。

例如，在浙江东阳的宗苏公司案中，就有一些人专门从中介绍，为宗苏公司吸储，这些人大多为宗苏公司内部的工作人员。在浙江东阳还有一些打着各种旗号专门从事社会融资的中介机构，它们多以担保公司、小额贷款公司、寄

① 过桥贷款是一种短期的临时性借款，在民间借贷中往往是为了偿还从正规金融机构或其他贷款方获得的前期借款，以利于与其签订新的借款协议而临时借取的高利率资金。

售行、典当行，汽车租赁行、私募股权投资基金等合法形式出现，近年来，风起云涌的网络借贷平台，使得民间借贷风险的传播范围越来越广。更有甚者，在金融市场主体二元化结构下，正规金融与民间金融市场之间存在巨大利差，民间借贷利率远高于银行同期信贷利率，这诱使一些正规金融机构和企业在利益的驱动下从事民间借贷业务，通过真实或虚构项目，将款项从银行借出后以民间借贷方式进行二次放贷，从而导致银行信贷资金直接或间接流入民间借贷市场。这种做法“拆掉”了银行借贷与民间借贷之间的“防火墙”，还把民间借贷的风险转嫁到了银行身上，不仅可能危及银行等金融机构的信贷资金安全，滋生金融腐败，而且还可能引发金融机构经营危机，影响正常的金融活动与金融市场秩序。

公职人员涉足民间借贷的情况呈逐年上升态势。2010～2012年7月，浙江某县法院受理涉及公职人员借款的案件163件，涉及公职人员作担保人而被判决承担担保责任的比例越来越高。① 对于这些人来说，正常的工资收入并不能满足对高质量生活的追求，民间借贷的高收益正好迎合了他们的需求，而且他们的公职身份更容易给人以信任，这些人基于职务优势也容易放松风险防范意识。除此之外，退休人员也“奋不顾身”地成为了民间借贷的主体。2012年，浙江东阳市的“宗苏”案就是典型的例子。许多退休人员以前均办理了社会保险，因年龄过高而无法从事其他投资活动，银行过低的利息又不能改善生活，受民间借贷高利息的诱惑，成为了宗苏公司吸储的主要对象。② 风险爆发后这类人生活一旦无着落，则将对当地的社会稳定产生极大的冲击。

3. 民间借贷容易滋生以非法手段追债现象，破坏正常的社会秩序

在民间借贷中遭遇非法追债，尤其是暴力追债并非新鲜事物。早在1995年，公安部和国家工商管理总局就联合发布了《关于禁止开办“讨债公司”的通知》。改革开放30多年的过程中，只要社会上经济债务纠纷大量增加，各种形式的讨债公司，不管在工商部门注册与否，就会以各种形式涌现。有些讨债公司与客户签订高额的分成协议后，为了利益常常借助威胁恐吓、哄骗、敲诈等不正当的手段，强行向债务人收取债款，甚至绑架人质，进行暴力危害人身安全等违法犯罪活动，以收取高额报酬。非法追债的存在，不仅扰乱企业、事业单位和公民正常的生产、工作和生活秩序，危害社会治安，在社会上造成

① 《依法妥善审理民间借贷纠纷案件——最高法院负责人就民间借贷纠纷案件立案受理、利息保护等有关问题答记者问》，载《人民日报》（海外版）2011年12月7日，第4版。

② 浙江宗苏食品有限公司始创于1983年，在2012年9月因资金链断裂，无力清偿债务，向东阳法院申请破产重整，公司董事长马中苏因涉嫌犯罪而被警方刑事拘留。“宗苏食品‘暴毙’上市途中，厂区门前成晾晒场”，载《中国企业报》2012年10月9日，第1版。

不良影响。

然而一纸文件并没有杜绝讨债公司的存在，反而使得这类公司采取组织合法化与手段边缘化的形式追索债务。例如，债务公司以商务信息咨询公司的名义申请工商注册，但在其网站和宣传上公开表明从事追债、收账、讨债、清欠业务。公司的结构主要是专业的追收团队和律师团队，主要采用合法的非暴力或打法律擦边球的暴力手段对债务方施加心理压力，使其最终屈服而不得不主动偿还债务，加速回款时间。按照此类公司宣传所言，这种催收手段比其他外在暴力催收有更好的实际效果。然而在实践中，在法律边缘游走的软硬兼施是讨债公司常用手法。例如，对债务人进行 24 小时不间断跟踪，或者将债务人晚上软禁在一家宾馆房间，白天又以贴身方式紧盯不放，债务人到派出所报案，但苦于证据不足，警方也往往基于当事人之间的借贷债务关系而作为民事纠纷，只记录在案，但不予立案。2011 年下半年，温州鹿城区法院半年受理暴力讨债引发的非法拘禁、故意伤害等刑事案件 75 件，同比增长了 15.3%，被告人达到了 123 人。① 还有一些地方的讨债人则采用强行进门、对大门泼油漆、将砍断的鸡头悬挂在债务人家门口等做法，② 对当事人和公共小区环境等都造成较大的危害。

4. 民间借贷风险集中爆发后，一些地方政府被民间借贷危机“绑架”

民间借贷协议是当事人自愿签订和履行的合同，与政府本来应当没有利益关联。因此各地政府一般对民间借贷纠纷采取责任自负，风险自担的原则，拒绝为民间借贷债务埋单。然而一些地方民间借贷出现较大规模和范围的危机后，利益受损的投资者并不接受政府置身事外的态度，而是采取堵路、上访、围堵政府大门等形式要求政府出面解决。为了获得 30% 以上利率的高收益而投资，在被坑了以后又去找政府，无疑是一种缺乏诚信意识甚至有些无赖的行为，但这种看似无赖的现象背后，也有不可忽视的现实基础。

一种情况是某些非法集资的公司的背后有政府以官方信誉为其背书。例如，非法集资的河南商丘未来农业有限公司、内蒙古万里大造林有限公司，屡屡有政府领导为其站台，当地媒体为其大量发布正面报道，企业领导常常成为政府和当地媒体的座上宾，获得参与奥运火炬传递、五一劳动奖章等荣誉，不可否认这在一定程度上误导了投资者对投资合法性及其风险的判断。另一种情况是非法集资公司里有政府官员隐形出资。民间借贷的高利对任何人而言都是一种巨大的诱

① 《民间高利贷纠纷致暴力讨债激增》，中国新闻网，http：//business. sohu. com/20120227/n336019037. shtml，发布日期：2015 年 9 月 18 日，访问日期：2015 年 10 月 9 日。

② 《欠高利贷门口被挂断鸡头，民间借贷暴力讨债频发》，人民网，http：//news. cntv. cn/20111130/105616. shtml，发布日期：2015 年 11 月 12 日，访问日期：2015 年 12 月 10 日。

惑，一些政府官员对此也难以抗拒，加之手里的权力使他们相信，即使出现违约风险，他们的钱也可以先于其他债权人收回。这种想法付诸实施，加剧了其他投资者社会不公正感和对政府的不满情绪。还有一些地方政府，在民间借贷表面上正常运转的时候，对隐藏的风险睁一只眼闭一只眼，等到还款出现问题后，才搬出“非法集资”抓人，这种过程不监管、只看结果的思维导向，也是投资者常常诟病的原因。

地方政府面对民间借贷风险爆发后，群众对政府出面处置的要求，往往陷入“有责任处理，无责任支付”的矛盾境地。地方政府对于民间借贷既不能管理完全缺位，但也没有法律上的帮助偿债责任，面对群众的要求最明智的做法，是在前期进行有效监控，引导资金合理流向，对高危区域和行业发布警示信息；期中协助搜寻债务人踪迹，协调各部门工作，调解当事人纠纷；最终以司法诉讼作为解决民间借贷危机的基本工具，用法治的手段处理矛盾才符合当前社会发展的潮流和趋势。

三、小结

将民间借贷的风险分为三种类型，目的是为了方便如何防范风险的分析。民间借贷的风险首先表现为自身交易之中的市场风险，如果这种风险不能及时处置，自然会演变为法律风险，承担相应的法律责任。担保公司、财务公司、典当行等依法成立的经济组织非法或踩着法律边线参与民间借贷，合会、抬会等地下经济组织在民间借贷中盛行，加快了民间借贷风险的扩张速度和范围。在高利贷与恶意逃债催化出的暴力讨债、围攻政府等各类群体事件是民间借贷中常见的社会风险。过高的利率暴露出民间借贷投机性强的行为特点，是触发逃债的“定时炸弹”，其背后往往隐藏着盲目冒险的非理性和预谋违约的恶意。

在民间借贷中，只要不触犯刑事法律，也没有大规模爆发风险，对违约方的制裁首先是非正式的社会制裁，如违约者因失去信用而无法再获得授信，遭到社会群体的排斥，这种排斥对当事人的社会生活构成较大的压力，迫使借款人尽可能履行还款义务。然而在触犯刑律或风险大规模爆发的情况下，借款人接受违约失信的现实，置亲友等社会关系于不顾。这时，非正式制裁和习惯法上的追债机制基本失去作用，必须诉诸正式法律安排。

民间借贷的风险已经呈现出与正规金融市场某些相似的特征。一些民间借贷组织改头换面进入典当等合法的准金融行业，增大了民间借贷市场的复杂性以及相应的监管难度。随着整个民间金融市场的信用风险不断积聚，系统风险不断加大，一个高息贷款的突发性违约事件就可能引发整个民间金融市场的风险爆发，这一点和金融领域早期单个银行挤兑引发银行业危机极其相似。

如果能有效地控制业务范围，民间借贷相较于正规金融具有信息和交易成本上的优势。民间借贷中借贷双方往往相互有亲友或其他关系，贷款人对借款人还款能力的甄别、借款手续和贷款后的监督大都方便、快捷、可行，然而当民间借贷超出特定的客户群范围后，就可能部分甚至全部丧失上述优势，反而暴露出因缺乏严格调查、内控制度和外部监督等造成风险加剧和爆发规模增大的缺陷，这一发现对管理部门介入民间借贷的条件和时机能有所启示。

随着最高人民法院新的司法解释出台，民间借贷的法律风险中企业间借贷无效的情况基本不复存在。高利贷的规则从原来的 4 倍利率转变为固定利率区间，这些改变降低了市场交易成本，但并未解决现实中规避利率管制的问题，对过高利率追究刑事责任的部分呼吁未做回应。在识别和处理虚假诉讼方面，各地法院积累了一些有益的经验和成功的做法。非法集资是目前民间借贷中最大的刑事法律风险，尽管加强了预防和打击力度，但整体而言依然没有明显停滞的迹象，2015 年这种风险更多的是在 P2P 借贷平台上爆发。

民间借贷本来应当是当事人自负责任的领域，然而由于政府处置不当或一些官员不自律等问题而导致政府担责风险。政府承担责任的实质是广大纳税人为少数人的损失埋单，显然是一种既不合理、也很低效的处理方式。如果把民间借贷看做一种投资方式，类似的投资责任问题在证券市场已经广为投资者接受，在深圳和上海证券市场投资股票失败的投资者，现在几乎没有人要求政府解决损失或者出面处理，这表明与正规金融市场相比，民间借贷的风险防范与处置手段和规则都还不够系统和成熟。

由于所有权结构向国有资本倾斜和对金融市场秩序的特别关注，存在着对正规金融的过度管制与民间金融规范缺位的不对称现象。民间借贷市场上的准金融机构和自然人职业中介有些推动了制度创新，有些则沦为以合法组织形式从事非法集资的掩护。长期以来在此领域没有明确的法律规范，或者相应的规范陈旧过时，不适应新形势和新情况，表明民间借贷仅仅依靠司法解释和几个强调刑事责任的行政文件远远不够，只能继续延续现行重大风险结果导向处置的路径。因此需要大力推进相应的法制创新，为民间金融建章立制，在承认和规范民间借贷的同时，防范非正规金融市场的系统性风险。综合民间借贷风险类型和相关规定，可以用图 1-1 表示风险的主要情况。

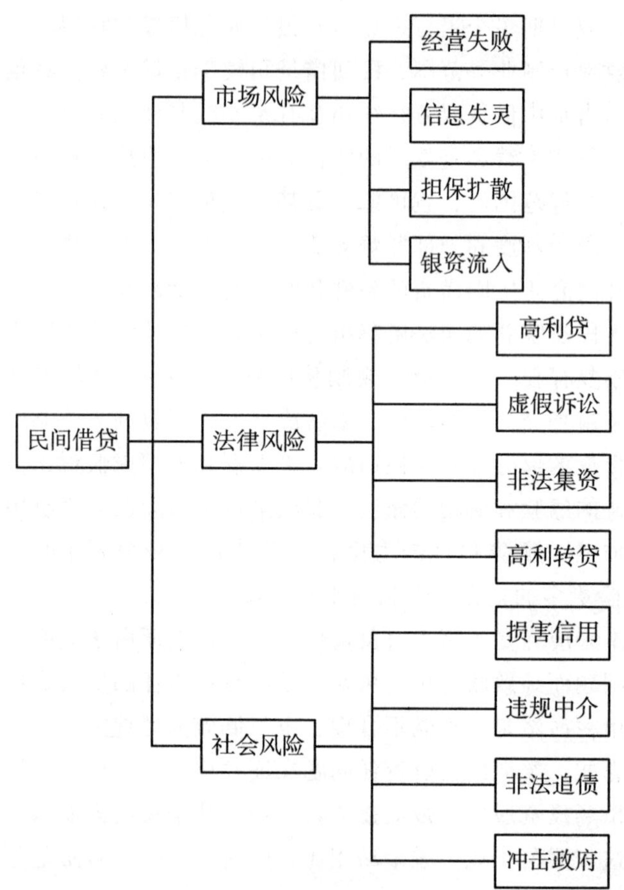

图 1－1　民间借贷相关风险类型

第三节　民间借贷和与非法集资风险的成因

改革开放以来，我国的民间借贷规模长期呈现扩张趋势。历史地考察民间借贷，从其初期的互助功能，发展到投资功能，主体功能的转化不可避免地引发大量的投机，就必然与风险相伴而生。本书根据辩证法关于内因与外因规律的理论，从两个主要方面对中国民间借贷的风险成因进行分析。

一、生成民间借贷和非法集资风险的内因：人性中的贪婪倾向

（一）“贪婪倾向”是风险的逻辑始点

唯物主义辩证法认为，推动事物发展的动力源自内因和外因两个方面，其中内因是根本，外因是条件，外因通过内因而起作用。正是内因和外因的共同作用，促成了事物的诞生、运动、变化和发展。脱离了内因，再强大的外因也无法找到发挥作用的着力点。例如，如果一颗未经受精的鸡蛋，无论外部温度如何适宜，也不可能孵出小鸡。反之，如果脱离了合适的外因，内因就只能成为一种静态的存在，不可能单方面促进新事物的诞生、运动、变化和发展。例如，即使一颗成功受精的鸡蛋，离开了适宜的温度条件，也不可能自发孵出小鸡。

从内因和外因辩证关系的原理来看，生成民间借贷风险的内因正是底存于人性中的贪婪倾向。这种贪婪倾向是人类与生俱来的生物学属性，是一种底存于每一个人内心深处的原初本能，我们只有通过教育引导、道德规范、法律规制以及制度建构对其进行抑制，但不可能从根本上加以祛除。一旦有适宜的外部条件，这种贪婪本性立即会显示出其本来面目。而且由于人本身所具有的高度能动性，许多人致力于寻求甚至创造有利于这种贪婪本性发挥作用的外部条件。职业放贷人的出现就是利率高企时期，贪婪本性下推动产生的新的商事主体。因此，考察民间借贷的风险成因，就必须将人性中的贪婪倾向作为逻辑始点。

应当强调的是，人性中的贪婪只是一种资源稀缺下的天然倾向，并非必然转化为贪婪行为，就如犯罪倾向并不必然转化为犯罪行为一样。但是，通常情况下，这种贪婪倾向具有强烈的黏合性，只要具备相对适宜的外部条件，这种静态的贪婪倾向就会转化为贪婪行为，类似于一颗受精的鸡蛋遇到适宜的温度条件所发生的结果。也就是说，贪婪倾向并不是贪婪，也并不必然导致风险。因此，精确理解贪婪的意蕴，就有必要厘清“贪婪”与“应得”的分野。

（二）“贪婪”与“应得”的分野

在《辞海》中，贪婪的释义为“贪得无厌”，“不知满足”。《圣经》中说：贪心就是一切罪恶的根源，欲望不受约束就会引起贪婪行为。可以看出，在一般意义上说，“得所当得”并不是贪婪。只有那种以牺牲他人利益为代价攫取超额回报的行为才属于贪婪的范畴。因此，基督教教义发展过程中对收取利息的看法不断演变，从完全否定到可以向外邦人收取，从只允许存钱获利到可以合理放贷

收息，但始终坚持不得放高利贷，对他人进行盘剥，而是应当共赢。

在唯物辩证法视野下，物质是第一性的，人的生存发展离不开一定的物质基础，物质基础的质和量的增进离不开人类社会的生产活动，人类社会的生产活动离不开各种生产要素的有效配置，而每一种生产要素又对应着相对具体的权利主体。这就意味着，在一定的时空范围内，我们每一个人都必然主要表现为某类生产要素的权利主体，并和这些生产要素一起参与到以创造合作剩余为目标的社会合作体系之中。因此，无论任何人，只要他所取得的合作剩余份额与其在合作体系中所做的贡献基本相称，就可以认为他“得所当得”，而非贪婪。如果其一味地索取超额收益，即《圣经》所谓的“欲望不受约束”，就是贪婪。因为在合作剩余总量一定的条件下，牟取超额合作剩余的行为就必然建立在侵蚀他人应得份额的基础之上。

例如，放贷牟取合理的利息收益可以视为货币资本权利主体的“得所当得”的外在表现，因为货币资本在组织生产要素形成财富创造机制方面具有强大的比较优势。通过借贷行为，货币资本权利主体将静态的货币转化为有利于增进社会整体福利的积极条件，从而对全部合作体系产生正向市场效应；然而，如果利率畸高，货币资本牟取了超额合作剩余，此时其行为就应归属于贪婪的范畴，这种贪婪很可能转化为不利于社会整体福利增进的消极条件，从而对全部社会合作体系产生负向效应。

不加区别地从整体意义上将一切获利行为都归属于贪婪或者归属于正常市场交易都不符合实践理性。伊斯兰社会长期排斥有息放贷行为的规范也并未得到教众的有效遵从，其根本原因就是未能厘清“得所当得”和“贪婪”的界限。在此意义上，我们所要反对和规制的对象，不是那些“得所当得”的正当谋利行为，而是那种违背事物发展规律之内在规定性的贪婪行为。或者说，追求自身合理利益的动机不是贪婪，只有以损害他人或社会整体利益为代价而牟取超额收益的动机，才是贪婪。

具体到民间借贷和非法集资视阈中来说，通过合法程序、以不超过法定利率上限规定，并且融资终端利率能够与社会合作体系相应期间内的合作剩余产出水平相匹配的借贷互利行为，对于借贷双方来说，都应当归属于“得所当得”；而一旦利率水平超越了相应期间内合作剩余产出水平的合理阈值，借方、贷方和中介的行为都应归属于“贪婪”之列，除非具体融资项目确实具有高收益、高风险的属性，如科技创新，再如早期的航海贸易，吸引敢于冒高风险的资金投入，意图获取高额回报，就风险与收益匹配关系而言，也应属“得所当得”。

（三）“贪婪倾向”具有转化为现实风险的潜质

民间借贷的交易对象是货币，货币是财富最典型、最直接的代表。对于芸芸众生来说，获取财富的欲望是无止境的。这就意味着，参与到社会合作体系之中的某种资本形态权利主体，当其从当期合作剩余中获得其“应得”的份额后，还有继续攫取超额回报的内在动力。这种内在动力就是人性中固有的贪婪倾向。

如果这种贪婪倾向与适当的外部约束条件相黏合，即可以转化为促进社会和个人发展的原动力，正所谓主观利己，客观利他，或者说在利己的同时附随产生了利他的正外部性效应。在市场经济中，这正是亚当·斯密在《国富论》中发现并指出的所谓“看不见的手”效应。

但是，一旦贪婪倾向与外部约束条件的缺陷或漏洞相黏合，就必将转化为贪婪行为，而贪婪行为的在经济领域的核心目标就表现为攫取超额合作剩余。如果社会不能通过法律治理及时对贪婪行为进行约束，这种贪婪行为就会发生扩散效应。当这种贪婪行为积累到一定的量度，就必然衍生出巨大的风险。民间借贷中群体性的贪婪实际成为民间借贷风险的“大规模杀伤性武器”，为高利回报趋之若鹜的投资者最终也为过度贪婪付出了惨痛代价，正如民间借贷中总结的“你图他的利息，他图你的本金”。

如果任由货币资本权利主体通过所谓完全自由化的利率定价机制获取超额利润，隐藏在利率内的人性中的贪婪成分就会为过度投机行为获得肯定性评价提供激励。这种危险的过度投机行为一旦得到社会观念上和实践上的支持，“钱生钱”的货币资本空转游戏就会在损害社会财富增值效率的同时产生大量的泡沫经济，随之而来的巨大风险也是不言而喻的。

进一步来看，所谓资本追逐超额利润的本性，不过是隐藏在其资本所有者人性中贪婪倾向的一种外化表现形式；利率自由化也无外乎是要求肯定这种人性中的贪婪倾向的学术化或政策化回应，其潜在的危险是未能全面认识这种贪婪倾向的两面性——一方面具有转化为推动社会和个人发展的可能性，另一方面具有转化为巨大风险的可能性。对于社会管理者而言，如何充分发挥其正面意义，从制度和道德等方面防范其负面风险，是一项长期艰巨的任务。

二、生成民间借贷和非法集资风险的外因：宏观政策失衡和法律治理缺陷的叠加效应

根据内因和外因的辩证关系，根植于人性深处的贪婪倾向一旦和适宜的外部条件相结合，风险的生成就成为必然趋势。生成民间借贷和非法集资风险的外部条件既有宏观调控层面的先天和阶段性不足，又有法律治理层面的后天失调，还有政策层面上对民间资本投资渠道的诸多限制以及金融市场层面的阶段性欠成熟，加之国际层面的金融危机影响等因素，明显具有多因一果的复合性特点。就

外部因素而言，民间借贷风险成因主要来自于民间借贷以外的领域。

（一）宏观经济调控层面上的先天失衡

具有中国特色的市场经济体制，本质上是一种政府主导下的市场经济发展模式，尽管在实践中取得了巨大的成功。但是在宏观调控层面的失衡现象也是显而易见的，在现实中存在多种表现形式。

1. 产业利润率非理性地两极分化

从民间借贷和非法集资视角来考察，宏观经济层面上的问题主要表现在产业利润率的阶段性失衡，核心问题是未能突出科技创新在成本收益上的比较优势。在以市场机制配置生产要素的条件下，一般市场主体最关注的就是其投资目标在成本收益上的比较优势，比较优势强的行业和领域就必将吸纳更多的要素资源。在创新驱动已经成为经济社会稳定持续发展动力源的时代条件下，内在地要求政府在宏观调控层面超前打造科技创新领域的比较优势，以利于多种市场要素资源在科技创新方向上充分涌流。科技创新是创新驱动型市场经济发展模式的核心。但是，科技创新项目具有投入大、风险高、周期长等先天弱势。要确立其在市场竞争中的比较优势，离不开政府在宏观政策上的强力支持。然而，政府为了实行短期效益，最终在宏观调控层面确立了金融、房地产及能源产业在市场领域中的比较优势地位。

于是，在长达十年的时间里，金融、房地产和能源产业成为拉动宏观经济增长的重要引擎。房地产和自然资源产业的资金密集型特点，加上高利润率的比较优势，以及正规金融对民营企业的政策性限制，客观上使其成为大量吸纳民间资本的阶段性投资洼地。同时，高利润率也为这两大产业通过畸高利率融入民间资本实现迅速扩张提供了现实基础。然而，这种根源于政策扶持的高利润率必然具有阶段性，但多数融资终端主体并未理性地认识到这一点。对于融资终端来说，规模扩张就相当于将贷入的货币资本不断固化为各种实物资本，意味着流动资金始终处于紧张状态，其履行本息兑付的自信只能来源于对上述产业乐观的利润率预期。

当融资终端发现上述产业利润率实际无法覆盖同期利息支出，就不得不随时面对资金链断裂的紧迫风险。为了维持经营，融资终端的常用手段是“借新债还旧债”，甚至用高利息的民间借贷偿还正规金融机构贷款，寄望于市场形势的好转渡过难关。当某一融资终端陷入这种经营状况时，相应的民间借贷和非法集资的风险开始积淀。而且，陷入此种经营状况的融资终端和风险规模在数量上呈正相关性。当融资终端的市场预期幻灭之际，就意味着其兑付借贷本息的能力破产，民间借贷和非法集资风险就必然被动暴露。

2. 短期经济刺激政策的影响

为应对国际金融危机影响而出台的4万亿元经济刺激等短期政策，也是固化货币资本、推高民间借贷市场利率的重要因素。四万亿刺激政策的物理表现形态主要是固定投资领域的急剧扩张，即通常所说的投资拉动。由于投资方向主要是固定资产领域，巨量货币资本的主要功能就是将土地、钢铁、混凝土和劳动力等要素资源结合为固定资产。尽管高达33.4%的投资增长对中国经济当年实现“保八”的目标功不可没，但也不可否认，这种模式比较适合中国市场技术创新相对匮乏的客观条件和短期需求，具有技术含量低、见效快、拉动就业的短期效果显著等特点，过于强势的政府投资一旦运用稍有不慎，就会对私人投资产生不可忽视的挤出效应。[①]

当刺激政策退出后，上述特点就会不可避免地产生大量遗留问题。应当注意的是，在刺激政策启动之后，由于未能进行利润率方面的合理监管和调控，使得固定投资建设项目的利润率显著高出其他实体经济，最终诱导大量的银行资本和民间资本纷纷投入其中。更为严重的是，固定投资领域在利润率上的阶段性高企，客观上刺激了民间资本市场上的利率攀升。在货币资本总量一定的条件下，由于固定投资占用了畸高份额，并推高了利率，使得融资条件本就处于劣势的一般民营实体经济的融资环境更是雪上加霜。其主要出路只有两条：或者将目标转向固定资产投资领域，或者被迫以利润率根本无法覆盖的畸高利率继续融资，寄望于未来市场形势的好转。当这种预期落空，民间借贷和非法集资风险就必将水落石出。应当指出，近两年开始施行的调整经济结构、促进经济转型宏观调控政策既是创新驱动型经济的内在要求，也是消化先期刺激政策遗留问题的正确路径，尽管这条路不是一眼就看到头的捷径。

3. 民营企业发展空间和路径选择上的政策性局限

从政策性发展空间来看，由于历史渊源的影响，依靠国有经济控制国民经济命脉的思想在意识形态领域长期占据主导地位，尽管对民营经济的重要性日益重视，但总体上宏观政策留给民营经济的发展空间相对较小。例如，民间资本进入国有资本占据垄断地位之众多领域的“玻璃门”、“弹簧门”现象。金融恰恰就属于这样的领域，无法“寻门而入”的民营企业在被正规金融拒绝之后，为求发展转而踏上了风险较大的民间金融之路。

民间金融风险的集聚还部分源于我国民营经济的基本发展状况。我国的民营经济起步较晚，目前仍处于初级阶段，大多属于技术含量低、规模小、劳动和资金相对密集的企业类型，主要从事简单的重复性生产，落后产能居多，抗风险能

① 刘涛：《四万亿周年功与过》，载《商界》2009年第12期，第22页。

力非常弱，向高端转型发展尚需时日（华为等例外情形非常罕见）。因此，民营实体经济本身的阶段性特征也是其融资难、融资贵、易于积累风险的重要原因。反观发达国家，一般是核心成员首先掌握了比较先进的知识产权技术，然后再寻求货币资本的支持组织企业，其市场竞争能力具有更多的技术优势，金融资本青睐的是实体企业的核心能力和竞争优势。

（二）法律治理层面的后天失调

从民间借贷和非法集资风险成因的视角来看，法律治理层面的后天失调主要表现在几个方面。

1. 立法理念滞后于经济发展的阶段性实践

在新司法解释出台之前，民间借贷的相关现行法主要建立在比较、借鉴传统民间借贷文化和国外民法规则的基础上，理念和中国当代国情和经济发展阶段有所脱节，突出体现在立法层面将利率视为货币资本的时间价值和风险溢价以及利率自由化的倾向，忽视了利率和利润率之间的联动规律以及对资本经营主体规制过于严格导致的金融抑制效应估计不足两个方面。

我国现行法规范民间借贷及非法集资的条文分散于《中华人民共和国民法通则》、《中华人民共和国合同法》、《非金融机构和非法金融业务活动取缔办法》、《中国人民银行关于取缔地下钱庄及打击高利贷行为的通知》、《最高人们法院关于贯彻执〈中华人民共和国民法通则〉若干问题的意见（试行）》、《最高人民法院关于人民法院审理借贷案件的若干意见》等法律、法规、规章及司法解释中。

纵观这些关于民间借贷和非法集资规范的具体内容，可以发现，立法层面主要是围绕“放贷利率”和“货币资本经营主体行为”两个方面进行规则建构的，以放贷利率为例，1991 年《最高人民法院关于人民法院审理借贷案件的若干意见》第 6 条规定：“民间借贷的利率可以适当高于银行的利率，各地人民法院可根据本地区的实际情况具体掌握，但最高不得超过银行同类贷款利率的四倍（包含利率本数）。超出此限度的，超出部分的利息不予保护。”那么，这个“4 倍利率”背后的理论逻辑是什么？为什么不是 3 倍或 5 倍？虽然这一规定在解决民间借贷纠纷中发挥了重要作用，但其滞后于经济发展的缺陷也是显而易见的。

这是因为，在 20 世纪 90 年代初期我国宏观经济迅速增长的期间内，“4 倍利率”与融资终端的总体利润水平是相匹配的；但随着时间的推移，在宏观经济波动的影响下，融资终端的总体利润水平必然产生变化，加之融资终端自身在盈利能力上的两极分化，再加之作为货币政策工具的利率在锁定未来发展目标时往往会和实体经济的当期利润率形成较大偏差，当实体经济的利润率降低到一定临界点时，“4 倍利率”就会成为其难以承受的负担，而贪婪和市场缺陷并不会让实际交易利率迅速降到一个合理的数额。

实践中放贷人“阴阳合同”、“转条”、“借条证券化”[①] 等利率管制规避行为大量滋生，使得经营性质的民间借贷和非法集资的真实利率往往比“4倍利率”的法律保护上限高出数倍之多，远远超出了融资终端的利润率覆盖能力。现行法规对这种“高利贷”行为采取了放任的态度，并未进行刚性规制。[②] 于是，民间借贷和非法集资的风险生成就获得了其内在规定性。最新出台的司法解释将民间借贷的合法范围确定在年利率24%之内，只是将划定红线的方式从弹性变为固定，该规定本身并不能解决民间借贷利率引起的扭曲。

在货币资本经营主体方面，《非法金融机构和非法金融业务活动取缔办法》第3条规定：本办法所称非法金融机构，是指未经中国人民银行批准，擅自设立从事或者主要从事吸收存款、发放贷款、办理结算、票据贴现、资金拆借、信托投资、金融租赁、融资担保、外汇买卖等金融业务的机构。同时，该《办法》第4条规定了四类非法金融业务活动：(1) 非法吸收公众存款或者变相吸收公众存款；(2) 未经依法批准，以任何名义向社会不特定对象进行的非法集资；(3) 非法发放贷款、办理结算、票据贴现、资金拆借、信托投资、金融租赁、融资担保、外汇买卖；(4) 中国人民银行认定的其他非法金融业务活动。

如果严格执行这些规定，生成民间借贷和非法集资风险的法律空间是极其有限的。那么，为何这些规定在实践中难以执行到位？就宏观的视角而言，我国的金融立法及其实践除了保障金融体系安全性的考量外，不难看出其存在着对国有金融机构的特别保护。正是由于这种特别保护，金融机构通过畸高的存贷款利率差不断分割超额利润，在市场竞争中获得了其他行业难以超越的比较优势，形成了国有资本和民营资本在金融竞争领域的制度性不公平，同时也为国有金融机构低效率、高收益的独特格局提供了制度基础。民营资本权利主体等在强烈质疑国有金融机构这种盈利模式之正当性的同时，也表现出进入金融产业的强烈意愿，并在实践上推动了民间金融市场的快速发展。这种现象再次证明：违背经济发展内在规律对金融市场进行人为的二元分割，是造成民间借贷风险泛滥的制度基

① “阴阳借条”：民间借贷主体双方在发生借贷关系时，债权人预先准备两份借条，其中一份载明的是高于法定利率上限的真实约定利率，而另一份则载明法律保护范围内的利率。前一份用于双方之间结算，后一份则专门准备用于诉讼。“转条”：当融资方无法按期支付本金利息时，即将应付利息加上本金一并载入新的借条，并毁弃原借条的行为。如果在短时间内多次“转条”，在效果上等同计收取复利。“借条证券化”：载明放贷本金数额及债务人签章但利率约定和债权人姓名均留白的借条。平时按双方口头约定的畸高利率支付利息，一旦发生纠纷，则填上债权人姓名和符合法律保护上限规定的利率，向人民法院起诉。

② 《最高人民法院关于人民法院审理借贷案件的若干意见》第7条规定：出借人不得将利息计入本金谋取高利。审理中发现债权人将利息计入本金计算复利的，其超出第6条规定的限度时，超出部分的利息不予保护。

础，不改变大的金融环境，对民间借贷的立法规制必然难以执行到位。

从实践情况的反映来看，实体经济越是“资金饥渴”之际，金融行业的利润率越是不断高企。于是，在金融产业比较优势不断得到强化的经济生态环境中，大量与法律规定打擦边球的民间借贷行为就演变为地下金融行为，即所谓的“影子银行”。由于缺乏统计和监管的现实条件，使得其中的风险更为隐蔽，相应也更加难以防范。

2008 年之后，出于对“影子银行”进行风险监控及缓解小微公司融资难等方面的考量，民营资本进入金融领域的政策开始有所松动。《中国银行业监督管理工作委员会、中国人民银行关于小额贷款公司试点的指导意见》（银监发［2008］23 号）及《中国人民银行、中国银行业监督管理委员会关于村镇银行、贷款公司、农村资金互助社、小额贷款公司有关政策的通知》（银发［2008］137 号）两个规章出台后，各地出现了争相开办小额贷款公司等类金融中介组织的盛况。这些小额贷款公司类金融中介组织要依靠赚取“利率差”来维持经营，而资金来源和经营规模上却受到诸多限制，很难回归到服务实体经济的应然本位。

即使全面打开民营资本进入金融产业的法律之门，实现了不同性质金融机构之间的公平竞争，如果不能较好地均衡融资终端利润率和融资利率之间的联动关系，在综合考虑本金、利率、时间期间的基础上对借贷行为作出合理限制，最终也无法从根本上消除民间借贷和非法集资的风险生成土壤。因为金融机构本身更有条件采取“借新债还旧债”的模式积聚风险，最终极易演变为其他难以预知的“庞氏骗局”类变种。

2. 相关法规未能有效规制生成民间借贷和非法集资风险的关键节点

虽然近年来立法层面对金融中介组织的行为规则给予了高度关切，但实践效果并不明显。经过充分调研，本书认为深层原因是未能形成系统规制的思路，建构起融资终端、中介组织、放贷人“三位一体”的民间融资主体规制体系。

首先，民间借贷和非法集资的融资终端来看，由于利润是利息的本源，只有融资利率与一定期间内融资终端自身的经营利润率相适应，才能为有效控制民间借贷和非法集资风险提供最大可能。因此，如果对融资终端的基本认识和法律规制不到位，就很难触及生成民间借贷和非法集资风险甚至金融风险的源头。

由于现行法规未能通过权利、义务和责任方面的规范建构，对融资终端的融资规模、资金流向、经营情况、风险披露等关键节点进行良好的动态监控，使得民间借贷市场的放贷利率和融资终端的当期利润率之间严重错配，放贷者对资金的情况一无所知，关注点只是放在高利回报而非风险监控，政府部门对此也是按结果而非过程认定性质和处置，假以时日，必然生成各种形式的民间借贷和非法集资风险，直至集中爆发。

例如，由于现行法规未对融资终端目标项目的融资规模、时间期限、经营利润率覆盖融资本息能力、融资终端的净资产、经营风险披露等关键节点进行合理限制，使得融资终端“往往只关注资本的快速膨胀，忽视分析投资项目的政策背景、社会影响，也缺乏交易行为的正规手续，潜伏风险隐患，容易诱发非法集资和非法放贷，以及后期的恶意追债和暴力追债”。[①]

在民间借贷市场上，大量的民营融资终端被迫以个人名义举债，然后将融入资金投入实体经营，而现行法规并没有对个人举债行为进行规范。实践上，当融资终端濒临破产甚至明知资不抵债的情形下，往往仍对自己的经营实体抱有盲目侥幸的非理性预期，采取编造各种虚假信息的手段继续以畸高利率融入资金，导致债务“滚雪球”式的不断扩大。当其资金链断裂后，通过公司破产等法律机制有序清偿债务的最后路径也被阻断。此类个人融资权利滥用行为，不仅会人为扩大民间借贷市场的兑付风险，而且是产生暴力催收和非法集资风险的重要原因。

其次，从民间借贷和非法集资的中介环节来看，其往往大量采取“转条”、“阴阳合同”、“借条证券化”等各种规避现行金融法规的行为，将实际利率抬高到明显超过实体经济利润率和借款方实际承受能力的水平，并且大部分资金流向不符合国家产业政策、影响经济结构调整和经济发展方式转变的民营性落后产能。从本质上说，此类民间借贷行为已经滋生了导致未来风险的必然性，同时也是诱发非法集资、高利转贷、暴力讨债、非法拘禁等违法犯罪风险的重要诱因。实践中，民间融资中间环节已经摸索出一些组织严密且法律技术含量很高的“冷暴力”式催收措施，这些催收措施虽然涉嫌犯罪，但基本不会留下相应证据融资终端，以至于个别债务人不堪忍受甚至选择“以命抵债”。

中介环节的资本金来源一部分源于商业银行，[②] 另一部分来源于民间借贷市场。其从民间借贷市场融入资本金的手段，主要是利用信息偏在优势，通过高息承诺的方式激活民间借贷市场下游主体的内心贪婪，从而不断地吸纳民间资本。并且，小额贷款公司等中介环节本身的固定资产非常有限，一般很少采用抵押等方式向下游主体融资，大多通过让渡息差的手段，引诱一些经营实业的个体商户以个人信誉筹集资金供其经营。一旦上游环节经营失败，风险必然传递到最下游的放贷主体。而这种风险往往超过了下游主体的承受能力，尤其是那些利息收入尚未覆盖本金的下游主体。

从放贷人视角，由于先期成功获取高利率受益者的示范效应的影响，在高利

---

① 强力：《我国民间融资利率规制的法律问题》，载《中国政法大学学报》2012 年第 5 期，第 54 ~ 67 页。

② 此为严重违法的转贷行为，在实践中存在。

率诱惑下存有侥幸心理，罔顾风险识别和判断能力往往超越自身风险承受能力，甚至通过向亲朋好友募集资金而成为规模不等的“中介角色”，成为风险投资型放贷人。一旦融资链条断裂，高利息得不到法律保护，只能采取虚假合同等非法形式，这种法律风险也极易转化为社会风险。

3. 个人信用生态建设存在制度性缺口

在市场经济条件下，健全的个人信用制度日益成为减少财产性不确定风险的重要条件。但是，由于我国尚未建立起完善的个人信用制度体系和便捷的运用途径，以致民间借贷和非法集参与主体各方对相互之间的财产性信息难以核查，客观上形成了融资终端及中介组织利用信息不对称优势积聚风险的制度性敞口。

目前我国个人信用数据和档案信息分散在十多个政府部门，各政府部门之间主要根据自身管理职能的需要统计相关信息，相互之间所掌握的信息既有重复交叉，又有一定区别，缺乏系统的整合管理。再加上财产登记制度的缺位，即使将这些部门所掌握的个人征信信息全部整合起来，依然无法全面、真实地反映公民的财产信用情况。由于目前个人信用方面的制度性缺口，民间融资主体无从真实、全面、动态地了解融资主体个人信用信息及兑付能力。更为尴尬的是，即便是这些有关融资终端主体的残缺不全的个人征信信息，放贷人在核实过程中也会受到《保密法》、《商业银行法》、《税收征收管理法》、《储蓄存款管理条例》等法规的多种限制，以致绝大多数放贷人在畸高的信息核实成本面前望而却步，客观上造成了制定实施其他风险预警和防控规范的困难，缺少类似“贷款人经营负债率限制规则”及“贷款人净资产余额警戒线信息披露责任”的保障。同时，个人财产信息记录和权利变动情况等方面的制度性缺口，还为民间借贷和非法集资融资终端的不动产重复抵押行为提供了条件，而重复抵押行为也是导致民间借贷和非法集资风险的诱因之一。

4. 个人破产保护制度缺位

当民间借贷市场上那些以个人名义融资的主体陷入资不抵债的困境后，个人破产制度应当是其及时退出严重债务违约风险的最后一道制度性“防火墙”。但是，由于个人破产制度的缺位，实际已经陷入破产境地的债务人大多采取“借新债还旧债”的模式维持经营，从长期来看相当于“饮鸩止渴”，不仅无法阻断风险，而且会恶化民间借贷和非法集资风险程度，也为制定“恶意融资行为”的认定标准设置了障碍，并成为民间借贷市场上暴力追债风险的又一个制度性诱因。

对个人破产之于民间借贷风险处置的关系，有两种截然相反的观点。一种观点认为，个人破产制度使得个人在经过一段时间后，可以豁免先前的债务，不用再偿还借贷资金。这可能被部分人通过隐蔽和转移资产，给恶意逃避债务提供可乘之机。另一种观点认为，个人破产制度让债务人在资不抵债后依法申请，在生活受到极大限制、个人声誉受到极大损害的条件下，得到重新做人的机会，防止债权人在不可能得到全面补偿的情况下依然苦心追债，债务人四处逃债甚至选择自杀的道路。

上述两种观点各有道理，并不一定非要分出对错。后者把个人破产制度比作一剂良药，前者则告诫服用这剂良药的剂量、时机和副作用。破产作为一项移植的制度，没有经过中国社会文化的检验，无论是在理论上还是实践中，都必然是有利有弊的。个人破产制度的顺利实施，和本国金融机构商业化/市场化程度、个人征信体系、个人金融信用评价标准、消费方式转变等均有密切的关系。个人破产制度对民间借贷的短期和中长期影响可能是不同的，需要综合考量相应的出台时机、配套规则和实施机制，尽可能发挥制度的长处，避免不利因素的影响。

三、民间借贷和非法集资风险成因的过程化解构

以过程论的视野来审视民间借贷和非法集资风险，类似经济周期性运动，可以将其概括为四部曲：得所当得—贪婪行为—风险积聚—风险爆发。

（一）初期：风险可控阶段

这一阶段的民间借贷主要采取直接融资的形式，利率较为均衡适中，职业化的民间资金经营中介尚未形成，借贷本息的兑付刚性很强。因此，借贷双方所取得的阶段性成果很容易发生示范带动效应，从而不断激活更多社会主体内心深处的贪婪倾向，但同时也为“影子银行”类地下资金中介机构的产生孕育着思想准备和实践准备，加之政府部门对这种苗头性倾向持“有待观察”的态度，这就为由“得所当得”向贪婪行为的转化埋下了伏笔。另一方面，这一阶段的非法集资行为非常罕见，即使有规模也很小。

在民间借贷和非法集资视阈内，当某一主体承诺以明显高于银行利率的利率融入资金之际，部分手头有“闲钱”的人在内心贪婪倾向的驱动下，就转化成为“放贷人”，并在一定时段内坐享高息收益，期待“不劳而获”。在融资链条很短的初期，从放贷人视角来看，放贷人和融资终端（实体经济从业主体）基本上是一对一的关系，相互之间一般是真正的“熟人关系”，在相关关键信息上基本对称，同时借贷双方还会受到“熟人圈子”的各种约束，这就为融资主体高概率履行承诺提供了较好的基础。

更为重要的是，初期的民间借贷利率相对理性，即使偶有畸高利率，一般情况下使用时间也很短，总体上徘徊在融资终端可承受的阈值范围之内。加之当时宏观经济处于快速发展阶段，融资终端实现发展前景预期的机会较多，为其履行

承诺提供了良好的外部条件。

从资金用途来看，初期阶段主体属于直接融资，即融资终端从放贷人处拿到资金，直接投入实业经营，没有小贷公司等各类资金中介的参与。民间借贷和非法集资初期阶段的放贷人利息收益低于融资终端的同期利润，符合利息始终是利润的一部分的经济运行规律。因此，这一时期的民间借贷和非法集资风险基本属于可控范围之内。在此阶段内，借贷双方一般能够实现双赢，因此可以视为“得其当得”，利率中高于同期银行利息的部分与放贷人借出资金的风险溢价相当，贪婪所占的权重较低。回溯温州等地民间借贷开始盛行的初期阶段，大抵如此。

（二）中期：风险积聚阶段

这一阶段的民间借贷和非法集资特征主要表现为间接融资，放贷谋利行为大量增加，“影子银行”类职业化融资中介应运而生，融资终端通过多层次融资中介与初级放贷人形成了塔式结构。

从居于塔式结构顶部的融资终端来看，其实际融资利率不断攀高，利息支出已经超过当期利润，兑付本息的能力不断弱化甚至资不抵债，被迫采取“借新债还旧债”的模式维持运营，同时利用信息偏在优势刻意隐瞒自己的资金链窘境，寄望于非理性的市场预期来扭转困局。

从居于塔式结构中间的各层融资中介来看，其通过各种手段规避法定利率上限约束，同时建立较为完备的抵押担保措施甚至追债团伙等灰色保障机制，取得了较大的阶段性获利空间；当其敏锐地觉察到融资终端的经营风险气息之后，大多刻意向下游融资中介层层隐瞒资金经营的真实情况，甚至虚构信息来换取放贷人对兑付本息前景的乐观预期，以汲取更多的社会资金，并在此过程中产生扩散效应从而引发更多的融资中介行为，实现以“借新还旧”掩盖风险的目的。

从居于塔式结构底部的自有资金放贷人来看，经过融资中介对关键信息的层层过滤或屏蔽，放贷人对借出资金的真实用途、实际经营状况、本息兑付风险、确切的融资终端等重要信息知之甚少，对高息放贷行为基本上持盲信盲从的态度，对相关风险信息即使有所察觉也往往半信半疑甚至轻信可以幸免，在此过程中产生扩散效应从而激励更多的公众加入放贷人行列。

民间借贷和非法集资中期阶段的放贷人和融资中介所取得的利息收益已经远远高于融资终端的同期利润，已经严重背离了利息始终是利润的一部分的经济运行规律。因此，这一时期的民间借贷和非法集资风险处于迅速积聚阶段，风险爆发几乎成为必然趋势。

在此阶段内，融资链条上的各参与方均处于极大的不确定性风险状态。塔式结构底部的自有资金放贷人大多以高于法定利率上限的利率借出资金，利率中的畸高部分已经沦为贪婪的化身，资金价格水涨船高，投机心理呈现蔓延之势。资金流向多集中于房地产等阶段性暴利行业，以致一般制造业等微利性民营实体经济只能以远远超过自身盈利能力的畸高利率融入资金，甚至被迫加入自身并不熟悉的房地产或融资中介行业，最终使民营经济陷入更大的不确定性风险之中。同时，地方政府对民间借贷和非法集资风险已经较为明了，但出于社会稳定或局部利益等政治性考量，往往更多地表现为利用行政影响力解决问题，或者持不同程度的放任态度，寄望于通过时间迟滞和消化风险。

（三）后期：风险暴露阶段

随着时间的推移，加上多种因素的叠加影响，前期的风险积聚达到了临界值，“老板跑路”式的大面积债务违约行为就会成为“导火索”，引发相应规模的民间借贷和非法集资风险。从全国民间借贷中出现的“老板跑路”事件来看，其背后的原因大同小异，存在着宏观、中观和微观三个层次的肇因，这三个层次的肇因都助推民间利率高企，加大了信用风险和市场风险，最终使得风险集中爆发。

从宏观来看，类似4万亿元政策的出台带来过于宽松的资金环境，但却不可长期持续。随着货币发行的趋紧趋严，社会上可供获取的资金供给的渠道和数额都逐渐减少，从整体上难以保证此前市场主体肆意扩张的行为都能获得相应的资金保障。一些资金密集型的行业也因为政府调控而受到直接的影响，房地产业即为典型。当调控房地产业的“国五条”、“国十条”政策纷纷出台，各地相继采取不同力度的限购限贷措施，那些依靠高利吸收民间资金的房地产项目无法取得盈利，甚至发生资金链断裂。

从中观来看，市场本身的周期性波动对民间借贷危机爆发有着不可忽视的影响。这一点在自然资源集中型地区表现得尤为明显，例如，煤炭价格很长一段时间的高涨使一些自然资源丰富的地区经济增长迅猛，民间资金充裕，但由于缺少风险意识和成熟的投资渠道，这些资金大都沉淀在本行业或者转入房地产业。随着煤炭价格周期性大幅滑落，已经无法支撑民间金融市场的高额资金成本，沉淀资金无法得到约定和期望的高利率回报，造成行业性信用违约，区域民间金融危机在所难免。

从微观来看，实体企业的利润无法承担益发高企的资金成本是风险爆发的直接根源。随着经济周期性的调整，一些行业无法延续往日高速发展的辉煌，转而进入发展的瓶颈和低谷。随着市场资金供给趋紧，一些负债比例较高的企业不得不依靠民间金融市场来缓解眼前的还债压力，期望经济的不景气是短期问题，能够很快过去。这一方面加剧了民间融资利率居高不下的境地，另一方面也进一步推高了企业的成本。当资金链被压上最后一根稻草时，连流动资金都无法保障的企业终于率先倒闭。由于民间借贷中存在着相互联保的情形，一批企业的倒闭很快引发风险完全暴露后的"多米诺骨牌效应"，造成一个地区大量企业生产经营受到严重影响，从而演化为区域性民间借贷危机。

四、小结

按照唯物辩证法的观点，民间借贷风险的产生既有外因，也有内因。20 世纪 80 年代始，中国经济借助两条腿开始腾飞，一是开放，二是改革，改革开放是中国经济增长的最大红利。开放在宏观经济上表现为出口导向战略，整体经济对外贸的依存度居高不下，使得国际经济的波动会迅速反馈到国内经济，产生连锁反应。2007 年，美国次贷危机引发的国际金融危机，无疑在当时对国内经济产生了直接和巨大的影响。对经济增长速度下降的担忧，使中央政府迅速出台了 4 万亿元扩张投资政策，国内市场货币总量增长很快，这些货币中相当一部分必然溢入民间金融市场，使民间金融规模也随之增加，伴随金融市场早已固有的自我膨胀态势，民间借贷的风险迅速放大。

宏观层面扩大的资金增量大多通过正规金融系统流入国家批准的大型项目和一些国有大型企业，民营中小企业除非能够获得项目参与的机会和权利，否则不仅未能从货币宽松中获得支持，反而由于正规金融系统的信贷偏向加重了资金"失血"的程度，只得转而求助于民间借贷市场，增大了民间资金的需求，推动民间金融利率的不断飙升，不断高涨的利率水平意味着民间借贷风险的持续集聚，风险的爆发直接形成了民间借贷危机。

当然我们也不能根据上述分析得出结论，说民间借贷风险应该归咎于改革开放。这一方面是因为站在宏观经济角度，民间借贷风险只是整个宏观经济风险中的一个局部，从资金体量上看虽然会对区域经济和社会稳定构成较大压力，但还不足以对整体经济产生强有力的冲击，不可能因为一个局部风险的出现就否定改革开放的基本政策。另一方面，导致民间借贷风险爆发的原因更多应当归属于内因，即金融市场，包括民间金融市场和正规金融市场自身的原因。

中国对正规金融市场采取严格管制和渐进式改革的策略。这种管制反映在正规金融领域的方方面面，既有对金融市场价格即利率的调控管制，也有对金融市场准入的行政许可，还有对金融机构人事和业务的直接或间接干预。正规金融市场的管制形成了两个市场的结构性互补关系，进一步加大了国有和民营经济早已存在的结构性差异。对金融社会性风险的担心，诱使监管部门有意无意地停滞了民营资本进入正规金融市场的步伐，加剧了民营中小企业在正规金融市场的融资难状况，使其转而向民间借贷市场求助。民间借贷的市场规模扩张并没有相应产生监管能力的提升，其天然的“去监管化”环境使得政府对该市场风险管理能力严重不足，这是风险发生后政府处理不当的一项主因。

迅速提高的资金成本一方面助长了贷款方不可遏制的贪婪欲望，这种欲望来自于人类天性中的弱点和缺陷。个别人盲从逐利，毫无风险意识，任由贪欲横流，少数人更是起了恶意逃债的欺诈之心；另一方面居高不下的融资成本增加了资金需求方诚信守约偿还本息的难度，当实体产业受宏观经济变化的影响，利润率明显下降，偿债能力不足以支付资金成本，而政府在经济向上时期盲目将财政资金大量投入城市扩建或改造，削弱了政府抵御民间借贷风险的能力，以信用风险为代表的各类市场风险纷至沓来，互相联保的机制将各种风险迅速扩展，加上金融领域固有的系统关联性，风险在民间社会广泛传播，在房地产、煤炭等行业中产生巨大的连锁反应，逐步系统化的风险甚至催生出区域性的经济危机，暴露出地方政府应对民间金融风险能力不足的短板，内蒙古鄂尔多斯和浙江温州地区即为典型例证，下一节将对此做具体的展示和分析。

第四节　民间借贷与非法集资风险的影响：以内蒙古民间借贷及其诉讼为视角

近十多年来，伴随着国家西部大开发和能源战略西移，内蒙古地区 GDP 增长稳居全国前列。据统计，2002 ~ 2009 年，内蒙古经济增速连续 8 年位居全国第 1 位。2003 ~ 2011 年，连续 9 年实现了 15% 以上的增速。2012 年经济增速略有下降，但仍达到 11.3%，人均 GDP 首次突破 10 000 美元大关。2013 年内蒙古 GDP 增速进一步下降到 9%，2014 年进一步跌落到 7.8%，其中鄂尔多斯市国内生产总值从全区第 1 位跌至倒数第 1 位，呈现出明显回落的态势。[①]

进入 21 世纪后，借助资源价格的节节攀升，内蒙古经济的发展可谓一马当先。中小企业相应发展迅速，资金需求旺盛与资金供应渠道的缺失促使该地区的民间借贷盛行。煤炭、房地长等行业对资金需求的极度膨胀，促成了大量资金需求渠道的生长，以上需求也为逐渐富裕并追求资金保值增值的民众带来了投资的契机。但是，民间借贷与非法集资风险的负面影响不容小视，从诉讼的角度考察，民间借贷案件量倍增、涉案标的额巨大、涉案主体纷繁复杂等特点给司法运

① 资料资料来源于历年来的中国统计年鉴、内蒙古自治区统计年鉴、国民经济和社会发展统计公报。

行带来一定的挑战，同时，对社会的稳定性和该地区金融环境的健康发展也带来很大的威胁。本课题组在对内蒙古地区进行实地调研的基础上，从民间借贷基本情况及其相关诉讼的视角，分析民间借贷和非法集资风险的风险及影响。

一、内蒙古自治区民间借贷诉讼情况

（一）内蒙古自治区民间借贷诉讼与非法集资的案件数量

自2007年以来，内蒙古的民间借贷案件在接近6年的时间里，每年以10%的速度增长。2010年后增长幅度达到17%，2011年甚至已经接近20%。部分市县增长尤其突出，如鄂尔多斯市2011年增长52.95%，2012年略有下降，但依然达到30%。该类案件在全区主要集中分布于赤峰、通辽和呼伦贝尔三个盟，占全区同类案件总数的60%，西部的呼和浩特、包头、鄂尔多斯的民间借贷案件数量占26%，其中鄂尔多斯占16%。①

另外，根据内蒙古自治区公安部门的统计，2011年底，内蒙古自治区公安部门有关非法集资（主要包括非法吸收公众存款、变相吸收公众存款和集资诈骗罪）的立案共计112起，与2010年相比，同比增长22%。2011年涉案金额67亿元，投资人逾40 000人，且主要集中在呼伦贝尔、包头与鄂尔多斯地区，另外还有巴彦淖尔市和赤峰市参与者也甚多，上述五地非法集资案件占了全区非法集资类案件的80%。非法集资案件的爆发在时间上略微滞后4年左右，同民间借贷民事案件发生地区基本一致，从这一角度证明了民间借贷与非法集资两者之间具有较为明显的关联。

（二）内蒙古自治区民间借贷诉讼的案件特点

根据对内蒙古自治区不同地域的比较统计，发现内蒙古自治区的民间借贷诉讼案件有以下共同特点：

1. 受案标的总额逐年增长

2012年比2009年在涉案标的总额方面上升23.19%，仅上半年就达到21.29亿，远远多于2009年全年14亿元的数额。部分地区呈现接案标的额成倍增长趋势，如鄂尔多斯2012年1～6月出现民间借贷案件井喷式增长，达到14.9亿元，同比上升402.7%，全区21.3亿元，鄂尔多斯就占了69.98%。

---

① 本节未注明的数据来源于2012年课题组赴内蒙古调研时内蒙古高级人民法院、包头市、鄂尔多斯市中级人民法院、鄂尔多斯市仲裁委员会提供的资料。

2. 民间借贷案件的地域分布广泛且不平衡

民间借贷在自治区各盟市、旗县、乡镇均不同程度存在，并与当地的经济活跃程度密切相关。中东部地区民间借贷规模相对较小，呼和浩特、包头、鄂尔多斯、巴彦淖尔、乌海等西部地区民间借贷异常活跃、规模较大，尤其是鄂尔多斯，素有“南温州北鄂尔多斯”之说。[①] 内蒙古东部4个城市，包括呼伦贝尔、通辽、赤峰等，2012年新收案件数量多，占到总数的62.35%，但每件案子标的较低，平均仅4.3万元；而呼伦贝尔、包头与鄂尔多斯三地的案件数量虽然仅占总数的24.13%，但标的额较大，平均标的额均在10万元以上。

此外，民间借贷案件跨地区、跨省份的案件增多。一些公司不仅在注册地开展业务，还在外地设立办事处、代办处、分公司、子公司等发展借贷业务，这种在一地注册在另一地作案以隐藏民间借贷和非法集资问题以逃避法律规制的情况越来越多，加大了案件的处理难度。

3. 民间借贷案件的形式变化明显

具体表现为：第一，民间借贷从消费性向商事性借贷的转变。目前，内蒙古地区的民间借贷以商事性借贷为主，呈现典型资本化、商业化特征，其中多有企业涉案。在发展过程中，逐渐从以前的“熟人社会”转向现在的“陌生人社会”，通过陌生人之间以营利为目的的借贷赚取利差，使民间借贷转化为非法金融业务活动的可能性大增。

第二，从隐蔽性向公开或半公开状态的转变。目前，中介服务通过互联网、短信平台、散发街头广告等方式发布供求信息的情况屡见不鲜，其中也不乏提供高利息、贷款等相关的中介服务。另外随着社会资金价格水平的不断攀升，小额贷款公司、典当行、寄卖行和投资担保公司等组织介入民间融资市场，甚至其中有一些担保公司公开直接向个人发放贷款并参与借贷活动。

4. 借贷主体和诉讼主体呈现出丰富的特性

首先，表现为职业化、中介化、组织化特征开始显现。随着民间借贷规模的扩大，专门从事放贷的民间资本实力阶层开始出现。专门的放贷公司成为借贷中介，格式化的借条以及日益细化的章程使得民间借贷职业化日益成为一种普遍现象，非银行金融机构参与民间借贷使得这一市场开始具有规范的组织化特性。

其次，表现为主体的多元性增强。目前除普通居民、个体工商户、民营企业外，参与民间金融活动的组织主要以投资公司、担保公司、典当行、寄卖行等形

① 吴琼：《关于对内蒙古自治区民间借贷问题的研究》，载《内蒙古金融研究》2013年第8期，第20~22页。

式存在。[①] 另外，涉及银行领域内部的案件增多，目前出现很多以银行信誉、银行工作人员身份来做担保的民间借贷方式。即使是在自然人借贷中，也涉及普通居民、政府官员，甚至还有学生、退休职工等。

最后，同一主体串案现象严重。由于放贷越来越职业化，"一原告诉多被告"的诉讼模式显著增加。原告往往是职业放贷人，被告往往是大量举债的企业或自然人，尤其是一些私营企业主。有的涉诉案件中，原、被告间还另有借贷关系，此外还存在实际出资人背后的隐名出借人。这种借贷方式形成较长的民间借贷链条，除了链条末端的人之外，其他人都可以当原告，因此民间借贷的社会影响面往往很大，风险传导性也因此大大增强。

二、鄂尔多斯市民间借贷情况

（一）基本情况介绍

鄂尔多斯是内蒙古民间借贷危机的重灾区。当地的民间借贷和房地产、自然资源开采联系紧密，民间借贷的与房地产市场和自然资源市场是相互推动的。政府为开采资源大量征地，人们在政府征地中迅速获得大量资金，这是民间借贷资本的主要来源。[②] 其次，鄂尔多斯作为资源型城市，尤其是煤炭、钢铁等资源型行业投资涉及金额大，在煤炭和钢铁价格大幅上涨时期，虽开发资金利率成本很高，但仍有利可图。很多从自然资源价格大幅上涨获得的资金，又以各种形式流入当地的房地产市场。然而当国家对房地产市场进行调控时，民间借贷资金链断裂，放贷人认为风险已经出现，于是纷纷上门讨债，出现了"万民放贷、十万民讨债"的现象，以致民间借贷案件大幅增长。此外在自然资源开采领域，一旦某一环节出了问题，如采矿权没有得到批准或者遭遇煤炭和钢铁价格连续走低，也会造成债务人造成资金链断裂，进而无法还债。

在鄂尔多斯市，大部分居民均有过放贷行为，民间借贷已成为当地人经济生活的一部分。根据人民银行呼和浩特中心支行在鄂尔多斯东胜区的问卷调查结果显示，该区自然人民间借贷活动参与率达到89.4%，既有普通居民也有政府官员，甚至还有学生、退休职工等。据有关权威人士推测，鄂尔多斯市每年发放的

---

① 吴琼：《关于对内蒙古自治区民间借贷问题的研究》，载《内蒙古金融研究》2013年第8期，第20~22页。

② 刘甜、张丽娜：《民间借贷与房地产泡沫——以鄂尔多斯为例》，载《中国外资》2013年第5期，第140~141页。

民间借贷资金规模在800亿~1 000亿元，占该地区全部融通资金的1/3。① 民间借贷的利润非常丰厚，每月利息一度高达30%~40%，相当于同期银行利率的100倍以上，甚至比温州的利率水平还要高。高利率无疑是鄂尔多斯的“全民融资”现象的重要推手。

（二）民间借贷诉讼情况

鄂尔多斯市民间借贷诉讼案件数量近年来增速很快。该市两级法院2009~2012年的统计数据如下：2009年，民间借贷案件共有2 842件，占全部案件总数的21.54%，标的额7.7706亿元。2010年，民间借贷案件数量略有增加，达到3 001件，占当年全部案件总数的21.71%，涉案标的6.8417亿元，比上一年度略有减少。2011年，民间借贷案件大幅增加，共有4 950件，占当年全部案件总数的28.6%，涉案标的达15.860亿元，比上一年度增长52.95%。2012年，数量增长更显惊人，仅上半年民间借贷案件数量即为6 000件，占全部案件总数的43.95%，涉案标的27.1213亿元，比上一年度全年增长30%，呈现出爆炸式增长的态势。

三、包头市民间借贷基本情况

包头市民间借贷案件相对集中于昆区和东河区。包头过去以东河为经济中心，是晋商发展的地方，自古民间借贷就很活跃，因此相关案件主要集中于几个经济活跃的地区。大型国企、军工企业的顺利转型以及一河之隔的鄂尔多斯资源型经济的发展，使得包头市的资本交流非常频繁，资本也非常活跃，这一系列因素促成了包头市民间借贷的发展。

2009年，包头市两级法院共受理民间借贷案件1 360件，诉讼标的额1亿多元。2010年，受理案件1 133件，数量虽然下降，但诉讼标的额上升至1.2亿元。2011年，受理案件1 358件，同比上升19.86%，诉讼标的额2.6亿元，同比上升116%。截至2012年6月30日，民间借贷案件已多达1 318件，诉讼标的额达到8.7亿元。这充分说明了民间借贷案件井喷式的爆发在内蒙古地区是相互关联的，不仅仅局限于鄂尔多斯这样的典型地区。

① 李崇刚、付冬梅：《内蒙古地区民间借贷现状分析》，载《内蒙古统计》2011年第4期，第42~43页。

四、西乌旗民间借贷基本情况

西乌珠穆沁旗简称西乌旗，是内蒙古自治区锡林郭勒盟下的一个旗。该旗下辖5个镇，面积22 960平方千米，2010年统计人口仅9万人。[①] 据保守数据测算，2010年西乌旗民间借贷资金总量约5 000万元，资金来源为城乡居民个人闲置资金，参与借贷的主体有牧民、城镇居民、个体工商户、下岗职工等。民间借贷的资金用途主要是建房、治病、子女上学、婚丧嫁娶等生活消费和个体工商户经营中临时性的资金周转。在西乌辖区以盈利为目的的民间借贷利率主要有36%、24%、18%三种。借贷期限以一年期以内短期借贷为主，多为半年或三个月以内，贷款金额集中在5 000～20 000元。

西乌旗民间借贷多以财产作为担保，一般采取利息面议当面成交的方式。借贷方式主要分三种，一是直接融资，即借贷双方订立契约，确定借贷金额、利率和归还日期，一方提供资金，另一方到期还本付息。二是采取以物易物的借贷关系，如牧民在资金匮乏的前提下赊购生产工具或大宗耐用消费品等，双方约定在绒毛收购旺季或牲畜出栏季节偿还欠款，这种借贷行为在牧区较为常见。三是采取以物抵贷的借贷关系，即牧民在资金匮乏时借入资金，双方约定在牲畜出栏时以牲畜抵贷，俗称“放对羊”，实际上是一种变相的借贷方式。

西乌旗的民间借贷范围有扩展之势。人民银行对该旗高利贷情况已跟踪多年并进行了监测，在起初几年借贷范围还不是很大，应该在10%以下；近十多年来，随着经济的发展和畜牧业集约化经营的需要，牧民对资金的需求逐年上升，民间借贷也呈现扩展趋势。如对旗巴音华镇所辖的18个嘎查[②]抽样调查普遍存在高利贷现象，民间借贷比例约为20%；而高利贷覆盖面较广的查干宝格图、巴彦浩勒图、萨如拉宝力格、罕乌拉四个嘎查，借贷范围在20%～40%，且有发展之势。[③] 西乌旗作为内蒙古小城镇的代表，其民间借贷的形成主要原因在于当地金融业务网点较少，金融服务力度不足，牧民超前消费和规避风险意识不对称，畜牧业经历产业结构调整阵痛等。

---

① 西乌珠穆沁旗，百度百科，http：//baike. baidu. com/item/%E8%A5%BF%E4%B9%8C%E7%8F%A0%E7%A9%86%E6%B2%81%E6%97%97？sefr=enterbtn，访问日期：2015年12月10日。

② 蒙古语中的嘎查相当于汉语中的行政村。

③ 彭雨：《对西乌旗民间借贷情况的调查与思考》，载《内蒙古金融研究》2010年第4期，第33～35页。

五、内蒙古翁牛特旗民间借贷基本情况

翁牛特旗位于内蒙古赤峰市，面积 11 889 平方千米，人口约为 48.6 万人，下辖八个镇，一个乡，三个苏木。[①] 近年来，该旗民间借贷案件也出现急剧增加的态势。首先，从借贷规模来看，2008 年，该旗法院共受理高息贷款案件 938 件，占全院受理案件的 34.28%，涉诉标的总金额 432 万元。2009 年，受理借贷案件 1 149 件，占全院受理案件的 25.09%，涉诉标的总金额 620 万元。2010 年 1 ~ 5 月，共受理借贷案件 618 件，与 2009 年相比同期增长了近一倍，涉诉标的总金额 1 100 余万元。受理案件标的额也由原来的几千元、几万元上升到现在的几十万元甚至上百万元。

从主体来看，借非法高利贷的农牧民多达六七百户，涉及人数近两千人，这些借高利贷的人中 95% 以上都是农牧民。同时，放高利贷、中介人员、黑社会性质的追债人员形成经营高利贷放债团伙的相关人数近四五百人，仅丹镇东园子村的养育肥牛专业户就有 70 ~ 80 余户参与了民间借贷。2010 年 6 ~ 7 月，在当地人民法院开庭的案件涉及非法高利贷的占 95%，每天涉及的人员均多于 100 人，而且全部都为放贷人诉借款人。翁牛特旗作为内蒙古少数民族聚居区较大城镇的代表，因其复杂的民族成分、特殊的地理位置、多样化的表现形式，表明民间借贷在内蒙古地区日趋普遍性、公开性、职业性等特点。

六、内蒙古民间借贷及其影响状况的小结

民间借贷与非法集资风险的影响在内蒙古地区比较具有代表性，这一方面与该地区民间借贷的规模较大紧密相关，也与内蒙古自治区居民的部落性与群居性有一定的关系。根据以上调研收集的资料，内蒙古自治区民间借贷与非法集资风险对地区发展与司法诉讼方面的影响主要表现在以下几个方面：

（一）从社会整体角度的解读

1. 对社会稳定性的冲击

首先，民间借贷的规模性与涉及主体的广泛性决定了其极大的社会影响。相比于一般性民事活动来讲，民间借贷尤其是非法集资类案件涉及的往往是几十甚

① 苏木系内蒙古地区特有行政区划，与乡属同一区划层次，分布于内蒙古牧区。

至几百位诉讼主体，再辅之内蒙古自治区居民的群居性与部落性特征，给社会带来较大的波动。在包头“惠龙案”中,[①] 惠龙公司向社会融资12.397亿元，涉及的人数高达1 000多人，另外还涉及多个民间借贷机构，特别是因为典当行的直接参与，引发了该机构的经营危机，放大了该民间借贷案件的风险。

其次，根据调查，多数老百姓用来放贷的钱都是“保命钱”，即养老保险金。资金来源的特殊性使得内蒙古自治区的民间借贷行为不再单纯地涉及市场交易领域，这种社会性因素给规制民间借贷增加了维护金融稳定之外的考虑因素。由于民间借贷与民众社会权利实现的相关性，借款人在遇到资金难以收回的情况时，往往通过政府信访的渠道“讨公道”，给行政处置民间借贷风险带来很大的压力。

另外，民间借贷往往与恶意追债互相关联，甚至会对民众的生命安全造成威胁。据调查，在翁牛特旗东部的各乡、镇、苏木因无法偿还高利贷而出走的人数已经超过100人，被债主和追债和黑社会性质的不法分子追债过程中打伤、打残的也已达到数十人，可见民间借贷对社会稳定的冲击不可忽视。

2. 对经济秩序的冲击

首先，民间借贷的高利率大大提升了整个社会的融资成本，很多中小企业因为在正规金融机构融资困难转向民间借贷市场，但是民间借贷市场的高利率反而使其背负更加沉重的负担，实体经营企业的大部分利润被高息抵消，进而产生借新债还旧债的需求，这在一定程度上形成中小企业融资的恶性循环。

其次，内蒙古自治区民间借贷的资金投向单一，受国家宏观调控的影响较为明显。目前该区的民间借贷主要集中在煤炭、房地产、化工等垄断型、高利润领域。据测算，这三个行业融资占全部融资规模的比例分别约为20%、60%和15%，一旦国家对这些领域进行调整，如出现房地产滞销，煤炭和化工产品价格下跌，资金链断裂，民间借贷将面临巨大风险。[②]

最后，据调查，在鄂尔多斯、包头等地区，街头的各类商铺中一部分已蜕变为高利贷的“中介机构”，对正规金融服务形成了遮蔽效应，使得不少实体经济的资金需求转向高利放贷领域，无疑会导致地方经济短期内虚高现象，繁荣的经济表面背后隐藏着巨大的“泡沫”。根据相关人士介绍，受民间借贷高利率的影响，内蒙古自治区民间借贷盛行，保险、股票、基金、银行理财、债券、信托等其他替代性金融产品被大大忽视，这对传统正规金融业务发展也构成很大挑战。

---

① 该案涉及非法集资近7年之久，因法定代表人金利斌自焚而于2011年浮出水面，引发全国关注。

② 陈冠霖、苏亚拉图：《内蒙古民间借贷的问题与建议》，载《内蒙古师范大学学报》（哲学社会科学版）2013年第6期，第156~158页。

（二）从司法诉讼角度的解读

1. 对司法审判的影响

民间借贷由于其极大的风险本身便具有极大的诉讼可能。根据以上数据不难得出，民间借贷案件的数量在内蒙古自治区所占比例居高不下，保持递增的趋势，这对内蒙古自治区的法院工作带来极大的挑战；其次，民间借贷的证据难以取得。借条性质的认定与民间借贷形式的隐蔽导致在诉讼过程中取证、质证等往往占用大量的时间，司法效率因为民间借贷的过于集中而下降；再者，民间借贷涉及的主体数量大，多个主体的利益交织增大了案件审理的复杂性，司法审判必须在兼顾多方的利益诉求的同时寻求法律的适用，另有诸多民间借贷牵涉非法吸收公众存款罪、高利转贷罪、集资诈骗罪等违法犯罪案件，民事与刑事案件时有交织，这也给刑民交叉司法实践带来极大的挑战。

2. 对法律适用的影响

民间借贷案件多牵涉大案、要案，此类案件的处理严重影响社会稳定。在内蒙古自治区，有些案件2007年就已立案，但囿于处理上的难度，至2012年仍未选定解决方案。另外据调查，内蒙古自治区民众因为民间借贷问题上访中央曾最多达到400多人，甚至出现因为一个案子一年上访80多次。法院在实践处理中的态度一般也是“先行政、后民事、再刑事”，即尽量不触及判刑的问题，以此来保证借款被偿还的可能。

对于民间借贷案件的处理，内蒙古自治区将社会稳定性置于重要的考虑位置。当担保债权和民众生存权益发生冲突时，该地区法院往往为了民众利益否定担保债权的优先性，采用按比例平等偿还的办法来实现“维稳”的考虑。这样的处理方式在目前来讲固然是政治上的优选方案，但是在一定程度上限制了法律发挥作用的空间，甚至有违依法办事的基本原则，造成法官在审判案件的过程中很被动。此外，民间借贷类案件的处理往往涉及行政力量。内蒙古地区对于民间借贷类案件的处理一般是通过民间借贷工作领导小组，实现统一指挥协调，统筹考虑，统一部署，其中党委、政府、法院、检察院领导均有涉及，并且坚持公安为主导，法院、检察院充分发挥作用的原则。这对司法独立性的影响值得商榷。

总体而言，民间借贷对于解决内蒙古地区中小企业融资难、增强地区资金活跃程度和提高资本赢利能力方面发挥了重要作用，在一定程度上缓解了中小企业和“三农”、“三牧”的资金困难，是对正规金融的有益补充。但是，民间借贷不受监控的野蛮生长和过度扩张无疑会对经济的正常发展带来诸多负面影响，这是在进一步改革过程中需要关注的。

第五节　民间借贷及非法集资风险的影响：以温州民间借贷及其诉讼为视角

一、温州民间借贷及其诉讼的基本规模

温州是浙江省辖地级市，浙江省三大中心城市之一。是中国民营经济发展的先发地区与改革开放的前沿阵地。根据2013年人口统计数据，该市有919.7万人，面积11 784平方千米，GDP超过4 000亿元。截至2015年，温州下辖4个市辖区、5个县和2个县级市。①

据人民银行温州市中心支行监测分析，2011年末，温州民间借贷的市场规模约为1 100亿元，已经占到该市GDP的比例约为32%，真正用于实体投资的只有35%，金额约为380亿元，89.2%的家庭、59.6%的企业都参与过民间借贷。

从诉讼的角度考察，温州民间借贷的规模呈现出如下变化趋势：2006~2007年，温州的民间借贷规模总体比较平稳，但从2008~2012年来看，每年的案件总量与总金额较之于上一年均出现大幅度上升，增速也逐年加快。

2006~2010年，温州市民间借贷案件收案数与结案数分别上升了184.25%和187.75%，结案诉讼标的总金额的上升幅度远大于收案数量的增长幅度，2008年、2009年均分别比上年增长2倍以上，2010年比2007年更是增长了15.96倍。从2011年7月以来，全市法院民间借贷纠纷案件每月收案量均在1 000件以上，进入2012年，月收案量更是越过了1 500件的关口。② 全年民间借贷案件标的总金额达到了2 172 441万元，案件数量高达19 446件。

2013年情况有所变化，虽然民间借贷案件数量仍然处于高位运行的状态（全市受理的民间借贷类案件总数为16 687件，占案件总数的61.55%，标的额总计达1 785 277元），但已经出现一定的下降趋势，较之于2012年分别下降14.13%和17.82%。③ 从温州全市的金融案件收案情况来看，民间借贷类案件占

---

① 温州，百度百科，http：//baike. baidu. com/item/% E6% B8% A9% E5% B7% 9E？sefr = enterbtn，访问日期：2015年12月10日。

② 关于温州市民间借贷纠纷案件的调研报告。

③ 2013温州法院金融审判白皮书。

金融案件收案总数的一半以上，高达 61.55%。[1]

进入 2014 年后，温州市银行新增贷款大幅下降，民间借贷规模也一蹶不振，反初步判断应该是当地正规借贷市场和民间借贷市场以过桥贷款等方式形成的隐蔽联系。根据浙江法院司法统计数据，2014 年上半年，全省新收金融纠纷案件 3.35 万件，涉案标的 912.75 亿元，比上年同期增长 68.27%。其中，金融借款纠纷 2.59 万件，涉案标的 824.9 亿元，数额增幅为 79.87%，而温州增幅为全省最高，达到 102.33%。统计还显示，自 2013 年二季度开始，温州破产案件大幅增加，[2] 这表明民间借贷对地方经济可能造成毁灭性的效果。

为展现温州市各级人民法院近年来民间借贷案件基本情况，以下用该市中级人民法院2015 年工作报告中的图表（见图 1－2）展示 2008～2015 年民间借贷收案数量。

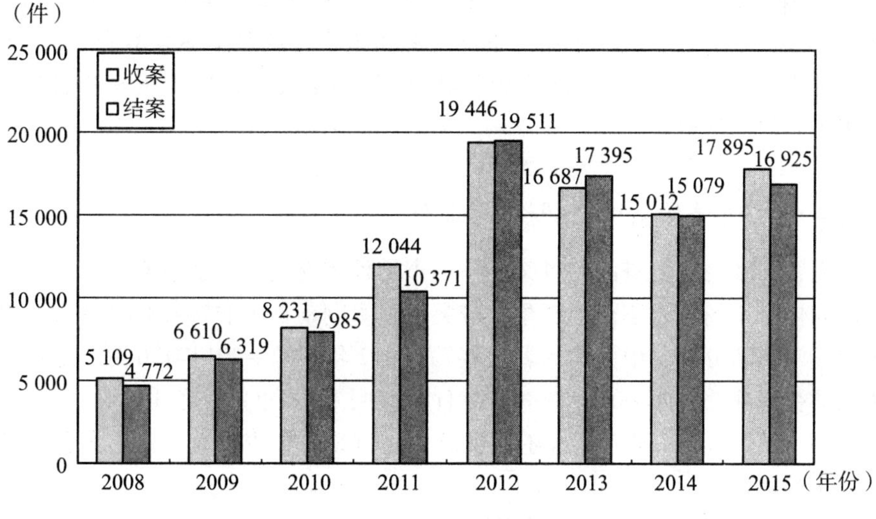

图 1－2　2008～2015 年民间借贷收案数量

二、温州市民间借贷案件基本特点

从以上温州民间借贷的基本数据可以看出，该市民间借贷案件数量多、标的额大，不同地区民间借贷的总数量与诉讼规模存在较大的差异，并与当地经济发展水平密切相关。其次，区县政府对民间借贷风险的防范意识和控制程度，对民

① 2013 温州法院金融审判白皮书。

② 《温州金改逾两年后"钱踪"：银行新增贷款和民间借贷规模都在萎缩》，载《东方早报》2014 年 8 月 1 日，第 A23 版。

间借贷纠纷的产生有着较为不可忽视的影响力。除了这些基本特征之外，温州市民间借贷类案件的主要特点还体现在以下几个方面：

（一）民间借贷类案件与相关案件相互影响

首先，民间借贷类案件与正规的金融借款合同纠纷的发生几乎是一致的。据统计，2013 年 1 ~ 7 月，温州市两级法院共受理金融借款合同类纠纷案件 2 978 件，收案标的额高达 110 亿元，而 2012 年全年此类案件收案仅为 1 512 件，标的额约为 31 亿元。这和银行融资市场与民间借贷市场之间的关联性密切相关，表明一部分银行借贷资金直接流入民间借贷市场，二者之间的风险往往难以界清，一旦企业、个人的民间借贷资金链断裂，银行借款得不到偿还是其必然后果。从有关部门的统计数据来看，截至 2013 年 6 月末，温州各商业银行不良贷款余额达到了 181 亿元，不良贷款率已经升至 2.69%，和 2012 年同期的 0.37% 相比上升幅度很大，[①] 而到了 2014 年第一季度，温州市银行坏账率继续攀升到 4.66%，明显超过 2% 的合理范围，再次达到新高，[②] 反映了民间借贷和正规金融机构的借款相互之间的深刻影响。

（二）民间借贷类案件具有复杂性

首先，涉及民间借贷的民事案件与刑事案件多有交叉，造成有关部门处理困难。民间借贷市场中的不规范现象比较突出，牟利动机下非法吸收公众存款和集资诈骗成了不法分子眼中的“致富捷径”。2012 年 7 月 ~ 2013 年 6 月，温州市两级法院共受理非法吸收公众存款一审案件 12 件，涉及犯罪分子 18 人；集资诈骗 18 件，涉及犯罪分子 24 人。这还不包括一些由政府负责处置，没有或尚未进入司法程序的案件。

其次，法律规避行为的存在加剧了民间借贷案件的复杂性。由于民间借贷参与者本身金融法律知识缺乏，操作不规范，加上融资中介的一些规避行为，使得原本看似简单的民间借贷日趋复杂。一方面，规避法律禁止高利贷的手段越来越复杂，除了常见的砍头息[③]、重新出具借条计算复利等方法外，还出现了如“阴

---

① 李伊琳：《不良贷款半年猛增 94 亿　温州急建快速通道“泄洪”》，载《21 世纪经济报道》2012 年 8 月 2 日，第 10 页。

② 参见最高人民法院 2011 年颁布实施的《关于依法妥善审理民间借贷纠纷案件促进经济发展维护社会稳定的通知》。

③ 指借钱时预先从本金中扣除一部分钱。

阳借条”①、借条“证券化”等形式。由于资金借还往来频繁，加上资金链复杂交错，经常出现借还资金非由债权人或债务人，而由第三人直接代为付还的情况，导致借贷双方表面的资金往来与实际情况不一致，加大了审判案件的难度。

（三）民间借贷类走向高利化

高利率被认为是民间借贷自身恶性发展、反噬实体经济的主要原因所在。据鹿城法院反映，诉讼到法院的书面约定借款月利率一般在3分左右，但部分借款实际月利率达4～6分，个别甚至高达7～10分，涉及高利贷及疑似高利贷案件数量近800件，约占总案件数的九成。龙湾法院2011年1～8月审结的326件民间借贷纠纷案件中，约定月利率2分以下（包括2分）的89件，占27.3%；2～3分的43件，占13.19%；4～5分的21件，占6.44%；5分以上的4件，占1.22%；未约定利息的169件，占51.84%。② 未约定利息的显然不是无息借款，而是实际支付的高利没有体现在借据上，这种情况往往意味着当事人知道该利率超出了司法解释规定的上限要求。如此高的利息水平意味着资金只能以短期使用为主，且必须在借还的链条中快速循环流动，一旦资金长期占用或有借无还，则资金链迅速崩裂，纠纷发生在所难免。

（四）融资中介普遍介入后呈现批案现象

融资中介的参与往往使案件呈现批量化特征。据不完全统计，2012年，温州有担保公司195家，投资（咨询）公司1 745家，典当行60家，寄售行396家，旧货调剂行132家，共计2 528家。多数机构很少以机构名义开展业务，而是由其从业人员以个人或亲友名义开展融资放贷业务。龙湾法院审理的民间借贷纠纷案件中，约有1/3的案件有担保公司的身影。③ 形形色色的担保公司等融资中介的加入使得原本简单的借贷双方结构变为复杂的三方格局，拉长了交易链条，推高了利息水平。温州市担保协会的一些副会长单位和理事单位因违规从事民间借贷业务，其实际负责人选择跑路，担保公司基本上都只收款，不放贷，处于歇业或半歇业状态。

另外，同一被告的批案形式也比较常见。这主要是因为民间借贷中一人向多人放贷或举债，以及相互拆借、相互担保的情况比较常见，一旦涉诉，往往是相

---

① “阴阳借条”是指借贷双方在发生借贷关系时，债权人预先准备两份借条，其中一份载明的是真实约定利息，而另一份则写明合乎法律规定的利息。前一份用于双方之间结算，称为“阴借条”后一份则专门准备用于诉讼，称为“阳借条”。

②③ 关于温州市民间借贷纠纷案件的调研报告。

互牵连的。反映在审判之中，就是批案特点显著，职业放贷者往往在多个案件中作为原告起诉。龙湾法院 2012 年 1 ~8 月民间借贷纠纷案件中，同一单位或个人在三个以上案件中作为被告的案件共有 89 批。①

（五）民间借贷类案件主体特殊

企业或企业主及家庭成员涉及民间借贷案件的现象比较突出。据不完全统计，在全市法院 2011 年 1 ~8 月受理的民间借贷纠纷案件中，涉及企业的有 188 件，企业作为原告的有 26 件，作为被告的有 162 件。其中，龙湾法院有 32 家企业成为案件当事人，涉及案件 61 件，企业作为被告的有 60 件，涉案金额共计 2.07 亿元，占该类案件收案总标的额的 28.2%。除此之外，更多的案件是以企业主或其家庭成员作为原告或被告出现。该院受理的 569 件民间借贷纠纷案件中，共涉及当事人 1 070 人，其中有 1 038 位为自然人，而在自然人中，属于企业主或企业主家庭成员的有 529 人，占 49.4%。瓯海法院在 2011 年 1 ~8 月受理的民间借贷纠纷案件中，被告系企业主或企业主家庭成员的比例占 77.34%。②企业或企业主作为债务人的情况下，一旦丧失偿债能力，还会造成不能支付工资、货款，进而引发劳动争议、买卖合同纠纷等案件。

（六）债权保障不充分

温州市的民间借贷案件中，有相当一部分案件的借款有信用保证担保，有一部分案件完全没有担保，设立抵押、质押等物权担保的极少。据统计，龙湾法院 2012 年 1 ~8 月审结的 326 件民间借贷纠纷案件中，有 91 件案件的借款有保证人提供担保，占 29.91%。③ 另外，不少借款人与担保人存在相互提供保证情形，抵押、质押担保的极少，债权没有充分保障，一旦某个债务人不能清偿，可能发生连锁反应。同时，由于放贷者的大部分资金也是举债借入，并非自有，一旦下家不能还款，势必会造成放贷者对上家违约，被他人追索债务。

三、民间借贷及非法集资风险对温州的影响

（一）从社会整体角度的解读

温州市民间借贷风险在全国最为典型，累积到了不容忽视的程度。2011 年 1 ~

①②③ 关于温州市民间借贷纠纷案件的调研报告。

9月，全市民间借贷纠纷案件收案标的额已达64亿元，公安机关立案侦查的涉嫌集资诈骗、非法吸收公众存款案件22件。按照中国人民银行温州中心支行估计的温州民间借贷约1 100亿元的市场规模来计算，2011年1～9月民间借贷纠纷案件形成的不良资产，约占不良资产总额的5.8%。[①] 如果加上公安机关立案侦查的涉嫌非法集资类刑事犯罪的金额，不良资产比例还会有所增加。这种逐渐累积的民间借贷风险给温州市的社会发展主要带来以下影响：

1. 对金融秩序的影响

首先，民间借贷风险爆发极易导致中小企业的倒闭。温州中小企业对民间借贷资金的依赖程度很深，据有关部门对瓯海区105家中小企业抽样调查，在企业初始资金来源中，有90家企业通过民间借贷筹措资本，占85.71%，其中有32家初始创业资金完全通过民间借贷获得资金，占30.5%。[②] 中小企业是温州经济的构成主体，并且以传统行业为主，利润很低，而民间借贷的利率使得中小企业原本就微薄的利润难以为继，轻者影响其发展，重者甚至导致企业倒闭。由于为数不少的企业或企业主之间存在相互担保情形，还容易产生一损俱损的多米诺骨牌效应。

其次，与一般地区民间借贷类似，温州市的民间借贷对于当地实体经济的影响也是不容小觑的。重要的是，温州地区的制造业比较发达，实体经济尤其是小商品经济的发展程度直接导致温州市整体经济发展水平。民间借贷的高利率可以说是极大的利益诱饵，导致许多经济实体转向民间借贷领域，同样会产生经济水平虚高、经济泡沫的存在。据统计，民间借贷中约存在40%不与实体经济直接关联的空转资金，如个人借给中介机构收取高额利息，民间中介借出、由借款人用于还贷过桥垫款、验资垫款等。[③] 这部分资金风险较大，是一种“虚拟金融收益”。

2. 对社会和谐稳定的影响

首先，民间借贷容易引发群体性事件，影响社会稳定。负债金额巨大的涉诉企业或企业主一旦资金链断裂，往往伴随着企业停工、倒闭，企业主出走，继而企业欠薪，工人失业，导致工人、放贷人、供货商聚集讨债，甚至哄抢财产，极易引起群体性事件。2011年9月21日，浙江信泰集团有限公司董事长出走美国，就引发了供货商、放贷人、工人聚集讨债的事件。[④]

① 张佳玮：《温州民间借贷规模约1 100亿元，处于阶段性高位》，载《温州日报》2011年7月22日，第006版。

② 关于温州市民间借贷纠纷案件的调研报告。

③ 周海成：《浙江温州与上海松江民间借贷的比较与分析》，载《现代信息经济》2012年第21期，第200～201页。

④ 新金：《浙江信泰董事长欠债20多亿“失踪”》，载《深圳特区报》2011年9月26日，第B01版。

其次，容易引发非法集资类犯罪。金额巨大的民间借贷特别是高利贷，背后可能隐藏着集资诈骗、非法吸收公众存款等涉众型经济犯罪。2011 年 1 ~9 月，公安机关立案侦查的涉嫌集资诈骗、非法吸收公众存款的案件共计 22 件，其中非法吸收公众存款案 12 件，集资诈骗案 10 件。此类犯罪涉及面广，涉案金额巨大，受害人员众多，存在较多的不稳定因素，给社会和谐安定可能带来较大的隐患。

最后，容易引发社会治安问题。2011 年 1 ~8 月，温州全市因民间借贷以及担保纠纷共引发 71 起违法犯罪案件，同比上升 16.39%，其中非法拘禁案件 47 起，占全部非法拘禁案件的 21.56%。此外，高利贷为赌博犯罪提供资金支持，加剧了赌博犯罪；有的民间借贷债权人对于到期无力还款的借款人，纠集社会闲散人员采取威胁恐吓、纠缠斗殴或非法拘禁等不法手段追讨欠款。同时，犯罪团伙也可能采用高利放贷手段来聚敛财富，为其犯罪组织提供财力支持，容易造成黑恶势力滋生。

（二）从诉讼角度的解读

民间借贷的隐蔽性、规模性等特点也使得司法诉讼过程遇到多重阻碍，主要体现在以下几个方面：

1. 事实认定困难

首先，是否属于银行或者其他金融机构非法发放贷款难以界定。法院在审理案件中尽管能发现非法发放贷款的端倪，但由于其以民间借贷为幌子掩盖其行为的非法性，故并不能就此确认其为非法发放贷款，也就很难及时移送公安机关做进一步侦查。而非法发放贷款多半伴随着非法吸收公众存款、集资诈骗、高利转贷等犯罪，同样因没有确实的证据予以证明，法院很难做出移送公安机关立案侦查的决定，即便移送公安机关也可能难以立案。

其次，是否属于高利贷难以认定。由于法律规定了民间借贷的利率超过银行同期贷款利率四倍的部分不予保护，对此实践中出现诸多规避的方法，如将利息直接计入本金、预先扣息、在借条上不约定利息而实际以高利计息以及用其他商品买卖协议掩盖高利息等。这种情形之下，尽管诉讼中借款人以高息借款进行抗辩，但往往难以举证，法院也难以认定。

最后，何为“高利”难以认定。目前法律并无明确规定“高利”的确定标准，审判中统一采用的标准是：超过借贷行为发生时中国人民银行公布的同期同档次贷款基准利率 4 倍的不予保护，在新的司法解释公布后，该比例上限调整为 24%。由于对超过部分的利息只是不予保护，借款人如果自愿支付了高利息，对放贷人已收取的高息或约定超过法定最高利率的部分并不能追缴，而诉讼到法院的高利借贷案件又只是同类借贷的冰山一角，相较其巨额的高息回报，不予保护的部分利息，可谓是九牛一毛。

2. “案多人少”矛盾突出

大量民间借贷纠纷案件涌向法院，使得“案多人少”矛盾更加突出。据统计，截至2012年8月1日，温州市两级法院共有未审结民间借贷纠纷案件4 875件，涉及标的额68.81亿元；未执结2 485件，涉及标的额33.98亿元。这一数字还不包括因无财产可供执行导致执行程序终结的案件。鹿城法院金融庭办案人员人均有百余件办案任务，甚至出现了来不及立案的情况，截至2012年7月4日，共有登记未立案民间借贷案件和金融借款合同案件189件，涉及标的额5.58亿元（其中前者63件，标的额1.03亿元，后者126件，标的额4.55亿元）。[①]

2013年，温州各级法院民间借贷案件的增长态势开始出现下滑，全年受理的民间借贷案件数、办结案件数和结案标的分别比上一年度同比下降14.19%、10.85%和25.84%。[②] 然而到2015年，温州各级法院受理的民间借贷案件数量又呈现回升势头，共受理案件17 895件，审结16 925件，同比上升19.2%和12.24%。一线法官常年超负荷工作，部分法院队伍不稳、人才流失和法官断层凸显。[③]

3. 案件审理周期延长

民间借贷案件往往伴随着较低的被告应诉率，有相当一部分案件的被告由于丧失还款能力而举家外出避债，有的被告则采取回避策略，故意逃避债权人的追索，拒收法院传票，甚至断绝通讯联系，其亲属或当地村委会（居委会）工作人员也往往不愿意告知被告的具体地址。上述情况给法院送达造成巨大障碍，法院不得不进行公告送达，拖延了审判期限，而且这部分被告在开庭审理时基本上不到庭应诉。以永嘉法院为例，民间借贷纠纷案件被告缺席判决率超过40%。[④] 而且债务人“跑路”一般也意味着财产已转移，即便债权人胜诉，要真正实现权利主张的难度不小。

另外，债务人到庭应诉的案件中，各种拖延诉讼的手段也层出不穷，例如，对债务凭证上签名的真实性提出恶意质疑，要求进行司法鉴定，以达到为债权人设置障碍或为转移财产争取时间的目的；又如一审后提起上诉，但又不缴纳诉讼费用，这种情况也十分常见。种种有意拖延审判周期的做法增大了司法成本，一旦执行效果不佳，必然给社会经济带来恶性循环。

---

① 关于民间借贷纠纷高发司法应对的调研。
② 温州市中级人民法院2014年工作报告。
③ 温州市中级人民法院2015年工作报告。
④ 关于温州市民间借贷纠纷的调研报告。

4. 审理难度增大

民间借贷案件的一些特点使得在相关法律适用方面出现一定的困难。

首先，利息抵扣本金的处理问题。2012 年 5 月，温州市法院商事审判工作例会已经形成了处理高利贷问题的统一意见，即超过银行法定利率上限的利息予以抵扣本金。不过，如何具体计算利息抵扣也是困扰实践的一大难题：是在每期利息支付后即计算多付部分，并即期抵扣本金进行滚动计算，还是计算多付利息总额，在审判中予以最后一次性折抵本金？如果本金系多次支付，这个问题将会更加复杂。

其次，刑民交叉案件的处理问题。一旦债务人涉嫌犯罪，担保人责任的认定，亟待法律适用意见的明确。债务人构成犯罪后，借款合同是否一概无效？[①] 主合同无效，担保合同是否必然随之无效？另外，担保合同无效的，担保人应承担何种责任？担保法司法解释虽然规定主要依据担保人的过错进行判断，但“过错”究竟为何，是对债务人犯罪行为有无过错，还是指对借款行为有无过错，抑或是对提供担保行为有无过错？实践中没有明确的判断标准和依据。

最后，关于刑民交叉案件刑事程序和民事程序之间具体操作问题，司法解释和浙江省高院指导性意见的规定出现分歧，各地法院的做法也不尽相同，这给司法审理带来一定的困难，这些问题在最高人民法院新出台的司法解释中得到了一定程度的回应。

5. 影响审判执行效果

当前民间借贷纠纷案件被告未出庭应诉的现象比较突出，一方面使得案件处理周期被漫长的公告送达期间所拖延，另一方面也使得调撤率数据下滑，如苍南法院民间借贷纠纷案件调撤率与 2010 年同比下降 37%。同时，被告严重资不抵债的案件较多，导致相当一部分生效裁判文书的履行或执行十分困难。苍南区法院民间借贷纠纷案件自动履行率与 2010 年同比下降 42%，民间借贷案件强制执行中，因借款人缺乏可供执行的财产而程序终结的约占 42.31%。[②]

6. 法律效果和社会效果难以平衡

当前形势下，如何平衡兼顾各方当事人的利益，做到法律效果与社会效果相统一，对于民间借贷类案件的审判也是一大挑战。在债务人为企业的场合，一方面法院当然要保护债权人的合法权益，维护社会诚信体系，另一方面又不能因法院司法行为影响企业。竭泽而渔式的权利保护方法实际上也不利于债权人权利真正有效实现，还有可能造成劳资纠纷等社会问题，尽管司法实践中对该问题已有

---

① 根据最高人民法院公布的指导案例，债务人构成非法吸收公众存款罪，可以不影响其民间借贷借款合同的效力。

② 关于温州市民间借贷纠纷案件的调研报告。

共识，但如何找准平衡点，如何判断企业经营状况及发展前景，进而决定是否给予一定的回旋余地，目前还只能根据一些比较被动的方法掌握。另外，依法办案和服务大局两项目标的兼顾也是一大难题。在政府将企业列为扶持对象而要求法院暂缓立案时，如何保护债权人利益、争取债权人的理解配合，并防范企业逃废债务等问题十分棘手，该矛盾在立案登记制实施之后，也与立案登记制的初衷相违背。

第二章

民间资本的引导法律机制

民间借贷与非法集资是民间资本流动的主要形式之一，防范民间借贷与非法集资的风险，必须采用法律机制正确引导民间资本的流动。从社会治理的角度看，资本问题往往会伴随着各种社会问题的并发症，民间资本的引导无疑是缓解社会矛盾、实现社会财富合理分配以及防范社会群体性事件发生的重要路径。本部分力图从分析民间资本运行态势与特点入手，透视和揭示民间借贷与非法集资的根源，为建立引导民间资本合理流动的法律机制提供实践依据。通过对我国现行有关民间资本投资经营的主要法律规定进行整理和归纳，分析民间资本引导法律机制的立法理念，借鉴境外引导民间资本的立法经验，检讨我国民间资本引导法律机制存在的问题，从民间资本所有人权益保护、市场准入、资金流向监测与引导、激励性规制等角度，提出完善我国民间资本引导法律机制的对策建议。

第一节　民间资本流动中风险积累的原因

一、民间资本的界定

民间资本一般指存在于私人手中的资本，即国外学者所称的私有资本（private capital），区别于政府所拥有或控制的资本。我国的资本有多种运行方式，按照产权结构可以分为五种类型：国有资本、集体资本、私有资本、外商资本、混合所有制资本。民间资本的概念是除了国有资本和外商资本以外的其他性质的企业资本中属于私人所有的部分，以及企业以外的私人所有的资本的总和。

我国民间资本大致可以分为四种存在形式，即经营性、投资性、金融性和其他民间资本，具体分类情况见表2-1。

表2-1　　我国民间资本类型

资本类型	主要构成
1. 经营性民间资本	该部分资本用于生产和经营，属于投资于实业的资本，以产生民营经济利润为目的
2. 投资性民间资本	该部分资本用于投资到特定市场或行业，以保值和增值为目的
3. 金融性民间资本	该部分资本以流动性金融资产为主，包括城乡居民储蓄存款、企业存款、现金、金融产品如各类证券等
4. 其他民间资本	该部分资本一般缺乏流动性，主要包括不动产性质的民间资本比如房产、地产等，社会保障性民间资本比如住房公积金、社会保险的闲置基金等

民间资本与民间金融、民间借贷有非常密切的联系。民间资本和民间金融都具有期望通过投资和运营来获得自身增值的财富概念，然而二者的概念并不能等同。民间金融指正规金融体系以外的金融交易活动，更偏向于描述投资的过程，是一个动态的概念；而民间资本则是所有权角度区别于国有和外资的资本，是一个静态的概念。我国民间金融最广泛的表现形态就是民间借贷，也是民间资本在动态运行中最为重要的途径之一。如果民间资本因为缺乏合理、有序的流动空间而采用民间借贷的方式流动，会出现借贷资本的过度增值，同时也会导致经营性民间资本、投资性民间资本过度萎靡，造成资本的供需难以平衡等问题。与此同时，民间借贷在缺乏疏导和有效监管的情况下，不仅容易引发高利贷、信用危机等社会风险，还会进一步阻碍民间资本与实体经济的有效对接，从而无法实现政府引导民间资本合理流动的预期，影响国民经济健康发展和社会福利的提升。

在上述对民间资本的分类中，鉴于"经营性民间资本"已经通过投资渠道进入到实业生产经营之中，完成了实体化，而第四类"其他民间资本"因为缺乏流动性难以进入民间借贷，因此，我们所讨论的民间资本以"投资性民间资本"和"金融性民间资本"为主，这两种资本成为民间借贷与非法集资中最容易积累风险的部分。在中小企业蓬勃发展和社会转型的重要时期，对投资性民间资本和金融性民间资本的规范和引导具有重要的现实意义，通过建立有效的法律机制来引导民间资本流向国民经济真正需要的领域，实现民间资本与实体经济的对接，提高资本利用效率，规范资本利用方式，净化资本的利用环境。

二、民间资本流动中风险积聚的特点

近年来，我国以民间借贷为重要形式的民间资本的流动相当混乱，存在很多问题。从民间资本较为发达的温州，到异军突起的鄂尔多斯，再到江苏泗洪的“宝马乡”等地的现实情况看，爆发了一系列非法集资、高利贷疯狂、资金链断裂、老板“跑路”等各种民间借贷与非法集资的典型案件。马克思在《资本论》中说：“如果有10%的利润，资本就会保证到处被使用；有20%的利润，资本就能活跃起来；有50%的利润，资本就会铤而走险；为了100%的利润，资本就敢践踏一切人间法律；有300%以上的利润，资本就敢犯任何罪行，甚至去冒绞首的危险。”① 我国很多地区因非法集资、高利贷发生“老板跑路”、“跳楼”、“自焚”等悲剧，有人因此遭受牢狱之灾，资本逐利“恶”的一面被不断放大。狂热的氛围使得个体不理性逐步演化为群体性的不理性甚至地区性的狂热，民间资本所涉及的纠纷和案件不断增加。根据民间资本的运行特征划分，主要表现在以下四个方面。

第一，大量非法集资推升了风险的积聚。公安部的统计数据显示：自2008年以来全国公安机关共破获各种类型的非法集资（含非法吸收公众存款和集资诈骗）案件5 000余起，其中非法集资类案件每年大约增加2 000起，集资金额增加200亿元。② 案件数量的激增直接反映出现行法律监管的失灵，以民间借贷的形式进行违法犯罪活动的趋势大有蔓延之势。在个案中，非法集资的数额不断刷新着历史纪录，以2010年“湖南湘西荣昌集团的非法集资、诈骗一案”为例，涉案的集资群众23 778人，交易次数多达62 615次，涉案金额高达37.7亿余元。至案发时止，仍然有集资本金187 677.77万元无法归还，除支付集资利息及奖励120 194.727万元外，余下的6.75亿元用于荣昌公司注册子、分公司及项目投资，目前尚有1 866.4万元集资款不明去向。该案涉案金额之高、波及范围之广，无疑对地区金融稳定和群众财产安全甚至由讨债行为导致的人身安全造成了极为恶劣的影响。此外，包头金利斌的自焚案、内蒙古鄂尔多斯市石小红非法吸收公共存款案、苏叶女集资诈骗案等，涉案金额动辄数亿甚至数十亿元，在石小

① ［德］卡尔·马克思，编译局译：《资本论》（第一卷），人民出版社1975年版，第829页。

② 李玉波：《从金利斌案看非法集资事件为何频发》，载《中国青年报》2011年6月13日，第10版。

红案中甚至涉及妇女、老人、学生、拾荒者等广泛的社会群体，最终这些走上非法集资犯罪道路的人都以自杀、入狱、死刑等悲剧收尾，留下的巨额债务苦果只能由无辜的社会群众承担。

第二，高利贷加大了民间借贷的风险程度。由于信息不对称所导致资源配置扭曲的“逆向选择”问题，反映在民间借贷中的典型表现就是高利贷问题。高利贷是指为了索取高额利息的贷款，个案中可能达到极其不合理的程度，在中国旧社会称为“驴打滚、利滚利”。旧时传统的高利贷借方往往是出于生活消费目的借贷，以穷苦人为主，而现在的高利贷更多的是为了扩大再生产或投资，成为中小企业解决资金困难的渠道之一①。

众多非法集资能够轻易聚集众多的民间资本，得益于高利贷的高额利润所产生的诱惑，这种诱惑顺应了资本逐利的天性，往往会随着第一批人的获利产生逐利的狂热氛围，越来越多的人在高利润的表象下失去理智，无意甚至有意不去正视高利润掩盖下的高风险问题——资本自身无法创造资本，过高的利率与企业运作的收益效率明显难以匹配②。当这种狂热演变成地区性的群体不理性之时，资本的狂欢会随着非法集资者被“最后一根稻草”压垮而终结，资金链断裂会将这一场泡沫中的海市蜃楼击碎，徒留满目疮痍。从上述几个典型的非法集资案例中可以看到，高利贷促使集资者逐步走上“庞氏融资”的道路，“拆东墙补西墙”是其共同的特点，这种假象会随着负债雪球的越滚越大最终彻底崩盘，影响到整个地区的金融稳定甚至整个社会的稳定。

除非法集资以外，随着市场经济的发展，大量中小微企业和个人（工商户）对资金的渴求也日益膨胀，以国有银行为代表的正规金融基于边际成本的考虑，更倾向于选择能够给予他们大规模订单的大型企业，特别是在与国有企业的合作中，由于政策的原因可以转嫁风险享受收益。由此一来，中小企业所需求的融资缺口便不得不需要民间借贷来填补。但民间借贷中的信息不对称问题、对法律风险的代偿等因素决定了利率一般高于正规金融，中小企业在资金短缺的紧要关口往往只能被动接受过高的利率，即使利率与自身盈利能力不相适配也会基于“要么立刻死亡，要么留下希望”的考虑而被迫接受，然而企业在重负之下难以展

---

① 杨积堂：《民间资本运行的危机透视与法制思考》，载《法学杂志》2012 年第 1 期，第 68 页。

② 以 2012 年我国中小企业股份转让系统披露的中小企业盈利能力为例，2012 年实现盈利的挂牌公司有 181 家，占比 89.16%，比 2011 年的 93.60% 略有下降，其中净利润超过 3 000 万元的挂牌公司共 12 家，超过 1 000 万元的 58 家；亏损公司 22 家，同比增加 9 家，占挂牌公司总数的 10.84%。203 家挂牌公司涉及 12 个行业，主要分布于制造业和信息技术业，毛利率和净利润最高的行业为计算机相关设备制造业，两项指标分别为 51.42% 和 18.53%，与高利贷从银行同类贷款利率的 4 倍到个案中高达 400% 的利率显然难以匹配。中研普华：“2012 年我国中小企业净利润整体稳增”，中国行业研究网，http: //www. chinairn. com/news/20130529/085649371. html，发布日期：2013 年 5 月 29 日，访问日期：2014 年 8 月 19 日。

翅，资金链断裂仍然是很多中小企业在高利贷阴影下的命运。根据 2011 年 7 月 21 日人民银行温州市中心支行发布的《温州民间借贷市场报告》，民间借贷利率处于阶段性高位，年综合利率水平达到了 24.4%，大约 89% 的家庭个人和 59% 的企业都参与其中。[①] 在内蒙古鄂尔多斯，甚至出现“在鄂尔多斯不放高利贷会被人笑话”这种疯狂局面。[②]

第三，传销模式介入加剧了风险的积累。这种模式与实物的传销类似，放贷人员利用网络建立网站发展下线吸引投资，再根据发展下线的人数，按比例提取酬劳。主要策划者往往藏于幕后，先前的投资者本身作为受害者，在利益诱惑下又去发展下线，以金字塔的模式逐步延展资金链、扩大规模。被发展加入这个链条的往往是他们自己的亲朋好友，这就使得民间资本传销犯罪具有智能性、隐蔽性和快速传导的特点，以泗洪非法集资案件为例，集资者分级分层地向村民高息集资，泗洪民间融资占到了全县融资总规模的 85% 以上，直到最后资金链断裂之时，全县老百姓遭受的损失保守估计有上亿元之多，很多村民受高息诱惑倾家荡产，借出去的本金因为无法收回而导致生活难以为继。此外，泗洪当地还破获一起涉案金额高达 4 000 多万的跨国集资诈骗案，以一个由非洲乌干达注册的所谓世华达菲国际投资集团为组织，以董事长、总经理以及业务骨干组成的非法集资网络，以高息为诱源源不断地吸纳老百姓的血汗钱。[③]

第四，互联网技术强化了风险的扩散性。“披理财外衣行诈骗之实”，网络等高科技手段成为犯罪分子作案的障眼法。以新疆发生的集资诈骗案为例，犯罪分子在江苏虚构了“美国天使基金”网页，诱骗受害人浏览，承诺投资 1 000 元每天可返利 15 元，投资 3 000 元每天返利 60 元，诱骗投资人发展下线并按比例给予推荐奖。[④] 新兴的互联网金融中，以 P2P 网贷平台为代表的利用网络技术的融资手段同样出现了一些集资诈骗、卷款跑路的现象，在前几年出现的网贷平台倒闭潮让新兴的互联网金融创新在起步时便蒙上了阴影。

我国民间资本的流动具有很多种形态，其中以民间借贷最为典型，比如私人借贷（包括高利贷）、“银中”或“银背”、典当、互助会、私人钱庄、联结性贷

---

① 《人行温州市中心支行发布〈温州民间借贷市场报告〉》，浙江政务服务网，http：//www. wenzhou. gov. cn/art/2011/8/12/art_3906_175835. html，发布日期：2011 年 8 月 12 日，访问日期：2014 年 8 月 19 日。

② 李玉波：《非法集资案受害人：在鄂尔多斯不放高利贷会被人笑话》，凤凰网，http：//finance. ifeng. com/news/20110613/4140086. shtml，发布日期：2011 年 6 月 13 日，访问日期：2014 年 8 月 19 日。

③ 《江苏泗洪县民间借贷疯狂　贫困县里惊现宝马乡》，中国网，http：//www. china. com. cn/news/txt/2011 - 09/11/content_23394137_4. htm，发布日期：2011 年 9 月 11 日，访问日期：2014 年 8 月 19 日。

④ 吴亚东、李自强：《借网络虚拟基金币传销骗财 57 万　3 人集资诈骗新疆获刑》，法制网，http：//www. legalinfo. gov. cn/index/content/2010 - 06/03/content_2162337. htm？node = 7880，发布日期：2010 年 6 月 3 日，访问日期：2014 年 8 月 19 日。

款、集资等，这些表现形式都具有普遍性、地缘性、非监管性和隐蔽性的特征。其中私人借贷和“银中或银背”是民间借贷的初级形态，私人钱庄为民间借贷的高级形态，其余的是民间借贷的中间形态。① 上述大致的分类由于地理、历史甚至个人的因素，在个案中可能演化出纷繁复杂的形式，进一步隐藏和积聚民间借贷与非法集资的风险。从另一个角度讲，这反映出民间资本流动的复杂性、多样性及风险性。

三、民间资本流动风险积累的经济原因

逐利性是民间资本具有的天性，因此很容易会受到高额利润的驱动而发生流动。特别是在我国银行持续低迷的利率下，有闲置资金的人们往往倾向于将资本转向市场寻求高额的回报。民间资本相比国有资本而言有其自身的特点和优势，它的流动有其独特的生成机理，在确立民间资本治理方式之前，必须对其进行深入的剖析。

（一）存在强烈的外部激励：信贷市场的融资需要

当融资的需求因为配额的限制在正规金融领域得不到满足的时候，这些溢出的融资需要（spillover of unsatisfied demand）会转向市场中未受监管的部分，从而产生受监管市场中溢出的额外的配额，形成一个与受监管市场平行的市场结构。② 这种“溢出需求”的存在从需求和供给之间的匹配角度解释了民间资本流动的外部动因。我国中小企业为中国经济发展提供了75%以上的就业机会，经济总值占GDP的65%，但贷款授信只占贷款授信总额的40%。③ 中小企业的发展势头迅猛，在扩大生产、优化结构的过程中，对于资金的渴求与日俱增，然而我国正规金融的信贷配额制度显然难以满足这种“资金饥渴”。反观民间资本，从总量上来看，民间资本总量已明显超越国有资产总量。相比之下，民间资本的增长速度能够与目前信贷需求的增长速度更容易相互匹配。鉴于民间资本的隐蔽性，我们可以用较为显性的居民储蓄存款量来反映出民间资本的快速增长。“2013年全年人民币存款增加12.56万亿元，外币存款增加284亿美元，年末，

---

① 王春宇：《我国民间借贷发展研究》，哈尔滨商业大学博士论文，2010年5月，第4~46页。

② Bell, C., T. N., Srinivasan, and C. Udry. *Rationing, Spill-over, and Interlinking in Credit Markets: The Case of Rural Punjab. Oxford Economic Papers*, Oxford: Oxford University Press, 49 (1997), p. 557.

③ 傅育宁：《中小企业贡献65%的GDP只获得40%贷款授信》，凤凰网，http://finance.ifeng.com/news/special/zgfzlt_2012/20120317/5764772.shtml，发布日期：2012年3月17日，访问日期：2014年8月8日。

本外币存款余额 107.06 万亿元，同比增长 13.5%。人民币存款余额 104.38 万亿元，同比增长 13.8%，比 11 月末低 0.7 个百分点，比上年末高 0.4 个百分点。全年人民币存款增加 12.56 万亿元，同比多增 1.74 万亿元。其中，住户存款增加 5.49 万亿元，非金融企业存款增加 3.50 万亿元，财政性存款增加 5 768 亿元。12 月，人民币存款增加 1.15 万亿元，同比少增 4 458 亿元。年末外币存款余额 4 386 亿美元，同比增长 7.9%，全年外币存款增加 284 亿美元。"① 根据中央财经大学调查显示，我国在 2009 年的民间资本规模就已经达到 7 400 亿 ~ 8 300 亿元，如果乐观估计甚至可以达到 30 000 亿元的规模。② 无论从增长速度还是从总量来看，民间资本的市场潜力非常可观。事实上，民间资本在很多领域发挥着举足轻重的作用，以固定资产投资比例为例（见表 2 - 2）。

表 2 - 2　2013 年国民经济和社会发展结构指标（片段）中的固定资产投资比例

单位：%

指标	1990 年	2000 年	2012 年
固定资产投资			
实际到位资金结构			
国家预算资金	8.7	6.4	4.6
国内贷款	19.6	20.3	12.6
利用外资	6.3	5.1	1.1
自筹和其他投资	65.4	68.2	81.7

资料来源：2013 年中国统计年鉴。

由表 2 - 2 可以看出，固定资产投资中民间资本覆盖的"自筹和其他投资"占相当大的比重，并且上升趋势迅猛。我国民间资本的增长速度异常迅猛，然而一方面民间资本缺乏合理、有序的流动空间和流动渠道，另一方面以中小企业为代表的实体经济快速发展急需资金支持，这就从供求关系上解释了为什么在我国市场经济迅速发展之余，民间资本暗潮涌动的原因。

（二）信息不对称：成本控制的考量

有学者认为，即使没有政府干预，如果信息不对称的情况长期存在，信贷配

① 中国人民银行：《2013 年金融统计数据报告》，http://www.pbc.gov.cn/publish/goutongjiaoliu/524/2014/20140115094127727196947/20140115094127727196947_.html，发布日期：2014 年 1 月 15 日，访问日期：2014 年 8 月 8 日。

② 2009 年中央财经大学民间资本规模调查研究报告。

给仍然会相伴存在。银行在发放贷款之时，基于借款人道德风险的问题，判断其能否收回贷款是最终发放贷款的决定因素。当银行无法获取借款人信息，或者获取成本过高，抑或者获取信息不完整，银行会以谨慎的态度放弃与该特定主体的合作机会。特别是在发展中国家，经济和金融信息的获取渠道非常受限且成本高昂，难以评估信息的借款人的融资需要无法得到满足。①

从交易成本角度看，银行贷款呈现规模越大、边际成本越低的特点，获取大规模企业信息的成本远低于获取特定小规模借款人信息的成本。在不良贷款率的压力下，银行发放贷款时倾向于做大"分母"，优先选择资信状况非常优越的大型企业，忽视风险较高的中小企业、个体（工商户）、居民的融资需要，形成信贷配额机制。在这机制下，替代性的融资方式和独特的信息获取渠道成为民间资本填补中小企业融资缺口的强大引力。以最为典型的民间借贷方式为例，其边际成本呈现 U 型，在一定规模内具备信息成本的优势。其原因在于民间借贷受地域、社会关系的影响，贷款人比较清楚借款人的资信、收入情况、还款能力等信息，有效解决了信息不对称问题。在贷款后的监督过程中，地域、职业和亲缘等关系使借贷双方可以保持较为频繁的接触或间接联系，有利于贷款人及时了解借款人的还款能力。在担保方式上，民间借贷的担保方式相比银行更加灵活，并且存在社会关系这一隐形担保。从程序成本角度看，银行等正规金融机构审批流程较为烦琐，程序成本较为高昂，而民间资本注重灵活、快捷、简便的特点，程序成本较为低廉。然而，在民间资本缺乏合理、有序流动的前提下，大量民间借贷的信息成本优势也暗藏着巨大风险，特别是在信用体系不健全、市场主体缺乏理性的情况下，流动的民间资本的信息成本成为积累风险的因素。

（三）自发激励：低成本互助和资本增值的需求

普通居民特别是农村居民难以被正规金融覆盖，对信贷服务非常陌生，以生活消费为主要目的的贷款需求往往优先选择更为亲切的民间借贷等民间资本。亲友间的借款不仅无需谈判、担保，彼此的信任或特殊的社会关系会让资金流通非常简便，甚至是无偿的。正是这种居民低成本互助的需求，民间资本更倾向于在体制外流动，同时也积累了风险。

除了普通居民的需求外，民间资本对资本增值的需求进一步推动民间资本在法律制度约束之外流动。当出现严重的通货膨胀时，普通存款的实际利率可能为负值，居民在银行储蓄的动力受到抑制，形成在体制外寻求高回报的动因。尽管

① Stiglitz, J. E., Wiess, A. *Credit Rationing in Markets with Imperfect Information. American Economic Review*, vol. 71, 1981, pp. 393～410.

把资金用于民间借贷等体制外的资本流动方式存在较大风险，一旦高利率或高回报在补偿风险之后仍然高于体制内的市场利率或回报，则会刺激该方式的泛滥使用。正如制度变迁理论认为，“如果预期的净收益超过预期的成本，一项制度安排就会被创新。”① 民间资本的暗流迎合了民间资本增值的需求，同时也增加了风险的积累。

（四）不公平的信贷权：权利配置的失衡

2006年诺贝尔和平奖得主、孟加拉格莱珉乡村银行的创始人尤努斯提出：“贷款不只是生意，如同食物一样，贷款是一种人权”。② 获取资本、利用资本的机会应当是公平、合理、有序的。然而体制内正规金融市场对市场主体权利的漠视，导致资源配置和权利配置失衡，民间资本暗流的产生和快速发展是对信贷市场融资权利分配不公正的有力回应。这种回应会受到公权力的压制，是民间资本暗流存在并且与正规金融部门和公权机构抗争的法理基础③，成为建立合理引导民间资本的法律机制的现实基础。

四、民间资本流动风险积累的法律原因

在探讨民间资本流动产生风险的原因时，法律制度作为金融市场的内在要素，无疑是不可规避的原因。概括起来，导致我国民间资本产生风险的主要法律原因在于缺乏有效的引导机制。具体讲，可归纳为以下几个方面。

（一）压制型法律规制失灵

在发展中国家的金融市场，由于政府对金融的抑制，金融市场呈现出正规金融机构与非正规金融并存的二元结构形态。④ 政府干预导致大量廉价信贷资金分配到以国有企业为代表的政府希望发展的行业，而信贷配额制度导致居民、个体（工商户）和中小企业难以从正规金融中获取融资。

金融抑制主要表现为：利率管制导致较低的利率无法反映市场中信贷资金的稀缺程度；信贷配额干预受政府指导的明显影响，导致银行偏好选择实体经济中

---

① ［美］R. 科斯等，刘守英等译：《财产权利与制度变迁——产权学派与新制度学派译文集》，上海人民出版社1994年版，第274页。

② ［孟］尤努斯，吴士宏译：《穷人的银行家》，三联书店2006年版，第227页。

③ 潘为：《非金融机构贷款人法律制度研究》，吉林大学博士论文，2012年12月，第22页。

④ Ronald I. McKinnon. *Money and Capital in Economic Development.* Washiton, D. C.: The Brookings Institution, 1973.

的巨型产业和具备较高信誉的大公司作为客户，而中小企业难以成为银行客户；市场主体通过建立政策性银行对政府偏好的部门分配信贷资源，其他市场主体的融资空间被压缩，较高的法定存款准备金制度使商业银行在信贷总额度受限的情况下不得不实施更严格的信贷配给行为。

在金融抑制和政府干预下，正规金融无法满足市场对信贷的需求，部分市场主体不得不在体制外寻求渠道，民间资本的流动空间打开，一旦缺乏引导机制，则会推动民间资本不规范、不合理流动，比如灰色金融甚至黑色金融的泛滥。金融抑制理论认为，当政府放弃干预手段，市场机制逐步完善，以及金融深化之后，竞争性的市场体系会让非正式金融不断削减直至完全被正规金融所取代。①

从金融制度变迁规律看，我国目前处于从市场化显性信用阶段向规范化合法信用阶段转变的过程，但并不是所有的民间信用形式都适合纳入或能够纳入法律体系加以规制，一些地区的小规模民间资本形式更适合在民间存在，以便满足不同人群的融资需要。② 因此，对民间资本实施全面规制在现实中面临着极大困难和抵触，民间借贷会因为过度压制走向“地下”，更加具备隐蔽性，增加监管的难度。市场的需求不会因为“堵”而消退，反而会不断寻找法律制度的突破口，法律制度会因为与现实脱节而出现失灵。

（二）价值追求过于偏好安全

市场经济注重效率，一切制度在建立和运行中都会产生成本，只有当制度产生的效益大于成本时，这个制度才具备效率上的合理性。市场主体的行为天生具有追求效率的价值偏好，市场主体所发明各种制度都直接或间接地保障效率的提高。自由是资源优化配置的重要动力，公平是正义价值的内在要求，自由和平等的价值诉求与效率息息相关。自由体现出对市场主体意思自治的充分尊重，内含着让市场发挥资源配置决定性作用，公平体现出对垄断和差别待遇的克服，保障每个市场主体最大限度的自由权利，是实现效率的前提条件。在市场经济体制下，效率价值应当被摆在更加重要的位置，不仅因为其是经济发展的客观需要，同时也体现了法律制度对正义的价值诉求。正义本身包含着对效率的追求，以有效地利用自然资源和最大限度增加社会财富为目的。法律对权利的界定应该遵循效率原则，以资源的有效配置和利用为标准对法律制定和实施进行检验和评价③。

我国对民间资本的过度管制体现的是安全价值优先，即“管理人出于增加当

---

① Ronald I. McKinnon. *Money and Capital in Economic Development*. Washiton, D. C.: The Brookings Institution, 1973.

② 王曙光：《经济转型中的金融制度演进》，北京大学出版社 2007 年版，第 78 页。

③ ［美］波斯纳，蒋兆康译：《法律的经济分析》，中国大百科全书出版社 1997 年版，第 31 页。

事人利益或使其免受伤害的善意考虑，限制其自由行为”的“硬父爱主义”。[①]市场主体具有独立和理性的判断能力以及责任能力，政府的“父爱主义”会导致市场主体理性与独立性的消解。[②] 在践行“父爱主义”的同时，对于正规金融和非正规金融的不同态度催生了“法律家长主义”和“法律继父主义”的不公平对待。我国政府对民间金融治理长期采用严打和刑法治理的思路，运用了“外科手术式”的西医疗法和“严打式”执法，与国有金融受到过分关爱之间形成了鲜明的对比。[③] 轻视效率和偏好安全的价值取向体现在诸多法律制度中，比如利率管制、刑法规制等。这种治理思路和措施迫使民间资本采用“地下”方式，逃避法律压制，但同时增加了风险的隐蔽性。

（三）简单使用刑法治理导致规制过度

资本在逐利的过程中，机会主义行为和道德风险会产生各种违法甚至犯罪行为。我国民间借贷中高利贷现象较为严重，对社会的危害和负面效果非常突出，不少地方赌博风气蔓延，滋生了放贷的职业团伙，甚至吸引黑恶势力参与，出现涉黑型高利贷，影响了社会稳定和个人的生命财产安全，但高利贷行为并未纳入刑法规制范围。另外，我们看到，在治理民间借贷与非法集资的法律措施中，政府在很多情况下简单地运用刑法手段，尤其在非法集资案件的处理中，刑法的运用已经明显过度。这种治理模式只能发挥事后打击的作用，却没有发挥事前防范风险的作用。

（四）法律救济与自律机制存在缺陷

目前民间资本运作“地下化”和监管失灵反映出我国对民间资本运营的法律救济存在失灵问题。一方面，我国缺乏监管民间资本流动的法律机制，民间资本流动无章可循，难免出现失序；另一方面，过度的压制让“地下化”的民间金融呈现体制外流动的特点，隐蔽性和复杂性导致法律救济失灵。虽有民事、行政和刑事等多种法律救济途径，但诉讼和仲裁渠道的成本过高，不适合数量众多的小额民间借贷纠纷。即使正规金融机构的纠纷解决机制，也面临着很多局限性，金融机构的纠纷解决机制难以应用到民间借贷的纠纷中。由于民间借贷主体复杂，行业自律只适用于小额贷款公司等已经登记注册的主体，无法适用于大多数民间

① 孙笑侠：《法律父爱主义在中国的适用》，载《中国社会科学》2006 年第 1 期，第 47～49 页。

② 王妍：《商事登记中公权定位与私权保护问题研究》，法律出版社 2011 年版，第 146～158 页。

③ 张建伟：《法律、民间金融与麦克米伦“融资缺口”治理》，载《北京大学学报》2013 年第 1 期，第 132 页。

借贷主体。

（五）法律政策实效亟须落实

面对民间资本不断养大的现实，政府一直试图鼓励和引导民间投资健康发展。2010年5月7日发布了《国务院关于鼓励和引导民间投资健康发展的若干意见》（简称新36条），2010年7月22日发布了《国务院办公厅关于鼓励和引导民间投资健康发展重点工作分工的通知》，促进民间资本合理流动。税务总局、发展改革委、工商行政总局、外汇管理局都根据自身职责，出台相应的意见和通知鼓励和引导民间投资，在各个投资领域发布了政策性引导。但是，引导民间资本的制度设计缺乏实效性，集中体现在思想观念上存在“宁国毋民”的传统思维，市场准入存在所有制歧视、地方保护、部门垄断的壁垒，一些政策的操作性不强，融资存在商业银行贷款支持障碍、资本市场融资障碍、政府资本带动机制缺位，权益保障和责任分担亦缺乏明确规定。[①]

在金融服务领域，新36条对民间资本的态度由“金融机构”替代了旧36条的“金融服务业”，允许民间资本兴办金融机构，民间资本能参与而不能发起商业银行、农村信用社、城市信用社，可发起又能参与村镇银行、贷款公司、农村资金互助社。虽然相比原来的限制，新36条在民间资本准入上有一定的突破，具有积极的指导意义，但仍然存在明显的问题。

首先，开放程度相对保守。现在民间资本的准入领域主要集中于小微金融机构，大中型银行甚至小型银行如城市商业银行还未真正向民间资本开放。虽然依据新36条，民间资本可以参与设立商业银行，但参与的方式仅限于增资扩股时以入股形式进行投资。在市场经济较为完备的发达国家，如美国、英国、日本等，国有资本控制商业银行的比重基本为零。即使在金融危机发生时，美国联邦政府为挽救“大而不倒”的银行大量注资，也仅仅是暂时性的救助。我国应当逐步放开商业性金融的准入限制，继续发展小微金融机构，逐步放宽商业银行等商业性金融机构对民间资本的开放程度。

其次，开放政策缺乏可操作性。这些政策本身属于非操作层面的政策，在放开民间资本市场准入方面缺乏切实可靠的实施细则。以村镇银行的发起设立为例，按照2007年颁布的《村镇银行管理暂行规定》，村镇银行最大股东或唯一股东必须是银行业金融机构，最大银行业金融机构股东持股比例不得低于村镇银行股本总额的20%。尽管新36条提出放宽村镇银行中法人银行最低出资比例的限

① 王丽娅：《关于民间资本投资基础设施领域的研究》，厦门大学博士论文，2003年10月，第153~164页。

制，但放宽的条件、放宽的比例都未明确。实践中村镇银行仍然奉行法人银行作为控股股东的规定，无形中将民间资本排斥在外，形成了隐性的“玻璃门”，并未真正向民间资本开放。

最后，配套制度不完善，开放政策难以落地。盈利空间决定了民间资本生存的空间，政策虽然规定了一定程度的开放，但因配套制度不完善，如缺乏对经营自由权的保障，缺乏政策性扶持，政策规定难以落实。中国改革开放的实践表明，真正的民营银行在经营中具有其自身的优势，如台州市商业银行、浙江泰隆商业银行和浙江民泰商业银行，户均贷款为44.6万元、59.5万元和78.7万元，以小客户为主，不良贷款率仅为0.31%、0.70%和0.76%，被银监会称为“特色化经营”的典范①。

对于民间资本，我国长期坚持以堵为主的治理模式，民间资本缺乏合理的投资渠道，资金使用权、资金收益权、资金处分权与让渡权受到不合理的限制，难以直接进入金融、电信等垄断性行业，相当部分的民间资本成为高利贷，形成民间资本池下的众多“管涌”。如果不及时治理这些“管涌”，不可能有效防范民间借贷和非法集资所形成的风险。因此，防范民间借贷风险和非法集资风险，必须建立有效的法律引导机制，让民间资本有地方投资，规范流动并获得正当收益，消除风险积聚的根源。

第二节　境外引导民间资本的立法考察

一、美国的多层金融市场体制

（一）通过立法促进信用社发展

美国同样存在大型金融机构无法覆盖所有贷款需求的情况，低收入者无法从主流金融机构获取金融服务，但美国通过发展信用社、储蓄贷款协会等小型金融机构促进普惠金融的发展。1922年《卡帕-沃尔斯坦德法》规定了美国信用合作社的性质、资格和经营原则，1929年通过《农业市场法》建立专业提供贷款

① 应宜逊：《落实“新36条”，向民间资本开放微型金融机构市场准入》，载《上海金融》2010年第10期，第93页。

的合作社基金。1930 年美国已有 32 个州制定了信用合作社法，1934 年的《联邦信用社法》构建了更好的合作金融法律监管体系。① 1970 年成立的国家信用社管理局（NCUA）是独立的联邦机构，由美国国会创立，用以规范和监督联邦信用合作社。NCUA 以美国政府信用为后盾，管理全国信用社股份保险基金（the National CreditUnion Share Insurance Fund），覆盖所有联邦信用合作社和州特许信用社的绝大多数（96 000 000 人以上）的存款账户持有人。截至 2013 年 9 月，共有 6 620 家联邦保险信用合作社，资产总额超过 1 万亿美元，净贷款达到 6 315 亿美元。②

除联邦国家信用社管理局外，各州设有监管机构或专职官员负责监管各地区的信用社。为了照顾中小企业的融资需要，美国开展了一系列引导和监管民间融资的立法，如《中小企业法》、《中小企业投资法》等。在农业方面，美国出台了以《农场信贷法》和《农业信贷法》为代表的一系列促进民间金融发展的法律。

（二）通过立法引导社区银行发展

美国的社区银行是独立的银行类储蓄机构，服务于市场经济中的弱势群体，包括社区普通居民和中小企业，不与大型商业银行争夺客户资源。目前，美国社区银行的数量已经超过 7 000 家，包括商业性质银行（commercial banks）、储蓄银行（thrifts）、股票和互助储蓄机构（stock and mutual savings institutions），分布范围超过 50 000 个地区，资产从千万元到百亿元不等。③

与大型商业银行相比，社区银行更加关注较低层次的金融需求，以当地居民、中小企业为主要服务对象，其员工往往深入到当地社区，对借款人信息的采集成本较低，更容易决定是否提供贷款和具体贷款的额度，服务更具个性化和便利化。社区银行不像大型银行那样跨州经营，贷款程序非常灵活。相比之下，大型商业银行的资格标准（如信用评级）难以考虑借款个性化的因素，程序较为僵化和烦琐，服务对象为较高层次的金融需求，以具有显性资信状况和较大资金需求的大型公司为主。

社区银行在美国发展态势良好，在美国 2008 年爆发的金融危机中的表现好于大型商业银行。美国独立社区银行家协会（ICBA）2009 年一季度的报告

---

① 林娜、林卓：《国外民间金融法制化模式的借鉴和启示》，载《经济与法》2012 年第 5 期，第 122 ~ 124 页。

② *The Free Encyclopedia*. National Credit Union Administration, Wikipedia, http: //en. wikipedia. org/wiki/National_Credit_Union_Administration, 访问日期：2014 年 8 月 22 日。

③ http: //www. icba. org/files/ICBASites/PDFs/cbfacts. pdf, 访问日期：2014 年 8 月 22 日。

把社区银行的成功经验总结为：一是市场细分和定位科学准确，主要为家庭、中小企业和农场服务；二是主要业务限制为普通信贷、结算等业务，较少涉及投资银行和对冲基金业务，较少涉及金融衍生产品交易；三是资产业务与负债业务基本上在同一地区内进行，有助于促进地区经济增长；四是社区银行与客户关系更为持久，较有人情味，银行经理与社区客户直接接触，而大银行经理总是高高在上，远离客户；五是社区银行员工与所属社区互动频繁，关系交融；六是社区银行更重视客户人品、性格、家庭及其历史、消费特征、工作敬业状况等，而大银行则是更多注重信用评级和财务指标，忽视客户的个人及家庭状况；七是社区银行直线制或直线职能制的决策更为灵活，避免了大银行烦琐决策导致的交易成本上升；八是社区银行本身就是中小企业，对中小企业的需要更为了解。①

通过考察美国信用社和社区银行的发展可以看出，美国的民间金融具有多层性的特点。美国政府非常重视金融的普惠性，在崇尚人权和自由的价值观念下，通过立法引导民间资本构建多层次的金融服务体系。1977 年的《社区再投资法》颁布之前，美国政府担心金融机构拒绝给少数族群和白人中的低收入社区放贷，在《社区再投资法》中规定："受监管的金融机构具有持续的、肯定性的义务，满足其注册地社区的信贷需求"，要求联邦监管当局"考核金融机构在符合安全与稳健的运营前提下，满足整个社区包括中低收入（LMI）群体的信贷需求的记录"，"在审核上述机构申请时，把以上这些记录考虑在内"。监管者给这些机构进行评级，从优秀到严重违规不等分为四个等级，并且将检查报告公开。该法案从本质上改变了银行和储蓄机构对中低收入社区和消费者的看法和服务方式。②

在对社区银行的法律规制方面，采用差异化的规制标准，考虑社区银行的实际情况而规定了一些例外情况。美联储从 20 世界 90 年代开始对社区银行进行现场检查，评估其可能出现较大风险的银行业务，控制社区银行的内部风险，并且采用"非现场检测计划"等方式降低社区银行等小型银行的监管成本，通过提高监管准入门槛和修改监管标准给社区银行"减负"。如将银行控股公司的报告政策从 1.5 亿美元资产门槛提高到 5 亿美元，使得相对较大的社区银行控股公司可以免去提供报告的义务；对经营状况、资金状况良好并且资产达到 5 亿美元的银行，两次现场检查可以达到 18 个月的间隔时间，粗略估计超过 1 200 多家社区银

① 孙章伟：《美国社区银行的最新发展和危机中的财务表现》，载《国际银行业》2009 年第 8 期，第 30～34 页。

② ［美］Ellen Seidman，孙天琦等译：《对消费者来说更加现代的〈社区再投资法〉》，载《西部金融》2012 年第 1 期，第 32 页。

行可以达到这样的条件。[①] 除了公权机关的监管，美国银行业的自律机制也有非常有效。美国独立社区银行家协会通过实地调查、教育计划等手段为社区银行提供专业知识、技术人才、民主管理等技术性支持，与政府进行沟通和谈判维护社区银行的利益。正式监管和自律监管相结合的模式为社区银行发展营造了良性的政策和法律环境。

在风险控制方面，存款保险制度对社区银行的覆盖有效降低储户的风险。1933 年《格拉斯—斯蒂格尔法案》成立的联邦存款保险公司（FDIC）目前对美国超过 7 000 家的银行和存款协会的存款提供保险，构建了存款保险制度，对公众的信心和社区银行的良好发展环境提供了法律保障。

美国多层次的金融服务使大型金融机构难以覆盖的群体不再只有非正规金融这一条融资途径，社区金融体系利用自身信息和成本的比较优势较好地满足了中低收入家庭和中小企业的资金需求，成为克服金融系统二元结构的成功范例。20 世纪 90 年代后，美国多层次的金融服务在互联网时代下又有了新的发展。

（三）通过立法及时规制互联网金融

互联网金融是由网络技术革命所带来的成果。与历史上的蒸汽机、电话的发明等等技术发明相似，互联网金融正在掀起一场由技术变迁所引发的制度变迁。美国作为互联网金融发展的推动国家，其互联网发展大致分为三个阶段：1990～1999 年的异军突起阶段，2000～2006 年的平稳发展阶段和 2007 年以后的新发展阶段。

在 20 世纪 90 年代短短的十年里，美国在互联网热潮推动下，以网上银行业、证券业、保险业和理财等产品为主，形成了美国式的互联网金融体系。1998 年，E－BAY 成立了主营互联网支付业务的子公司 PAYPAL，并在 1999 年创新出互联网支付与货币市场基金联动的新业务模式，形成了互联网时代下货币市场基金的新运作模式，是我国“余额宝”的海外版本。20 世纪 90 年代末，美国已经形成了较为发达的互联网金融体系，相关产业链逐步完备，代表性机构和产品用表 2－3 列举出来。

---

① The Speech of Chairman Ben S. *Bernanke At the Independent Commnunity Bankers of America National Convention and Techworld.* Las Vegas, Nevada, http://www.federalreserve.gov/newsevents/speech/bernanke20060308a.htm，发布日期：2006 年 8 月 3 日，访问日期：2014 年 8 月 22 日。

表 2-3　　美国 20 世纪 90 年代末的互联网金融产业链汇总

产业层级与链条（自上而下）	主要功能	代表性机构和产品
技术顾问	提供软件和技术支持	Security First，Check Free，Sanchez 等软件工程公司
金融产品	提供金融互联网（传统）和互联网金融（非传统）产品	抵押贷款、网络借贷、网络经纪、互联网保险、电子支付、网络信用卡等
金融机构	传统金融机构、互联网金融机构以及电信运营商等辅助提供网络金融服务的机构	网络银行：Telebane，X Bank 网络券商：E-Trade，Ameritrade 网络保险：INSWEB 网络支付：Spectrum，Cyber Cash
综合服务网站	提供金融产品检索、价格比对等多样化金融服务	LendingTree. com，Dollarex. com，AdvanceMortage. com，Insweb. com
门户网站	连接服务需求端与服务提供端的媒介，以个性化金融信息服务为特色	传统金融机构：Citi Group 互联网巨头：Microsoft 其他门户：Yahoo，AOL
服务端	提供金融服务的网络零售端	具备联网功能的个人计算机，网络电视，联网的手机和其他移动设备

资料来源：王达：《美国互联网金融的发展及其影响》，载《世界经济研究》2014 年第 12 期，第 42 页。

虽然美国的互联网金融发展在 2000 年遭遇了泡沫破裂的冲击，但是高科技股票泡沫破灭没有给美国的互联网金融带来沉重打击，2006 年次贷危机爆发前虽然互联网金融没有明显的创新，但一直没有停止技术革新和与金融业的融合，互联网金融的效率倒逼传统金融机构纷纷加快信息化和网络化建设，就连主要依托柜台和线下营销的保险公司也纷纷展开互联网保险营销。

2007 年次贷危机爆发时，以 Prosper 和 Lending Club 为代表的 P2P 融资模式开始兴起。“去中心化”、“去中介化”成为美国互联网金融发展的新趋势，表现出极强的生命力。以 Lending Club 为例，自成立以来的年贷款增幅一直高居 100% 以上，为美国提供了数十亿美元的个人贷款。2009 年 Kickstarter 开展的众筹（crowd funding）破除了传统意义上的私募股权融资的投资高门槛，让普惠金融深化到股权、债券投资领域，投资对象确定为极富创造力和创新性的初创中小企业。

在互联网金融迅猛发展给市场不断带来冲击的同时，合法性问题成为市场进一步发展的障碍。为了消除互联网金融发展的障碍，美国 2012 年 4 月出台了《初创企业促进法》（JOBS 法案），赋予众筹融资合法地位，建立证券发行特殊监管及投资者保护制度，为互联网金融发展提供了明确且宽松的法律制度框架。

对于特殊监管制度，基本内容是建立监管豁免机制。JOBS 法案的核心是引入了“新兴成长型公司”（Emerging growth companies）概念，进一步刺激中小企业特别是初创企业的发展，鼓励其创新。该法规定，首次注册且营业收入在 10 亿美元以下的公司皆可认定为“新兴成长型公司”，有效期 5 年，享受以下监管豁免。

（1）信息披露豁免。豁免新注册公司必须提供的相关财务信息（包括但不限于销售收入、营业利润、每股经营损益、长期负债、优先股），部分豁免高管薪酬的披露义务，如 3 年的薪酬表减少至 2 年的薪酬表，所有非上市公司无须遵守的新增或修订的财务会计规则。

（2）非公开审查待遇。新兴成长型公司可以选择在提交 IPO 注册给 SEC 之前，不公开上报其资料，以便 SEC 事先进行非公开审查，但必须在正式路演等推介活动前 21 天将注册表及后续修订公开提交。该待遇有助于提前发现注册材料存在的问题，增加注册发行的成功率。

（3）豁免表决程序。针对高管薪酬和并购过程中“金降落伞”条款的单独表决程序，从成本—收益分析的角度而言，新兴互联网金融形式所带来的股权分散会抬高征集投票权的程序成本，因此美国立法机构认为不适用于中小型公司。

（4）内部控制过渡期延长。《萨班斯法案》第 404 条的执行成本过高，不利于初创企业的发展，因此 JOBS 法案将对管理层的内部控制要求从 2 年的过渡期延长到 5 年。

（5）一定程度上豁免“静默期”。为了防范利益冲突而设置了“静默期”，在期间内禁止发布研究报告，禁止管理层向外联络透露信息。考虑到中小企业对外宣传提高知名度的需要，为了提高发行成功率，JOBS 法案在一定程度上豁免了这一义务。[①]

美国针对互联网金融的投资者保护，考虑到普通公众相对于专业投资者而言缺乏相应的投资知识、投资经验和风险承担能力，JOBS 法案在便利融资方和中介方的同时，致力于加强对众筹投资者的保护，具体规定大致有以下方面。

（1）信息披露。JOBS 法案要求发行人向投资者、集资门户、监管机构披露的信息包括基本信息（包括但不限于名称、法律身份、地址、网站、董事高管身

① 蔡奕：《美国 JOBS 法案重大制度变革及启示》，载《金融服务法评论》2013 年第 5 卷，第 326 ~ 327 页。

份信息、任何持有发行人超过20%股份以上的个人信息）；财务状况和预期商业计划，发行金额在50万～100万美元的发行人需要提供经审计的财务报表（JOBS法案规定发行人每年最多通过众筹融资100万美元）；每年一次的企业运行和财务状况的报表（具体内容由SEC规定）；权力归属和资本结构，包括发行证券所依据的条款和种类、主要股东是否会在行使权力时对证券交易增加风险或不良影响、证券价值的表现；风险警示。披露时间要求在售卖证券前21天，如果存在不实披露或对重要事实虚假陈述，投资者可以提起诉讼，收回其投资和利息①。

（2）行为限制。对发行人而言，JOBS法案限制其推介行为，禁止广告和促销，而允许通过发行人利用中介网络平台通知和指引投资者，通过集资门户和经纪人进行投资，未经SEC批准不得以任何支付报酬的形式促进证券发行。对融资网络平台而言，不得给投资者提供投资建议和推荐，不得补偿促销行为，不得行使基金管理人职能，禁止融资网络平台的董事、高管或合伙人对发行人存在经济利益，防止利益冲突。

（3）中介义务。由于众筹中介处于联结投资者和融资方的纽带地位，JOBS法案要求其履行下列义务：尽职调查义务，核实和调查发行人董事、高管和20%以上股份所有人的个人信息；揭示投资风险，落实投资者教育；筹资金额满足预设融资目标时才交付所筹资金；保护投资者的个人信息安全和隐私权。

（4）适当性义务。JOBS法案对适当性义务的规定主要集中于投资者分类和限额：投资者年收入或资产净值低于10万美元时，以年收入或资产净值的5%和2 000美元相比较高者为限额；大于或等于10万美元时，则以年收入或资产净值的10%为限额，但不超过10万美元。该投资者分类和限额采取的是复合标准，即比例限额和固定限额相结合的模式。除此之外，JOBS法案对中介的投资者教育义务较为强调，要求集资门户充分推行投资者教育与管理，揭示风险并确保投资者接受并理解。

美国自1933年《证券法》规定了强制性的信息披露和私人证券诉讼救济权以来，相继在1934年《证券交易法》、1970年《证券投资者保护法》、2002年《萨班斯奥克斯利法案》、2010年《多德弗兰克法案》等多部法案中强化投资者保护的理念，通过立法、司法、执法的立体结构，形成了较为健全的投资者保护机制。互联网金融的蓬勃发展，除了需要合法化和宽松监管的法律环境外，还需要投资者保护机制作为保障。

---

① 梁家全、陈智鹏：《论众筹投资者的法律保护：以美国JOBS法案为例》，载《金融法苑》2014年总第88辑。

二、欧洲地区发达国家

欧洲地区发达国家的金融发展历史较为久远，市场化程度和法律环境、配套机制与我国存在一定的差距。相比发展中国家面临的二元金融体系而言，发达国家的金融机制相对比较灵活，如英国的金融监管采用原则性监管模式。尽管市场差异较为明显，欧洲一些典型国家的民间金融发展仍然具有参考价值。在此以德国为考察对象，探讨合作金融的发展经验，以意大利、英国、法国为代表，揭示欧洲发达国家如何应对新兴的互联网金融。

（一）德国合作金融制度的经验

德国是世界上最早发展合作金融组织的国家，早在1847年莱夫艾森就创立了农村信用合作社，发展至今已经成为莱夫艾森合作银行（Raiffeisenbank）；舒尔茨紧随其后创立的城市信用合作社，发展至今已经成为大众合作银行（Volksbank）。

从1889年开始，德国开始构建合作社法律体系，1895年创立了德国中央合作银行和德国合作社协会。经过100多年的发展，德国的合作金融组织网络已经覆盖全国各地，涉及金融、农业、消费、住房等领域，各类合作社总数超过7 000家，个人持股者（社员）数量接近2 000万人。其中，合作金融组织尤为突出，各类基层合作银行达到1 157家，个人持股者达到1 640万人。除联邦中央银行外，德国的合作银行体系与公共储蓄银行体系和私人商业银行体系共同构成德国的三大综合性商业银行体系，顶层是德国中央合作银行，中层是两家区域性合作银行，底层是1 157家地方合作银行。至2009年底，德国合作银行总资产已达6 900亿欧元，机构数占整个全能银行体系的62%，分支机构占比31%，营业额占比17%。[①] 这种合作金融的模式为世界各国金融体系的发展提供了很好的经验。

“自助、自我管理、自我负责”是德国合作银行长期奉行的基本原则。合作银行实行民主管理，遵循“一人一票”原则，不会因为股权的不同而影响投票权。在三级体系中，各级合作银行都是独立法人，1 157家地方合作银行的股东来自农民、城市居民、个体私营企业、合作社企业和其他中小企业。两家区域合作银行由地方合作银行入股组成，中央合作银行由区域合作银行和地方合作银行入股组成。合作银行的股东不仅拥有银行的所有权，同时也是合作银行的主要客

① 王兆东：《德国合作金融的借鉴与启示》，载《华北金融》2010年第8期，第39页。

户。三级银行间不存在隶属关系，而是指导与合作关系。中央合作银行向下提供资金调剂融通服务、支付结算、开发各类银行产品等金融服务，以及证券、保险、租赁、国际业务等金融业务。这种自下而上的持股和自上而下的服务使德国的合作银行体系具有整体优势和凝聚力。

在合作银行的监管方面，德国银行业、证券及保险业统一由联邦中央银行和隶属联邦财政部的联邦金融监察局负责监管。合作银行的组织结构遵循合作社法，业务运作遵循商业银行法。联邦监察局仅对合作银行进行非现场监管，其现场监管和流动性监管的信息主要由合作社审计联合会和联邦中央银行及其分行提供。除联邦中央银行和联邦金融监察局的监管外，德国合作银行的自律体系也很发达。德国全国信用合作联盟由地方、区域、中央三级合作银行和专业性的合作金融公司组成，主要职责为信息服务、协调与政府间的关系、宣传和处理公共关系、管理信贷保证基金。此外，德国信用合作联盟和生产合作社联盟以及消费者合作社联盟共同组成了德国全国合作社联合会，负责审计和培训。德国合作社法规定，各类合作社企业每年都必须接受行业审计协会的审计。全国合作社组织成立了 11 家区域性合作社审计协会，既是全国信用合作联盟地区级的机构，也是地方合作社共同的行业监督组织，强有力的审计系统保证了合作体系的稳健发展。①

在风险防范机制方面，基层合作银行的流动性得到上面两级合作银行的协同支持，中央合作银行的流动性得到联邦中央银行的支持。合作银行体系和联邦中央银行多种方式的融资手段让合作银行提升了整体抗风险的能力，能够保证资金的安全性和流动性。除体系外的支持，合作银行体系内部建立了信贷保证基金制度，地方合作银行每年按信贷资产 0.1% ~0.2% 的比例向区域审计联盟缴纳保证基金，其中 90% 由区域审计联盟管理和使用，10% 上交到全国信用合作联盟，区域和中央合作银行也要按照比例向全国信用合作联盟缴纳保证基金。当合作银行出现危机之时，比如资金损失较大出现资不抵债的情况，重组所产生的资金缺口将会由保证基金全额填补。②

从德国银行业发展的历史可以看出，德国的银行体系是适度监管下顺应市场规律自由发展的产物。从 17 世纪初成立的私有银号，到后来出现大型股份制私有银行，普通大众对金融服务的需求始终难以得到满足。虽然设立了州立银行和地方储蓄银行，为实现公共利益提供金融服务，但随着时间的推移，经营范围逐渐与私有银行趋同，甚至各项指标领先于私有银行。被忽视的边远地区在发展经济中为克服资金匮乏的瓶颈，从 1889 年由地方法官和村干部倡议创建了储贷合

①② 陈支农：《德国合作金融的发展特点》，载《现代商业银行》2004 年第 1 期，第 37 页。

作社，社员自身就是顾客，民主管理和平等投票权让储贷合作社成为自助、民主理念的产物。这一形式符合市场需求，得到迅速发展，逐步转变为合作银行。虽然政府在认为可能产生风险时建立了监管体系，但前期的一系列创新和转变都是在缺乏银行监管制度的条件下实现的，因此，适度监管和金融自由发展在德国创造了成功的金融监管模式，推动了合作金融的健康发展①。

（二）意大利的政策性引导机制

意大利证券交易委员会（CONSOB）于 2013 年 6 月出台了 18592 号条例《关于创新型初创企业通过网络平台融资的规则》（下称条例），将众筹业务局限于创新型初创企业的融资活动。

1. 市场参与者限制

意大利条例将股权众筹这一融资途径限制为“创新型初创企业通过线上平台进行的风险资本集合”，将融资主体限定为“创新型初创企业”。根据 2012 年 221 号法律（Law 221/2012），创新型初创企业的业务主要为高新技术产业，在获得政府扶持的同时需要满足科研经费占比、知识产权拥有量等一定的条件。

2. 投资参考

条例创新设立了“领投人制度”。以专业投资人率先做出投资决策的方式，向散户以点对面的形式提供投资参考。意大利众筹条例规定，平台在执行股权众筹项目时，平台经营者应当确保其中有 5% 以上的融资额度由专业投资者、银行或初创企业孵化公司（innovative start-up incubators）认购。该项规定是股权众筹业务成功运作的前提，如果无法满足条件则整个认购过程将被认定无效。通过“领投人制度”，散户可以挑选出其信赖的领投人并进行跟投，从而避免了投资的盲目性。

3. 适合性测试

条例在平台经理人的信息提示义务中规定了平台经理人对投资者的信息收集和风险提示义务。平台必须设立前置的流程，确保投资者在平台进行投资活动之前经过这一流程的筛选。该流程分为三个步骤：第一，阅读相关材料，接受一定的投资者教育；第二，积极地填写问卷，确保其理解创新型初创企业众筹的特点和风险；第三，投资者宣布其资产能够承担投资全部失利所带来的负面影响。意大利众筹条例将适合性测试与投资者教育、投资者筛选相结合，通过平台前置的三步流程来筛选合适的投资者。通过该流程的投资者即使无法确定适当性，其书面的自认宣告和大量的风险提示已经满足 MiFID 关于适合性测试的豁免规定。

① 吴志攀：《金融法的“四色定理”》，法律出版社 2003 年版，第 148 页。

针对新兴的互联网金融形式，意大利采取的是将“领投人制度”和融资主体限制相结合的模式来降低散户投资者面临的风险，提高投资决策的科学性，从而提高股权众筹产品与散户投资者之间的匹配度。由于创新型初创企业的门槛较高，符合条件的基本都是从事高新技术类产业的企业，无论从运营团队的整体素质，还是投资行业的市场前景，一般比不加遴选的普通企业更加优秀。相比英国监管规则指出的50%～70%的初创失败概率，意大利通过融资主体的高门槛，降低了股权众筹投资失败可能产生的风险，从而更加适应抗风险能力较弱的散户投资者。而且，意大利股权众筹条例将投资者分为两类，即具备投资知识和经验的专业投资者以及欠缺相应知识和经验的散户投资者。由于每一个成功融资的项目至少有5%的融资额度由专业投资者、银行或初创企业孵化公司认购，面向公众的股权众筹项目至少有一个专业的投资者进行过尽职调查并率先进行投资，对散户投资者起到了投资指引的作用，从而进一步降低了其投资风险。

2012年10月18日，意大利发布《关于进一步刺激经济发展的紧急措施》（第179号法令）。该法令旨在通过新的制度框架为初创公司提供激励、鼓励创新，降低此类企业的制度阻力和运作成本，从而达到刺激国内经济发展和改善就业环境的目的。意大利政府认为，“没有一个政府可以强迫其公民服务于创新与创业，更不能迫使他们诚以待人。但一个好政府可以消除创新的阻力，并为那些诚以待人并努力创造未来的人们提供支持。意大利需要反思旧的模式，见证新的改变，从现在开始致力于创新与创业。”① 正是由于意大利国家层面的创新与创业战略，“创新型初创企业”从问世以来就得到各类扶持与豁免的眷顾，如融资方式及渠道的拓展、一般公司法的豁免规定、税收优惠等。

政府在报告中总结了初创企业的各类需求，如减负需求、合适位置需求、资源需求等。在上述各类需求中，金融资源被放到非常重要的地位。一方面，众筹模式作为一种新兴的普惠金融形式，拥有非常广阔的投资者群体和市场前景，被意大利政府作为扶持创新创业的激励机制应用于创新型初创企业的融资制度上；另一方面，众筹模式可以作为贯通联结普通公众与创新创业前线的桥梁，不仅可以有效促进金融普惠，还可以促进创新政策的普及。由此可见，意大利股权众筹规则的出台及适当性制度的规则设计是国家政策导向的结果。

（三）法国以市场参与者为中心的规制

法国政府于2014年2月14日发布《关于众筹的新的法律框架》文件，并于2014年9月16日正式出台《参与性融资条例》（以下简称条例）。

① 意大利经济发展部发布的“Restart，Italy!”文件，第138～142页。

1. 市场参与者限制

法国侧重对众筹中介规定合理的限制，法国原有的金融监管法规要求提供证券投资类金融中介服务需要被授权认定为“投资服务提供者”（prestataire de services d’investissement，PSI）或“金融投资顾问”（conseiller en investissements financiers，CIF），服务类型包括以非担保形式帮助证券发行方寻找投资者、代表第三方接收和传输投资指令、代表第三方签订证券买卖协议等。由于 PSI 的资质要求过高，很多法国的众筹中介（如 WiSEED、Anaxago 等）都采用门槛较低的 CIF 资质，在提供投资机会的同时提供投资建议。法国众筹条例以 CIF 为模板创新出“众筹投资顾问”（conseiller en investissements participatifs，CIP），在股权众筹领域替代原先的 CIF 资质。

2. 投资建议

条例鼓励众筹平台向缺乏投资知识和投资经验的散户提供投资建议，弥补散户在专业知识和经验方面的不足，以提高投资者的理性决策。在法国，提供股权众筹服务需要 PSI 或 CIP 资质。PSI 由法国金融审慎监管局（ACPR）许可，监管主体为法国金融市场监管局（AMF）和 ACPR；CIP 由法国金融中介人员登记机构（ORIAS）注册，监管主体为 AMF。无论是门槛很高的 PSI 资质，还是更适合众筹微金融特性的 CIP 资质，都可以向投资者提供投资机会与投资建议。根据法国《货币与金融法典》的规定，投资建议被定义为：金融顾问基于投资者请求或主动为投资者提供个性化的推荐，通过建议的方式在一个或数个金融工具交易的选择中帮助投资者进行决策。AMF 对投资顾问的职责、商业行为、透明度都做了具体规定。

3. CIP 职责

根据 AMF 对投资顾问的职责规定，从其客户或潜在客户获取相关信息是提供投资建议之前必经程序，相关信息包括投资知识和投资经验、财务状况、投资目标等，确保投资建议的适当性。当客户或潜在客户不提供或无法提供相关信息时，投资顾问应当拒绝提供任何投资建议。

法国将适当性义务通过投资顾问的形式附加给众筹中介，要求其忠诚、公平地履行客户利益最大化的职责。AMF 要求投资顾问在提供服务时必须遵守与其身份相关的规则和要求，利用其专业技能、主观能动性和勤勉来实现客户利益的最大化，确保客户的需求、目标与提供的服务相适配；提供的服务要基于客户全面的信息，确保投资建议的适当性。

法国在证券投资领域一直采取 CIF 和 PSI 的资质要求。PSI 门槛过高，并不适合具备微金融属性的股权众筹。为了适应股权众筹这一金融创新形式，法国以 CIF 为模板进行了股权众筹的专业化设计，衍生出 CIP 模式，通过一系列豁免性规定（如取消最低资本金的限制等）让 CIP 更加适应股权众筹的特点。获取 CIP 资质必须通过 AMF 的检验及监管，确保其具备适格的专业水平，遵守商业行为和机构守则，遵循 AMF 监管规则。AMF 主要从两个方面对 CIP 进行规制：一是审核申请文件，进行资质准入检验；二是众筹中介通过 CIP 资质准入程序之后，需要履行年度披露义务。

法国的投资顾问制度与意大利的领投人制度具有共通之处，在散户投资者进行投资决策时对其施之以专业性辅助。而法国体现出的是点对点专业辅助，通过个性化的投资建议来提升散户投资者投资决策的合理性，即对自由化的投资选择进行合理化筛选。相较而言，意大利则体现出点对面的专业辅助，通过众多领投人提供的投资参考，帮助散户投资者控制风险，即对经过合理化筛选的选择进行自由化匹配。然而上述专业投资辅助制度均依赖一定的市场及制度基础，不可贸然套用。如，在获取法国 CIP 资质之后，众筹中介要向投资者提供投资建议，仍需投资者支付一定的交易费用，确保对投资顾问具备足够的行为激励。然而过高的交易费用不利于普通投资者，还需要政府通过补贴、税收优惠等政策来加以扶持，减少制度运行的阻力。如意大利的税收优惠政策、英国政府推行的股权众筹激励机制（包括企业投资计划 EIS[①] 和种子企业投资计划 SEIS[②]）等。我国目前在顾问团队建设、政策扶持方面仍存在一定缺失，在借鉴域外法制时更应注重制度基础环境建设。

（四）英国的统一金融监管机制

英国金融行为监管局（FCA）于 2013 年 10 月 24 日发布《众筹平台和其他相似活动规范行为征求意见报告》（CP13/13），向社会征求意见并提出监管建议。FCA 在总结反馈意见后出台《关于网络众筹和通过其他方法推介不易变现证券的监管规则》（CP14/4，以下简称规则）。

1. 市场参与者限制

规则侧重于投资者的限制性规定，要求众筹业务的客户群体被限定在以下几种特定类型之内：专业的投资者、通过正规渠道获得投资建议的散户、与风险投资或公司融资有关联的散户、散户得到认证或自我认定为成熟投资者（sophisticated investors）、散户得到认证或自我认定为高净值投资人，以及散户保证不会

---

① Enterprise Investment Scheme，在该框架下投资者每个纳税年度可以最多投资 100 万英镑，累计可获 30% 的税收优惠，减税额度最高可达 15 万英镑；此外还在股权众筹方面提供其他大量的激励措施。

② Seed Enterprise Investment Scheme，在该框架下每 10 万英镑投资即可为投资者带来最多高达 50% 的税收优惠，超过 3 年的股份无需缴纳资本利得税。

在该非上市证券业务中投资超过其可投资资产净值（net investible financial assets）[①] 的10%。前五项限制性规定实际上要求散户具备一定的专业投资知识或专业投资经验，而第六项中10%可投资资产净值的限制则是针对欠缺相应知识和经验的普通投资者进行的投资额限制。该项规定实质是对MiFID所确立的投资者分类标准进行了股权众筹领域的细化。

2. 投资建议

相比法国开放的态度，英国的规则对投资建议持谨慎的态度，要求股权众筹平台只提供辅助性的服务，不涉及"受监管活动"（regulated activities）。如果平台提供的说明构成投资建议，如星级评价、最佳投资评比等形式，平台需要向FCA申请投资咨询机构的授权[②]。FCA认为，企业在运作股权众筹业务时可能会出现提供未经许可建议的情形，因而投资者会面临不当建议的风险，包括无意中提供建议、简化的建议、全权委托投资管理服务等形式。然而这种逐案授权的方式对众筹平台的资质要求非常高，目前英国已取得授权的平台数量十分有限。除了资质限制之外，英国的金融监管法规对投资建议的内容及法律责任都有较为严格的规定。

3. 适合性测试

由于英国股权众筹平台只有在获得授权的情形下才能提供投资建议，英国监管规则只规定了针对非建议产品和辅助服务的测试规则。规则规定，无论企业的业务是否被MiFID覆盖，在没有投资建议的情况下，企业必须在发出邀请之前确保其客户拥有足够的知识和经验来理解所涉业务的风险，企业对未被建议的零售客户应当进行适合性测试（appropriateness test）。根据COBS第10章，在向散户发出直接非上市证券金融推介之前，应当要求客户提供相关信息以评估金融业务是否适合客户。相关信息包括客户熟悉的金融服务、交易和指定投资的类型；交易和指定投资的性质、规模、频率和持续时间；客户受教育水平和专业等。规则指出，特定复杂金融产品或服务在面向零售客户之前，企业应当通过众筹平台在线注册流程确保客户具备足够经验和知识来理解业务的风险，这种针对个人的适当性评估可以在合理期限内豁免重复的适当性评估。英国所规定的股权众筹适合性测试是以典型的MiFID适合性测试的形式进行的，体现出投资者适当性规则中"了解客户"的义务。

英国众筹监管规则将MiFID适当性规则进一步细化，在投资者分类的层面增加了散户10%可投资净值的限制，在适合性测试方面作了股权众筹的针对性设

① 可投资资产净值不包括基本的居住条件、养老金和寿险保障等基本的生活条件。

② 根据《2000金融服务与市场法》的规定，提供投资建议是受监管活动之一，需要向FCA申请投资咨询机构的授权。

计，在“最佳执行”方面规定了原则性要求。英国之所以采取这一立法进路，源于其一直致力构建证券投资领域的投资者适当性制度。作为欧盟成员国将MiFID国内法化的代表性国家，其适当性制度体现在三个层面的法律规制：一是欧盟层面，以MiFID为代表；二是国内法层面，以《2000年金融服务与市场法》为代表；三是监管层面，以FCA制定的监管规则为主。股权众筹领域的专门性立法，自然需要落入这三层法律体系设计，并沿用最上层MiFID所确立的规则设计模式，即投资者分类、“了解客户”义务、“最佳执行”要求。

英国在此次股权众筹监管规则的出台过程中，并不止于规定投资者、证券服务提供者等平等主体间的适当性义务，还通过投资者教育将适当性制度进一步立体化。英国在立法策略上选择了将市场信息反馈与投资者教育相结合的模式。此次监管规则的出台是基于2013年的《众筹平台和其他相似活动规范行为征求意见报告》而展开的，规则的内容大多针对实践中总结出的问题以及民众的反馈意见。规则全文长达95页，前半部分采用问答的形式，对众筹已经出现的问题和可能出现的问题进行逐条梳理和总结。相关信息的采集和整合过程中，民众参与是至关重要的一环。英国政府通过收集及时、真实的市场信息，综合考虑普通大众的各类需求，制定出符合需求、易被市场接受的监管规则。与此同时，2013年的征求意见报告和2014年的监管规则本身又是投资者教育的绝佳文本，在向民众征求意见和收集信息的同时也是政府开展多样化投资者教育活动的方式之一。投资者教育不仅需要设立较为稳定的金融教育机构，如英国2010年设立的金融消费者教育局，还需要构建多样化的教育渠道，结合不同的教育形式，以提升公众对教育活动的参与度。

意大利、英国、法国作为探路股权众筹立法之先驱，无一例外地将投资者适当性制度作为核心的立法理念向度，但又不约而同地突破了适当性制度发源地——美国的立法模式，进行了不同程度的创新和变通，这种差异性设计的立法理念源于美国早期适当性原则的扩张性适用所带来的“滥权”之痛。虽然适当性原则旨在实现实质公平，有力地保障了投资者权益，但该原则过度使用则不利于培养投资者的理性和独立性，有“法律父爱主义”之嫌。在构建股权众筹投资者适当性制度之前，立法者必须清楚地意识到适当性原则的两面性，一方面，该原则对投资者保护具有积极意义；另一方面，其过度扩张有可能威胁金融市场创新及自由，对公平的过度强调会招致效率的减损。两难的抉择呼唤有效的规则设计，市场需求催生合理的制度创新。就美国而言，将适当性规则提升法律位阶、明确道德责任与法律责任界限、进行诸如JOBS法案等特定金融形式的制度创新，成为美国金融行业繁荣的强大助力。

欧洲国家在进行规则设计时清楚地意识到，过于原则性的制度不利于市场主体的行为规制，更难以在实践中践行。金融领域里有效且合理的规则设计必然是有明确的行为指引和范式，设定相对清晰的权利与义务，并充分考虑到差异性因素。差异性体现在两个方面，即金融业务的差异性和市场环境的差异性。金融业务的差异性意味着监管规则需要与时俱进、推陈出新，必要的制度创新在面对日新月异的金融市场时，可以保证规制的有效性并在一定程度上克服法律的滞后性。市场环境的差异性意味着国内法层面的规则设计需要考虑到不同国家、不同市场的制度基础和制度沿革，改革的阻力及障碍必须通过渐进与传承才能得以有效消除。

三、我国周边国家

（一）韩国完善的民间借贷登记制度

在 20 世纪 80 年代以前，韩国的金融业并不是经济的支柱，而是仅作为政策手段用来补助韩国政府进行开发活动，但这种金融监管不仅无法抵御和控制风险，也未能推动金融业的发展。20 世纪 90 年代以后，韩国逐渐开放金融市场并提倡自由化，在风险控制机制不健全的条件下，1997 年韩国遭遇了金融危机，开始改善监管制度，逐步形成目前的监管机制。

韩国的金融发展与实体经济发展结合得非常紧密，随着实体经济的快速增长，金融业也在较短时间里取得快速发展，这些很大程度上利益于金融监管机制的变革。对于民间资本的流动，韩国政府积极通过立法将其规范化、阳光化，具体做法包括：一是对利率做出了明确限制。《利息制约法案》于 2001 年发布，在审查过《利息制约立法申请》和《关于民间借贷的登记以及金融使用者保护的法律》之后，于 2002 年发布第 6706 号法令，要求利率不得超过总统令规定利率的 70%，超过该限制的借贷合同将被视为无效，可以申请返还。2005 年韩国政府相继对利率相关法律进行了两次修改，并在 2007 年第三次修改时将 70% 的利率上限降低为 60%。二是对民间借贷的登记做出了明确规定。2002 年发布的 6706 号法令规定，除小规模借贷可以免于登记外，民间借贷必须登记。三是规范民间借贷的行为。2005 年禁止了名誉借贷，并且禁止借贷中介收取手续费。对未经登记的民间借贷机构，立法通过禁止其进行广告推介等行为加以规制。对经过登记的民间借贷机构，其广告行为必须标注影响利率的重要事项。四是落实民间借贷检察权。对民间借贷行使检察权的主体为管辖市的金融监察院。2009 年以后，自治市可以对借贷机构的经营现状进行调查，并可以将相关调查报告提交到行政自治部长官和金融监督委员会。

从2009年开始，韩国对民间借贷的规制进一步专门化和精细化。虽然自1999年以来，各类总统令和法规一直努力构建规范民间借贷的法律制度，但整体上仍然比较散乱且层级不高。2009年4月1日出台的《民间借贷法》改变了这一状况。该法明确规定了民间借贷监管主体、民间借贷市场准入和退出。此后，为了不断适应民间借贷市场的发展，韩国政府相继发布了一系列总统令和部门规章，不断完善登记、市场准入与退出等方面的制度。2011年韩国政府颁布了影响较为深远的《民间借贷登记与使用者保护法》，进一步修改了监管主体、市场准入、登记条件、利率上限等规定。2012年颁布了《民间借贷登记与使用者保护法修正案》，更加具体规定了民间借贷担保的条件、市场退出条件、利率上限等问题。该法案最大的亮点在于集中规定了民间借贷的登记问题。

对于登记的定义，该法明确了民间借贷、民间借贷中介机构、信贷金融机关的定义，规定了更新登记、变更登记、返还登记证、登记培训等内容。对登记的限制条件，包括受过罚金以上处罚、被宣告破产的公司、未成年人等，不予接受登记。民间借贷在登记时，必须注明“民间借贷”或“民间借贷中介机构”字样，并且禁止转让登记证。

在登记内容方面，该法要求：第一，对于金额、利率、保证的期间、额度和范围等重要事项都必须亲笔记载；第二，禁止过度借贷，放贷人在出借时必须履行适当性义务，对借款人的财产、负债、盈利等情况进行必要的尽职调查，充分掌握信息后在借款人还款能力范围内进行借款，并且承担对担保人的确认义务，确认担保人的该担保确属真实的意思表示；第三，小额贷款的利率不得超过总统令所确定的年利率的50%，借贷相关利息的范围包括礼金、债当金、滞纳金、手续费、折扣费、控制金等直接或间接的利息；第四，做广告必须使用机构的商号、登记证号等真实信息，禁止未经登记的机构做广告宣传，不得进行虚假、夸大的广告宣传；第五，禁止未经登记的机构进行委托转让、委托收款。

对于登记的撤销，该法明确规定，重复登记、不正当登记、虚假登记、6个月无营业额等情形都被视为注销登记的条件。如果因注销登记给交易带来了损失，则借贷者在合同范围内对因注销而产生的损失承担责任。

对于监管措施和纠纷解决，该法明确了民间借贷监督机构的职能，规定了纠纷解决以及责任承担的方式。监督机构除审查报告以，还可以派人进行营业场所的现场检查和监督。由于不同监督机构的管辖区域不同，考虑到存在重复登记的情形，该法明确规定监督机构既可以协调并互相协助，又可以申请同时检查。该法规定了民间借贷和民间借贷中介机构行业协会的设立、活动范围、入会条件、业务委托等内容。

对于民间借贷登记的法律责任，该法将惩罚分为两档。第一档为5年以下有期徒刑或5 000万韩元以下的罚金，主要针对违法登记、未经登记经营民间借贷、不正当登记、虚假登记以及违法发布民间借贷广告等行为；第二档为3年以下有期徒刑或3 000万韩元以下的罚金，主要适用于转让登记证、利率超限等行为。

从上述分析可以看出，韩国在立法中不断完善民间借贷登记制度，对未经登记的民间借贷行为规定严格的限制，如禁止做广告、禁止委托转让和委托收款，适用较为严厉的处罚。另外，立法通过完善纠纷解决机制、使用者保护机制、行业协会自律功能等措施，激励民间借贷进入法律监管的范围。在以登记制度为核心的民间借贷制度下，授权相当于我国市长、省长级别的行政机构一定的监督、检查、审查职能，及时接收市场反馈信息，从而增强监管效果。

韩国的民间借贷立法重视对市场变化的回应，利率上限从2001年不高于总统令规定利率的70%，到2007年的60%，再到2011年的50%，呈现出明显的下降趋势，反映出法律监管的渐进式的改革。民间借贷的利率偏高是普遍现象，具有一定的合理性，政府通过不断完善立法在推动民间借贷合法化、阳光化的同时，也充分考虑了风险防控的需要，民间借贷的利率上限不断调低，不仅有利于建立公平竞争的民间市场，而且有利于防范高利率可能带来的风险。

（二）日本引导金融组织化的经验

日本中小企业对经济有着举足轻重的影响，现在的中小企业的数量达到650万，占到全国企业总数的99.1%，贡献了50%以上的国民生产总值。[①] 日本中小企业的迅猛发展得益于日本政府第二次世界大战后出台的一系列税收、产业、技术创新等扶持政策，特别是在融资领域给予了中小企业很大的资金支持。日本中小企业融资体系包括作为普通中小企业金融机构的都市银行、民间中小企业金融机构、政府中小企业金融机构等。[②]

日本法律确认了民间金融的合法地位，使其获得长足的发展，在农村形成了以农村金融组织为主，包括互助银行、地方银行、农业保险在内的农村民间金融体系。在引导民间资本走向合法化的过程中，政府特别注重民间金融的组织化和正规化，积极引导非正规民间金融通过正规化的方式转变为正规金融。日本的轮转基金组织逐步转型成为区域性的互助银行可以印证这一点。“无尽”是日本早期民间金融的一种形式，与我国的合会比较相似。1915年，日本为了对“无尽”实施监管，出台了《无尽业法》对其进行法律规制，831家“无尽”中的80%

① 中华人民共和国国家工商行政管理总局研究中心：《发达国家如何支持中小企业发展》，中华人民共和国国家工商行政管理总局网站，http://www.saic.gov.cn/yjzx/gzyj/gzyj_wzzy/201202/t20120216_123685.html，发布日期：2012年2月16日，访问日期：2014年8月23日。

② 苏杭：《日本中小企业发展与中小企业政策》，中国社会科学出版社2008年版，第161页。

都被合并组建成多家联合股份公司。该法规定了“无尽业”的内涵、性质、设立、准入、资本额、营业范围和区域、营业形态、资金使用范围、自我交易禁止、退出机制和法律责任。[①] 严格的准入行政审批制有效防止了“无尽”组织的泛滥；资金运作被限于银行存款及存款信托等，防止资金参与监管外的金融活动；对董事高管责任和义务、自我交易禁止等约束使“无尽”的无限责任既区别于现代公司，也可以限制欺诈行为。

在第二次世界大战后，由于《无尽业法》对贷款限定在一定地区、限制大额资金投资等，“无尽”的发展受到明显的限制。市场需求催生出为中小企业提供融资的小型金融公司，被称为“互助无尽”，在组织形式上比原来的“无尽”更加健全。1951 年 5 月，为了规范“互助无尽”，日本政府出台《互助银行法案》，通过 5 年的努力将多数“无尽”转变成互助银行，只有小部分小型的“无尽”继续存在。虽然两部法律让“无尽”组织更加规范化，业务范围不断扩展，但信贷规模和地域性的限制仍然难以克服，成为“无尽”发展的障碍。日本金融当局因此修订了《无尽业法》，促使其从类似“合会”的形式向金融中介主体转化。到 20 世纪 80 年代初，“无尽”出现了合并的风潮，互助银行的规模不断扩大，业务逐渐与一般商业银行趋同，日本金融顾问研究委员会从 1985 年开始倡导将互助银行转变成商业银行。这个政策导致日本互助银行在 20 世纪 90 年代被普通商业银行取而代之。

在风险防范机制方面，日本在 20 世纪 80 年代几件重大民间金融事件爆发之后，针对投资欺诈制定了《投资顾问法》，保障正规投资业务的开展，对海外期货的欺诈行为出台了多项期货交易规则。1986 年 5 月，日本国会为了规范潜在的民间金融活动，制定了《特定品保管等之交易契约关系》，从开业的限制、契约内容、事先说明义务、无条件解约情形、行政机关介入权等方面，引导民间金融活动，使其合法化、阳光化，消解民间金融活动的负面影响。除上述两部法律外，1954 年日本出台了《关于取缔接受出资、收存款及利息法》，并在 1983 年修改了对高利息借贷的处罚规定，同时制定了《贷款业法》（这两次立法被称为“薪俸二法”），对民间借贷进行规制，保护存款人的利益，解决非正常讨债方式等问题。针对高利贷、暴力催债以及商工贷款问题，日本 1999 年再次修改“薪俸二法”，对威逼式讨债、过剩贷款、高额利息和连带保证合同纠纷规定了新的要求。

日本在对民间金融进行引导的过程中，组织化、正规化是其一大特色。一方面，积极引导民间资本逐步转化为正规金融，纳入体制内进行监管，帮助其构建

① 滕昭君：《民间金融法律制度研究》，中央民族大学博士论文，2011 年 4 月，第 46～47 页。

科学高效的组织结构，提供给民间资本正规可靠的发展渠道。另一方面，在引导过程中，时刻关注市场的需求，比如资金规模、风险控制、对贷款行为的规制等，保持转变过程平缓推进。在引导民间金融的过程中，日本政府对民间金融潜在风险具有敏锐的嗅觉，如《特定品保管等之交易契约关系》适用于可能存在的民间金融活动。引导是为了更好地规范，将民间金融纳入体制内进行监管之后，《投资顾问法》等具有针对性的监管立法提供了更加有力的保障。

（三）非洲地区的发展中国家

1. 撒哈拉以南非洲小额信贷机构的发展

撒哈拉以南的非洲国家针对正式金融覆盖面过小的问题，通过大力发展小额信贷机构促进金融自由化改革。对于自发形成的民间金融，恰当地引导和阳光化的规范是提高金融效率、维护金融稳定的基本方式。政府必须看到民间金融之所以具有内生性，原因在于其填补了市场的空缺，如果不充分尊重市场的完整性，会阻碍市场的发展甚至背离政府维护稳定的初衷。非洲国家的小额信贷机构具有安全、方便、易变现等特点，其发展以普惠性为特点，特别是其覆盖了广大农村地区的贫困人群。在小额信贷机构快速发展过程中，政府扮演了非常重要的角色。

首先，政府提供了宽松的监管环境，推动民间金融合法化。有些国家颁布了专门的小额信贷机构法律，如贝宁和几内亚；有些国家对小额信贷机构适用商业银行、合作社或非银行类机构的法律，如加纳和坦桑尼亚。除了专门的法律外，在具体施行时还有央行或财政部的法规作为补充。

其次，通过牌照制度和审慎监管规范市场准入，控制市场风险。比如贝宁采取对储蓄和贷款合作社发放牌照，要求其活动受财政部小额信贷单位的监督和监测；加纳对正规和半正规（经过正式注册）、非正规机构都规定了严格的牌照制度；几内亚规定由中央银行发放牌照并实施监管。在审慎监管要求方面，主要集中于最低资本要求、存款准备金、资本充足率、总风险限制、限制单一借款人和内部人贷款、限制大额贷款总额、限制流动性比率、非短期资产负债、无担保贷款上限、固定资产上限、非小额信贷业务上限和准备金提取等。

最后，充分保障小额信贷机构的可持续发展。小额信贷机构面临的持续发展问题主要集中在资金缺乏、信息不对称、缺乏担保等。非洲国家保障小额信贷机构再融资能力的途径有以下几种：一是团体贷款的形式，通过团体为单位来申请贷款和偿还贷款，团体成员之间的同行压力会起到担保作用，促进小额信贷机构提高偿还率并节约交易成本。此种方式与孟加拉国的格莱珉银行“联保小组”的机制有异曲同工之妙，即利用“熟人社会”中信誉、舆论、道德束缚形成对还款人的社会压力，提高偿还率，这种联保关系建立了小组成员间的权利义务关系，激励彼此间的监督、交流和互助。二是促进小额信贷机构对接商业银行。银行作为正式金融，与小额信贷机构所面向的客户并不相同，日趋紧密的关系让不同的客户群体成为彼此互为补充的动力。银行的储蓄和贷款主要来源于正规的私有经济和政府为代表的公有经济，小额信贷机构服务的是私有经济，以服务农村地区、弱势群体为特点，在非洲地区具有很大市场和潜力。小额信贷机构与商业银行的合作可以推动金融深化发展。一方面，小额信贷机构获得了金融服务有效性保障，银行的审慎原则倒逼其改善资产流动性管理；另一方面，银行获得了其制度框架下难以接触的广大客户群体，扩张了影响力。

非洲各国在发展小额信贷机构的过程中，通过因地制宜的立法，虽然在法律规定、监管主体、监管策略上不尽相同，但对小额信贷机构所秉持的宽松监管思路、保持普惠性和可持续性的思路是一致的。在撒哈拉以南的非洲国家，南非独树一帜，在发展民间金融中以相对健全的立法为我们防范民间借贷风险提供了新的视角。

2. 南非兼顾普惠性和可持续性的机制

南非作为非洲综合实力较强的国家，民间金融比较活跃，成为正式金融的重要补充。在借鉴了发达国家的立法经验并结合本国长期的民间金融实践的基础上，南非议会为了消除地下金融所带来的负面效应，于 2005 年颁布了《南非国家信贷法》，替代此前 1968 年的《高利贷法》和 1980 年《信贷协议法》，用以规制信贷业务和放贷人行为。该法在禁止不公平信贷、建立责任机制、禁止过度放贷、调整过度负债情况下的债务重整等方面，提供了较为成功的经验。

南非的立法目的十分明确，提出了普惠金融、可持续金融的概念，强调每一个南非人皆可以获取金融资源，并建立可持续的信贷市场，将长期无法接触正式金融渠道的庞大群体引入金融市场。除此以外，该法强调了公平原则在信贷市场的重要地位，为不同的金融供给者确立了平等的法律地位，给民间金融参与者提供了公平的待遇，为有效规制提供了法律依据。

南非建立了职业放贷人和强制登记制度，对“信贷提供者”的界定非常广泛，基本覆盖了所有类型的信贷，如贴现交易、偶发性信贷交易、分期付款前提下提供商品或服务、典当交易、信贷便利贷款、抵押协议、担保贷款、融资租赁、信贷保证以及兜底性的其他信贷协议。根据《南非国家信贷法》第 39 ~ 42 条的规定，职业放贷人必须到国家信贷监管机构登记。职业放贷人的认定条件有两个：一是单独或共有至少 100 份信贷协议，并且不全是偶发性协议；二是所有信贷协议（不包括偶发性）形成的债务超过 50 万（兰特）。根据第 40 条的规定，如果满足职业放贷人条件却不进行登记，则禁止其从事信贷活动；根据第

89 条的规定，未经登记的职业放贷人签订的信贷协议法律不予认可，属于违法且无效的合同。

限制过度负债和过度放贷是南非防范民间借贷风险的重要制度安排。南非通过宣布过度负债限制举债人的民事行为能力，防止超过自身还款能力的借贷，防范借贷风险。过度负债的判定标准有两类：一是当前举债的财务手段、前景或义务；二是历史债务偿还所显示的状况。宣布和解除过度负债状态的机构为法庭。该法规定了债务复查申请制度，给予了过度负债人合理的救济途径。南非对过度放贷的限制与韩国禁止过度借贷的概念相似，要求信贷提供者履行一定的尽职调查义务，在出现以下两种情形时仍然签订协议或增加信贷额度（消费者单方面书面要求随时自动增加信用额度的除外），视为过度放贷：一是不参考评估结果或不进行评估①；二是可用的信息充分显示消费者未能全部理解风险或签订协议会引起过度负债，仍然与消费者签订协议。

此外，对于信息披露、监管制度、争议解决、非法信贷协议认定等方面，该法都做了较为细致的规定。2006 年发布的《南非国家信贷管理规定》对《国家信贷法》做了一定的补充和完善，尤其进一步完善了利率上限规定（见表 2－4）。

表 2－4　　南非利率上限规定（RR 为非储备银行回购利率）

项目	利率上限（年利率）
抵押协议	RR×2.2＋5%
信贷便利	RR×2.2＋10%
其他信贷协议（兜底）	
无担保信贷交易	RR×2.2＋20%
小企业	
低收入者信贷房（无担保）	
短期信贷协议	5%×12
偶发性信贷协议	2%×12

资料来源：汪丽丽：《非正式金融法律规制研究》，华东政法大学博士学位论文，2013 年，第 150 页。

相比我国一刀切的四倍利率红线，南非对信贷利率的复合型规定无疑是差异

① 根据《南非国家信贷法》第 81 条，评估内容包括：潜在消费者的（1）对拟签协议的风险、成本以及信贷协议中关于消费者义务和权力的一般理解和认可；（2）债务重组历史；（3）举债目的的财务手段、前景和义务。如果消费者举债目的是商业用途，则评估其是否由合理理由认为商业手段是成功的。

化利率规制的成功范例，充分适应了各类市场主体的需求，在保证金融安全的同时，最大限度地调动了市场的活力。此外，南非法律规定，国家信贷监管者每隔三年时间，就须审查利率和成本因素并提供调整利率的建议。

（四）其他国家的实践

由于历史、政治、文化、地理等因素，民间金融产生的背景和发展趋势都存在较大差异性。除了上述几个典型国家和地区外，世界各国在引导民间资本的过程中都在不断摸索有效的机制。20 世纪 50 年代的印度、泰国等国家的政府强制金融机构向非正规金融活跃地区提供大量低利率贷款，填补低收入群体和中小企业的融资缺口，达到限制民间金融发展的目的。然而，这种措施只关注到供求关系和融资缺口，忽视了民间金融发展的其他因素，如信息不对称（这种政策会让正规金融机构的资金流入具有信息优势的职业放贷人手中）、程序成本、交易使得性等，在实践证难以达到预想效果。

印度在 20 世纪 60 年代开始重视民间金融的引导和监管，地方政府制定了地方法规，如 1961 年的马德拉斯合会法、1964 年的德里合会法等。印度还很重视对民间金融组织的监管，由印度储备银行对许多民间金融组织机构进行注册备案和管理，加强对民间金融组织的监管，发展和查处违法的民间金融活动。1982 年印度出台了《印度合会法》，对合会作了全面的规定。

各个国家在引导民间资本的立法实践中，总结出了适合本国的治理思路，避免不切实际地移植和照搬他国的制度，形成的治理经验值得我们学习和借鉴。

第三节　我国地方引导民间资本的立法实践

一、温州金融改革

温州被誉为我国的“民营之都”，经温州市统计局测算，2007 年温州市民营经济增加值为 1 741 亿元，占全市 GPD80. 7% 的比重，比浙江省平均水平高 15 个百分点，比全国平均水平高 30 个百分点。[①] 从新中国成立以来，温州金融经历了

① 温州市政务公开：《温州民营经济 30 年》，温州政府网站，http：//www. wenzhou. gov. cn/art/2008/11/20/art_4448_82449. html，发布日期：2008 年 11 月 20 日，访问日期：2014 年 8 月 29 日。

几番风雨几番波折。

中华人民共和国成立到改革开放以前，温州限于地理环境和自然资源的劣势，经济发展比较落后，民间金融几近空白。即使出现了一些民间金融活动，也因为三大改造、"大跃进"、"文化大革命" 等历史事件而被扼杀在摇篮中。

自改革开放以来，到 20 世纪 90 年代中期，伴随着农村家庭承包制的不断推广，农村劳动力开始不断向第二、第三产业转移，温州率先走上以农村、家庭工业为特色的农村工业化道路。最终形成了以家庭经营为基础、以市场为导向、以小城镇为依托、以农村能人为骨干的"温州模式"，从自然经济转化为商品经济。这种富有区域经济特色的发展道路让温州民营经济迅速发展起来，民间资本也随着民营经济的发展活跃起来，逐步从生产领域步入流通领域，并出现机构化和合法化的趋势。

20 世纪 90 年代中期到 2000 年前后，民间金融的风险逐步通过各种"会"、"社"事件显现出来。国家加大对民间金融的监管力度，正规金融机构开始大批量进入温州金融市场，民间金融在此阶段的发展受到抑制。从整个民间金融发展历程看，这一时期温州民间金融的作用在发挥到极致之后渐渐式微，开始出现放缓甚至停滞，在区域金融结构中的作用被逐步边缘化。[①]

2000 年至今，对民间金融的整顿略有平息，国家开始反思法律规制带来的问题，重新审视民间金融的合理性和必要性，在全国范围包括温州地区出台了一系列创新性的政策和法规，加大对中小民营企业的扶持，让民间金融重新看到发展的希望。

2012 年 3 月 28 日，国务院常务会议决定设立温州市金融综合改革试验区，以"地方性试错"的策略来摸索和总结我国民间金融法律制度建设的经验。2013 年 11 月 22 日，浙江省第十二届人民代表大会常务委员会通过了《温州市民间融资管理条例》(以下简称《条例》)，2014 年 2 月 28 日，温州市人民政府第 35 次常务会议通过了《温州市民间融资管理条例实施细则》(以下简称《细则》)，自 2014 年 3 月 1 日起施行，温州"地方试错性"的金融改革成为全国关注的焦点。

2012 年 3 月 29 日温州首家民间借贷登记服务中心落户温州市鹿城区，迄今全市已经设立了 7 家民间借贷登记服务中心。2012 年上半年，温州民间借贷登记服务中心单月的登记量不足 1 000 万，经过两年的发展已经达到 1 个亿，《条例》正式实施让借贷登记更具有法律的权威性。《条例》实施两个月后，民间融资登记数量猛增 20 亿元，此前登记总量不过 26 亿元，第一年仅有 5 亿余元，可见《条例》和《细则》对民间借贷登记的推动作用。但是借贷登记在实践中存在范

① 罗培新：《温州金融实践与危机调研报告》，法律出版社 2013 年版，第 7～8 页。

围较小、资金规模与民间资本总量相比悬殊的问题。尽管强制登记有6个月的缓冲期，官方并不认可民间流传的6 000亿元民间资本，认为民间借贷总量约为800亿元①，但登记备案量与总量的巨大差距已经是现实不容忽视的问题。这从侧面表现出更多的人对此是持观望的态度，仍然存在较大的顾虑。有的借款人担心经过登记备案后会影响到银行发放的放贷额度，有的借款人担心经过登记备案的借款利息会被克以所得税而减损收益，还有的借款人会依赖过去的交易习惯，对现有的体制较为陌生和排斥。如何尽量发挥民间借贷登记服务中心的作用，尽量缩小登记备案量与民间借贷总量悬殊的差距，应当是金融改革下一步需要解决的问题。

在民间借贷纠纷方面，温州市中级人民法院指出，2013年温州全市法院共受理民间借贷案件1.6万余件，标的额为180余亿元，收案数比2012年下降15.8%，标的额下降21.9%。从法院审理情况可以看出，温州金融改革对整个民间借贷类纠纷和案件具有一定的抑制作用。然而浙江省高级人民法院也指出了现有的新问题和新现象，近年来浙江省的民间借贷逐渐从熟人交易向陌生人间的合同关系和经营性借贷转变，民间资金流动频率也越来越频繁，法院受理的企业融资案件越来越多，案件类型多样化，涌现出很多关系型借贷，滋生出很多金融掮客现象；民间融资关系越来越具备隐蔽性，出现很多不合法、不规范的融资行为；债权人集中起诉现象突出，这也令融资机构面临较大风险。②

虽然借贷纠纷案件状况整体来看有所好转，但温州灰色民间金融依然活跃，大的形势前景并不被看好，行业市场呈现疲软趋势，业务处于停滞状态。温州当地媒体报道称："温州民资票据交易规模惊人，日交易量达500亿元，温州人在全国各地收各种票据的不下于100人，每天交易量超过3亿元的有10家左右。"但温州相关部门则回应称，温州共有2家票据服务公司，累计撮合交易596笔、累计交易金额为34.8亿元。500亿元与不到35亿元的巨大差距表现出脱离监管者视野的民间金融活动依然异常活跃，很多民间金融活动是地下的、灰色地带的，不在监管范围之内。温州金融改革的现实状况表现为"有牌照的无法开展业务，无牌照的依然开展业务"。

温州的企业面临着前所未有的挑战。2014年上半年温州成功解套涉及信贷资金111亿元的5个重大风险担保圈，但全市重大风险担保圈仍然有28个，涉及信贷金额507亿元。温州的金融生态外部环境很差，信用问题尤为突出，借款

---

① 《温州〈条例〉实施两个多月，民间融资登记超20亿元》，瓯网，http：//www.wzrb.com.cn/article550317show.html，发布日期：2014年5月23日，访问日期：2014年8月31日。

② 《全国首部地方性金融法规〈温州市民间融资管理条例〉3月1日起正式实施》，法制时报网，http：//fzsb.hinews.cn/php/20140304/135057.php，发布日期：2014年3月4日，访问日期：2014年8月31日。

人甚至连信用卡都不能按时偿还，而银行则想方设法地抽贷、压贷。温州市在2011年有融资性担保公司50家，目前尚存30多家，除部分车贷担保行业情况较好外，近半数处于亏损状态。出于风险考虑，担保公司不敢开展业务，突围的10%都不到。温州房地产处于有史以来最困难的时期，如“锦玉园”从最高峰的每平方米10万元下降到3万元左右，楼市缩水让很多企业更难获得银行贷款，经营难以为继。浙江省高级人民法院发布的数据显示，2013年浙江全省法院共受理企业破产案346件，同比上升145.07%，破产企业债务总额达1 595亿余元，比2012年的243亿元增长了近6倍。其中温州的企业破产案就有198起，占全省57%。

可以看出，改革的障碍重重，积极推广已有的成功经验，同时又能总结改革中的不足之处，应当是地方试错改革中的题中应有之义。

二、中国（上海）自由贸易试验区

2013年8月，国务院正式批准设立中国（上海）自由贸易试验区。该试验区成立时，以上海外高桥保税区为核心，辅之以机场保税区和洋山港临港新城，成为中国经济新的试验田，并将大力推动上海市转口、离岸业务的发展。2013年9月29日，上海自由贸易区正式挂牌成立。

2013年9月，自贸区发布了《中国（上海）自由贸易试验区外商投资准入特别管理措施（负面清单）（2013年）》，包括18个行业门类，对负面清单之外的领域，将外商投资项目由核准制改为备案制（国务院规定对国内投资项目保留核准的除外），并且将外商投资企业合同章程审批改为备案管理。2014年7月，自贸区发布《中国（上海）自由贸易试验区外商投资准入特别管理措施（负面清单）》（2014年修订），此次清单相较于13版负面清单减少了51条特别管理措施，门槛进一步降低，彰显出效率价值目标。

2014年11月14日，普华永道管理咨询公司、中心牵头高校上海财经大学、中心协同高校上海对外经贸大学、上海投资咨询公司等机构作为自贸区第三方评估机构纷纷出具了对自贸区一年运行情况的评估报告。各评估报告一致认为，自贸试验区在转变政府职能、改革监管方式等方面实施了创新举措，取得了重要突破，打造了改革开放的新高地，对全国范围的改革开放发挥了积极的示范作用。在加快政府职能转变、扩大投资领域开放、推进贸易便利化、深化金融开放创新、完善法制制度五个方面的制度创新和政策措施的综合满意度基本在80%以上。改革的红利让自贸区经济整体运行良好，各类市场主体投资热情高涨，新增企业1.26万家，超出过去20年累积设立的企业总数，其中新设外资企业1 784

家；境外投资加速发展，已办结107个境外投资项目备案，中方对外投资总额累积23亿美元；自贸区区内企业融资成本下降10%～20%。[①] 作为改革中的一大亮点，负面清单制度的落实功不可没。

负面清单制度的施行还伴随着众多配套制度的落实，在引导民间资本的角度出发，自贸区金融领域的制度创新值得探讨。依据《中国（上海）自由贸易试验区总体方案》，在金融领域，上海自贸区从加快金融制度创新和增加金融服务功能两方面进行试点。在金融制度创新方面，一是金融市场利率市场化，金融机构资产方价格实行市场化定价；二是在风险可控前提下的人民币资本项目可兑换进行先行先试，建立与上海自贸区相适应的外汇管理体制；三是鼓励企业充分利用境内、境外的资源和市场，实现跨境融资自由化。在增强金融服务功能方面，一是推动金融服务业的全面开放，支持符合条件的民营资本和外资金融机构进入，支持在试验区内设立外资银行以及民资与外资合办的中外合资银行，允许设立有限牌照银行、外商投资资信调查公司；二是允许建立面向国际的金融市场交易平台，逐步允许境外企业参与商品期货交易，支持股权托管交易机构在试验区内建立综合金融服务平台。[②]

三、地方性创新的突破与反思

（一）温州经验

在没有国家级和省级民间融资专门立法的情况下，温州民间融资管理形成了以《条例》为专门法律文本，以《浙江省温州市金融综合改革试验区总体方案》、《关于加强民间融资管理的意见》、《温州金融综改试验区12条实施细则》、《关于加强和改进民间融资管理的若干意见（试行）》等法律规范文件为支撑的规则体系。2013年通过的《条例》在若干方面有一定的创新性。

1. 明确了民间融资与民间借贷的界限

《条例》第2条规定，本条例所称的民间融资，是指自然人、非金融机构的企业法人和其他组织之间，通过民间借贷、定向债券融资、定向集合资金等方式，进行民间资金融通的活动。民间融资由于其民间性和概念的模糊性，要求立

① 宋薇萍：《评估机构把脉上海自贸区 负面清单仍是最大看点》，载《上海证券报》2014年11月15日，第2版。

② 王建文、张莉莉：《论中国（上海）自由贸易试验区金融创新的法律规制》，载《法商研究》2014年第4期，第14页。

法中应当明确界定民间融资的概念。由于民间借贷具有手续简便、高效、方便、快捷等优势，在民间普遍存在并且被接受。而民间融资是以游离于金融机构之外的价值转移的形式而存在，与民间借贷并不完全等同。如果两者概念无法界定准确，那么民间融资、民间借贷、非法集资这些概念会容易混淆，不利于保护正常的、公平的民间金融活动。《条例》明确了民间融资和民间借贷属于包含和被包含的关系。

2. 强制备案制度的创设

《条例》第 13 条从单笔、累计、涉及人数三个方面规定了强制备案的门槛，不仅有明确的数额规定，还从三个方面将具有较大影响、可能波及范围较广的民间借贷全部纳入其中。有关备案的相关规定是从积极、消极两个方面对民间借贷登记备案进行诱导的：从积极的方面来看，备案材料具有证据效力、合法性依据，鼓励登记备案；从消极的方面来看，“监督管理”和“法律责任”中对应该履行登记备案义务而不履行的情形进行明确的责任追究，规定了违法的成本和后果。

3. 设立权责明确的管理机构

《条例》中规定了几类专业的借贷管理机构，分别是第 7 条规定的“民间资金管理企业”、第 8 条规定的“民间融资信息服务企业”、第 11 条规定的“民间融资行业服务机构”。这三类分别是定向集合资金募集和管理的专业机构、开展融资中介服务的机构、民间融资活动相关行业服务的机构，三者各司其职，权责较为明确和专业化，可以达到分工协作的效果。

4. 明确的资格准入制度

对直接涉及资金的管理和使用的企业，即民间资金管理企业、定向债券融资的企业、定向集合资金管理人，进行了明确的准入门槛限制。这就将不具备资质的企业挡在门外，保证市场中企业的整体实力和资质，有效抑制了资金管理和使用中出现的乱象，有利于控制风险和提高专业认可度、信赖度等。

5. 明确的责任追究

《条例》第 6 章专门规定了违反条例的各种法律责任，特别是对中介监管部门、融资方和中介方制定了明确的违规处罚措施。其中大量的条文都极为重视融资行为、中介行为、监管行为的合法性，特别是对不作为情形，进行了明确的责任规定。其中体现了《条例》对事中监管的重视程度，将风险控制在行为发生之时，通过规范民间融资的行为模式来达到净化民间金融生态的目标。

《细则》在《条例》的基础上，进一步增加了很多禁止性规定和程序性规定，不仅便利实务中的操作，还强化了事中监管的准确度和有效性。《细则》第 5 章“风险防范和处置”虽然相对民间借贷潜在的风险而言略显单薄，但每一条都有较强的实践效果。例如，信息的报送、禁止职业便利、金融管理派出机关的检查和反馈、公安机关的审查和反馈、政府对受托事项履行状况的核查、政府金融工作办公室对受托资格的撤销权等。这些规定从政府机关的角度出发，翔实了各部门的权责分配和协调性，突出了政府对民间金融活动风险控制的重视。

尽管地方性法规在制度创新上有所突破，取得了很多进步，但其中仍然存在一定的问题。

第一，对民间借贷的利率上限没有突破性规定。作为金融改革的试验区，首先要做到的是"接地气"，在改革中能够准确反映市场需求并且能够被市场接受。《条例》中对利率的规定为"民间借贷利率由借贷双方协商确定，但不得违反国家有关限制利率的规定"，实际上仍然执行最高院《关于人民法院审理借贷案件的若干意见》的规定，即银行同期贷款利率的 4 倍。然而 24% 左右的利率限制并不符合温州当地 32% ~48% 的公众可接受的民间借贷利率。这直接影响到《条例》相关规定（例如登记备案制度）的有效实施，容易让公众产生抵触情绪。事实上在地方立法中可以考虑适当放松利率限制，比如将利率限制适当上浮，并且可以作为登记备案的激励性措施，即经过登记备案的民间借贷适用更高的利率限制，甚至放开利率限制。

第二，涉温州跨地区民间融资未能纳入规范范围。《条例》第 2 条规定，本条例适用于温州市辖区内民间融资活动及其监督管理，将规范的民间融资活动限定于市辖区内。然而浙江温州、台州、宁波等地作为中小企业和个体工商户的密集地，相互经济往来频繁，跨地区的民间融资现象较为普遍。《条例》在跨地区民间借贷方面起不到应有的规范作用，实际上对温州地区民间融资的"地方性试错"效果要打上一定的折扣。应当将"涉及温州地区"的跨地区民间融资考虑进来，更全面地反映法规对民间借贷的规制效果。

第三，对合法融资活动和非法集资的边界问题没有突破。目前我国刑法领域对非法集资罪名有扩大适用的迹象，如前所述，相继出现很多企业家承担了与行为不相适的刑事责任。《条例》第 47 条"违反本条例规定，构成违反治安管理行为的，由公安机关按照《中华人民共和国治安管理处罚法》的规定予以处罚；构成犯罪的，依法追究刑事责任"，实际上确定了《条例》的行政责任、《治安管理处罚法》的行政责任、刑事责任三级标准。然而其中界限如何划分仍然是实务操作中无法回避的问题。

除了法规的内容问题，与法规相适应的配套制度和软硬件的完善也是温州金融改革的当务之急。以民间借贷登记备案制度为例，实务中面临登记备案点数量较少，难以覆盖全部地区的问题，很多借款人可能出于"距离太远"、"找不到位置"等原因怠于登记备案。面对这一问题，技术革新是一种很好的解决方式。

通过互联网技术的应用，建立网上申报途径、网上数据库等措施，有利于鼓励民间借贷登记备案。人民需要的是方便快捷的方式，特别是强制登记范围以外的民间借贷者，如果不能充分提供便利，难以达到“鼓励”的效果。

改革先行先试中遇到问题在所难免，可怕的不是问题的暴露，而是问题的隐藏。针对问题深化改革，扩大已有成果，解决现有弊病，打开未来思路，是金融改革“地方性试错”题中应有之义。

（二）自贸区经验

除了温州地区的改革成果，地方试错的阶段性成果还需要借鉴我国自贸区改革的先进经验。党的十八届三中全会强调清除市场壁垒，发挥市场配置资源决定性作用，实行负面清单管理制度，是进一步激发民间投资活力的重大举措。目前国内市场准入施行的是审批制，即“正面清单”管理模式，规定了哪些可以做，而负面清单本质是“非禁即入”，规定了哪些不可以做。我国自贸区在改革中，首次将负面清单制度用于外资管理模式上，这种重大转变给金融领域方方面面都提供了便利，发挥了重要的作用。

“法无禁止即可为”是西方法学的经典法谚，体现出私法自治的法律原则，与“法无授权即禁止”构建起公权与私权对抗时的法律箴言。最合理的情况应当是，对公民而言只要法律没有禁止的事情公民都可以为之，对政府而言只要未经法律授权的事情都不可以为之。这体现了公权与私权由于地位的不均衡，在对抗时为了保障私权自治的有效性而限缩公权的影响力，杜绝公权扩张产生的低效和寻租问题，从而顺应“全能政府”向“有限政府”的转变趋势，促进资源配置效率和商事活动效益的提升。

自贸区负面清单制度的推广不仅要求地域上的扩张和推进，同时也是资本准入对象的拓展和延伸。为了响应党的十八届三中全会对国内投资负面清单制度建立的号召，全面落实政府职能转变、扩大投资领域开放、推进贸易便利化、深化金融开放创新、完善法制制度将是利用好负面清单制度，建立民间资本引导机制将作为未来开展工作的重点。

事实上，很多地方政府已经着手进行负面清单制度的引入和完善。以成都高新区发布的《2014 年改革创新工作要点》为例，成都高新区即将发布的负面清单包括外商投资准入负面清单和内资投资准入负面清单两部分。在深化负面清单制度改革的过程中，制定“负面清单”之余，成都高新区还积极推动“准许清单”和“监管清单”的创新举措。在“准许清单”的深化改革工作中，除清理出本级权限的准许清单，还制定了公开、透明的行政权力运行标准和流程。同时，高新区还将积极争取成都市、四川省和国家部委下放相关权限，并积极探索网上审批等行政审批方式改革。例如，对于行政审批业务，把准入资格条件格式化，把审批要求、前置条件罗列清楚，申请人只要严格按照审批步骤要求办理，就可通过审批。在“监管清单”方面，成都高新区重点研究制定建立健全事后监管机制，通过监管清单管理制度，让政府的工作重心进一步从“事前审批”向“事后监管”转移，切实做到监管有力，维护社会经济环境的公平和正义。成都高新区相关负责人表示，“负面清单”、“准许清单”与“监管清单”三者将发挥互为联动作用，促进成都高新区产业向高端制造业、信息产业等高端产业聚集。[①]

第四节　引导民间资本的理念转变与路径选择

一、理念转变之实然与应然

（一）历史变迁中的理念转变

1949～1978 年的 30 年间，中国社会经历过社会主义改造、合作化、初级社、高级社的过程，也遭遇过“大跃进”、“文化大革命”等探索中的挫折，民间资本运作在这个历程中经历了宽容、限制、改造乃至被禁止的过程。中华人民共和国成立以后，政府一开始的态度是管制和利用。以民族资本银行为例，经过中华人民共和国成立初期的整顿清理，全国民族资本银行从 1949 年初的 1 032 家锐减到 1950 年 6 月的 357 家。[②] 经过清理整顿之后，原本复杂的金融环境被净化，留存下来的民间金融形式得到国家的认可。由于中央对中华人民共和国成立初期的工农业十分重视，1950 年中国人民银行总行在《人民银行区行行长会议关于几个问题的决定》中提出要保障农村地区的私人借贷和约定利息，高利贷的形式被合法化。两年之后，由于高利贷对贫富差距的威胁，中共中央东北局认为高利贷破坏了农村经济发展，是阶级分化的催化剂，应予取缔。1953 年 3 月中共中央《关于春耕生产给各级党委的指示》提倡利用农村民间借贷解决目前农业信贷缺口的问题。除了清理整顿以外，政府引导民间资本向公私合营和社会主义改造方向发展。

① 叶燕：《即将发布投资准入负面清单　建立国内首个“企业孵化大市场”》，载《成都晚报》2014 年 6 月 13 日，第 5 版。

② 黄鉴晖：《中国钱庄史》，山西经济出版社 2005 年版，第 161 页。

以上海钱庄为例，新中国确立了以人民银行为国家银行，各地开设分支机构，构建构架垄断金融体系，在整顿和清理的过程中，不少钱庄因各种原因纷纷倒闭。1950 年 7 月开始，上海金融业进入联营，使其成立 4 个联营集团，部分比较健全的行庄共 45 家参与联营。1951 年，上海私营金融业在第 1、2 联营集团的基础上分别成立第 1、2 联合总管理处和联合董事会，原第 3、4 联营集团加入第 2 联合总管理处，上海钱庄停业只一家。1952 年 5 月，中国人民银行遵照 4 月 26 日中央财政经济委员会发布的《对私营金融业方针的指示》精神，作出“彻底改造合营银行，坚决淘汰私营行庄，在进行过程中适当照顾整个资产阶级的影响，以及我国在国外的公私合营银行的影响”的决定，并于 1952 年 12 月 1 日成立公私合营银行总管理处，标志着上海金融业全行业公私合营的实现。1953 年，全国的公司合营银行和私营行庄合并组成全国统一的公私合营银行，成为以国家银行为主体的金融体系的一部分，私营钱庄完成了其存在的历史使命。①

社会主义改造的全面成功伴随着对民间资本的极大压制，大多数民间资本在政治高压下销声匿迹，仅存的只有私人间互助性质的直接借贷，范围和规模都很受局限。这种状况持续到“文化大革命”以后，随着改革开放政策的实施，经济迅速发展伴随着资金需求的日益膨胀，民间借贷逐渐迎来了蓬勃发展的机遇。在改革开放初期，资金供给的方式主要限于财政拨款和正规银行贷款，国有经济对信贷资源的垄断使民营经济发展面临巨大的融资缺口。

为了克服民营经济发展的资金障碍，政府越来越倾向于放宽对民间资本的管制，除了允许私人借贷以外，相继出台政策允许合作基金会、农村合作银行等形式的民间金融形式，赋予部分民间金融活动合法地位。虽然对民间金融的态度有所放宽，但对于民间资本在发展中出现的问题，政府仍然采取的是整顿和禁止为主的“一刀切”措施。以下列举 1979～2004 年针对民间资本的部分法律法规等相关规定（见表 2-5）。

表 2-5　　1979～2004 年针对民间资本的部分法律法规

时间	出台机构	文件名称	相关规定
1986 年	国务院	《中华人民共和国银行管理暂行条例》	个人不得设立银行或其他金融机构，不得经营金融业务；民间自办的钱庄等金融组织被先后取缔，民间“合会”被视为违法犯罪活动遭到严厉打击

① 刘梅英：《民间金融机构与政府：上海钱庄研究》，中国社会科学出版社 2013 年版，第 69～70 页。

续表

时间	出台机构	文件名称	相关规定
1990 年	最高人民法院	《关于审理联营合同纠纷案件若干问题的解答》	对名为联营实为借贷的法人之间的合同应确认无效，对出资方收缴已经取得或约定取得的利息，对另一方处以相当于银行利息的罚款
1991 年	最高人民法院	《关于人民法院审理借贷案件的若干意见》	明确民间借贷关系为公民之间、公民与法人之间、公民与其他组织之间；借贷利率最高不得超过银行同类贷款利率的四倍（包含利率本数）
1996 年	最高人民法院	《关于对企业借贷合同借款方逾期不归还借款的应如何处理问题的批复》	认定企业借贷合同违反有关金融法规，属无效合同
1996 年	全国人大常委会	《商业银行法》	第 79 条：未经中国人民银行批准，擅自设立商业银行，或者非法吸收公众存款、变相吸收公众存款的，依法追究刑事责任，并由人民银行取缔
1998 年	国务院	《非法金融机构和非法金融业务活动取缔办法》	对各种非法金融机构和非法金融业务进行坚决取缔
1998 年	中国人民银行	《关于对企业间借贷问题的答复》	根据《银行管理暂行条例》第四条，禁止非金融机构经营金融业务，借贷属于金融业务，因此非金融机构的企业之间不得相互借贷
1999 年	最高人民法院	《关于如何确认公民与企业之间借贷行为效力问题的批复》	企业以借贷名义向职工或向社会公众非法集资、发放贷款的行为被认定无效
2000 年	中国人民银行	《关于取缔地下钱庄及打击高利贷行为的通知》	细化对非法集资和乱集资行为的界定标准、表现形式、管辖权的划分和取缔的措施
2002 年	中国人民银行	《关于取缔地下钱庄及打击高利贷行为的通知》	严厉打击地下钱庄和高利贷行为
2004 年	最高人民法院	《关于依法严厉打击集资诈骗和非法吸收公众存款的通知》	依法严厉打击集资诈骗和非法吸收公众存款的犯罪活动

从相关规定的名称和内容可以看出，“严厉”、“打击”、“罚”、“无效”、“坚决”、“取缔”、“非法”等字眼频繁出现，将民间借贷等民间资本运作方式视为猛虎野兽一般，以社会的稳定和秩序为优位，采取从严治理的“一刀切”模式。然而经过了25年的压制性法律规制之后，民间资本依然暗潮涌动，乱象频现。政府在2005年开始，意识到对民间资本的“堵”产生的法律效果和社会效果都不理想，如何让法律政策具有效率成为立法者思考的问题。以下列举2005年至今有关民间资本的部分法规、规章和司法解释（见表2-6）。

表2-6　2005年至今有关民间资本的部分法规、规章和司法解释

时间	出台机构	文件名称	相关规定
2005年	商务部、公安部	《典当管理办法》	规范典当行为，加强监督管理，促进典当业规范发展
2006年	发展改革委、财政部、人民银行、税务总局、银监会	《关于加强中小企业信用担保体系建设的意见》	通过风险补偿机制、税收优惠等政策支持、担保机构与金融机构互利合作、未开展担保业务创造有利条件、加强指导和服务五个方面促进中小企业信用担保机构持续健康发展
2008年	最高人民法院	《关于为维护国家金融安全和经济全面协调可持续发展提供司法保障和法律服务的若干意见》	将依法保障金融债权、依法保障企业发展、依法行政、提升执法技术和总结审判经验这几个方面和制裁金融违法违规行为、规范经济秩序并重，切实维护金融安全和经济的全面协调可持续发展
2010年	银监会等七个部门	《融资性担保公司管理暂行办法》	加强对融资性担保公司的监督管理，规范融资性担保行为，促进融资性担保行业健康发展
2010年	国务院	《关于鼓励和引导民间投资健康发展的若干意见》	进一步拓宽民间投资的领域和范围，鼓励和引导民间资本进入基础产业和基础设施领域、市政公用事业和政策性住房建设领域、社会事业领域、金融服务领域、商贸流通流域、国防科技工业领域、重组联合和参与国有企业改革、积极参与国际竞争，推动民营企业加强自主创新和转型升级，为民间投资创造良好环境，加强对民间投资的服务、指导和规范管理

续表

时间	出台机构	文件名称	相关规定
2010 年	最高人民法院	《关于审理非法集资刑事案件具体应用法律若干问题的解释》	进一步明确非法集资案件的标准，未向社会公开宣传，在亲友或单位内部针对特定对象吸收资金的不属于非法吸收或变相吸收公众存款
2010 年	最高人民法院	《关于为加快经济发展方式转变提供司法保障和服务的若干意见》	妥善审理金融纠纷案件，切实维护债权和合法权益，保障秩序和安全，正确认定非金融借贷合同效力，保护合法的民间借贷和企业融资行为，可设金融法庭专门审理金融案件
2011 年	最高人民法院	《关于依法妥善审理民间借贷纠纷案件促进经济发展维护社会稳定的通知》	践行能动司法理念，充分发挥审判职能作用，加大调解力度，保护合法借贷利息，防范制裁虚假诉讼，妥善适用司法措施，建立健全民间借贷纠纷防范和解决机制，加强对民间借贷新情况新问题的调查研究
2011 年	银监会	《关于人人贷有关风险提示的通知》	对 P2P 信贷服务评析主要问题与风险，提出监管措施和要求
2012 年	最高人民法院	《关于人民法院为防范化解金融风险和推进金融改革发展提供司法保障的指导意见》	防范化解金融风险，推动金融市场协调发展，依法认定民间借贷合同效力，保护合法民间借贷法律关系，提高资金使用效率，推动中小微企业“融资难、融资贵”问题的解决，遏制高利贷化和投机化倾向，严厉制裁地下钱庄违法行为，遏制资金游离于金融监管之外；保障金融债权和金融改革；深化能动司法理念，提升金融审判水平
2014 年	最高人民法院、最高人民检察院、公安部	《关于办理非法集资刑事案件适用法律若干问题的意见》	明确行政认定问题、“向社会公开宣传”认定问题、“社会公众”认定问题、共同犯罪的处理问题、涉案财物的追缴处置、证据的收集、涉及民事案件的处理、跨区域案件的处理

除此之外，还有地方性法规诸如 2009 年上海市高级人民法院《关于审理民间借贷案件若干问题的指导意见》、2012 年鄂尔多斯市人民政府《鄂尔多斯规范民间借贷暂行办法》、2014 年上海市《关于促进本市互联网金融产业健康发展的若干意见》等。通过与前文的比较可以发现，从 2005 年开始，我国从"一刀切"的模式逐步转向疏导、区分对待的模式，正视民间金融发展的需要。对危害金融安全和社会稳定的违法犯罪行为坚决打击，对民间资本采取引导和鼓励的方式，保障债权和当事人的合法权益。规定中多出现"监督"、"监管"、"规范"、"鼓励"、"引导"、"保障"、"维护"、"保护"、"推动"等字眼，对典当业等传统民间金融形式明确其法律地位，对 P2P 等新金融以鼓励和引导为主，对非法集资行为的规制更加规范化，体现出了立法理念的极大转变。

（二）理念转变的应然之选

民间资本发挥积极作用需要依赖良好的法律环境，在有效引导民间资本方面，法律应当充分发挥其应有的作用。在现有法治状态下，民间资本没有得到法律的充分保障与激励，新法律制度如何有效地引导民间资本参与到经济发展中，而不是四处投机与炒作，是中国市场经济法治建设的一个重大课题。

1. 民间资本引导法律机制应最大限度地提升效率

法律制度的制定和实施都面临成本问题，如何降低成本和提高效率，是法律制定和执行之前需要认真要考虑的问题。效率价值包括经济效率价值和社会效率价值两个方面，即促进生产力的发展和保障公民权利、提高人民福祉两个方面。对于金融领域来说，经济效率价值体现在减少交易成本、提高资金使用效率；社会效率价值体现在合理界定合法权利以及限制公权力的运行。如果对同样性质的交易者使用不同的规则或者没有稳定的规则，会导致经济发展出现无序状态。当前民间借贷利率反映出的交易成本较高，与没有可靠的法律制度供给存在密切关系。从治理机制上来说，尊重民间自治机制相比强制实施机制来说更具备效率，契约治理的私人治理机制是内生性的、经过重复博弈形成的机制，具有自身的有效性和高效性，效率价值要求法律机制引导、弥补、矫正私人治理机制，而不是排斥、垄断、干预私人治理机制。

民间资本的效率问题不容忽视，效率的实现得益于法律制度的有效设计。波斯纳提出：合法权利的初始界定会对经济制度运行效率产生影响，权力（权利）调整会比其他安排产生更多的价值。诺思提出：对经济增长起决定性作用的不是技术性因素而是制度性因素。科斯指出，在存在交易成本的情况下，法律制度的设计决定经济的效率，反过来说，法律制度的设计原则应该是效率原则。在利益冲突的各方保护谁的利益，取决于谁的利益有利于经济效率的提高。从法律角度来理解效率，通常包括两个方面：一是法律制度对社会经济发展的影响，即法律制度是促进经济发展还是阻碍经济发展；二是法律制度本身的效率问题，即法律制度本身运行所需要的成本及其所带来的效益在资本市场中，在巨大的民间资本的利用效率从总体上看还比较低的情况下，采用怎样的法律制度提升其利用效率以促进我国经济增长是关键所在。另外，法律制度在提升效率的同时也需要成本。法律制度的成本包括三个方面：一是维持现有法律制度所消耗的社会资源；二是为解决法律纠纷所花费的私人或诉讼主体的成本；三是立法成本，包括立法过程耗费的社会成本和维持立法机关的费用。因此，应当将引导民间资本的法律制度的社会成本降到最低，以此实现引导民间资本的法律制度本身的效率。然而，法律制度具有时代性，法律制度亦应适时改进以提升效率。法律制度对经济增长有决定性的影响，一个合理的法律制度，可以推进经济的迅速增长。然而，随着经济的增长，法律制度也要随之发生变化。在改革之初的一段时间内，为集中有限的资源支持国有经济的发展，我国建立了对国有资本高度垄断和控制的法律制度，这种法律制度在一定期限内取得了很大的成效，但排斥了民间资本的运行，如果说在改革之初还没有显现其缺陷，随着中国以市场经济体制改革的不断深化，大量民间资本集聚，这种法律制度的缺陷已日益显现。此时，提升民间资本的运行效率可以保障大量中小企业的资本需求，优化资本配置，提高资本使用效率。

引导民间资本的法律机制应具备以下两项功能：第一，应当特别体现效率正义，即在强调国有资本的作用的同时不能忽视民间资本的作用，并充分发挥民间资本的积极作用，这就要求引导民间资本的法律制度必须保障民间资本的增长能力。法律制度的效率，最为关键的是促进人类合作和保证合作者利益的合理分配。这个问题包括两个方面：一是通过法律制度的建立，减少不合作的损失；二是通过法律消除私人谈判的障碍。自愿交换对双方都有利，成功的谈判会带来合作剩余，因此法律的一个重要作用就是制定规则，克服私人谈判障碍，促进合作。[①] 第二，应当有利于提升民间资本的配置效率。法律制度应当为有效利用民间资本提供便利，只有使民间资本在各主体之间流转，才能使民间资本获得最好的使用效率。同时，法律制度应当能够引导或促使人们按照最有效的使用方式使用民间资本。尽管经济主体的行为都是理性的，但由于信息的不完全性、市场的不确定性等，人们的决策容易扭曲或失误，所以需要法律把经济实践中形成的资源优化配置的经验加以确认，并根据法律自身的普遍性等特点，使这些经验成为约束人们行为的普遍性规则。

① 高德步：《产权与增长：论法律制度的效率》，中国人民大学出版社 1999 年版，第 45 页。

2. 民间资本引导立法应尊重并保障私人利益

资本具有逐利的天性，民间资本也不例外。民间资本往往会受高额利润的驱使而流动。在我国持续低迷的银行利率下，有闲置资金的人们将其转向市场寻求高额回报，参与证券市场、房地产市场、煤炭市场、农产品市场等的种种炒作。我国对民间资本的自由流动采取了非常严苛的全面规制，民间资本的流动空间受到很大限制。一方面，规制范围内难提自由，安全价值吞并了自由价值的生存空间；另一方面，市场需求催生了规制外的“灰色”甚至“黑色”形式的民间资本暗流，自由价值在逃离安全价值的自我实现中，出现了异化，泛滥的自由使得暗流成为脱缰的野马，不仅违背了自由原则，还严重威胁到安全价值。

我国作为社会主义国家，最初选择采用了计划经济，坚持公有制经济在社会主义经济中的主体地位。改革开放30多年来，中国经济迅速发展，民间积聚了大量的闲置资本，其中尤以江苏、浙江、广东、山西等地较为突出，形成了以国有资本为主导，兼有民间资本的二元资本结构。在二元资本结构中，产生了国有资本与民间资本的利益博弈。国有资本属于国家财产，民间资本属于私人财产。国有资本与民间资本追逐各自的利益都是合情合理的，但两者之间存在着矛盾与冲突。具体表现在：政府通过法律制度进行干预的正当性体现在对权利和义务的合理配置。现行立法规定民间资本承担的义务过多，享受的权利却很少。国有资本具有垄断地位，在众多行业和领域限制民间资本的进入，以维护国有资本的垄断利润；地方政府也设置市场准入障碍，保护本地国有资本的利益。除此之外，我国还出现了大量的抑制民间资本融资的规定，为国有资本设置保护网。民间资本不能跨越法律所设定的边界，否则将受到法律惩罚。民间资本在信息不对称条件下为了减少法律压制的成本而规避法律，增加的法律风险通过利率转嫁给资金使用人，推高民间资本流动的整体成本。不仅如此，为追逐高额利润而绕开法律规制，逃避监管，使法律规制进一步偏离效率目标和安全目标，给市场带来巨大冲击和风险。以非法集资问题为例，吴英案和孙大午案是我国近几年发生两个极具代表性的关于民间借贷的案件，反映出法律制度和政策深层次的问题，甚至延伸出宏大的社会主题——金融垄断和公权腐败与私营企业的命运。

合理的法律应当保证公平，公平是实现效率的基础，也是法律正义的体现。公平价值有两个层次的含义，第一层次是公平竞争、没有垄断和歧视的权利，每一个市场主体都平等地享有投资、融资的权利并承担义务，如公平信贷权；第二层次是给弱者适度倾斜性的保护，通过制度设计构建一个基本的正义底线，不同于平均主义，而是让社会中的弱势群体、落后地区、欠发达行业能有公平的机会获取金融资源，实现金融资源配置公平和普惠的理念。因此，引导民间资本的法律制度设计应保障民间资本的利益，确认各方法律主体的资本收益权，进而为民间资本开通各种投资渠道。这一方面使民间资本可以为我国经济发展贡献一分力量，另一方面也使民间资本感受到法律正义的光辉。

3. 民间资本引导立法应构建并维持良好的秩序环境

美国学者博登海默指出，秩序意指在自然界与社会进程运转中存在着某种程度的一致性、连续性和确定性。民间资本随意性大、流动性强、隐秘性高，经常神龙见首不见尾，对社会秩序造成了巨大的影响，更需要稳定的秩序。利益得不到合法保障的民间资本会给市场带来极大的无序性。从微观层面上看，在民间资本参与炒作的很多事件中，都呈现出被炒商品价格的暴涨。从宏观层面上看，因国际金融危机引发的全球经济持续衰退、进出口贸易锐减，造成企业资金链断裂，许多中小企业在激烈的市场竞争中倒闭，造成大量的民间资本无法收回。部分投资者面对商业风险缺乏应有的理性，其所采用的无休止的上访、野蛮极端的讨债手段，引发了社会的不安全因素，加剧社会矛盾。随着我国央行存款准备金率连续实施上调，银行纷纷收紧个人和企业的信贷业务，中小企业融资难日益加剧。中小企业不得不转向地下钱庄或典当行等机构融资，这些机构为了获取最大利润，在中小企业急等救命资金之时，往往转变成违反法律的高利贷，使中小企业的融资成本陡升，资本市场的风险加大，一旦崩盘将两败俱伤。

民间资本给社会和经济带来了危害极大的无序性，如何使社会与经济由“无序”状态回归到“有序”状态，是问题的关键所在。法律具有确立和恢复秩序的功能，对民间资本带来的社会和经济的无序性，法律同样具有恢复的能力。然而，为国有资本确立秩序的法律能否用来确立民间资本的秩序呢？据前文所述，为了维护国有资本的利益，法律设立了无数限制民间资本发展的制度，这必然导致如此的后果，即在应付许多新问题和力图保障一个正在变化的经济秩序中许多新产生的迫切利益方面，法律不符合人们对它的期望。须确立有效实现二元资本市场秩序目标的法律秩序。为了达到法律秩序的目的，通常通过立法确认民间资本的利益，并通过司法程序加保障，使民间资本在得到法律保护的基础上愿意接受法律的约束，为规范民间借贷与非法集资提供前提条件。

二、引入激励性规制理念

我国对民间资本的规制主要是按照公共利益规制理论设计的，经济与社会安全被放在第一位。这种制度设计是以信息完全为假定的前提条件，忽视了现实中的信息约束和不对称，以及民间资本自身的激励功能。在治理的过程中，简单化的立法会走向两个极端，要么作为一般民事行为放任不管，要么作为违法犯罪行为进行打击。这样会造成规制功能的不平衡，强制功能取代了激励功能，让守法行为承担较高成本，逃避法律却可以获得更高收益，形成“扭曲性激励”；同时规制功能不完备，缺乏预防功能，影响规制的效率和整体效果。在法律制度施加高压时，市场主体在信息不对称条件下为了减少法律压制的成本而规避法律，增加的法律风险通过利率转嫁给资金使用人，推高民间资本流动的整体成本，从而让法律规制进一步偏离效率和安全的价值目标。规制机构被迫依赖刑事责任为代表的惩罚手段，实施惩罚的成本（包括积累权力的努力和实施惩罚消耗的资源）非常高昂，民间资本流动的小额多发性进一步推高其成本，使得执法成本和边际效率极低，形成高成本低效率的规制困境。与此同时，交易信息相对完全和规制信息极不对称并存的双重性让法律面临悖论性难题：一是民间资本需要法律规制，某些方面需要比正规金融更加严格的规制，但又不能给法律规制提供完全的信息；二是民间资本规制需要一定量的公共信息，但民间资本信息具有极强的私人性。[①] 民间资本的信息优势既是控制交易成本的比较优势，同时也是逃避监管的便利条件。这就需要法律制度能够创新出一个激励相容的机制诱使市场主体的行为自发性地不去偏离出法律许可的正轨。

在法律制度的创新中，尤其要注重优化制度设计和灵活运用不同的规制工具。简单粗暴的刑事责任等强制力规制工具虽然简便易行，但这种方法应当是补充性的，优先级应当是最末，以“最后的防线”的姿态出现。治理民间资本的复杂情形，应当通过支付信息补偿（租金）让规制机构获取更多信息，依靠这些信息可以通过更为客观的分析和评估做出更加科学的具体规制方法，减少信息不对称导致的逆向选择和道德风险。适度的激励可以让自由和隐蔽的民间融资活动走向阳光，问题和风险可以及时暴露，方便规制机构及时采取针对性、科学性的方法加以控制，相反，简单化的粗暴规制会让民间资本依靠信息优势转向“地下”，加剧逆向选择和道德风险等问题。

激励措施不仅可以实现行为主体和监管主体的信息交换，实现双赢的效果，还可以起到促进市场发展、优化资源配置、刺激市场活力等功效。合理的信息租金体现在留给交易主体较大的自主选择空间，自由、效率、公平等价值可以得到更好的体现，民间资本流动的客观运行规律被充分尊重，促进了法律目标和主体目标的一致性。这样的法律制度更容易被尊重、认可和执行，有利于提高规制效率，更能刺激市场的潜力和效率。具体讲，对民间资本实行激励性法律规制有以下三个方面的意义。

第一，有利于民间金融资本优化配置。直接渠道包括个人与个人、个人与企业、企业与企业之间的直接融资方式；间接渠道包括银行业务、小额贷款公司、

① 岳彩申：《民间借贷的激励性法律规制》，载《中国社会科学》2013 年第 10 期，第 126 页。

新兴金融形式，如 P2P 平台等方式。将现有的融资渠道合法化、阳光化，具有支付租金的效果，让信息在体制内及时反馈，相比简单地“堵”和“禁”更能控制风险。在阳光化的过程中，适当地照顾民间借贷，给予一定的政策和税收优惠，能够强化支付租金的效果，诱导民间资本更加具有接受规制的动力。除了渠道的阳光化和合法化，积极地拓宽民间资金渠道也是激励性规制的一大策略。多元化的渠道让民间资本有更大的选择空间和自由，有利于其摒弃以往处于阴影中的无奈之举。现行法律制度中虽然有引导民间投资进入各领域和特定行业的规定和文件，体现出激励的导向，但缺少具体的方案，其实效需要通过完善激励性措施来落实。

第二，有利于促进区域竞争。一般金融业扩大经营区域范围、实现资源优化配置、降低风险集中度的逻辑和机理，同样适用于民间金融这一民间资本流动形式。放宽经营范围限制有利于民间资本根据区域经济的差异性在不同区域开展更有效率的竞争。这需要地方出台依托各个地区资源优势和促进竞争的激励措施，改善区域金融生态，有利于金融资源的合理配置。这种竞争不仅可以在民间金融市场进行，还会倒逼正规金融服务的提升和整体金融效率的提高。这种竞争可以考虑限制在一定区域内，视发展情况适度扩大区域，但不能过于放开并允许跨区域经营。“马歇尔”冲突决定了民间资本流动的规模必须限定在一定程度内，超出一定规模会导致民间资本会丧失其地缘和信息的优势，降低运作效率，反过来限制规模的扩张。①

第三，有利于实现分类重点规制。一些小规模民间资本在运作时以民间形式存在更有利于其发挥优势，满足不同人群的融资需要。② 对不同类型的机构或个人的借贷行为应当采取分类规制的立法安排，区分不同情况。如私募基金应纳入资本市场法制体系；对合作金融性质的合作基金会和金融服务社通过制定合作金融方面的法律制度加以规范；对地下钱庄应设定合理的准入条件纳入银行类金融机构体系；对专门放贷不吸收存款的金融机构应由专门的法律制度加以规范，如银监会《企业集团财务公司管理办法》、《贷款公司管理暂行规定》等；进行专门的民间借贷立法，规范以盈利为目的并专门从事借贷业务的机构和个人的借贷行为。③ 通过设置多元化的利率限制等立法技巧可以有效达到重点规制的目的。构建双层利率限制的架构，将上层利率限制引入刑事责任重点规制严重影响金融秩序和社会稳定的行为，下层利率引入豁免制度，通过特定行业豁免和经过官方登记允许适当上浮利率限制等方式，诱导民间借贷自愿自发地进入规制机构的管

① 姜旭朝、丁昌峰：《民间金融理论与实践》，载《经济学动态》2004 年第 12 期，第 75 页。
② 陈向聪：《中国私募基金立法问题研究》，人民出版社 2009 年版，第 140 页。
③ 岳彩申：《民间借贷规制的重点及立法建议》，载《中国法学》2011 年第 5 期，第 85 页。

控范围，降低法律风险，刺激自由竞争。

激励性法律规制需要必要的监管为后盾，没有明确的责任追究就无法凸显出“激励”的效果。过紧和过松都会损害到对民间资本的规制效率，应当效仿德国让监管制度追随市场的需要，适度监管；同时效仿日本和我国台湾地区重视实践经验的积累和文本化，用科学的方法分析和总结，使得具体规则设计具有一定的前瞻性。适度的、必要的监管可以与激励性法律规制相辅相成，如同在雨中为民间资本搭起避雨的房屋，让民间资本主动选择宽松、自由的监管环境，而不是天生就没有约束成为脱缰的野马，更不是暴雨倾盆冲毁一切。

三、未来路径的应然选择

从立法上来看，我国对民间资本的规制长期坚持国家本位主义，过于强调安全忽视效率、自由、公平的价值理念。为了突出稳定和安全的理念，实行严格的压制，维护正式金融机构垄断的地位，从而方便监管者实施监管，打击和遏制体制外的金融现象。然而治理民间资本不能用简单的思路，因为这涉及一个庞杂而系统的工程。如果要想让制度更加科学、公平和贴近民生，必须转变立法理念，提升立法技巧和司法水平。从我国立法理念的转变过程可以看出，国家本位主义不仅无法有效规制民间金融，还会激化市场与监管之间的矛盾，让民间资本的乱象更加隐蔽和复杂，降低法律的权威性和公信力。管制的低效浪费了大量的行政、司法成本和社会资源，同时导致了金融效率的损失，结果却是市场主体通过改变行为方式规避法律，排除竞争娇惯出正规金融的低效、高效的金融创新被抑制等等恶果。未来的路径选择应当是注重引导和鼓励民间资本的发展，承认和保障民间借贷等资本流动形式，扩大和疏通资本的流动空间，明确民间借贷合法与非法的认定标准，增加相关规则的可操作性，提高法律政策的实施效果。

（一）改善市场准入制度

我国的市场准入范围过于狭隘，对民间资本准入的各类显性、隐形限制使得新 36 条等政策所引导的“扩宽民间投资的领域和范围”、“民间资本兴办金融机构”等策略难以发挥实效。引导民间资本最核心的环节在于民间资本投资渠道的拓宽、民间资本流动空间的延展，然而目前市场准入的壁垒重重，需要做出制度变革来适应民间资本发展的现状，杜绝“弹簧门”、“玻璃门”的现象。

显性的壁垒主要表现为对市场准入范围的限制。目前对民间投资的领域和范围虽然提倡不断扩大，但仍然停留在“正面清单”的模式，即规定允许民间资本进入的领域和范围，特别是在金融领域，划定范围较为狭隘，难以适应市场发展的内生需求。这种模式虽然表面看起来是赋予民间资本一定自由，但内涵却是法律自始剥夺了民间资本自由发展的权利，剥夺后又放开了一定领域来进行补偿，这是公权扩张排挤私权的典型表现。在特定历史阶段也许具有一定的安全价值的意义，但现在的市场趋势极力呼吁改变这种现状，扩宽民间资本的准入范围，转变政府的规制思路，逐步由“正面清单”转变为“负面清单”。

隐形的壁垒主要表现为“玻璃门”现象，民间资本在进入特定领域时会面临诸多潜在的障碍。首先，在设立程序上面临设立烦琐、准入门槛过高的情况。民间资本虽然总量庞大，但较为分散，程序上的过重负担会导致民间资本积极性的减损，如果不在程序上进行减负，则难以达到引导之实效。其次，在政策性扶持方面付之阙如。引导民间资本进入的很多领域都具有较强的公共属性甚至公益属性，如基础设施行业、社会公共事业等。在金融领域则表现为小微金融机构、普惠金融机制的建立，将金融服务向正规金融难以覆盖的群体推广，这不仅是民间资本实现价值的方式，也是推动经济同步运行、缩小贫富差距、提升社会福祉的有效助力。以美国社区金融为例，其被政府定义为向最弱势群体提供金融服务的政策性金融机构，被给予了较多的豁免和优惠政策。我国在引导民间资本进入特定领域时，也不能忽视给民间资本减负的重要性。

（二）充分保障经营自由

所谓经营自由，是指市场主体享有自主决定从事经营活动的自由权，国家不得设置不当障碍[①]，这不仅包括了决定从事何种经营活动，还包括如何从事经营活动。经营自由决定了民间资本优势的充分发挥，这不仅体现出营业机会和投资机会的平等，还体现出公权退出对私权的不当干预，充分尊重和保障私权在商事领域的价值。

我国对经营自由的权利并未充分重视，从基本法的角度来说，各国大多通过宪法确立经营自由权，通过自由权、经济与财产自由、职业选择自由等概念加以涵括，例如，以美国、英国为代表的自由权和追求幸福权，概括了包括营业自由权和财产自由权在内的一切自由权利；又如，《阿拉伯也门共和国永久宪法》(1970 年）第 11 条规定：“在不损害公共利益的条件下，允许私人经济自由经营”;[②] 再如法国将营业自由和投资自由以职业选择自由的方式成为宪法规定的基本权利，法国 1791 年 3 月的法律还明确规定了“工商自由原则”[③]。有学者认

① 王建文：《论商法理念的内涵及其适用价值》，载《南京大学学报》2009 年第 1 期，第 57 页。
② 肖海军：《论营业权入宪——比较宪法视野下的营业权》，载《法律科学》2005 年第 2 期，第 14 页。
③ ［法］伊夫·居荣，罗结珍、赵海峰译：《法国商法》，法律出版社 2004 年版，第 17 页。

为应尽快将“营业权”或“营业自由”写入宪法，即可将其作为公民基本权利，也可将其作为基本经济国策，还可将其作为基本经济原则①。只有实现对经营自由的法律确认，才能促使经营自由权得到全面、深入的保障。

由于法律制度对经营自由保障的不周，实践中表现出对非法行为规定的过于宽泛、股东资质的不合理限制、观念上的所有制歧视等种种现象，严重制约了民间资本和私有企业的发展。我国应当致力完善经营自由的相关制度构建，为引导民间资本扫清漠视自由价值的沉疴。

（三）鼓励金融适度创新

在建立民间资本引导机制的过程中，鼓励金融创新是重要措施。从互联网金融的发展看，民间资本是金融创新的重要力量，发挥金融创新的正能量和吸纳功能是引导民间资本的重要途径。在现今普通消费者和普通投资者的需求日益多元化和复杂化的背景下，市场的需求呼唤更多具备个性化、创新性的融资渠道和融资方案，普通大众偏好的异质性让金融创新的土壤日益肥沃。民间资本可以通过金融创新最大限度地满足各类投资需求，提高经济效益和社会效益，改善民生。

金融创新与金融监管之间存在一定紧张关系，是各国监管层和理论界致力研究的热点。毫无疑问，金融创新对金融资源的优化配置以及市场的推动作用具有其正面的积极意义，但是金融创新对监管的规避和风险的扩张让其蒙上了负面的消极阴影。2008 年美国的次贷危机让金融创新受到前所未有的质疑，以次级抵押贷款为典型代表的金融衍生产品不总是能够推动美国经济高速前行，有时也会将其推向崩溃的绝境。

从金融企业的角度来说，为了追逐利润和降低自身风险，满足市场对金融服务的新需求，是金融创新的“内因”，从而产生对“生产技术”（新产品和新方法）和“生产组织”（制度）做出的改进。社会财富的增长会产生新的金融产品和服务的需求，强化用户体验、满足用户个性化需求成为市场的新需求，金融创新可以吸引民间资本参与到各类创新中来，进而参与分享社会财富增长，实现利润的持续增长。

从外部环境的角度来说，外部环境的变化对金融制度调整和“生产技术”调整产生的影响，是金融创新的“外因”。外部环境包括外部经营环境变化，金融组织依据外生变量的变化对经营管理内生变量进行调整，如通货膨胀率、汇率、利率的变动；技术变迁带来的制度变迁，如信息技术产业的蓬勃发展和互联网时代的来临；规避监管带来的制度成本，一方面政府管制会导致隐形税负，提高经

① 肖海军：《营业权论》，法律出版社 2007 年版，第 127 页。

营成本；另一方面阻碍了金融企业充分利用规制以外的盈利机会。①

在内外因的双重作用下，如何利用金融创新服务于民间资本引导机制，需要在鼓励的同时建立一定的约束机制，鼓励适度的金融创新。

（四）优化刑法治理机制

我国目前在对非法集资案件的审理中适用刑法的标准并不明确，应当提高立法技巧和司法水平，避免引导机制被刑法不当运用所阻断甚至破坏。

对集资诈骗罪来说，核心要素是“使用诈骗方法”，“诈骗方法”既要考虑诈骗罪的基本原理进行一般性理解，也要考虑融资领域的殊异性进行特别限制。不宜将教义学设计的诈骗罪构造条件绝对化；应当与时俱进地对诈骗罪的“欺骗行为”进行缩限性解释；必须对集资诈骗罪中的“诈骗方法”进行二次缩减；生活、市场、投资、投机四领域的欺诈标准各有春秋。刑法修正案已经废除了集资诈骗罪的死刑，是刑法治理的一个明显的进步，但目前集资诈骗罪在定罪量刑方面仍然存在很多问题，需要进一步深入研究，并优化刑罚制度。

对于非法吸收公众存款罪，在刑法教义学上，不能将民间借贷等民间金融形式轻易认定为非法吸收公众存款罪。对非法吸收公众存款行为的追诉不应立足于金融垄断主义并作扩充解释，而应该立足于民间融资活动对经济发展的积极价值，正确区分合法与非法的民间融资活动，把遵守诚实信用原则、充分披露经营信息且利率约定与企业盈利相匹配的融资行为纳入民间借贷范畴，把以欺诈或超过企业利润率且不具有非法占有目的大量吸纳资金的行为，定性为非法吸收公众存款罪。②

作为公民权利保障的最后一道防线，刑法具有“不得已原则”，应是补充性的而非任意性的。金融安全与私权保护是相辅相成的，不能以维护金融安全作为公权扩张和侵害私权的当然理由。在刑法实施上，应当更多关注规则的科学设计和回应性的适用，为民间资本的经营提供更加合理、更加广阔的空间，改变以压制为主的治理思路。

（五）建立资本监测机制

民间资本经过多年的发展，在私有企业特别是中小企业的发展、社会生活的各个方面都日益发挥出巨大的影响力。然而民间资本的发展不仅是私人资本投资

① 尹龙：《金融创新理论的发展与金融监管体制演进》，载《金融研究》2005 年第 3 期，第 8 页。

② 姜涛：《非法吸收公众存款罪的限缩适用新路径：以欺诈和高风险为标准》，载《政治与法律》2013 年第 8 期，第 52 页。

经营问题，而且关涉到国家的宏观调控和经济政策。在很长时间里，中央银行货币政策调控目标主要是货币供应量，目前已逐步转向对社会融资总量的监测和调控，准确把握民间融资总量对制定货币政策意义重大。

除了宏观层面的国家治理，在微观层面，由于民间资本的隐蔽性特点，民间资本在运营和流动中不仅包含了合法的市场行为，也包含了灰色甚至黑色性质的地下行为。为了更好地监管民间资本的流动，提高对民间资本的监管效果，有效规范民间资本市场，必须建立民间资本监测机制。从规制理论和实践两个层面看，建立民间资本监测机制可以及时、准确地获得民间资本市场信息，保障对民间资本监管的有效性，还可以推动民间金融市场的融资效率，降低市场风险的积累。

第五节　引导民间资本的法律机制构建

一、放开民间资本的市场准入限制

（一）放宽市场准入领域

市场准入制度应当体现包容性，不仅在基础设施、社会公共事业等方面的准入应当逐步放开，在金融领域应当取消对多种所有制性质的竞争者的限制，不再过于保护国有金融机构的垄断利润，为各类金融机构提供公平合理的竞争起点。

一方面，现行政策更多追求引导民间资本服务于小微金融的目标，忽视了民间资本在金融领域独特的自身优势，目前民营银行整体上看经营大多比较成功。对商业银行等传统正规金融机构准入的逐步放开，应当是我国下一步构建民间资本引导机制、拓宽民间资本流动空间的基本选择。除了对行业准入这种显性壁垒进行清除外，在规则构建时不能忽视对隐性壁垒的消除，如现行的准入领制度对经营自由权的不当限制甚至剥夺。首先，应当取消对村镇银行大股东资质的限制等不利于民间资本经营自由的规定，真正鼓励民间资本自愿进入，发挥民间资本自身优势；其次，应当对经营自由权从法律层面加以确认，全面、深入落实对私有企业经营自由的保障；再次，应当提升立法和执法水平，改变对非法行为认定过于宽泛的状况，避免滥用刑法规制、行政处罚等方式施加给民间资本的隐性阻力；最后，应当采取政策性扶持给予民间资本一定的激励，让民间资本在基础设施、社会公共事业、普惠金融等方面发挥出更积极的作用，克服盈利空间不足所带来的隐性阻力。

另一方面，应当对尚未合法化的金融形式采取更加包容和鼓励的态度。民间资本在流动中衍生出纷繁复杂的形态，对具有合理性和典型性的非正式金融形式应当填补监管空白，积极推进其合法化，纳入民间资本引导机制。除此之外，监管机构对金融创新忽冷忽热的态度应当有所转变。金融创新具有活跃市场、优化资源配置等积极作用，尽管有必要强调金融创新的适度性，如果缺乏稳定的约束机制，金融市场主体在发展中可能无所适从。因此，金融机构在进行业务创新时出于法律风险控制的考虑，非常希望建立稳定的约束机制，避免行为的盲目性和风险的积累。这种约束机制可以从行为规范、行为主体、事后监管等方面进行构建。

（二）降低市场准入门槛

面对现行制度对民间资本设定的过高准入门槛，除负面清单制度改革以外，还应当稳步推进资本认缴登记制改革，原则上废除法定最低注册资本制度，创新债权人长效的保护机制①。根据2013年《国务院机构改革和职能转变方案》，对按照法律、行政法规和国务院决定需要取得前置许可的事项，除涉及国家安全、公民生命财产安全等外，不再实行先主管部门审批、再工商登记的制度，商事主体向工商部门申请登记，取得营业执照后即可从事一般生产经营活动；对从事需要许可的生产经营活动，持营业执照和有关材料向主管部门申请许可。将注册资本实缴登记制改为认缴登记制，并放宽工商登记其他条件。在准入门槛上对民间资本予以资本认缴登记制改革和废除法定最低注册资本制度是在投资领域转变政府职能、全面建设服务型政府的需要。2013年12月28日通过的《公司法》修正案对公司登记制度进行了重大变革，然而如要落实改革措施，则需要公司设立制度自身完善措施及时跟进，并强化其他监管措施和司法水平②。

资本认缴制的改革应当聚集为一次认缴、分次实缴制的改革，充分彰显民间资本运营的意思自治原则。为了防范可能出现的风险，确保认缴和实缴出资信息的真实性、完整性和及时性，是有效规制公司行为的核心，同时推进公示制度和记载不实责任制度的完善。除非法律和法规对公司注册资本实缴另有规定，任何单位和个人都不得以注册资本限额作为公司的市场准入条件③。而法律和法规对

---

① 刘俊海：《建议公司法与证券法联动修改》，载《法学论坛》2013年第4期，第5页。

② 沈贵明、刘霄鹏：《中国（上海）自由贸易试验区公司设立制度改革的配套措施研究》，载《上海商学院学报》2014年第1期，第6页。

③ 刘俊海：《建议公司法与证券法联动修改》，载《法学论坛》2013年第4期，第7页。

公司注册资本实缴的规定也应当随着政府职能的转变而逐步放宽和取消，真正做到降低民间资本进入市场的门槛。

（三）简化准入程序事项

我国现行公司登记法律法规中存在着大量的事前审批项目，行政审批前置审批环节过多、过慢已经严重影响到公司登记的效率，不利于民间资本把握最好的发展机遇。根据 2014 年 10 月《国务院关于取消和调整一批行政审批项目等事项的决定》，国务院决定“取消和下放 58 项行政审批项目，取消 67 项职业资格许可和认定事项，取消 19 项评比达标表彰项目，将 82 项工商登记前置审批事项调整或明确为后置审批。另建议取消和下放 32 项依据有关法律设立的行政审批和职业资格许可认定事项，将 7 项依据有关法律设立的工商登记前置审批事项改为后置审批”。可以看到，将前置审批改为后置审批，在国务院层面取消和下放行政审批项目是现行的立法趋势。

后置审批和下放的行政审批项目仍然存在对民间资本的壁垒问题，如何进一步深化行政审批制度的改革是下一步立法的关键问题。在这个方面可以借鉴前文所述的自贸区的负面清单制度改革以及地方负面清单制度的推广。一方面，对于行政审批业务，应当把准入资格条件格式化，把审批要求、前置条件罗列清楚，申请人只要严格按照审批步骤要求办理，就可通过审批，降低审批的程序要求，转变政府职能；另一方面，逐步推进负面清单制度的改革，将“法无禁止即自由”贯彻到民间资本的引导机制中，废除“正面清单”所带来的桎梏。

二、建立民间资本流动监测机制

（一）优化信息传导机制

在信息不对称条件下，一方面交易成本的因素会使得中小企业在正规金融机构难以获得融资，另一方面民间借贷特殊的信息约束条件使得规制机构难以制定有效的规制策略，造成民间借贷的高风险。企业在这种两难境地下，有着缓解信息不对称格局的现实需求。优化市场信息的传导使得信息在民间资本主体之间、民间资本主体与监管者之间能有畅通的交流渠道，不仅有利于强化市场信心，还有利于规制机构及时更新规则和监管方式。

重视市场信息的反馈历来是域外先进立法技术的集中体现之一。以英国 2014 年针对投资性众筹的监管规则为例，其基于 2013 年的《众筹平台和其他相似活动规范行为征求意见报告》而展开，规则的内容大多针对实践中总结出的问题以及民众对问题的看法。规则的全文长达95页，前半部分采用问答的形式，对众筹已经出现的问题和可能出现的问题进行逐条的梳理和总结。相关信息的采集和整合过程中，民众的参与是至关重要的一环。英国政府通过收集及时、真实的市场信息，综合考虑民众的各类需求，制定出迎合市场需求、易被市场接受的监管规则，体现出英国政府在立法过程中对市场信息反馈的重视。欧盟委员会在应对众筹这一新兴金融创新形式时，同样采取积极接收市场信息的方式，在着手欧盟层面统一立法的同时，于2013年10月3日发布了《众筹在欧盟——发掘欧盟行动的潜在附加值》意见征询书，就有关众筹的定义、优势、风险、监管问题等方面进行广泛的意见征集，以考察是否有必要在欧盟层面采取监管措施或对欧盟各成员国立法进行协调统一，并于2014年3月中旬发布了有关欧盟众筹监管意见征询的《总结报告》。

畅通信息的前提是有效、合理的市场机制，除了前文所述的激励性法律规制以外，完善相应的配套制度才能落实法律、政策的实效，尤其注重程序的便利性和优惠措施的诱导性。以民间借贷登记备案为例，尽管登记备案制度是接受市场信息反馈的重要渠道之一，但民间借贷者会因为诸多因素而怠于进行登记备案。最主要的因素有税收、利率、便利性、习惯等方面。在税收方面，应当明确民间借贷经过登记备案所享有的税收减免政策，税收会因为最终落到借款人身上而提高利率水平，然而现行利率又有硬性限制，自然阻碍了借贷主体主动“走向阳光”的动力。在利率方面，经过登记备案的借贷应当上浮或取消利率限制，赋予登记备案优越地位，诱导借贷主体积极主动地接受监管，而不是空喊口号“鼓励”借贷主体承受监管。在便利性方面，拓宽登记备案渠道，如网上申报、网络数据库等方式，同时增加借贷登记服务中心的数量，以网状尽可能多地覆盖各个地区，特别是民间金融活动较为活跃的地区。此外，精简登记备案程序，让登记备案成为“举手之劳”而不是“无奈之举”。在习惯方面，加大登记备案优惠性的宣传，普及金融风险意识，逐步转变民间借贷主体的不良偏好，培养民间借贷主体稳健、自觉的习惯。

政府要注重对市场信息的采集和分析处理。以温州金融改革的地方性法规《民间融资管理实施细则》为例，其规定了政府金融工作办公室对违法情形进行检查和信息收集、公安机关对金融工作办公室采集的信息进行审查、金融工作办公室设立举报平台接受公众举报和监督、金融工作办公室对公共服务机构的定期核查等措施，注重规制过程中监管者与被监管者的信息互动，从而能够及时接收到市场信息、及时更新监管策略和规制措施。

（二）完善民间借贷备案登记制度

作为民间资本监测法律制度的基础环节，如何采集民间资本流动的信息取决于登记制度的是否完善。民间资本监测服务体系要通过立法建立民间融资登记机构，明确监管部门对民间融资活动实施有效监管。其参与主体可以分为四部分，即民间融资登记机构、民间资本融出和融入方、民间融资登记机构审批监管部门和保险公司。[①] 民间融资登记机构负责对民间资本融出方和融入方进行登记，收集双方资信信息并向对方提供，对利率、期限、用途、规模和还款情况进行登记，向资金融入方收取一定金额的风险保证金，并引入保险机构，对融入方办理财产险。民间融资监管部门可确定为人民银行，负责对民间融资登记机构的审批和监管，建立监测指标体系，对区域内的融资规模和流向进行全面监控，进行风险预警和防控。

韩国立法充分重视民间借贷登记制度的完善，我国近年来温州金融改革中一大亮点也是民间借贷登记制度的创设。温州通过强制备案制度从单笔、累计、涉及人数三个方面规定了强制备案的门槛，不仅有明确的数额规定，还从三个方面将具有较大影响、可能波及范围较广的民间借贷全部纳入其中。未来民间资本引导机制需要资本监测机制予以支持，民间资本监测机制必须依靠激励措施才能有效运行。首先，温州《条例》所确立的积极、消极两个方面的激励规则应当进一步推广，实现对民间资本登记备案的法律引导。一方面，通过赋予备案材料证据效力、合法性依据来鼓励登记备案；另一方面，通过对应该履行登记备案义务而不履行的情形进行了明确的责任追究来附加违法的成本和后果。其次，明确相关主体民间资本监测的主体责任。如对民间融资登记机构而言，如果由于对融资双方信息审查不力，工作失责给融资双方造成了损失，应当由法律明确其承担的法律责任。最后，对登记方式进行改进，解决实务中登记备案网点少，难以覆盖全部地区的问题。通过互联网技术的应用，建立网上申报途径、网上数据库等措施，鼓励民间借贷登记备案。人民群众需要的是方便快捷的方式，特别是强制登记范围以外的民间借贷者，如果不能充分提供便利，难以达到“鼓励”的效果。

三、完善资本市场制度

作为直接金融的形式，引导民间资本不仅需要制度创新，还需要在现有制度

① 中国人民银行赤峰市中心支行课题组：《民间资本规范利用与风险控制研究》，载《内蒙古金融》2012 年第 10 期，第 25 页。

下寻找有利的途径和资本流动渠道。我国资本市场经过二十多年的法制建设，目前已取得一定的成果，法制理念基本确立，法律体系日益完备，监管体系基本成熟，法制创新与时俱进，法律执行成效显著。① 根据2014年国务院《关于进一步促进资本市场健康发展的若干意见》（新国九条），提出了对发展债券市场、私募市场的若干要求。针对民间资本的特性，如何进一步完善资本市场的引入机制是资本市场法制进程中的重要一环。

（一）推进债券市场改革

在谈到资本市场时，人们更多地想到的是股票市场，甚至将其与资本市场等同起来，遗忘和忽视了直接金融的另一种形式，即公司债券。资本市场重股轻债的情形应当被打破，虽然大力发展债券市场早已成为资本市场发展的战略规划，但由于配套制度的缺位造成这一进程迟迟落后，效果微弱。

我国目前的公司债券市场呈现三足鼎立的分割局面。根据1993年颁布的《企业债券管理条例》和发展改革委的若干通知，国家发展改革委审批和监管的称为企业债券，在交易所市场和银行间市场交易；根据《公司法》、《证券法》和证监会颁布的规范性文件，证监会监管的是公司债券，以上市公司为发行主体，在交易所市场交易；根据《商业银行法》对银行间票据市场的相关规定，人民银行监管非金融企业债券融资工具，一般称为中期票据，以非金融企业为发行主体，在银行间市场交易。②

由于本质相同，适用条件却大相径庭，构建完整、统一的公司债券制度称为资本市场法制建设的当务之急。我国应当舍弃部门本位主义，改变债券分类的依据，以功能化监管和市场化的协调机制为核心，重新整合不同类型的公司债券，统一纳入到《证券法》的调整范围中。由于现行立法中对公司债券的限制过多，准入过严，应当在下一步立法中剔除掉对公司债券的不合理规定，积极推进债券市场的改革，便于民间资本进入债券市场从而达到引导的目的。

根据新国九条，债券市场的下一步发展可以总结为以下几个方面：第一，债券品种的多样化，完善债券公开发行制度、地方政府债券制度、资产证券化制度、债券承销制度。第二，市场信用约束的强化，完善信息披露制度、投资者教育制度、信息共享机制、债券增信业务、债券违约监测和处置机制。第三，债券流动性的深化，完善投资者适当性制度、债券品种在不同市场的交叉挂牌及自主

① 张育军：《我国资本市场二十年法制建设回顾与展望》，载《证券法苑》（2010）第2卷，第8～9页。

② 张育军：《我国资本市场二十年法制建设回顾与展望》，载《证券法苑》（2010）第2卷，第14～15页。

转托管机制、债券登记结算机构信息共享机制和市场信息系统。第四，债券监管的协调，完善债券市场准入、信息披露和资信评级的监管制度、投资者保护制度和事后监管制度。

（二）完善私募资本市场制度

私募资本市场与一般公开的资本市场相比，具有很高的不确定性、信息不对称性以及缺乏流动性，属于资本市场的初级阶段或早期阶段，从西方国家证券市场的发展历史来看，其最初的资本市场就是私募资本市场，其目前市场参与者的投资意识和投资理念正是在私募市场上经历几百年的反复磨砺才逐步建立起来。[①] 然而我国在发展资本市场中却忽视了这一次序，一直以来并未正视私募资本市场的建立，使得私募的发展缺少法律制度的保障。

根据新国九条，培育私募资本市场首次被政府重视并下决心进行制度构建。第一，私募发行制度急需完善，合格投资者标准、投资者适当性要求、信息披露要求、事中事后监管制度是工作重心。第二，私募投资基金的相关法律规制亟待完善，以功能监管、适度监管为原则，按照股权投资基金、私募资产管理计划、私募集合理财产品、集合资金信托计划等各类私募投资产品划分监管标准，以培育私募来促进中小微企业和战略性新兴产业发展。

虽然新国九条明确对私募发行不设行政审批，但“向累计不超过法律规定特定数量的投资者发行股票、债券、基金等产品”这一规定同样预示着法律规定关于50人、200人限制的红线对私募的保留。针对民间资本分散性的特点，破除人数限制红线应当是改革的方向。以美国JOBS法案为例，改革后的JOBS法案将私人公司的股东人数提高至2 000人，一定程度上缓解了民间资本对放宽私募主体人数限制的市场需求。就私募投资基金而言，2014年8月证监会出台《私募投资基金监督管理暂行办法》，开始了私募资本市场的法律构建。结合现行规定，可从以下几方面完善私募资本市场制度。

第一，《私募投资基金监督管理暂行办法》第5条规定了私募基金统一监测系统，然而私募证券基金、股权基金、创投基金在运作中具有较大差别，尽管都具有集合性、委托性，在统一法律框架时应当考虑到不同基金的特点，进行分类统计和检测。

第二，《私募投资基金监督管理暂行办法》第11条规定了合格投资者人数累计不得超过法律规定的特定数量，与国九条的问题相类似。值得注意的是，有限责任公司、有限合伙面临50人的限制，股份有限公司面临200人的限制，这样

---

① 宋琳：《价值投资理念呼唤私募资本市场建设》，载《统计与决策》2003年第6期，第71～72页。

的规定对民间资本而言过于严苛，不利于民间资本的引导，应当修正。

第三，《私募投资基金监督管理暂行办法》第 12 条规定了私募基金合格投资者的资质限制，“投资于单只私募基金的金额不低于 100 万元且符合下列相关标准的单位和个人：净资产不低于 1 000 万元的单位；金融资产不低于 300 万元或者最近 3 年个人年均收入不低于 50 万元的个人”，法律规定考虑到私募基金刚刚纳入监管办法，为防范非法集资而设定了较高的门槛。这种过于保守的法律规定仍然存在前文所讨论的压制型规制问题，应当逐步放宽私募基金的合格投资者限制。法律所要实现的“具备相应风险识别能力和风险承担能力”不光需要准入的适度限制，更需要市场主体的培育、投资者教育深化、事中事后监管的完善。

第四，《私募投资基金监督管理暂行办法》第 14 条规定了私募基金管理人、私募基金销售机构不得向合格投资者之外的单位和个人募集资金，不得通过报刊、电台、电视、互联网等公众传播媒体或者讲座、报告会、分析会和布告、传单、手机短信、微信、博客和电子邮件等方式，向不特定对象宣传推介。不特定对象一直是监管机构对待私募所重点把握的尺度之一，然而如此全面、细化的规定过于严苛，对“不特定”的理解和界定也过于简单，不利于实践中的操作和把握。应当明确的是，类似于在公司网站上介绍公司品牌、展示本公司登记备案的基本情况等推介方式，不属于利用互联网向不特定对象宣传推介，防止“不特定”原则的滥用，保障民间资本进入私募的渠道畅通。

第五，《私募投资基金监督管理暂行办法》第 9 章规定了私募基金管理人、私募基金托管人、私募基金销售机构及其他私募服务机构及其从业人员的法律责任，然而根据《行政处罚法》，部门规章最高只能设立 3 万元的行政处罚。这样一来，由于股权和创投基金没有更高层级的规定，如有不正当行为只能按照 3 万元以下的标准进行处罚，这样的违法成本相比违法收益来说不成比例，处罚力度存在很大问题。

我国在推进私募资本市场制度建设中，仍需要解决很多法律制度上的空白和缺陷，虽然困难重重，但发展好私募资本市场对于我国资本市场主体培育、民间资本引导渠道构建具有非常重大的推进意义。

四、建立促进社区银行等合作金融发展的保障制度

除了直接金融形式以外，引导民间资本还需要间接金融形式的完善。为了贯彻普惠金融，解决现有融资缺口困境，我国需要致力于社区银行、合作金融发展。

（一）社区银行

银行业就像一台精巧的机器，能将众多、分散的资金有效汇集起来，创设更多类型的银行业金融组织，不仅能有效吸引民间资本，还能对接实体经济。

首先，将现有农村地区中小银行逐步改造为社区银行，包括农村信用社、农村商业银行、农村合作银行和村镇银行等地方性金融机构，由于政策支持的因素、稳定的客户关系和丰富的网点资源，农村金融机构具备改造成社区银行的优势。

其次，允许民间资本组建新的社区银行。银行业发展最迫切的要素是中小型社区银行的发展，允许民间资本设立中小型银行，是引导民间资本、支持中小企业发展的重要渠道。如前所述，对商业银行的准入限制应当逐步舍弃，规则构建上应当重视民间资本面向银行业的准入和规范。

最后，引导民间非正式金融向社区银行发展。互助会、小额信贷、新型农民资金互助合作社、典当行、私人钱庄等形式与民间资本联系紧密，因此，将非正式金融形式统合治理，是实现法律制度的普及、民间金融合法化的有效途径之一。以日本的经验为例，非正式金融形式向特定的组织形态发展具备可行性和自身优势。改变“堵”的治理手段，积极推行引导和培育的方式，将具备条件的非正式金融形式有机统一起来，使其走上正规化、规范化的道路，符合市场化发展规律。

（二）合作金融

民间资本应当参与到合作金融的发展中，本着互助的理念发挥出民间资本自身的优势，同时缓解正规金融覆盖面过于狭隘的困境。在这一进程中，规则构建上应当完善合作金融的操作规范。

我国合作金融事业发展一直不甚理想，由于经营不善和监管不力等多重原因，倒闭、挤兑风波频发，急需有效的行业组织。我国合作金融行业组织体系需要从行业组织模式和行业组织制度两方面进行法律重构。

在行业组织模式方面，大多数国家和地区都将合作社行业组织包括合作金融行业组织视为法人，并分为协会制社团法人和合作制企业法人。鉴于合作金融行业组织产生于弱势社员增强其互助能力的需要，是社员在合作社内部互助不够的情况下向外部扩张的产物，行业组织应当秉承合作制的原则，不适宜协会制的形式。我国应当通过立法明确合作金融行业组织遵循合作制的原则，明确界定行业组织的业务范围：指导会员社制定内部管理制度；对会员社的业务经营财务活动及内部管理进行辅导；组织会员社职工的培训教育；组织会员社之间的资金调剂与融通；对会员社进行监督检查；协调会员社之间的联系，调解会员社之间的纠纷；协调有关方面的关系，维护会员社的合法权益；组织经验交流和对外交往，提供各种信息咨询服务等。对于全国性行业组织，除上述业务外，还包括推动合作金融立法和国际交流合作等方面的业务。

在行业组织制度方面，应当致力构建合作金融行业组织设立制度，如创办成员与创办大会、设立登记的要求；成员加入与退出制度，贯彻合作社“自愿和开放”原则；代表产生制度，以章程规则和民主选举为原则；多票权制度，限制多票权的授予，避免与民主原则相违背。通过完善合作金融的制度构建，方能发挥出合作金融的优势和特色。[①]

五、完善互联网金融投资者保护制度

保护投资者的合法收益与投资的自由性，是引导民间资本优化配置的重要措施。投资者保护制度主要适用于正规金融——银行理财产品、有价证券、金融衍生品等等，原因就在于金融领域的无形性、专业性、信用性、复合性和复杂性，尤其是在信息不对称条件下，普通投资者处于非常不利的地位——风险的最终承担者，风险与收益相匹配原则往往不能有效适用于不知情的普通投资者，因此法律需要在制度构建上给予投资者适当的倾斜性保护。英国总结了金融市场发展的经验，构建了金融市场行为监管局、审慎监管局和健全的救济申诉渠道，形成三足并存的体系，加强对投资者的保护力度。随着民间金融的发展和民间借贷形式的多元化、复杂化，以互联网金融为代表的新金融正在颠覆传统的金融格局，投资者保护制度正成为民间资本引导机制构建的重点。投资者保护制度可以分为赋权模式的信息披露制度、冷静期制度和金融救济制度，以及限权模式的适当性制度。

（一）赋权模式的制度构建

1. 信息披露制度

作为投资者保护的第一道防线，信息披露制度决定了投资者作出投资决策合理性和适合性，尽管限于理性瑕疵的问题需要冷静期制度、适当性制度和金融救济制度补强投资者保护的实效，但从长远意义上来说，充分、透明的信息披露有利于逐步培养投资者的投资知识和投资能力，通过市场主体的培育来逐步缓解投

① 张德峰：《论我国合作金融行业组织体系的法律重构》，载《现代法学》2014 年第 5 期，第 78 ~ 80 页。

资者的相对弱势问题和理性瑕疵问题。其与投资者教育的有机结合可以实现金融市场的长足发展以及市场主体的成熟稳健这样的终极目标。

我国已有的众筹规则主要以行业自律规范为主，例如，2013 年发布的众筹领域的《中国天使领投人规则》，然而信息披露规则却难觅其踪，与信息披露相关的仅有“领投人要对领投项目的投资判断、风险揭示、竞争利益冲突做充分的信息披露，对跟投人充分的进行投后管理的信息披露，但公司可以选择对跟投人进行有限度的信息披露”，甚至对创业公司进行了很大程度的信息披露豁免，如“跟投人可以要求对项目进行尽职调查，但能否给出全面充分的信息披露的权利在创业者”，很难在实践中具备操作性和有效性。通过前文的域外经验介绍可以看出，国外在众筹融资的监管规则设计中，将信息披露规则置于非常重要的位置。翔实、明确的信息披露规则可以真正发挥信息披露的实效，不仅利于发行相关方的合规化操作，也利于投资者面对纷繁的众筹项目结合自身条件和需求加以遴选。

然而信息披露制度的构建需要综合考虑各方面的因素，辅以配套制度基础。

一方面，信息披露需要解决保护商业利益的问题。知识产权、创意构想所带来的商业利益无疑是巨大且潜力无限的，过度的信息披露却为这种商业利益蒙上了阴影。然而这种冲突可以通过合理、明确的制度来化解，包括信息披露制度和知识产权保护制度。

另一方面，信息披露需要解决信息过载的问题。过多的信息披露会使得影响投资决策的关键信息掩藏于众多无关紧要的信息之中，众筹投资者疲于应付难以理解的专业信息之余，相比披露不足而言同样面临难以获取关键信息的问题。互联网时代是一个信息爆炸的时代，微信、微博的流行从某种程度上而言正是克服了信息过载的问题从而广泛获取用户认同——基于身份关系的筛选让呈现在用户面前的信息更加有倾向性且易接受。在金融领域同样面临这样的问题，法律规范难以规制到每个个案的信息披露规则，在强调个性化的众筹融资里，不同项目的关键信息千差万别，过多、过硬的披露要求会让投资者深陷信息过载的困境之中。正基于此，国外的信息披露规则在众筹领域的应用都或多或少地体现出一定程度的豁免，如法国对招股说明书的要求就简化到几页的程度。我国在进行众筹融资的信息披露规则设计时，应当考虑到投资者的接受能力，在简洁扼要且不失关键信息的同时，借鉴域外原则性监管的成功范例，尽可能多地使用行业自律、事中事后监管的规制方法，保障投资者免受信息过载之苦。

2. 冷静期和纠纷解决机制

冷静期是指在交易合同订立之后的一定期限内，买方可以无条件地解除合同且不需要承担解除合同的不利后果。这是一种来自合同法的特别规则保护，目的就在于防止投资者特别是金融消费者受不当劝诱或过度劝诱导致暂时性地丧失理智和独立思考的机会，使投资者的投资决策可以有一次犹豫或反悔的机会，因此也称犹豫期或反悔期。

这种明显倾斜性的保护在金融领域显示出实质公平的重要性，然而其适用必须有一定程度的限制。并不是每一种民间金融类型都应当适用该制度，该制度解决的是市场地位不平等主体之间的权利义务关系失衡的问题，特别是针对民间金融与互联网结合后产生的金融创新浪潮，传统意义上的民间借贷和其他市场地位平等的主体间的借贷关系或融资关系不应当适用此类制度，而是更应当集中于以登记制度为核心的信息披露制度。

与冷静期功能类似的还有纠纷解决机制，赋予了投资者救济权。纠纷解决机制最传统的方式是诉讼途径，然而诉讼途径的高昂时间和经济成本让普通投资者望而却步。互联网金融最大的特点是投资的低门槛和金融的普惠性，盈利模式是充分发掘普通投资者群体中的“长尾市场”，因此投资决策是小额且多发性的。面对互联网金融的小额多发性，传统的诉讼途径显然过于笨拙而难以自适。因此，替代性的纠纷解决机制显得更加顺应市场需求。

替代性纠纷解决机制（ADR）成为各国金融市场中逐步崛起的新生力量。英国的金融申诉专员制度（FOS）就显得格外出众，其具有两大特点：低成本和高效率。低成本是对于投资者而言，FOS 的运行成本大多数由金融机构分摊，从而降低投资者的维权成本，便利投资者主张权利。高效率是由于其灵活的解决方式决定的。一般而言，ADR 有两种方式：纯调解方式和第三方裁定方式。FOS 则是结合了两种方式，当调解失败时由第三方权威机构裁定。FOS 设置了前置性调解，在调解失败时进入第二阶段的裁定程序①。

在线纠纷解决机制（ODR）是 ADR 在互联网时代衍生出的一个新的纠纷解决机制。与传统 ADR 的模式类似，ODR 采取的手段也主要是调解和仲裁②。然而传统的 ADR 在面对互联网金融的小额多发性时仍显得过于笨拙，面对面的时间、空间成本相比争议标的而言往往并不相称。互联网技术的运用有效降低了调解和仲裁手段的成本，使得纠纷解决可以跨地域、低成本地进行。

3. 投资者教育

作为投资者适当性制度的重要组成部分，投资者教育应当始终为监管当局及其他各方市场主体所重视。面对日益复杂化、专业化的金融创新，投资者必须有意识地提升其自身的知识体系和能力。这一方面需要投资者发挥主观能动性，积

① 杨东：《金融申诉专员制度之类型化研究》，载《法学评论》2013 年第 4 期，第 78 页。

② 肖永平、谢新胜：《ODR：解决电子商务争议的新模式》，载《中国法学》2003 年第 6 期，第 152 ~ 153 页。

极学习金融知识，另一方面更需要形成以监管当局为主导的覆盖全社会的金融知识教育管理及保障体系。

互联网时代数字技术的运用使得金融教育方式更加丰富和多样化，建立金融教育网站是欧洲各国普遍通行的做法。由于互联网上信息过于庞杂，很多信息的真伪难以明辨或验证成本过高，普通投资者更愿意相信权威机构提供的信息。因此，很多金融教育网站就是金融监管机构的官方网站，如英国 FCA 的主页开辟了“消费者”专栏，包含基础知识、申诉相关信息、自我保护知识、防欺诈知识等；意大利 CONSOB 的主页开辟了“金融教育”专栏，从投资行为、投资风险、投资服务、投资产品、认股权证等角度切入，不仅包含了系统性的教育材料，还对常见问题进行系统化梳理。除了金融教育网站，投资者教育还可以嵌入到投资活动中，起到警示提醒作用。如意大利众筹条例规定的投资者注册流程，在投资者接触到金融产品及服务之前，必须仔细阅读投资者教育材料并填写问卷，确保投资者在投资之前对相关金融知识的了解及学习。

我国应当进一步建立多渠道、多层次的金融教育体系，向普通投资者普及金融知识、培养风险意识。这不仅仅是监管当局的职责，还需要各方市场参与主体乃至全社会的共同努力。值得注意的是，英国此次众筹条例征求意见的形式之所以成功，不仅在于多样化的投资者教育途径，还体现在对教育时间点（teachable moments）的精准把握。在特定的时间点（投资者有学习的积极性，人们普遍关注某个金融领域）以其可接受的方式开展教育活动，其效果最佳。目前正值众筹热潮，投资者普遍关注这一新兴金融形式，既有很大的期待又有所观望，无疑是以多种形式进行投资者教育的最佳时机。

（二）限权模式下的制度构建

将众筹合法化，这是建立众筹投资者适当性制度的基础，正所谓“皮之不存，毛将焉附”。我国众筹合法化面临的主要法律风险即是对《证券法》第 10 条的解释问题，对象是否特定、人数是否超过限制成为判断众筹合法性的核心问题。

其他国家在实践中同样遭遇类似合法边界问题。英国早期通过基于会员制的双层股权关系架构来寻求法律规避，通过对象特定化的实践技巧来跨越监管障碍。考虑到法律规避过于僵硬可能带来的风险，英国 FCA 在专门的监管规则尚未出台之时，就已经开始着手对众筹平台的规制，如采用发警示通知、劝诫等，对其认为已经触及法律红线的众筹平台进行警告和清退。此种情况下，对监管当局的主观能动性要求极高，一方面监管者需高度警惕、积极推进立法补缺，另一方面需要对市场进行基于个案的干预和调整。相比不特定对象的问题，200 人限制的问题在实践中较容易通过业务安排来解决，如国内股权众筹平台“大家投”明确规定项目中领投人和跟投人的最低投资额度分别为项目融资额度的5%和2.5%，如此一来投资者数量不会超过39人。

事实上，众筹确实存在私募与公募的双重属性，欧美国家对众筹普遍持包容态度，这也为互联网金融的进一步发展创造了制度空间，而我国将股权众筹纳入规制范畴并加以合法化则是顺应这一发展趋势的应然之选。在我国股权众筹监管框架的构建中，应以适当性制度为核心要素。

1. 平台准入资质

我国在法律环境尚不明朗的情况下已产生多家股权众筹平台。目前我国股权众筹平台的主流做法是将投资者分为普通投资人和合规投资人，由合规投资者进行尽职调查并决定投资，其他普通投资者跟投资金，即“领投—跟投”模式，与意大利“领投人制度”较为相似。2013年10月17日，天使汇众筹平台联合其他投融资机构共同发布《中国天使众筹领投人规则》，以行业自律的形式规定投融资双方的义务与责任，明确众筹的基本流程，以促进股权众筹投资正规化、标准化。监管当局理应在现有股权众筹实践发展的基础上进行相应的法律规制，有针对性地预防、控制我国股权众筹发展所面临的法律风险。

2014年12月18日，我国证券业协会发布了《私募股权众筹融资管理办法（试行）（征求意见稿）》，以全国范围统一的行业自律规范的形式探路股权众筹监管。然而其中关于私募股权众筹融资的投资者却设定了过高的标准，并不合理。“投资单个融资项目的最低金额不低于100万元人民币”或“金融资产不低于300万元人民币或最近3年个人年均收入不低于50万元人民币”对普通投资者而言是一条难以逾越的障碍。由此，该标准虽然对净化市场具有积极意义，但对投资者的准入过于严格并不符合“众筹”之“众”的本质和互联网精神。换言之，准入资质的设置不应当把重点放在对普通投资者的限制，而是更多地关注机构的准入。

我国实践中“领投—跟投”的模式存在较大的法律风险，即领投人与项目发起人可能存在的恶意串通行为。由于互联网平台的虚拟性，投资者在遭遇该类欺诈行为时很难发现并搜集证据。加之股权众筹在收益方面的不确定性和长期性使得投资风险骤增。因此，在股权众筹立法框架中必须对领投人资质进行准入限制和监管，以降低投资风险，即在股权众筹立法中明确领投人的地位，并建立统一的准入标准；或授权股权众筹平台建立差异化标准，并以立法形式明确最低标准，从而有序促进平台之间关于领投人服务质量的竞争。

在平台准入的设计中，监管机构应当对股权众筹平台的准入标准严格把关，制定明确的门槛限制，并采取类似法国投资顾问年度披露的措施施加外部监管。

目前《私募股权众筹融资管理办法》所规定的股权众筹平台实质要件涵盖资金和从业人员两方面的要求，即“资金不低于500万元人民币”和“有与开展私募股权众筹融资相适应的专业人员，具有3年以上金融或者信息技术行业从业经历的高级管理人员不少于2人”。该思路与欧洲股权众筹立法一致，即资金门槛和专业人才门槛，但相比规定中对普通投资者的要求，该门槛显然过低。目前市场上股权众筹平台良莠不齐，“500万元”和“2人”确实可以淘汰掉不少“小作坊”式股权众筹平台，但上述规定显然不能有效保护股权众筹之普通投资者。因此，提高股权众筹平台的准入资质要求，同时辅之以信息披露制度，方能更好地保护普通投资者。

2. 投资者分类和适合性测试

作为投资者适当性规则的前提，恰当的投资者分类规则是适当性制度合理运行的基础性保障。投资者分类规则中普遍重视对“可投资净值”的把握，即扣除掉影响基本生活条件的资产，如基本居住条件、养老金、寿险保障等。在这一点上，我国亦应采纳“可投资净值”的概念，确保金融活动对基本生存和社会秩序的无害性。在规则设计时，可以引入充分的风险提示及说明后的“自认”形式，以确保投资者得到全面且充分的提示和告知。

根据前文三个国家的立法经验，区分机构与个人，高收入与低收入是投资者分类的核心要素。鉴于我国股权众筹投资者主要是自然人散户投资者，我国投资者分类核心问题在于如何界定高收入与低收入。这里，可以参考《私募投资基金监督管理暂行办法》（2014）对“合格投资者”的界定，即个人最近3年年均收入50万元可以作为区分高低收入者的基本标准。对最近3年年平均收入低于50万元的低收入投资者应当制定更加严格的投资者保护规则，通过制度安排和规则设计预先控制可能产生的投资风险，以确保金融产品与散户投资者风险承担能力相适配。

与投资者分类相伴而生的是适合性测试——投资者分类是为了针对性地测试其与金融产品和适配程度，适合性测试是为了更好地区分和辨识投资者，避免不恰当的过度风险。我国的股权众筹实践模式与意大利类似，因此意大利众筹条例采取的将适合性测试与投资者教育、投资者筛选相结合，通过平台前置的三步流程来筛选合适的投资者，不失为一种可行的方式。

通过适合性测试可以将投资者进行分类管理，基于收入水平（高、低）、投资经验、投资知识、风险认知和风险承受等方面的不同，将投资者分为一般投资者和专业投资者，对一般投资者进行投资额度限制，对专业投资者则可以进行一定程度的豁免。在具体的限额额度上，可以参考英国“10%可投资净值”的比例限额方法，借助适合性测试确立每个投资个体的投资限额，从而达到个性化和灵活性的特点，以适应股权众筹的特点。除此之外，通过适合性测试中附加认知风险的书面自认宣告，如意大利的众筹平台注册流程，可以适当放宽比例额度的限制，从而在保障投资者权益的同时尽可能地给予更大的自由和更多的融资资源。

3. 投资建议

参与众筹的普通投资者相比专业投资者而言，欠缺相关的投资经验和投资知识。对他们而言，基于在陌生领域中对专业人员的信赖，投资建议很容易影响他们的投资决策。好的投资建议自然皆大欢喜，然而不良投资建议将给欠缺风险承担能力的普通投资者带来灾难性的后果。因此投资建议的规范化是保护普通投资者的关键环节。

如上所述，意大利、英国、法国对投资建议所持的态度并不相同，而这取决于投资建议在特定市场环境中所带来的风险不同。相比而言，意大利、法国对领投人、投资顾问的规范较为完备，因此对投资建议的容忍度较高。我国的股权众筹实践模式虽然类似意大利，但相应的制度基础和配套制度并不完善，如对欠缺领投人的准入规范和责任追究机制。此外，我国金融市场历来存在各类侵害投资者权益的不良因素，如不当劝诱、不实陈述等，一旦投资建议的环境过于宽松，则不利于良好市场风气的形成和投资者保护的有效性，因此笔者建议我国借鉴英国的严格规制思路，规范投资建议的使用。事实上，对于普通投资者而言，领投人的实际投资行为和声誉足以提供投资参考。

4. 适当性责任

法律责任规定模糊、处罚过轻，历来是我国金融监管法规顽疾之一。以证监会《关于建立股指期货投资者适当性制度的规定》（2010）为例，违反适当性义务的法律后果也仅是纪律处分、行政处罚而难觅民事、刑事责任之踪影，“1 万元以上 5 万元以下的罚款、暂停或者撤销任职资格、期货从业人员资格”，相比违法行为所获取的巨额收益显然太轻。

更有甚者，最高人民法院《关于审理期货纠纷案件若干问题的规定》第 16 条规定，“根据以往交易结果记载，证明客户已有交易经验的，应当免除期货公司的责任。”① 这样的规则设计未免脱离了制度构建之初衷，执法思路和立法技巧亟须变革。

金融的本质是驾驭人的贪婪和恐惧，制度的设立如果仅仅是为了保护信息优势方肆意而为，那么不知情的公众将面临一场貌似繁荣的浩劫。现在国外越来越多的学者提倡建立金融高管个人问责制度（personal blame），以确保金融高管不

① 曾洋：《“投资者风险自负原则”研究——以证券法第 27 条为中心》，载《南京大学法律评论》2013 年（春），第 292 页。

会隐藏在现有的公司法和证券法保护下，过度追求风险甚至欺诈。对我国而言，责任追究制度任重而道远——机构责任尚且阙如，个人责任更是几近空白。我国应从机构、个人两个层面完善股权众筹领域的适当性责任追究机制。

首先，应建立机构层面的适当性责任追究机制。普通投资者无力承担风险，机构应肩负重任。此处机构应指股权众筹平台，因为融资方千变万化，平台却是稳定的并且直接与投资者相联系。从实体上，在发生风险时，机构应当对普通投资者承担责任，包括对普通投资者的赔付和对责任方的追偿（例如发生欺诈）。从程序上，机构应当恰当履行适当性制度所规定的程序事项，如投资者分类、适当性检测、风险告知等，如果机构出现不合规行为，则应面临监管部门的处罚；另外，在金融纠纷出现时，就金融机构行为与投资者损害的因果关系证明上来说，应在审判实践中采取举证责任倒置——由金融机构证明其恰当履行了职责，不仅可以避免投资者过重的举证责任和诉讼成本，也倒逼金融机构完善内部控制和程序合规。

其次，应建立个人层面的适当性责任追究机制。在股权众筹中，优势地位的个人有两种：领投人和金融高管。如前所述，当项目发起人、领投人、平台金融高管沆瀣一气之时，便是投资者任人鱼肉之时。项目发起人可以有传统的侵权法来追究，因果关系也是明白无误；然而对领投人和平台金融高管是难以举证他们在其中扮演的角色和因果关系，至少证明成本很高。在这种情况下，对领投人和金融高管必须有更加特殊更加严格的责任追究，方能代偿投资者在信息绝对劣势时所面临的高风险。值得一提的是，对领投人而言，不仅可以有硬性的责任追究，还可以建立起声誉机制——集中披露并公示领投人历史业务状况，形成声誉竞争的模式，以优胜劣汰的自然法则供投资者参考和选择。

六、完善政策扶持机制

政策扶持是引导民间资本的助推力。在实践中，发达国家通常提供减免税收、低息贷款和无偿补贴、提供技术援助和教育等选择性激励来实现对政策目标的激励作用。

（一）为民间资本提供政策性扶持资金

具体包括：一是设立产业投资引导基金，解决民间资本进入能源、基础设施、公共服务等垄断行业的资金瓶颈。同时，通过国有资本的引导，调动更多的民间资本参与；也可与民间共同出资，使其进入垄断业加快发展。二是建立符合本地市场经济要求的风险投资机制，拓展多种形式的风险投资和融资渠道，解决民间资本的风险投资问题。如对投向“三农”、小微企业等国民经济薄弱环节的贷款，应给予财政贴息，或者对发生的贷款损失给予风险补偿，允许小额贷款公司、村镇银行、资金合作社吸收企业、社会组织的委托资金，或慈善机构的扶贫资金、捐赠资金。三是完善融资担保体系。由当地政府出面牵头设立非公有制经济贷款担保基金协会，吸收担保基金，为民间资本的融资贷款提供担保，重点具有发展潜力、经营者信誉较好、产品有市场有效益、缺乏抵押担保品的小企业，从而协助其获得银行资金融通，同时政府亦可在一定时期内民间资本的新创企业的融资实施财政贴息。

（二）实行长效化的税收减免政策

对现有的税收优惠政策延长适用期限。主要包括：一是地方各级政府在拟引导民间资本进入的领域推行民间资本扩大再生产和加大固定资产投资的优惠政策，鼓励民间资本所有者以税后利润再投资。如实行再投资退税的政策，鼓励民间资本直接再投资新办、扩建生产项目和进行技术改造，并将其高新技术项目产生的利润所得，在3年内实行减半征收，税后利润用于增加资本金或项目投资的部分免交所得税。再如，对于小额贷款公司、村镇银行等民营金融机构，在其开办初期，可减半征收营业税、全额免征所得税。二是地方各级政府通过改革增值税制度，严格推进增值税由“生产型”向“消费型”转换，扩大抵扣范围，减轻民营企业的纳税负担。三是地方各级政府完善土地使用税返还政策，如民间资本兴办的托儿所、幼儿园、学校自用土地，可在一定年限内免征城镇土地使用税；中小企业缴纳城镇土地使用税确有困难的，由市级税务部门按有关规定向省级财税部门或省级人民政府提出减免税申请。值得注意的是，上述利益补偿机制应根据地方经济发展特点，实行差别化的扶持政策。

第三章

民间借贷与非法集资典型行为的监管

2012年发生的吴英案再次证明，对民间借贷与非法集资典型行为缺乏及时有效的监管，是导致风险防范不力的重要原因。因此，梳理我国民间借贷与非法集资典型行为监管的法理逻辑，尽快完善民间借贷与非法集资典型行为的监管制度，是健全我国民间借贷与非法集资风险防范法律机制的重要环节。

第一节　民间借贷与非法集资典型行为的界定

一、民间借贷与非法集资行为典型化的意义

作为我国金融管制的一项重要原则，任何机构和个人非依法律规定和有权机关批准不得公开向社会公众吸收资金。基于这一原则，法律演绎出了民间借贷与非法集资命题，也由此提出了一个至今令人困扰的难题，即民间借贷与非法集资在法律上如何监管。对于这一难题，只有首先回归到它最小的单位一行为，才能追根溯源，更加清晰和深入地认识其内在规律。“民间”与“非法”两词被直接应用于民间借贷与非法集资，本身就体现了行为意义上的民间借贷与非法集资所具有的国家立场。

如何理解典型意义上的民间借贷与非法集资行为呢？依据《辞海》，“典型”

一词是指某事物的代表性，即个性在反映共性的程度上较之同类中的其他事物更为突出，对共性特征表现得更为鲜明。典型行为首先是一种类行为，同时又是一种属行为，能集中体现种行为所具有的内在矛盾与逻辑结构。然而，典型行为不仅强调行为的代表性，同时还包含特殊性的含义。德国民法学者拉伦次教授认为："现代大量交易产生了特殊现象，即在甚多情形，当事人无须为真正的意思表示，依交易观念及事实行为，即能创设契约关系……并非发生特定法律效果为目的之意思表示……依其社会典型意义，产生了与法律行为相同之法律效果。"①这里姑且不论无意思表示的契约行为能否成立，此处所指称的"典型意义"显然是指契约行为的一种特殊类型，是契约行为这一种概念之下的属行为，但又具有某些特殊共性。所以，典型行为不仅是共性与个性的结合体，而且还意味着事物发展的新形式，代表着法律上需要进一步深化认识的方向，民间借贷与非法集资典型行为也意味着新的法律认识以及立法完善的空间。

民间借贷与非法集资典型行为是经济发展的结果，是经济行为的典型化，体现出民间借贷与非法集资从初级形式发展到高级形式的历史脉络，民间借贷与非法集资包含的内在矛盾与冲突在新的经济条件下得以充分展开，从而获得新的常态化存在方式。民间借贷与非法集资典型行为的实质是商事行为，是商事主体以营利为目的的经营性行为，商事行为意味着某种专门而持续的交易行为模式，并独立化出专门以商品交易为行为模式的职业群体—商人。随着市场竞争的加剧以及生产社会化程度的提高，各种市场主体日益处于复杂且频繁的交易网络中，生产、流通等环节衍生出越来越多的经济行为类型，市场主体间的传统界限变得模糊，几乎所有具有营业性质的市场主体都可以被视为商事主体。②尽管我国法学界对商事行为是否独立于民事行为存在质疑声音，但不可否认，商事行为在法律上得以类型化的确存在一定的法律理由。③

民间借贷与非法集资典型化的最主要表现是经营性（营业性），从近年来我国民间借贷与非法集资的现实情况来看，正是高度组织化的地下钱庄、普通企业、典当行、担保公司、投资公司等营业性主体成为诱发民间高利贷、非法集资的主要推手，其突出特征就是民间资金的流动采取了越来越明显的中介化和资本化的方式。中介化是资金供求在交易环节的第三方介入，并且这种介入从提供偶尔的、个别的条件发展到成为达成交易所不可缺少的条件，进而分化出专门以提供这种条件为业的主体，如担保公司、地下钱庄、P2P 网络借贷平台等。资本化

---

① ［德］迪特尔·梅迪库斯，邵建东译：《德国民法总论》，法律出版社 2000 年版，第 364 页。

② 沈贵明：《基本商事主体规范与公司立法》，载《法学》2012 年第 12 期，第 111 页。

③ 王延川：《商事行为类型化及多元立法模式——兼论商事行为的司法适用》，载《当代法学》2011 年第 4 期，第 67～76 页。

最直观的表现就是资金成为套利工具，在交易中通过付出一定量货币能直接得到更多货币，就是“钱生钱”。中介化促进了资本化，资本化加快了中介化，二者的最终结果表现在行为主体上就是职业化、经营性。这说明商事性是民间借贷与非法集资典型行为的主要特点。用商事性解释民间借贷与非法集资典型行为，为民间借贷与非法集资典型行为监管的制度设计找到了有一定说服力的理论依据。

将民间借贷与非法集资典型行为界定为商事性的经营行为有其理论及现实依据，但商事行为理论在解释民间借贷与非法集资行为时并不完全适用。我国仍属发展中国家，多种经济成分并存，民间借贷与非法集资作为两个较宽泛的概念，行为类型多样，商事行为难以全部包括。从国家金融管制的立场讲，更重视某类行为诱发金融风险的可能性。从近些年民间借贷异常活跃和非法集资案件多发的浙江温州、内蒙古鄂尔多斯、河南安阳、江苏泗洪、陕西神木等多个地方的情况看，除典当行、寄售行、小额贷款公司、投资咨询公司、担保公司、房地产公司、农民合作社等营业性明显的市场主体从事、参与民间借贷或非法集资之外，大量自然人介入了民间借贷与非法集资的套利活动中，出现了一批专以介绍、吸收和出借资金为常业的“资金掮客”、“揽头”，但更多参与者不具有稳定的主体形态，其商事行为特征并不突出，而且偶发性、突发性较强，极易引发金融风险，需要法律及时应对。这说明，单纯从商事行为标准认识民间借贷与非法集资行为的典型化存在明显的问题，需要结合民间借贷与非法集资行为的其他特征，比如利率标准，才能比较准确地认识民间借贷与非法集资的行为类型。

民间借贷与非法集资行为的典型化研究有助于推进相关立法。典型行为的形成反映了其背后重大经济关系的形成，需要通过法律的权利义务关系固定下来。法律不是典型行为的当然表现，还取决于人们对典型行为认识的程度以及价值立场，因此，加快推进民间借贷与非法集资典型行为的研究是完善相关立法的理论基础。

二、民间借贷典型行为的主要类型

（一）民间借贷行为的初步分类

从现有立法看，“金融机构”是我国区分民间借贷与正规金融的主要标准。随着我国民间借贷的活跃，民间借贷行为的分类标准趋于多元。

首先，依民间借贷的性质进行分类。民间借贷行为包括互助型和营利型两种。互助型民间借贷是指自然人之间以互助为目的而发生的民间借贷行为，普遍存在于具有亲缘、地缘和业缘关系的亲戚朋友、同乡、同事、邻居等关系密切的熟人之间，是一种建立在社会道德信用基础上互帮互助、互惠互利、以救急为目的的借贷行为，是基于亲情或友情而发生的无息或低息的生活性借贷或生产性借贷。互助型民间借贷具有灵活、方便、数额小、范围分布广、地域特征强等特点。由于互助型民间借贷往往生存于社会关系相对狭小的熟人关系之中，受道德规范的约束较大，不存在风险积聚机制，因而不是本书关注的重点。营利型民间借贷是指自然人之间、自然人与法人之间、自然人与其他组织之间以追求营利为目的而发生的民间借贷，其利息往往高于银行利率，并极易形成以利率为纽带的风险积聚及传导链条，因而包含较大金融风险因素。当然，这里的互助型和营利型的区分是从实质意义上讲的，那些形式上具备互助特征而实质上以利息为取向的民间借贷，应属于营利型民间借贷行为。

其次，依民间借贷所体现出来的资金关系进行分类：一是以行为主体的组织形态为标准，分为自然人与企业（法人）之间，自然人与其他社会组织（如小额信贷公司等）之间的借贷以及企业之间的借贷；二是以主体间的关系结构为标准，分为一对一结构、多对一或一对多结构以及互助轮转结构（多对一的复合循环结构）等；三是以资金关系形成条件为标准，分为信用借贷、央中借贷①、担保借贷等类型；四是以资金关系有无中间环节为标准，分为直接借贷与间接借贷。当然，以上分类相互之间也存在交叉。

再次，依对金融秩序造成影响大小程度为标准，民间借贷行为可以分为四种：一是企业与企业之间的借贷，这种分类是理解法律限制普通企业之间借贷行为而不限制企业与自然人之间借贷行为的关键；二是集资类民间借贷行为，包括非法集资所包含的集资类民间借贷行为；三是高利贷行为；四是其他民间借贷行为。

最后，以民间借贷行为的专业化程度为标准，可以分为初级形态、中间形态和高级形态。一般地，自然人之间、自然人与企业之间等直接的“一对一”式的借贷属于初级形态；具有中介性质但中介主体本身专业化、组织化程度不高的民间借贷属于中间形态或过渡形态，如民间借贷活动中比较活跃的“资金掮客”；高度组织化、专业化从事货币借贷经营业务的民间借贷则属于高级形态，如地下钱庄、典当行、小额贷款公司、P2P 网络借贷平台的民间借贷。

当然，还可按照资金用途为标准分为生产性民间借贷与消费性民间借贷行为。在司法实践中，还有真实民间借贷行为与虚假民间借贷行为的区分。在现实中，各种分类之间的界限有时非常模糊，表现为我国民间借贷发展的三种趋势：

① 央中借贷指自然人之间、自然人与法人之间、自然人与其他组织之间通过第三方撮合才能完成的借贷行为。

一是由传统的互助型民间借贷向营利型民间借贷发展；二是由传统的无中介的直接民间借贷向有中介的间接民间借贷发展，出现了多种形式的以借贷中介为业的组织和个人；三是民间借贷的用途由原来主要用于生活消费，转变为主要用于生产经营和弥补企业流动资金不足，甚至用于转贷套利、市场炒作等投机性活动。

（二）民间借贷典型行为的具体分类

为了更准确地认识民间借贷行为，揭示当前民间借贷行为的特点，将民间借贷行为简化为以下几种典型形式：

1. 集资型民间借贷行为

所谓集资，就是从不同资金持有者那里将资金集中起来统一使用。自古以来，集资就是筹办、发展商业与公益事业的主要途径，是向社会公众募集资金办大事业的有效方法。在资金关系上，集资型民间借贷是多对一结构，往往在一个时间段多个出借行为集中或并发地指向同一借款主体，每个出借行为都单独成立而不互为条件。处于一定血缘、地缘等范围内的无息或低息的集资性民间借贷行为并不因其集资性质而具有法律上的典型化意义，但随着借贷行为向中介化和资本化的转变，集资性民间借贷在利率机制作用下，借款人债务总量的相对扩大与其偿付能力的相对缩小之间的矛盾日渐明显，并且民间借贷市场的发展使借贷逐渐突破了原有血缘、地缘、业缘等的传统关系范围，导致集资极易造成债务总量的无限扩大，在借款人偿付能力相对有限或根本不具有偿付能力的情况下，集资型民间借贷可能会积聚金融风险，其涉众性可能产生较大社会危害性，进而可能演变成法律明确禁止的非法集资行为。

2. 商事组织的民间借贷行为

商事组织的民间借贷行为是以民间借贷行为主体为标准进行的类型化，指具备营业性资格或具备营业性特征的市场主体所从事的或借或贷的民间借贷。显然，这里的商事组织不包括银行业金融机构，借贷行为也不包括商事组织从银行业金融机构获得贷款的行为。商事组织民间借贷涉及范围相当广泛，比如典当行、小额贷款公司、普通企业、各类农民合作社甚至地下钱庄等从事的借贷行为。

依据美国著名经济学家科斯的观点，组织化是生产要素在流动过程中简化市场契约以促进交易成本最小化的结果，是经济计划替代市场机制的社会形式，尽管契约依然是这一计划形式的边界，但在这一组织形式内部，计划对契约的替代因契约成本的减少而表现出更大的效率。① 商事组织的形成与发达提高了整个社

① R. H. COASE. *The Nature of the Firm. Economic*, vol. 4, Issue16, November, 1937, pp. 386 ~405.

会的生产效率，这一作用可以从银行的产生及其发展中得到证明。但是，商事组织归根结底是经济发展和社会分工的结果，专门化的商事组织形成的原因不在于其契约总量或交易频次的减少，而在于契约结构的重大变化，即交易主体在契约上体现出的兼营性逐渐为专业性所取代，使这类交易主体的行为模式固化为某一类专门的营利性契约操作。从历史角度看，表现为那些兼营性的弱小交易主体在竞争中被更为专业化组织化的市场主体所取代。同时，商事组织的专业化操作并不必然意味着效率的提高，因为契约的减少与计划的扩张不仅有可能抑制竞争，也有可能造成更大的资源配置危机。具体讲，专业化通过竞争使社会资源日益集中在越来越少的市场主体手中，这意味着商事组织能够对更多的社会要素给以计划性配置，但随之而来的是，商事组织内部计划的有效性与其外部契约关系的不确定性之间的矛盾也就更加凸显。在资金借贷市场上，从一定意义上讲，基于持续膨胀的盈利欲望，商事组织对资金的计划配置规模越大，就越容易积累借与贷之间的矛盾从而引发债务危机。

近年来，商事组织是民间借贷市场积累风险的主角。随着资本要素市场分工的发展，各类以资本要素配置为专业盈利模式的商事组织大量涌现，不论其法律形式如何，从功能上看，以借贷为经营模式的商事组织伴随着国家货币总量的持续增加，增强了对民间资金的配置能力，商事组织的民间借贷行为潜在的风险也空前增大，以普通企业、典当行、寄售行、担保公司、投资公司、小额贷款公司、农民合作社及各类形式的地下钱庄等，是近年来积聚、诱发和传导民间借贷风险的主要角色。因此，对商事组织的民间借贷进行典型化并加以规范，是完善民间借贷与非法集资风险防范法律机制的重要内容。

3. 高利贷行为

高利贷是生息资本的一种古老形式，在我国不同地区，高利贷的称谓也不同，有的称“老高”，也有的称为“放爪”。在中华人民共和国成立前，高利贷形式多样，称谓很多，如“黑驴打滚”、“娃娃高老汉”、“鸡上架”、“狗撵兔”等[①]。但是，目前关于什么是高利贷行为，并没有统一的标准。从法律的意义上讲，高利贷行为是指利息超过法律规定限度的民间借贷。1952 年，《最高人民法院关于城市借贷超过几分为高利贷的解答》指出：“关于城市借贷利率以多少为宜的问题，根据目前国家银行放款利率以及市场物价情况私人借贷利率一般不应超过三分。但降低利率目前主要应该依靠国家银行广泛开展信贷业务，在群众中大力组织与开展信用合作业务，非法令规定所能解决问题。为此人民间自由借贷利率即使超过三分，只要是双方自愿，无其他非法情况，似亦不宜干涉。”可见，

① 姜歆：《中国穆斯林习惯法研究》，宁夏人民出版社 2010 年版，第 330～331 页。

当时最高人民法院在高利贷行为认定标准上坚持客观主义与主观主义相结合的精神，体现了原则性、灵活性与适时性的统一。1964 年的《中共中央转发邓子恢〈关于城乡高利贷活动情况和取缔办法的报告〉》中指出：禁止并取缔月息超过一分五厘的借贷行为。从原来的“三分”到“一分五厘”，并严格采用客观主义标准，说明国家对高利贷规范力度空前加大。改革开放以来，为了严厉打击日益猖獗的高利贷，便于统一把握标准，2002 年中国人民银行发布的《关于取缔地下钱庄及打击高利贷行为的通知》规定：民间个人借贷利率由借贷双方协商确定，但双方协商的利率不得超过中国人民银行公布的金融机构同期、同档次贷款利率（不含浮动）的 4 倍。超过上述标准的，应界定为高利借贷行为。为适应新的经济发展需要，进一步规范民间借贷市场，2015 年 9 月 1 日起施行的《最高人民法院关于审理民间借贷案件适用法律若干问题的规定》又明确了民间借贷利率 24% 和 36% 两个标准。这说明，尽管立法不再将高利贷行为与正规金融活动相联系，但对高利贷行为的认定依然坚持的是严格的客观主义标准。

高利贷行为的形成原因十分复杂。从表面上看，高利贷行为的超额利息之所以存在，源于资金供求的不平衡。但从历史的角度来看，高利贷并不存在于充分竞争的市场，资金的绝对短缺使借款人常常陷入社会的弱者地位，因而高利贷往往被称为“离不开的魔鬼”。从经济根源上讲，高利贷与相对落后的生产方式相伴随。在个体经济占主导的社会，小生产者渴求的资金显然很难来自于社会化大生产条件下处于竞争状态的银行资本，而多是来自于社会某些阶层手中因迟延消费而出现的货币储藏，其分散性以及对利息的无限制追逐，成为高利贷得以维系的深厚土壤。当然，随着社会化大生产的发展，高利贷行为受到日益完善的资本市场体系的抑制，但只要大量小生产者还存在，高利贷行为就有存在的客观基础。多年来，中小企业融资难一直是困扰我国经济发展的重要瓶颈，那些中小生产者在资金供求关系中的弱势地位始终没有得到根本改变。在投资拉动型经济增长模式下，不仅更多的资金向少数大企业集中，而且资金更多地流向资产价格领域，十多年的资金推动使资产价格膨胀到惊人的程度。另外，为抑制通胀而采用的金融政策（如提高存款准备金率），又增加了中小企业获得资金的难度，再加上产业结构不合理所导致的资源错配，高利贷的存在具有客观必然性。

高利贷行为凸显的是出借人的资金优势地位，而且体现的是借方与贷方之间的显著不平等。这导致人们常常以道德批判的眼光看待高利贷，但高利贷行为体现的并不是简单的“恃强凌弱”逻辑，特别是近年来，我国高利贷行为的泛滥与行业暴利（如煤炭、房地产等行业）息息相关，资本投入的高收益必然引发资本集中，高利贷资金只不过参与“瓜分”了高投资回报而已。但这并不能掩盖高利贷行为的社会危害，资本要素的配置过度向暴利行业倾斜，社会资金特别是企业资金开始“脱实向虚”，不断推高实物资产或虚拟资产价格，造成借贷资金的风险集中度过大；另外，从事实业经营的企业因缺少资金而不得不高息融资，从而严重挤压了产业升级和生存发展的空间。高成本维系下的资本市场一旦遭遇信用总规模的限制，可能出现民间借贷资金链条断裂的系统性风险，并将风险传导给广大普通投资人，引发不稳定事件。因此，民间高利贷是当前我国经济结构失衡的表现，将高利贷作为民间借贷的典型形式加以研究，对完善我国民间借贷与非法集资风险防范法律机制具有重要意义。

4. 转贷套利行为

转贷套利，就是利用或吸收他人资金再出借，从中谋取利息或利差。从行为特征看，转贷套利存在两个相互连接的借贷环节，前一个借贷环节为后一个借贷环节准备条件，是手段，后一个借贷环节是前一个借贷环节的必然指向，是目的。如果说高利息为民间信用规模的迅速膨胀和民间借贷风险的积聚提供了动力，那么，转贷套利无疑为民间借贷风险提供了传导与放大机制，是民间借贷中介化、资本化的集中表现。

我国立法确立了金融业务不得从事转贷套利的基本原则。早在1986年国务院颁布的《中华人民共和国银行管理暂行条例》规定：金融业务活动，都应当以发展经济、稳定货币、提高社会经济效益为目标。对于民间借贷，这项原则体现更为明显。现行《刑法》第175条明确规定了高利转贷罪。虽然该规定针对的是金融机构的借款人，但禁止的是对金融机构贷款转贷套利行为。2002年中国人民银行《关于取缔地下钱庄及打击高利贷行为的通知》规定：民间个人借贷中，必须是属于其合法收入的自有货币资金，禁止吸收他人资金转手放款。可见，我国法律对于转贷套利行为的立场是明确的。随着我国资本市场的发展，尽管立法上有所松动，但依然持谨慎态度，如2008年银监会发布的《关于小额贷款公司试点的指导意见》规定：小额信贷公司向银行业金融机构融入资金的余额不得超过资本净额的50%。从实际情况看，近年来银行资金流向民间借贷市场的现象非常严重。银行资金通过各种形式的贷款要么进入民间个人借贷市场，要么通过各类民间借贷中介进入企业间的民间借贷市场进行转贷套利，因而正规金融民间化现象十分明显。从事转贷套利行为的主体不仅包括以吸存放贷为业的各类地下钱庄、资金掮客，而且还包括部分国有企业、大型民营企业甚至上市公司。这些大型企业或上市公司从银行获得贷款，再到民间放贷，从中赚取丰厚息差。

转贷套利是民间借贷行为由基于一定血缘、地缘的“和谐型”“人”际关系的风险可控阶段向基于利息、套利的“冲突型”“钱”际关系的风险不可控阶段转化的关键环节。尽管风险的可控与否与转贷套利的规模及其结构有关，但转贷套利行为一旦发生，确保民间借贷风险可控的天平就开始倾斜。因此，将转贷套利行为作为民间借贷的典型形式来认识，对于完善民间借贷与非法集资风险防范法律机制具有重大的现实意义。

5. 资金互助型民间借贷行为

资金互助型民间借贷行为是民间资金通过合作而呈现出来的一种借贷形式，属于集资行为的一种，但又不同于一般的集资行为，有着自己独特的逻辑。资金互助型民间借贷有明显的组织性特征。首先，它的存在方式表现为一个相对封闭的组织系统，以一个由各成员出资组成的共同基金为基础；其次，借贷限于本组织内部，且无论是借还是贷，都不直接发生在个别成员之间，而是通过“个人—集体”的关系表现出来，因而每一次借贷都直接涉及每个成员在资金占有上的利益状况；再次，无论是借款行为还是出借行为，每个成员都有平等的机会成为借款人；最后，它不以牟取利息或息差为目的，而是在最大限度满足成员一定的资金需要，并取必要的资金使用费。

从生产方式角度看，资金互助是作为少量货币占有者的小生产者之间在资金供求上的相互扶助，通过小额资金的汇集以相对低息甚至无息的形式较集中地用于单个成员的生产或生活的资金需求，因而是一种特殊的借贷形式。从调剂余缺的角度看，资金互助并不为民间资金所独有，银行间的同业拆借也是这种类似关系，因此，从单纯的市场供求关系无法真正揭示资金互助行为作为民间借贷形式的特质性。在我国，资金互助历史悠久，合会、呈会、标会等资金互助组织在自然经济占绝对主导地位的封建经济体中就已发展。这大致可以说明，资金互助行为与社会不发达的生产状况息息相关，因而与小生产者的地位有关。小生产者常常面临物质条件限制所带来的生产或生活危机，生产的季节性、自然灾害、社会动荡甚至疾病等因素，都可能将其抛入生存窘境，相互间的资金互助成为缓解资金困境的途径之一，同时又可以避免陷入高利贷的危险。相对于实物互助，资金互助是一种相对高级的形式，在一些经济欠发达国家和地区，至今依然存在实物互助的组织形式。[①] 这进一步说明，对资金互助行为的考察不能脱离生产发展的具体状况。

改革开放以来，我国以合会、标会等形式存在的传统型资金互助组织不同程度地出现商事化倾向，甚至成为从事非法集资的载体。肩负建立和完善我国“资金互助”金融制度重任的农村信用合作体系，在经过几十年的改革努力之后，最终也不得走向商业化。特别是 2006 年以来，在多个地区试点推进的农村资金互

① ［美］迪帕·纳拉扬、帕蒂·皮特施，崔惠玲等译：《在广袤的土地上》，中国人民大学出版社 2004 年版，第 212 页。

助社，也出现了异化为非法集资工具的现象。[①] 资金互助行为依然是基于血缘、地缘或业缘等“熟人”社会关系的一种民间借贷，不具有明显的引发金融风险的内在机制。但随着市场经济的发展，各生产要素价格波动空间不断增大，原来主要依靠借款者较为稳定的生产积累得以维系的资金链条，日益演变成主要依靠市场价格波动收益来维系，高利息、转贷套利等因素增多，直至成为用来非法集资的工具。因此，如何进一步认清资金互助行为的内在逻辑，成为我国当前相应立法的重要前提。

在此需要说明，现实中不同的民间借贷行为之间存在叠加或交叉，通常以综合形态表现出来，如集资型民间借贷行为、高利贷行为、转贷套利行为甚至资金互助行为几乎都可以在经营型民间借贷中找到，因而经营型民间借贷所包含的引发金融风险的因素最多。将不同民间借贷行为区别开，目的在于通过类型化进一步寻找滋生民间借贷风险的薄弱环节，从而提高民间借贷风险防范法律机制的针对性和有效性。

三、非法集资典型行为的主要类型

（一）非法集资行为的基本分类

在当前我国以刑法治理为主的法律制度框架下，非法集资行为的分类依据主要是刑法及其相关司法解释。

第一，从涉及非法集资行为的刑法罪名来看，非法集资行为分为非法吸收或变相吸收公众存款行为、集资诈骗行为、擅自发行股票和公司（企业）债券行为、欺诈发行股票或者公司（企业）债券行为、擅自设立金融机构行为、组织领导传销活动行为、虚假广告行为以及非法经营行为。

第二，依据非法集资设定的权利形态为标准，可以分为债权型非法集资行为和股权型非法集资行为。债权型非法集资行为主要包括以民间借贷、所有权转让、委托代理、发行债券、预付费用等形式进行的非法集资行为；股权型非法集资行为是以投资入股、发行股票、股权转让等形式实施的非法集资行为。

第三，以非法集资所募资金的用途或目的为标准，可以分为营销型非法集资行为和生产经营型非法集资行为。营销型非法集资行为主要包括以吸存转贷、商品销售、债权或股权转让、电子商务、发展下线等形式实施的非法集资行为；生

---

① 李博：《亿元存款“跑路”的背后——江苏四家农民资金互助社关闭事件调查》，载《中华合作时报》2012 年 10 月 2 日，第 C01 版。

产经营型非法集资行为是以维持或扩大生产、代种代养、转让代管等名义实施的非法集资行为。

第四，以非法集资行为是否赋予或要求相对人有一定资格为标准，非法集资行为可分为资格型非法集资行为和无资格型非法集资行为。所谓资格型非法集资行为是指相对人必须是或名义上是“会员”、“加盟商”等，这种资格往往是引诱或迫使相对人交付资金的手段或条件。

第五，以非法集资行为侵害的客体为标准，可以分为储存型非法集资行为和侵占型非法集资行为。之所以称为储存型非法集资行为，是因为这个类型以借贷吸收公众存款的行为最为典型。而由于有合理的融资需求，无论是体现为债权还是股权，对行为相对人的财产权不直接构成威胁，而且在事实上以股息、利息等形式体现相对人对资金的所有权，侵害的只是国家的金融管理秩序；而侵占型非法集资行为侵害的不仅是国家的金融管理秩序，还侵害国家的公私财产制度，尤其是行为相对人的财产权直接受到剥夺性侵害。当然，储存型非法集资行为也存在向侵占型非法集资行为转化的情形，《最高人民法院关于审理非法集资刑事案件具体应用法律若干问题的解释》第 4 条就以列举的方式明确了这种转化的 8 种条件。

第六，以非法集资行为的法律特征是否突出为标准，可以分为典型性非法集资行为与非典型性非法集资行为。[①] 典型性非法集资行为（即非法集资典型行为）是非法集资行为的经典形式，不仅在现实中存在的范围广、发生的频度大，而且法律对其特征体现得最为全面，因而也容易进行法律区分。非典型性非法集资行为多是非法集资行为的特殊形式，不仅在现实中存在的范围较窄，而且共性特征方面的表现并不突出。

（二）非法集资的两个典型行为

在我国，由于“非法集资”是一个具有特定内涵的法律概念，并由此形成了一个相对系统化的行为规范框架，非法集资典型行为可按现有的规范类型予以论述。但考虑到非法集资行为监管制度的重点与难点，将以下两类非法集资行为作为典型行为：

1. 非法吸收或变相吸收公众存款行为

非法吸收公众存款行为，是指违反国家金融管理法律规定，或未经中国人民银行批准，或者借用合法经营的形式，向社会不特定对象吸收资金，出具凭证，承诺在一定期限内还本付息的活动；所谓变相吸收公众存款，是指违反国家金融

---

① 彭冰：《非法集资活动的刑法规制》，载《清华法学》2009 年第 3 期，121 页。

管理法律规定，或未经中国人民银行批准，或者借用合法经营的形式，不以吸收公众存款的名义，向社会不特定对象吸收资金，但承诺履行的义务与吸收公众存款性质相同的活动。[①] 可见，在非法吸收或变相吸收公众存款行为的认定上，行为人为了吸收他人存款而采取的形式或手段并不是法律关注的重点。暂不论其是否合法，只要是客观上面向“公众”实施了还本付息的集资行为，就具有了吸收存款的行为性质。关于该行为的认定，存在以下几个难点：

首先，如何理解“存款”。对于依法具有存款业务资格的金融机构来说，其吸收标的（本金）显然属于存款的初始意义。不论其行为是否违法，其吸存标的都属于存款的范畴。而没有合法存款业务资格的企业和个人，它们的标的之所以也被称为“存款”，应该属于“存款”的延伸意义，因为这类行为在模式上与金融机构承办存款业务的行为类似。所以，是否属于“存款”，在非法吸收或变相吸收公众存款行为的认定问题上不具有决定性意义。《审理解释》第 2 条重点列举了 10 种非法吸收公众存款行为的情形。

其次，如何理解“公众”。“公众”因素对于判断非法吸存行为是否重要，取决于针对哪类行为主体。由金融机构的自身业务性质决定，“公众”要素已经内含于它的每一次还本付息行为之中，只要违反法律有关存款业务的明确规定，就当然地构成非法吸收或变相吸收公众存款行为，而不论行为相对人的社会特征、行为的频次以及所吸收资金的规模。而对于企业和个人所实施的集资型民间借贷行为，“公众”因素就成为判断非法吸收或变相吸收公众存款行为是否成立的关键。这也是法律在表述此类典型行为时将“公众存款”与“不特定对象”加以并用以示强调的根本原因。很明显，从法律条文的表述看，理解什么是“公众”的核心在于“不特定性”标准的把握。为了避免司法实践的不一致，《审理解释》辅以“亲友”、“单位内部”等主体排除标准对“公众”予以明确，并用“未公开宣传”作为前提条件。依照此种规定，只要企业和个人实施的集资型民间借贷行为的相对人限于“亲友”、“单位内部”的范围，“公众”就得以界定。也就是说，所谓特定对象就是“亲友”和“单位内部职工”，这样，用来界定何为“亲友”和“单位内部”的标准就成为界定何为“公众”的标准。显然，由于“亲友”关系的社会边界无法认定，最终还是导致“公众”界限陷于混沌之中。[②] 这一点还将在后面的内容中涉及。

最后，如何理解“公开宣传”。法律之所以指出“公开宣传”这一要素，是在强调非法吸收或变相吸收公众存款行为的主观状态，即行为人利用媒体及其他

---

① 涉众型经济犯罪问题研究课题组：《非法吸收公众存款罪构成要件的解释与认定》，载《政治与法律》2012 年第 11 期，第 51 页。

② 同上，第 52 页。

信息媒介的表达、传导功能，显示出其“来者不拒”的吸收意图，从而存在扰乱金融秩序的主观过错。但是，由于“未公开宣传”的标准在司法实践中不易把握，非法吸存行为的界定也存在模糊地带。不过，非法吸收或变相吸收公众存款行为在法律上的类型化，还是为民间借贷与非法集资风险防范确立了重要依据。

2. 集资诈骗行为

集资诈骗行为是指以非法占有他人财物为目的，以捏造理由、提供虚假信息等诈骗手段向社会公众募集资金的行为。非法集资行为在主观上体现为明确的占有他人财物的故意，这是集资诈骗行为与非法吸存行为的根本区别。如果说非法吸存行为人对自身行为的危害性后果还有一定的忌惮心理，比如只限于自身的融资需求和偿付能力进行集资，那么，集资诈骗行为人则是非法占有目的上的肆意与放纵。① 因此，集资诈骗行为的本质是诈骗，侵害的首要客体是我国公私财产制度；而由于其采取“集资”的方式，扰乱了金融秩序，因而又成为非法集资行为的典型形式。《审理解释》第 4 条明确了“非法占有”的 7 种情形。在集资诈骗行为的客观方面，所采取的手段或方法与非法吸收或变相吸收公众存款行为存在相同之处。从我国目前经济发展所处的历史阶段讲，作为一种经济现象，集资诈骗行为的出现具有一定的历史必然性。二十多年来，民间资本增值需求剧增，个人储蓄、企业闲置资金等从正规金融领域游离出来，其游资化、趋利化的特点，必然被高利诱惑的诈骗方法所利用和吸引，从而为集资诈骗提供可乘之机，使集资诈骗成为我国民间金融领域的一大祸患。这也是集资诈骗行为花样翻新、屡禁不止的根本原因。近年来，集资诈骗行为的商事性质越来越突出，公司化运作成为主要模式，并利用互联网、电子商务、PE（私募基金）等新的手段和形式进行集资诈骗，参与范围广，欺骗性更强，特大案件频发。所以，进一步认识集资诈骗行为原因、类型与运作模式，是加强非法集资行为监管的现实需要。

四、民间借贷与非法集资典型行为间的逻辑关联

（一）民间借贷行为与非法集资行为的一般区分

要完善民间借贷与非法集资典型行为的监管制度，还有必要搞清楚民间借贷与非法集资典型行为间的逻辑关联。这又涉及民间借贷行为与非法集资行为之间的区分。从表象上看，民间借贷行为与非法集资行为之间不存在包含关系，只存在一定范围的交叉关系。当然，从法律角度看，正是在这种交叉关系的范畴内，

① 侯婉颖：《集资诈骗罪中非法占有目的的司法偏执》，载《法学》2012 年第 3 期，第 23 页。

相关立法及司法陷入违法与否、犯罪与否的难分难解之中。但总体来说，有些非法集资行为是以民间借贷形式表现出来的，如非法吸收公众存款行为与集资诈骗行为，都可能是民间借贷行为的复合结果，在权利形态上表现为借与贷之间债权债务的总量关系，承诺的回报也体现为借贷利息。但是，从现有法律体系看，非法集资行为得以凭借的手段、形式非常多样，特别是随着非法集资行为证券化趋势的增强，以承诺回报高额股息、分红等形式实施的非法集资行为显然与民间借贷行为相去甚远。从《关于取缔非法金融机构和非法金融业务活动中有关问题的通知》对非法集资的定义来看，立法显然是努力将体现为债权关系的民间借贷行为与体现为股权关系的证券发行行为予以综合，因而非法集资行为本身就包含着区别于民间借贷行为的内涵，属于较之民间借贷更为复杂的一种行为类型。

更为重要的是，在法律上即使那些体现着民间借贷关系的非法集资行为，也不是与民间借贷行为直接相对应。例如，非法吸收或变相吸收公众存款行为，显然对应的是合法经营存款业务的行为，即金融机构从事的属于正规金融的吸收社会存款行为；同时，即使是获得金融业务资格的金融机构，也可能因违反金融法律规定而成为非法集资行为的主体。① 因此，非法集资行为的成立与否，既要坚持形式标准也坚持实质标准，这是“非法性”要件在把握“非法集资”概念的内在含义时具有关键意义的根本原因。而通过民间借贷进行的集资诈骗行为，其本身并不具有资金借贷关系的实质要件（以非法占有为目的，不存在真实的信用基础），只是因为它得以实施的形式要件与一般的集资性民间借贷行为相同，学理上才可以作为民间借贷行为来认识。

划分标准的不一致，也是民间借贷行为与非法集资行为不易区分的重要原因。“作为我国法律所发展出来的民间借贷的类型划分，从一开始就不是有意识的体系构建的产物，而只是基于金融专营的简单理念的制度选择。”② 从正规金融与民间金融这两大基本类型讲，非法集资大多属于非正规金融的范畴，这一点与民间借贷相同或相似，有些非法集资行为还存在于正规金融领域（如基金公司未经依法核准擅自发行基金份额募集基金的行为、金融机构违反法律实施吸储行为），甚至有的非法集资不直接以募集资金为目的（如作为共犯情形处理的媒体虚假宣传行为）。这种差异既源于正规金融与非正规金融之间的划分标准，又源于非法集资包括了不同的行为类型，相关立法目的是维护国家金融秩序，是否直接涉及资金关系并不是首要考虑因素。

---

① 涉众型经济犯罪问题研究课题组：《非法吸收公众存款罪构成要件的解释与认定》，载《政治与法律》2012 年第 11 期，第 51 页。

② 李政辉：《论民间借贷的规制模式及改进——以民商分立为线索》，载《法制研究》2011 年第 2 期，第 68 页。

从现实看，民间借贷与非法集资在划分标准上的不一致、不清晰，司法实践中的种种困境与矛盾暴露得比较充分，加上对法律原则的具体理解不同，甚至受某些特殊利益的影响，如何认定那些兼具借贷与集资两面性的行为的法律性质，各种分歧与争论非常明显，需要从逻辑上深化对民间借贷与非法集资典型行为之间关系的认识。

（二）区分标准：对资金关系结构与"亲友"标准的审视

从表面看，资金关系结构可以作为区别民间借贷行为与非法集资行为的标准。因为在复杂的民间资金关系中，"一对一"和"多对一"是两种基本的关系结构。民间借贷直观地体现为"一对一"，而非法集资显然是"多对一"。但实际上，无论是"一对一"还是"多对一"或"一对多"，一笔资金在哪个环节属于合法的民间借贷而又在哪个环节处于非法集资状态，并不能从简单的"一对一"还是"多对一"的关系结构中反映出来，因为资金从不同所有者或持有者向同一个集资者流动，往往是由"一对一"和"多对一"的复合结构组成的，同时"多对一"结构也不必然就是非法集资。所以，"一对一"还是"多对一"的资金关系对于区分民间借贷行为与非法集资行为只具有形式上的意义，因此需要搞清楚民间借贷与非法集资典型行为之间得以区分的标准问题。

那么，现有立法采用"亲友"等人格化标准来区分民间借贷行为与非法集资行为，是否合理呢？在吴英案中，凸显出这种法律困境。吴英的集资范围多是限于11人的熟人圈子，尽管这些人是高利贷经营者，并存在向社会关系人高息借贷再转贷给吴英的行为，但是，单就吴英的集资行为来说，其对象是特定的，属于"亲友"的"熟人"范畴，并非不特定多数人。① 其中作为吴英"一级代理"之一的林卫平，其借贷目标也首先锁定在亲友同事之间。② 再如，在湖南衡阳周艳非法集资案中，周艳不仅骗朋友，连自己的亲戚也骗。③ 如果严格按照现有法律，实际上很多通过亲友关系实施的集资行为属于合法的民间借贷行为。然而，从吴英案、周艳案所造成的严重社会危害来看，如果简单地视为民间借贷行为，则又不利于维护金融市场秩序，也不利于保障社会稳定。那么，问题出在哪里呢？造成这一问题的关键原因在于法律将"亲友"、"未公开宣传"等作为"特定对象"的判断标准存在先天不足。

"亲友"这一人格化标准对非法集资行为的类型化意义并不大，因为打击非

---

① 叶良芳：《从吴英案看集资诈骗罪的司法认定》，载《法学》2012年第3期，第19页。

② 孙文祥：《吴英非法集资链条大白天下》，载《第一财经日报》2009年4月17日，第A14版。

③ 徐德荣、姚永军：《衡阳女子非法集资三千余万被判无期》，载《法制与经济》2011年第9期，第7页。

法集资行为的法律目标在于维护金融秩序，而不是保护体现为“亲友关系”的社会秩序。更为重要的是，“亲友”关系并不能从根本上封闭、阻滞借贷形成的资金链条的延伸以及信用规模的无限性扩大，因为人人都处于“亲友”关系的社会链条之中，如果说“家庭关系”还具有一定的社会边界，“亲友关系”的社会范围边界在现实中难以界定。正是这种模糊的“亲友关系”对“特定对象”的界定，导致在非法集资行为成立与否的司法实践中出现诸多矛盾，以至于司法机关开始尝试突破立法上的这一局限。如在吴英案中，司法机关认为：“各被告人向亲戚、朋友、同事等吸纳资金，同时对朋友介绍的人的资金不排斥，实际上是向亲戚、朋友、同事或通过亲戚朋友等人介绍等方式来吸收资金，亲友将钱借给各被告人也是经济利益作纽带，且公众也包括亲友、同事等。”① “公众也包括亲友、同事等”的认识，从根本上否定了“亲友”作为界定和判断“特定对象”的标准意义，也就是说，只要某人向不具有特定排斥性质的集资行为人放贷，不论他与集资行为人社会关系如何，一旦形成资金借贷关系，就成为“不特定对象”，“亲友”在行为性质的认定中失去了实质意义。

采用“未公开宣传”界定“亲友”这一“特定对象”也存在明显的逻辑漏洞。对于通过亲友关系进行的集资行为，即使不采取媒体、推介会、传单、手机短信等途径进行公开宣传，集资的信息渠道也是畅通的，亲朋间通过日常交往形成的“口口相传”方式也能为资金供需关系的形成提供信息支持。之所以存在这一逻辑矛盾，主要原因是忽视了民间借贷已经变成民间信用资本化的一种形式，借与贷之间的非人格化结合成为主导因素，用“亲友”这种人格化标准去规范或界定非人格化的借贷关系，难免出现规范适用上的困境。另外，受传统文化以及经济发展程度的影响，我国还处于“关系”型社会，“关系”成为实施非法集资行为的一种社会资源。法律豁免这种“关系”范围内的集资行为，不利于金融秩序的维护，反映出司法解释对“亲友”关系的社会性质把握不准确。

有人认为“集资对象是否特定的判断，既要考虑行为人主观上是否具有仅向特定对象吸收资金，又要考察其客观上所实施的行为是否可控。如果行为人对集资行为的辐射而事先不加以限制，事中不作控制，或者在蔓延至社会后听之任之，不设法加以阻止的，应当认定为向社会不特定对象吸收资金。”② 这种认识突破了“亲友”标准的限制，显得更为合理，关注个人信用盲目扩张这一因素对非法集资行为生成的影响，但提出的“行为是否可控”的判断标准值得商榷。固然，行为人将借贷偿付风险能够自觉地控制在个人财力的范围，是法律

① 孙文祥：《吴英非法集资链条大白天下》，载《第一财经日报》2009 年 4 月 17 日，第 A14 版。

② 宋阳标：《非法集资 4 亿缘何难定性——民间借贷之祸》，载《民主与法制时报》2012 年 1 月 16 日，第 B01 版。

希望看到的，但这显然又陷入主观主义的认定标准之中，会在司法实践中产生分歧与争议。

可见，民间借贷与非法集资典型行为间的逻辑关联，既不能单纯地从“多对一”的资金关系结构中去寻找，也不能从“亲友”、“特定对象”、“未公开宣传”等只具有形式意义的标准中去寻找。只能回到借与贷在行为意义上所包含的内在矛盾中去寻找。

（三）民间借贷与非法集资典型行为间的内在关联

承认现有金融利益结构及相关法律制度框架，是讨论民间借贷与非法集资典型行为间关联的逻辑前提。民间借贷与非法集资典型行为间的逻辑关联在现有立法中有迹可循，司法解释对“非法集资”概念中的“社会公开宣传”、“不特定对象”两个因素的强调，用意在于突出非法集资行为对信用规模无限扩大所持的开放性态度，表现在借贷行为上，就是民间借贷对信用规模扩大所持有的开放或不排斥态度。正是这种开放性，潜藏着借与贷之间的深刻矛盾。借与贷之间的基本逻辑是，出借人向借款人让渡一笔资金的“使用权”，借款人许以利息承诺作为对价，一旦借款人无法还本付息，借与贷之间的人际矛盾就会凸显出来。这说明，借与贷之间关系的维系直接决定于借款人的信用，借款人信用所具有的开放性可能从根本上否定了借款人的信用基础，一旦无法维系还本付息的资金链条，借与贷之间的总危机就要爆发，其社会危害性就会集中爆发。民间借贷的开放性是民间借贷向非法集资转化的重要原因，但民间借贷的开放性并不直接体现出借与贷之间矛盾激化的动力机制。利息充当了借与贷之间的黏合剂，体现了最简单的营利性民间借贷行为的逻辑，但难以体现出民间借贷行为与非法集资行为之间的逻辑关联。

回到资金流向结构图，抛开“亲友”因素的假定，可以看出转贷套利成为推动借贷信用无限膨胀的动力机制，使借与贷之间的矛盾最终爆发，而资金链条一旦断裂，最终殃及的必然是处于资金供给最前端的出借人。转贷套利行为的作用在于，利差机制使行为人追求集资规模，转贷规模与利差总量成正比，并且在资金紧缺条件下，转贷规模还可以影响利率，演变成高利贷行为。因此，借贷而来的资金一旦作为借贷资本再次套利性借出，其所包含的借与贷之间不可调和的矛盾就开始暴露。从社会范围讲，中间环节既不能为社会生产提供资金，也不能在生产环节创造价值，仅仅利用转贷从社会创造的总价值中瓜分部分价值。更重要的是，资金的实际供方与实际需方之间的借与贷突破了原来狭小的社会范围，会永不停歇地通过杠杆推动借贷关系向更大范围扩展，能够将有限的资金信用膨胀到惊人地步，直至社会所能容纳它的所有信用资源枯竭为止。

转贷套利行为使民间借贷行为向非法集资行为转化提供了条件。例如，在温州有些进行非法集资的担保公司，先通过几个亲朋好友筹集资金，注册一个“担保公司”，然后，每个股东用自己的人脉关系继续集资，再高利转贷①。

吴英案中，林卫平之所以大范围向亲友借贷，目的就是通过高利转借吴英，赚取利差。因此，转贷套利行为是民间借贷行为与非法集资行为的逻辑分界点或连接点。正是在这个分界点上，转贷套利使集资型民间借贷行为完成了关键性的一跳，开始突破亲友、单位内部关系的约束，进入套利机制的恶性循环之中，其累积起来的体系必然是吸金的“黑洞”，套利的崩溃性结果必然导致借贷资本由多数人向少数人无序集中，从而对现有财产安全和金融稳定带来极大危害。

转贷套利行为在民间借贷行为向非法集资行为转化中的意义或作用已经为学界所重视。“只有当行为人非法吸收公众存款，用于进行货币资本的经营时（如发放贷款)，才能认定为扰乱金融秩序。”② 这一点也已经为司法解释所体现，如《审理解释》对基于正常生产经营活动而非法吸收或者变相吸收公众存款行为的容忍性处理，对转贷套利行为持否定性态度的同时，进一步凸显出转贷套利行为在民间借贷行为与非法集资行为之间的逻辑关联。不过，转贷套利行为只是为民间借贷行为向非法集资行为的转化提供了逻辑基础，作为法律本身的产物，“非法集资行为”的立足点是金融秩序，只要集资型民间借贷行为危害了法律所保护的金融秩序，如将集资用于还贷、占有或挥霍，即使没有转贷套利因素，也应当构成非法集资行为。总之，在理论上深刻认识转贷套利行为在非法集资活动中的作用和地位，对完善民间借贷与非法集资典型行为监管制度具有很强的现实意义。

第二节　民间借贷与非法集资典型行为监管的历史考察

在我国，早在商代之时就已经有了借贷行为，“有明确文字记载的民间金融是从西周时代开始，当时借贷的贷字有施、借、举物生利三层意思。”③ 随着社会贫富差距的日益扩大，至战国时期有息借贷已普遍存在。我国有关民间借贷的

① 张玫：《担保公司异化成“地下钱庄”——温州民间借贷真相调查》，载《经济日报》2011 年 10 月 10 日，第 004 版。

② 张明楷：《刑法学》，法律出版社 2007 年版，第 584 页。

③ 蔡恩泽：《民间金融的历史影子》，载《金融经济》2011 年第 21 期，第 67 页。

立法也是由来已久，早在《周礼》之中就有："听称责以傅别"、"听取予以书契"[①] 的记载。可见，早在西周之时我国的民间借贷已付诸契据，通过书面契据规范借贷双方的权、责、利关系，由此开启了我国民间借贷规制的先河。梳理我国民间借贷的发展历程及其法律规制的经验教训，可以为当前我国民间借贷与非法集资的风险防范和民间金融事业的健康发展提供有益的借鉴。

一、我国民间借贷与非法集资监管发展的历史阶段

严格来说，传统意义上不存在非法集资一说，民间金融活动几乎可以用民间借贷来概括，同时对民间借贷也难以称得上有完备的监管，其表现形式、借贷双方的社会构成以及市场发育程度在不同的历史时期各有不同[②]，与之相适应历朝历代对民间借贷的法律规制在规制范围、规制重点和规制力度上又各有侧重。根据历史上民间借贷的发育程度以及法律规制的完备程度，本书将我国民间借贷的监管立法分为以下三大历史阶段。

（一）清代以前对民间借贷的监管

我国古代实行的是民商合一、民刑合一的法律体系，因此没有出台专门规制民间借贷的专门法律，有关民间借贷的规定主要体现在刑律及政府的行政法令中。具体而言，古代民间借贷的法律规制主要划分为以下两个阶段：

1. 唐代以前对民间借贷的监管

纵观唐代以前我国对民间借贷的法律规制主要集中在禁止官员放贷、利率管制、征收利息税、债务的偿还与追讨、纠纷的解决与案件管辖等方面。其中，尤以秦汉两朝的法律最为发达。整体上，国家对民间借贷持肯定、支持和保护的态度，在此前提下通过相关法律规定依法促进其健康发展。法律规制的主要内容体现出"保护当事人的私有财产"和"严格管理民间借贷"两大特点。这一时期，国家依法保护合法放贷者的利益，打击违反国家法度的放贷行为，一定程度上促进了民间借贷的规范化发展。尤其是法律对民间借贷利率的限制，一定程度上保护了小农的利益，促进了金融资源的优化配置，为后世规制民间借贷提供了典范。考察这一时期民间借贷法律规制之效果，不难发现虽有国家律法规定，然而现实中民间借贷的发展并未如立法者和政府所期望的方向发展。具体表现为，国家虽有"取息不得过律"之法，而事实上高利贷仍大行其道。

---

① 参见《周礼·天官·小宰》。

② 黄涛：《历史上的民间借贷及其管制》，载《新金融观察》2012 年 6 月 4 日，第 030 版。

禁止官员放贷的规定现实中也未能得到有效执行，以致官员参与放贷者大有人在，以致放贷者大肆盘剥小农，迫使其走上了破产和流亡的道路。究其原因，在于法律本身的不完善和执法的不力，加之官商勾结，使得法律的执行更加困难，最终并没有阻止高利贷等违法放贷行为的发生。而造成民间借贷执法不力的原因主要有以下几个方面：一是政府规制民间借贷的根本宗旨是为了维护其封建皇权统治和社会的稳定，而非切实从改善民生和促进金融公平的高度对民间借贷进行系统、科学的法律设计，以切实减轻民众之高利负担和促进金融资源的优化配置。二是由于官商勾结，加之部分官员也参与民间放贷活动，并从中获取巨大的经济利益，从而在一定程度上阻碍了法律的有效实施。三是相关法律制度的设计缺乏系统性和连续性，表现出典型的临时应对性和主观臆断特征。民间借贷法律的出台常因统治者个人思想的改变或国家的需要而改变，在不同时期实行不同的借贷政策，从而为相关法律的有效实施和严格执行留下了隐患。四是在当时的社会历史条件下，政府对民间社会的介入能力相对有限，缺乏足够的能力和资源对民间借贷有效监管。

2. 唐代至清代初年对民间借贷的监管

唐代有关民间借贷的法律规定已比较完备，对借贷的形式、借贷契约的订立、利率的限制、抵押物的处理、法律救济和履约责任等问题都有规定。这一时期对有息借贷国家给予法律保护，同时对民间的非营利性借贷也予以支持。① 尽管国家对有息借贷不予干预，但是仍存在两个限定条件：一是最高利息率的限制；二是利息的总量控制，即利息总量不得超过本金。② 此外，通过鼓励告警、重点惩罚出借人，保证利率、利息总量不超过法律的最高限制。唐代政府对借贷利率利息虽屡加干预限制，但是民间依然是我行我素。法律的颁布很少得到不折不扣地执行。

两宋时期，民间借贷尤其是高利贷盛行，同时还形成了以青苗法为代表的国家信贷体系。这一时期，民间高利贷较为盛行。③ 从法律规制的角度看，与唐代相比这一时期法定借贷月利有所降低，对年利也作了明确限制，但仍规定利息总量不得过倍。除了民间高利贷外，这一时期还在基层社会建立了国家放贷体系。为缓和民间高利贷对农民和手工业者的重利盘剥，同时增加政府的财政收入，熙宁二年（1069 年）北宋政府颁行《青苗法》，规定凡州县各等民户，在每年夏秋两收前，可到当地官府借贷现钱或粮谷，月息 2 分，以补助耕作，当年借款随夏

① 蔡恩泽：《民间金融的历史影子》，载《金融经济》2011 年第 21 期，第 68 页。

② 霍存福：《论中国古代契约与国家法的关系——以唐代法律与借贷契约的关系为中心》，载《当代法学》2005 年第 1 期，第 45 页。

③ 何艳春：《我国民间借贷的历史渊源与管制》，载《人民法院报》2013 年 4 月 19 日，第 05 版。

秋两税归还。然而，该制度因“人多赖之”、“事久而弊”在实际执行中偏离初衷，地方官员强行让百姓向官府借贷，随意提高利息，加之官吏额外还有名目繁多的勒索，百姓苦不堪言，从而使青苗法沦为官府敛财和放高利贷的工具，最终于元祐元年（1086 年）停止执行。

反思其失败的个中缘由，主要有：首先，为推行青苗法北宋政府增设专职官吏来经营放贷业务，而这些官吏的薪酬来自于赋税，羊毛出在羊身上，本为减轻百姓负担，结果反而增加了百姓负担。其次，政府经营放贷业务，效率低下、手续繁冗，名义上利率较低，实际上成本高昂。加之放贷官吏的寻租与腐败，黎民百姓更是苦不堪言。再次，部分借款人从政府手中获得低息贷款后，转手高息贷给他人，进一步助推了民间高利贷的盛行。最后，王安石颁行《青苗法》的根本出发点是为了增加政府财政收入，而缓解百姓负担和疾苦则在其次，由此政府与民争利则在所难免。

至元代，民间借贷和官方借贷并存，整个社会的借贷利率普遍较高，高利贷资本尤其发达。从法律规制的角度看，元代的借贷法律在中国法制上处于承前启后的重要阶段。在立法上，承袭唐宋律令精神，规定有息借贷最高以一本一利为止，不得回利为本，并确立月利三分的原则，并为后世明、清所沿用。① 元代法律严格限制民间借贷利率：一是明确规定民间借贷利率。元世祖忽必烈曾一再明令禁止取利过本及回利为本。② 由此确立了元代处理借贷事务的基本规则。二是立法规制暴力讨债。元代刑法规定：“有辄取羸于人，或转换契券，息上加息，或占人牛马财产，夺人子女，以为奴婢者，重加治罪……”③ 三是对军官放贷予以专门规定。此外，对于民间的借贷契约纠纷甚至于人身抵押借贷，法律要求交易双方必须按一定的程序合法进行，而且交易双方的行为必须是出于自愿公平的立场，交易当事人必须以诚实为前提，而以自己或者他人的子女为抵押借贷、典当的行为，均为法律所禁止，这实际上是禁止买卖人口。④

明清时期，民间借贷活动空前活跃，民间借贷的形式更加多样，担保信用贷款、预抵押贷款等借贷形式相继产生，⑤ 民间借贷利息总体呈下降趋势。⑥ 法律对民间借贷的规制日益完善。这一时期法律对民间借贷的规制主要体现在规定利

---

① 霍存福：《元代借贷法律简论》，载《吉林大学社会科学学报》1995 年第 6 期，第 48 ~ 51 页。

② 参见《元史 · 世祖纪三》。

③ 庄哲耕：《我国古代民间借贷利率对法律监管的启示》，载《人民论坛》2014 年第 7 期，第 94 页。

④ 杜伟、陈安存：《我国民间金融的历史回溯》，载《金融理论与实践》2011 年第 2 期，第 107 页；另蔡恩泽：《民间金融的历史影子》，载《金融经济》2011 年第 21 期，第 68 页。

⑤ 黄涛：《历史上的民间借贷及其管制》，载《新金融观察》2012 年 6 月 4 日，第 030 版。

⑥ 李文治：《中国近代农业史资料》（第一辑），三联书店 1957 年版，第 98 页。

率上限、取息总量、减利措施和强制蠲免本息等方面。[①] 在立法上，清承明制，《大清律例》基本上照搬了《大明律》的条款。所不同者，清代不仅从中央层面严禁“违禁取利”，而且还注重发挥地方行政命令对民间借贷的调处作用。[②]

（二）清末至民国时期对民间借贷的监管

清末至民国时期是我国由传统社会向近代社会转变的重要历史阶段。这一时期，我国金融业正处于传统借贷日渐式微、银行等新式借贷开始兴起的过渡阶段。这一时期，商业资本大量进入民间借贷领域，一定程度上解决了百姓生活、商业经营和传统产业发展等方面资金不足的问题。民间借贷与商业资本的结合，形成了传统产业商业资本放贷、预卖、赊买赊卖、耕牛租借等借贷形式。[③] 在20世纪20年代新式借贷产生之前，传统借贷仍占据主导地位。民间私人借贷、典当借贷、合会借贷等传统借贷大量存在，其中民间私人借贷占有绝对优势，一般按是否抵押分为信用借贷和抵押借贷两类。随着银行、农民借贷所、农业仓库、合作金库以及合作社等现代借贷形式的产生，民间借贷等传统借贷形式仍占主要地位，但所占比例已呈逐渐下降之势，而银行、合作社等新式借贷占比则呈日渐上升。

从法律规制的角度看，清末至民国时期对民间借贷的法律规制主要集中在利率规制和发展新式借贷等方面。民国初年，民间借贷利率仍沿袭古代的利率限定：法律禁止将利息滚入原本再生利息。[④] 直到南京国民政府成立，民间借贷利率的规定才有了较大的突破，规定年利率不得超过20%，也不能将利作本滚算，超过一本一利的数额应予限制。[⑤]

尽管清代法律明确规定“私放钱债月利率不得超过三分”。然而，在“皇权不下县”的传统社会，政令却难以得到完全遵行，以致各地借贷利率高低不一[⑥]。同样，民国时期从中央到地方都曾出台过严禁高利贷的法令，如民国政府1927年7月19日发布训令，借贷年利率最高不得超过20%，但事实上却未能做到令行禁止。

---

① 刘秋根：《明清高利贷资本》，社会科学文献出版社2000年版，第219~226页。

② 卞利：《明清典当和借贷法律规范的调整与乡村社会的稳定》，载《中国农史》2005年第4期，第68页。

③ 俞如先：《清至民国闽西乡村民间借贷研究》，厦门大学博士学位论文，2009年4月，第335页。

④⑤ 李金铮：《政府法令与民间惯行：以国民政府颁行“年利20%”为中心》，载《河北大学学报》2002年第4期，第12页。

⑥ 郑永福、李道永：《清末民初民间借贷中的民事习惯》，载《江西财经大学学报》2012年第1期，第97页。

（三）中华人民共和国成立以来对民间借贷与非法集资的监管

从中华人民共和国成立至今，我国社会经济生活的各个领域都发生了翻天覆地的变化，尤其改革开放以来，我国金融体制和金融结构急剧变迁，民间借贷市场规模快速膨胀。这一时期我国对民间借贷与非法集资的法律规制可划分为三个阶段。

1. 中华人民共和国成立至改革开放前

中华人民共和国成立后，为防止产生新的剥削和阶级分化，民间借贷经历了一个由被宽容、限制到社会主义改造直至被禁止的过程。中华人民共和国成立初期，在农村地区政府鼓励民间自由借贷并对高利贷予以整顿。1950 年 8 月，中国人民银行总行在《人民银行区行行长会议关于几个问题的决定》中指出："大力提倡恢复与发展农村私人借贷关系，我们应结合当地党政部门宣传借贷自由政策，鼓励私人借贷的恢复与发展。利息数不要限制，债权应予保障。"在此期间，由于新型金融系统尚未建立，为了解决人民群众的生产、生活困难，民间私人借贷仍继续存在，但主要限于农民之间的实物借贷和互助借贷。

1952 年 1 月，中共中央东北局指示认为农村高利贷破坏农村经济的发展，促使阶级分化，是非法的，应予以打击、取缔，争取在两年内消火农村高利贷。1952 年 11 月 27 日《最高人民法院关于城市借贷超过几分为高利贷的解答》指出："人民间自由借贷利率即使超过三分，只要是双方自愿，无其他非法情况，似亦不宜干涉。"可见，这一时期国家对民间借贷利率采取了开明的态度，并给出了解决高利贷问题的基本出路。

1953 年 9 月，"过渡时期总路线"提出通过合作化对农业进行社会主义改造，而改造的重要形式之一就是发展农村信用合作社。为此，中国人民银行在全国建立农村信用合作社，民间借贷的政策由原来的鼓励转变为批判，并试图以信用合作取代民间私人借贷。在此政策指导下，原本进退自由的信用合作实际变成了政府强制农民结社。随着社会主义改造的完成，我国进入了"一大二公"的人民公社时期，民间借贷受到国家打压而几近消失。同时，在农业合作社及人民公社内部，私人借贷仍在一定范围内存在。

1954 年 11 月，中国人民银行总行召开反高利贷座谈会，进一步提出了"代替私人借贷"的方针，主张积极发展社会主义性质的信用合作社，配合国家农贷工作，替代私人借贷。

1963 年 10 月 21 日，中国人民银行《关于整顿信用社打击高利贷的报告》指出："高利贷活动是农村资本主义自发势力在金融方面的反映，是对贫农、下中农进行封建剥削的行为，是农村阶级斗争的一个重要方面”[①]。为此，有关部门逐步运用了经济、行政和政治运动等手段对高利贷进行打击[②]，要求必须尽快整顿信用合作社，通过合作社来打击和取缔农村存在的高利贷活动。

1964 年中共中央转发邓子恢《关于城乡高利贷活动情况和取缔办法的报告》指出要“划清高利贷和正常借贷的界限，分别放高利贷者的不同情况，采取不同的办法加以处理。”报告还指出，“对民间有习惯的标会或摇会，可不予禁止，但利息不得超过上述规定，超过规定者，其超过部分应予取消。”

总之，这一时期国家对民间借贷的法律规制处于党和国家政策文件的治理阶段，尚未颁布法律法规对民间借贷的性质及其发展方向予以规定，其政策发展经历了一个由松到紧再到全面禁止的过程，并将消灭私人借贷、打击高利贷视为消灭剥削阶级、消灭资本主义，建立新社会的标志性事件。因此，除了亲友间偶尔的互助借贷外，任何涉及营利的私人借贷都被视同剥削和高利贷而受到禁止。由此可见，这一时期国家对以营利为目的的民间借贷的管制十分严格。

2. 改革开放后至 2000 年

1978 年改革开放后，我国对民间借贷的管制逐步放宽，但仍存在诸多限制。随着乡镇企业迅猛发展，民间对资本的需求空前高涨，民间借贷再次活跃起来，不少城市都出现了私人钱庄，并高息揽储和放贷。此外，这一时期民间借贷性质的集资活动也开始抬头。

为促进民间借贷的规范发展，1981 年 5 月 8 日，《国务院批转中国农业银行关于农村借贷问题的报告的通知》指出：在国家银行和信用社借贷占主导地位的条件下，应允许集体与社员、社员与社员之间正当借贷的存在，作为银行、信用社借贷的补充，以促进农业生产的发展。对于农村民间借贷也应积极引导，加强管理，严格区别个人间的正常借贷与农村高利贷活动，把农村资金引向有利于发展商品生产和促进农民增收的道路上来，对于个人之间互通有无的借贷将长期存在，应当予以保护。对于个人之间的正常借贷利息偏高的，不能视为高利贷，应通过加强银行、信用社的信贷活动，用经济办法引导农村借贷利率逐步下降。对那些一贯从事高利盘剥并以此为主要经济来源，严重危害社会主义经济和人民生活，破坏金融市场的高利贷者，应按情节轻重和国家法令严肃处理。

1985 年中央 1 号文件《关于进一步活跃农村经济的十项政策》明确提出“适当发展民间信用”。这一时期除民间私人借贷外，地下钱庄和“抬会”等也

---

① 中国人民银行：《关于整顿信用社打击高利贷的报告》（1963 年 10 月 21 日），载卢汉川主编：《中国农村金融历史资料（1949～1985 年）》，湖南出版事业管理局 1986 年版，第 426～427 页。

② 杨乙丹、高德步：《农村高利贷及其治理的历史审视：1957～1966 年》，载《中国经济史研究》2008 年第 2 期，第 21 页。

发展起来。由于缺乏政府监管，1986 年春“抬会”体系开始崩盘。1987 年 1 月 1 日《民法通则》施行，第 90 条规定：“合法的借贷关系受法律保护。”而对于何为“合法的借贷关系”却未作任何解释。为此，1988 年最高人民法院颁布《关于贯彻执行〈中华人民共和国民法通则〉若干问题的意见（试行）》，第 121 ~ 125 条将民间借贷分为有息借贷和无息借贷，并规定生活性借贷利率不得超过银行同类贷款利率的 2 倍，而公民之间的生产经营性借贷的利率可以适当高于生活性借贷利率。对于公民之间生产经营性借贷的利率纠纷，“应本着保护合法借贷关系，考虑当地实际情况，有利于生产和稳定经济秩序的原则处理。”① 意见还规定，公民之间的借贷不得计算复利和预先扣除利息。②

1991 年 8 月 13 日发布的《最高人民法院关于人民法院审理借贷案件的若干意见》明确将公民之间的借贷、公民与法人之间的借贷以及公民与其他组织之间的借贷纳入民间借贷予以法律保护，并确立了借贷利率最高不得超过银行同类贷款利率的 4 倍，超出部分不予保护的利率管制措施。与 1988 年的规定相比，该司法解释对民间借贷利率不再区分生活性借贷和生产性借贷，统一采用不得超过银行同类贷款利率 4 倍的规定。同时，再次重申禁止复利的基本政策，但不再绝对禁止，而是禁止利用复利谋取高利，即采用复利计息利率超过法定限度的，超出部分的利息不予保护。

此外，《最高人民法院关于人民法院审理借贷案件的若干意见》还规定：“出借人明知借款人是为了进行非法活动而借款的，其借贷关系不予保护。”以此来打击利用民间借贷进行违法犯罪活动的行为。1999 年 3 月 15 日，《中华人民共和国合同法》出台，该法第 211 条规定：“自然人之间的借款合同对支付利息没有约定或者约定不明确的，视为不支付利息。自然人之间的借款合同约定支付利息的，借款的利率不得违反国家有关限制借款利率的规定。”该法从国家立法层面确立了民间借贷的利率标准。

民间借贷不仅在自然人之间大量存在，许多中小企业为了调剂资金余缺，私下也在进行着大量的借贷活动，对银行信贷和国家的金融管理秩序造成一定的冲击。为解决这一问题，1996 年 3 月，《最高人民法院关于企业相互借贷的合同出借方尚未取得约定利息人民法院应当如何裁决问题的解答》部分否定了企业之间借贷合同的效力，并通过收缴“尚未取得的约定利息”的方式对借贷双方予以惩戒。同年 9 月，《最高人民法院关于对企业借贷合同借款方逾期不归还借款的应如何处理的批复》明确将企业之间的借贷行为排挤出民间借贷范围，并通过经济

---

① 最高人民法院《关于贯彻执行〈中华人民共和国民法通则〉若干问题的意见（试行）》，第 122 条。
② 同上，第 125 条。

手段予以惩戒。1996 年，中国人民银行颁布的《贷款通则》第 61 条规定："企业之间不得违反国家规定办理借贷或者变相借贷融资业务。" 1998 年，《中国人民银行关于对企业间借贷问题的答复》进一步指出，由于企业间的借贷活动会扰乱正常的金融秩序，干扰国家信贷政策、计划的贯彻执行，违反国家法律和政策，应认定无效。

1999 年《最高人民法院关于如何确认公民与企业之间借贷行为效力问题的批复》对 1991 年最高人民法院借贷意见的规定予以进一步明确，从而将公民与企业之间的借贷行为明确纳入民间借贷的范围予以法律保护，但同时以"非法集资"和"非法金融业务"等例外形式对其作了一定的限制。

随着民间借贷的迅速发展，20 世纪 90 年代以来各种名目的非法集资活动不断出现，例如，1993 年北京长城机电科技产业公司总裁沈太福非法集资案。1994 年江苏无锡邓斌非法集资案。随着这些大案要案的爆发，非法集资问题引起了国家立法部门的重视。1995 年《全国人民代表大会常务委员会关于惩治破坏金融秩序犯罪的决定》对"非法设立金融机构"、"非法吸收公众存款"、"非法集资"[①] 等非法金融行为予以严厉的刑事制裁。

1996 年中国人民银行下发《关于取缔私人钱庄的通知》，要求中国人民银行各分支机构应会同当地公安部门对私人钱庄坚决取缔，对以民间个人借贷的名义从事非法金融活动的，中国人民银行各分支机构应会同有关部门依法查处。1997 年修订后的《刑法》针对与民间借贷有关的行为设立了"非法吸收公众存款或变相吸收公众存款罪"、"集资诈骗罪"、"高利转贷罪"等罪名。1998 年国务院出台《非法金融机构和非法金融业务活动取缔办法》，对非法金融机构和非法金融业务作了明确解释，并规定"未经中国人民银行依法批准，任何单位和个人不得擅自设立金融机构或者擅自从事金融业务活动。"由于该办法对非法金融业务范围界定过宽，实践中民间借贷与非法金融业务界限更加模糊不清。

3. 2000 年至今

随着私有经济尤其是中小企业的迅速发展，我国民间融资需求更加旺盛。为满足 WTO 对经济发展的要求，我国逐步放松对民间资本的管制，民间资本开始向金融、电信、教育等领域渗透。这一时期，国家先后出台了一系列的法律法规和政策文件。

针对民间借贷中高利贷的认定问题，2001 年《中国人民银行办公厅关于高利贷认定标准问题的函》将"高利贷"的认定标准从原来的"超过银行同期同类贷款利率（不含浮动）的 4 倍"调整为"借贷利率高于法律允许的金融机构

---

① 《全国人民代表大会常务委员会关于惩治破坏金融秩序犯罪的决定》第 6 ~ 7 条。

同期、同档次贷款利率（不含浮动）3 倍的为高利借贷行为”。同年《中国人民银行办公厅关于以高利贷形式向社会不特定对象出借资金行为法律性质问题的批复》指出，民间个人借贷“若利率超过最高人民法院《关于人民法院审理借贷案件的若干意见》中规定的银行同类贷款利率的 4 倍，超出部分的利息不予保护，但行为性质仍为民间个人借贷，而不是《非法金融机构和非法金融业务活动取缔办法》中所指的非法发放贷款。”这一规定再次明确将高利贷的认定标准调整为“超过银行同期同类贷款利率（不含浮动）的 4 倍”，最终形成了使中国人民银行与最高人民法院一致认可的高利贷认定标准。非法发放贷款行为是指：“未经金融监管部门批准，以营利为目的，向不特定的对象出借资金，以此牟取高额非法收入的行为。”上述规定将民间借贷、高利贷和非法发放贷款三者区别开来，民间借贷属于完全合法的行为，高利贷利率高企，仍属于民间借贷的范畴，不受法律保护而已。非法发放贷款的行为因其行为的经常性、营利性和持续性属于从事非法金融业务的行为，为相关金融法律所禁止并可能遭受刑事制裁。

2002 年，针对部分农村地区“高利借贷现象突出，甚至出现了专门从事高利借贷活动的地下钱庄”的问题，《中国人民银行关于取缔地下钱庄及打击高利贷行为的通知》指出要坚决取缔并依法惩处非法金融活动和非法金融机构。

自 2003 年以来，国家逐步放开了民间小额信贷的限制，并制定了一系列扶持政策，民间借贷市场得以快速发展。2008 年，中国银监会、中国人民银行联合下发《关于小额贷款公司试点的指导意见》。2009 年 6 月，中国银监会发布《小额贷款公司改制设立村镇银行暂行规定》，允许符合条件的小额贷款公司转制为村镇银行。2010 年 5 月，国务院《关于鼓励和引导民间投资健康发展的若干意见》和 2012 年 9 月由中国人民银行等五部门编制的《金融业发展和改革“十二五”规划》要鼓励和引导民间资本进入金融服务领域。

针对温州、鄂尔多斯、福建等地民间借贷债务人跑路、中小企业倒闭及民间借贷纠纷案件大量增加等问题，2011 年《最高人民法院关于依法妥善审理民间借贷纠纷案件促进经济发展维护社会稳定的通知》指出，要依法妥善审理民间借贷纠纷，促进民间借贷市场的健康发展和维护社会稳定。人民法院在审理民间借贷纠纷案件时，要依法保护合法的借贷利息，依法遏制高利贷化倾向。[①] 2012 年 2 月 15 日，最高人民法院下发《关于当前形势下加强民事审判切实保障民生若干问题的通知》要求人民法院妥善审理民间借贷案件，维护合法有序的民间借贷关系，依法准确认定民间借贷行为效力，正确划分合法的民间借贷与集资诈骗、

① 2011 年《最高人民法院关于依法妥善审理民间借贷纠纷案件促进经济发展维护社会稳定的通知》第 6 条。

非法吸收公众存款等犯罪行为的界限，保护合法的民间借贷，加大对各种形式高利贷的排除力度。

2013 年 7 月 1 日，国务院办公厅发布《关于金融支持经济结构调整和转型升级的指导意见》，明确提出“尝试由民间资本发起设立自担风险的民营银行、金融租赁公司和消费金融公司等金融机构”，为民营银行的设立打开政策通道。2015 年 6 月 26 日，国务院办公厅转发了银监会《关于促进民营银行发展的指导意见》，至此民营银行受理全面开闸，也为民间借贷市场的发展创造了条件。

随着互联网的全面普及和移动互联网的蓬勃兴起，对民间借贷市场的发展带来了前所未有的机遇和挑战，尤其是随着 P2P 网络借贷、股权众筹等融资形式的出现，互联网金融方兴未艾。为促进互联网金融的健康发展，明确监管责任，规范市场秩序，2015 年 7 月 18 日由人民银行、工业和信息化部、公安部等十部委联合发布了《关于促进互联网金融健康发展的指导意见》（以下简称《指导意见》）。《指导意见》首次为互联网金融正名，提出了分类监管、秩序监管、协同监管、行为监管、合格投资者制度、打破刚性兑付等新的监管理念和监管模式。

针对民间借贷案件数量急剧增长和审理难度普遍较高的现实，为促进民间借贷案件的统一裁判，在 1991 年《最高人民法院关于人民法院审理借贷案件的若干意见》的基础上，2015 年 8 月 6 日，最高人民法院出台《关于审理民间借贷案件适用法律若干问题的规定》（以下简称《规定》）。《规定》全文共 33 条，从民间借贷的界定、案件的受理与管辖、民刑事案件的交叉、借贷合同的效力、网络借贷平台的责任、企业间借贷的效力、虚假诉讼的处理以及民间借贷的利率与利息等十大方面对民间借贷案件的审理作了全面、系统的规定。与以往民间借贷的法律规定相比，《规定》在借贷主体、借贷合同效力认定以及借贷利率等方面都有了新的突破：

首先，《规定》进一步拓展了民间借贷的主体范围，将法人之间、其他组织之间的借贷活动也纳入了民间借贷的规制范围，解决了实践中企业之间借贷行为的合法性问题，为企业之间进行正常的资金拆借提供了明确的法律依据。

其次，《规定》在有条件的认可企业间借贷效力的同时，还明确规定企业因生产、经营的需要在单位内部通过借款形式向职工筹集资金签订的民间借贷合同有效。同时，还规定了民间借贷合同无效的五种情形，并指出“借款人或者出借人的借贷行为涉嫌犯罪，或者生效的判决认定构成犯罪，民间借贷合同并不当然无效。”在高利转贷情形下，借贷合同无效的认定应满足“客观事实 + 主观认知（即借款人事先知道或者应当知道）”的严格判定标准。

再次，《规定》首次对互联网借贷平台涉及居间和担保法律关系时，是否应当以及如何承担民事责任作了规定。借贷双方通过 P2P 网贷平台形成借贷关系，网络贷款平台的提供者仅提供媒介服务的，不承担担保责任；如果 P2P 网贷平台的提供者通过网页、广告或者其他媒介明示或者有其他证据证明其为借贷提供担保的，应出借人的请求应判决 P2P 网贷平台提供者承担担保责任。

最后，《规定》废除 4 倍利率上限，首次将保护标准设定为固定利率，确立了“两线三区”的新型利率规制模式。民间借贷年利率在 24% 以内的为司法保护区，利息即使未支付也要支付；24% ~36% 系自然债务区，借款人自愿支付的法律不予干涉；年利率在 36% 以上的为无效区，利息即使已经支付仍可请求返还。同时，还规定除借贷双方另有约定的外，借款人可以提前偿还借款，并按照实际借款期间计算利息。

总之，这一时期在民间借贷市场规模迅猛扩张和互联网金融异军突起的背景下，国家对民间借贷的法律规制日渐谨慎，在出台相关法律和政策时也更加理性、更多包容、更加注重关注与回应百姓的呼声和业界的态度，相关制度设计和规则措施渐趋精细。但是，由于我国民间借贷市场的复杂性，依然存在大量问题亟须立法解决。

二、民间借贷与非法集资监管的经验与教训

（一）民间借贷监管的历史经验

纵观我国民间借贷法律规制的整个历史，有以下几个方面的经验。

1. 注重用法律手段规制民间借贷

我国有着悠久的法制传统。法律手段一直被统治者视为规制民间借贷的主要工具之一。自秦代始国家颁布法律对民间借贷进行规制以来，历经各朝各代无不立法对民间借贷进行规制，比如国家对民间借贷利率进行的干预对经济生活的影响尤为明显①。尽管受不同历史时期民间借贷市场发展状况、立法者的价值理念以及经济社会发展状况的影响，不同时期民间借贷法律规制的重点和措施各有不同，但概括起来，无非都集中在利率管制、高利贷规制、风险控制、债务追讨和纠纷解决等主要方面。

2. 对民间借贷利率进行重点管制

利率作为资金的价格，是民间借贷的首要问题，也是民间借贷法律规制的核心，向来为历朝历代统治者所高度重视，统统将利率管制作为民间借贷法律规制

---

① 余欣：《唐代民间信用借贷之利率问题——敦煌吐鲁番出土借贷契券研究》，载《敦煌研究》1997 年第 4 期，第 150 页。

的最佳切入点，向来有通过立法加以限制的传统。自汉代以来就有“取息不得过律”的规定，历经唐宋元明清直至今日依然不改，当然不同历史时期所确定的利率上限则有所不同。整体而言，从唐宋至明清千余年间我国民间借贷利率呈不断下降趋势①，当然，整个封建社会的有息借贷基本上属于高利贷。总之，尽管国家对利率管制高度重视，并出台了不少措施，但从现实情况看总体而言规制效果较差。

3. 发挥政府作用促进民间借贷发展

为促进民间借贷的健康发展，一方面国家出台相关立法对民间借贷活动予以规范；另一方面通过发展官方的国家赈贷体系来促进民间借贷发展。为此，几乎每个封建王朝都非常重视对农民的赈灾救济，并设立了专门的赈灾放贷机构，进行民间式管理，这种民间式管理带有国家指导、民间自律的特质。其中，尤以北宋王安石变法时期颁行的《青苗法》影响最大。但是，政府参与放贷活动的目的也有增加国家财政收入的取向。

4. 对民间借贷实行分类规制

在对民间借贷进行法律规制的历史进程中，我国初步形成了依据民间借贷的不同形式采用不同的规制方法这一分类规制的立法思想。具体而言，对于互助性民间借贷，历朝历代都予以积极支持和鼓励，并为其发展预留了很大的法律空间；对于营利性民间借贷法律则多有限制，尤其是对于以放高利贷为业的职业放贷人，国家通常以法律或者诏书、口谕等形式严加管制。② 而对于典当借贷则采用“领帖纳税，挂牌经营”方式予以规制，这表明国家对有组织的机构借贷行为已开始实行牌照管理，从而促使其规范发展。

（二）民间借贷立法规制的历史教训

从我国整个民间借贷法律规制的历史看，有以下几个方面的教训值得重视。

1. 规制理念重统治秩序轻民生

我国历史上对民间借贷的法律规制存在理念上的偏差，即过分重视对统治秩序的维护，而缺乏对民生改善和经济发展应有的关注。只要民间借贷的发展不对封建专制统治构成严重威胁，法律就会对民间借贷尤其是高利贷视而不见。为了政府或官僚集团自身的利益，甚至政府机构及其官员直接参与民间放贷，盘剥农民。历史上虽然有禁止官员放贷的法令，但实践中官员放贷依然大行其道，对此国家也并未严加追究。即使是历朝历代取息不得过律的规定，实践中也未能得到

① 秦海滢：《中国古代借贷研究述论》，载《中国史研究动态》2014 年第 2 期，第 44 ~ 52 页。

② 杜伟、陈安存：《我国民间金融的历史回溯》，载《金融理论与实践》2011 年第 2 期，第 108 页。

严格的遵守，以致法律常常被束之高阁。只有当民间借贷引发的社会冲突威胁到统治者的利益时，才会采用“违禁取利”的方式予以打击。因此，这种被动的以打击和限制为目的的政策法令从一开始便不可能取得预期的规制效果。[①]

2. 规制目标重治标轻治本

民间借贷的法律规制是一个系统性、综合性的问题，需要进行全面、整体、科学的制度设计并辅之以严格的执法，才能取得良好的规制效果。我国对民间借贷的法律规制无非“三板斧”——利率管制、刑事制裁和国家赈贷。利率管制尽管非常重要，但是对民间借贷的法律规制的目的不是为了管而管，而是通过利率管制来促进民间借贷市场的健康发展，切实减轻高利贷资本对民间社会的盘剥和压榨。因此，民间借贷问题的根本解决还需要从赖以存在的社会经济条件中去寻找。小农经济是民间借贷产生和延续的根源，小农经济的特性决定了民间借贷存在的必然性，也决定了民间借贷的高利化。例如，尽管民国时期民法对民间借贷有明确规定，但是，立法的完善仍然没有使民间借贷朝着预期的方向发展，其原因就在于此。

3. 规制路径重管制轻引导

我国历史上对民间借贷的法律管制效果往往并不令人满意。究其根源，就在于国家对民间借贷的法律管制重管制轻引导。民间借贷作为民间自发的一种制度创新，在很大程度上有其自身的运行逻辑，如果政府对民间借贷的管制过于严格，则可能扼杀其创造活力。因此，在民间借贷规制路径的选择上应坚持管制与引导并重，管制重在守住不发生区域性、系统性风险的规制底线，而引导重在促进其规范运营和发展壮大。

4. 规制机制重立法轻实施

从历史看，无论是利率管制、国家赈贷，还是刑事制裁，民间借贷法律规制的效果并不显著。其重要原因是对法律实施重视不够。当然，这并不意味着立法没有缺陷，事实上在立法方面也存在诸如价值理念偏差、法律定位模糊以及相关制度设计缺乏系统性、协调性和可操作性等问题，表现出临时性、应急性和“临事制刑”的特点。然而，法律实施的问题则更加严重，这一点可以从高利贷大行其道、官员放贷禁而不止、违法讨债等恶性案件时有发生中得到证明。以清代为例，清代法律禁止官吏放贷，法令不可谓不严，处罚不可谓不重，但由于《大清律例》对官员放贷留有余地，只禁止官员不得在任所放贷，以致官员放贷大行其道，从而使国家规制民间借贷的初衷落空，以致相关法律规定几成空文。

---

① 柏桦、刘立松：《清代的借贷与规制“违禁取利”研究》，载《南开经济研究》2009 年第 2 期，第 141 页。

第三节 民间借贷与非法集资典型行为监管的理论基础

一、主要理论学说及其解释

（一）金融学理论

1. 金融中介理论

经济现实引起经济学家们如此的思考，即市场上存在着大量诸如交易成本、信息成本及摩擦因素，这迫使经济学家们重新审视金融（包括金融中介）因素在实质经济中的重要性。换句话讲，金融中介的核心理论是从引入信息不对称和交易成本及因素开始的，认为金融中介在实质经济增长的过程中是至关重要的①。

金融中介理论中的主流观点一致认为获取信息与从事交易的费用促成了金融中介的诞生。在理想的无摩擦的完全金融市场上，投资人和借款人都能很好地得到多样化选择，而一旦交易技术中出现更小的不可分割性，则理想的多样化状态将不再存在，这就需要金融中介的参与，从而节约了经济主体多样化选择的成本。金融中介的出现实际上是人们对信息不对称的一种自然反应，这些机构利用自己与借款人之间频繁的资金往来关系，可以比一般人要了解借款人的资产收益状况，从而降低了贷款风险的发生。Diamond（1984）则强调金融中介可以通过充当被委托的监管者来克服信息不对称问题的，因为监管人可以通过多样化贷款资产代理成本降到最低。

依照金融中介理论的主流观点，随着交易成本与信息不对称问题的减少，金融机构也应该随着减少直至消失。然而，最近30多年内，在市场经济成熟的西方国家，其金融市场的扩大并没有让人们对金融中介的依赖程度降低，反而，个人参与金融市场的方式却转向通过各种金融中介，这凸显出金融中介理论的缺陷。Allen和Santomero（1998）又提出，“参与成本”概念部分地解释了这种现

① 关于金融（包含金融中介）对经济增长的理论分析与实证研究的文献相当浩繁，有较大影响的文献包括：戈德史密斯（1969）、麦金农（1973）、肖（1973）、Fry（1987）、Greenwood & Jovanovic（1990）、Bencivenga & Smith（1991）、Levine（1991. 1992）、Saint（1992）、Roubini & Sala－I－Martin（1991. 1992）、King & Levine（1993）。

象，认为每一位投资者学习或了解一个金融工具都存在一定的固定成本，并且每日不断地追踪市场信息也需要花费边际成本，即“参与成本”。金融中介机构可以通过降低参与者的成本而有存在的必要，并且不断地创造价值。

2. 现代合约理论

现代合约理论将所有的市场交易都看作是一种合约关系，并将其作为经济分析的基本要素。信息不对称和交易成本是现代合约理论中的核心概念，也是交易契约设计的最基本原因。现代合约理论认为，既然市场中的经济活动离不开契约，则金融活动更是如此，而签订契约必须具备两个基础条件：一是充分或比较充分的信息；二是契约的有效履行。因此现代合约理论研究的核心内容就是在信息不对称情况下的契约不完全的根源，当事人如何设计一种契约，以及如何规范当事人的行为问题。因此，有关签订合约的市场信息与合约的有效执行是该理论关注的焦点。

在合约自动实施的过程中，声誉①起了很大作用，借贷合约同样如此。而声誉机制的有效发挥依赖于完善的信用信息共享制度的构建。例如，在以农户分散经营为基础的农村金融市场上，除了借贷双方信息严重不对称外，农村借款人的投资风险以及对借款人的监督成本都可能较高。借鉴这些合约理论分析工具，将可能较好地说明农村正规金融退出农村领域，而非正规迅速成长但非法集资也同时横行的重要原因。

（二）金融法学理论

1. 金融法演化理论

金融法是随着商事交易的出现而产生，并随着商事交易范围的扩大而逐渐丰富和发展的。随着商品交易的不断扩大，与交易密切关联的资金融通和周转活动得到进一步的加强，各类金融主体或中介组织的金融活动得到进一步的发展，逐渐形成了所谓的“第三种商”。金融法就是在规范和调整这类“第三种商”中不断演进的。早期的金融法萌芽于货币兑换、收支、借贷等活动中逐渐形成并被普遍遵循的各种契约和习惯，这些习惯到了奴隶制国家被赋予阶级统治的内容，成为奴隶主和大商人通过高利借贷关系剥削小生产者的习惯法。金融法的最具重要意义的发展是统一货币制度的建立（即货币制度的法律化），并使有关借贷关系的不成文习惯法成文化。在西方，作为民法特别法的商法是天生的私法，因为其

---

① 有关声誉机制讨论的经典文献可以参考 Kreps，David M. & Wilson，Robert. *Reputation and Imperfect Information. Journal of Economic Theory*，vol. 27，1982；以及王永钦：《声誉、承诺与组织形式——一个比较制度分析》，上海人民出版社 2005 年版。

最初的形式是商人的习惯法，商法的许多规范本身就是商品经济规律和商人之间的“游戏规则”直接在法律上的反映。随着自由市场经济中的货币和信用规则的不断发展，关于货币兑换、货币收支、货币借贷等活动逐渐形成了大量的规则。这些规则起初也表现为习惯，而这些习惯在商事活动中为大家所公认，共同遵守，便具有了普遍约束力。这些具有普遍约束力的作用于金融领域的规则逐渐和一般的商事规则相分离，形成了金融法的雏形。

现代意义上的金融法是随资本主义商品经济和信用活动的高度发展、银行等金融机构大量出现并成为一个产业（金融业）时，才产生和发展起来的。一般认为，1844 年英国国会通过的由首相皮尔提出的《英格兰银行条例》是世界上第一部银行法，也是世界上第一部专门性的金融法律。而这部法律的诞生距该银行的成立（1694 年）已有 150 年的历史，距世界上第一家银行——1171 年成立的威尼斯银行更有 670 多年的历史。现代金融法的产生与金融机构出现的非同步性，说明早期的金融是被视为与一般商业无异的，是无需制定专门的法律予以规范的。只有当资本主义商品经济经过二三百年发展达到了较高水平、当银行等金融机构大量出现，并且其所开展的金融业务对社会具有重大影响时，专门的调整金融活动的法律——金融法才产生了。随着资本主义信用制度的发展，各种融资关系也变得越来越复杂，客观上要求制定统一、权威的行为规则加以调整。因此，各种专门调整金融关系的金融法律、法规相继出现，逐渐形成了一个比较完整的金融立法体系。在我国，随着金融市场的发展，民间借贷与非法集资的现实状况也必将推动相关立法的及时跟进，客观地要求金融法律体系的逐步完善。

2. 法与金融理论

法与金融理论是 20 世纪末期在美国兴起的一门新兴法学与金融学交叉学科。1997 年、1998 年，La Porta，Lopez-de-Silanes，Shleifer 和 Vishny（简称 LLSV）相继发表了《外部融资的决定因素》和《法律与金融》两篇论文，采用比较分析方法，经验验证了法律起源对金融发展的影响，首创从法律起源的视角研究金融发展，这标志着法与金融理论的产生。十多年来，法学家和经济学家为法和金融理论贡献了大量的经典文献。法律是信贷市场发展的一个重要决定因素，法律的主要作用在于它赋予债权人权利以保障合同执行。有效的法律制度能够降低贷款风险，因为法律促进了信贷行为，债权人权利保护的总体水平与信贷规模正相关。

改革开放以来，我国经济增长率长期维持了较高的水平。不过从整体而言，我国的法治水平和金融体系的效率相对来说仍然是低效率和低水平的，低水平的执法和低效率的金融体系与高速的经济增长同时并存。我国一些学者认为，法与金融理论对我国的金融发展有一定的解释力与指导作用。但是，面对中国这样一种新兴加转型的金融市场，法与金融理论批评道，人们多是试图改进监管模式，而很少注意到金融发展的障碍主要在于法律的滞后，并且法律的执行成本非常高，进而认为，正是法律制定与执行的落后导致了金融发展的不足。对此，法与金融理论给出的改进建议是，通过完善法律制度和加强法律执行机制来促进金融深化与经济增长，而不是通过监管改革来实现目标。但显然，立法完善与监管改革是可以并行不悖的，法与金融理论在这一点上存在论证上的不足。

3. 制度创新理论

法经济学将制度作为经济发展的内生变量，在“产权”和“交易费用”基础上，运用新古典经济学方法研究制度及其功能和作用[①]。法经济学基于“科斯定理（Coase's Theorem）”以及“制度是重要的”的结论，引入熊彼特在《经济发展理论》中提出的“创新理论”（innovation theory），认为“制度创新”（institutional innovation）是指制度的变革、改革，其结果是制度总体或基本特征的变化，即用新的更有效率的制度来代替原有的制度以取得更大的制度净收益，也就是通过提供更有效的行为规则而对经济发展做出贡献。法经济学的制度创新理论在产权与交易费用概念基础上，将制度作为经济发展的内生变量，以制度均衡为目标，运用成本收益分析方法，从制度需求和供给两个方面，揭示出制度变迁与创新的诱致性和强制性过程的成因、原理、机制及其路径、模式、影响因素与变化规律，构建了制度分析的基本框架，提供了一整套能对现实经济，尤其是转型经济，做出切合实际解释的分析工具。显然，运用制度创新理论的分析框架来研究民间借贷与非法集资典型行为监管立法，是非常有借鉴意义的。

二、进一步的理论解释

尽管现有的金融理论和金融法理论都可以为本书研究提供现成的一套理论分析框架，但是，这些理论存在的一个根本缺陷，即都没有基于民间借贷与非法集资的经济行为本质提出可行的理论分析方案。因为从根本上讲，经济立法与经济行为本身所包含的强制性内容密切相关。特别是不可兑现的纸币进入市场融通，本身就体现了国家强制与经济强制的双重因素。民间借贷与非法集资，作为两种货币流通现象，其经济强制表现为：两者都是商品经济条件下以货币为基本形式的价值运动，而价值的本质在于无差别的人类劳动，同时劳动作为谋生手段，又是人在一定的社会限制条件下的强制性活动，因而劳动是消极的、被动的。所以

① 新制度经济学的内容包括制度的构成与起源、制度变迁与创新、产权与国家理论、制度与经济发展的关系理论。

说，民间借贷与非法集资反映着行为人之间通过货币的借与贷而对社会劳动的占有和分配，因而体现着借与贷之间围绕价值分割而产生的人际间强制性关系或者潜在的利益冲突，其通俗表达就是“欠债还钱”（即使欺诈也多以这种强制性偿债义务为前提）的一种强制性利益诉求。尤其是有息借贷，虽然是基于当事人双方意思自治，但利息意味着借出者依据本金可以额外地占有借入者一部分社会劳动（表现为利息）。

在互助性民间借贷关系中，这种强制性并不明显，因为互助本身回避或克服了借贷双方在社会劳动分配关系中的对抗，而营利性民间借贷不仅是这种对抗关系的反映（货币供给与需求分离），而且营利性因素加大了这种对抗，因而借贷行为的营利性越强这种经济强制就表现得越明显，如高利贷，[①] 这也是商事性民间借贷行为容易聚集和引发民间借贷风险的根本原因。古老的生息资本是这样，与近现代工业紧密联系的借贷资本也是这样。当然，经济强制不一定就是限制人身自由的暴力讨债，特别是近现代工业文明催生的借贷资本更多是借助法律上升为国家强制，通过法律体系（一系列权利义务以及国家机构职能的设置）确保这种对抗关系限定在一定范围内，使资金融通得以顺利进行。“当一个人对另一个人发出以威胁为后盾的命令，强制他服从时，我们就发现了法律的本质，或者至少可以说是发现了‘法律科学的关键’。”[②] 所以，法律是经济强制的国家规范化和专门化的表达，它在否定私人救济所可能采取的强制手段的同时，也承认了具有强制性质的民间借贷的某种合理性，进而以法律的强制将其固定下来以确保利息对社会劳动的分配与转移。

营利性的民间借贷必然带来相关法律体系的变革。以往不为法律所重点关注，但新的发展又使其他社会规则无法调整的民间借贷，必然要被逐渐纳入法律中来，或要求改变法律的调整方式。在我国，民间借贷甚至带有集资性质的民间借贷以往多限于民法调整的范围，而对于非法集资，则更多采取刑法治理的路径。随着我国民间资本市场的快速发展，这种法律治理结构凸显出宽严失当的不足，难以适应民间借贷与非法集资的现实状况。改善之策，就是要尽快建立和完善民间借贷与非法集资的监管法律体系，一方面克服民法调整主动性、预防性不足的局限，另一方面避免因刑法治理不当或立法滞后而出现风险聚积与传递的不利后果。

---

① 如台湾彰化的一名妇女因急需用钱，向一家地下钱庄借款50万元。一个月后，其利息竟高达8.4万元。她因实在无法还清债务向地下钱庄老板求饶，但该老板全然不顾，将她绑了投进一个地窖，并威胁要将她活埋。台湾桃园有一名出租司机向地下钱庄借欺30万元，结果连本带息滚到了200万元。无奈之下，只好带着妻子孩子点火自焚。伍韵：《台湾，地下钱庄泛滥成灾》，载《金融经济》2007年第7期，第49页。

② ［英］哈特著，张文显等译：《法律的概念》，中国大百科全书出版社2003年版，第7页。

监管是国家对民间借贷活动的积极干预，包括禁止、限制、许可等一系列政府行为。监管并不是否定市场对民间资本配置的决定性作用，它旨在避免或缓解民间资本市场的结构性失衡，通过立法允许政府以市场准入、行政处罚、登记备案等多种手段平抑资金流通的价格波动从而使民间资本市场融通有序、结构合理，引导民间资金更有效地配置到实体经济活动之中，以防发生系统性金融风险。有一种理论认为，监管源于潜在的"市场失灵"以及契约关系的信息不完全，[①] 由此可推之，民间借贷与非法集资监管的正当性在于"市场失灵"导致的系统性风险，而监管立法旨在确保政府对金融风险的规范性预防。但是，金融风险之所以需要政府借助强制手段进行预防，根本原因在于资金交易行为所包含的强制性，而这种强制性是金融风险聚集与传递的决定性因素。国家只有运用法律赋权政府强制，才能约束或制约这种经济强制性，才能避免或缓解基于借与贷或其他资金关系的失衡而出现的人际对抗，从而避免激烈对抗而可能引发的社会危机。可见，监管本身也有国家利用强制性手段对金融资源进行计划配置的功能。不过，从可能性和必要性看，对民间金融市场的监管并不是全面监管，[②] 而是以商事性为核心特征的典型行为为监管对象。

对于民间借贷是否应该监管以及如何监管，存在理论争议。西方主流理论认为，发展中国家在开放金融市场之前普遍存在着金融压制现象，而压制加剧了市场主体之间融资地位不平等，因而主张放松对民间金融的监管甚至不监管。[③] 我国有对民间借贷抑制或干预的较长历史。中华人民共和国成立以来，无论是中华人民共和国成立初期政府对农村互助资金组织的有目的改造，还是20世纪90年代末国务院面对农村合作基金会乱象而采取的"一刀切"式的禁止，都一定程度地表明民间借贷市场发展的历史限度。但究其原因，严格管制或监管跟当时不发达的以小生产者为主的经济状况有关，也与建立在这一经济基础之上的政府性质及其立法目标有关，更与民间借贷本身所潜在的风险有关。例如，中华人民共和国成立初期，在刚刚完成土地革命的农村，民间借贷日趋活跃，高利贷又开始有所抬头，高息盘剥在客观上重新造成农民的阶层分化，已经威胁到新生政权的执政合法性，政府进行严格监管实有必要。

回答民间借贷是否需要监管以及如何监管问题，不是简单地主张严格监管还是放松监管，而是要在弄清本国经济发展总体资金供需结构的基础上认识民间金融的地位，进而通过立法确定民间借贷监管的空间或限度。一个能够较好地处理

---

① 李成：《金融监管学》，高等教育出版社2007年版，第3页。

② 岳彩申：《民间借贷规制的重点及立法建议》，载《中国法学》2011年第5期，第85页。

③ 这是指西方以麦金农为代表的金融压制理论和以肖为代表的金融深化理论。参见闻岳春、严谷军：《西方金融理论》，商务印书馆2006年版，第250～263页。

实体经济与虚拟经济关系的理性政府，必然敏感而谨慎地对待日益活跃的民间借贷尤其是非法集资，并适时立法规范民间资金交易行为，通过监管，引导社会资金流向实体经济，为企业创新提供资金支持。而监管的有效性不仅取决于监管手段、监管机制等本身的科学性，而且更取决于监管机制或体制的适应性和针对性。

第四节　民间借贷与非法集资典型行为监管制度的完善

一、民间借贷与非法集资典型行为监管制度的缺陷

在我国，加强民间借贷与非法集资典型行为监管已相当紧迫。近些年来，不论是自然人之间、自然人与企业之间还是各类商事主体之间，大量游离于正规金融之外的民间资金通过转贷套利由小汇大，形成了庞大而多环节的资金链条，而由此形成的资金大潮一方面不断推高畸形的产业结构所支撑建起来的资产价格，同时又导致实体经济融资成本增高，制约经济方式转型，因而成为重大社会问题。当然，转贷套利行为的泛滥是我国经济现状的一个缩影，无论是货币宽松、利率管制、人民币升值，还是产业结构畸形以及两极分化趋势下民生问题的凸显，都是民间借贷与非法集资兴起与多发的宏观背景。但是，从监管制度的层面看，监管不足是导致民间资金转贷套利迅速聚集与传递风险的重要原因。由于缺少有效监管，民间借贷和非法集资风险防范不及时，民间金融市场处于系统性风险多发期。而监管不足主要表现在监管缺位和监管机制滞后两方面，其中监管机制滞后是问题的核心。因此，民间借贷与非法集资典型行为监管问题的根本，首先在于解决政府监管机制问题。从现实看，我国民间借贷与非法集资典型行为监管存在以下诸种制度障碍：

（一）监管严重缺位

当前，我国金融行业的监管主要是指正规金融监管（所谓“一行三会”体制），民间金融领域监管缺位严重。尽管相关法律法规已有不少，监管职能部门也有明确，但仍然存在大量监管空白，主要表现在以下三个方面。

1. 市场准入无人把关

我国民间借贷市场准入制度还很不完善，监管不到位的问题较为突出。尤其

是随着互联网技术的发展，以互联网为媒介的民间资金活动日益增多，民间借贷与非法集资风险迅速积聚。例如，早在2007年就发生了“炒股博客”进行非法集资的“带头大哥”非法集资案。此类非法集资利用网络未实名制漏洞，隐藏真实身份，捏造不实信息和资料，常常以高回报为诱饵来骗取普通网民的信任和资金，手段更加隐蔽，欺骗性更大。而网民一般不清楚是否应该经过审批，应由哪个机关审批，因而也就分不清合法与非法、“灰色”与“黑色”的界限，导致金融风险多发。

2. 缺乏后续监管

一家公司一旦经工商登记成立，公司经营什么、如何经营，后续无人监管，导致公司成为非法集资的合法外衣，欺骗社会民众。例如，安徽万物春公司唐亚南非法集资案。据披露，“从注册公司到对外集资一整套运作根本没有任何人有效监管，唐亚南才敢肆意胡为”。①

3. 行业监管不到位

金融行业专业监管机构的监管职能基本只对内不对外，地方监管部门的监管职能较弱，相应的监管力量及监管意识也不强，大量准金融机构或准金融业务处于监管的真空状态，导致超范围经营，借多种名义肆意从事非法集资的经营行为得不到及时纠正和打击。如2011年江苏徐州市登记抵押贷款信息咨询服务机构及涉及此类业务的经营单位2 400余家，但行业准入、行业监管几乎是空白。

（二）监管机制的事前预防和事后处置功能不足

多年来，我国民间金融领域一直存在社会不稳定隐患，因而在如何避免或减少系统性风险方面，不少地方积累了一定经验，但是还远没有形成民间借贷与非法集资风险防范和治理的长效机制。2007年2月，国务院批准成立处置非法集资部际联席会议，由发展改革委、公安部、人民银行、银监会、工商总局等18个部门和单位参加，银监会为部际联席会议的牵头单位。但从中央到地方，民间借贷与非法集资监管体系的有效框架还没有搭建起来。如在内蒙古，在非法集资风险处置工作中，当地党委、政府的统一领导下，以政法委为协调单位，成立了由公安局、检察院、法院、政府法制部门等组成的临时性工作机构——“打非办”，且只对已经暴露出来的大案要案给以处置。这种由地方党委、政府领导下的集体应对方式固然有利于各单位职能的统一行运，但也会导致各机构权限关系的扭

① 宋平、赵汗青：《耀眼光环下的罪恶——安徽亳州市一人大代表集资近十亿元诈骗纪实》，载《中国审判新闻月刊》2008年第8期，第39页。安徽亳州市万物春公司以兴办梅花鹿养殖场为名，进行集资诈骗的首犯唐亚南曾说：“投资群众根本不过问梅花鹿联养的经营情况，他们只知道我们向他返还本金和利息。”

曲，监管也难以持久。例如，鄂尔多斯市的“打非办”设在市公安局，公安局为了“维稳”直接干预法院对涉及民间借贷案件是否立案的司法程序，以至于出现“法院服从于公安局”的怪现象。

这种监管机制反映了当前我国民间借贷与非法集资监管存在诸多问题，表现在以下几个方面：

一是当前民间借贷与非法集资的监管主体不明确，监管职能难以落实。例如，政法委不是规范的执法主体，尽管可以在危机处置中统辖、指导行动，但显然不能肩负起常规性的金融监管职能。银监会虽是专业监管执法机构，但对地方普通企业或个人的借贷或集资行为监管，既缺乏监管依据，也缺乏监管的积极性。而近些年来各地纷纷设立的政府金融服务（工作）办公室（简称金融办）只是地方政府的金融政策及协调机构，并不具有专门的金融监管权力，甚至属于“非法”机构。这说明民间借贷与非法集资监管主体缺位，监管职能无法落实。

二是政府相关部门监管权限界定不清，监管反应机制不灵敏、不及时、不主动。如工商部门负责的多是对企业资格登记，金融监管职责实际难以跟进，公安机关只对已经形成一定集资规模的民间借贷行为才立案侦查，而商务、经信等部门只在备案范围内进行监管，致使某些只进行工商登记而未进行监管备案的机构游离于监管之外。[①]

三是被动型处理机制具有先天缺陷，监管手段单一，难以起到实际监管效果。监管一般是公安机关根据举报才介入查处，此时往往是公司已卷款逃跑或集资款项所剩无几，投资者利益难以得到最大限度的保障。[②] 对非法集资早发现、早制止，是监管的意义所在。但由于监管属于事后处置，并主要依靠公众举报获得信息，而在接到举报时，集资风险可能已经形成，问题已经积重难返，给查处与清退工作带来很大难度。

四是行政问责及法律责任追究机制不健全。从近些年民间借贷活跃甚至非法集资猖獗的地区看，不少政府部门及个别公职人员在其中充当了推波助澜的角色。某些地方政府官员出于政绩或个人私利，为非法集资提供多种条件，默许甚至支持非法集资活动，帮助非法集资企业塑造各种“光环”欺骗、引诱社会公众，而广告、资质中介等社会机构出于自身利益，也为非法集资企业虚假宣传或出具虚假证书和资质。同时，司法腐败和司法不作为也是非法集资得不到有效治理的重要原因。即使已经被依法查处的非法集资案，在进入司法程序之后也由于

---

① 例如，2008 年温州市工商注册的担保公司近 200 家，但全市各级经贸委备案的公司只有 40 余家。这固然与担保公司刻意躲避监管有关，但更与工商、经贸等部门之间监管权限不清、责任不明有关。叶檀：《民间金融泡沫的崩溃》，载《记者观察》2011 年第 5 期，第 51 页。

② 陈小瑛：《深圳非法集资骗局调查》，载《华夏时报》2010 年 12 月 13 日，第 007 版。

司法腐败或不作为而得不到及时有效处理。[①] 如果这些行为得不到及时纠正和法律追究，民间借贷与非法集资监管机制显然也难以发挥作用。

（三）监管权能难以发挥综合监管作用

我国现有的民间金融监管是以分业监管和地方监管为原则的。但是，随着影子银行的兴起，民间借贷与非法集资行为的分业监管正面临挑战。尽管我国对各类民间金融机构都明确了相应的监管部门，但监管权能过于分散，同时又存在监管重叠和监管手段单一的问题。[②] 而且，监管主管部门多是几经更迭，监管的专业性配套措施难以适应需要，能以保障监管职能的实现。如担保公司的监管机构，1999 年，国家经贸委《关于建立中小企业信用担保体系试点的指导意见》明确中小企业信用担保体系试点工作由省级经贸委负责；2001 年，财政部《中小企业融资担保机构风险管理暂行办法》要求各级财政部门逐步建立健全对以财政性资金出资设立的担保机构的绩效考核指标体系；2006 年，国家发改委《关于加强中小企业信用担保体系建设的意见》又提出全国中小企业信用担保体系建设工作由发展改革委牵头；2008 年，工业和信息化部《关于支持引导中小企业信用担保机构加大服务力度缓解中小企业生产经营困难的通知》再次要求各级中小企业管理部门引导中小企业信用担保机构加大服务支持力度；2009 年，国务院办公厅《关于进一步明确融资性担保业务监管职责的通知》又提出由国务院建立融资性担保业务监管部际联席会议，同时明确地方相应的监管职责，联席会议由银监会牵头。

同时，由于多部门出台政策确立监管职责，导致监管职能分割与多头监管并存，在地方，省、自治区、直辖市人民政府又按照"谁审批设立、谁负责监管"的要求，确定相应的部门负责本地区融资性担保机构的设立审批、关闭和日常监管，实际造成经信、商务、发改、工商等多部门监管，削弱了中央统一对地方监管职权的牵制或约束。同时，相应的监管机制及责任制度没有真正建立，导致监管部门出于地方或部门利益，重准入，轻监管，盲目扩大准入规模。甚至有些地方中小担保公司的准入毫无限制，视同普通企业直接进行工商注册即可成立，甚

---

① 如 2007 年大庆王泽芬非法集资案中，司法机关（检察、法院）内部主管人员收受非法集资主犯贿赂，刻意包庇，枉法裁判，故意认定事实不清，重罪轻判，嫌疑人王泽芬本来是主犯或首犯却认定为从犯，而其他从犯却不予起诉，实际都逃脱了刑罚制裁，并且非法集资款项追缴不力，众多集资者合法利益都难以得到保障。郭煦：《大庆 7 000 万非法集资案蹊跷判决背后》，载《法制与经济》2008 年第 8 期，第 10 ~ 13 页。

② 陈蓉、张海艳：《完善我国放贷人法律规制的路径选择》，载《上海金融》2011 年第 11 期，第 91 页。

至有单纯以机器设备折抵数千万元出资成立担保公司的事例。[①] 其他机构如典当行、小贷公司、寄售行等，也存在相似的问题。这些缺乏业务监管的准金融机构，成了民间借贷活跃和非法集资横行的重要推手。例如，有的担保公司吸收存款"办"银行，基本业务就是从事非法集资，担保只是幌子。[②] 例如，在温州，担保公司多是"地下钱庄"。

以分业监管和地方监管为主要原则的监管体制，是导致民间借贷与非法集资监管困境的主要原因。尽管分业监管有利于提高监管的针对性和专业性，但这种监管模式只是适用于正规金融监管。因为在民间金融领域，引发民间借贷与非法集资的因素十分复杂，不仅受市场主体规范性不足的影响，而且资金流动的偶发性也较强，涉及行业范围广，一旦发现不良苗头往往难以识别监管归属，以至于风险不断聚集与传递。所以，分业监管会导致各监管机构之间监管边界的难以对接，容易造成监管"真空"。同时，分业监管弱化了监管的协调统一，如部门之间存在的推诿现象，很可能丧失最佳监管时机。而基于行政授权的地方监管原则在扩大地方监管权限的同时也强化了地方利益对金融效率的追逐，受地方利益甚至地方部门利益的影响，[③] 监管职权多半只剩了审批及分配准入指标，缺乏后续监管动力和监管配套措施。可以说，正是这种松散的分业监管架构与地方利益驱动相结合的监管体制，为民间借贷盛行和非法集资猖獗提供了可乘之机。

更为重要的是，随着民间资金流动性增强以及规模扩张，民间资金借以流动的实现形式不断变化，在合法外衣之下逐步实现了不同业务主体之间的业务融合，通过关联交易规避监管的现象大量出现。例如，2012 年暴露出的中担事件。[④] 实际控制人陈奕标经过近十年积累塑造了以华鼎系、中担系、创富担保三大担保公司为基石的金融帝国，除担保公司外其麾下还包括广东怡安投资咨询、北京凯龙创业投资基金、北京银桥典当、广州华御典当、北京龙盛源小额贷款公司等多家公司，因而囊括了担保、小贷、典当及融资租赁等经营牌照，实际上就是一家金融集团公司，可视为金融"小混业"。在民间借贷与非法集资方面，陈奕标不仅通过担保公司担保业务获得银行资金（截留贷款企业的贷款），然后挪

---

① 钱震宁：《商业银行与担保公司业务合作的成效、问题及思考——基于对合肥农村城市商业银行的调研》，载《华东经济管理》2009 年第 10 期，第 156 页。

② 例如，厦门中原民生融资担保有限公司在 2011 年 4～9 月利用第一股东为国有上市公司的背景，发动员工向社会非法集资 2 亿多元。张望：《中原民生 2 亿非法集资崩盘厦门信达充当甩手掌柜》，载《21 世纪经济报道》2012 年 3 月 23 日，第 014 版。

③ 《政客会为了自己的利益而刺激投机狂热》，参见［英］爱德华·钱塞勒，姜文波译：《金融投机史》，机械工业出版社 2013 年版，第 8 页。

④ 董云峰、洪偌馨：《"中担事件"暂无解决方案》，载《第一财经日报》2012 年 2 月 29 日，第 A09 版。

到小贷、典当等关联公司去放贷，而且还在多个地域以承诺高回报的方式，募集社会公众资金，成为名副其实的从银行、企业、社会公众以及多个区域吸纳资金的“混业型”金融大鳄。大量关联交易对监管的规避凸显了准金融机构分业监管和地方监管的滞后性，联席会议制度虽然有利于加强综合监管和混业监管，但还属于协调性监管，总体上还难以适应现实需要。而互联网金融的兴起以及形式更为隐蔽的非法集资，对于缺乏混业监管和综合监管的监管体制提出了更大的挑战。

（四）监管立法不完善

我国对民间借贷特别是非法集资行为，已初步形成了以法律为龙头，以行政法规和规章相配套的法律法规体系。在基本法律方面，2005 年新修订的《证券法》、《公司法》对股票债券发行、上市的审批机构和审批程序做出了明确规定；而此前修改的《刑法》也增加了非法吸收公众存款罪和集资诈骗罪等对非法集资有关的犯罪规制。这些立法都与民间借贷与非法集资有关，但从监管立法的角度看，或者说从当前专门规范担保公司、典当行、小贷公司等民间金融从业主体的法律文件看，基本还处于行政立法的阶段，出台的有关规范主要表现为行政条例、办法、意见甚至通知等，效力层级低，特别是在民间借贷与非法集资监管立法方面缺乏完善的监管手段和责任设置。例如，2005 年，由商务部、公安部联合出台的《典当行管理办法》；2007 年，银监会出台的《农村资金互助社管理暂行办法》；2008 年，中国人民银行出台的《关于成立小额贷款公司的指导意见》；2010 年，银监会、发改委和工信部联合出台的《融资性担保公司暂行管理办法》等，都属于行政立法的范畴。尽管商务部准备出台《典当管理条例》，意图提升立法效力层级，但是在民间借贷与非法集资监管立法上仍然凸显出各监管部门在立法上缺乏协调统一，在监管权限、监管手段、监管责任等立法方面缺少一致行动。当然，行政立法现状与民间金融市场还处于不成熟阶段有关，但是，提高立法层级，以强化民间借贷与非法集资典型行为监管，已迫在眉睫。特别是近些年大量所谓担保公司、典当行、寄售行、合作社等不规范市场主体，实际成为从事民间借贷或非法集资活动的主要角色，提升立法层级，严格将这些主体纳入监管，已是大势所趋。

另外，随着 P2P 等互联网金融的兴起，民间借贷与非法集资风险积聚与传递的领域也随之扩大，令人担忧的是，互联网金融“跑路”事件接连不断，但相关监管规则几乎还是空白。而最早的 2011 年银监会印发的《关于人人贷（P2P）风险提示的通知》，只是从银行业安全的角度对银行提示风险，并未对 P2P 直接监管；2013 年 12 月，浙江省经信委印发的《关于加强融资性担保公司参与 P2P

网贷平台相关业务监管的通知》，也是只限于对融资性担保公司提示风险，禁止融资性担保公司参股 P2P 或与之业务合作。因此，立法效力层级低，各监管部门缺乏协调统一，再加上不断出现的监管真空，使民间借贷与非法集资监管立法凸显出自身的滞后性。同时，我国金融管制所造成的资金供给结构与产业结构主导下的资金需求结构不对接，导致正规金融资源严重错配，为监管套利制造了空间，甚至出现正规金融民间化现象（如银行工作人员以多种方式参与民间借贷），无疑加大了民间借贷与非法集资典型行为的监管难度。

二、民间借贷与非法集资典型行为监管应遵循的原则

民间借贷与非法集资的复杂性决定了其监管比正规金融监管更容易陷入监管困境。其原因主要有三点：一是监管对象的范围广，金融风险的潜在性强，而行为主体规范性又普遍较弱，致使一些通常的监管手段很难发挥作用；二是监管目标更易在效率、安全、公平等之间摇摆，监管是否适度的界限或标准不易把握；三是影响监管有效性的因素复杂，增大了监管制度的设计难度。不过，依据民间借贷与非法集资的特点，借鉴正规金融监管的经验，明确民间借贷与非法集资典型行为监管的基本原则，对提高监管制度的针对性和适应性很有意义。

（一）准入监管与非准入监管相结合

通过设置市场准入门槛加强政府对市场的监管，是行业监管立法的普遍做法。多年来，我国围绕解决中小企业融资难问题，积极推进包括担保、典当、小额贷款等在内的民间金融制度改革，加大市场开放，破解市场主体供给不足难题，对于缓解中小企业融资难确实起到重要作用。但是，在实际操作中，对市场准入监管的功能估计过高，偏重于准入监管，其结果往往是：一方面，粗放式的“重准入、轻监管”问题突出，监管部门把监管主要放在市场准入及其合规性监管方面；而另一方面，对于其他市场主体缺乏非准入监管，造成监管涉面过窄，而这些市场主体往往是非法集资的滋生体。只有坚持准入监管与非准入监管相结合，才能扩大监管视野，减少监管“死角”，才能采取主动措施，真正做到防患于未然。

（二）分类监管与重点监管相结合

对于民间借贷与非法集资，人们很难从体系化的角度加以理解，因为相对于正规金融，民间借贷与非法集资更像是一种碎片化的金融现象，具有多样性和复

杂性，同时又是渗透到现有的金融市场体系之中。因此，采用全面监管的进路很难行得通，应当在分类监管的基础上进行重点监管。从金融风险角度看，民间借贷与非法集资风险的区域性、行业性等特点非常突出，无论是温州、鄂尔多斯、安阳等民间借贷活跃地区，还是集资风险多发的房地产、钢铁等产业以及鱼龙混杂的担保、典当、小贷公司等行业，都显示出重点监管的必要性。资金来源、借贷利率、风险管控、资金投向等金融业务环节，更是监管的重点所在。明确重点监管原则，[①] 有利于提高监管的针对性和有效性，对于抑制过度投机的民间借贷和打击非法集资从而防范系统性风险有重大意义。

（三）中央监管与地方监管相结合

地方监管是民间借贷与非法集资典型行为监管的重要原则。我国区域经济发展不平衡，不同区域之间民间金融状况千差万别，坚持地方监管，有利于各地监管部门根据本地区实际，制定有针对性的措施，发挥地方监管的准确性、及时性和积极性。但是，由于近年来民间金融活跃，受地方政府投资拉动及片面搞政绩等动力驱动，民间资本与监管主体之间形成了一定的利益关系，不仅民间资本在获得金融市场准入资格之后缺少后续监管，而且普通企业和自然人的非法集资行为也少有监管，致使转贷套利行为泛滥，最终造成有些地方民间信用体系崩溃，甚至有可能引发社会骚乱。[②] 因此，仅仅依靠地方监管，地方利益容易转化为监管利益，致使监管发生扭曲，监管在功能上会变“守门”为“开门”，金融风险防范效果也会大打折扣，导致监管在金融业务环节不积极，市场退出环节不主动，非准入监管领域不作为。因此，要坚持统一监管之下的地区监管，中央级别或上一级别的监管不是仅停留于监管立法和行政授权，而是对地方监管形成一定的牵制和约束，既可以防止某些地区民间借贷和非法集资风险的恶性蔓延，也可以对跨区域的非法集资活动采取统一措施，进行协调行动，防止地区利益对监管的干扰。从目前看，由多部门参与的非法集资部级联席会承担全国性的统一监管责任，但从非法集资猖獗的浙江温州、内蒙古鄂尔多斯、河南安阳等地区案例来看，这种中央监管方式还有很大的改进空间。

当前，我国对民间金融从业机构的监管，如对小额贷款公司的监管，主要以授权监管为原则，即省级政府如能明确一个主管部门（如金融办）负责监管，并愿意承担风险处置责任，就可从中央政府获得试点授权，也就是监管责任与试点

---

① 岳彩申：《民间借贷规制的重点及立法建议》，载《中国法学》2011 年第 5 期，第 85 页。

② 据鄂尔多斯市经信部门一位人士透露，鄂尔多斯市 80% 以上的家庭卷入民间借贷甚至非法集资活动之中，而民间信用体系的崩溃致使很多家庭陷入困境，如果政府不及时处理，有可能引发社会骚乱。

授权“打包”一并划归省级政府，省级政府在管辖区域内有出台监管规则和推进试点的裁量权。不过，立法尽管明确了地方政府在风险处置中的主体责任地位，但对于省级政府如何承担非法集资风险处置责任并无具体规定，而从某些省份相应出台的实施规则看，省级政府又将监管职权授权给试点的县级政府，如“县（市、区）政府是小额贷款公司风险防范处置的第一责任人”，“各地小额贷款公司的日常监管职能由县（市、区）工商行政管理部门承担”[①]，而在监管责任落实方面的立法依然是空白。如果说省级政府监管责任尚可以通过立法“打包”给试点县级政府，那么在具体实施监管的县级政府及相应部门的监管责任必须在授权立法时给以明确，因为这是监管能否落实到位的最后保障。而正是这种监管责任的立法缺失，导致立法多半是一种授权依据，而不是追究民间借贷与非法集资监管责任的依据，导致民间借贷与非法集资监管有名无实。因此，坚持监管责任与监管授权相结合，从立法上为行政问责制提供制度保障，是落实好中央监管与地方监管相结合原则的重要前提。

（四）政府外部监管与主体内部风险控制相结合

从我国民间金融主体发展的现实情况看，多数从业机构是规模小，规范性差，专业人员业务素质参差不齐，内部约束机制难以有效发挥作用，导致内部风险管控能力较弱。[②] 通过明确从业机构的市场法律地位，强化外部监管，是防范从业机构民间借贷和非法集资风险的当务之急。但是，从长远来看，还需要通过合规性监管和业务监管，引导从业机构完善内部风险约束机制，在财务管理、业务流程、用工制度、奖惩机制、风险防范等方面健全规章制度，从根本上抑制从业机构过度投机的倾向。

在内部风险控制方面，应发挥行业自律的约束作用。行业自律性组织是加强民间借贷与非法集资典型行为监管的重要依靠力量。这是因为，行业自律组织有自身优势，可以克服政府外部监管信息不完全的难题。它可以通过制定自律规则，进行行业内部成员之间的自检互检，防范行业风险。从世界范围看，发挥行业自律组织的作用，是金融监管的普遍做法。许多国家和地区还通过立法对自律组织进行规范，使其在政府监管过程中充当协调机构，甚至发挥监管作用。[③] 我国民间金融行业自律组织起始时间较晚，但是全国性、区域性的行业自律组织已有很大发展。坚持政府外部监管与行业内部自律相结合，就是要发挥行业自律组

① 参见《湖北省小额贷款公司试点暂行管理办法》第7条。

② 乔海滨：《对内蒙古融资性担保公司发展情况的调查思考》，载《内蒙古金融研究》2011年第1期，第50页。

③ 李成：《金融监管学》，高等教育出版社2007年第1版，第19页。

织"传导器"、"助推器"和"稳定器"的作用，使其成为政府和企业之间监管与被监管关系的桥梁与纽带。

（五）制度约束与制度激励相结合

我国民间金融市场从业群体的不成熟、市场体系的不健全，决定了在监管立法及执法上保持一定强度的监管约束十分必要。但是，民间借贷特别是非法集资往往不是公开的业务，常常局限于一定的社会关系或地域内，风险隐蔽性强，不易被监管机构及时发现。单独依靠强化监管约束，不仅可能造成金融抑制，妨碍民间金融市场的正常发育，而且还容易导致监管失灵，使民间融资转入"地下"。通过制度激励，利用利益机制使隐藏在民间金融领域的风险得以及早暴露，克服监管机构无法及时掌握民间借贷与非法集资信息的弊端，从而为防止和化解系统性风险提供预备条件。[①] 这显然也有利于监管模式由事后打击严惩为主变为事前监管防范为主的治理模式。

三、民间借贷与非法集资典型行为监管制度的完善

如前所述，商事性民间借贷行为最典型特点是转贷套利，同时民间借贷演变或转化为非法集资的关键环节也是转贷套利，且往往带有高利贷性质。尽管以自有资金经营放贷业务也具有一定的商事性质，并且可能存在高利贷因素，但由于不具有风险聚集和风险传递因素，不应成为监管的主要对象。因此，民间借贷与非法集资典型行为监管制度的核心内容就是通过一系列制度设计治理和规范转贷套利行为和高利贷行为。本着促进和规范民间资本为实体经济服务、为中小企业创新服务的立法宗旨，可以考虑从以下几个方面完善相应的监管制度。

（一）完善我国民间借贷主体法律制度

我国民间资金散布于千家万户，由于受地域、经济条件等不同因素影响，游资化是当前民间资金的显著特点。[②] 游资不仅变动不定，而且容易受高利率吸引，往往给非法集资以可乘之机。因此，提高民间游资的组织化程度，是规范民间借贷和抑制、打击非法集资的首要措施。组织化体现为健全的金融市场从业主体制度，这一主体体系不仅要在从业主体类型、数量方面而且要在规范性方面适应民间闲散资本增值需要，真正发挥其凝聚小而散的民间资金以使这些资金安全、有

① 岳彩申：《民间借贷的激励性法律规制》，载《中国社会科学》2013 年第 10 期，第 128 页。

② 马红漫：《推进民间游资转型恰逢历史机遇》，载《上海证券报》2010 年 4 月 28 日，第 F06 版。

序地流入中小企业生产经营过程的中介作用。

1. 培育和发展不同类型的民间借贷从业主体

立法应着眼于形成多元化、多层级的民间借贷主体体系。要在边试点边规范的基础上，借鉴国外解决民间金融问题的经验，发展多层次、多类型的民间借贷主体制度，包括已设有的典当行、小贷公司、P2P 平台等多种从业主体类型，甚至包括类似金融控股公司的混业型民间金融机构。特别是继续推进已经纳入正规金融监管的村镇银行和农村资金互助社的市场准入，使之在促进民间金融组织化方面起到示范和带动作用，真正把民间闲散资金吸引、集中到相应的实体产业领域内，促进实体经济与虚拟经济的良性互动。当前，要打破制度壁垒，鼓励具备一定条件的从业主体依据其性质进入新的相关业务领域，加大市场竞争，提高民间借贷从业主体的经营水平。例如，在发展利用互联网从事民间借贷的主体方面，可允许网络第三方支付平台发展 P2P 业务，发挥第三方支付平台在客户数据和经营经验等方面的优势，改变现有 P2P 网贷公司因信息系统安全等因素导致风控问题突出的现状。

2. 降低市场准入门槛，审慎扩大民间借贷主体规模

降低市场门槛，扩大市场准入，是民间借贷与非法集资典型行为监管的重要措施。从表面上看，提高金融市场准入门槛，有利于加强金融监管权能，有利于金融市场的合规性监管，从而减少金融风险。但是，民间借贷不同于正规金融，民间借贷的自发性和潜在性特点本身就不利于监管，如果片面提高市场准入门槛，可能导致逆向选择，使那些真正需要合法形式运营的放贷业务转入“地下”或因被视为非法而停滞，而那些本来不从事民间借贷的社会资金却可能通过市场准入获得从事资格，从而出现“鸠占鹊巢”甚至倒卖“外壳”的现象。例如，在浙江，监管部门规定，只有管理规范、信用优良、势力雄厚并在净资产、负债率等方面良好的骨干企业才能作为小贷公司主发起人，甚至有的试点县规定必须是本地的“功勋企业”才有资格作为主发起人，而把真正从事民间借贷的从业机构挡在门外。[①] 当然，降低门槛并不是片面鼓励社会资金从事民间放贷业务，而是对真实存在放贷能力的放贷人或机构给以合法资格，这就需要避免无底线地降低准入门槛的做法。同时，在市场准入审查方面，要重视实质条件的审查，使市场准入的监管供给与民间借贷实际需求相契合，让市场准入真正发挥激励民间借贷机构合法经营与良性竞争的作用。

3. 规范市场准入，简化审批环节

民间借贷以效率为优先，这在客观上要求，在市场准入环节要尽可能地减小

---

① 温淑萍、田文：《温州小额贷款试水遇尴尬》，载《民主与法制时报》2008 年 11 月 17 日，第 A08 版。

审批成本。如果审批成本过高尤其是时限过长，势必大大弱化民间借贷从业主体申请市场准入的意愿。实践中，由于受某些部门利益甚至个人利益的干扰，过市场准入关需要“走门子”、“找关系”，再加上行政效率无法保证，很多民间借贷从业主体只能望而却步。所以，规范审批程序，简化审批环节势在必行。同时，考虑到民间借贷从业主体兼业性强、资金规模一般较小的特点，可考虑变审批制为注册制[①]，按机构、自然人两类性质由全部审批制变为审批注册结合制，逐步改变由上级机构分配准入指标的审批制，依据经营规模实施差别化准入，可先在准入自然人放贷资格时试行注册制。

（二）改进转贷套利行为监管法律制度

允许以自有资金从事放贷业务，是我国规范民间借贷的基本原则。例如，2002年中国人民银行《关于取缔地下钱庄及打击高利贷行为的通知》（银发［2002］30号）规定：民间个人借贷中，必须是属于其合法收入的自有货币资金，禁止吸收他人资金转手放款。虽然这里明确的只是自然人之间的借贷，但由于在法律原则上限制企业之间的借贷，因而立法确立了民间借贷必须以自有资金为前提的基本原则。尽管随着多种民间借贷从业主体的发展，特别是小额贷款公司、典当行等准金融机构的兴起，立法在资金来源方面的规定有所松动，但从监管层面看，立法对银行业金融机构贷款给民间借贷从业主体的态度依然较为谨慎，说明立法对民间借贷机构转贷套利行为可能带来的风险依然有所忌惮。总体看，我国相关立法及监管实践对转贷套利行为在风险聚集和传递中的地位和作用已有诸多认识，但是在监管的具体制度设计上依然强调不够。

转贷套利行为以非自有资金从事放贷业务，或者说以吸收他人资金再转手放贷给第三人，其性质不仅属于金融业务，而且容易导致风险的传递。由于银行业获得国家金融业务垄断权，民间借贷中的转贷套利行为实际上是对正规金融秩序的一种破坏或冲击，原则上不具有合法性。因此，作为我国正规金融监管的一种延伸和补充，民间借贷与非法集资监管在如何处理转贷套利行为问题上就必须认真对待。

转贷套利行为监管法律制度体现在一系列法律规则之中，因而是由不同法律文件表现出来，更确切地说，它首先是民间借贷与非法集资所有相关立法的共同原则。这是因为转贷套利行为是一种行为模式，它体现在不同民间借贷从业主体的行为之中，不论是普通自然人、资金掮客还是各类民间借贷从业机构都可能以这种行为模式聚集和传递风险。同时，我国民间金融立法基本形成了以行为主体为主要标准的法律体系，并且在经营范围、资金来源等方面各项立法对转贷套利

① 岳彩申：《民间借贷规制的重点及立法建议》，载《中国法学》2012年第5期，第87页。

行为监管也都已有所体现。在今后的民间借贷与非法集资典型行为监管立法中，这一监管制度还要系统地体现以下几个方面。

1. 强化以自有资金从事民间借贷业务的监管底线

继续强化以自有资金从事民间借贷业务的立法原则，不仅是民间借贷与非法集资监管的基本立场，也是防范民间借贷与非法集资风险的现实需要，更是国家维护正规金融秩序的必然要求。民间借贷市场的活跃与繁荣，固然可以弥补正规金融在缓解中小企业融资难问题上的不足，但以转贷套利为模式的民间借贷，不仅可以弱化国民经济的宏观调控，而且往往成为非法集资的滋生地，进而会严重破坏社会经济秩序和我国公私财产制度。因此，在今后相关立法中，不仅要在主体的经营范围、资金来源等具体规则方面体现这一立法原则，而且可考虑将其作为“总则”中的内容加以明确。同时，不仅是与民间借贷直接相关的从业主体立法，如小额贷款公司、典当行、担保公司等立法，即使在与民间借贷密切相关的其他从业主体立法中，这一原则也要有所体现，以防止立法漏洞。例如，《农村资金互助社管理暂行规定》就有相关规定，其第 18 条规定：入股资金为自有资金且来源合法，达到章程规定的入股金额起点，这一规定有利于防止农村资金互助社变相吸收社会资金从事转贷套利从而异化为新的非法集资工具。在今后立法中，应进一步完善小额贷款公司、典当行、担保公司等民间金融机构转贷行为监管规则，防止此类具备合法形式的从业主体成为非法集资主体。

2. 以转贷行为作为确定监管边界的基本标准

由于我国立法从原则上否定了民间转贷套利行为的合法性，除法律明确规定外，在监管制度设计时可以是否存在转贷套利行为作为界定监管边界的基本标准。例如，近年来 P2P 网贷公司发展迅速，但 P2P 网贷市场鱼龙混杂，监管部门一时难以给以分类规范和监管，网贷行业也成为高危行业。可依是否存在转贷套利行为为标准，区别不同性质的网贷公司。显然，那些以虚拟借款人通过互联网向社会公众吸收资金制造虚假借贷关系的网贷公司，是非法集资主体。这类网贷公司往往将吸收来的公众资金以自身名义放高利贷或投资其他行业，构成转贷套利行为。因此，在监管立法上，应规定网络借贷企业仅限从事金融咨询服务，不得直接参与借贷行为，使其回归到中介本质；在资金监管上，实施分类管理，网贷公司自有资金与出借人资金必须隔离，并通过第三方平台管理出借资金，从而防止网贷公司利用期限错配等多种方式形成资金池。

以转贷套利行为作为确定监管边界的基本标准也有利于对亲友间民间借贷性质的确定。例如，在吴英案中，之所以在罪与非罪问题上争议颇大①，就在于对

① 孙文祥：《吴英非法集资链条大白天下》，载《第一财经日报》2009 年 4 月 17 日，第 A14 版。

亲友间的转贷套利关系重视不够，理论研究上也多是局限于对某些具体法律规则的探讨上，而对禁止转贷套利行为这一基本立法精神缺乏理解和准确把握。因此，在监管上，重视亲友间的转贷套利关系有很强的现实意义。从我国近年来发生的诸多区域性民间借贷危机看，亲友关系在风险聚积和传递方面起了非常重要的作用，并且亲友范围大小的界定标准本身很难通过立法予以明确，认定非法集资的“公开性、社会性”标准在亲友关系内部也难以清晰体现，但转贷套利关系的把握与认定就相对容易得多，因而可以在监管立法上给以具体体现。

3. 严控民间借贷机构从正规渠道融资的行为

当前，立法已经有条件允许某些民间借贷机构可以从银行业机构获得一定比例的融资。例如，《关于小额贷款公司试点的指导意见》规定了小额贷款公司资金的合法来源：小额贷款公司的主要资金来源为股东缴纳的资本金、捐赠资金，以及来自不超过两个银行业金融机构的融入资金，并同时规定：在法律、法规规定的范围内，小额贷款公司从银行业金融机构获得融入资金的余额，不得超过资本净额的50%。从银行业金融机构融资放贷，民间借贷机构实际上成为银行业金融机构的二级贷款批发商。从理论上说，从正规金融机构获得批发性贷款，对于那些善于经营的小额贷款机构来说，可以发挥自身客户资源以及业务“小额、分散”的优势，缓解自有资金不足的难题，满足更多中小客户的贷款需求。但是，从实践层面看，小额贷款公司趋向于准银行化大额操作，中小客户贷款可获得性并未明显增加。更重要的是，在民间借贷活跃时期，小额贷款公司多有不规范操作，例如，早在2011年，内蒙古就有5家小额贷款公司因非法吸收公众存款和违规发放高利贷被强制关停。① 由于银行业金融机构对此类小贷公司的贷款风险难以识别，极易将金融风险和法律风险转嫁给正规金融。因此，监管立法在有条件放开民间借贷机构正规融资渠道的同时，也要把从正规融资渠道融资的行为作为重要的监管内容予以完善。

4. 重点监管企业间的借贷行为

从现实看，企业之间的借贷已相当普遍，而现有法律对企业间借贷的限制性规定已很难发挥实际作用。2015年，最高人民法院颁布的有关民间借贷的新司法解释允许企业在一定范围内开展有条件的民间借贷，但这并不表明监管应该退出对企业间借贷关系的干预。相反，近些年企业间资金链条的断裂通常是民间借贷市场发生风险的主要原因。因此，一方面，应该通过资金来源审查、借贷登记等方式对企业借贷行为进行监管；另一方面，对以上市公司、国有企业或大型民

---

① 杨洋、田晓超：《内蒙古小贷公司现状：高潮消退　风险难除》，载《金融时报》2013年1月25日，第005版。

营企业为一方当事人的资金关系进行重点监管，防止这类企业通过委托贷款、虚拟买卖合同等方式将非自有资金转贷给中小企业，从事经营性的借贷行为，进行转贷套利活动。

（三）完善我国民间借贷利率监管制度

1. 设置双层利率管制法律架构

利率往往与风险相匹配，客观上需要利率管制。而利率管制又直接决定着民间借贷的合法性与否。反对利率管制的观点认为，政府应当尊重合同中出于真实意思表达的利率约定，尊重市场规律和资源匹配效率；利率管制会导致两个方面的恶果：一方面，利率管制会使得金融市场中融资缺口的问题更加严重，民间资本更加惜贷；另一方面，利率管制产生的法律风险会使得民间资本具有“地下化”的倾向，对法律风险的补偿会体现在更高的利率之上，使得高利贷现象更加严重和隐蔽。支持利率管制的观点则认为，在金融市场乱象频出之时，更应当突出安全价值的重要性，刚性的约束更有利于市场秩序和社会稳定。在我国历史上，高利贷是加剧贫富两极分化，激化社会矛盾的罪魁祸首之一。过高的利率会使得借款人的投机倾向加剧，最终容易导致自杀、卷款潜逃等极端现象的出现，并且反向刺激贷款人过激的讨债行为，衍生出诸多暴力性、涉黑性的债务纠纷案件，极不利于社会稳定。因此，利率管制有其合理性。我国长期以来实施利率管制。民事立法领域不断修订利率管制标准；刑事司法领域以“非法经营罪”判处了一部分高息借贷人；[①] 很大一部分司法执法者认为高息民间借贷应当受到刑法规制。

在香港特别行政区，立法对民间借贷利率有两个层次的限制，第一级别是年息48%的限制，第二级别是年息60%的限制。[②] 对于年息超过第二级别的借贷，直接认定为犯罪行为；对于年息超过第一级别未到第二级别的借贷，则会视个案中的具体情况由法官来判断其是否合法。[③] 值得注意的是，香港对于民间借贷专门的放款人资质有着严格的限制，具体采用的是“领有牌照”的方式。[④] 民间高

---

① 赵兴武：《民间借贷：自利与法律的冲突——南京市两级法院民间借贷纠纷案件审判工作调查》，载《人民法院报》2011年6月9日，第005版。

② 《放债人条例》第24条规定：任何人（不论是否为放债人）以超过年息60%的实际利率贷出款项或要约贷出款项，即属犯罪。第25条规定：关于任何贷款的还款协议或关于任何贷款利息的付息协议，如其所订的实际利率超逾年息48%，则为本条的施行，单凭该事实即可推定该宗交易属欺诈性。

③ 孙天琦：《香港专业放债机构运作启示》，载《中国金融》2012年第7期，第72页。

④ 《放债人条例》第7条规定：（1）任何人士如有下列情形，均不得经营放债业务：（a）未领有牌照；（b）在牌照所指定楼宇以外之任何地方经营业务；或（c）不遵照持牌条件经营业务。（2）牌照必须符合所规定之表格。

利贷中的放款人往往专门从事放贷业务，其放款行为具有营利性。通过牌照的准入门槛来限制民间借贷，一方面可以通过专门监管来约束高利率的现象，另一方面也便于执法中对于非法借贷行为的认定。香港地区《放债人条例》在实际运作中，商业银行和放债人为了避免陷入官司，通常都将贷款利率控制在年息48%以内，两层利率的架构参考的是香港地区的商业惯例和英国为代表的其他国家的法例，并未与现实脱节，因此该条例对民间借贷并未产生过度限制效果，反而对限制高利贷方面发挥了很好的约束作用。

在美国多数州，反高利贷法确定了利率上限，超过上限的借贷被视为高利贷。高利贷行为被视为具有四个元素：一笔贷款、一个固定的支付义务、一定的金额、超出法律规定的过度补偿。[①] 由于反高利贷立法属于州法，各个州对于最高利率标准的规定不尽相同，如加利福尼亚州的年利率12%和佛罗里达州的年利率18%的规定。然而，对于这种刚性的约束，实务界和理论界一直存在很大的质疑声。一直以来，美国民间借贷试图脱离利率管制的努力没有间断过，这些尝试可以分为两类：逃避和规避。逃避是对法律的违背，应受惩罚；规避本身不必带有道德压力，其是否合法需要结合个案情形加以判断。[②] Jackson R. Collins 总结美国逃避反高利贷法的典型方式有四类，规避反高利贷法的典型方式有五类，其九类方式之下还有细分的诸多种类。这些种类繁多的行为区分给美国民间借贷监管执法带来了较大压力。

美国出于保护商业活动中资金市场化的需要，在1980年通过了比州法更优先适用的《储蓄机构解除管制和货币控制法》，取消了对诸多借款机构的管制，放宽了用于商业和农业贷款、首次抵押贷款以及联邦保险的存款机构和小额商业投资公司所发放的贷款的利率限制。[③] 虽然美国意识到利率管制会对市场配置资源效率造成危害，加入了借贷豁免的制度，但仍然没有取消反高利贷法所规定的利率上限。美国对高利贷的态度与阿奎那的高利贷论中所反映出的态度如出一辙。阿奎那认为根据“神法”——“自然法”，高利贷是被完全否定的，而根据“人法”或实在法，高利贷又是可以存在的。这一方面是由于阿奎那继承和发扬了基督教会的道德伦理传统，另一方面又受到经济社会现实的影响，给予了高利贷有限的关照。[④] 这种二元的态度包含了内在的紧张关系，主要是由于道德伦理与资本天性之间的冲突所导致。在完全放开利率管制之前，政府对社会上由此产生的道德风险是否能够驾驭，社会矛盾是否会进一步激化，资本的流动是否能够

---

①② Jackson R. Collins. *Evasion And Avoidance of Usury Laws.*, *Law&Contemporary Problems*, Winter1941, pp. 54 ~ 54。

③ 张世鹏：《论我国高利贷认定标准立法转型》，载《法学论坛》2012年第6期，第105页。

④ 刘招静：《圣托马斯·阿奎那论高利贷》，载《世界历史》2012年第4期，第79页。

在可控的范围内，这些都是首先需要考虑的问题。在利率市场化的呼声和基督教道德伦理的桎梏相互博弈之时，美国政府依旧选择坚守利率管制这一道防线，证明了放开管制和坚守管制所带来的社会效益相比之下，在当前后者仍更胜一筹。

以英国和德国为代表的自由模式则并未设置最高利率的限制。但是两个国家并未完全忽视借贷中弱势群体的利益。英国使用"an unconscionable agreement"（不合理协议）这一概念来规制贷款中不合理的利息。这引入了一个关于何为"conscionable"（合理）何为"unconscionable"（不合理）这一道德伦理问题。[①] 德国使用暴利行为制度来调整高利贷问题，具体构成为：给付与对待给付之间明显的不相称关系以及一项附加要素。对于给付与对待给付之间明显的不相称关系的判断上，法官要考察当地和借款目的才能确定是否相称；在附加要素的判断上，法官要以是否有悖于"善良风俗"的标准来考察当事人的主观心态，要求获利的一方主观上有"应受谴责的态度"（die verwerfliche gesinnung），有对健康的国民感受（das gesunde volksempfinden）的背离，需要法官根据证据自由裁量。[②] 英国和德国共通之处就在于对高利贷采取的是以道德伦理为判断依据，以法官自由心证为实现方式，对法官的业务能力和司法水平有着较高的要求。

一国是否放开利率管制需要结合该国的国情。相比英国和德国的司法系统，我国司法能力是否能够驾驭这样的道德伦理问题值得怀疑。在放开利率管制之后，如果无法保障借贷中弱势群体的权益，其所带来的社会冲突会超过资本效率所带来的利益，这样的制度改革就不具备正当性。事实上，人民银行通常会根据宏观经济的发展和通货膨胀情况及时调整利率水平，其公布的基准利率大致反映了当时资金的价格，法定利率区间基本上可以补偿民间放贷人所承担的机会成本和风险。以目前试点的小额贷款公司为例，其经营状况表明，3倍左右的利率已经基本上覆盖了风险，总体上实现了盈利。[③] 然而，市场的需求也不能完全忽视，对利率的管制"放而不松"应当是我国采取的理性态度。对此，可以学习和借鉴香港和美国的法例，设置双层的利率管制架构，高层利率以刑事责任规制，低层利率以民事责任（不保护超额利息、不得诉求法院执行借贷合同及附属担保合同等方式）规范。同时，适时引入借贷豁免制度，如在特定行业可以放宽甚至放开利率的限制，在严重通货膨胀之时适用情势变更原则等。

2. 实行差异化的利率机制

在利率市场化的大背景下，定价能力的高低对保障民间资本在金融领域的竞

---

① Jackson R. Collins. *Evasion And Avoidance of Usury Laws. Law & Contemporary Problems*, Winter 1941, p. 54.

② 张世鹏：《论我国高利贷认定标准立法转型》，载《法学论坛》2012年第6期，第105页。

③ 岳彩申：《民间借贷规制的重点及立法建议》，载《中国法学》2011年第5期，第91页。

争力、盈利能力和风险控制能力非常重要。差异化利率的核心在于对利率分类的把握，以下试列举两种分类思路。

第一，根据客户进行分类。以宁夏银川的一家小额贷款机构——掌政农村资金物流调剂中心为例，为适应农村金融市场竞争的需要，满足多样化客户的需求，同时增强自身盈利能力和风险控制能力，其在实践中探索出了一条差异化的阶梯式利率机制，对不同客户实行差异化的贷款利率水平，遵循成本收益原则、市场竞争原则、阶梯式的个体差别分类原则和简便规范原则，以政策因素、经济因素、风险因素和合作历史来区分不同的客户类别。①

第二，根据领域进行分类。这种分类的原则需要结合不同的民间资本形式来区分，具体表现为金融机构的不同。在民间资本准入的范围内，不同的金融机构所面对的客户群体、融资风险、盈利空间都不相同，法律在制定具体的利率规制策略时，应当更加细致地考虑不同金融机构的生存状况，合理、有针对性地制定利率规制和监管策略。

在差异化利率的制定上，韩国和南非的经验具有较大的借鉴意义。韩国的利率限制呈现由松到紧的过程，符合市场的规律。在启用利率限制初期，民间借贷的合法化成本较高。一方面，要满足法律规定需要付出一定的合规成本，如登记、备案等制度；另一方面，民间借贷在利率限制初期的机会成本较高，因为此时监管外的民间借贷往往利率较高。较为宽松的利率上限有利于市场接受利率制度，便于制度的落实。在民间借贷阳光化、规范化的过程中，民间借贷的风险被不断控制，具有代偿风险作用的利率也就随之走低。因此，利率上限可以依据市场的发展而降低。

南非根据不同的信贷协议，将利率上限分为五大类，其中两大类以月利率计算。这种复合的利率上限相比我国“一刀切”的简单上限而言，充分适应各类市场主体的需求，在保证安全稳定的金融环境的同时，最大限度地调动金融活跃和市场的活力。此外，南非法律规定，国家信贷监管者每隔三年的时间，就须审查利率和成本因素并提供变化利率的建议给部长。我国在完善利率形成机制的过程中，需要充分考虑市场的各种因素，保证利率机制的科学性与合理性。

3. 建立民间利率监测、风险警示以及市场稽查制度

民间利率的市场调节符合经济发展的一般规律，是金融资源自发配置的一种内在需要。政府监管应当将这种市场调节有目的地与实体经济相结合，促进民间金融市场的长远发展。因此，市场本身就在客观上要求政府建立一套较为

---

① 王曙光、夏茂成：《利率市场化条件下的差异化定价机制》，载《中国农村金融》2011 年总第 24 期，第 26 页。

灵敏的信息监测和风险警示机制，及时将政府判断或意图传达给市场，以调节借贷行为，预防借贷风险的聚集和传递。从温州、鄂尔多斯等多个地区的民间借贷危机看，无论地方层面还是中央层面很长时间内没有建立这一机制。除人民银行等部门一些数据由其内部掌握外，一般社会公众很难从正规渠道知悉民间利率状况，更不清楚政府的真实意图，导致民间利率成为“资金掮客”、民间融资机构或其他社会组织从事高息套利或非法集资的工具。利率风险警示在资金交易安排、市场监控措施、投资者适当性管理、借贷行情显示及市场交易信息公开等方面，可以体现出政府监管对利率潜在风险进行的防范与区分。因此，在监管立法上应进一步明确民间借贷与非法集资行为监管主体，以专业化、信息化、常规化为标准，至少在地（市）级政府建立民间利率监测与风险警示机制，充实监管机构功能，真正把民间利率作为政府观察和分析经济发展的重要窗口。

高利率是诱发民间借贷系统性风险或非法集资风险的关键因素，并且在风险高发期，很多市场融资需求不是来自于真实的融资需要而是满足于更高利率的转贷投机，如果采用利率稽查及时刺破投机性泡沫，在治理非法集资问题上可赢得很大主动。事实上，我国长期缺乏这种风险监管手段，导致非法集资盛行，政府不得不索性勒令关闭某些民间借贷机构或被动地收拾残局。面对当前依然活跃的民间借贷以及非法集资行为，监管立法可考虑建立和完善利率稽查制度，对于那些给以风险警示但依然利率问题严重的民间借贷业主体特别是民间借贷机构，进行严格的稽查，并采取必要的行政处罚措施，对涉嫌非法集资的，由稽查机关移交公安机关依法立案查处，从事前介入的角度防范其风险。

（四）完善我国民间借贷与非法集资典型行为监管体制

监管体制是监管职责、权力分配的方式及组织制度，是监管集权与分权的制度安排。从世界范围看，金融监管体制的困境与变革是全球金融危机背景下各国面临的共同课题。[①] 近年来，我国许多地方民间借贷危机持续爆发乃至非法集资盛行，也是与相应的监管体制滞后密切相关的。监管缺位与监管重叠并存、地方监管薄弱与中央监管不足并存等现象，都是这种监管体制与现实不相适应的重要表现。客观地说，面对日益严重的民间借贷危机和非法集资现象，有关各方面对改革和完善我国民间借贷与非法集资监管体制的紧迫性、必要性已有相当的认知，但如何突破现有体制进行创新还缺乏必要的努力和理论支撑；同时，在现有

① 罗培新：《美国金融监管的法律与政策困局之反思——兼及对我国金融监管之启示》，载《中国法学》2009 年第 3 期，第 91 页。

行政体制之下，把监管体制创新的希望多半寄望于地方试点的改进思路还要经受实践上的严峻考验，因为地方利益的羁绊依然存在，由地方推动创新必将面临自我矛盾的困境。例如，温州模式本身是以民间金融发展起来的地方经济模式，其政策的传统特点是“放”，而不是“管”，因而在民间金融监管体制创新上自然会遭到来自传统观念、既得利益等因素的强大阻力，同时，即使完成区域性监管体制的改革也不一定获得上一级行政体系的认可或容忍。这样，地方监管体制与现实利益的固化与捆绑以及现有行政体系的硬约束都很难被这些“经济成功型”地区的试点得以根本改变。原因在于，改革和完善监管体制是对业已形成的部门利益和地方利益得以寄生的利益结构的打破。因此，没有国家层面的积极推动与相应立法，我国民间借贷与非法集资监管体制的改革还会拖延时日，这就要求国家进行全局性的改革与制度安排。

1. 明确监管主体

以银监机构或成立新的金融监管机构为中心建立一套完整的从中央到地方的监管主体体系。监管主体不明确，核心主体不突出，是我国民间借贷与非法集资典型行为监管体制的首要问题。明确以银监体系为中心的监管主体体系，主要基于以下原因：第一，商事性民间借贷或以民间借贷形式存在的非法集资在性质上都属于金融业务。金融业务的国家垄断性要求肩负金融监管重任的银监部门将商事性民间借贷纳入自己的监管范围，这也是国家金融监管立法的应有之义。随着民间私人借贷资本的壮大，银行业事实上难以垄断所有金融业务，因而民间金融业务获得国家的限制性认可就成为必然，这样原来仅限于对银行业进行监管的银监机构，在监管权限上就要扩大，成为不同性质的金融从业主体共同的监管机构。第二，从容易诱发民间借贷系统性风险的从业主体看，多是获得市场准入的准金融机构或具有一定合法形式的商事主体。确立以银监体系为中心的监管体系，可以将此类机构统一纳入监管，有利于强化统一监管或混业监管，有利于对各类民间金融机构管理水平和风险状况进行整体判断与处置，从而可以更有效地治理民间借贷乱象。第三，从中央层面看，当前我国针对非法集资专门设立的处置非法集资部际联席会议制度，事实上已经确立了银监会的监管核心地位。2007 年 2 月，由国务院批准成立的处置非法集资部际联席会议，由发展改革委、公安部、人民银行、银监会、工商总局等 18 个部门和单位参加，而银监会为部际联席会议的牵头单位。这表明，银监体系在非法集资监管体系中的核心地位在制度上已有体现，从一定意义上说已具有合法性依据。第四，以银监部门为监管主体可以尽可能地与地方利益相隔离，避免地方利益对监管的扭曲和干扰。事实上，民间借贷的活跃未必与一个地方的经济繁荣正相关，地方利益往往与民间借贷甚至非法集资之间有着千丝万缕的联系，民间借贷以及非法集资常常成为某些地方“托市场”、“捞政绩”的工具，致使相关监管难以发挥实际作用。建立以垂直管理为特征的银监体系，有助于监管执法减少或回避来自地方利益的压制与“俘获”。第五，银监体系的专业性监管也有助于监管法规的切实履行。当前，立法确定的各类民间金融从业机构的主管部门或监管部门，实际上难以保证监管规则的真正落实，这些部门在监管人员安排及其专业素质、监管设施配备及其使用等方面难以适应监管需要，这也是地方监管中产生“重准入、轻监管”的重要原因。第六，从金融立法的趋势看，银监体系在维护金融安全、防范金融风险中的地位和作用逐渐得以强化。例如，立法已将明显具有民间金融业务性质的农村资金互助社纳入银行业监管范围。随着民间金融从业主体经营规模的持续壮大以及经营方式的不断变革，防范金融风险、维护金融安全的立法目标将更加需要突出银监体系的核心地位。第七，从节约监管成本的角度看，充实和完善银监体系对民间借贷与非法集资典型行为的监管职能，避免中央或地方设置新的监管机构，不啻是一项理性选择。

当然，将民间金融业务市场纳入银监体系，似乎模糊了正规金融与民间金融的界限。其实，正规金融与民间金融之间本来就难以泾渭分明，所以，建立这一监管体系的障碍还要在理念上突破。真正担忧的，是今后如何防止银监体系因利率双轨制而出现的利益冲突以及监管执法困境。

2. 合理配置监管权能

建立以银监部门为中心的监管体制显然不是银监部门在监管上包揽一切。以银监部门为中心的监管体制主要是由银监部门负责民间借贷与非法集资的整体监管或综合监管，而且偏重于各类民间金融从业机构从事金融业务的监管。从当前我国民间金融从业主体的监管立法看，在中央层面，监管主体涉及人民银行、财政部、发展改革委、工信部、商务部、银监会、工商总局、公安部等部门，其中典当行业监管权主要归属商务部，中小担保行业监管权主要归属工信部，而小额贷款公司由于尚处于试点阶段由地方指定监管，其监管部门就更加参差不齐。事实上，监管权能过于分散弱化了对各类从业主体的业务监管，这是民间借贷与非法集资风险多发的重要根源。而由银监部门负责整体监管，既可以突出业务监管的统一性、整体性和专业性，又能最大限度地尊重当前由多个部门进行机构监管的现实，对于降低改革成本和减小改革难度，应该说是一种相对可行的平衡与兼顾。而从国外的经验看，那种建立综合性监管机构的做法，在内设机构设置上还是以机构和业务为线索，辅之以专门的业务单位，进行矩阵式的交叉监管；而在美国，在分业监管的基础上指定整体监管者，其他监管机构提供专业和具体的监管报告。[①] 可见，通过合理划分监管权能，我国也可以构建统一监管与分业监管、机构监管与业务监管相结合的监管体制。

从金融监管的历史来看，监管体制首先是一个实践问题，它与一个国家的政治体制、文化传统、法律体系以及经济发展的内在特点有关，并没有一个统一的标准模式。而由我国特有的行政体制以及民间借贷与非法集资的阶段性特征所决定，强化民间借贷与非法集资中央一级的集中监管是必要的。而我国目前由授权监管而实际导致的集中监管不足，源于我国行政授权存在授权范围不一致、此法授权与彼法授权相冲突等问题，这就需要在厘清监管主体的确定性，权力划分的相对性，权力客体的重叠性以及权力处置的社会性等基础上，以监管职权有限转移为基准，以监管权有效整合为目的，[②] 确立集中监管主体在监管体制中的应有地位。这就要求在横向合理分权的基础上，还要划分中央监管与地方监管、上级监管与下级监管之间的纵向权力关系，改变目前主要以行政授权形成的“上弱—中强—下弱”的监管现状，通过强化统一监管确保监管责任与监管措施能真正转化为监管效果。

3. 完善监管协调机制

考虑到我国银监体系的实际状况，当前单纯依靠各级银监部门负责辖区内各类民间金融从业主体的金融业务监管尚有难度，这就需要统筹安排地方各监管主体的力量，构建以银监部门业务监管为核心以地方政府各部门机构监管为辅助的联合监管机制，特别是建立银监部门与地方监管之间的联合监管执法机制，使各监管部门在业务监管与机构监管、统一监管与分业监管关系中体现监管上的相互辅助与相互制约，扬长避短从而形成监管合力。

另外，民间借贷与非法集资典型行为监管制度还要在行政问责制度、重大事项报告制度、非法集资和高利贷举报制度、借贷登记制度等方面进行探索与创新，这些制度的逐步完善，也有利于整个监管体制的顺利运行。

---

① 王君：《金融监管机构设置问题的研究——兼论中央银行在金融监管中的作用》，载《经济社会体制比较》2001 年第 1 期，第 4 页。

② 关保英：《社会变迁中行政授权的法理基础》，载《中国社会科学》2013 年第 10 期，第 102 页。

第四章

非法民间借贷与非法集资的刑法治理

金融风险发生的原因众多，其中，金融违法犯罪行为是累积与诱发金融风险的重要因素之一。因此，有效规制金融违法犯罪行为成为控制金融风险的重要措施。“目前，可供企业与个人直接融资的渠道较为有限，尤其在信贷投放紧缩的大背景下，衍生于正规金融体系之外的民间借贷发挥了巨大的作用。”① 因此，在民间融资领域，要保障良好的民间融资秩序，防范民间金融风险，必须对非法民间借贷及非法集资行为进行规制，其中用刑法手段治理非法民间借贷与非法集资行为成为国家运用强制力的最后手段也是最重要的手段。我国自20世纪90年代运用刑法手段治理非法民间借贷及非法集资犯罪行为，甚至动用最严厉的刑罚——死刑来治理民间融资领域犯罪。但非法民间借贷与非法集资犯罪没有得到有效遏制，反而呈现出日益严重的态势，民间融资风险日益增大。因而有必要重新审视我国非法民间借贷与非法集资刑法规制的效果，分析刑法治理过程中的问题，寻找有效规制非法民间借贷与非法集资的刑法对策。

① 姚辉：《关于民间借贷若干法律问题的思考》，载《政治与法律》2013年第12期，第2~8页。

第一节　我国非法民间借贷与非法集资刑法治理的特点及效果

一、我国非法民间借贷与非法集资刑法治理的特点

我国1979年刑法没有专门规制非法民间借贷与非法集资的刑法条款。随着我国改革开放政策的实施，民营经济不断发展壮大。然而民营经济特别是中小企业在发展过程中却面临着严重的"麦克米伦缺口"①，直接催生了民间借贷市场，与此同时，非法民间借贷和非法集资这个囚禁在瓶中的"魔鬼"被释放出来。由于1979年没有专门规定治理非法集资行为的罪名，1995年全国人民代表大会常务委员会《关于惩治破坏金融秩序犯罪的决定》，首次以单行刑法的模式规定了擅自设立金融机构罪、非法吸收公众存款罪、集资诈骗罪。1997年《中华人民共和国刑法》（以下简称《刑法》），除吸收《关于惩治破坏金融秩序犯罪的决定》有关民间融资犯罪的规定，新增了高利转贷罪。随着中小企业融资难的问题日益突出，民间高利贷现象频发，自从2004年武汉市汉江区人民法院以非法经营罪追究涂某、胡某案高利贷行为的刑事责任后，非法经营罪又成为另一规制民间融资行为的罪名。至此，我国构建起了有鲜明特点的治理民间融资犯罪的罪刑体系。

（一）我国非法民间借贷与非法集资刑事法网严密

我国构建了严密的非法民间借贷与非法集资刑事法网，主要表现在两个方面，一是全面规制了非法民间借贷的各类行为，二是各类行为的入罪门槛很低。

根据民间金融活动的不同环节、领域、资金的不同流向，可以将民间融资分为民间资金的吸纳、民间资金的释放两种类型。前者主要包括集资、典当、私募基金、发行股票债券等，后者主要包括借款、放贷、转贷。民间金融领域还出现另外一种资金流转业务，即提供资金支付、转移、结算等服务，如买卖外汇、洗

① "麦克米伦缺口"是英国政治家麦克米伦于1931年提出来的中小企业融资难问题，是指中小企业由于信息不对称的原因，尽管有担保机制作为保障，但仍存在融资困难，政府需要采取措施来弥补这一缺口。事实上，中小企业融资难是一个世界性难题。参见李阳等：《民间金融弥补"麦克米伦缺口"的有效路径》，载《税务与经济》2017年第1期，第61～67页。

钱等，这类业务主要出现在“地下钱庄”中。至于哪些刑法条文属于规制民间金融的刑法规范的问题，并无定论。

根据我国现行刑法规定，刑法治理的民间非法放贷行为包括高利转贷行为、高利贷行为，前一行为是《刑法》第175条明确规定的高利转贷罪，而高利贷行为虽然《刑法》没有明确规制，但自2004年的江汉涂某、胡某案以来，《刑法》第225条的非法经营罪成为司法对高利贷追究刑事责任的一个罪名。因此，我国治理民间非法放贷行为的罪名有两个：高利转贷罪与非法经营罪。刑法规制的民间非法吸纳行为即借款行为的罪名有：《刑法》第176条的非法吸收公众存款罪、第179条的擅自发行股票、公司、企业债券罪、第192条的集资诈骗罪。根据2010年最高人民法院《关于审理非法集资刑事案件具体应用法律若干问题的解释》（以下简称《解释》），违反国家规定，未经批准擅自发行基金份额募集基金，情节严重的，以第225条非法经营罪定罪处罚。

此外，根据司法解释，传销活动中的集资诈骗行为（第224条第1款）、非法集资延伸行为（利用广告为非法集资活动相关的商品或者服务作虚假宣传和擅自设立金融机构行为）、欺诈发行股票、公司、企业债券行为也属于非法集资行为。但严格意义上讲，利用广告为非法集资活动相关的商品或者服务作虚假宣传、擅自设立金融机构行为，不属于非法集资的本体行为，相关罪名不属于直接规制非法集资的相关罪名。至于组织、领导传销活动诈骗财物行为是否属于“非法集资”，需要从集资人和出资人的关系来理解。集资人之所以要向出资人借钱是因为其从事生产经营活动缺钱，要将生产经营活动的利润分给出资人一部分。出资人之所以要借钱给集资人是因为其从事的是投资行为，将自己的金钱作为资本，想钱生钱（资本增值），至于怎么生钱，其并不关心也不参与（利润的获得依赖于他人的努力）。《中国人民银行办公厅关于沈阳长港蚁宝就业有限公司集资活动性质认定的批复》（银办函［2001］178号）印证了这种认定逻辑。该《批复》认为：“该公司以租养的方式养殖蚂蚁的行为，因养殖户是通过提供劳务而获得回报，不宜认定为非法集资。”此认定是说，“养殖户是通过提供劳务而获得回报”而不是出资人，该公司因此不是集资人，“以租养的方式养殖蚂蚁的行为”不是“非法集资”。因此，组织、领导传销活动诈骗财物行为虽然具有吸收、聚集资金的效果，而且被2010年《解释》第8条作为“集资犯罪”看待，但是这与该解释第1条对于非法集资的定义不尽相符：“非法集资”行为是以承诺定期“还本付息或者给付回报”引诱，被诱者交纳的是“资金”，而组织、领导传销活动诈骗财物是以“拉人头”获得“人头费”作为引诱，被诱者交纳的费用不是资金，而是“入门费”。组织、领导传销罪也不属于规制非法集资的罪名。欺诈发行股票、公司、企业债券的行为，是在证券发行过程中采用欺诈手段发行股票债券，不是民间融资领域的犯罪行为，因此，欺诈发行股票、公司、企业债券也不属于规制非法集资的罪名。此外，传统的合同诈骗罪、诈骗罪等也属于相关犯罪，但不是非法集资犯罪的本体罪名。

从我国刑法及司法适用看，规制非法民间借贷的罪名很多，既有规制的本体罪名，又有非法借贷及集资的延伸罪名，还有诈骗罪、合同诈骗罪等传统罪名。既规制了非法集资类行为，又规制了非法放贷类行为，构建了严密的犯罪体系。[①]不仅如此，我国对非法民间借贷与非法集资行为入罪的标准很低（具体标准见表4－1），除集资诈骗罪外，入罪标准严密的犯罪体系加上极低的犯罪门槛，如以对象人数或所涉数额为入罪标准，不仅难以体现民间资本市场行为的社会危害性，未与民法、投资基金法等协调，如投资基金法规定私募基金的集资对象最高为200人，而非法吸收公众存款的对象则低得多，个人吸收公众存款的对象为30人，单位吸收公众存款的对象为150人。又如，因非法吸收公众存款数额的人数、数额、损失数额三个入罪标准很低，个人非法吸收公众存款20万元以上、损失数额10万元以上，即构成犯罪，难以与经营活动中个人的合法借贷区分。总之，我国严密的犯罪体系及极低的入罪门槛，为规制民间融资领域的行为提供了严密的刑事法网。

表4－1　　几种融资犯罪入罪标准比较

罪名	入罪标准
擅自发行股票、公司、企业债券罪	（1）发行数额在50万元以上的；（2）虽未达到上述数额标准，但擅自发行致使30人以上的投资者购买了股票或者公司、企业债券的；（3）不能及时清偿或者清退的；（4）其他后果严重或者有其他严重情节的情形
非法吸收公众存款罪	最高人民检察院、公安部追诉标准：（1）个人非法吸收或者变相吸收公众存款数额20万元以上，单位100万以上；（2）个人30户以上，单位150户以上；（3）个人造成经济损失10万元以上，单位50万元以上。（4）造成恶劣社会影响的；（5）其他扰乱金融秩序情节严重的行为 2010年《解释》：（1）个人非法吸收或者变相吸收公众存款数额20万元以上，单位100万以上；（2）个人30人以上，单位150人以上；（3）个人造成经济损失10万元以上，单位50万元以上。（4）造成恶劣社会影响的

① 本课题研究的重点仅限于规定非法民间借贷及非法集资行为本体的罪名，非法吸收公众存款行为罪，擅自发行股票、公司、企业债券罪，集资诈骗罪，高利转贷罪与对高利贷及非法发行基金份额入罪的非法经营罪。

续表

罪名	入罪标准
集资诈骗罪	个人集资诈骗数额在10万元以上，单位在50万元以上，认定为“数额较大”
非法经营罪（非法发放高利贷）	个人非法经营数额在5万元以上，单位非法经营数额50万元以上；个人违法所得数额在1万元以上，单位违法所得数额在10万元以上
高利转贷罪	（1）违法所得数额在10万元以上；（2）虽未达到上述数额标准，但两年内因高利转贷受过行政处罚两次以上，又高利转贷的

（二）非法民间借贷与非法集资刑法治理的刑罚制裁严厉

关于非法民间借贷与非法集资的刑法治理另一特点是刑罚制裁严厉。具体表现在两个方面：

一是立法上刑罚配置严厉。刑法对民间融资领域行为的规制，不仅罪名体系严密，刑法介入深，而且刑法介入的强度大。刑法的基本原则之一是罪刑相适应原则，该原则要求刑罚的轻重与犯罪行为的社会危害性相当，即行为人受到的刑罚惩罚（刑种、刑量）应当与其所犯的罪行和所应当承担的刑事责任保持均衡。我国对民间融资犯罪实行严厉打击的刑事政策，对民间融资领域的犯罪实施严厉制裁。立法上对刑种的配置，不仅配置了罚金刑，而且主刑严厉。集资诈骗罪法定最高刑为死刑[①]，非法吸收公众存款罪的最高法定刑是有期徒刑10年，用于规制高利放贷的非法经营罪的最高法定刑为有期徒刑15年，高利转贷罪的最高法定刑为有期徒刑7年，相比国外一些国家的同类犯罪而言，刑罚配置明显偏重。[②]同为贪利性财产型犯罪的诈骗类犯罪，传统诈骗罪的法定最高刑为无期徒刑，而集资诈骗罪的最高刑为死刑。我国民间融资犯罪的法定刑见表4－2。

表4－2　　几种融资犯罪的法定刑

罪名	法定刑档次	刑罚种类	有期徒刑幅度	罚金刑幅度	单位犯罪刑罚
擅自发行股票或公司、企业债券罪	数额巨大、后果严重或者有其他严重情节的	有期徒刑 拘役 并处或单处罚金	5年以下	非法募集资金金额1%以上5%以下	对单位判处罚金，并对其直接负责的主管人员和其他直接责任人员，处5年以下有期徒刑或者拘役

① 《刑法修正案（九）》正式删除了集资诈骗罪死刑的规定。

② 刘鑫：《论民间融资的刑法规制》，华东政法大学博士学位论文，2012年9月，第49页。

续表

罪名	法定刑档次	刑罚种类	有期徒刑幅度	罚金刑幅度	单位犯罪刑罚
非法经营罪（非法发放高利贷）	档次一：情节严重	有期徒刑 拘役 罚金	5 年以下	违法所得 1 倍以上 5 倍以下罚金	对单位判处罚金，并对其直接负责的主管人员和其他直接责任人员依照该罪规定处罚
	档次二：情节特别严重	有期徒刑 罚金 没收财产	5 年以上	违法所得 1 倍以上 5 倍以下罚金或者没收财产	
非法吸收公众存款罪	档次一：扰乱金融秩序的	有期徒刑 拘役 并处或单处罚金	3 年以下	2 万元以上 20 万元以下	对单位判处罚金，并对其直接负责的主管人员和其他直接责任人员，依照前款的规定处罚
	档次二：数额巨大或者有其他严重情节的	有期徒刑 并处或单处罚金	3 年以上 10 年以下	5 万元以上 50 万元以下	
集资诈骗罪	档次一：数额较大的	有期徒刑 拘役 并处罚金	5 年以下	2 万元以上 20 万元以下	对单位判处罚金，并对其直接负责的主管人员和其他直接责任人员，依照该罪规定处罚
	档次二：数额巨大或者有其他严重情节的	有期徒刑 并处罚金	5 年以上 10 年以下	5 万元以上 50 万元以下	
	档次三：数额特别巨大或者有其他特别严重情节的	有期徒刑 无期徒刑 罚金 没收财产	10 年以上	5 万元以上 50 万元以下	
	档次四*：数额特别巨大并且给国家和人民利益造成特别重大损失	死刑			

注：＊《刑法修正案（九）》已删除了集资诈骗罪此档法定刑即死刑的规定。

二是刑罚适用重刑化。在全国刑事案件重刑率（重刑为 5 年以上有期徒刑至死刑）趋于下降的同时，对非法集资案件的刑罚适用重刑率很高，尤其集资诈骗罪的重刑率呈现出波浪式攀升趋势。如 2011 年全国判决生效的非法集资犯罪案件中，判处重刑的被告人人数为 583 人，重刑率为 35.88%；2012 年，判处重刑的被告人人数为701人，重刑率为34.4%。[①] 全国集资诈骗罪重刑适用率2011年甚至达到了70%，见表4-3和图4-1。从课题组的实证分析来看，54%的非法吸收公众存款的被告人被判处3年以上10年以下有期徒刑、53.47%的集资诈骗的被告人被判处10年以上有期徒刑、25.98%的被告人被判处死刑，本课题组收集的348起集资案例中，死刑立即执行36人，占10.06%，死刑缓期2年执行57人，占15.92%，死刑适用率达到25.98%。集资诈骗罪死刑适用比例见表4-4。

表4-3　　集资诈骗罪重刑适用率分析　　单位：%

年份	刑事案件平均重刑率	集资诈骗案件重刑率
2003	21.22	50.00
2004	19.04	45.00
2005	17.86	73.68
2006	17.26	57.14
2007	16.22	62.50
2008	15.77	33.33
2009	16.30	37.50
2010	15.81	38.46
2011	14.21	70.98
2012	13.48	62.16

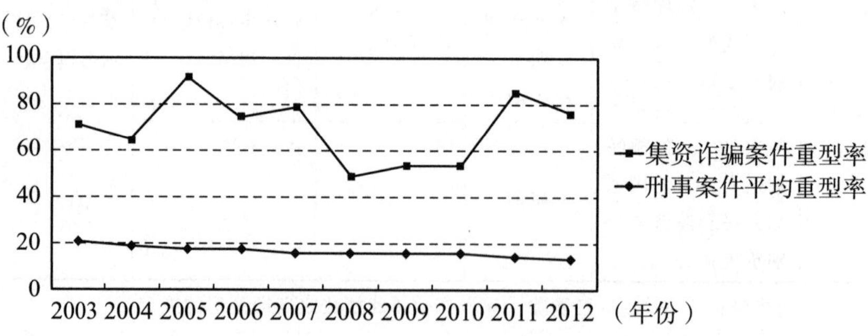

图4-1　刑事案件和集资诈骗案件重刑率

资料来源：闫平超：《2003～2012年全国法院审理集资诈骗案件情况分析》，载《法制资讯》2013年12期，第26～30页。

① 张先明：《人民法院依法严厉惩处非法集资犯罪》，载《人民法院报》2013年11月26日，第1版。

表 4-4　　集资诈骗罪刑罚适用比例　　单位：人，%

<table>
<tr><th colspan="2">类别</th><th colspan="2">频率（N）</th><th>比率</th></tr>
<tr><td colspan="2">死刑立即执行</td><td colspan="2">36</td><td>9.73</td></tr>
<tr><td colspan="2">死刑缓期两年执行</td><td colspan="2">53</td><td>14.32</td></tr>
<tr><td colspan="2">无期徒刑</td><td colspan="2">63</td><td>17.03</td></tr>
<tr><td rowspan="5">有期徒刑</td><td>10 年以上</td><td rowspan="5">218</td><td>104</td><td>28.11</td></tr>
<tr><td>5～10 年</td><td>79</td><td>21.35</td></tr>
<tr><td>3～5 年</td><td>19</td><td>5.14</td></tr>
<tr><td>3 年以下</td><td>9</td><td>2.43</td></tr>
<tr><td>3 年以下，缓刑</td><td>7</td><td>1.89</td></tr>
</table>

二、我国非法民间借贷与非法集资刑法治理的效果

本课题通过收集大量案例进行实证分析，对刑法治理非法民间借贷与非法集资行为的效果进行初步分析。

（一）没能有效遏制民间融资犯罪高发态势

我国对民间融资犯罪一直采用严厉的刑罚制裁措施，甚至不惜动用死刑等重刑，但刑法治理的效果并不理想，刑罚的威慑不仅没有遏制非法集资犯罪，在经济不景气的情况下，民间融资犯罪反而呈越演越烈的趋势。据统计，2005 年 1 月～2010 年 6 月，我国非法集资类案件超过 1 万起，涉案金额 1 000 多亿元，每年约以 2 000 起、集资额 200 亿元的规模快速增加。[①] “2011 年共受理非法集资犯罪案件 1 274 件，2012 年共受理案件 2 223 件，收案数上升约 79%。”[②] 2013 年全国处置的非法集资案件约有 3 700 起，挽回经济损失 64 亿元。新发案件更多集中在中东部省份，跨省案件增多，影响较大，并不断向新的行业、领域蔓延。[③] 2014 年，仅媒体公开报道涉贷金额超 10 亿元以上的就逾 10 起，其中部分事件涉贷金额高达 100 多亿元，[④] 如河北邯郸金世纪被曝非法集资额超 93 亿元、河北邢台隆

① 罗书臻：《最高人民法院出台司法解释明确非法集资法律界定及适用》，载《人民法院报》2011 年 1 月 5 日，第 3 版。

② 张先明：《人民法院依法严厉惩处非法集资犯罪》，载《人民法院报》2013 年 11 月 26 日，第 1 版。

③ 欧阳洁：《警惕伸向你财富的黑手》，载《人民日报》2014 年 4 月 22 日，第 10 版。

④ 李涛：《中国式民间金融乱象之谜：反思与重建》，载《经济体制改革》2017 年第 1 期，第 149～153 页。

尧县三地农民专业合作社涉嫌非法集资80亿元、湖南娄底九龙集团涉嫌非法集资10亿余元。据学者统计，“受经济形势大环境的影响，苏州法院受理的民间借贷案件数量近年来一直处于高位运行的状态，年均收案量保持在10 000件以上，并以每年5%以上的幅度递增。”① 另据课题组对浙江、重庆两省市2008～2014年非法集资案的统计，非法吸收公众存款、集资诈骗案件数量总体上趋于上升（见表4－5、表4－6）。非法集资的规模、范围、受影响人数、财产损失不断扩大，酝酿着巨大的金融风险。刑法规制民间融资陷入“越打越多”困境。“虽然压制刑法为设置秩序提供了便利的工具，但是它在求得以认同为基础的稳定方面，还远远不能胜任。”②

表4－5　浙江全省法院非法吸收公众存款、集资诈骗案件一审收案

单位：件

年份	非法吸收公众存款	集资诈骗	合计
2014	220	102	322
2013	231	98	329
2012	196	84	280
2011	166	57	223
2010	136	61	197
2009	149	52	201
2008	41	20	61

资料来源：浙江省高级人民法院全省法院刑事案件统计分析表。

表4－6　重庆市法院非法吸收公众存款、集资诈骗案件一审判决案件

单位：件

年份	非法吸收公众存款	集资诈骗	合计
2014	32	2	34
2013	4	5	9
2012	4	1	5
2011	4	1	5

① 耿文博：《苏州民间借贷案大幅上升》，载《江苏经济报》2016年12月22日，第A01版。

② ［美］诺内特、赛尔兹尼克，张志铭译：《转变中的法律与社会》，中国政法大学出版社1994年版，第58页。

续表

年份	非法吸收公众存款	集资诈骗	合计
2010	6	2	8
2009	6	0	6
2008	7	1	8

（二）维护了金融垄断

“我国对正规金融与非正规金融实行严格隔离，以国有银行为代表的正规金融机构垄断金融市场的格局自出现后即不断强化。”① 现有的民间融资规制体系主要是为了维护金融监管秩序，客观上创设和维护了金融垄断，不能满足民营经济融资需求。我国金融法律法规、部门规章大部分由金融监管部门制定，至于民间融资合法与非法、违法与犯罪的界限也由金融部门来划定。1998 年 7 月 13 日，国务院发布《非法金融机构和非法金融业务取缔办法》，该办法是国务院颁布的行政法规，成为认定非法金融业务活动主要法律依据，几乎所有未经中国人民银行批准，擅自从事的金融活动都是非法的。1998 年 7 月 25 日，国务院办公厅转发中国人民银行《整顿乱集资乱批设金融机构和乱办金融业务实施方案》对“乱集资”进行了界定。1999 年 1 月 27 日，中国人民银行颁布《关于取缔非法金融机构和非法金融业务活动中有关问题的通知》又对“非法集资”进行了规定。规制民间融资的刑法规范都强调“违反国家规定”，其罪状属于“空白罪状”，具体内容必须参照行政法律、法规，民间融资犯罪是典型的法定犯。这就给行政法规、行政规章、甚至部门规章上升为刑法留下了广阔的空间。

梳理我国金融法规，不难发现，无论是设立金融机构，还是从事金融活动，都要得到相关主管机关的审核批准。我国的金融刑法规范又以相关的金融法规作为前置内容，这必然导致任何没有经过相关主管机关批准的集资型融资活动都会遭遇“身份危机”，很难具有“形式合法性”，都可以打上“非法”的标签。② 所以，刑法规范构成要件的模糊化来源于金融行政法规、规章的模糊化，民间融资的空间受到行政部门的严重挤压，行政部门的意志、利益上升为刑法，有部门利益刑法化的嫌疑。从金融法律法规、规章的制定过程来看，民间金融、中小企业没有参与立法的空间，几乎全部是金融部门意志和利益的法制化。法律必须有

① 何小勇：《我国金融体制改革视域下非法集资犯罪刑事规制的演变》，载《政治与法律》2016 年第 4 期，第 52 ~ 64 页。

② 张洪成：《非法集资行为违法性的本质及其诠释意义的展开》，载《法治研究》2013 年第 8 期，第 90 ~ 98 页。

公共利益的基础，要维护公共利益，不能局限于部门利益，否则，法律必然失去公正性。

1997 年制定刑法规制民间融资时，我国的正规金融机构几乎全部属于国有，而金融监管机构（“一行三会”）虽然有权对所有金融机构进行监管，但因为金融监管机构与正规金融机构利益相关，主要维护的是正规金融机构的利益。这种既当裁判员，又当运动员的现象违反基本公正。从金融法律法规的实施结果来看，客观上保护了国有金融机构的利益，维护了金融垄断。在金融垄断下，中小企业很难从国有金融机构融资，只好求助于民间融资。正规金融机构也是企业，有自己的利益诉求，不会容忍民间金融来“抢生意”，给自己造成损失。在利益驱动下，必然对民间金融进行严格限制甚至打击。金融部门制定的法律实际上成为排斥和打击民间金融的工具。因此，我国金融改革的首要任务就是打破金融垄断。

我国处理民间融资犯罪特别是非法集资的模式是行政主导模式。根据银监会《关于审定印发处置非法集资部际联席会议制度和工作机制的请示》，国务院批准同意建立处置非法集资部际联席会议制度，由银监会牵头，国务院相关部委、最高人民法院、最高人民检察院等参加，其主要职责是研究处置非法集资的相关法律法规、组织有关部门对涉嫌非法集资案件进行性质认定等。“金融部门在法律定性环节中具有较强的话语权，往往集资者是否被检察机关起诉以及被法院定罪，很大程度上取决于银行业监管部门最初是否认定其集资行为属于非法集资。”① 2014 年 3 月，最高人民法院、最高人民检察院、公安部联合发布《关于办理非法集资刑事案件适用法律若干问题的意见》明确规定：行政部门对于非法集资的性质认定，不是非法集资刑事案件进入刑事诉讼程序的必经程序。行政部门未对非法集资做出性质认定的，不影响非法集资刑事案件的侦查、起诉和审判。本规定是对行政主导模式的矫正，从实际效果来看，行政部门仍对处置民间融资掌握话语权。

金融垄断限制了我国民营经济（主要经营形式是中小企业）的发展，我国六大商业银行主要的放贷对象是国企，而中小企业（绝大多数是私营企业）的融资渠道狭窄、融资能力有限，融资难成为制约中小企业的“瓶颈”。中小企业虽然规模小，但是数量多，对经济社会发展的贡献大。统计表明，中小企业数量占全国企业总数的 99%，中小企业所制造最终产品和服务价值占 GDP 的 60% 以上，提供了 80% 以上的城镇就业岗位，缴纳税金占全国的 50%，发明专利占全国的

---

① 黄滔：《刑法完不成的任务——治理非法集资刑事司法实践的现实制度困境》，载《中国刑事法杂志》2011 年第 11 期，第 36～45 页。

66%，研发新产品占全国的82%，外贸出口占全国的68%。此外，中小企业在经济结构调整和产业优化升级方面发挥着不可或缺的作用。[①] 虽然中小企业对经济的贡献很大，政府对中小企业发展的金融支持力度相对于国企来说较小。金融垄断和配置方向的偏向性造成对中小企业的金融资源供给不足，在浙江，仅一成制造业中小企业能从正规金融机构获贷。[②]

与发达国家相比，我国金融市场还处于不成熟阶段，金融自由度程度不高，国家对金融实行垄断，我国中小企业面临的“麦克米伦缺口”问题更加严重。据调查，中小企业的外源融资有90%以上是以商业银行等金融机构贷款为主的间接融资，而股权融资等直接的融资渠道只有不到10%。[③] 与此同时，经济的发展使得民间积累了大量的资金，但投资渠道狭窄，资金无处可去。企业为了生存和发展，在得不到正规渠道融资的情况下，只得通过民间借贷的形式向社会筹集资金、向地下金融借贷或者向亲戚朋友借贷。而民间借贷符合经营者资金需求小、短、急、频的特点。为此，一些握有好的投资项目的经营者往往不惜通过高息民间借贷进行融资。事实证明该途径能获得发展机会，赚取高额利润，但同时也让企业背负上了沉重的负担。而且，中小企业通过资本市场融资面临门槛高的难题。在经济利益驱动下，有需求必然有供给，“麦克米伦缺口”直接催生了民间融资市场，而民间借贷成为民间融资的主要形式。据中信证券的研究报告，我国的民间借贷市场总规模有4万亿。[④]

经课题组实证分析：非法吸收公众存款罪的犯罪主体包括商人、农民、单位、工人、教师、政府官员及其他人员，其中，商人占20.3%，农民占9.4%，单位占6.5%；集资诈骗罪的犯罪主体中，商人占53.51%，无业人员占19.3%，工人占10.53%，农民占7.02%。虽然刑法中民间融资犯罪的犯罪主体并没有限定民营企业（主），但是客观上的处罚对象仍集中在民营企业（主）。民营企业的贡献与其受到的法律待遇明显不匹配。

由于对民间融资犯罪刑事政策的严厉化，民间融资合法与非法、罪与非罪之间界限模糊，入罪门槛较低，刑罚的大棒总在民营企业头上挥舞，“非法集资”成为民营经济发展途中的“陷阱”。而国有企业、正规金融机构有合法、充足的资金来源，不必借助民间融资，基本上不触犯民间融资犯罪。刑法对非法民间融

① 阙方平、曾繁华：《中小企业金融边缘化与融资制度创新研究》，中国金融出版社2012年版，第2~3页。

② 韦慧：《浙江中小企业仅一成能从正规金融机构获贷》，新华网，http://www.zj.xinhuanet.com/finance/2014-01/15/c_118974542.htm，发布日期：2014年1月15日，访问日期：2015年2月6日。

③ 李阳等：《民间金融弥补“麦克米伦缺口”的有效路径》，载《税务与经济》2017年第1期，第61~67页。

④ 辜胜阻：《立法赋予民间金融合法地位》，载《法制日报》2012年3月27日，第3版。

资的禁止和打击，使得民间金融竭力转入地下，脱离监管，客观上又增加了民间融资的风险和成本。

金融垄断的另一后果是维护了国有银行的垄断利益，这导致我国银行业效率低下、运作机制陈旧、竞争力不强。民生银行行长洪崎在2011年环球企业家高峰论坛上说："企业利润那么低，银行利润那么高，所以我们有时候利润太高了，自己都不好意思。"2014年我国商业银行累计实现净利润1.55万亿元，同比增长9.65%。[①] 而中国民营企业500强税后净利润是4 977.36亿元。前者的利润比后者多3倍多。毫无疑问，国有银行凭借垄断地位攫取了高额的垄断利益。金融业是整个国民经济的核心，党的十八大提出在更大程度更广范围发挥市场在资源配置中的基础性作用，要让市场在金融资源配置中发挥基础性甚至决定性作用，必须打破金融垄断，发展民间金融。

（三）抑制了民营经济的发展

刑法的功能是在维护秩序与促进效率两方面求得最大平衡，从而保障经济的健康发展。考察民间融资刑法体系，由于我国1997年制定刑法的特定背景，即亚洲金融风暴和我国严打刑事政策的背景，我国实行高度垄断的金融政策，对破坏金融垄断政策的行为用刑罚严厉打击，刑法介入的过度，刑事制裁过严，过分强调秩序的维护，压制了民间融资的空间，忽视了民间资本的特点，不能满足中小企业融资需求，阻碍了民间融资的创新，严重抑制了我国民营经济的发展。加之刑事立法的模糊性、原则性，致使诸多行为合法、非法、犯罪界限不明，导致我国民间融资的刑法规制不适应我国经济尤其民营经济发展的需要。

第一，不适应非公有制经济健康发展需要。现行的民间融资刑法体系计划经济色彩比较浓厚，存在所有制偏好，对非公有制经济存在歧视，单纯强调金融的安全性，习惯用行政干预的手段调配经济资源，民间融资受到严格管控，与市场经济的要求不相符合。2010年《国务院关于鼓励和引导民间投资健康发展的若干意见》（"新36条"）中规定要鼓励和引导民间资本进入金融服务领域，允许民间资本兴办金融机构，鼓励民间资本发起或参与设立村镇银行、贷款公司、农村资金互助社等金融机构。但是该意见较原则，在职能部门没有出台实施细则的情况下，民间资本设立金融机构会遭遇刑事风险。2015年政府工作报告提出：要毫不动摇地鼓励、支持和引导非公有制经济发展，形成各种所有制经济依法平等使用生产要素、公平参与市场竞争、同等受到法律保护的体制环境……必须进

① 《2014年商业银行业实现净利润1.55万亿》，和讯网，http：//bank. hexun. com/2015 - 02 - 13/173366291. html，发布日期：2015年2月13日，访问日期：2017年3月20日。

一步放宽民间投资市场准入，激发民间投资活力。民营经济是民生经济、富民经济，融资是民营经济发展的“瓶颈”，现行民间融资刑法和民营经济发展的现实之间存在较大距离，已成为民营经济融资的法律障碍。刑法对民间融资进行规制是有必要的，但要保持在必要的范围之内，否则就会阻碍民营经济的发展。因此，政府要削减民间融资的法律门槛，为民营经济创造平等、公平的环境，给予民间资本市场话语权，推动民营经济在我国发展中扮演更重要的角色。

第二，不适应金融市场化改革的需要。1997 年修订《刑法》时，我国的金融体系主要是国家金融垄断。金融垄断的结果是金融效率低下，阻碍经济的发展。为此，我国金融垄断体制逐步向适度的金融市场化转变。破除垄断实现金融市场化，就应当允许民间资本成立金融机构，对缓解中小企业融资难问题大有裨益。金融的市场化，引入竞争，有利于降低利息，减少民间高利贷。但是现行的民间融资刑法规范客观上保护了国有银行金融垄断利益，国有银行缺少竞争压力，导致金融效率低下，呆坏账较多，同时限制了民间金融的发展，不适应金融市场化改革的需要。民间融资有灵活性、快捷性的特点，更能满足中小企业生产经营需求，而《非法金融机构和非法金融业务活动取缔办法》规定几乎全部的金融活动都需要相关部门批准，批准需要时间，民间融资的优势很可能消失。

中共十八届三中全会宣布推进股票发行注册制改革，多渠道推动股权融资，发展并规范债券市场，提高直接融资比例。我国现行的证券公开发行审核制度，实质上是一种行政审批。实践已经证明，再强大的行政权力也不能确保上市公司的质量。建立注册制就是让证券监管机构回归监管本位，不再审批证券发行。股票注册制的推行必然要求对证券犯罪重新规制。

在金融垄断背景下，信贷资金属于国家垄断资金，其总量是由政府的计划部门所控制决定的，而配置方式则仍然是以政府的发展计划为主，且主要服务于公有制经济，银行的市场化主体地位并没有完全确立。而在推进利率市场化的背景下，高利转贷罪和非法经营罪（非法发放高利贷）的存在基础发生动摇。现行的规制民间融资的刑法体系是适应金融监管逻辑的，以维护金融秩序为己任，随着市场经济的发展，金融自由度和参与度必然越来越大，而国有商业银行已成为与其他所有制企业平等的市场主体。因此，期望用刑法手段强力压制民间融资活动，对国有商业银行实行特殊保护是不适应经济发展形势要求的。

第三，不适应金融创新需要。金融创新能提高金融市场的效率，使得金融的作用大大加强。互联网金融是近年来金融创新的产物。P2P 网络融资是互联网金融的代表，它为中小企业融资和民间投资开辟了一个新的渠道，对于活跃民营经济有着积极的意义。但是，随着 P2P 网络融资规模和内涵不断扩张，很容易陷入非法金融和非法经营的问题：非法集资入罪门槛低，互联网传播速度快、范围广，一些P2P网络融资的投资人成百上千，涉及的金额上百上千万，很多借款人可能会触犯非法吸收公众存款罪；一些P2P网络融资平台还为投资者提供融资担保服务，而根据《融资性担保公司管理暂行办法》的规定，经营融资担保业务要经监管部门批准，如果未经批准，擅自经营此项业务可能会触犯非法经营罪。2014年7月，P2P刑事第一案——“东方创投案”一审宣判，判决书认定：深圳市誉东方投资管理有限公司向社会公众推广其P2P信贷投资模式，承诺3%～4%的月息的高额回报，通过网上平台非法吸收公众存款1.3亿元，案发时，尚未提现的资金有5 250万元。[①] P2P融资无序发展会带来社会危害，刑法应当介入，但是刑法如果介入过度，会扼杀金融创新，还会在很大程度上使其失去生存空间。[②] 伴随着金融业的创新和变革，金融监管的内容和方式应相应变化。

（四）刑法治理民间融资的公众认同度偏低

“学界对非法集资犯罪问题的研究，因专注于对具体罪名的教义学探究，以至于对司法实践中关于非法集资案件侦办处置的实际情形及面临难题缺乏深入了解。”[③] 以至于我国对民间融资犯罪的刑法规制受到众多质疑，专家学者质疑刑法规制的合理性，公众质疑孙大午吸收公众存款案、吴英集资诈骗案、曾成杰集资诈骗案的判决结果，孙大午案、吴英案、曾成杰案从刑事案件演变成社会公共事件。

长期以来，以国家主导的金融力量与民间金融力量处于博弈和冲突中。2005年孙大午案就曾引发了经济学界、法学界对保守的金融体系、严苛的刑法规制手段的反思和质疑。其后，“亿万富姐”吴英因犯集资诈骗罪被浙江省高级人民法院二审维持死刑判决后，这一判决结果在网络上“一石激起千层浪”，有人甚至认为吴英是冤枉的。[④] 凤凰网财经频道所做调查显示，将近九成网友（87.8%）认为，吴英不应当被判死刑；超过一半网民（52%）认为，吴英倒下的原因是制度提供空子，吴英无知中套；也有超过一半的网友（52.9%）认为，在未来民间

① 胡中彬：《P2P东方创投被判非法吸储80后操盘手获刑3年》，经济观察网，http：//www.eeo.com.cn/2014/0722/263777.shtml，发布日期：2014年7月22日，访问日期：2017年3月20日。

② 刘宪权、金华捷：《P2P网络集资行为刑法规制评析》，载《华东政法大学学报》2014年第5期，第20～28页。

③ 何小勇：《非法集资犯罪规制的中国式难题》，载《政治与法律》2017年第1期，第37～49页。

④ 《中国民间金融不需要吴英血祭》，凤凰网，http：//news.ifeng.com/opinion/topic/wuying/，发布日期：2009年12月22日，访问日期：2017年3月20日；上海商报：《吴英案之社会争议远远超越案件本身》，腾讯网，http：//news.qq.com/a/20120215/000495.htm，发布日期：2012年2月15日，访问日期：2017年3月20日。

集资将合法化。[①] 时任国务院总理的温家宝在谈到吴英案时说："对吴英案的处理一定要坚持实事求是……应当引导、允许民间资本进入金融领域，使其规范化、公开化，既鼓励发展，又加强监督。"[②] 经济学家茅于轼认为吴英一案反映了被排除在主流金融之外的民间创业者的无奈。吴英的家属也提出政府低价变卖扣押的财产，吴英的财产足以弥补集资人的损失。有些学者也质疑对经济犯罪动用死刑的合理性。[③] 经济学家张维迎在谈到吴英案时说："吴英案意味着中国公民没有融资的自由。我们在中国，获得融资仍然是一种特权，而不是一种基本的权利；意味着在中国，建立在个人自愿基础上的产权交易合同仍然得不到保护。吴英案，就是11个给她借款的人都不承认自己被骗了。"[④] 全国人大代表、北京河南商会会长姜明向全国人大提交废除集资诈骗罪的死刑的建议，他认为："我国实行的是政策性的金融垄断……国家如果通过死刑的适用来遏制集资诈骗的社会危害性，片面追求刑罚的严厉性，那么也有将国家的责任、政府的义务转嫁到集资人个人的嫌疑，不过是一种治标之策……最根本的解决途径，应当是着力解决市场体系不完善、政府干预过多和监管不到位的问题。"[⑤] 公众对吴英案的观点见图4-2。

围绕孙大午案、吴英案等的争议折射出民间金融的困局，也反映了人们对金融垄断的不满和对民企公平对待的期待。

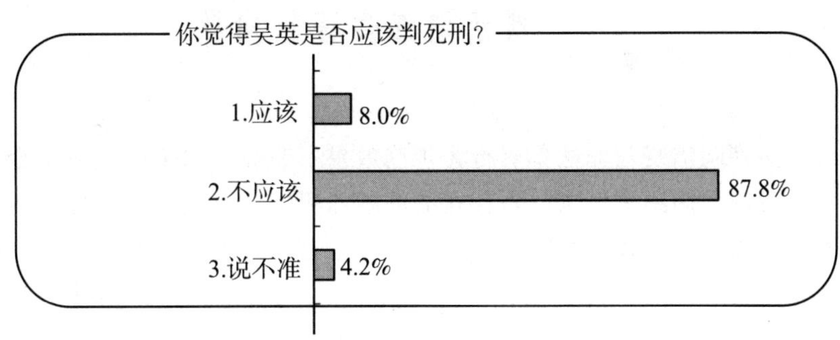

① 《谁让吴英死?》，凤凰网，http://finance.ifeng.com/news/special/srwuyings/，发布日期：2016年1月12日，访问日期：2017年3月20日。

② 《在十一届全国人大五次会议记者会上温家宝总理答中外记者问》，新华网，http://news.xinhuanet.com/politics/2012-03/14/c_111655106_6.htm，发布日期：2012年3月14日，访问日期：2016年5月15日。

③ 刘远：《经济犯罪死刑立法的多维解析》，载《现代法学》2007年第6期，第176~182页。

④ 张维迎2012年2月4日在亚布力中国企业家论坛第十二届年会上的讲演《吴英案意味着在中国没有融资自由》。

⑤ 姜明：《"集资诈骗罪"死刑应早日废除》，载《小康·财智》2014年第4期，第24页。

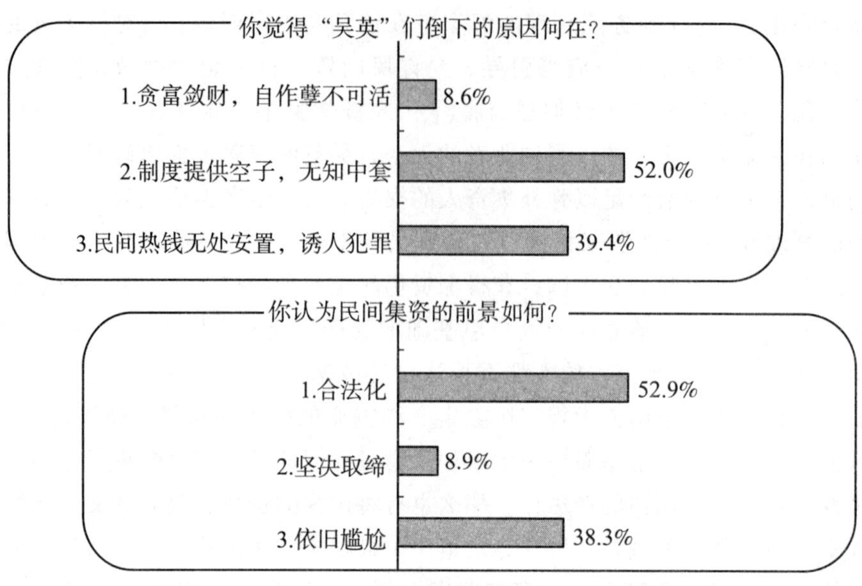

图 4－2　凤凰网财经频道关于吴英案的网络调查

第二节　我国非法民间借贷与非法集资刑法治理存在的问题

非法民间借贷与非法集资行为规制效果不明显，除金融政策与金融体制原因外，与我国民间融资刑法治理存在的问题如犯罪化过度、罪与非罪界限不明等直接有关。以下将具体分析。

一、刑法治理策略不当

选择何种治理手段规范民间融资，是国家与社会治理中的策略问题，需要综合权衡社会现实情况进行政策选择，是否用刑法治理，则涉及国家的刑事政策考量。作为刑法价值立场的一项基本内容，刑事政策的确立决定了刑法价值目标的选择和实现。目前，我国治理民间非法借贷与集资采取了“单一刑事主义”的立场，这种单极化的刑事政策强调了“严打”的目标导向，其实质是过于注重社会防卫而忽视了对经济人权的保障。在单极化刑事政策的影响下，我国刑法呈现出“过犹不及”的局面：即由于刑法过于注重对秩序的保护而忽视效益的提升，这就导致严厉打击有余而保护效益不足的现状。这种价值目标的单一性导致了“刑法立法的盲目与冲动，不仅达不到降低犯罪率的目的，反而有损于金融事业的发展，扼杀部分人的创新和冒险精神。”①

“单一刑事主义”导致了刑法防卫能力的不足和效益激励功能的弱化。一方面，在“严打”目标的指导下，我国刑法通过增加罪名、加大刑罚惩罚力度的方式不断地扩张犯罪圈，企图到达强化交易秩序、维护金融安全的目的。然而却没有认识到治理非法民间借贷与非法集资并不是依靠刑法一己之力就能够完成的任务，它需要相应监管机制的配合和金融法律制度的基础规范。单纯依靠刑法的力量打击非法民间融资行为必然导致其与金融实际的脱轨继而削弱了打击的针对性。另一方面，“单一刑事主义”侧重保护安全价值而忽视了经济人的金融自主权，这就阻碍了市场经济的活力，弱化了刑法激励金融效益的价值功能。以“高利转贷罪”为例，当初立法本意是为了维护利率的稳定，规范贷款市场的秩序。然而，在现今利率市场化的大背景下，该罪名已经没有存在的必要，继续使用不仅妨碍了市场创新的活力，也造成了安全与效益间的价值冲突。

“单一刑事主义”的刑事策略还表现为，在缺乏相应监管措施和行政法律法规的情况下，刑法首当其冲地介入金融生活。一方面导致了刑法对金融民生的过度干预，弱化了金融法律法规的基础配置地位；另一方面，“阻碍了行政执法与刑事司法衔接机制的建立，加大了犯罪惩治的立法成本。”② 以民间高利贷为例，目前在没有相关的金融法律法规对民间高利贷的法律性质和行为边界进行清晰的界定的情况下，我国刑法便以“非法经营罪”的口袋罪名对其进行规制，这实质上是用高成本的刑罚手段替代了低成本的行政违法责任，降低了立法效益。正如有些学者所言：“只要不把衔接机制问题纳入综合治理政策框架中，经济犯罪实际发生多、查处少、行政处理多、移送司法机关追究刑事责任少，查处一般犯罪分子多、追究幕后操纵主犯和职务犯罪分子少，判缓刑多、判实刑少的四多四少问题就无法真正解决。”③ 可见，加强综合预防措施既是提升刑罚犯罪预防功能的现实需要，也是非法民间借贷与非法集资犯罪“二次违法性”的本质要求。

二、刑法干预过度

“长期以来，国家对于民间融资行为的态度基本都是冷峻的，对于由民间融

① 李娜：《论金融安全的刑法保护》，武汉大学出版社 2009 年版，第 99 页。

② 刘远：《行政执法与刑事司法衔接机制研究》，载《法学论坛》2009 年第 1 期，第 162 页。

③ 刘远：《金融欺诈犯罪立法原理与完善》，法律出版社 2010 年版，第 17 页。

资行为伴生的非法集资现象，司法机关一直采用严厉打击的高压政策。”① 分析我国刑法在规范民间非法借贷与集资行为时，存在干预过度的问题。刑法干预过度表现为两个方面，一是干预范围过度，二是干预强度过度。

干预范围过度是指刑法不当地介入了不应介入的领域，将不应作为犯罪的行为纳入刑法调整，扩大了犯罪圈。如我国 1997 年刑法对民间融资设置的罪名，包括了民间融资各个环节的行为，而且入罪门槛低，而且将一些属于民事行为、行政违法行为等纳入刑法调整。以规制民间非法集资行为的集资诈骗罪的司法适用为例，可见“刑法过度化”的表现。我国于 1996 年、2001 年、2010 年出台了两个“司法解释”和一个“纪要”对“非法占有目的”做了相关规定。然而三份文件却在逐次修改中呈现出司法认定标准下降、司法推定范围扩大的倾向。1996 年颁布的《关于审理诈骗案件具体应用法律若干问题的解释》规定以行为人具有“无法返还”、“拒不返还”的客观事实作为认定“非法占有为目的”的依据，行为方式表现为“携款逃跑”和“挥霍”两种方式。而 2001 年颁发的《全国法院审理金融犯罪案件工作座谈会纪要》却将“非法占有目的”的认定方式增加到了七种，明显扩大了司法适用的范围，降低了入罪标准。2010 年出台的《关于审理非法集资刑事案件具体应用法律若干问题的解释》中又新增了“隐匿、销毁账目”、“拒不交代资金去向”等行为，均是通过行为的事后行为或结果来认定先行行为的主观目的，大大降低了其与“非法占有为目的”的关联程度，这种过度客观推定的做法将更多不必然具有“非法占有目的”的行为予以犯罪化。

刑法治理民间非法借贷与集资存在过度干预，与“刑法过度化”或“刑法的泛化”的理论与实践的趋势相符合。所谓“刑法过度化”或“刑法的泛化”是指刑法对犯罪的规定超出了合理的范围，本应由其他法律或规范可以调整的却动用刑法予以规范。刑法是所有公权力参与社会管理的最后一道屏障，它的内在属性决定其必须具有补充性和第二性的特点。但是由于刑罚是具有强制力的国家公权力，具有天然扩张的本性，各国刑法在打击犯罪、维护社会秩序的过程中均出现了不同程度的“刑法泛化”现象②。实践中表现为实体刑法罪名的不断扩张和刑罚适用数量的激增。即使像美国这种立法水平高度发达的国家也呈现出“刑法泛化”的特点。根据美国司法部发布的数据显示，“美国 1970 ~ 1980 年居民的监禁人数增长了 3 倍，到 2005 年达到了 223 万人之多，每 10 万人口的监禁人数

① 杨兴培、朱可人：《论民间融资行为的刑法应对与出入罪标准》，载《东方法学》2012 年第 4 期，第 70 ~ 78 页。

② 何荣功：《经济自由与刑法理性：经济刑法的范围界定》，载《法律科学》（西北政法大学学报）2014 年第 3 期，第 44 ~ 56 页。

达到 737 人，这就这意味着每 20 名儿童中有 1 人将在生命中的某一时段是在监狱中度过的。20 世纪 80 年代以来，刑法的过度犯罪化成为上述状况的‘始作俑者’”。[①]

民间融资领域“刑法过度化”，给我国非法民间借贷与非法集资的刑法治理带来了诸多消极的影响：其一，导致了国家对相关金融行政等前置法律的漠视，忽略了犯罪综合预防机制的建立。民间借贷与集资犯罪是隶属于金融领域的法定犯，它们必须在相关前置法律予以违法性评价的前提下才能进入刑法调控的视野，在前置法律未对相关行为作出否定评价的时候，刑法不宜介入该领域的。这既是基于刑法正当干预的考虑也是刑法谦抑原则的必然要求。我国刑法运用“非法经营罪”规制民间高利贷的做法就是在缺少前置金融法律明确规定下进行的，其实质上是用成本高昂的刑罚手段替代了违法成本较低的行政手段，阻碍了民事、行政、刑事相互衔接的综合预防机制的建立。其二，刑法的过度干预妨害了行为人经济交易自由的权利，剥夺了民间资本正当的追求经济利益的机会。民间金融市场以民间资本的存在为前提，作为资本追求经济利益是其天然本性，法律应当保障其这一权利，而刑法的过度干预，不当地挤压其生存与活动空间，必然剥夺民间资本诸多获得经济利益的机会。其三，刑法的过度干预抑制了民间金融的创新。为满足不断发展的经济要求，民间金融也必须跟上时代步伐，然而因刑法的过度干预，压制了民间金融创新的空间与自由，“特别是在一定程度上扼杀了部分人冒险创新精神的动力，最终不利于国家和社会的发展。”[②]

所谓刑法介入的强度过度，是指刑罚配置的严厉，违背了罪刑均衡原则。如前面的分析，具体表现为：其一，刑事立法中刑罚配置严厉。以金融诈骗罪为例，它是针对非法集资行为而设立的，其行为本质与擅自发放债券罪和非法吸收公众存款罪等集资行为不应有太大的差异，但却配置了死刑。如此重刑化的配置导致了刑罚整体的失衡，引起社会公众的强烈质疑。其二，刑事司法中重刑比例高。如前述，课题组通过案例实证分析来看，54% 的非法吸收公众存款的被告人被判处 3 年以上 10 年以下有期徒刑、53.47% 的集资诈骗的被告人被判处 10 年以上有期徒刑、25.98% 的被告人被判处死刑，本课题组收集的 348 起集资案例中，死刑立即执行 36 人，占 10.06%，死刑缓期 2 年执行 57 人，占 15.92%，死刑适用率达到 25.98%。其三，刑事司法中责任分担忽视被害人过错。如集资诈骗罪、非法吸收公众存款罪中缺少对被害人过错的因素考量，许多民间非法借贷与集资行为都是借贷双方当事人合意的效果，受害方为了追求高额的放贷利益，

① 何荣功：《经济自由与刑法理性：经济刑法的范围界定》，载《法律科学》（西北政法大学学报）2014 年第 3 期，第 44 ~ 56 页。

② 魏东：《现代刑法的犯罪化根基》，中国民主法治出版社 2004 年版，第 13 页。

往往在明知行为人非法图利的情况下却配合其为之，在主观上是存在过错的。因此，刑罚实践中一味地苛责犯罪人的刑事责任不仅有客观归罪之嫌，有违“主客观相一致原则”，加大了犯罪人的刑事责任。

三、刑法治理边界不清

民间借贷是民间融资的主要表现形式，大部分民间融资犯罪以非法民间借贷的形式表现出来，一种是非法吸收资金的行为（包括非法吸收公众存款罪、集资诈骗罪），另一种是非法发放高利贷的行为（包括非法经营罪及高利转贷罪）。刑法典对非法吸收公众存款罪、集资诈骗罪、非法经营罪的构成要件规定得十分粗略，需要行政法规予以补充，但令人遗憾的是行政法规对非法融资行为的规定也不明确，这就导致民间融资行为罪与非罪之间界限不明，实践中对某一行为是犯罪还是合法的民间借贷，控辩双方之间存在较大分歧。我国民间融资犯罪采用定性加定量模式，由于合法的民间借贷存在风险，也可能给债务人造成损失，因此，以经济损失和违法所得的定量方法无法区分合法的民间借贷和民间融资犯罪，要区分只能借助于定性方法。问题是立法并没有为我们提供清晰的定性标准。立法的含糊投射到司法上，导致以融资的“成败论英雄”，对成功者，只要资金提供者不闹事，即使构成犯罪，也不予追究。对于失败者，只要资金提供者闹事，就容易案发，案发则很可能被追究刑事责任。虽然在学理上非法吸收公众存款罪是行为犯，但在司法实践中成为结果犯。

民间借贷，是指自然人之间、自然人与非金融机构的法人或者其他组织之间的借款行为。由于因民间融资犯罪所引起的债权债务纠纷，当事人手中也往往持有借条，写有借款数额、利息等，因此与民间借贷纠纷很难区分。根据中国人民银行《关于取缔非法金融机构和非法金融业务活动中有关问题的通知》（银发[1999] 41号）规定，“非法集资”具有以下特点：（1）未经有关部门依法批准，包括没有批准权限的部门批准的集资以及有审批权限的部门超越权限批准的集资；（2）承诺在一定期限内给予出资人还本付息。还本付息的形式除以货币形式为主外，还包括以实物形式或者其他形式；（3）向社会不特定对象即社会公众筹集资金；（4）以合法形式掩盖其非法集资的性质。2010年《解释》第1条将“非法集资活动”的特征概括为非法性、公开性、利诱性、社会性，其中非法性是指“违反国家金融管理法律规定”。合法的民间借贷也带有公开性、利诱性、社会性。那么，民间借贷的合法与非法、罪与非罪的落脚点最终在是否经有关机关批准、是否违反金融管理法律规定，这一标准具有极大的不确定性和局限性。在私法领域，“法无禁止即自由”，民间借贷行为是市场经济中常见、多发的现象，如果都要经有权机关批准，成本巨大，效率低下，既无可能，也无必要。对于法律明确禁止的活动，才考虑是否要经有权机关批准。至于是否违反金融管理法律规定，则又回到了问题的原点，金融管理法律没有明确规定，是否违反则无从知晓。

罪与非罪的界限不明确，在司法实践中表现为司法机关与被告人、控辩双方之间罪与非罪认识上的巨大分歧，被告人、辩方坚持认为被告人的行为是合法的民间借贷，司法机关的看法则恰恰相反。课题组从724份涉及非法吸收公众存款罪的判决书中统计了起诉罪名、辩护意见、判决罪名（见表4－7），从中可见非法吸收公众存款罪与民间借贷之间的界限模糊。

表4－7　　起诉罪名、辩护意见、判决罪名的比较

<table>
<tr><th>起诉罪名</th><th>辩护罪名</th><th>判决罪名</th></tr>
<tr><td rowspan="2">非法吸收公众存款罪
916人</td><td>非法吸收公众存款罪　772人</td><td>非法吸收公众存款罪　913人</td></tr>
<tr><td>无罪　144人</td><td>无罪　3人</td></tr>
</table>

公诉机关指控916人犯非法吸收公众存款罪，辩护人为144人做了无罪辩护，可惜的是最后仅有3人被判无罪。辩护人为被告人做无罪辩护的理由主要是：第一，认为被告人的行为是民间借贷，并没有触犯非法吸收公众存款罪，但是最后法院对大部分被告人都以非法吸收公众存款罪进行了定罪处罚，从这点可以看出，民间借贷与非法吸收公众存款罪之间的界限是模糊的，怎样区分二者界限需要立法明确。第二，辩护人提出被告人吸收存款的目的是为了生产经营，并不是用于放贷。法院认为资金的用途并不影响行为的定性，最后也以非法吸收公众存款罪定罪。

四、刑法治理内部界限不明

集资诈骗罪和非法吸收公众存款罪、欺诈发行股票、债券罪、擅自发行股票、公司、企业债券罪都是非法集资犯罪行为，都应该具有非法性、公开性、利诱性、社会性的特征。它们都可能存在诈骗的手段，但集资诈骗罪与其他犯罪的根本区别是是否具有非法占有的目的。集资诈骗罪是典型的目的犯，“非法占有”是行为人追求的主观目的，是一种主观要素，必须根据行为人的客观行为来推定，允许反证来推翻。虽然最高人民法院在2001年《全国法院审理金融犯罪案件工作座谈会纪要》和2010年《解释》中列举了非法占有目的的标准，但其中一些标准与传统刑法理论不一致。在司法实践中，有些司法机关将集资款是否能够返还作为推定行为人是否具有非法占有目的的标准，而不对行为人不能归还集资款的原因进行具体分析，是典型的客观归罪。

第一，未将集资款主要用于生产经营活动。未用于生产经营的集资款占集资款多少比例才构成明显不成比例，司法解释没有明确规定。本来，认为非法占有目的是定性问题，现在将定性问题转化为定量问题（比例问题）是否科学？

第二，挥霍集资款。如何区分挥霍与为生产经营活动“装点门面”的问题在司法实践中是难题。在吴英集资诈骗一案中，公诉方认为吴英购买珠宝、豪车等是肆意挥霍集资款，而辩方则认为购物珠宝、豪车是为了“炫富”，增强公司的实力。这里也存在一个比例问题，集资人虽然挥霍了几十万或几百万的集资款，但占集资款的比例很小，能否认定集资人有非法占有目的？集资诈骗的数额如何计算？

第三，将集资款用于违法犯罪活动。如果行为人将集资款用于违法犯罪活动如赌博，致使集资款被他人非法获取或者被国家没收，可以认定行为人具有非法占有目的。但是，如果情况恰恰相反，行为人将集资款用于违法犯罪活动挣了一大笔钱，在案发前就归还了集资款，此时能否认定行为人有非法占有目的？如果仅以集资款能够归还为标准来判断行为人是否有非法占有目的，是客观归罪。

第四，“事后故意”问题。非法占有目的形成于非法集资之前、之中都是集资诈骗行为无疑，但非法占有目的形成于使用诈骗方法非法集资之后，是否属于集资诈骗行为则不无疑问。这种情况类似于“事后故意”。所谓事后故意是指行为人在实施行为时并没有犯罪的故意，待危害结果发生后才产生了故意。按照实行行为与责任同时存在的原理，则非法集资后才产生非法占有目的不构成集资诈骗罪。而且根据刑法既遂理论的不可逆转性，非法集资在已经构成犯罪既遂的情况下，即使行为人产生了非法占有目的，也不能转化为新的犯罪。

总之，司法解释中“非法占有目的”的规定有些偏离了主客观相统一的原则，加之司法实际中出现的“非法占有目的”弱化的现象实际上不断扩大着集资诈骗的犯罪圈，引发了质疑。

经过课题组对 1998 ~ 2013 年的 348 件集资诈骗案例的实证分析，被告人行为定性的争议焦点是非法吸收公众存款罪与集资诈骗罪的区分，而两罪的争议也主要是“非法占有目的”的认定。从表 4 - 8 可知，控审一致（排除控辩审一致）的有 258 件，占 74.14%，控辩审罪名一致的有 70 件，占 20.11%，控辩审不一致的有 12 件，占 3.45%，辩审一致（排除控辩审一致）的有 8 件，占 2.30%。其中，本书案例库中控辩审一致的多集中在实施集资诈骗罪前即有非法占有的目的，而出现不一致的情况多是涉及转化集资的问题，其中，控辩审罪名不一致的主要集中于集资诈骗罪、非法吸收存款罪和民间借贷的争议，辩审一致的主要是控诉罪名为集资诈骗罪，辩护罪名为非法吸收公众存款和民间借贷，法院最终认定为非法吸收公众存款和民间借贷的情况（无罪）。

表 4-8　　控辩审三方关于罪名异议情况

	控辩审一致	控审一致	控辩审均不一致	辩审一致
频率（N）	70	258	12	8
比率（%）	20.11	74.14	3.45	2.30

五、司法入罪存在违反罪刑法定原则的问题

罪刑法定原则的基本含义是，“法无明文规定不为罪”、“法无明文规定不处罚”，其确立的根本目的是保障公民权利和自由，防止罪刑擅断。我国《刑法》第3条明文规定：法律没有明文规定为犯罪行为的，不得定罪处罚。因此，判断某一行为是否构成犯罪应看该行为是否被刑法规定为犯罪、是否符合刑法分则某一犯罪的构成要件。具体而言，非法民间借贷和集资行为的入罪评价要严格遵守罪刑法定原则。

审视民间融资犯罪的刑事司法实践，将高利贷和擅自发行基金份额募集基金的行为入罪（非法经营罪），有违罪刑法定原则。司法实践中，将一些高利贷行为认定为非法经营罪，其依据是刑法第225条非法经营罪第4项。第4项是一个“兜底条款”，内容是其他违法经营行为。国务院《非法金融机构和非法金融业务取缔办法》第4条第3项将非法发放贷款认定为非法金融业务活动，第22条规定从事非法金融业务活动，构成犯罪的，依法追究刑事责任。该办法并没有将非法发放贷款规定为犯罪，而认定其是否构成犯罪还是要看刑法的规定。刑法分则破坏金融管理秩序罪没有将“从事非法金融业务活动”情形纳入，而将其纳入非法经营罪条文第4项“其他严重扰乱市场秩序的非法经营行为”中是不合理的扩大解释。非法经营罪中的“兜底条款”必须由法律、行政法规明确其适用范围，否则会成为无所不包的“口袋”。在现有法律法规没有明确什么是高利贷的情况下，高利贷入罪没有非法经营罪所要求的“非法”的法律基础。

在课题组统计的涉及民间高利贷的90份判例中，有16份判例将民间高利贷以非法经营罪论处，另外还有74份判例没有将民间高利贷被作为犯罪追究刑事责任。民间高利贷司法入罪情况见图4-3。

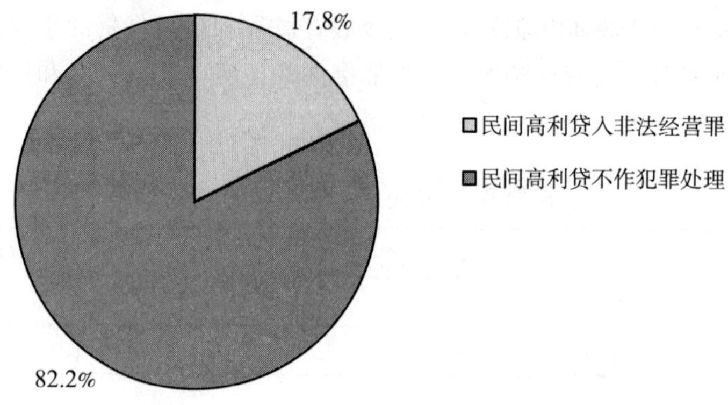

图4－3　民间高利贷司法入罪情况

从图4－3可以看出，虽然民间高利贷司法入罪引起广泛的关注及激烈争议，但总体上入罪比例却相对较低。在目前刑事立法对民间高利贷规定不明确的情况下，绝大部分未将民间高利贷作为犯罪处理。同时，每一起涉及民间高利贷的案件都有其独特性，反映了当地法院对民间高利贷的态度以及金融价值取向。民间高利贷司法入罪的行为主要有两类，即涉黑案件中的高利贷行为及一般民间借贷中的高利贷行为，定罪标准主要考虑违法所得及利率。以非法经营罪定罪的民间高利贷的类型及违法所得情况见表4－9，以非法经营罪定罪的民间高利贷放贷利率情况参见表4－10。

表4－9　部分以非法经营罪定罪量刑的高利贷案例

具体案件	年份	行为类型	涉案数额（万元）	发放数额（万元）	违法所得（万元）
湖北武汉涂汉江案	2004	民间借贷	907	907	143
江苏宜兴李某案	2008	民间借贷	878	500	112
南京下关邵某案	2010	民间借贷	378	315	63
重庆陈志坤案	2010	涉黑案件	61 124	48 720	12 404
重庆龚刚模案	2009	涉黑案件	16 400	16 400	4 476
重庆岳村案	2009	涉黑案件	18 931	13 156	5 053
重庆王光成案	2010	涉黑案件	9 700	8 000	1 700
四川泸州何某案	2011	民间借贷	600	600	300
江苏北塘郑某案	2011	民间借贷	16	16	7.7
山东日照陈某案	2012	民间借贷	2 812	2 004	808
湖南澧县杨某案	2012	民间借贷	186	186	21

表4-10　　民间高利贷以非法经营罪定罪的利率情况

具体案件	放贷年份	案件类型	法定贷款月利率（A）	约定贷款月利率（B）	倍数（B/A）
湖北武汉涂汉江案	1998～2002	民间借贷	0.443%～0.66%	1.2%～9%	1.8～20.3
江苏宜兴李某案	2008	民间借贷	0.6%	22.4%	37.3
南京下关邵某案	2009～2010	民间借贷	0.446%～0.463%	4%～20%	8.6～44.8
四川泸州何某案	2005～2010	民间借贷	0.443%～0.465%	2%～20%	4.3～45.1
江苏北塘郑某案	2010	民间借贷	0.526%	30%	57
山东日照陈某案	2009～2010	民间借贷	0.446%～0.463%	5%～20%	10.8～44.8
湖南澧县杨某案	2009～2010	民间借贷	0.446%～0.463%	2%～20%	4.3～44.8
王光成案	2006～2009	涉黑案件	0.446%～0.488%	6%～7%	12.3～15.7
陈志坤案	2004～2009	涉黑案件	0.446%～0.465%	5%～7%	10.8～15.7
岳村案	2004～2009	涉黑案件	0.446%～0.465%	5%～7%	10.8～15.7
龚刚模案	2005～2008	涉黑案件	0.465%～0.623%	5%～10%	8.0～21.5

擅自发行基金份额募集基金行为入罪也存在刑法依据不足的问题。《证券投资基金法》第128条规定：违反本法规定，擅自公开或者变相公开募集基金的，责令停止，返还所募资金和加计的银行同期存款利息，没收违法所得，并处所募资金金额1%以上5%以下罚款。对直接负责的主管人员和其他直接责任人员给予警告，并处5万元以上50万元以下罚款。第150条规定：违反本法规定，构成犯罪的，依法追究刑事责任。但本条是附属刑法，其基本构成需要刑法予以明确规定，在目前刑法缺乏明确规定的情形下，2010年最高人民法院《解释》第7条规定：违反国家规定，未经依法核准擅自发行基金份额募集基金，情节严重的，依照刑法第225条的规定，以非法经营罪定罪处罚。此司法解释有违反罪刑法定原则。因为对附属刑法规定的行为是否入罪其犯罪圈的划分等，还需要经过论证由刑法确定。即使承认擅自发行基金份额构成犯罪，课题组研究认为，构成非法经营罪的应只有公募基金，对擅自发行基金份额的一律按犯罪论处也不具有恰当性。

2008年，最高人民法院、最高人民检察院、公安部、中国证券监督管理委员会《关于整治非法证券活动有关问题的通知》规定：任何单位和个人经营证券业务，必须经证监会批准。未经批准的，属于非法经营证券业务，应予以取缔；涉嫌犯罪的，依照《刑法》第225条规定，以非法经营罪追究刑事责任。但是，该通知并没有明确将基金纳入证券业务的范畴。根据《证券法》第2条规定，证券的种类是股票、公司债券和国务院依法认定的其他证券，基金并不包含在内。

而且，该规定不是司法解释，也不是行政法规，只是部门规范性文件，根据“法无明文规定不为罪”的原则，该通知不是擅自发行基金份额募集基金行为入罪的法律依据。

司法解释将擅自发行基金份额募集基金行为入罪是以司法解释代替刑事立法，司法权有侵入立法权的嫌疑。

第三节 完善我国民间融资刑法治理的立法建议

我国目前的法律制度没有对民间融资的合法性以及民间融资行为的法律边界给予清晰的厘定，[①] 导致大量的非法民间融资行为出现在资本市场，严重冲击国家金融秩序。特别是随着我国经济社会的发展，我国民间融资刑事立法凸显出的立法理念落后、立罪原则悖谬、价值目标偏离、犯罪圈划定不当、罪刑配置失衡等诸多问题，刑法虽严却不仅不能遏制民间融资犯罪，反而阻碍经济发展，剥夺了正常民间融资活动的正当权利诉求，导致刑事立法逻辑的混乱，造成了刑法自身的结构性危机。[②] 因此，应当根据经济发展的需要，转变民间融资刑法规制理念，确立民间融资立罪原则，重构民间融资罪名体系和刑罚体系，为有效防范民间借贷与非法集资的风险提供保障。

一、创新民间融资刑法治理理念

民间融资刑法规制的理念是人们对民间融资犯罪立法性质、内容、功能以及目标等一系列问题的认识总和。理念是否先进科学直接制约着立法者对民间融资犯罪规制的立场与模式的选择。因此，在论及民间融资刑法改革问题时，首先需要讨论的是，什么是科学的立法理念。由于刑法具有经济发展的保障功能，担负着维护社会的公平与正义，因此，我国民间融资刑事立法应当在尊重市场价值规律，平衡金融安全和金融效益的基础上，确立金融自由、金融平等、利益共容的刑事立法理念。

① 胡启忠、秦正发：《民间高利贷入罪的合法性论辩与司法边界厘定》，载《社会科学研究》2014年第1期，第79~85页。

② 刘伟：《非法吸收公众存款罪的扩张与限缩》，载《政治与法律》2012年第11期，第40~49页。

（一）确立"金融自由"理念，为民间融资合法化预留空间

所谓"金融自由"又称"金融深化"，其核心是针对金融抑制现象，减少政府干预，确立市场机制的基础作用。目前，随着我国金融体制改革的不断深化，金融垄断逐步转适度的金融自由，为适应金融体制改革，应为我国民间金融留下更多自由空间，尤其是在风险可控的范围内，凡是有利于我国经济发展的民间融资行为都应当予以合法化，并且应为民间融资创新提供更多的制度保障。我国1997年制定《刑法》时，恰逢亚洲金融危机刚过，为防范金融风险我国强化了金融垄断，且我国正处于严打刑事政策时期，因此，我国1997年《刑法》规制民间融资时以维护金融垄断为基本立场与理念，对民间融资行为严加管控，不仅将各种民间融资行为都纳入犯罪，且配置严厉的刑罚。当然，1997年《刑法》制定时的理念与立场是适应当时金融政策与金融形势，《刑法》的规定对维护金融稳定与防范金融风险起到了保障作用。然而，随着我国金融体制改革，金融适度自由及金融市场的初步形成，原有的理念及制度显然落后于时代，成为经济发展的障碍。目前我国出现民间融资泛刑法化的问题，实质上正是基本金融垄断及严打刑事政策理念下的刑法严重不适应当前金融适度自由化下的经济发展现实的表现。要确立"金融自由"的立法理念，必须注意两点：一是充分考虑经济发展的客观需要，充分尊重民间资本的天然自由与权利，发挥民间资本顺应市场需求进行理性流通的自我调节能力，缩小刑法介入民间融资领域的范围；二是根据民间融资的形式与特点，分类进行规制与保障，在秩序与自由、公平与效率之间求得平衡。我国现行刑法对民间融资的规定存在混淆民间融资各类型的界限，在重秩序、轻自由的观念下，简单化地用刑法调整，既侵犯了公民的经济自由权利，又妨害了经济发展。

（二）确立"金融平等"理念，防范民间借贷市场的风险

我国对民间融资采取谨慎压制的态度，其根本原因在于民间融资涉及金额巨大、涉众范围广、风险扩散能力强，极易造成区域性的金融危机。国家在公共利益安全的目标下一直依赖加强监管的方式，用同样的制度设计规制正规金融和民间金融，忽略了"民间融资风险产生的根源在于交易主体间信息的不对称，从而隐蔽了市场难以解决的信用风险，造成了立法上的不平等，导致法律规制出现低效率甚至无效率"。[①] 在具体的刑法规则上表现为两个方面：一是立法主体上的不平等。刑法过于重视正规金融的地位而忽视了民间金融的重要性，造成了立法

① 岳彩申：《民间借贷的激励性法律规制》，载《中国社会科学》2013年第10期，第121～139页。

主体上的歧视。例如，为了维护正规金融的信贷优势地位，在缺少明确的刑法条文确认高利放贷行为构成犯罪的情况下，径直动用“非法经营罪”作为口袋罪名规制民间高利贷，其合法性和正当性受到了质疑。二是权利义务不对等，在以“金融管理为本位”[①] 的观念指导下，我国刑法倾斜保护正规金融尤其是国有金融机构的秩序性利益，设立了“高利转贷罪”和“非法吸收公众存款罪”，限制了正常的民间借贷行为，剥夺了民间资本参与金融市场的权利与自由，客观上增加了因交易主体间的信息不对称带来的风险。

由于刑法过度介入，民间融资活动大多转入地下活动，交易主体无法获得对等的信用信息，导致了刑法对民间融资风险防范的制度性疲软。为了解决上述问题，我们必须确立“金融平等”理念，赋予正规金融和民间金融主体以平等的市场主体地位，设立权利义务相平衡的刑法保护模式。“真正的权利平等必须通过能力的平等”才能实现，[②] 因此，在罪名设计上废除“高利转贷罪”，对民间融资的“准入空间、交易空间和退出空间三个过程均有相应的制度调控，确保金融交易的顺利进行。”[③] 在罪名体系的设计上，应当充分认识到将金融风险因素纳入刑事立法视域的必要性和紧迫性，引入金融平等的理念，将民间融资犯罪的行为风险类型化，保障平等竞争的金融市场秩序，防范因不平等竞争和市场分割而积累风险。

（三）确立“利益共容”理念，拓宽刑法约束与激励相容的规制功能

目前，我国民间融资领域出现了严重的“政府俘获现象”，[④] 表现为公权力的过度资本化即国家公权力通过设置规则来保护正规金融尤其是国有金融资本的垄断利益，忽视了民间金融对经济的刺激作用，最终导致政府公共管理的失败和市场自我调节的失灵。较为典型的例子是我国政府过度依赖刑法对民间融资的调控，过度强调刑法的约束功能。然而，逐年攀升的民间融资犯罪率却实实在在地说明了专注设计约束机制是不行的，必须在尊重民间金融市场价值的基础上探讨约束与激励相平衡的保护模式。

“政府俘获现象”的出现说明了刑法作为公权力资本在民间融资行为的法律制度设计上是失败的。为了解决上述问题，我们引进了“共容利益理论”，它在

---

① 刘远：《金融欺诈犯罪立法原理与完善》，法律出版社 2010 年版，第 4～5 页。

② 陈蓉：《论民间融资法律规制理念的反思与重构》，载《浙江金融》2011 年第 7 期，第 22～26 页。

③ 尹凤桐、刘远：《论金融刑法改革的视域拓展》，载《东岳论丛》2007 年第 4 期，第 147～150 页。

④ 政府俘获现象是近些年来制度经济学中提出的理论问题，核心内涵是强调公权力被私用，即运用公权力资本维护某些特权阶层的利益，导致了公权力被俘获，政府管制失灵。

学理层面上为民间融资行为的刑法规制提供了科学的设计思路。“共容利益理论”（encompassing interests）最早出自曼瑟·奥尔森《权力与繁荣》一书，它的核心观点是“如果某位理性地追求自身利益的个人或某个拥有相当凝聚力和纪律的组织能够获得该社会所有产出增长额中相当大的部分，并且同时会因该社会产出的减少而遭受极大的损失，则该个人或组织在此社会中便拥有一种共容利益。”①由此可知，树立“利益共容”的理念就是认识到民间金融资本与金融整体利益间的消长和依附关系，通过对民间融资的个人或组织以激励、诱导或迫使的方式使他们关注全社会利益的长期稳定增长，进而促进整体金融市场的繁荣，防范风险的隐藏和积累。“利益共容”理念的确立，一方面强调了刑法对于民间金融的风险约束能力，保护了整体的金融安全；另一方面，也促进了刑法对民间融资激励功能的拓展，既破解了公权力调控失灵的难题，又带动了市场规律的资本引导作用，激励了民间资本参与市场竞争的兴趣，为构建约束与激励相平衡的民间融资刑法保护机制提供了立法思路。

二、重构民间融资刑法规制的罪名体系

民间融资刑法规制的罪名体系是由若干具体罪名构成的有机整体，它的核心功能是通过出罪、入罪、修罪的方式界定民间融资犯罪圈。罪名体系的重构是刑法完善的核心工作，立法者正是通过对具体罪名的制度设计构造出约束与激励相平衡的刑法规制模式。目前，我国涉及民间融资的罪名包括“高利转贷罪”、“非法吸收公众存款罪”、“擅自发行股票、公司、企业债券罪”、“集资诈骗罪”、“非法经营罪”等。整体而言，我国民间融资刑事立法并无清晰的逻辑，犯罪的边界不清，罪间界定不明，刑法规制的效果不利于经济社会发展。我们认为，民间融资领域的行为类型主要有两大类，一是放贷类行为，二是吸收资金的行为，罪名体系的构建主要以此两大类行为进行构建。而上述两类行为又需要进一步细分，从而进一步划分民间融资刑法规制的边界及个罪的边界，并以此为基础，建立分类制的民间融资罪名体系，逐步建立“自然演进与建构相结合、一般规范与分类规范相结合的多层次立法体系。”②

（一）民间放贷类行为非罪化

民间放贷行为是以资金借出为主要行为方式的一类民间融资行为。目前，我

① 刘洪军：《政府俘获与权力资本》，价值中国网，http://www.chinavalue.net/Finance/Article/2005-1-30/2817.html，发布日期：2005年1月30日，访问日期：2016年1月19日。

② 岳彩申：《民间借贷规制的重点及立法建议》，载《中国法学》2011年第5期，第84~96页。

国刑法规制该类行为的罪名包括“非法经营罪”（对民间高利贷司法入罪的罪名）、“高利转贷罪”，我们认为民间放贷类行为应予出罪，即应废除高利转让贷罪，同时也反对对高利贷行为以非法经营罪论处或增设高利贷罪。以下分别对高利贷转贷及高利贷两类行为分别论述其非罪化的理由。

1. 废除高利转贷罪

根据我国《刑法》第 175 条规定，以“转贷牟利为目的，套取金融机构信贷资金高利转贷他人，违法所得数额较大的构成高利转贷罪”。《立案追诉标准的规定（二)》：高利转贷的违法所得数额在 10 万元以上或者虽未达到上述标准，但 2 年内因高利转贷受到过行政处罚 2 次以上又高利转贷的，应予立案追诉。高利转贷所禁止的行为是从银行贷出的资金再以高于银行贷款利率转借他人的行为，刑法之所以禁止该类型行为，是由当时的金融政策与经济形势所决定的。高利转贷罪设立之初，我国还正处于计划经济时期，国家实行金融垄断政策，发放贷款成为了国有银行独有的经济行为，任何非银行主体利用银行贷款转贷他人的行为均被认定为是干扰信贷市场、破坏信贷管制秩序的违法行为。然而，在金融市场自由化的今天，多元化的金融机构体系交叉并存，信贷主体不断增加，存贷款利率管制逐步放松，继续保有本罪不仅与当下利率市场化的金融价值取向相矛盾，也会严重阻碍金融市场的创新活力，是对现代金融创新交易模式的价值否定。目前，该罪的存在严重暴露了“单一刑事主义”立场下国家金融垄断利益与金融效益间尖锐的价值冲突，这种动用公权力设置法律规则倾斜保护银行信贷垄断地位的做法造成了信贷双方风险分配机制的不公，滋长了银行严格核查信贷业务的懈怠心理，最终导致了政府管控和市场自由调节的双方失灵。无论从理论角度的学理剖析还是从事实层面的实践解读，“高利转贷行为”已明显不具备入罪的需要，应当予以非犯罪化处理。

第一，高利转贷行为属于民事法律行为。刑法规制的高利转贷行为其客观表现包括以下两个方面：一是通过与银行签订贷款协议获得银行贷款的行为；二是将银行贷款高利转贷给第三方的行为。二者均是平等主体间通过民事合意的意思表示而形成的债权债务关系，该行为的本质是在民法意思自治的原则下订立合同之债。合同之债的核心要点是强调民事行为中的意思自治精神，它的核心要素包括两个：一是双方合意；二是自己责任。所谓“双方合意”，是指在市场经济的环境下，所有的经济主体均享有遵从自身意志进行合法交易的行为自由。在高利转贷行为中表现为适格的借款人出于资金使用的需要，形成了向银行申请贷款的意思并在这样的意思支配下实施了向银行申请贷款的行为，这是借款人自由意志的表达。而另一方面，银行通过对贷款人资质的审定决定是否同意其贷款申请，这是银行一方的自由意志。当二者合意时便订立了贷款合同，形成合同之债。同理，借款人与第三方的转贷合同也是同于上述过程在双方间合意的基础上形成的民事债权债务关系。由此可知，无论是银行与借贷人间的借贷合同关系还是借款人与第三方之间的转贷合同均是民事主体间自由意志支配下的合法交易行为，符合意思自治原则中“双方合意”的要求。另一方面，就“自己责任”而言，银行一方有义务对借款人的借款目的和资金使用情况进行严格的核查，当发现借款人违规使用资金或出于欺诈的目的订立贷款合同时有权利终止合同并要求借款人对自己的过错承担违约责任。在合同的履行过程中，银行和借款人均对此种关系的维护负有相应的责任：对银行而言，其必须承担对借款人严格审查并适时监督的业务审核责任；对借款人而言，其必须承担有违善良初衷订立合同或违背合同规定违规使用资金的违约责任。无论哪一方因懈怠履责而导致的合同无法正常履行均应按照过错承担责任以此弥补对方的经济损失。从这一点上看，该行为完全符合意思自治原则中“自己责任”的内在要求。

由此可知，高利转贷法律关系实质上是民事主体基于合意而形成的合同之债，从民法角度而言，银行和借款人均应平等地承担保证合同完好履行的责任义务。因此，在要求借款人善意履行合同的同时，银行也同时具有严格审核借款人资金使用用途、借贷目的和是否符合合同约定的业务审核职能。而刑法规定的“高利转贷罪”实质上是通过刑事手段深化了借款人的善意履行义务而弱化了必须由银行承担的严格的业务审核职责，由此变相加重了借款人的责任，滋长了银行业懈怠审查职能的倦怠心理，由此倾覆了民事责任公平分配的天平，是对借款方权益的极大损害，也是对民事行为自由意志表达的粗暴干涉。实质上，“高利转贷罪”的出现完全破坏了市场经济主体权责分配的公平机制，是公权力肆意干预市民社会蛮横而粗暴的制度表达。

第二，高利转贷行为缺乏刑法规制的逻辑前提。在金融自由化、信贷市场多元化的今天，该罪在刑法学意义上的入罪逻辑前提已经不复存在，继续保留该罪既无法实现立法目的，同时也违背了刑法的谦抑性理论，势必造成刑法法益保护的失衡，加剧了金融风险分配的制度不公。具体理由如下：一是该罪的刑事立法目的无法实现。1997 年《刑法》设立该罪时整个国家正处于计划经济体制，信贷资源受到政府的完全掌控，信贷活动服务于国有经济的发展需要。该罪的目的在于保护国有机构信贷地位的垄断性，保障国家信贷资金的安全。而在信贷利率市场化的今天，国家允许民营资本进入信贷市场，这也标志着企业融资渠道的多元化和信贷市场的自由化。这无疑与该罪设立时的立法目的相冲突，取消该罪已成必然。二是继续保留该罪将导致刑法法益保护的失衡。本罪针对的对象是“套用银行资金高利转贷给其他人的高利放贷行为”，所保护的法益是资金的安全性和信贷利率的秩序性。究其实质而言，该罪名是用高成本的公权力维护部门利益的非市场化行为。这不仅会滋长银行审核信贷风险的惰性，同时也破坏了银行机构进行金融风险识别和管控的内生能力建设，加剧了银行与信贷客户间的利益矛盾，造成了金融风险分配的不公。三是继续保留该罪将违背刑法的入罪逻辑。任何行为入罪的逻辑前提必须是具有“严重的社会危害性”，如果这一入罪逻辑前提缺失，那么所有关于某个罪名的犯罪论证都将成为空谈。然而，“社会危害性是一个历史的范畴。它不是一个静止的概念，具有相对性。也就是说，社会危害性的大小和有无会随着社会条件、观念以及评判基础的不同而有所变化。”① 1997 年《刑法》设立该罪的逻辑前提是将高利转贷行为视为一种投机行为，破坏了国家信贷垄断地位，加剧了金融风险，容易形成金融危机，为了维护信贷市场的秩序化和国家利率的标准化，该行为被认定为具有“严重社会危害性”的行为。

在市场信贷主体多元化的今天，该罪已然不具备“严重的社会危害性”，由此而知该类行为入罪的逻辑前提已然不复存在。其一，高利转贷行为与可能造成的金融信贷损失之间并无必然联系，相反，它在一定程度上分担了银行业的信贷风险。实践中，银行业往往忽视了贷款审查的事前、事中和事后的统一性，等到贷款资金发放给借款人之后就不再发挥银行的贷后监督职能。如果借款人违反资金使用用途将其发放给第三人，银行尚可通过追究其“高利转贷罪”的刑事责任以期减少贷款风险；但是如果借款人没有用高利转贷的方式而是通过转投其他高风险行业的方法改变资金的使用用途，则银行是很难发现并及时监控和减低资金收回的风险。然而，实践中借款人直接转投其他高危风险行业而造成的信贷资金损失的风险通常要高于转贷给第三人可能产生的风险。原因在于银行是基于借款人原有的经济实力和经济担保而发放贷款的，因此，借款人的还款能力或已有的贷款担保情况并不会因为第三方能否归还贷款而变得更坏，换言之，第三方能否及时归还贷款与银行是否必然遭受贷款损失并无直接的关系，相反，与银行因懈怠审核贷款的事后用途而造成的损失风险相比，转贷行为反而是在某种程度上分担了银行的收贷风险，对样本案件的分析也证实了这一点，65% 的银行借款人都提供了真实有效的抵押等担保。从此意义上讲，该类行为并不具有刑法意义上“严重的社会危害性”。其二，高利转贷行为不仅没有损害金融市场的贷款秩序，反而提高了信贷资金的利用效率。信贷资金是一种稀缺资源，它的有限性决定了部分中小企业不能如愿申请贷款的困局。这种情况下我国中小企业融资困难，绝大多数的贷款流入到了国有或大型的企业中。据全国的统计数据显示，中小企业在 2011 年雇用了 75% 的就业人口，创造的经济总值占 GDP 的 65%，但只拿到了

① 陈晓明、何承斌、童伟华：《理论刑法学专论》，科学出版社 2006 年版，第 53 页。

贷款授信的40%。虽然近几年来，中央和各级人民政府都先后出台了一系列关于中小企业融资难的政策文件，但是从贷款数额上来说，完全不能与中小企业对国民经济的贡献成正比。如果银行长期保持大型企业的高信贷，中小企业的低信贷，将会造成信贷资金的分配出现错位，致使经济危机的爆发。在此种情况下，高利转贷行为一方面能在一定程度上解决这种摩擦性失衡，缓解信贷资金配置不合理的现状；另一方面，也能增强信贷资金的流动，很好的发挥信贷资金的经济杠杆作用。因此，在当下这个由资金供求关系决定资金配给的信贷市场中，高利转贷行为已经演变为一种契合信贷市场化发展趋势的普通市场行为，并不具有“严重的社会危害性”。由于该类行为入罪的逻辑前提已经不复存在，因此，高利转贷行为应当予以非罪化处理。该罪的存在违背了刑法的不得已原则。刑法具有最后性，只有当用民事、行政等其他方法仍不能有效抑制此类行为时，基于不得已原则方可用刑罚方法进行调整。如前述，该类行为是违反合同规定擅自改变信贷资金用途的合同违约行为，它完全是可以通过追究民事违约责任的方式规制此类行为。对于可以用民事手段或行政手段予以调控的合同之债，刑法应当保持适度的宽和，在充分尊重非刑事措置先期调整的基础上将这些行为予以犯罪化处理。这既是对刑法不得已原则的遵守，也是出于刑事立法成本的经济考量。从这个层面而言，高利转贷行为应当予以非犯罪化。

另需要说明的是，“高利转贷罪”的废除并不意味着法律对借款人随意套取金融机构信贷资金进行转贷的行为持绝对的支持态度。因为目前信贷市场还没有完全自由化，故仍然需要依靠其他的法制途径实现对随意套取信贷资金并肆意转贷的行为进行法律规制。高利转贷罪废除后应从以下几个方面着手予以应对：其一，加大对银行业的监督力度，完善金融机构内部调查核实工作。在现实中，信贷工作人员主要是依赖借款人自行提交的贷后检查报告和借款人所提供的报表数据进行主观分析，缺乏对相应信息和报表数据的真实性考察，也没有对信贷资金的真实用途和实际流向进行实际了解。因此，需要在银行内部加强信贷监管，及时对财务报表上的某些虚假信息进行甄别。其二，加强贷后监管，将贷后管理工作纳入绩效考核体系。由于贷后检查是控制信贷风险的一个重要环节，需要银行的信贷工作人员深入了解企业的经营活动和信贷资金的流向情况，认真分析该笔贷款的风险系数是何种发展态势，并结合借款人提供的相关资料认真完成贷后检查报告。故可以在银行内部建立新的绩效考核制度，加大贷后管理工作在日常绩效考核中的比重，重视贷后监管工作的重要性。其三，对真实有效的贷款人高利转贷的，可以追究其违约责任。其四，对采用虚假材料、提供虚假担保骗取银行贷款高利转贷的，可以根据情形分别按照《刑法》第175条第3款骗取贷款罪或第193条贷款诈骗罪论处。

2. 民间高利放贷行为不应入罪

目前我国刑法并无专门规制高利放贷行为的罪名，而司法实践中多以“非法经营罪”规制该类行为。高利贷是否入罪以及如何入罪成为学界和实务界争论的热点。

持“入罪观点”的理由大致可以归纳为两点：一是民间高利贷多伴随暴力催收、涉赌涉黑等刑事犯罪行为，极易诱发社会群体性事件，严重影响社会稳定和金融市场秩序，根据《刑法》第225条非法经营罪第4款其他严重扰乱市场秩序的非法经营行为的规定，可以将发放高利贷的行为认定为“非法经营罪”。二是认为现行刑法无相关罪名规制高利放贷行为，而实践中的高利贷严重破坏了金融监管秩序，从而主张应增设“高利贷罪”。①

持“不入罪观点”的理由大致可以归纳为三点：一是立法上的违法性，二是事实上的阻碍性，三是价值上的错位性。就违法性而言，以邱兴隆教授为代表的学者认为“刑法分则仅规定使用银行贷款放贷的高利转贷行为非法，刑法并未对自有或自筹资金高息出借的民间放贷行为明文禁止”且“用非法经营罪规制民间高利贷属于扩张解释，有违刑法的立法本意”，② 将高利贷行为入罪是对罪行法定原则的悖离。就阻碍性而言，民间高利贷是民间契约自由的体现，它有利于社会资本的合理流通，解决了中小企业资金难的问题。就价值的错位性而言，“该行为入罪是刑法保障金融安全的错位，由于政府对民间金融的过分干预和不恰当的管制，极易形成‘金融抑制’，造成金融自由与金融安全间的价值错位”。③

上述观点均有商榷之处，主要原因是各方观点没有正确区分不同属性的高利放贷行为，而是笼统模糊地将所有高利贷行为混谈而论，由此得出的结论未免以偏概全。

有学者将民间高利贷划分为民事性质和商事性质两种，认为商事性高利贷刑法应予规制。但如何区分民事性质的高利贷和商事性质的高利贷也是值得研究的问题。有学者认为二者的重要区别点在于是否具有职业性、营利性的特征，民事性质的高利贷是行为主体基于生产、经营或生活的需要，在契约自由的意思自治下而产生的民间金融互助行为，具有偶发性和互助性的特点，而商事性的放贷行为具有“职业性、营利性”的特点。其实只要是高利贷，无论偶发还是长期的，都具有营利性这一共同特点，仅以是否具有营利性特点难以认清基于高利率借贷的行为类型与实质。另外，职业性是否可作为划分民事性高利贷和商事性高利贷

① 龚振军：《民间高利贷入罪的合理性及路径探讨》，载《政治与法律》2012年第5期，第45~53页。

② 邱兴隆：《民间借贷的泛刑法分析》，载《现代法学》2012年第1期，第112~124页。

③ 刘伟：《论民间高利贷的司法犯罪化的不合理性》，载《法学》2011年第9期，第132~142页。

的标准？如长期以自有资金发放高利贷的行为是否属于职业性的高利贷行为？从实证分析看，高利率借贷行为，主要有两种类型：一是基于自有资金包括个人或单位以自有资金或从亲友、银行等机构借贷资金再以高利率借与他人（理论上也包括银行等合法金融机构）；二是非法吸收公众资金后再高利贷出的行为。

前一种行为的“违法性”主要在于高利率（如果高利转贷罪废除后将从银行借贷资金以高出法定保护的利率，也需要考虑是否对高利率放贷入罪的问题），目前我国刑法除对高利转贷行为有规制外，刑法没有禁止，而以非法经营罪入罪显然与《刑法》第 225 条所规制的重点与目的不符合，我国没有法律允许可以放高利贷，因此也不可能存在放高利贷即为非法经营的问题。后一种行为的违法性则重点在于非法经营货币行为，此类型行为实质上是非法吸收资金又非法放贷资金（可以是高利贷也可以不是），法律规制的不是利率的高低而是放贷行为本身，无论是否以高利率放贷都不影响其行为性质。对这种行为的规制当然属于《刑法》第 225 条非法经营罪所规制的内容，但由于未经批准非法吸收公众存款并将吸收的存款放贷的，我国《商业银行法》将其规定为非法吸收公众存款的行为，我国《刑法》第 176 条规定的非法吸收公众存款罪也包含了此种类型，因此，第 176 条与第 225 条实质上是法条竞合的问题，按非法吸收公众存款罪论处即可，当然，如果擅自冠以金融机构名称，则构成擅自设立金融机构罪。从上述的分析看，实质上高利贷的入罪问题探讨，主要是指针对个人或单位自有资金偶然的或长期的以高出法定利率放贷的行为，对此类行为我们通称为民间高利贷行为。那么，对民间高利贷行为是否需要刑法介入？我们对此持否定态度，理由如下：

第一，民间高利贷行为是基于意思自治的民事行为。民间高利贷行为即通过自有资金以放高利贷赚取利润的行为，无论偶发还是长期的，都是以营利为目的，这是市场经济条件下资本的本性使然。民间高利贷，是借贷双方基于生产、经营或生活的需要，在契约自由的意思自治下而产生的民间融资行为，借款人利用出借人的资金从事生产、生活，资金拥有人利用资金赚取利润，借贷双方基于生产、经营的性质与风险或借款人资信情况等约定利率，利率的高低往往与经营、生产活动的风险高低、资金使用的紧迫情况、贷款人的信用情况等有关，借贷利率往往是借贷主体基于资金风险系数等确定的，借贷双方作为理性人往往是充分考虑权衡而为的。因此，国家权力不宜干预过多，尤其从实践看，过度限制高利贷虽然保护了贷款人不受高利贷的盘剥，但也忽视了对放贷人的保护，纵容了交易中的不诚信行为，忽视了放贷人资金的风险，因此，应尊重当事人的意思。为了控制过高的借贷利率，可通过规定不受法律保护的利率上限引导双方理性地约定利率。对放贷人以暴力手段催收本息的，则以其手段行为性质追究法律责任。2015 年 6 月 23 日，最高人民法院发布的《关于审理民间借贷案件适用法律若干问题的规定》具有较好的引导与规范作用。

第二，运用“非法经营罪”司法路径规制该类行为导致打击错位。目前，提倡民间高利贷犯罪化的路径主要有两个：一是司法层面，运用“非法经营罪”规制该类行为；二是立法层面，在刑法中增设“发放高利贷罪”。近年来，司法机关使用“非法经营罪”对民间高利贷行为惩罚，可以说“非法经营罪”这一口袋罪名已成为目前“民间高利贷”入罪的常用路径（高利转贷罪除外，因为它规制的是仅以银行贷款为资金来源的高利贷行为）。援引该罪的理由在于《刑法》第225条规定“其他严重扰乱市场秩序的非法经营行为”构成本罪。暂且不论该条中“严重扰乱市场秩序”的描述有多么模糊，且看本罪的立法本意是打击“非法经营”的行为，它的打击对象是“经营”行为，而高利贷的实质是放贷利率的“高”引起的市场金融利率的混乱。对此类行为给予刑罚制裁的目的显然不是以惩罚高利贷的收取“高利率”行为，而是惩罚未许可经营货币行为的经营行为本身。对自有资金高利放贷，即使具有长期性甚至职业性特点，也不宜以非法经营罪论处。从本课题组所收集高利贷以非法经营罪论处的案件看，案件处理中模糊了民间高利贷与非法经营货币行为的非法金融业务活动间的界限。显然，司法以非法经营罪对高利贷入罪，必然造成刑法打击偏差。

第三，民间高利贷行为不具有刑法学意义上的“社会危害性”。高利贷行为是否入罪，必须明确高利贷究竟有何危害性，即使有危害性，是否达到应动用刑罚予以规制的程度，再即使需要运用刑罚，现有罪名是否足够。根据我国《刑法》第13条关于犯罪含义的规定可知，“社会危害性”是一切犯罪的本质特征，是刑法规制某种行为时必须遵循的一个基本的逻辑前提。判断高利放贷行为是否具备社会危害性的标准在于该类行为是否对刑法所保护的社会关系造成现实的或可能的损害。

许多持“高利贷犯罪化”观点的学者认为民间高利贷所具有的“社会危害性”表现在以下两点：其一，民间高利贷极易引发其他犯罪。高利贷通常伴随故意杀人、故意伤害、绑架、敲诈勒索、威胁恫吓等违法犯罪行为并极易引起群体性事件，因而具有严重的社会危害性。事实上，上述行为只是民间高利放贷派生出的刑事违法行为，完全可以由刑法的相关罪名予以规制。民间高利贷只是上述犯罪的诱因，不能因为民间高利贷可能引发诸多犯罪行为就认定高利贷本身是犯罪。即使是正常的民间借贷，也可能因债务纠纷引发故意杀人、故意伤害、绑架、非法拘禁等违法犯罪行为，因此高利贷与高利贷诱发的违法犯罪行为二者间并不存在必然的因果关系，以此为由将高利贷认定为具有刑法意义上的“社会危害性”无疑是荒谬的。其二，民间高利贷的高利率是评判高利贷社会危害性的重要标准。从社会一般观点看，高于一定利率的高利贷似乎有严重的社会危害性，如通常行业的利润水平难以承受某种高利率的借贷，高利贷不利于经济发展；高利率放贷人往往利用借贷人急需资金之机发放高利贷，属于乘人之危险的行为；因高利贷导致借贷人无力偿还债务而自杀等。但仔细分析则会发现，上述观点难以成立。虽然一般行业的利润率难以支撑高利贷的利率，但敢于高利贷的借贷人，或者其投资利润或投资机会的收益肯定优于高利贷本身。即使放贷人利用他人急需索要高利贷的情况下，借贷人仍然选择向放贷人高利借贷，这表明或是借贷人充分权衡利弊的理性选择或是借贷人没有选择的唯一选择，前者不存在违背意志自治及公平原则，后者高利放贷人是为借贷人解燃眉之急，高利放贷人承担了高风险要求高回报理所当然。正因为有高利贷的存在，使某些急需资金者能够及时获得资金，或抢得了商业机会或避免了危机。正如经济学家茅于轼所言："高利贷不是剥削，是利国利民的大好事"。[①] 因此，在欠缺"社会危害性"这一基本逻辑前提的情况下，民间高利贷入罪不成立。相反，如果将高利贷行为入罪，一方面，急需要资金的人可能更难以获得资金，或者因放贷人承担了更高的风险会要求更高的利率。另一方面，借贷人可能因借贷资金后而举报放贷人高利贷，从而变相鼓励不诚实守信，违背建立市场经济基本要求与条件，不利于经济社会发展。

民间高利放贷予以非犯罪化是尊重高利放贷行为法律属性的应然选择，但民间高利贷行为非罪化并不意味着放任该类行为，而是应深入研究该类行为的发生机理，探讨抑制其发生的配套制度，对高利贷行为通过民法等其他法律制度予以规制。因此，民间高利贷的治理是一项涉及金融法律法规、国家经济政策、市场信用体系等多领域通力合作、综合治理的过程。例如，对以违法手段追索债务的行为按相关罪名追究刑事责任，此外，还可以通过"扩大民间金融合法化空间"、"制定专门法律规范民间借贷市场"等非刑罚措施来予以应对。

（二）重构非法集资类行为的罪名体系

非法集资是违反国家法律法规直接吸收资金或变相吸收资金的方式进行民间融资的行为，由于该类行为容易引发金融风险、危害金融秩序因而是我国刑法规制的重点。目前，根据我国 1997 年《刑法》及 2010 年《解释》，《刑法》中明确规定的涉及非法集资的罪名包括第 176 条的非法吸收公众存款罪、第 179 条的擅自发行股票、公司、企业债券罪、第 192 条的集资诈骗罪。根据 2010 年《解释》，违反国家规定，未经批准擅自发行基金份额募集基金，情节严重的，以第

---

① 茅于轼：《高利贷不是剥削》，凤凰网，http：//finance. ifeng. com/news/20110525/4066052. shtml，发布日期：2011 年 5 月 25 日，访问日期：2017 年 3 月 20 日。

225条非法经营罪定罪处罚，因擅自发行基金份额的行为也属于非法集资类行为，因此非法经营罪也是规制非法集资行为的罪名。至于擅自设立金融机构罪、欺诈发行股票债券罪，虽然也属规制非法手段集资行为的罪名，但因擅自设立金融机构必须以金融机构的名义进行业务活动，而欺诈发行股票、债券罪是在股票发行过程中使用欺诈方法发行，在我国现行证券发行体制下，不属于严格意义上的民间融资领域的非法集资行为，其规制罪名不属于民间融资领域的非法集资类罪名，本不属于本书的研究范围，但由于在构建相关罪名体系时需要将其纳入进行综合分析。

刑法要合理规制非法集资类行为，必须首先分析民间非法集资行为的类型，把握民间非法集资行为的实质。关于我国刑法所规定的民间非法集资行为，有学者认为有两类行为，其一，非法吸收存款，其二，擅自发行股票和债券。① 然而这种类型化的分析难以反映其行为的实质及其危害程度。实质上吸收资金类行为应分为“直接融资”和“间接融资”两类，直接融资是没有金融中介机构的融资方式，直接融资模式中，资金供需双方直接通过借贷协议或资金供需双方以买卖有价证券、股票等方式融通资金，资金需要者将所获得资金直接用于生产、生活。间接融资是资金供求双方均通过金融中介机构进行的资金融通方式，在间接融资模式中，拥有闲置资金的单位与个人将资金存入银行等或者购买银行、信托、保险等金融机构发行的有价证券，金融中介机构以贷款、贴现等形式将资金发放给资金需求者。直接融资供需双方均明确资金来源与投向，而间接融资供需要双方均与金融中介机构发生联系，由金融中介机构吸收不特定对象的资金形成资金池，再向不特定对象发放资金，资金的真正拥有人与资金使用人并不明确资金的明确来源与去向。从我国刑法目前规制的行为看，擅自发行股票、债券以及以非法经营罪论处的擅自发行基金份额的行为，属于直接融资行为。而非法吸收公众存款罪的行为类型，根据实证分析，则既有直接融资行为又有间接融资行为。非法吸收公众存款罪中的直接融资行为，主要是资金供给者直接向资金需求提供资金，资金需求者将资金用于生产经营项目，或者资金供需双方以代种、代养等方式变相吸收资金，孙大午非法吸收公众存款的行为即属于直接融资行为。非法吸收公众存款罪中的间接融资行为主要表现为充当金融中介机构的角色，向不特定多数人聚集资金形成资金池后，再向不特定人发放资金。如果吸收资金并不形成资金池，仅为供需要双方搭建沟通桥梁、提供信息平台，如规范的P2P模式，既不属于直接融资，也不属于间接融资，而只是为直接融资提供平台或信

① 黄韬：《刑法完不成的任务——治理非法集资刑事司法实践的现实制度困境》，载《中国刑事法杂志》2011年第11期，第36~45页。

息。而“集资诈骗罪”因集资人是以“非法占有为目的”而“使用诈骗方法”非法集资，其具体的形式既可以是以直接融资又可以是以间接融资的面目出现，对集资诈骗罪的规制重点是其以非法占有为目的的集资诈骗行为。

在对非法集资行为类型分析的基础上，需要具体分析哪些类型的行为具有严重的社会危害性刑法应予规制，哪些行为不具有刑法介入的社会危害性，哪些行为需要其他法律予以规制等，否则，刑法贸然介入，既浪费刑法资源，造成打击对象的偏差不能为集资监管从一味地“堵”转型为有步骤的“疏”提供法律基础，① 也必然侵犯公民的经济自由权与人身权，阻碍经济的良好运行与发展。因此，在对非法集资行为类型化的基础上，我们应进一步分析更加科学合理的罪名体系，以及各罪的边界确定。

1. 保留非法吸收公众存款罪并严格限缩其犯罪圈

关于非法吸收公众存款罪是否应当保留，我国学界有较大争议，尤其是非法吸收公众存款罪的口袋罪特征更是备受学界的批判。那么本罪是否有保留的必要？如果需要，如何划定其犯罪圈？本书认为，本罪有保留的必要。近年来非法吸收公众存款罪的立法与司法倍受质疑，究其原因在于该罪立法过于抽象，对本罪的主体、对象、行为方式等诸多犯罪构成的必要条件没有明确，从而造成司法实践中不当地适用本罪名，将众多不仅不具有社会危害性反而对促进经济社会发展有益的行为作为犯罪论处，如将为满足生产、生活需要的融资行为作为非法吸收公众存款罪论处，明显维护了金融垄断，阻碍了经济发展，侵犯了公民权利。然而，尽管非法吸收公众存款罪无论是立法还是司法确实存在不少问题，但这些问题只关涉本罪的科学性问题，不涉及本罪成立与否的问题，从现实情况看，非法吸收公众存款的行为类型与方式众多，虽然有的行为类型入罪不当，但有的非法吸收公众存款的行为具有严重的社会危害性，如果刑法不予干预不足以制止类此行为防止其对社会的严重危害。具体哪些行为应当入罪，建议作如下处理并进一步分析。

第一，严格限缩非法吸收公众存款罪的行为类型。非法吸收公众存款罪的行为类型必须具有面向公众非法吸收资金或变相吸收资金的共同特点。即资金吸收者像银行一样面向不特定多数人吸收资金方能称为非法吸收公众存款罪。此外，非法吸收公众存款罪的行为类型包括直接融资与间接融资两种。直接融资的行为中，又可分为多种情形，因此，如何确定非法吸收公众存款罪的行为类型，还需要根据实际情况进一步细分。从实践中看直接融资的行为方式有以下几类：

一是集资人确实是为满足生产、生活、投资等需要而直接向社会吸收资金，

① 彭冰：《非法集资活动规制研究》，载《中国法学》2008 年第 4 期，第 42 ~ 55 页。

并对投资人承诺在一定期限内还本付息的行为。这类行为既满足经济生活需要，对经济发展有利，又能引导社会闲散资金合理流向，还本付息的行为也满足了资金拥有人的利益需要，这类行为本身不会引发金融风险。但这类融资行为却可能由于投资、经营失败给资金拥有人造成损失进而引发群体性事件或上访等社会问题，无限制地放任不管，也容易累积风险，引发危机，因此仍需要进行规制，适当控制规模，保证信息对称，教育引导资金拥有人树立风险意识及理性借贷。但对这种行为的规制是否需要刑法规制、刑法何时介入等，则需要重新衡量。本书认为，对此类行为，应首先由行政法规或民事法律调整，可建立登记制度，保证信息公开，控制借贷规模。其合法模式可参照私募基金的规定，向200人以内的个人借贷资金的，由民法调整。超过这一范围的，再由金融监督机构监督，违者给予行政处罚。对此种情形的集资建议刑法不予介入。

二是集资人以投资入股、转让股权等方式吸收资金并承诺按股权等分享红利的行为。这类行为也是非法吸收公众存款罪中常见的行为类型。如2010年《解释》中所列的如以转让林权并代为管护等方式非法吸收资金的；以投资入股的方式非法吸收资金的；以委托理财的方式非法吸收资金的行为，虽然实质上是投资合同，类似于发行股票、债券，在美国视为股票、债券类行为规制，但在我国目前股票、债券采用狭义概念的体系下，将其纳入非法吸收公众存款罪中加以规制。但据实证分析，对此类型行为如何定性，司法判例处罚不一，同样以发行、转让股权的形式吸收资金的，有的按非法吸收公众存款罪定罪，有的以擅自发行股票罪定罪。因此建议，将此类型的吸收公众存款行为纳入擅自发行证券类行为规制。

三是通过媒体等散布虚假信息向社会公众非法吸收资金并承诺一定期限内还本付息的行为。2010年《解释》中规定的其他类型的行为如不具有销售商品、提供服务的真实内容或者不以销售商品、提供服务为主要目的，以商品回购、寄存代售等方式非法吸收资金的；不具有发行股票、债券的真实内容，以虚假转让股权、发售虚构债券等方式非法吸收资金的；不具有募集基金的真实内容，以假借境外基金、发售虚构基金等方式非法吸收资金的；不具有销售保险的真实内容，以假冒保险公司、伪造保险单据等方式非法吸收资金的。上述非法吸收资金的行为，没有明确的资金投向而吸收资金的，集资人往往吸收资金后再视情况，或用于自己使用或借与他人使用，但无论哪种形式使用资金，其均为非法聚集资金池，公众资金没有相应的安全保障及资金效用，如果涉及数额大、公众面广，容易引发资金风险与社会安全，需要刑法对此进行规制，此种行为应为非法吸收公众存款罪的行为类型。

四是对于合法或非法机构与个人通过媒体等方式向社会公众非法吸收资金再

向不特定公众发放资金，并对出资人承诺在一定期限内还本付息的行为。这种行为属于间接融资行为，如2010年《解释》中规定的利用民间“会”、“社”等组织非法吸收资金的，多属间接融资行为，集资人充当银行等中介机构的角色，属于货币的经营行为，其行为性质显然也属于非法经营行为，对其虽然可按我国《刑法》的第225条规定以非法经营罪论处，但商业银行法对此类行为定性为非法吸收公众存款行为，我国《刑法》第176条规定的非法吸收公众存款罪理应包括此类行为。因此，此类行为既符合非法吸收公众存款罪，也符合第225条规定的非法经营罪，属于法条竞合。但由于第176条保护的法益的特殊性，此类行为作为非法吸收公众存款罪的行为类型规制更为适宜。

第二，提高非法吸收公众存款罪入罪标准的资金数额与人数标准。《刑法》第176条规定的非法吸收公众存款罪之所以沦为口袋罪，关键在于仅用非法吸收或变相吸收公众存款罪这样高度抽象概括的罪状规定本罪的构成，对入罪的行为类型、入罪标准都缺乏明确边界。刑法对本罪的犯罪圈应明确入罪标准的数额与人数却没有做出规定，入罪标准是非法吸收公众存款或者变相吸收公众存款“扰乱金融秩序的”。那么，如何判断非法吸收公众存款扰乱金融秩序？2010年《解释》第3条规定了四种入罪标准，一是以吸收或变相吸收公众存款数额，个人非法吸收或变相吸收数额在20万元以上的，单位非法吸收或者变相吸收公众存款，数额在100万元以上的；二是以对象人数，即个人非法吸收或者变相吸收公众存款对象30人以上的，单位非法吸收或者变相吸收公众存款对象150人以上的；三是造成的损失数额，即个人非法吸收或者变相吸收公众存款，给存款人造成直接经济损失数额在10万元以上的，单位非法吸收或者变相吸收公众存款，给存款人造成直接经济损失数额在50万元以上的；四是造成恶劣社会影响或者其他严重后果的。课题组认为，非法吸收公众存款的危害主要涉及资金量和影响面，如果涉及人数众多、资金量大，方可引发资金风险和社会安定，如果资金虽然大，但涉及人数少或虽然人数多但资金量很少，均不可能引发相关的融资风险，即使有风险但风险处于可控范围。现有的入罪标准人数和非法吸收资金数额小，难以达到扰乱金融秩序的状态，尤其以造成损失10万元作为入罪标准的数额更是难以反映其社会危害性。具体的入罪人数，可参照私募基金的人数限额，私募基金的人数以200人为限，而资金数额，建议以200万元作为入罪标准。入罪标准应同时具有人数与资金数额标准方才入罪。而损失数额不应作为入罪标准，可以作为量刑情节。

虽然保留此罪，但建议修改刑法时，将公众存款改为社会资金或公众资金，即罪名改为非法吸收公众资金罪。因为存款专指存款人在保留所有权的条件下把资金或货币暂时转让或存储与银行或其他金融机构，或者是说把使用权暂时转让给银行或其他金融机构的资金或货币，而非法集资人向社会公众吸收的社会闲置资金并未存入银行或其他金融机构，不能算是存款，至多只可能是银行等金融机构潜在存款而已。刑法规定非法吸收公众存款这一罪名，充分反映了维护金融垄断的立法思路。

2. 重构擅自发行证券罪规制直接融资类非法集资行为

目前，我国规制直接融资类非法集资的行为有第 179 条擅自发行股票、公司、企业债券罪，我国 2013 年实施的《中华人民共和国证券投资基金法》规定，未经核准擅自发行基金份额募集基金，构成犯罪的，依法追究刑事责任。因刑法没有明确未经批准擅自发行基金份额募集基金构成何罪，因此，2010 年《解释》第 7 条规定：违反国家规定，未经依法核准擅自发行基金份额募集基金，情节严重的，依照《刑法》第 225 条的规定，以非法经营罪定罪处罚。因此，刑法第 225 条规定的非法经营罪也属于规制直接融资类的犯罪。《刑法》第 160 条规定的欺诈发行股票、债券罪也是规制直接融资类行为，但本罪所规定的犯罪行为是在证券发行过程中，在招股说明书、认股书、公司、企业债券募集办法中隐瞒重要事实或者编造重大虚假内容，发行股票或者公司、企业债券，数额巨大、后果严重或者有其他严重情节的行为，不属于民间融资领域的非法集资行为，且因其采用了欺诈手段发行股票债券罪，建议保留本罪。据此，属于民间融资领域的直接融资罪名目前有擅自发行股票、公司、企业债券罪和规制擅自发行基金份额的非法经营罪，因为未经批准擅自发行基金份额也是直接融资类行为，不还本付息而是根据其份额获取收益，本质上与股票无异。因此，本书认为，应当重新构建擅自发行证券罪来规制擅自发行股票、公司、企业债券的行为和擅自发行基金份额的行为。

当前，我国的证券发行正面临着由“核准制”向“注册制”的转变，《证券法》的新一轮修改正在进行中。作为证券发行法律制度中的重要组成部分，对擅自发行股票、公司、企业债券的刑法规制必须对此做出回应。为此，需要把握住并全面贯彻证券发行“注册制”精神。要理性认识擅自发行证券刑法规范与经济类证券法律法规的关系。要认识到擅自发行证券犯罪案件查处方式的特殊性。总之，刑法对擅自发行证券犯罪的规制，要始终与我国的证券发行实践相适应，要始终与其他证券法律法规的规定相协调。

第一，明确调整对象。目前，以“股票、公司、企业债券”作为擅自发行证券刑法规范的调整对象，存在着严重的滞后性，阻碍了刑法在规范证券发行秩序过程中作用的发挥。因此，应用“证券”替代“股票、公司、企业债券”，用“擅自发行证券罪”替代“擅自发行股票、公司、企业债券罪”。

我国刑法中并没有对包括股票和债券在内的证券进行过定义（既没有列举式

定义也没有开放式定义）。所以，我国刑法上的“证券”定义只能参考《证券法》中的规定。我国《证券法》第2条规定，股票、公司债券和国务院依法认定的其他证券的发行和交易，适用本法。本法未规定的，适用公司法和其他法律、行政法规的规定。我国现阶段的非法发行证券刑事立法模式采用的是刑法典和附属刑法混合立法模式。刑法规范对非法发行证券行为进行规制，要考虑刑法典与附属刑法之间的一致性。所以，刑法典中“擅自发行证券罪”中的“证券”含义也要与附属刑法中讲的“证券”具有一致性。刑法典中的“擅自发行证券”概念来源于《公司法》和《证券法》等法律法规中“擅自发行证券”的概念。设置“擅自发行证券罪”也主要是为了为公司法和证券法所制定的证券发行制度的实施提供保障。所以，即使有刑法学者指出刑法学中的一些概念有其不同于其他法律对同一概念的定义，或与通常人们所理解的这些概念的含义不同，[①] 以这种解释理念对“擅自发行证券罪”中“证券”这个概念进行解释定义也是欠妥当的。

根据已经公布的《证券法》修改草案（2015年4月20日全国人大审议版）的内容，新《证券法》将适用于普通股、优先股等股票、公司债券、企业债券、可转换为股票的公司债券等债券、股票、债券的存托凭证、国务院依法认定的其他证券和资产支持证券等受益凭证、权证的发行和交易，同时适用于政府债券、证券投资基金份额的上市交易。若该规定最终获得立法审议通过，则未来“证券”的含义将较当前大为扩展，则我国刑法中“擅自发行证券罪”的调整对象范围也将随之扩大。如此，至少对于擅自发行基金份额而言，完全可以以“擅自发行证券罪”进行定罪处罚，而不是非法经营罪。再如，如果未来的《证券法》将投资合同视为股权凭证的话，擅自发行证券罪的规制范围将扩展至当前我国经济活动中，以转让林权并代为管护等方式非法吸收资金、以代种植（养殖）、租种植（养殖）、联合种植（养殖）等方式进行所谓的“变相吸收公众存款”行为。

学者们对我国《证券法》第2条关于证券范围的规定多有不满，认为《证券法》对证券种类的认定与我国证券市场证券种类的不断创新相矛盾，主张对证券概念进行完善。[②] 本书认为，“非法发行证券罪”中的“证券”的概念要与《公司法》和《证券法》等法律法规保持一致，但现在的问题是，《证券法》本

---

① 毛玲玲：《刑法解释困境下概念式思维路径的修复与完善》，载《甘肃社会科学》2013年第6期，第131～135页。

② 持此类观点的文章可参见曾洋：《论证券法之“证券”——以〈证券法〉第2条为中心》，载《江海学刊》2012年第2期，第215～222页；姚海放：《论证券概念的扩大及对金融监管的意义》，载《政治与法律》2012年第8期，第22～29页。

身对"证券"的界定都已经受到了学者的质疑和批评。在《证券法》对"证券"的界定还没有做出修改之前，刑法应承认司法主体"观念概念"的开放性可以在这里暂时地发挥作用。有学者指出，"司法实践的理解性需求决定了'明文'内容的可变性，因此无法为其界定先设某种单一的适用准则"。[①] 当法律条文规定的概念不足以涵盖司法实践中遇到的情形时，就只能依靠司法主体对概念进行合乎法理的理解了。这种解释既可能通过最高司法机关发布司法解释的方式进行，也可能通过个案中的司法主体根据法理和自己的经验对现有的法律概念进行解释。现阶段，非法发行证券行为刑法规范有时就是依靠此种方式化解司法实践中的难题的。课题组收集的案例中，两个案例行为人擅自发行的不是我们通常所说的股票，而是未上市的股份有限公司的股权，一个案例中行为人发行的则是有限责任公司的股权，并且在这三个案例中都存在着欺诈的成分，最终这三个案件都以擅自发行股票罪定性。而另有两个案件，同样是以欺诈的方式转让股权，最终却以集资诈骗罪定性。前三个案件中，显然法院是通过把股权解释为股票从而得以适用刑法关于擅自发行股票罪的规定的；而后两个案件中，即使被告人或辩护人以"本案不构成集资诈骗罪，构成擅自欺诈发行股票罪"进行了辩护，法院也并未采纳这样的观点，并不认为股权就是股票。前一种处理方式，是从股票本质特征的层面上来理解"股票"的，后一种处理方式则是从形式上对刑法中的概念进行机械地坚持。综上，我们认为"擅自发行证券罪"中的"证券"概念的确定要以经济法律法规为主要参考，但是在经济法律法规本身对"证券"的定义存在缺陷，不能有效应对司法实践时，司法主体（包括法官和司法机关）可以从证券的经济实质特征方面着眼，对司法实践中的具体情形进行认定。

第二，明确刑法规制的行为类型。因为证券市场对不同主体通过不同方式进行的证券发行行为所期待的信息公开程度存在差异，所以以促进信息公开为目标的证券发行监管制度对不同的证券发行行为进行的监管力度存在差别。这就决定了保障证券发行监管制度实施的擅自发行证券行为刑法规范对待不同的擅自发行证券行为有着不同程度的否定性态度，具体而言可分为绝对否定的行为和附条件否定的行为。

这里所言的"绝对否定的行为"是指那些不需要给予过多限制性条件，刑法便予以规制的擅自发行证券行为。这些行为的违法性具有不言自明的特点，主要包括以下行为：一是股份有限公司以外的主体发行股票的行为。依据我国《公司法》的规定可知，只有股份有限公司才可以发行股票。股份有限公司以外的主

① 毛玲玲：《刑法解释困境下概念式思维路径的修复与完善》，载《甘肃社会科学》2013 年第 6 期，第 131 页。

体，包括有限责任公司、非公司制企业、其他单位或组织、自然人，都没有发行股票的资格。这些主体只要有发行股票的行为，无论是公开发行还是非公开发行，都是没有法律依据的行为。这些行为的实施导致的危害后果一旦达到相当程度，就可能构成犯罪，可以以"擅自发行证券罪"进行定罪处刑。二是公司、企业以外的主体发行公司债券的行为。国务院于1993年8月2日发布施行的《企业债券管理条例》第2条第1款规定：本条例适用于中华人民共和国境内具有法人资格的企业在境内发行的债券。该条第2款规定：除前款规定的企业外，任何单位和个人不得发行企业债券。根据该条的规定可以知道，除了具有法人资格的企业外，其他任何主体不得发行企业债券；否则，是为擅自发行债券行为，危害后果达到一定的严重程度时，应该以"擅自发行证券罪"进行定罪处罚。

附条件否定的行为主要包括以下五类行为：

一是公众公司擅自（相对于核准制或注册制）发行（包括公开和非公开发行）股票的行为。如果一家股份有限公司公开发行了股份，其就可以归入公众公司之列；公众公司的股票如果能在法定的证券交易所进行集中竞价交易，就成为我国《证券法》中界定的上市公司。[①] 所以这里所说的公众公司是指已上市的股份有限公司和非上市公众公司。已上市的股份公司众所周知，毋庸赘言。什么是非上市公众公司？中国证监会于2012年9月28日审议通过，于2013年12月26日进行修改的《非上市公众公司监督管理办法》第2条对此有相应规定。[②] 从该规定可以看出，非上市公众公司是指虽然没有上市，但在社会公众中向不特定对象或向超过特定人数的特定对象发行股票的股份有限公司。无论是已上市的股份公司，还是非上市公众公司，都具有资本来源范围广、股东人数众多，具有"公众性"的特征。正因为"公众性"特征的存在，就要求公众公司无论是进行股票的公开发行还是非公开发行都不能"擅自"进行。而是要提前向监管部门履行相关程序，并向证券市场公告股票发行情况，以使公司的资本变动情况为与公司具有密切利害关系的广大"公众"所知晓。这里所说的要履行"相关程序"，在当前包括：非上市公众公司申请发行股票并在主板或全国中小企业股份转让系统上市或仅仅是申请公开发行股票而不上市时，要向中国证监会进行发行申请并由中国证监会进行核准；除非中国证监会对其豁免核准，[③] 否则非上市公众公司进

① 刘沛佩：《非上市股份公司股份转让市场的制度完善》，华东政法大学博士论文，2013年3月，第28页。

② 《非上市公众公司监督管理办法》第2条规定：本办法所称非上市公众公司（以下简称公众公司）是指有下列情形之一且其股票未在证券交易所上市交易的股份有限公司：（一）股票向特定对象发行或者转让导致股东累计超过200人；（二）股票公开转让。

③ 《非上市公众公司监督管理办法》第36条规定：股东人数未超过200人的公司申请其股票公开转让，中国证监会豁免核准，由全国中小企业股份转让系统进行审查。

行股票的定向发行时也要向中国证监会进行申请并经核准；而已上市股份公司不管是进行公开发行还是非公开发行都应该报中国证监会审核。[①] 未来，若我国的股票发行乃至证券发行实行“注册制”后，除非被豁免注册，否则公众公司进行证券的发行要履行向有权部门进行注册的程序。无论是现在的核准程序，还是未来的注册程序，都是证券监管部门为了保证证券发行环节的信息公开而做出的强制性规定。跃过这些程序或者未完全遵守这些程序而进行的股票发行就是非法的股票发行行为，后果严重的，可能构成“擅自发行证券罪”。这里所说的“跃过或者未完全遵守”这些程序，包括各种各样与规定程序不一致的发行股票情形，如向无权机关履行核准或注册程序（样本案例中行为人在省体改委的批准下进行股票的发行）等。

二是非公众股份有限公司擅自（相对于核准制或注册制）公开发行股票的行为。根据《非上市公众公司监督管理办法》第2条的规定[②]可以知道，非公众股份公司是指股东人数未超过200人且未进行股票公开发行的未上市股份有限公司。又根据《非上市公众公司监督管理办法》第36条的规定可知，此类公司很有可能被中国证监会豁免核准，所以此类公司进行股票的非公开定向发行，往往不用向中国证监会申请核准。但非公众股份公司若是进行公开发行，则需要向中国证监会申请核准（未来可能是向有权机关进行注册）。之所以存在这种差别，是因为当非公众股份有限公司股东较少时，公司的“公众性”也较小，其运营情况与公众的利害关系也较小，所以其内部情况包括在非公开范围内发行股票的情况自然无需向资本市场的广大投资者说明；但若其进行的是公开发行股票，则因为发行的范围广、涉及的投资者人数众多，会使公司具有“公众性”，这就要求公司按照一定的程序和要求向资本市场公告自身的相关情况。略过此程序进行的股票公开发行就构成擅自发行股票，情况严重的，可能构成擅自发行证券罪。

三是擅自向特定对象以外的人非公开发行股票或将非公开发行的股票进行不当转售的行为。证券的非公开发行也可以理解为证券的私募，指发行人通过非公开的直接洽商方式，向少数以投资而非转售为目的的特定对象发行证券的行为。[③] 针对证券非公开发行，也有文章定义为：“特定主体针对有限人数的特定对象，

---

① 中国证监会颁发的《上市公司证券发行管理办法》第45条规定：上市公司申请公开发行证券或者非公开发行新股，应当由保荐人保荐，并向中国证监会申报。第46条规定：中国证监会依照下列程序审核发行证券的申请……

② 《非上市公众公司监督管理办法》第2条规定：本办法所称非上市公众公司（以下简称公众公司）是指有下列情形之一且其股票未在证券交易所上市交易的股份有限公司：（一）股票向特定对象发行或者转让导致股东累计超过200人；（二）股票公开转让。

③ 孔翔：《我国需要什么样的证券非公开发行制度》，载《证券市场导报》2006年第2期，第4～13页。

按照特定制度规范以非公开方式将证券销售给投资者的行为”。[①] 通过这两个定义我们可以知道股票的非公开发行（私募）与公开发行的主要区别存在于发行和转售环节。股票的非公开发行在发行环节有以下要求：首先必须针对特定对象。非公开发行的特定对象必须是拥有相当资产和收入的、具备足够投资知识经验、了解发行人有关信息、能够自我保护的机构和个人。[②] 对此，我国的一些部门规章也有相应的要求。[③] 而我国深圳和上海的两大证券交易所也分别制定了《投资者管理适当性办法》和《上海证券交易所投资者适当性管理暂行办法》，对特定投资者的财务状况、证券投资知识水平、投资经验和风险承受能力等情况做出了规定。另外据悉，我国统一的投资者适当性管理规定也正在制定中。[④] 其次，不能超过特定人数。《非上市公众公司监督管理办法》第 39 条第 3 款规定：公司确定发行对象时，符合本条第二款第（二）项、第（三）项规定的投资者合计不得超过 35 名。《上市公司证券发行管理办法》第 37 条第 2 款规定：非公开发行股票的特定对象应当符合下列规定：……（二）发行对象不超过十名。此外，有学者从《证券法》第 10 条推出，这一限制人数是 200 人，[⑤] 还有学者根据《股票发行与交易管理暂行条例》第 30 条规定认为这一人数是 1 000 人。[⑥] 正是因为股票的非公开发行必须在特定人数的特定投资者中进行，这就要求对通过非公开发行的股票进行转让（售）也必须有一定的限制。否则，即使在发行环节遵循了在特定人数的特定对象中进行股票发行，但在随后的股票转让中特定投资者将持有的非公开发行的股票公开大量向其他一般投资者进行转售，这就会变成“发行人以私募之名行公募之实”。[⑦]

违反非公开发行股票的规定，擅自向特定对象以外的人非公开发行股票或将非公开发行的股票进行不当转售，包括在不当的时间内或向超过特定人数的非适当性投资者进行的此类股票转让行为，实质上构成擅自发行股票，行为人的行为可能因此而构成“擅自发行证券罪”。

---

① 李占星：《中国证券非公开发行融资制度研究》，浙江大学博士论文，2007 年 5 月，第 17 页。

② 同上，第 18 页。

③ 中国证监会制定的《非上市公众公司监督管理办法》第 39 条第 2 款规定：前款所称特定对象的范围包括下列机构或者自然人：（一）公司股东；（二）公司的董事、监事、高级管理人员、核心员工；（三）符合投资者适当性管理规定的自然人投资者、法人投资者及其他经济组织。中国证监会颁发的《上市公司证券发行管理办法》第 37 条第 1 款规定：非公开发行股票的特定对象应当符合下列规定：（一）特定对象符合股东大会决议规定的条件……该条第 2 款规定：发行对象为境外战略投资者的，应当经国务院相关部门事先批准。

④ 朱宝琛：《统一的投资者适当性管理规定正在制定中》，载《证券日报》2014 年 1 月 11 日，第 A01 版。

⑤⑦ 李寒敏：《我国私募证券的转让限制及完善》，载《清华法学》2008 年第 6 期，第 116 ~ 130 页。

⑥ 同②，第 20 页。

四是公司、企业擅自（相对于核准制或注册制）发行债券的行为。国务院于1993年8月2日发布施行的《企业债券管理条例》第3条规定企业发行债券必须进行公开发行；① 第11条规定发行企业债券必须进行审批，根据不同的发行主体，审批权分别属于中国人民银行、国家计划委员会、中国人民银行省、自治区、直辖市、计划单列市分行及同级计划主管部门。② 但中国证监会于2007年8月14日发布施行的《公司债券发行试点办法》第3条规定申请发行公司债券要经中国证监会核准。由此可见，当前在我国企业（公司）债券发行监管领域的情况是比较混乱的。似乎在发行企业债券时，要按《企业债券管理条例》向相关部门申请批准；在发行公司债券时，要按照《公司债券发行试点办法》向中国证监会申请核准。但是，“制度上的定位不清和实践中的概念互用使得人们对‘公司债’、‘企业债’概念的认知越发困难”。③ 当然，厘清《企业债券管理条例》和《公司债券发行试点办法》、“公司债”和“企业债”之间的实质关系不是刑法规范的任务，而是经济法和公司法的任务。但无论中国的企业（公司）债券发行今后是一致地走向审核制、注册制，还是其他某种制度，这种最终确定的债券发行制度都需要刑法规范的保障，未按照相关规定进行的企业（公司）债券发行一旦造成相当后果还是要由刑法予以定罪处刑。所以，当我们在重构“擅自发行证券罪”时，理应对我国债券发行制度未来的这种发展变化有所预见。否则，就像有经济学学者指出的一样，“如果今后企业债券的发行不再走行政审批的路子，那么就还有必要修改《刑法》中对‘擅自发行股票、公司、企业债券罪’的规定，增加债券发行可以遵循的其他程序性要求，比如‘核准’、‘备案’、‘场外发行’等等”。④ 所以，适当的未雨绸缪还是有必要的。而这只需要我们用一个具有足够概括性的词语来形容非法发行债券的行为，使其既能描述当前状况下的擅自发行债券情形，又能描述违反未来变革后的债券发行制度进行的非法发行债券的情形。

五是擅自发行其他证券的行为。新《证券法》可能将适用于普通股、优先股等股票、公司债券、企业债券、可转换为股票的公司债券等债券、股票、债券的存托凭证、国务院依法认定的其他证券和资产支持证券等受益凭证、权证的发行和交易，以及政府债券、证券投资基金份额的上市交易，这将超过现行《证券法》的适用范围。正是由于“证券”的内涵和外延在经济法律法规上可能表现得“与时俱进”、不断变化，而对稳定性有更高要求的刑法规范则不可能一直保

① 《企业债券管理条例》第3条。

② 《企业债券管理条例》第11条。

③④ 朱小川：《浅议我国债券市场的制度改革——从改革〈企业债券管理条例〉开始》，载《证券市场导报》2011年第5期，第23~29页。

持像经济法律法规一样的修订频率，所以我们有必要设置具有一定概括性的兜底条款，以克服刑法规范的滞后性。这里所言的“其他证券”，将根据《证券法》等经济法律法规予以确定；所言的“擅自发行”，将根据相应的证券发行时所要遵循的具体程序而言。例如，“擅自发行基金份额”中的“擅自发行”就是指未按照规定向中国证券会履行注册程序而发行基金份额的行为。

第三，明确入罪标准。如前文所述，刑法对擅自发行证券行为进行规制的主要的、直接的目的是保障证券发行环节的信息公开，所以，在确定擅自发行证券犯罪的入罪标准时，首先就要从擅自发行证券行为对证券发行环节的信息公开程序的破坏程度入手。此外，由于刑法对擅自发行证券行为进行规制的目的不是单一的，除了保护信息公开外，还保护投资者的利益，促进我国证券市场的健康发展。所以，擅自发行证券犯罪的构罪标准也要考虑考行为对投资者利益造成的损失程度和对证券市场健康发展造成的破坏程度。

首先，确立擅自发行证券行为构罪的人数标准。购买非法发行的证券的人数达到多少，非法发行行为人的行为构成犯罪？本书认为这一人数的下限应是认定私募的人数上限。即超过私募范畴的擅自发行行为应构成擅自发行证券罪。虽然我国关于私募的合理人数范围尚无统一规定，但由于在各种规范性文件中《证券法》的法律效力最高，所以当前刑法规范宜根据《证券法》的规定来认定私募的人数上限，即 200 人。擅自发行证券行为人诱使 200 人以上的投资者购买其擅自发行的证券的，构成擅自发行证券罪。至于将来若《证券法》对证券非公开发行的人数标准有新的规定，则《刑法》在认定擅自发行证券行为构成犯罪的人数标准自动与《证券法》的规定保持一致。此外，认定在非适当性投资者中进行非公开发行股票的转让时，也应参照前项标准，即转让人数超过 35 人的，构成擅自发行证券犯罪。如此刑法将对私募留足合法性空间。

其次，确立擅自发行证券行为的数额标准。这里所言的“数额”是指擅自发行证券募集到的资金数额，还是擅自发行证券行为给投资者带来的损失数额？本书认为，主要是指擅自发行证券募集到的资金数额，而不是擅自发行证券行为给投资者带来的损失数额。但是，擅自发行行为给投资者带来的损失数额可以作为“严重的情节”或者“严重的后果”理解，对定罪和量刑产生一定的影响。这是因为，擅自发行证券罪承担的主要使命是保证证券市场的信息公开，而不是对投资者利益的保护。在股票发行“注册制”下，这一特征将表现得更为明显。既然国家要求拟发行股票的公司履行“注册”程序的本来用意是保证证券发行环节的信息公开，并不包括凭借这一程序增加投资者投资盈利的可能性，那么，作为股票发行“注册制”的法律保障的证券发行刑法规范自然更应该关注擅自发行证券行为对“注册制”和证券发行环节信息公开的破坏程度，而不是对投资者造成的损失程度。而擅自发行证券行为募集到的资金数额，正是擅自发行证券行为在资本市场内的多大范围破坏证券发行环节信息公开的一种表现。

这里所言的“数额”为多大方为合适？建议与非法吸收公众存款罪的入罪标准一致，即以200万元为入罪的数额标准。需要指出的是，以上标准中涉及的犯罪数额，要随着我国经济社会发展状况进行相应的调整，且该项调整是作为证券犯罪整体调整的一部分进行的，要与其他证券犯罪的犯罪数额同步调整；以上标准中涉及的人数要根据我国法律法规今后对“私募”的定义标准进行调整，在各种规定未达成统一之前，刑法中要采最低人数作为标准。如此方能保证擅自发行证券罪的构罪标准是一套紧贴证券市场和经济社会发展实践，紧跟其他证券法律法规变化的动态标准。

3. 保留集资诈骗罪但应限缩该罪的司法适用

集资诈骗罪是我国刑法规制以非法占有为目的的非法集资类犯罪的罪名，该罪构成的基本构成要件是主观上必须具有“非法占有的目的”，客观上必须表现为以非法集资的方式骗取他人财物。近年来理论与实践中对集资诈骗罪的存废没有争议，但对立法关于本罪的死刑配置与司法中“以非法占有的目的”认定存在质疑。因刑法修正案九废除了集资诈骗罪的死刑，“非法占有的目的”就成了核心问题。“非法占有的目的”是认定集资诈骗罪的关键问题之一，但以非法占有为目的仅是认定本罪的主观要件，即使具有非法占有的目的，还不能有效区分本罪与诈骗罪、合同诈骗罪，因此，本罪的客观方面即非法集资的客观行为是本罪客观方面的构成要件，而此要件的认定却往往被理论与实践所忽略。

首先，准确把握本罪的集资诈骗的行为方式。本罪的行方方式是以向公众非法集资的方式骗他以人财物，这是本罪有别于合同诈骗、诈骗罪的关键。考察实践中的判例发现，有的公安司法机关仅重数额忽视本罪属非法集资类犯罪的本质特点，将本应按合同诈骗罪或诈骗罪论处的犯罪按集资诈骗罪处理。因此，构成本罪必须具备非法集资的本质特征，即必须未经有关机关批准，通过媒介、传单、推介会、短信等方式向社会公开宣传，承诺以货币、实物、股权等方式还本付息或给付罪报，向社会公众即不特定对象吸收资金。如果不具备上述特征，而是在一定时期内以生产、投资、经商等虚假信息分别向多个人签订合同等方式骗取资金的，不构成集资诈骗罪。

其次，限缩本罪主观上以非法占有为目的的认定范围。是否具有“以非法占有为目的”是区分本罪与非法吸收公众存款罪、本罪与正当借贷之间界限的关键。因此，如何合理界定以非法占有为目的至关重要。从课题组收集的348个集资诈骗案例的辩护意见看，211个案件中认为被告人的行为构成非法吸收公众存款罪，认为67个案件中的被告人的行为无罪。法院最后确定20个案件中行为的行为构成非法吸收公众存款罪，无一例判处无罪。

如何认定“非法占有的目的”是集资诈骗罪的一个难点，最高人民法院2010年《解释》规定了具有八种情形之一的，即可认定为具有非法占有的目的。但非法占有的目的属主观罪过内容，无论产生于事前或事中、事后，都需要根据行为的客观行为表现判断，尤其产生于事中或事后的认定更为困难。根据本课题组对348例案件的分析，仅有68件认定主观非法占有目的产生于事前，其余均属于事后故意。而事后故意认定均是以肆意挥霍、从事非法活动、抽逃转移资金、不用于生产经营等推定，其中260个案件以行为人肆意挥霍推定行为人主观上具有非法占有的目的。抽逃、转移、隐匿、逃避返还资金有10件，不用于生产经营活动和从事非法活动的各5件。如样本案件中占比最高的“肆意挥霍”的认定，存在挥霍数额计算比例不合理、忽略了商业领域因生产经营需要而必要的高档消费支出特点，对“不用于生产经营”的认定依据仅限于投入实体性经济，忽视如投资理财等非实体经济等，对“致使集资款不能返还”的认定没有区分主观与客观原因，忽视了生产经营的风险特性。因此，基于上述原因，或将一些正常的借贷行为当成犯罪论处或将非法吸收公众存款的行为当成集资诈骗罪论处。为此，应充分考量经济经营规律，采取合理的认定标准与依据认定主观非法占有目的。尤其是在认定过程中充分考量辩护意见从而准确认定主观非法占有目的，尤其对于某些因客观原因如因扩大再生产或经营不善而导致的资金亏损进而无法返还集资款的行为则不能认定为“非法占有为目的”，防止客观归罪。[①]

（三）重构民间融资刑法规制的刑罚体系

目前，我国民间融资犯罪的刑罚配置严厉，刑罚适用重刑化趋势明显，但刑罚体系的设计过于注重对犯罪行为的打击功能，忽视了民间融资刑罚体系的预防功能与激励功能，为此，有必要从刑罚的约束与激励相平衡为出发点，针对现有刑罚配置的缺陷，重构民间融资刑罚体系。

1. 合理配置非法民间借贷与集资的刑罚种类

《刑法修正案（九）》废除了集资诈骗罪的死刑，目前，我国规制民间融资领域行为的刑种有无期徒刑、有期徒刑、拘役、罚金与没收财产。其中以有期徒刑、拘役和罚金刑为主。刑罚种类是与犯罪行为的社会危害性相适应的刑罚手段，不同的刑罚种类代表了刑罚的严厉程度，也昭示着该类行为的犯罪成本。然而，我国刑罚在该领域内的刑种配置突显了法定刑过重、刑种不均衡的特点，需要立法予以适当修正，建议具体从以下方面修改完善。

① 刘宪权：《刑法严惩非法集资行为之反思》，载《法商研究》2012年第4期，第119~126页。

第一，完善罚金刑的适用方式和标准。目前我国《刑法》涉及非法民间借贷与集资的罪名均设置了罚金刑。且每个罪名均根据犯罪情节的不同设置了“并处罚金或单处罚金”和“并处罚金”两种适用模式。前者是一种既可以单处也可以并处的罚金模式，刑罚理论上称为“复合制”，后者是必须并处的罚金模式，理论上称为“必并制”。[①] 对自然人犯罪而言，“非法吸收公众存款罪”、“擅自发行股票、公司、企业债券罪”均采用了复合制，“高利转贷罪”和“集资诈骗罪”采用的是必并制。复合制的罚金方式具有法定量刑空间过大、刑罚配置过重、判决虚置的缺陷，以《刑法》第179条“擅自发行股票、公司、企业债券罪”为例，该条规定“数额巨大、后果严重或者有其他严重情节的，处5年以下有期徒刑或者拘役，并处或者单处非法募集资金金额1%以上5%以下罚金。”这里从单处“1%以上的罚金”到“5年有期徒刑并处5%以下的罚金”，刑罚跨度之大极易导致法官自由裁量权的滥用，形成重刑化的判决结果。按照上述条文的规定，该罪的司法执行将面临两难选择：要么不并处，要么无罚金可罚。[②] 这在客观上造成了该罪执行难、判决虚置的困境。综上所述，笔者建议将上述罪名中“复合制”和“必并制”的罚金规制模式修改成“得并制”的罚金模式即在判处自由刑的同时并处罚金刑。这样既有利于判决的执行，又可以剥夺犯罪人再次犯罪的经济能力。

在罚金的适用标准方面，我国刑法中有关罚金刑的规定采取三种方式：限定数额制（如判处2万以上20万以下罚金）、倍比罚金制（如非法经营罪中规定判处违法所得一倍以上5倍以下的罚金）、百分比罚金制（如非法募集资金金额1%以上5%以下罚金）。[③] 上述规制模式对于罚金的数额的规定过于宽泛和笼统，为司法操作带来了困难，尤其是倍比制的罚金刑在实践中很难实行。以“非法经营罪”为例，部分行为仅仅是施行了非法经营的行为，但在实际上并没有违法所得，如果实行倍比制的罚金刑将导致刑罚适用上的不能。因此，建议取消倍比制的罚金刑。罚金刑设立的初衷是通过财产制裁的方式剥夺行为人再次犯罪的经济能力进而达到一般预防与特殊预防的双重功能。而目前我国刑法对该领域的罚金刑设置大部分采用的是限定数额的方式，仅“擅自发行股票、公司、企业债券罪”采取的是百分比的罚金制。但实际上有些限额制的罚金数额远远不及犯罪违法所得10%甚至1%，如再以固定数额作为罚金标准将导致罚金刑功能的弱化。因此，在罚金刑的数额配置上采取“犯罪收益与一定数额的罚金刑叠加处罚的方式”，这样既达到了惩治犯罪人的目的，又阻断了其再次犯罪的经济能力。而对

① 刘远：《金融欺诈犯罪立法原理与完善》，法律出版社2010年版，第377页。

② 韩轶：《对必并制罚金刑立法的思考》，载《法商研究》2000年第5期，第54~57页。

③ 刘宪权：《论我国金融犯罪的刑罚配置》，载《政治与法律》2011年第1期，第10~18页。

于那些判处拘役并处罚金刑的规定而言，可以适度考虑将罚金刑的并科制改为单科制。因为拘役是一种处罚期限在1个月以上6个月以下的短期自由刑，它针对的是人身危险性不高的犯罪。非法民间借贷与集资类犯罪实质上是财产类犯罪，犯罪人被判处拘役时说明他并不具有较高的人身危险性，因此，没有必要采取拘役和罚金刑并处的方式对其进行惩罚。可以考虑用罚金刑代替拘役，这样既能节约行刑成本又能起到剥夺犯罪人再犯的经济能力的作用，有利于提高犯罪预防的针对性和实效性。

第二，细化对犯罪主体适用资格刑的规定。根据《刑法修正案（九）》的相关规定，在刑法第37条后增加一条，作为第37条之一：因利用职业便利实施犯罪，或者实施违背职业要求的特定义务的犯罪被判处刑罚的，人民法院可以根据犯罪情况和预防再犯罪的需要，禁止其自刑罚执行完毕之日或者假释之日起从事相关职业，期限为3~5年。在经济全球一体化的今天，越来越多的金融犯罪活动具有了专业化的特点，行为人运用自己相应的营运权利或从业资格进行犯罪。因此，具体可以从自然人和单位两个角度构建：针对自然人而言可以设定剥夺或限制从事特定行业的资格。例如，在“擅自发行股票、公司、企业债券罪”中增加对证券从业人员犯罪的规定，可在基本刑罚的基础上单处或并处限制或剥夺从业资格的规定。而对于单位而言，可以设置吊销营业执照、限期整顿或者解散等附加刑。这些附加刑的设置基本限制甚至剥夺了法人单位的再犯罪的能力。如果仅按照现行刑法处罚单位负责人或对单位实行罚金的方式进行处罚，那些资金实力雄厚的单位仍然具有再次犯罪的能力，从犯罪的一般预防角度而言无疑是失败的。因此建议对上述主体增设资格刑，这样既达到了惩治犯罪与预防犯罪相结合的目的又降低了刑罚成本。

2. 协调非法民间借贷与集资犯罪的刑罚幅度

重构的民间融资领域的犯罪体系包括三个罪名，即非法吸收公众存款罪、擅自发行证券罪和集资诈骗罪。废除死刑后的集资诈骗罪的刑罚配置应当说可以做到罪刑相适应，集资诈骗罪基本刑度的最高刑为五年有期徒刑，高于诈骗罪、合同诈骗罪，也体现了其集资诈骗罪之危害性大于诈骗罪与合同诈骗罪的特点，因此，集资诈骗罪的主刑的刑罚幅度可以保持不变。而非法吸收公众存款罪、擅自发行证券罪、集资诈骗罪三个罪之间应实现三者之间的协调。从目前刑罚的设置看，非法吸收公众存款罪、废除死刑后的集资诈骗罪的刑罚幅度没有多大争议，要实现三者的协调，主要在确定擅自发行证券犯罪的刑罚时参考非法吸收公众存款罪的刑罚设置。具体而言：

第一，擅自发行证券严重扰乱了证券发行秩序，但未给投资者造成损失的，或给投资者造成的损失较小的情况的法定刑，应参考非法吸收公众存款罪的第一档法定刑。[①] 这是因为，同非法吸收公众存款一样，并不是只要存在这种情形，就会给投资者带来损失，可能出现的情况是，筹资方非法进行的证券发行行为最终给筹资企业和投资者带来了“共赢”的结果。但毫无疑问的是，只要有擅自发行证券的行为存在，即使筹资方和投资方的利益都没有受到损失，也会给证券发行监管秩序带来破坏。

第二，擅自发行证券，数额巨大，或者有其他严重情节的情况的法定刑，应参照非法吸收公众存款罪的第二档法定刑，[②] 同时法定刑的严厉程度要低于集资诈骗罪的第二档法定刑。[③] 这是因为，这种情形同非法吸收公众存款罪一样，都可能既对证券发行监管秩序（金融管理秩序）造成相当程度的破坏，同时又给投资者（被吸收资金者）带来损失，所以它们的法定刑应该相当。此外，这种情形的社会危害性往往可能比集资诈骗行为造成的“数额巨大、或者有其他严重情节”的情况的社会危害性要小。因为集资诈骗罪中存在“非法占有”的目的和欺骗行为，而擅自发行证券行为往往没有这种“非法占有”的目的；并且即使发行证券行为中包含有欺诈的意思，这种以“骗得他人资金为自己使用”的目的比集资诈骗罪中“骗得他人资金为自己所有”的目的应受到的谴责性要小。

第三，擅自发行证券，数额特别巨大，或者有其他特别严重情节情形的法定刑的严厉程度要低于集资诈骗罪的第三档法定刑。[④] 其中的道理同前文，此处不再赘述。

---

① 刑法第176条规定：非法吸收公众存款或者变相吸收公众存款，扰乱金融秩序的，处3年以下有期徒刑或者拘役，并处或者单处2万元以上20万元以下罚金……

②③ 指“数额巨大或者有其他严重情节的，处5年以上10年以下有期徒刑，并处5万元以上50万元以下罚金。”

④ 指“数额特别巨大或者有其他特别严重情节的，处10年以上有期徒刑或者无期徒刑，并处5万元以上50万元以下罚金或者没收财产。”

第五章

民间借贷与非法集资的危机应对机制

民间借贷与非法集资在我国具有广泛的社会影响，参与人的财产容易受到重大损失，形成群体性事件，甚至形成区域性的民间金融危机。但是，这种行为又具有自发性、隐蔽性、地域性、传染性、财产性、社会性、危害性等特征。前些年我国部分地方爆发的民间借贷与非法集资危机事件，特别是近期不断出现的“P2P”非法集资事件，[1] 凸显了民间借贷与非法集资的巨大风险以及完善危机应对机制的重要性。本章从分析危机的特征及其基本类型出发，研究危机发生和应对的基本法律要素，指出我国的危机应对机制存在的问题，提出完善建议。

第一节　民间借贷和非法集资的特征与类型

民间借贷是民间自发形成的一种融资行为，在解决国家金融权垄断背景下中小企业“融资贵”、“融资难”及人民群众生产生活急需方面，发挥着无可替代的作用。但是，长期的无序发展暴露出民间借贷自身存在的弊病，其非正规的经营模式、不明确的法律地位、脆弱的信用机制、高利贷及非法讨债等问题使得我国当下的民间借贷积聚着巨大风险。如果借贷行为是一对一地进行，则风险可以

---

① 据有关资料显示，目前出现问题的“P2P”网络平台已经超过60%，许多还有继续爆发危机的可能。并且，这些平台90%以上的经营行为都属于非法集资，只有极少部分是合法的“融资信息平台”。

被控制在两个当事人之间；如果借贷行为是以一种募集资金的方式进行，则风险会向社会扩散。一旦某一节点被偶然触发，民间借贷潜在的风险便会转化为现实的危机，对区域经济金融秩序及社会稳定造成极大的冲击。最近，不断发生的互联网融资平台"跑路"、"关闭"等事件，反映了民间借贷行为的最新发展趋势。[①] 因此，有必要对危机的特征、类型等进行充分的研究，以此为基础构建完整的危机应对体系，化解这类危机给社会带来的现实影响，既发挥它的作用，又能将风险控制在合理范围之内。

一、民间借贷与非法集资危机的特征

民间借贷与非法集资引发的危机是一种特殊的金融危机，与正规金融体系的危机相比具有自身特征，这些特征主要表现为自发性、隐蔽性、地域性、传染性、社会性、危害性等。首先，民间借贷与非法集资危机具有自发性特征。民间借贷植根于民间，依靠民间力量而发展，是民间内生性金融需求的体现，特别是在我国"金融抑制"的背景下，实质上是对强烈的民间金融需求的回应。具体而言，这种自发性特征的原因表现在以下几个方面：一是参与主体的民间性。目前学界关于民间金融的定义未有统一的看法，如"准金融机构与业务说"、"注册登记说"、"所有权归属说"、"监管覆盖说"等多种学说。[②] 无论何种学说，其本质都在于论证民间金融主体和行为的民间性及其与正规金融的差异。参与主体的民间性成为民间金融自发性的表现形式之一，体现着民间金融的特殊性。二是供求关系的自发性。一方面，改革开放使我国居民财富快速增长，传统银行存款已远远不能满足居民财富保值增值的需求，加之我国股市、债市等正规金融市场长期低迷，近些年来虽然各种正规的投融资工具不断增加，但投资收益水平往往不能让社会公众满意，他们需要开辟新的投资渠道；另一方面，前一段时期我国实体经济的繁荣催生了企业或个人巨大的产业扩张和融资需求，但由于小微企业的

① 2011年下半年，内蒙古鄂尔多斯市民间借贷资金链断裂，民间借贷崩盘；2012年底，陕西神木亿万富豪张孝昌被捕，神木民间借贷崩盘，据初步估算，张借贷资金101亿，涉贷人员1 380人，涉贷公司56家，部分当地政府官员也牵涉其中，保守估计涉案人数超过2万人；2011年，温州部分民企老板因资金问题跑路，引发当地"跑路潮"，民间借贷危机波及面进一步扩大。近期不断爆发的互联网金融案件和股市异常波动事件，又已成为我国民间金融危机的焦点。仅E租宝一家涉案金额就达700多亿元，多家证券公司搞"场外配资"是导致我国去年股市异常波动的重要原因。

② "准金融机构与业务说"强调结合民间借贷的本质来判断其是否属于实质意义上的金融机构并实质上经营金融业务，形式上未被认作国家正规金融机构加以监管；"注册登记说"将是否在国家工商行政管理部门进行注册登记作为判断正规金融与非正规金融的标准；"所有权归属说"将是否属于国有作为判断非正规金融与正规金融的标准；"监管覆盖说"将是否纳入国家金融监管机构监管作为正规金融与非正规金融的判断标准。

规模小，资质差等原因，往往难以从正规金融机构或正规金融渠道获得资金，这些原因共同造就了民间自发的“金融市场”。三是运作模式的自发性。民间借贷和非法集资建立于中国传统的熟人社会基础之上，较多地依靠道德而非法律维系借贷关系并建立相应的惩罚机制，很多借贷活动没有受到监管机构的监管。

由于民间借贷与非法集资具有隐蔽性特征，被冠以“地下金融”、“灰色金融”等称谓，也说明了其隐蔽性特征。实践中，大量的民间金融和非法集资活动以各种形式存在，如“合会”、“标会”、“摇会”、“轮会”、“转会”、“地下钱庄”、网络借贷、“P2P 平台”、网络众筹等形式。这些借贷形式中合法的与非法的并存，很难发现和依法甄别，大部分都是在出现不能兑付、“跑路”、“关闭”等问题后才为公众和投资人所知晓。[①] 正是由于这些民间融资活动具有极强的隐蔽性，民间借贷和非法集资很难被纳入正常的监管轨道，极易在民间金融系统内部累积风险。另外，长期以来我国形成的对民间金融的印象也使其法律性质及地位很不明确，导致其长期游走于法律的边缘。最近一些互联网金融危机事件爆发，许多案件的金额都在百万元以上，也是这一特征的体现。

民间借贷与非法集资具有地域性特征。从现实发生的民间金融危机看，民间借贷和非法集资往往局限于某一特定区域，这是因为民间金融参与者大多是相互熟识的本区域投资人，民间金融投资主体的范围决定了其空间范围。地域性是熟人社会的需要，确保了民间金融信用机制的有效运行，也为资金的贷放和收回提供了便利。因此，民间借贷的放款人更倾向于将资金贷给熟人，即便借款人没有或者有极低的信用，民间借贷机构也对借款人的身份或地域进行一定的限制以确保资金的安全。随着互联网技术的发展，互联网金融逐步兴起，民间网络融资平台不断涌现，打破了传统民间金融的地域限制，增加了引发更大范围内金融风险的可能性，这成为互联网时代民间借贷与非法集资风险防范的新问题。

民间借贷与非法集资具有传染性特征。民间借贷的高回报引发了民间投资的“狂欢”，非法集资进一步面向社会公众广泛地募集资金，从资金来源到资金投向形成了完整的资金链条，一旦发生危机将导致民间借贷与非法集资的危机向上游和下游扩散，形成高度的传染性。具体而言，从资金的来源看，除了传统的参与主体外，许多正规金融机构不满足于单一的“利差经营模式”，将货币资金通过民间借贷机构或集资主体进行贷放或投资，以获取高额回报，正规金融机构的参与大大增加了其声誉风险和流动性风险。从资金的投入领域来看，大部分民间金融资金流入了资产炒作领域，如煤炭、房地产等。危机发生后，这些领域的企业

① 卢国强：《北京警方破获 10 余个跨境地下钱庄，涉案金额近 1 400 亿元》，新华网，http://news.xinhuanet.com/legal/2014-11/14/c_1113250383.htm，发布日期：2014 年 11 月 14 日，访问日期：2014 年 11 月 15 日。

大批倒闭或破产，进而影响当地经济的健康发展和增长，我国多地出现的“鬼城”也从侧面反映了这一问题。民间金融行业与正规金融机构一样都具有系统性特征，民间金融由于缺少严格的法律规制，生态环境远比正规金融脆弱。因此，个别民间借贷或非法集资的失败通常会引起整个行业或区域的危机，具有极大的传染性。这种传染性也决定了，一旦暴发危机就会有系统性金融风险。

民间借贷与非法集资具有财产性特征。无论是民间借贷还是非法集资，无论这些行为采取什么具体方式，都是出借人或投资人让渡自己货币资金财产权给借款人或融资人，并约定一定期限后借款人返还本金并支付一定利息或者投资收益的融资活动。因此，民间金融带有明显的财产性特征，是一种货币财产的融通行为。市场的自由定价使得资金财产得到最佳配置，实现民间金融市场供需平衡。民间金融的这一特点决定了其一旦发生危机，就会使投资人的财产遭受损失。

民间借贷与非法集资具有社会性特征。最初始的民间借贷起于自然人之间因为生活需要而进行的临时的、偶尔的、零星的资金周转。随着经济社会的发展，借贷主体范围不断扩大，不仅包括自然人，还包括法人和其他组织，使借贷关系更为复杂，牵涉的当事人更为广泛，特别是当民间借贷主体为“一对多”或“多对多”的借贷行为时，常常会发展成为各种形式的非法集资。民间借贷范围和非法集资行为的形成，体现着民间金融行为从个体利益到社会整体利益的转变，尤其是近期网络融资平台的出现更强化了民间借贷向非法集资的转化，体现出更加突出的社会性特征。

正是由于民间金融的上述特征，其与非法集资的界限变得模糊且难以界定。非法集资涉及的人数众多，一旦发生非法集资将会影响人民群众的基本生产生活，严重者可能影响社会稳定。因此，对于非法集资行为应当严格依法打击，将其造成的损失控制到最小化。另外，应当严格明确非法集资与民间借贷的界限，避免将普通民间借贷当作非法集资案件处理，影响合法的民间金融的正常发展。

二、民间借贷与非法集资危机的类型

近年来，我国各地不断爆发民间借贷与非法集资危机，最近又不断出现互联网融资平台引发的金融危机事件，并由此引发许多群体性事件。虽然各地民间借贷和非法集资的具体情况不同，但从这些地方民间借贷与非法集资危机的特征看，大致可以划分为流动性危机、信用性危机和社会性危机等几种基本类型。危机类型的划分是为了更好地对每种类型的危机进行有针对性的研究，提出相应的应对机制与解决方法。

（一）流动性危机

民间借贷与非法集资的形式多种多样，各种“准金融机构”和“准金融业务”事实上都在地下或灰色地带经营，有些甚至打着正规金融机构或金融创新的旗号。近些年来，我国不断对这些“机构”和“业务”进行整顿，有些代表着社会发展趋势和创新需要的已经纳入正规金融渠道，进行相应的规范和监管，有些虽然已经明确属于非法集资却仍在经营，有些处于法律规范和监管的灰色地带，游离于金融规范和监管的框架之外。当然，未进行规范和监管的原因之一在于对民间金融尚未形成统一的认识，在其合法化的范围和路径上仍在一定的分歧，尤其是互联网金融的出现给我国的金融监管提出新的挑战，必须进行认真研究。①

经济风险的核心是流动性风险，金融风险的核心也是流动性风险。但是，金融领域的流动性风险与其他领域不同，金融领域的流通性风险是指系统流动性风险，只有可能产生系统流动性风险的金融行为才需要纳入金融规范和金融监管的视野。目前，我国的绝大部分民间金融的规范和监管都已经比较明确，纯粹的民间金融是不需要纳入金融规范和监管的，我们需要规范和监管的主要是非法集资。实践中，大量未纳入监管的非法集资积累了流动性风险。这一方面是由于大多数非法集资是建立在传统的地缘或血缘基础之上，依靠道德力量保证集资合同的履行；另一方面则由于大量的非法集资机构的非法运营，其负债率远高于普通企业和金融机构，杠杆化现象突出，投资人投资的资金通常投向房地产、煤炭行业等变现期较长的产业，缺乏基本的流动性支持。发生危机后往往引发“挤兑”风潮，导致借款人陷入极大的流动性危机。部分行业未纳入监管，或即便已纳入监管也未比照传统金融机构纳入宏观审慎监管的范围，② 这些都是民间金融会产生流动性危机的重要原因。有资料显示我国民间借贷规模超过5万亿元，也有人认为我国民间金融的总体规模可能已经达到10万亿元。

（二）信用性危机

民间借贷与非法集资依靠的是民间社会自发形成的民间信用，与正规金融有明显的区别。正规金融是有国家法律和监管机构监督和提供救济的，具有远高于

① 刘少军：《准金融“机构与业务”监管的法理研究》，载《金融法学家》（第五辑），中国政法大学出版社2013年版，第102～115页。

② 如传统金融机构有关准备金、备付金、资本充足率、资产质量、风险准备金、风险集中等的规定。

民间金融的信用性，在信用程度、信用基础、信用内容、失信惩戒等方面有较好的保障。建立在脆弱的民间信用基础上的民间金融，其信用机制仅在民间融资过程中发挥作用，并且这种机制被破坏后民间信用的恢复变得极其困难。

按照我国金融法的相关规定，国家通过规范和监管正规金融，基本上能够保证其信用水平在社会可以接受的范围内，并且其信用水平是投资人能够相对明确地了解的。民间金融中的信用主要靠道德自觉维护，本质上是公民之间的信任。因此，民间金融危机的发生在破坏了民间信用的同时也摧毁了民间信任的基础，会对整个社会诚信体系产生重大影响，金融危机实质上主要是信用危机。据有关资料显示，截至 2015 年 12 月，国内共有 1 302 家 P2P 平台死亡，668 家跑路，涉及金额巨大，其中一家跑路公司涉案金额就高达 46 亿元人民币。①

（三）社会性危机

民间借贷与非法集资涉及范围非常广泛，具有极强的社会公众性。一个普通的民间金融链条少则几百人，多则成千上万人。不仅如此，这些投资人还可能同时也是集资人，它们之间存在着相同的金融链条。同时，投资人和融资人可能涉及经济的各行各业，一旦资金链断裂，其社会影响难以想象。特别是在社会转型时期的我国，民间借贷和非法集资的出借人或投资人大多数为缺乏投资认知和风险识别能力的普通大众，逐利心理促使他们盲目进行投资活动而往往忽视投资风险，一旦发生危机，缺乏基本的风险分担能力的投资者便会采取各种极端方式维护自己的财产权益，如游行示威、强行追债、非法讨债等。这些极端行为极易从个体行为演变为群体行为，诱发群体性事件，导致严重的社会危机，使民间金融危机转化为社会危机。

不仅民间金融危机可能转化为社会危机，民间金融的危机处置也可能带来严重的社会问题。如果受损失的社会公众因此丧失生活收入来源，最终必然会转化为全社会的财政负担；如果受到损失的公众因此出现疾病等问题，最终也会转化为社会负担。因此，从更为宏观层面上建立持久和稳定的秩序乃是处理民间金融危机的治本之策。2014 年，全国公安机关非法集资案件立案 8 700 余起、涉案金额逾千亿元。② 另据有关资料显示，我国最近 14 年发生百人以上的群体性事件 871 起，许多是由民间借贷引起的。

---

① 《截止 2015 年 1 302 家 P2P 跑路平台名单大曝光》，众筹中国网，http：//www.zhongchou.com.cn/plus/view.php? aid =5064，发布日期：2015 年 12 月 31 日，访问日期：2015 年 1 月 30 日。

② 李延霞、吴雨：《我国非法集资案件呈“爆发式增长”根治社会毒瘤需综合施策》，新华网，http：//news.xinhuanet.com/2015 -04/28/c_1115121888.htm，发布日期：2015 年 4 月 28 日，访问日期：2017 年 2 月 23 日。

三、民间借贷与非法集资危机的危害

民间借贷与非法集资的特征决定了民间金融极易积累风险，一旦爆发危机，民间借贷与非法集资所累积的风险必然会以区域性金融危机的形式表现出来，危机的影响也会传导至社会，通过对社会、政治、文化的影响作用于外部社会，进而对社会整体产生不利影响，这正是民间金融的负外部性效应。具体来讲，民间借贷与非法集资的社会危机主要包括，扰乱国家金融秩序、危害国家金融安全、影响社会稳定、破坏社会诚实信用体系等。

（一）扰乱金融秩序

金融监管的主要目的是维持良好的金融秩序，为金融和实体经济的发展创造良好条件。正规金融机构具有系统重要性，被纳入国家法律监管和调控的范畴。在正常情况下，不会发生导致金融波动、影响金融秩序、进而影响实体经济的现象。相对而言，民间借贷与非法集资主要依靠市场的自发力量发展，是在正规金融市场之外孕育和发展起来的不受监管的金融市场。

作为正规金融市场的补充，民间金融在解决民间融资需求方面发挥了积极作用。但与此同时，通过民间融资系统循环的资金流却未得到有效的监管，资金来源与投资方向无法通过国家货币政策、财政政策、产业政策等进行有效调控，大部分流入诸如房地产、煤炭等受到国家产业政策限制的行业，削弱了国家金融调控的有效性，影响国家产业政策的正常施行。在 2014 年 9 月发生的邯郸房地产事件中，在主城区有房地产项目的 141 家企业中，有 32 家涉嫌非法集资，涉及金额达 93 亿元。[①] 在我国众多的房地产类基金公司中，“大胆一点说，可能实行了一种欺骗的、非法集资的手段，而聚集在房地产投资基金领域里的，往少了说占 60%，往多了说有 80%。这种现象严重影响了我国经济的宏观调控，进一步影响我国经济的稳定增长。”[②]

（二）危害金融安全

民间金融不仅自身存在金融安全问题，同时通过与正规金融的连接对正规金

---

① 《地产崩盘的邯郸样本：32 家房企非法集资 93 亿》，中国证券网，http：//www.cs.com.cn/sylm/cstop10/201409/t20140922_4518879.html，发布日期：2014 年 9 月 22 日，访问日期：2015 年 10 月 14 日。

② 许祯：《六成地产基金涉嫌非法集资　收益超 15% 有跑路风险》，和讯网，http：//house.hexun.com/2014－10－29/169812855.html，发布日期：2014 年 10 月 29 日，访问日期：2015 年 10 月 14 日。

融造成一定的冲击。在民间金融与正规金融监管套利的驱动下，正规金融为规避国家的金融监管，获取高额利润，也往往通过向民间融资体系输送现金流的方式逃避审慎监管，变相参与民间借贷与非法集资，对整个金融体系安全的留下潜在影响。2015 年，我国的股市波动表明，这种担心已经由理论变成了现实。

当然，正规金融体系在通过民间金融获取超额利润的同时，也承担着民间融资体系所带来的风险。通过实质上的产品或业务连接、企业法人关系连接形成了影子银行。[①] 影子银行机构和业务系统使原来没有风险的正规金融也出现监管空白，风险传递降低了正规金融机构防范风险的效果。这种正规金融机构与民间融资体系相互交织所带来的风险叠加后会严重威胁地区金融稳定，特别是出现危机时，金融机构会牵涉其中，影响金融系统的稳定，进而影响社会经济的全面发展。据有关资料显示，我国目前有 87% 的地市都存在非法集资问题，[②] 严重影响金融稳定和经济安全。

（三）影响社会稳定

民间金融的一个显著特点是融资人往往承诺比较高的投资收益率，这是众多投资人不愿将手中资金存入银行或其他正规金融机构，而转投入民间借贷或非法集资的重要原因。因此，民间借贷和非法集资往往与高利贷并存。高利贷对经济秩序和社会秩序具有破坏性，还常常依托黑社会运营，很多债权人或者有黑社会背景，或者求助于黑社会回收债权，因此世界主要国家大多认定其为非法。

近年来，我国经常因非法讨债而引发刑事案件，民间金融不仅本身会引起社会的不安定，还可能引发新的社会问题。目前，我国没有专门的针对第三方催债的法律规范，[③] 为非法讨债盛行提供了法律空间，严重影响着社会的安定与正常治安秩序。据有关资料显示，仅北京市朝阳区审理的一个非法讨债案件涉案金额就达 3.4 亿元，已经为 752 个客户提供非法讨债服务。[④]

---

① 参见《国务院办公厅关于加强影子银行监管有关问题的通知》（国办发［2013］107 文）。该文件将我国的影子银行分为三类：第一，不持有金融牌照、完全无监督的信用中介机构，包括新型网络金融公司、第三方理财机构等；第二，不持有金融牌照、存在监管不足的信用中介机构，包括融资性担保公司、小额贷款公司等；第三，机构持有金融牌照，但存在监管不足或规避监管的业务，包括货币市场基金、资产证券化、部分理财业务等。

② 《非法集资案件高发　全国 87% 地市牵涉其中》，金融界，http：//finance.jrj.com.cn/2014/04/22095617086816－c.shtml，发布日期：2014 年 4 月 22 日，访问日期：2017 年 3 月 20 日。

③ 欧美国家关于第三方催债市场大都有严格的规范，以英国为例，其对第三方催债机构的监管由金融行为监管局（FCA）负责。另外，由第三方催债机构成立的民间借贷服务协会（CSA）负责制定行业规范，也发挥着自律监管的作用。

④ 《非法讨债 3.4 亿，众多签约人不知违法？》，载《检察日报》，http：//newspaper.jcrb.com/html/2011－03/24/content_67288.htm，发布日期：2011 年 3 月 24 日，访问日期：2017 年 3 月 20 日。

（四）破坏社会诚信

诚实信用不仅是市场经济正常运行的前提，也是我国法律的基本准则，更是金融行业发展的基础。但是，诚实信用的实现必须以完善的法律规范体系和执法监管体系为基本前提。民间借贷和非法集资的信用基础决定了其信用体系具有不稳定性，在借贷或集资开始时以高收益为诱饵，实际上是一种具有欺诈性的融资活动。各地相继爆发的民间借贷和非法集资危机本身不仅破坏了社会信用体系，而且消弭了人与人之间的信任关系。

民间金融危机发生后，人们在反思自己的非理性投资时，应当对“人性”进行深刻反思，狂欢结束后的萧条景象隐藏着对“人性”与“理性”的拷问。民间金融危机往往会波及某个地区，影响整个地区的信用体系。社会信用体系作为投资环境的重要指标，又会直接影响当地的经济增长。从现有情况来看，经历过民间金融危机的地区大多社会经济发展缓慢、投资减少，出现民间金融危机连锁反应，正是危机对社会信用机制破坏的后果。据央视报道，2014 年，我国非法集资案件数量、涉案金额、参与人数等，同比增长近 2 倍。其中，跨省案件 133 起，同比上升 133.33%；参与人数逾千人的案件 145 起，同比增长 314.28%；涉案金额超亿元的 364 起，同比增长 271.42%。[①] 严重影响着社会信用体系的稳定。

第二节　民间借贷与非法集资危机应对要素分析

民间借贷与非法集资是民间金融的两种基本形态，纯粹的民间借贷通常不会引发系统性金融风险和金融危机，但如果作为一种经营性行为，也会产生系统性金融风险和金融危机。由于非法集资一开始就具有社会公众性，通常会引起系统性金融风险和金融危机。因此，研究民间金融问题必须研究危机的应对问题，从法学的角度讲，一个法学问题应包括主体、客体、行为、责任、程序五个基本方面。因此，要建立民间金融危机应对机制也必须从这五个方面考虑，即危机应对的主体、客体、行为、责任和程序。

① 《2014 中国非法集资情况一览：364 起涉案金额超亿元》，载《中央电视台财经频道》，http：//www.askci.com/news/2015/04/29/84740psd8.shtml，发布日期：2015 年 4 月 29 日，访问日期：2017 年 3 月 20 日。

一、民间借贷与非法集资危机的应对主体

通过上面的分析我们知道，民间借贷与非法集资的发展很可能引发系统性或区域性的金融危机，应对这种危机首先必须有明确的应对机构，我国已经发生了多起比较严重的民间借贷与非法集资危机，危机发生后的应对存在一些明显的问题，应当考虑在现有监管主体的基础上，对其进行功能改造，赋予其相应的危机处置权力并协调其与国家其他主体之间的关系，以及中央与地方、金融与非金融领域执法机构的关系。

（一）我国应对主体的现状

在我国现行治理结构下，金融危机应对主体主要包括政府部门、中央银行、银行业监督管理机构、证券业监督管理机构、保险业监督管理机构、各种金融交易市场、公安机关、司法机关和其他相关机构等。这些行政机关、监管机构和司法机关在处置金融危机时，都从不同方面发挥了危机应对主体的作用。从现有机构设置来看，金融监管机构主要是为了加强对正规金融机构及其业务的监管而设立的，以机构为核心的，因此，防范系统性金融风险和维护国家金融稳定，应对正规金融机构产生的金融危机是这些监管机构的主要职责。相对而言，我国绝大部分民间金融没有受到监管机构的监管，不断引发多起比较严重的民间金融危机，有些危机发生后缺乏有效的应对，主要原因是没有把民间金融危机作为一种金融危机的常态看待，没有明确民间金融危机的应对主体，并确定其危机应对的职责。具体而言，我国现有民间借贷与非法集资危机应对主体呈现以下几个特点：

1. 应对主体缺位现象突出

我国法律关于危机应对主体没有统一的、明确的规定，各地在处置民间金融危机时大多由地方政府牵头，由公安机关、司法机关负责危机的处置。从近年民间金融危机处置的具体情况来看，通过行政化和刑事化手段处置危机已经成为常态。在危机发生时，首先利用行政权力设法平息危机，然后再通过刑事手段对导致危机的责任人进行刑事处罚。这种危机处置模式在于确保危机发生后社会秩序稳定，但无法预防危机的再次发生，实际上只是对危机进行善后处理，并不是根本的解决之道，没有建立危机的预防和监督体系，更没有将危机处置纳入法治化轨道，许多行政应对措施存在严重侵害当事人利益的现象。具体讲，中央金融监管机构没有明确的民间金融风险监管职责，也没有明确的监管分工，地方金融监管机构缺少民间金融危机监管权力，无论是中央还是地方监管机构，都没有能力

迅捷、有效地应对危机，过多的行政干预也导致在一些情况下行政权力明显越位。

2. 现有应对主体职责不明

在我国现行法规体系中，没有明确规定金融危机特别是民间借贷与非法集资危机的应对主体，应对主体之间也没有明确的职责分工。在中央层面上，没有明确民间金融行为由哪个监管机构监管，各监管机构之间如何进行监管协作。在地方层面上，我国地方政权事实上并不享有金融监管的法定权力，地方政府的金融工作办公室或金融管理局等通常只是具有议事协调职能的政府机构，并未建立起完整的危机应对主体体系。危机应对主体体系是包含多个主体在内的完整系统，主体之间存在严密的分工协作，形成对整个社会可能产生的系统性金融风险的全方位监督管理，确保在发生民间金融危机时各主体能够共同对危机做出反应。但是，我国目前关于危机应对主体的职责并没有具体和细致的规定，涉及公安、财政、工商、税务、商务等多个主体时，一般由地方政府协调，对各应对主体之间的职责进行临时性分配，这种现状说到底还是善后处理性的，无法实现预防与处置的有效结合。

3. 地方监管权限不足

长期以来，我国采用中央集权型的金融监管体制，地方政权无金融监管权，这对确保全国金融市场的统一具有重要意义。但是，随着民间借贷与非法集资的发展，中央监管机关难以有效监管发生在各地的民间金融。首先，民间金融形态多样，无论实行机构监管还是实行业务监管，现有中央集权的监管方式都难以对其实施有效监管。其次，民间金融产生于民间，分布广泛，中央金融监管机构监管的成本过高且事实上无法实现，过多的监管层级和过于集中的监管权力难以对危机及时采取应对措施。最后，中央金融监管机关受政府的行政干预过多，导致其事实上很难依法进行有效监管。地方监管机关虽然相比中央监管机关更为了解民间金融的发展情况，但由于其不享有全面的金融监管权，当发生民间金融危机时，没有权力和手段进行有效的风险应对与处置，严重影响了整体金融的效率、秩序与安全。因此，中央与地方金融监管权限的分配在民间金融不断发展的情况下变得日益突出。并且，地方金融监管机关不仅与中央机关的关系不清楚，即使与地方政权的关系也不清楚，这些必然导致受中央、特别是地方的行政干预过多，监管权责不明确。

（二）完善应对主体的建议

民间借贷与非法集资容易发生危机，必须建立完善的危机应对主体体系、职责体系、预防体系、规范体系、监管体系和处置体系，尽量预防民间金融危机的发生。主体体系的建立与完善必须坚持应对责任明确原则、应对主体协作原则、充分授权原则、权责相统一原则。在坚持这些原则的基础上正确处理危机应对主体与其他国家机关的关系、中央与地方的关系、金融领域与非金融领域应对主体间的关系等。

完善危机应对主体体系应当遵循以下基本原则。第一，应对责任明确原则。该原则要求通过制定法律法规等正式文件，明确危机应对主体的危机应对职责，避免因职责不清可能导致危机应对过程的混乱与无序。第二，危机应对主体之间的分工与协作原则。民间金融危机的产生通常对整个社会产生重要影响，涉及社会管理的各个方面。危机的具体表现可以是企业的破产与倒闭、人民生活水平的下降、社会治安的急剧恶化等众多现象。这些问题分别由不同主管部门或监管部门管理，主管部门也应该是民间金融危机的应对主体，危机应对必须注重这些部门之间的协调与配合，才能达到从社会整体角度全面治理危机的目的。第三，权力法定原则。民间金融危机具有传染快、破坏性大等特点，因此，必须在法定权力与职责范围内，向危机应对主体授权，才能确保其既能够准确、快速地处置危机，控制局面，避免危机进一步蔓延，又不超越法定权力与职责。第四，责权一致原则。应对主体的权力并非没有边界，为避免应对主体的寻租腐败，必须对其权力加以适当限制，设定适当的应对责任，实现应对主体责任与权力一致。同时也必须明确，这些非专业机构只是兼有这些职能。

在坚持上述原则的基础上，应赋予地方金融监管机构对民间金融实施全面监管的权力，确保其获得危机应对所必需的信息。地方政府作为民间金融的主管部门或监管机构，获取信息的成本相对较低，对民间金融进行监管也更为便捷。因此，赋予地方政府对民间金融的全面监管权是合适的，地方政府作为对国家集中统一监管的补充，是构建我国多层次监管体系的重要内容。全面的监管权应包括在国家统一法规与授权的前提下，进一步授予其地方性规则制定权、机构和业务准入权、监管处罚权、危机应对等一系列权力。具体而言，应加强作为地方政府内设机构的“金融办公室”的监管职权，作为地方政府专司金融工作的部门，应承担着维护地方金融稳定、防范地方金融风险的责任，赋予其民间金融危机应对权力对有效处置危机意义重大。同时，地方金融监管机构还应当保持一定的独立性，监管地方政府不适当的金融行政行为。

在中央与地方的监管职权划分上，中央负责监管政策的制定，地方负责监管政策的具体执行。中央监管机构对地方监管机构进行业务指导，地方监管机构不得制定有违全国性金融监管法律、法规、政策的具体规定。从范围上看，危机应对职责的分配应考虑交易金额、投融资人数量、地理分布、风险特征等众多因素，对民间金融实行与正规金融差别化的监管，而对于超越地方监管权限的跨区域民间金融必须由中央监管机关负责监管，由其引发的民间金融危机也必须在中央监管机关的参与下进行应对。由此，建立起从中央到地方相结合的监管体系，既能够实现法规、政策的统一，又能实现危机管理的全面覆盖。

在各级政府内部，对预防和处置民间金融危机的过程应进行明确的职责分工。如工商部门负责对危机企业注销登记，财政部门负责对危机企业进行救助，公安机关负责对违法事件进行处置等。这些部门之间的职权应该遵循既合理分工又相互协作的原则，同时在各级政权设立金融危机应对协调机构，协调机构可由金融监管部门负责，依法协调各机构适当履行各自的职责，并在可能的情况下协助其他部门办理相关事务。另外，司法机关也应该作为应对主体发挥作用，尤其是当出现民间金融纠纷时，通过司法判决实现对危机的处置。现实情况中，民间金融危机爆发后，有关民间金融纠纷的案件会急剧上升，[①] 在我国民间金融地位未定的情况下，法院的判决具有敏感性。因此，司法机关作为民间金融危机的应对主体之一，应特别慎重行使审判权，确保实现危机应对的价值均衡。

民间金融危机应对主体体系的有效运行离不开主体之间的合作，因此，可考虑建立应对主体间的信息共享机制，既包括同级之间，也包括不同级的监管机构之间，实现监管信息、信用信息、涉诉信息等关于民间金融主体的信息共享。另外，应该在各级政权金融危机协调机构内设立危机应对常设机构，专门负责危机的监测、预警、报告，负责应对主体间的协调工作，实现对危机的有效应对。同时，应建立由专业金融监管机构组织的危机联合行动机制，同级和下级的工商管理机关、公安机关、商务机关等也应有专门人员，发现问题时联合采取应对措施。

二、民间借贷与非法集资危机应对的客体

客体是主体行为指向的对象与行为手段，民间借贷与非法集资危机应对的对象是由该行为及其所导致的群体事件及危机相关的财产。首先，从我国的现实情况看，民间金融涉及主体众多，法律关系复杂，主体融资手段多样、渠道多元，正确识别民间融资行为的合法与非法性质，防范各种融资模式所蕴藏的风险是危机应对客体视角下应当把握的主要内容；其次，大多数投资人缺乏基本的投资风险意识与风险规避能力，一旦处置失当，个体金融纠纷极易演变为群体金融事

① 以杭州市为例，据统计，杭州市中院 2011 年受理的民间借贷纠纷案件 811 起，同比增长 13.64%；2012 年受理 908 件，同比增长 11.96%；2013 年 1～10 月，受理 830 件，同比增长 12.16%。非法集资案件 2009～2012 年分别为 286 件、352 件、378 件、1 712 件。翁钢粮等：《民间借贷、金融纠纷案件审理情况的调研报告》，载《人民司法》2009 年第 17 期，第 85～89 页。

件，影响社会安定；最后，民间借贷与非法集资危机必然带来巨大资金缺口及大量不良资产，如何弥补资金缺口，如何处置不良资产，是进入危机处置阶段后必须面对的关键问题。因此，研究民间借贷与非法集资的应对，必须在研究应对主体的基础上进一步研究应对客体。

（一）融资行为与方式的应对

融资行为和融资方式是民间借贷与非法集资的重要客体，是民间借贷与非法集资危机应对体系最主要的环节，是民间金融风险最集中的地方，也是最容易产生危机的地方。我国民间融资行为可依据参与主体的不同划分为：投资人和融资人之间的融资行为、担保人与投资人之间的担保行为、融资各方与融资中介之间的中介服务行为等。民间融资方式或称民间融资渠道，主要包括一些已经形成高度组织化的融资中介机构和普通民间融资等方式。

对于民间融资行为，防范其带来的风险首先应规范投资人与融资人之间的融资行为。民间金融的信用基础决定了民间金融不可能像正规金融那样实现融资合同的规范化管理，通常情况下只是以简单的形式甚至以口头约定的形式体现各方的信用及信任，同时合同的内容也仅涉及主体、金额、收益，对期限、资金用途、偿还方式和违约责任等很少进行具体约定。当发生争议时，投资人往往难以提供有效的证据支持自己的主张。这一环节的风险控制节点主要有以下几个方面：第一，融资利率问题。我国对民间借贷利率画出了明确的数量红线，但民间金融的利率基本上远远超过这一规定，高利贷现象比较盛行。因此，法院在审理此类案件的时候应兼顾金融效率与安全，在金融纠纷案件中寻找真正的法，实现法的实证价值、道义价值和功利价值的合理边际均衡，[①] 不应“一刀切”地认定超过法律规定的利率红线就绝对无效，应综合考虑案件的具体情况，如当事人的融资目的、资金投向、融资人是否自愿履行、融资人的财产状况等因素，合理判定利率水平。第二，融资主体的认定问题。一般情况下，民间金融的主体基本上都是资金的供需双方，在这种情况下，融资的主体相对确定，当事人向法院起诉也有明确的对象，不需要考虑诉讼主体的适格性问题。当代的民间金融形式多样，很难判定资金融入方是否为真正的资金需求者。如融资人通过投资办厂、设立合作组织、建立加盟店等形式以单位名义融入款项，但实际资金供本人使用或转而出借给他人以获取高额息差等。这些情形有可能涉及非法集资问题，对属于非法集资的行为，应通过刑事诉讼程序进行处理，单纯的民间借贷纠纷应当对纠纷主体进行仔细甄别，避免主体不适格带来民事救济的迟延甚至缺失。第三，对

① 刘少军：《法边际均衡论－经济法哲学》，中国政法大学出版社2007年版，第60～70页。

于融资合同有效性的认定问题。[①] 合同是否有效关乎投资人的财产权能否得到有效保护，因此，法院在审理此类案件时应重点审查合同的内容，而不应仅仅根据合同的形式就认定合同无效或判决原告方当事人败诉，这是在个体民间金融纠纷尚未形成群体性金融事件时而采取的危机应对的一种主要方式，法院的能动司法对危机的应对具有不可忽略的积极意义。

资金的交付是民间借贷与非法集资行为的核心，也是实现货币财产权转移的主要方式。民间借贷与非法集资行为中的交付方式可分为现金交付和非现金交付两种方式。其中现金交付方式一般适用于小额的公民之间的借贷，大额的民间融资行为大多通过非现金交付方式进行。一般来说，现金交付方式面临的风险较小，具有小额、私密性等特征，故对其既无可能也没必要加以监管并制定相应的风险应对措施。而对于非现金交付的方式而言则面临较大风险，非现金交付方式通常通过两种方式实现：其一，通过正规金融机构的支付结算体系进行。对于这种方式而言，风险应对的关键节点在于确保正规金融机构对有关资金管理规定及反洗钱规定等金融管理法律法规的严格执行，[②] 利用正规金融机构现有的风险控制手段有效应对民间资金潜在的风险。其二，通过自己的融资体系进行，最为典型的是“地下钱庄”。这种资金交付方式可能面临以下几个风险：一是洗钱风险。通过民间金融体系的运作可以有效避开正规金融体系对大额资金和可疑资金的严格监管，将违法所得转化为合法收入。二是期限和资金错配风险。通过民间融资中介机构的期限和资金错配完成了信用转换，但这种行为若没有足够的储备，在高负债、高杠杆的条件下极易引发民间流动性危机，进而引发民间借贷危机。对这种方式的风险应对的关键节点在于加快建立对民间借贷与非法集资融资中介的资格审查，对于符合法律规定的可予以“转正”，实行准入制度；对通过民间融资体系实施非法集资、资金和期限错配、建立资金池等违反金融法律法规的行为，应坚决依法取缔。

民间借贷与非法集资并非都要提供担保。对于提供担保的民间金融而言，其存在的风险主要有担保物权属不明的风险、不足值担保的风险、市价波动的风险、担保人恶意毁损、隐藏、转移的风险等。对于以上风险，风险控制的关键节点主要在于加强对于担保物的管理，与担保物登记管理机构实现信息共享，与社会中介组织合作加强对担保物价值进行实时评估，限制担保人对担保物的恶意使

① 2013 年 11 月 22 日通过的《温州市民间融资管理条例》对民间融资服务主体、民间借贷、定向债券融资和定向集合资金、风险防范和处置、法律责任等问题进行了具体的规定。该条例作为我国第一部规范民间金融的地方性法规为后危机时代温州民间金融的规范化、阳光化提供了法律依据。其中将民间借贷合同是否备案作为认定合同效力的重要依据。

② 参见《反洗钱法》、《银行业监督管理法》、《金融机构大额交易和可疑交易报告管理办法》、《商业汇票承兑、贴现与再贴现管理暂行办法》、《支付结算办法》、《现金管理暂行条例》等。

用、处置等方法，从而化解担保环节可能诱发民间金融危机的风险。

应对民间借贷与非法集资危机，还必须清楚各主要环节之间是融资法律关系还是中介服务关系，对于融资法律关系必须进行严格的规范和监管。但是，对于纯粹的中介服务行为应实施一定程度的规范和监管。当前我国除了将一些准金融机构和准金融业务纳入监管范围外，[①] 对其他民间融资中介服务提供者尚无明确的约束性规则，比较典型的如对各种民间融资网络平台等，目前仍然缺乏完善的法律规定。现实生活中，中介服务提供者仍存在诸如参与资金融通、名为中介实为融资主体、为融资人提供担保、欺诈投资人、非法吸收公众存款、非法公开发行证券等问题。这些行为的存在使中介服务从信息中介演变为实质上的融资主体，严重脱离中介本质。当前爆发的民间金融危机大多与信用中介的违法行为有关。这些风险控制的关键节点在于对中介的法律性质进行界定，将实质上从事吸储放贷业务的中介纳入银行法调整，将涉及公开发行证券内容的中介行为纳入证券法调整，通过对中介实施分类调整实现应对客体法治化，增强危机应对的效果。

（二）群体性纠纷事件的处置

“群体性事件”在我国多被赋予政治含义。[②] 近些年来，民间借贷与非法集资危机严重侵害了投资者的财产权益，尤其是中小投资者的财产权益。这些中小投资者通常缺乏基本的风险识别与承受能力，危机发生后为维护自己的财产权益常常采取极端方式。民间金融产生于熟人社会，信息传播速度快、原生性强、投资者盲目听信，缺乏对谣言进行理性判断，形成了盲目跟风的羊群效应。个案的发生容易使中小投资者对整个行业信用产生怀疑，形成了行业的多米诺骨牌效应。同时，作为投资者的个体之间也极易产生共鸣，个体的极端行为会在某种程度上对他人产生潜移默化的影响。所有上述因素共同导致了民间金融纠纷的群体性事件。[③] 2014 年出现的河南腾飞担保公司因经营困难，无力偿付投资者的传闻引发了上万名群众集体抗议，泛亚有色金属交易所事件引发多个群体性事件等，对社会稳定造成严重影响。

---

① 刘少军：《准金融“机构与业务”监管的法理研究》，载《金融法学家》（第五辑），中国政法大学出版社 2013 年版，第 102～115 页。

② 群体性事件一般是指由某些社会矛盾引发，特定群体或不特定多数人聚合临时形成的偶合群体，以人民内部矛盾的形式，通过没有合法依据的规模性聚集、对社会造成负面影响的群体活动、发生多数人语言行为或肢体行为上的冲突等群体行为的方式，或表达诉求和主张，或直接争取和维护自身利益，或发泄不满、制造影响，因而对社会秩序和社会稳定造成重大负面影响的各种事件。

③ 《河南新乡最大担保公司陷挤兑风波，五万家庭卷入》，中国经营网，http：//www. cb. com. cn/finance/2014_1201/1098728. html，发布日期：2014 年 12 月 1 日，访问日期：2014 年 12 月 1 日。

高效、明确的危机应对主体，对迅速有效解决民间金融危机不可或缺。民间金融群体性事件很大程度上具有极强的社会公共性。因此，应对民间金融群体性事件需要依靠社会治理方式的创新，即强调由传统的行政集权向公民参与、社会自治转变。[①] 根据我国现有政权设置体系，可以实行以行政为主导，以监管机关和自律组织为主体，以新闻媒体等社会组织为辅助，充分发挥立法机关、司法机关作用的社会联动模式。第一，群体性事件的发生经常伴随着暴力、恐吓、威胁等非法行为的出现，如果不加以控制会对社会秩序造成难以估量的影响。强调行政主导在于维护基本的社会秩序，保持社会稳定。第二，金融纠纷所引起的群体性事件不同于一般意义上的群体性事件，涉及具有特定类型风险的金融行业。因此，由相应类别的金融监管机关进行参与是适当的，也是必须的，能够比较清楚相关法规和业务模式。当然，行业自律组织作为本行业利益的代表，也应积极担负起维护行业声誉的责任。第三，新闻媒体作为信息的传播者，赋有客观、真实、公正报道的义务。不得有失实报道、夹杂个人感情因素等误导信息受众的行为。另外，新闻媒体除了报道案件事实外，还应该作为危机处置方案的积极宣传者，努力平复社会情绪。第四，立法机关作为民意代表机关应主动了解人民群众的权利诉求，积极行使监督权、质询权、提案权等法定职责，保护人民群众合法权益。第五，司法作为维护正义的最后一道防线应发挥积极作用，对民间借贷与非法集资交叉的案件应仔细甄别，避免民事案件刑事化，对群体性事件中发生的违法行为给予合理公正的审判，维护社会秩序。

（三）危机应对中的资产处置

民间借贷与非法集资危机的核心是金融资产价值的危机，危机发生后往往会形成大量的不良资产及问题资产。对相关财产的处理，必须遵照保护当事人合法财产权益、依法及时处置、处置信息和程序公开的原则进行。在危机处置过程中，应考虑与现行法律体系、不良财产处置体系、企业终止与破产体系等制度体系相衔接。对于危机所涉及的不良资产可区别非法集资和民间借贷进行不同处理，对于普通民间借贷可考虑由资产管理公司等合适的主体对债权进行处置。

1. 资产处置的原则

对因民间金融危机所涉及财产的处理，必须遵循一定的原则。民间借贷和非法集资涉及众多投资人利益，尤其是中小投资者的利益，在处置时必须坚持依法保护当事人合法财产权益的原则。对属于当事人的合法财产权益必须加以保护，

① 张康之：《论新型社会治理模式中的社会自治》，载《南京社会科学》2003 年第 9 期，第 39 ~ 44 页。

这不仅要求保护投资人的合法财产权益，还应当依法保护融资人及融资中介的合法财产。民间金融危机所涉及的大量不良资产应当依照法律程序进行处置，依法进行拍卖、变卖等处置行为，确保不良资产的处置价值最大化。另外，还需要注意民间借贷与非法集资危机涉及的当事人众多且大多数中小投资者，为了尽量减少因为违法行为而可能遭受的财产损失，应当及时处置并补偿投资人的损失，用以维持其基本生活，从而维护社会稳定。众所周知，“阳光是最好的防腐剂”，确保处置程序和处置信息的公开可避免处置机关的寻租腐败行为，公开的过程也是公民参与的过程，也是平复社会情绪的过程。坚持科学、合理、有效的处置原则，才能真正实现不良资产的有效和合理处置，更好保障当事人权益。

2. 危机资产的处置方式

民间借贷与非法集资危机往往形成大量的不良资产，对这些不良资产进行合理处置是解决危机的关键措施之一。实践中，对这些财产的处置方式各异，有国家机关主导进行拍卖、变卖的，有违法行为人或者组织申请拍卖、变卖、返还被害人的，也有国家机关直接予以没收的。采取何种处置方式取决于法律对这些财产性质和行为性质的认定，以及相关法律对处置方式的规定。除了对违法财产性质进行认定外，对于保证不良资产的价值而言，可区分情况进行。对于涉嫌非法集资的资产，由于其性质特殊，可考虑由国家机关在保证其价值的基础上对其进行处理；对于民间借贷而言，随着我国金融资产管理公司收购非金融债权的逐步放开，可考虑将民间借贷形成的债权转让给资产管理公司进行打理。[①] 民间借贷一般涉及普通的民事债权，债权人可决定将其债权转让给资产管理公司，从资产管理公司处获得债权的对价，从而间接减少债权损失。这一方面是由于资产管理公司在债权保全方面有丰富的经验，另一方面当发生危机时，债权人的债权可能面临全部或部分损失的风险，凭借其自身实力很难保全其债权。相比资产的全部损失而言，债权人更倾向于接受将资产转让给资产管理公司的处置方式。

三、民间借贷与非法集资危机应对的行为

民间借贷与非法集资危机的主体和客体是静态的，在危机应对过程中，应对危机主体需要采取特定的行为，如危机预警行为、危机报告行为、危机评估行为、危机处置行为、司法裁判行为等。在依法治理的框架内，这些行为的权力来源必须有法律依据，危机应对主体在实施危机应对行为时需要取得法律法规及上

---

① 参见《金融资产管理公司条例》、《资产管理公司注册条例》、《金融资产管理公司收购非金融机构不良资产管理办法（征求意见稿）》。

级机构的授权，确保这些危机应对行为始终在法律授权的界限内，民间金融危机应对主体作为国家机构应有恰当的权力职责体系才能保证其有效发挥其职能，同时又不至于产生新的社会问题。在危机应对过程中，保护民间金融当事人的权利始终是危机应对的一个基本目标，民间金融当事人也应当积极履行其义务以配合应对主体的应对行为。

（一）权力依据与法律界限

在应对民间借贷与非法集资危机的过程中，应对主体必须采取相应的危机应对行为。但是，采取任何应对行为的前提必须是该行为具有合法的授权。任何主体的行为权力都不是天然存在的，必须有其相应的权力依据，以保证权力设定的稳定性与适当性。在此同时，为满足应对各种危机情况的需要，这些行为权力的行使又必须具有一定的灵活性与合理性。作为危机应对主体，其危机应对权力必须有法律法规的授权以彰显权力的合法性，在此基础上确保权力存在的稳定性。同时，为确保权力行使的灵活性，法律法规也应规定应对主体的上级机关根据具体情况进行授权的范围，保证权力能够及时、有效地行使。

任何权力的行使不可能是漫无边际的，都有必要的界限。第一，民间金融危机应对法律的法理基础是保护社会整体利益。因此，社会整体经济的效率、秩序与安全成为权力行使的首要边界，即危机应对权力的行使须以保护社会整体经济利益为目的。第二，民间金融危机行为法应是弱势主体保护法，应强调对弱势主体的倾斜保护。对民间金融当事人尤其是中小投资人金融财产权益的保护构成权力行使的第二道边界，离开了社会公众的利益，这方面的任何法律规范和行为都不再有现实的意义。第三，民间金融危机引起的经济金融秩序混乱，必然要求危机应对机构对部分融资行为人的行为实行管制，以恢复被破坏的金融秩序。但是，对社会公众行为管制实质上是对其行为权利的剥夺，需要有足够充分的法理依据，必须以恢复正常金融秩序为必要，而不能采取过度的管制行为措施，不能对正常金融行为进行过度干预，这是权力行使的第三道边界。第四，有关民间金融危机应对行为的法律规定是对金融市场行为缺陷的矫正，对民间金融市场存在的缺陷进行矫正是金融监管权力行使的重要法理依据，通过对民间融资市场进行矫正以恢复被不法行为破坏的市场秩序，既不能“矫枉过正”也不能矫正不足，这是危机应对权力行使的第四道边界，也是很难把握的界限。

（二）权力职责体系的设计

权力与责任匹配是当代国家权力运行的基本原理，经济行政和监管机关作为危机应对的主体，必须对其权力的行使附加相应的职责。危机应对权力的行使除了必须尊重法律为其划定的界限之外，在其权力之上所负担的职责也应当明确。一般来说，职责的含义乃是法律赋予权力主体必须行使职权的一种强制性义务。因此，危机应对权力的职责体系的设计要考虑到相关法律赋予这些主体的强制性义务。对于民间金融危机应对主体而言，它们主要的强制性义务在于积极作为，确保作为整体利益所体现的金融法目标与原则的实现。不履行或者怠于履行法律赋予的强制性义务，应当依法承担相应的责任。

（三）权利与义务及其实现

从金融监管的角度讲，权力与职责是危机应对主体所必须遵守的规范性约束。从民间金融当事人的角度讲，权利与义务是各方当事人应当遵守的强制性约束。民间金融危机发生后，保护融资当事人的权利并敦促其积极履行义务是危机顺利解决的保证，因此，必须对民间融资当事人的权利义务加以明确。民间融资当事人包括投资人、融资人、中介人、担保人。具体权利义务主要包括以下几个方面。

对于投资人而言，最主要的权利是其合法财产权益不受侵犯的权利，这是危机应对主体在进行危机财产处置的过程中必须要认真保护的权利。除此之外，投资人还享有对融资信息及危机财产处置信息的知情权，对危机应对主体行为的监督权，对融资人的财产权利保全权，对财产权益收购部门的权益转让权，以及获得救助基金救助的权利等。投资人的主要义务是配合危机应对主体实施危机处置的义务，具体包括配合危机应对主体做好财产权的登记工作，提供相应的财产和交易证据，自觉遵守相关法律法规，避免做出违法行为等。

对融资人而言，最主要的权利是人身和财产不受非法侵害的权利。在现实生活中，某些危机应对主体为平复投资人情绪，或者同时为了谋取寻租行为，通过对融资人的财产进行非法查封扣押、超范围封存、非法处置等方式进行侵害，导致融资人的财产权益严重损失。除此之外，如果融资人主要涉及普通民事纠纷、不涉及非法集资等刑事犯罪行为的，理论上还应享有申请个人破产的权利。[①] 融资人在享有上述权利的同时也必须承担义务，他的主要义务是负担赔付欠款及配合调查机关调查的义务。具体来讲，这些义务主要包括向调查机关如实陈述，不得隐瞒实情或提供虚假信息；不得转移、隐匿、毁损投资人以及自己所有的财产；提供真实的会计资料文件、财产产权登记文件等义务。

---

① 个人破产制度是指作为债务人的自然人不能清偿其到期债务时，由法院依法宣告其破产，并对其财产进行清算和分配或者进行债务调整，对其债务进行豁免以及确定当事人在破产过程中的权利义务关系。美国、英国、澳大利亚、德国、法国、日本等国家均确立了个人破产制度。

对中介人而言，在危机处置过程中，主要负担配合应对机关进行真实信息披露义务，以及配合调查机关调查的义务。中介人是资金供求信息的撮合者，通过中介人的作用，资金供求双方实现需求对接。中介人通常负有对融资人进行资信调查及审查的义务。在民间金融活动中，中介人通常掌握着有关融资信息的关键性资料，这些资料是危机处置过程中必不可少的证据。因此，必须依法赋予其如实陈述案件事实及配合调查机关调查的义务。

对担保人而言，由于其享有担保财产的直接财产权，非常容易出现为了逃避担保责任而非经担保权人同意处分担保财产。因此，为了保护担保权人的利益，担保人必须承担保证担保财产安全的义务，他有义务不对担保物进行随意处分，不得转移、隐匿、毁损担保物，并维持担保物价值。[①] 同时，在明知融资人为非法集资的条件下仍然为其融资行为提供担保，这时并不因非法集资合同的无效而自然导致担保责任无效。在明知融资人为非法集资的条件下，担保人应同融资人一起对相关债务承担连带责任，以最大限度地维护投资人的利益。

四、民间借贷与非法集资危机应对的责任

法的责任是行为主体不履行义务（职责）而必须承担的强制性不利后果。有行为就必须有责任，否则行为就难以约束。因此，构建民间金融危机的应对机制，必须在明确应对主体、应对客体和应对行为的基础上，进一步构建危机应对的法律责任，以保障危机应对行为能够顺利完成。在危机应对过程中，各方主体在不同条件下应承担不同的责任，应对主体的责任体系设计应注重促进和提高应对效率，融资当事人之间的责任体系的设计应注重对侵害社会整体利益的行为的处罚与预防。恢复整体金融秩序和预防未来的侵害，是设计这些责任体系的基本出发点。同时，责任体系设计还必须与现行法律的其他责任体系相衔接。

（一）责任设计的侧重点

责任设计的侧重点不同，责任对主体的引导效应也就不同。危机应对主体的责任设计应倾向于提高危机应对的效率，确保应对主体能及时发现、迅速采取措施控制民间借贷与非法集资危机；融资当事人的责任设计应倾向于对侵害社会整体利益行为的处罚与预防。融资当事人的融资行为极易引发民间金融危机，对整体利益造成损害，通过责任设计对融资当事人损害整体利益的行为加以惩罚，可有效预防类似损害行为的出现。对危机应对主体和融资当事人采取不同的责任设

① 参见《民法通则》、《合同法》、《担保法》等民事法律法规。

计理念是金融法责任体系的基本原理，是由其在社会中的不同地位决定的。通过对人身责任、财产责任、行为责任的不同组合设置对不同责任主体的不同处罚，实现金融法的责任制度的功能。

（二）责任设计基本原则

恢复整体经济运行状态，并预防未来侵害是金融法责任体系的两大基本目标，应该成为民间金融危机应对责任设计必须坚持的基本原则。维护整体利益是金融法的宗旨所在，也是金融法产生和发展的基础。对于侵害整体利益的行为，金融法的责任制度应发挥其强制作用，以恢复被非法民间借贷和非法集资而破坏的整体金融秩序，保障金融行为的适度安全。

当然，整体金融秩序的恢复是一种综合性恢复，不仅仅是某方面利益的恢复。“不仅需要财产的补偿，还需要考虑整体价值目标的恢复、整体法学体系的恢复、整体司法运行的恢复、整体经济运行状态的恢复，以及整体资产投入、劳动投入和技术投入状态的恢复等”。[①] 因此，恢复整体秩序应成为危机应对责任设计的基本原则之一。预防未来侵害是危机应对责任设计的第二个基本原则，该原则要求通过加大违法行为的违法成本来实现对未来再次违法的预防，是金融法责任未来效果的体现，区别于民商法责任体系的同质救济。这样设计的原因在于保护利益不同，整体秩序一旦被破坏便很难恢复，因此通过加大违法行为人的违法成本间接保护整体利益是合理的。

五、民间借贷与非法集资危机应对的程序与方法

任何事务的处理都必须有程序，没有科学的程序就难以取得良好的结果。从法学的角度来看，程序要实现的不仅是效果还是社会的公平与正义。民间金融的危机应对程序主要包括危机预警程序、危机报告程序、危机评估程序、危机决策程序、危机处置程序和最终的司法裁判程序。同时，危机的应对还必须有特定的方法，这些方法主要包括社会控制、危机救助、人员控制和司法控制。这些程序和方法，共同构成危机处置的具体手段。程序的设计既要确保单个程序的有效性又要保障各应对程序之间的衔接性，最终形成完整的危机应对程序体系。另外，为取得积极有效的危机应对效果，还可以考虑设立危机处置基金或救助资金，这些基金的法律性质属于针对投资人的危机救助基金，是对利益受害人的社会救助。基金的资金来源、目的、管理、运作及风险防范等需制定相应的规则，以明

① 刘少军、王一鹤：《经济法学总论》，中国政法大学出版社 2015 年版，第 237 页。

确相关主体的责任，避免基金的使用出现道德风险。

（一）危机的应对程序

民间借贷与非法集资危机的应对程序，是解决危机所必须遵循的一系列流程、过程或步骤的集合。它的主要内容应包括危机预警程序、危机报告程序、危机评估程序、危机决策程序、危机处置程序和司法裁判程序。这一系列程序建立的前提是民间金融已被纳入法律规制，并建立了完善的统计监测及分析制度。

民间借贷与非法集资危机的预警程序，是指当民间金融风险达到一定级别的风险程序时，应该由相应的监管部门及时负责发布相应的预警信息。该程序主要包括两个方面：一是预警的主体；二是预警的内容。预警的主体主要是金融监管部门，在我国具体是指中央和各级地方金融监管部门，它们分别负责不同区域内民间金融危机的预警。预警的内容应主要包括交易金额现状、参与交易的人数、交易是否跨区域、相关的风险参数及指标、目前的风险级别等。预警主体可根据不同的风险级别制定相应的警示标志，向相关主体发布风险警示提示。

民间借贷与非法集资危机的报告程序，是指当民间金融风险积累到一定程度需要上级和同级相关机关了解时，由监管主体负责通报同级危机应对主体并报告上级监管主体及危机应对主体。报告程序主要包括报告主体、报告内容及报告传递程序。报告主体一般为监管主体。报告的内容主要包括整体情况、交易金额、风险级别、参与人数及其基本信息，并明确是否为跨区域交易，是否应该启动不同级别的危机应对机制措施的建议等。报告传递程序主要包括横向传递程序和纵向传递程序，纵向传递一般应逐级上报，事态严重的情况下也可越级上报。

民间借贷与非法集资危机的评估程序，是指评估的机关对所报信息是否真实，以及危机发生的可能性进行预判的程序。评估程序应主要包括有权评估的主体和评估的内容。民间金融危机应对的主体主要是各级各类金融监管机构，因此评估的机构应主要是危机可能发生区域和领域的金融监管机构，以及相关行政机构、监管机构和司法机关。评估的内容应主要包括：所报危机信息是否真实，是否有可能发生危机及危机发生可能性的大小，危机的影响范围和严重程度。

民间借贷与非法集资危机的决策程序，是指决策主体在对危机进行评估的基础上，作出是否启动危机应对机制的决定程序，主要包括决策的主体和内容。由于决策一般具有终局决定性意义，因此相关的制度必须保证决策权的行使效率。各级政权中享有金融监管权的主体应对本区域和本领域的危机享有决策权，但各级政权的相关机构享有决策权并不意味着其享有专断的权力，还必须设置相应的制衡机制予以约束，避免其决策失误造成对整体金融利益的损害及增加危机应对成本。各级地方机构决定启动危机应对机制时，必须征求上级机构及当地派驻机构的意见，并应实行重大决策失误终身追究制和责任倒追机制。

民间借贷与非法集资危机的处置程序，是指危机发生后危机应对主体共同对危机进行处置的程序。处置程序包含众多内容，如对不良资产的处置、对因民间金融纠纷引发的群体性事件的处置、对违法行为人的处置等。处置程序必须坚持合法、公开、公平的原则。合法原则，主要包括主体合法、权力合法、程序合法和结果合法。公开原则，在于保证当事人的知情权和监督权，从而确保当事人正当地行使自己的权利。公平原则，强调处置程序的设置及结果应当有利于实质性地、平等地保护相关当事人的合法权益。

民间借贷与非法集资危机的司法裁判程序，是民间金融危机应对的最后一道程序，是各方当事人享有“本体法”权利的根本保障，在民间金融危机应对过程中起着特殊的作用。司法判例给人们提供了相关行为的法律预期，可以有效预防出现大规模的违法行为，保护当事人合法权益，也可以防止行政机关、监管机关的权力滥用。根据我国《宪法》及《人民法院组织法》的规定，人民法院是我国唯一享有司法裁判权的机关，其审判地位受宪法和法律的特殊保护。虽然我国当前并未设置单独的金融诉讼程序，但有关民间金融纠纷的诉讼程序分别在《民事诉讼法》、《刑事诉讼法》、《行政诉讼法》等中都有特殊的规定。

在明确上述民间借贷与非法集资危机应对程序的同时，还必须对危机应对的每一个程序设置必要的流程，程序之间也存在先后衔接的关系。通常，当危机发生后，事态往往比较紧急，因此程序的设置不能过于烦琐以致影响危机处置的有效性。同时，又不能过于简便，导致启动危机应对机制具有较大的随意性，浪费危机应对的资源。另外，危机应对程序的先后关系不能随意颠倒，必须在危机达到启动下一个程序的要求时才能进入危机处置的这个程序。

（二）危机应对的方法

选择正确的危机应对方法对于解决民间借贷与非法集资危机大有裨益。通常情况下，危机应对主体可以从社会控制、危机救助、人员控制、司法控制中选择相应的危机应对方法加以适用，以更好地应对民间金融可能带来的危机。

社会控制可从两方面入手：其一，在危机发生前可以通过广播、电视、报纸、网络等媒体手段加强关于民间借贷与非法集资的宣传，提高民众风险识别与预防能力，做好事前预防工作。其二，在危机发生后，可以通过对违法行为人及时、合法的处置警示民众遵守国家法律法规，积极履行相关义务。

危机救助往往是在危机发生后进行的，危机救助的手段很多，可以对融资人或非法集资人所有财产实行扣押、封存，最大限度保障出借人合法权益；平复受害人情绪，对受害人提供充分的法律援助；另外一个救助的重要举措是建立民间金融危机处置基金或救助基金。建立该基金主要应考虑以下几个方面的问题：第一，基金的设立目的问题。该基金的建立应作为发生危机后投资人尤其是中小投资人财产权益保障措施而存在。第二，基金的资金来源问题。可考虑由融资人按基准比例加风险比例的方式进行缴纳，各级财政也可提供一部分资金。风险比例应依据各个融资人的资信状况而有所差别，这就要求加快建立民间金融信用评级体系，建立融资人信用报告制度。第三，基金的管理问题。可由各级金融监管部门负责基金的运作管理，或设立单独的基金运作机构负责管理基金，制定基金投资方向和投资工具的相关规则，选择具有资金托管资质的金融机构对资金进行托管，防止资金被违规挪用、非法转移等违法行为的出现。第四，申请主体及程序问题。当发生民间金融危机后，财产权益受到损失的投资人可向基金管理部门申请救助，投资人需提供融资款项的证明资料，基金管理部门负责审核，通过后由基金划拨资金，然后基金取得债权人对债务人的债权。第五，赔付最高限额的规定。可根据具体情况确定最高限额，避免投资人产生投机心理。

人员控制可通过以下几个方面进行。首先，应加快建立经营性借贷的正规化规范和监管，对于符合条件的应当颁发经营贷款业务的许可证；建立借贷主体资格与执业人员资格准入制度，建立相应的投资教育制度，提高借贷行业的整体素质。其次，依法限制融资人或非法集资人的人身自由，避免其逃废债务。最后，危机发生后，应加强对投资人群体的教育，积极平抚投资人情绪，避免其出现违法行为，妥善处置因民间金融纠纷引起的群体性事件。

司法控制手段主要是应加强对非法集资和民间借贷案件的司法甄别，分别通过民事和刑事诉讼程序进行审理，避免民事案件刑事化；并且，即使是刑事案件也必须注重其中财产偿还内容的裁判，既维护整体金融利益、追究犯罪人的刑事责任，又要保护投资人的合法财产利益。对违法行为人财产的扣押、分配等必须通过司法机关的司法程序才能进行，确保当事人利益的合理平衡。

第三节　民间借贷和非法集资危机应对的制度完善

民间借贷与非法集资是我国经济高速发展时期出现的现象，虽然各国在经济调整发展的过程中也都出现过类似的现象。但是，民间金融危机的不断出现也反映出我国相关法律制度上的缺陷，一定程度上也是规范和监管不到位，导致其无序发展所造成的结果，不能不引起我们在制度层面上进行反思与追问。

一、现行制度存在的问题

虽然一个具体的法律制度体系应该包括主体、客体、行为、责任和程序。但是，一个完整的法学思想体系除规范体系外，也应包括价值目标和基本原则，目标是这个法学思想体系的最高准则，基本原则是其某个方面的最高准则。[①] 从这几个方面对我国现行民间金融危机应对制度进行整体评价，有利于更好地指导实践活动，同时也有助于理论自身的完善与不断发展。从我国现有制度角度看，其往往忽略了制度本身所应该具有的价值目标和基本原则，体系的不完善必然导致制度执行过程中失去可靠的理论基础，民间金融法学规范的缺失特别是目标和原则的缺失，导致民间金融危机应对具有较大的不确定性。

（一）价值目标存在偏差

无论如何，一项制度的存在本身就包含了其所追求的价值目标，对一项制度进行评价必然要包括对其价值目标的评价。价值目标是一项制度的根本与核心，贯穿于制度设计、执行、完善的各个环节。价值目标的设定应确保最基本的公平正义，保证合理的边际均衡。具体而言，我国现有的制度均存在以下问题：

首先，在整个金融领域各主体的地位存在不平等性。在我国，民间金融与正规金融所享有的主体地位是截然不同的，无论从金融制度、监管制度或是相关法律制度的设计上均如此。金融体制的设计确保了正规金融长期享有体制所提供的垄断资源，监管制度的安排阻隔了民间金融可能获得的监管机关提供的监管服务，法律制度的供给也意在给予正规金融的垄断地位以法律保障，而从未将民间金融作为制度供给的对象。在我国目前的金融法律制度中，所有制度层面上的设计都进一步强化了民间金融和正规金融之间不平等的法律地位，民间金融主体与正规金融主体之间权利的不平等是导致我国民间金融问题的主要原因。

其次，民间金融与正规金融之间在责任及程序上存在差别化对待。正规金融一般被认为会引发系统性金融风险，但由其引发的金融危机的责任承担主体往往处于缺位状态，发生问题往往不是由行为主体承担责任。危机的处置一般适用监管程序进行解决，如接管、整顿等，在破产情况下优先确保债权人的财产权益得到保障。与此相对，民间金融引发的金融危机一般采取行政和刑事程序进行解决，没有与当下的破产及财产清算体系相衔接，导致对债权人的财产权益保护存在严重不足，大多数民间金融投资人在发生金融危机后往往血本无归，基本生活

① 刘少军、王一鹤：《经济法学总论》，中国政法大学出版社 2015 年版，第 79～80 页。

出现困难。这些问题都反映了我国在处理民间金融问题上缺乏甚至没有一个明确的法律目标，法律目标不明确自然也就难以有很好的法律作为。

（二）基本原则不够完善

原则是指导法律实践的重要标准，尤其是当规范出现漏洞的时候，原则便起到补充规范漏洞的作用。原则的确立应包括两个方面：制度设计的原则和危机处置的原则。从我国制度设计的原则来看，金融制度的设计过分强调安全，而忽视了金融的效率这一本质属性，导致国家对促进金融效率的民间金融创新一味排斥乃至压制，阻碍了金融的创新进程。金融体系市场化程度较低，利率难以真实反映资产价格。监管制度的设计充满了强烈的行政化色彩，主要表现在对监管主体的性质、监管手段的性质、监管程序的性质定性上，监管主体缺乏市场经济理念，缺少市场化的监管手段和程序，缺乏完善而具体的监管救济制度。并且，中央和地方、地方政权各部门之间监管职责不清，存在明显的“监管空白”和“监管套利”的现象。因此，从我们目前金融法律制度的设计原则来看，明显存在对正规金融垄断地位的保护及对民间金融的法律压制，这是民间金融长期以来难以合法化的重要原因，也是我国民间金融问题的核心所在。

民间金融的制度原则不仅包括制度设计的原则，就这里讨论的问题而言更主要的是危机处置的原则。在正规金融引发的金融危机时，国家会采取各种手段进行干预，即使对一些经营状况较差的大型金融机构，也不会采取真正的市场化退出，形成“大而不能倒”的局面。而对于民间金融引起的危机则主要通过行政和刑事程序进行处理，以刑事理念为主导必然导致民事纠纷刑事化，导致司法资源的滥用，也与法治国家的基本精神不符。对于民间金融尚未建立国家或地方政权的救助机制，很难确保该行业的健康发展。因此，除对国民经济有重要影响的特殊金融机构外，在法律原则上应该区分不同的风险程度和行业，设定统一平等的危机救助措施和危机处置措施，不应该给以不平等待遇。

（三）法律规范存在空白

我国的民间金融是近年才发展起来的，在传统的经济模式下，基本上不存在对整体金融利益构成影响的民间借贷和非法集资行为。法律制度是民间金融合法化的前提条件，也是其地位的法律保障。我国当前关于民间金融的规则零散化且不完善，规制民间借贷行为的基本法规则缺乏。对民间金融的规范也主要依靠各地方出台地方性条例、规章等文件形式，但总体来说民间金融法制化的程度依然较为低下，危机应对机制更是缺少基本的法律保障。

从现有法律制度的立法理念来看，对民间金融的态度依然是抑制为主，这与民间金融发展的蓬勃趋势，以及我们要建立的市场经济体系相违背。民间金融的发展历程表明，试图遏制乃至消灭民间金融的迅猛发展势头已被证明是不现实的。民间金融尤其是互联网金融的发展决定了，疏堵结合保护金融业健康发展才是解决民间金融所面临的问题的关键所在。"疏"强调对民间金融要依法进行规范化引导，"堵"则要求对损害社会整体金融利益的民间金融形式要予以惩治，避免其扰乱正常的社会经济秩序和金融秩序。另外，以法律保障的危机应对机制亦是不可或缺的，以确保民间金融危机应对的有效性。

从我国现行的金融法律制度来看，除存在上述问题外，比较明显的问题是对当事人尤其是出借人的财产权益保障不足，没有把这些投资人的权益同正规金融投资人的权益一样进行保护（当然，我国对正规金融投资人权益的保护也存在明显的保护不足的问题，尤其是在诉讼程序上）。这是由立法的基本理念决定的，当事人的权益尤其是出借人的合法权益是应当而且必须保护的，这是法律的基本的和最终的价值追求。这些问题在民间金融危机应对中，尤其体现在对当事人财产权益的保护上，它要求处置当事人财产的程序应当正当、信息透明，有利于从程序上保证当事人的合法财产权益。同时，还必须方便当事人维护自己实体法上的财产权益，特别是在刑事案件中公诉权也应该维护私权。

二、现行制度的完善建议

我国现行的民间金融制度存在许多问题，首要问题是于对民间金融的法律规范理念的转变，应该首先平等地对待一切金融行为。其次，监管制度及金融制度的改革亦刻不容缓。通过监管权限的分配、监管程序的明确及监管理念的转变等实现对民间金融的规范化引导。同时，应正确地区分由民商法规范的纯粹的民间金融，以及本来就应该纳入金融法体系由金融法进行统一规范的民间金融。对于那些不会产生系统性金融风险的民间金融应由民商法规范，由当事人之间按照意思自治、合同自由的原则自行解决问题；对于那些可能产生系统性金融风险的民间金融则必须纳入金融法的规范，从整体金融利益的角度进行特殊的规范和监管，以维护金融的整体效率、整体秩序和整体安全。另外，构建的民间金融危机应对机制必须以明确的法律规范形式加以确立，避免危机应对过程中出现无序应对的局面，确保危机应对的有法可依。

（一）转变法律理念

民间金融在未来将会持续发展，有关民间金融的法律应适时加以修改。而修改有关民间金融的法律应当以支持和鼓励为主，强调对民间金融的规范化引导，而不是一味地加以限制和约束。尽快实现监管理念的变革，由传统的“管理”思维向“监督”思维的转变，避免国家过度干预民间金融的正常发展。在法律理念的转变过程中，应当尊重民间金融的创新，注意发挥金融体系的效率、维护金融秩序与安全，如果民间金融自身不存在系统性风险就不应进行特别的规范和监管。并且，即使是有一定的系统性风险也不一定就必须进行严格的规范和监管，应在金融的整体效率、整体秩序与整体安全之间建立合理的均衡。

民间金融的发展应当与正规金融体系相协调，在不损害社会整体金融利益的前提下有序放松对民间金融的管制。正确区分民间借贷的法律性质，对真正的用于正常生产经营或生活目的的民间借贷可以放开，而对涉嫌非法集资活动的民间借贷则应依照相关法律规定进行处理。对于不会产生系统性金融风险的民间借贷应该按照民商法的体系进行处理，实行风险自担的原则。同时，要加强对社会公众民间借贷的风险教育，培养社会公众的投资风险意识，国家或政府不应为了社会安定而承担过多的金融风险。这样做的结果往往是导致社会公众更加缺乏风险意识，最终使所有的投资风险都成为国家或政府的风险。

（二）完善监管体制

我国现行的金融监管体系是在对国有金融体系改革的过程中形成的，基本上属于机构监管体系，按照金融机构的批准机关确定金融监管职责。这种监管体系的必然结果是金融监管只能覆盖到经中央监管机关批准设立的金融机构，各类民间自发的金融机构缺乏统一的监管，各类民间自发的金融业务也处于无机构监管的状态。因此，必须对我国现行的金融监管体制进行改革。

金融监管体制的改革首先是要改变目前以机构为核心的监管体系，转化为以业务为核心的监管体系，这样才可能将所有具有系统性风险的金融行为都纳入统一的监管范围之内。另外，还必须考虑到监管权限的合理配置，既包括中央政权与各级地方之间的权限协调配置，也包括金融监管机关与相关各部门之间的权限协调配置。同时，金融监管机关还必须同行政保持独立，如果完全隶属于行政机关，无法避免金融监管行为的行政干预。在许多情况下过多的行政干预也是导致危机难以合理合法应对的重要原因。并且，还要制定明确的监管程序规则，无论是监管行为还是危机处置行为都必须依法进行，避免监管程序行政化。

（三）弥补制度空白

民间金融的危机应对的规范化，必须依靠坚实的法治保障。我国现行的关于规范民间金融的法律规则散见于《民法通则》《合同法》《担保法》等民事法律规范中，关于非法集资的规范则主要见于《刑法》《非法金融机构和非法金融业务取缔办法》《关于办理非法集资刑事案件若干问题的解释》等刑事和行政法律规则中。金融危机的应对程序虽然在《中国人民银行法》和《银行业监督管理法》等监管规范中有个别规定，但都是规范正规金融机构和金融业务的，关于民间金融危机则没有明确的危机应对程序法，这必然会导致实践中出现混乱。因此，必须首先完善现行的各种金融法规，明确规定民间金融危机应对程序。

从全面应对民间金融危机的角度看，应首先对民间金融进行划分，可能导致全国性金融危机的应由中央监管机关负责监管和应对，可能导致区域性金融危机的应由该区域的监管机关负责监管和应对。这就要求在我国的金融立法中，首先必须明确划分中央金融监管机关的民间金融危机应对监管职责，以及不同中央金融监管机关之间的职责划分。同时，还应该明确划分各级地方政权金融监管机关的民间金融危机应对监管职责，以及不同监管机关之间职责划分。在此基础上，还必须明确中央机关与各级地方机关之间的权力职责关系，最终形成整个国家统一的民间金融危机应对监管和处置机制。

（四）加强投资人保护

民间金融形式多样，已不单纯局限于传统的资金借贷的模式，还有诸如民间投资理财、集合投资计划等新的投资形式。应当加强对这些投资理财法律关系中投资人合法权益的保护。作为民间金融产品的投资人，他们也享有金融知情权、金融投资自由权、金融投资公平交易权、金融资产保密与安全权、求偿求助权、享受金融服务权等一系列金融投资人所应当享有的权利。可考虑在法律完善的过程中制定民间金融投资人权益保护的最低标准，由监管部门和行业协会共同监督金融机构执行，并将执行结果作为对金融机构进行资信评级等的考虑内容之一。另外，中央金融投资人保护机构应当对地方的执行情况进行监督并提供相应的业务指导，以逐步促进金融投资人保护水平的提高。

民间金融的规范化仍然是一个必须面对的问题，互联网金融的出现使得民间金融变得愈发复杂，规范化任务更为艰巨。民间金融规范化路径的不同选择也意味着现行的监管制度和金融体制必须做出相应的变革。随着包括民间金融在内的多层次的融资体系的建立，多层次的监管制度必然随之建立。民间借贷与非法集资作为一种自发性的融资体系，经常隐藏着巨大的风险，建立有效的风险应对机制必须考虑我国民间金融的现状、成因及未来发展。前瞻性地预见可能产生的风险及对社会经济、政治、文化等各方面的影响。而民间借贷与非法集资危机应对机制是一个包含主体、客体、行为、责任、程序在内的极其复杂的应对体系，其中的每一个环节既具有一定的独立性，又与其他环节相联系，体现着应对机制的系统性特征。建设好这个危机应对系统对于防范我国民间借贷与非法集资危机、防范地区性金融风险、维护民间金融体系的稳定具有重要意义。

第四节　民间借贷和非法集资危机应对的执法程序与司法程序

民间借贷与非法集资行为许多都是违法行为甚至是犯罪行为，对于违法犯罪的民间借贷与非法集资行为采取什么样的执法和司法程序，如何处理好执法程序与司法程序之间的关系，是需要进行认真研究的问题。这些问题主要包括，案件查处的基本原则、监管程序与司法程序、刑事程序与民事程序。

一、案件查处的基本原则

查处民间借贷与非法集资案件的目的，是为了充分保护民间借贷和集资参与人的合法财产利益，防止出现群体性社会事件，也是为了维护社会的正常金融秩序，防止出现区域性乃至全国性的金融危机，并对严重破坏国家金融秩序和社会秩序的行为给以严厉打击，防止此类违法犯罪行为重复出现。因此，在查处有关民间借贷与非法集资案件中，必须遵守一些基本原则。

首先，保护社会公众财产利益的原则。保护社会公众的财产利益是国家的重要职能，也是社会的必然要求。因此，国家在查处民间借贷与非法集资案件中，必须首先坚持保护社会公众财产利益的原则。它要求必须正确区分普通社会公众与专业投资人士，在案件查处的过程中，必须充分保护普通社会公众的财产利益。对于专业投资人士之间的集资行为，只要不涉及社会公众应视为其为正常的投资行为，既不应予以打击，也不应给予特别的保护。但是，对于普通社会公众却必须给以较高程度的保护，特别是在查处案件的过程中应以最大限度保护公众的财产利益为原则，不能因案件查处或相关行为给公众的财产造成扩大性损失，努力保证能够努力追回的财产利益，尽量减少公众的财产损失。

其次，国家机关不予垫付资金的原则。民间借贷与非法集资一旦构成违法犯罪就必须进行清理，在清理的过程中，许多集资财产已经不能归还参与人的集资款，在此条件下某些政府机关采取了政府垫付资金，或者指示某些机构垫付资金的方式平息群体性事件。这种方式看似解决了当事人的现实问题，却混淆了事物的本质。民间借贷与非法集资是一种民间的自发行为，行为人应对行为本身承担责任，而不能由政府或其他机构承担责任。因此，在处理民间借贷与非法集资案件的过程中，应坚持国家机关或其他机构不予垫付资金的原则，以明确事物的性质，仅在借贷与集资款项之内解决这一问题。

最后，完善制度与严厉打击结合原则。民间借贷与非法集资产生的原因有两个方面：一是我国现行金融法规体系不完善，存在着比较严重的金融抑制现象，许多完全应该向民间放开的融资领域还没有放开，这是我们金融改革中应该进一步改革的问题。对于这类问题，我们应根据实际需要尽快修改现行法律、法规，完善金融业务和金融机构准入制度，只要能够满足整体性金融安全的需要，都应该允许这些机构准入，真正实现金融业的市场化经营。二是必须建立严格的内部和外部约束制度和监管制度，保障这些领域的金融安全。另外，对于那些即使在市场经济条件下也对整体金融利益具有破坏作用的金融行为，必须严格加以限制进行严厉打击。市场经济并不是可以任意行为的经济，而是必须按照严格的规则进行经营的经济，对于违法犯罪行为必须进行严厉打击。

二、监管程序与司法程序

在对民间借贷与非法集资进行规范和管理的过程中，还必须严格区分监管程序与司法程序。应首先授予监管机关、特别是地方金融监管机关民间借贷与非法集资的监督管理权，对于民间借贷与非法集资行为，首先由金融监管机关实施严格的监督管理。在监督管理过程中，如果借款主体或集资主体经过努力经营能够归还投资人的款项，尽量将问题处理在监督管理程序中。它的优点是，不对借款或集资主体采取强制措施，能够保持借款或集资主体在资金清理的主动性和积极性，能够比较充分地保障社会公众的财产利益。规范民间借贷与非法集资的目的之一是保障社会公众的财产安全，如果能够最大限度地保障财产安全，还是尽量采取这类措施。否则，可能会使公众财产受到不应有的损失。

在借贷或集资款项难以全部归还，且如果允许借款或集资主体进行清理性经营很可能导致财产的进一步损失的条件下，如果借款或集资主体的行为构成刑事犯罪则必须果断地采取强制措施，冻结由借款或集资形成的全部相关财产，并对财产进行清理、清退。清理、清退的资金数额只能是由借款或集资形成的财产，以及依法能够纳入清理、清退范围内的财产。如果依法对借贷或集资行为采取了司法程序，则就必须严格按照法律程序处理借贷或集资问题。相对于监管程序而言，司法程序是严格的程序，它不会过多地考虑财产的回收问题，而是严格按照法定程序对财产进行清理、清退，它会导致经营行为的停止和相关财产关系的冻结，很可能使借贷或集资财产因此受到损失或扩大损失。因此，在处理民间借贷与非法集资案件的过程中，应正确地处理监管程序与司法程序之间的关系，尽量首先在监管程序范围内处理财产问题，以最大限度地保护投资人的财产利益。

三、刑事程序与民事程序

在处理民间借贷与非法集资的案件过程中，还必须特别注意处理好刑事程序与民事程序之间的关系，即处理好借贷款项归还与承担刑事责任之间的关系。在处理这两种程序关系的过程中，许多人只是从传统的法学观点来看待问题，认为刑事案件与民事案件是可以分开的，它们既可以分开审理也可以合在一起进行综合审理。事实上，这种观点是在没有经济法或金融法的条件下形成的，在民间借贷与非法集资案件中，案件的性质是由这一融资行为的整体属性决定的，而不是由其中某两个当事人之间的关系决定的。对案件的法律责任，也不仅是两个主体之间的相互责任而是综合性责任。在此条件下，不能任意处理刑事程序与民事程序之间的关系，而必须按照案件的性质进行处理。这种关系主要包括两个方面：一是两个程序的主从关系问题；二是两种责任之间的替代性问题。

从案件的主从关系上来讲，民事关系必须服从于刑事关系的认定。民间借贷与非法集资多数情况下形成的是一种群体关系，特别是在非法集资案件下，集资主体少则几百人多则成千上万人，这些主体共同构成一种法律关系，我们必须将这些主体之间的整体关系作为一个法律关系进行处理，如果分别进行处理必然导致法律关系认定上的错误，如果法律关系本身认定错误就不可能有正确的刑事或民事关系处理结果。在法律关系的认定过程中，个体法律关系必须服从于整体法律关系，个体之间法律关系的认定必须服从于整个案件法律关系的认定，不可能在整体案件法律关系认定之外产生一种另外的法律关系，除非在整个案件法律关系之间主体之间还存在其他法律关系。并且，即使存在其他法律关系，它们之间也往往是具有相关性的。因此，在处理民间借贷与非法集资案件过程中，必须首先认定整个案件的法律关系，再考虑其他法律关系。具体来讲，必须首先考虑刑事法律关系，然后才能考虑民事法律关系。因为，在民间借贷与非法集资案件中，刑事法律关系是整体性法律关系，这种法律关系决定着民事法律关系，必须首先确认刑事法律关系然后才能据此确认他们之间的民事法律关系。

另外，还需要考虑刑事责任与财产责任之间的替代性问题。民间借贷与非法集资的违法犯罪不同于其他类型的违法犯罪，它属于财产经营性质的违法犯罪，这种违法犯罪虽然有时也会导致严重的社会后果，但通常都是为了财产而实施的非暴力性违法犯罪。因此，可以适当考虑以财产赔偿替代刑事处置，至少能够进行充分的财产赔偿是可以考虑减轻刑事处罚的事由。这是由于，将民间借贷与非法集资中的许多行为规定为违法犯罪的主要目的之一，是保护社会公众的财产利益。如果违法犯罪实施人能够对相对方进行财产赔偿，社会公众的财产利益就能够得到保护。同时，对社会公众进行财产赔偿也会减少社会负担，如果财产受到损失的社会公众因此而丧失生活能力，最终也必须由社会对其进行救助。当然，这种替代并不是等额的，必须视具体情况确定。

第六章

民间借贷与非法集资风险防范机制的立法考察与建议

第一节　民间借贷与非法集资风险防范的立法现状考察与梳理

中华人民共和国成立以来，我国在民间借贷立法方面取得长足发展。截至2017年3月20日，根据北大法宝对“民间借贷”关键词以全文为范围的模糊检索得到近1 634个规范性文件，在此基础上从效力层次、颁布时间、关联程度和风险防范具体机制四个重要方面对涉及民间借贷的1 016个法律法规、规章和规范性文件进行梳理和统计①，对民间借贷和非法集资风险防范的立法情况进行分析，力求为构建民间借贷和非法集资风险防范机制提供可靠的实证基础。我们在此使用了广义的立法概念，除包括正式法律渊源外，还包括了不同层次的规范性文件。

① 需要说明的是，对于确定法律法规和其他规范性文件是否重点涉及民间借贷，以是否明确规定民间借贷为标准；根据提及民间借贷风险防范措施的具体程度，分为没有专门规定民间借贷风险防范也没有关于金融风险防范的文件、没有专门规定民间借贷风险防范但规定了金融风险防范的文件、规定了民间借贷风险防范但较简略的文件、规定了民间借贷风险防范且较为具体的文件四个结构类型。考虑到主观因素的影响，分类的客观性、准确性存在一定偏差，但根据大数法则，这种偏差不影响规范性文件梳理和分析的相对客观性和准确性。

一、依据效力层次的考察和梳理

（一）法律

目前在法律层面，尚无对民间借贷进行专门规范的法律文件，仅在《刑法》中对涉及违法情形的民间借贷形式进行规定，包括高利转贷罪、非法吸收公众存款罪、集资诈骗罪和非法经营罪（见表6-1）。但是这些仅是从刑法否定性评价的角度对民间借贷行为的排除性规定，目前在法律层面没有针对民间借贷进行直接调整和正面的合法性评价。

表6-1　　涉及民间借贷的《刑法》规定

犯罪名称	罪状	法定刑
《刑法》第175条 高利转贷罪	以转贷牟利为目的，套取金融机构信贷资金高利转贷他人	违法所得数额较大的，处3年以下有期徒刑或者拘役，并处违法所得1倍以上5倍以下罚金；数额巨大的，处3年以上7年以下有期徒刑，并处违法所得1倍以上5倍以下罚金。单位犯前款罪的，对单位判处罚金，并对其直接负责的主管人员和其他直接责任人员，处3年以下有期徒刑或者拘役
《刑法》第176条 非法吸收公众 存款罪	非法吸收公众存款或者变相吸收公众存款，扰乱金融秩序	处3年以下有期徒刑或者拘役，并处或者单处2万元以上20万元以下罚金；数额巨大或者有其他严重情节的，处3年以上10年以下有期徒刑，并处5万元以上50万元以下罚金。单位犯前款罪的，对单位判处罚金，并对其直接负责的主管人员和其他直接责任人员，依照前款的规定处罚

续表

犯罪名称	罪状	法定刑
《刑法》第192条集资诈骗罪	以非法占有为目的，使用诈骗方法非法集资	数额较大的，处5年以下有期徒刑或者拘役，并处2万元以上20万元以下罚金；数额巨大或者有其他严重情节的，处5年以上10年以下有期徒刑，并处5万元以上50万元以下罚金；数额特别巨大或者有其他特别严重情节的，处10年以上有期徒刑或者无期徒刑，并处5万元以上50万元以下罚金或者没收财产
《刑法》第225条非法经营罪	违反国家规定，有下列非法经营行为之一，扰乱市场秩序：（一）未经许可经营法律、行政法规规定的专营、专卖物品或者其他限制买卖的物品的；（二）买卖进出口许可证、进出口原产地证明以及其他法律、行政法规规定的经营许可证或者批准文件的；（三）未经国家有关主管部门批准非法经营证券、期货、保险业务的，或者非法从事资金支付结算业务的；（四）其他严重扰乱市场秩序的非法经营行为	情节严重的，处5年以下有期徒刑或者拘役，并处或者单处违法所得1倍以上5倍以下罚金；情节特别严重的，处5年以上有期徒刑，并处违法所得1倍以上5倍以下罚金或者没收财产

（二）行政法规

涉及民间借贷的行政法规2个，现行有效的有1个（见表6-2）。1986年《中华人民共和国银行管理暂行条例》规定个人不得设立金融机构，不得经营金融业务，严禁民间自办的钱庄等金融组织，严厉打击“合会”等违法犯罪活动。2015年《国务院关于印发推进普惠金融发展规划（2016~2020年）的通知》首次从行政法规的立法层次明确提出探索规范民间借贷行为的有关制度，将民间借贷作为推进普惠金融发展、完善普惠金融法律法规体系的重要内容。总体而言，较早的涉及民间借贷内容的行政法规距今已超过20年，总体而言针对性较弱。

表 6-2　涉及民间借贷的行政法规

名称	发布部门	法规类别	发文字号	发布时间	实施时间	主要内容	是否重点涉及民间借贷	时效性
国务院关于印发推进普惠金融发展规划（2016～2020年）的通知	国务院	金融发展	国发［2015］74号	2015年12月31日	2015年12月31日	研究探索规范民间借贷行为的有关制度。配套出台网络借贷管理办法等规定。稳妥开展农民合作社内部资金互助试点	否	有效
中华人民共和国银行管理暂行条例	国务院	银行业		1986年1月7日	1986年1月7日	个人不得设立银行或其他金融机构，不得经营金融业务	否	失效

（三）司法解释

最高人民法院出台的涉及民间借贷的司法解释2个（见表6-3），司法解释性质文件10个（见表6-4）。最高人民法院在司法实践中对民间借贷问题较为重视，司法解释经历了从压制到逐渐放松的变迁过程，这一点在企业间民间借贷合同的效力认定上有较为明显的体现。1991年最高人民法院颁布《关于人民法院审理借贷案件的若干意见》，将民间借贷主体限定为至少一方是公民（自然人）的情形，对于企业间的借贷则按照央行发布的1996年《贷款通则》第61条的规定，一般以违反国家金融监管规则认定无效。但《贷款通则》第61条的规定不但没有消除企业间资金拆借现象，反而与企业在经济发展中客观存在的庞大融资需求相冲突，催生出一系列虚假交易、名义联营以及企业高管以个人名义借贷等间接借贷用以规避法律的运作模式，反而增加了企业融资的风险。2015年8月6日，最高人民法院正式发布新的《最高人民法院关于审理民间借贷案件适用法律若干问题的规定》，首次确认了企业间的借贷效力，规定因生产经营需要相互拆借资金的企业间借贷行为受司法保护。

表 6-3　　涉及民间借贷的司法解释

名称	发布部门	法规类别	发文字号	发布时间	实施时间	主要内容	是否重点涉及民间借贷
最高人民法院关于审理民间借贷案件适用法律若干问题的规定	最高人民法院	民间借贷	法释［2015］18 号	2015 年 8 月 6 日	2015 年 9 月 1 日	明确民间借贷的概念、自然人之间借款合同生效要件、合同无效的五种情形等	是
最高人民法院关于如何确认公民与企业之间借贷行为效力问题的批复	最高人民法院	民间借贷	法民［1999］21 号	1999 年 2 月 9 日	1999 年 2 月 9 日	公民与非金融企业（以下简称企业）之间的借贷属于民间借贷，规定了四种无效情形	是

表 6-4　　涉及民间借贷的司法解释性质文件

名称	发布部门	法规类别	发文字号	发布时间	实施时间	主要内容	是否重点涉及民间借贷	时效性
最高人民法院关于依法审理和执行民事商事案件保障民间投资健康发展的通知	最高人民法院	司法工作	法［2016］334 号	2016 年 9 月 2 日	2016 年 9 月 2 日	依法审理涉及非公有制经济主体的民间借贷等案件。在统一规范的金融体制改革范围内，依法保护民间金融创新。严格执行借贷利率的司法保护标准。要区分正常的借贷行为与利用借贷资金从事违法犯罪的行为。在案件审理过程中，发现有高利率导致的洗钱、暴力追债、恶意追债等犯罪嫌疑的，及时将相关材料移交公安机关，推动形成合法有序的民间借贷市场	是	有效

续表

名称	发布部门	法规类别	发文字号	发布时间	实施时间	主要内容	是否重点涉及民间借贷	时效性
最高人民法院关于防范和制裁虚假诉讼的指导意见	最高人民法院	司法工作	法发［2016］13号	2016年6月20日	2016年6月20日	在民间借贷等虚假诉讼高发领域的案件审理中，要加大证据审查力度	否	有效
最高人民法院发布19起合同纠纷典型案例	最高人民法院	司法工作		2015年12月4日	2015年12月4日	最高人民法院发布19起合同纠纷典型案例，其中3起涉及民间借贷	是	有效
最高人民法院关于当前形势下加强民事审判切实保障民生若干问题的通知	最高人民法院	司法工作	法发［2012］40号	2012年2月15日	2012年2月15日	正确划分合法的民间借贷与集资诈骗、非法吸收公众存款等犯罪行为的界限，加大对各种形式高利贷的排除力度和对虚假债务的审查力度	是	有效
最高人民法院印发《关于人民法院为防范化解金融风险和推进金融改革发展提供司法保障的指导意见》的通知	最高人民法院	金融改革	法发［2012］3号	2012年2月10日	2012年2月10日	妥善审理民间借贷等金融案件，保障民间借贷对正规金融的积极补充作用。严厉制裁地下钱庄违法行为，遏制资金游离于金融监管之外，维护安全稳定的信贷市场秩序	否	有效
最高人民法院关于依法妥善审理民间借贷纠纷案件促进经济发展维护社会稳定的通知	最高人民法院	民间借贷	法［2011］336号	2011年12月2日	2011年12月2日	依法妥善审理民间借贷纠纷案件。依法惩治与民间借贷相关的刑事犯罪。加大对民间借贷纠纷案件的调解力度。积极促进建立健全民间借贷纠纷防范和解决机制。加强对民间借贷纠纷案件新情况新问题的调查研究	是	有效

续表

名称	发布部门	法规类别	发文字号	发布时间	实施时间	主要内容	是否重点涉及民间借贷	时效性
最高人民法院印发《关于为加快经济发展方式转变提供司法保障和服务的若干意见》的通知	最高人民法院	经济发展	法发［2010］18号	2010年6月29日	2010年6月29日	妥善审理非金融借贷纠纷案件，依法保护合法的民间借贷和企业融资行为	否	有效
最高人民法院印发《关于人民法院审理借贷案件的若干意见》的通知	最高人民法院	民间借贷	法释［1999］4号	1991年8月13日	1991年8月13日	已失效。民间借贷的利率可以适当高于银行的利率，各地人民法院可根据本地区的实际情况具体掌握，但最高不得超过银行同类贷款利率的4倍（包含利率本数）	是	失效
最高人民法院关于印发《关于审理联营合同纠纷案件若干问题的解答》的通知	最高人民法院	司法工作	法［经］发［1990］27号	1990年11月12日	1990年11月12日	法人之间明为联营实为借贷应当确认合同无效	否	有效
最高人民法院关于对企业借贷合同借款方逾期不归还借款的应如何处理的批复	最高人民法院	司法工作	法复［1996］15号	1996年9月23日	1996年9月23日	已被修改。企业借贷合同违反有关金融法规，属无效合同	是	修改

（四）国务院及部门规范性文件

在部门规章方面，直接涉及民间借贷的仅有2个（见表6-5），即2016年银监会、工信部、公安部和网信办联合发布的《网络借贷信息中介机构业务活动管理暂行办法》和1990年中国人民银行出台的《农村信用合作社管理暂行规定》（已失效），前者是针对网络借贷出台的专门性部门规章，后者在规定第3

条提出引导农村民间借贷稳定农村金融是信用社的基本任务之一。

表6-5　　涉及民间借贷的国务院规范性文件

名称	效力级别	发布部门	法规类别	发文字号	发布时间	实施时间	主要内容	是否重点涉及民间借贷
网络借贷信息中介机构业务活动管理暂行办法	部门规章	银监会等	非存款类放贷组织	2016年第1号	2016年8月17日	2016年8月17日	网络借贷信息中介机构监督管理及其业务活动的管理规范	是
国务院办公厅关于金融支持经济结构调整和转型升级的指导意见	国务院规范性文件	国务院办公厅	经济发展	国办发［2013］67号	2013年7月1日	2013年7月1日	深入排查各类金融风险隐患。防范跨市场、跨行业经营带来的交叉金融风险，防止民间融资、非法集资、国际资本流动等风险向金融系统传染渗透	否
国务院办公厅关于印发进一步支持小型微型企业健康发展重点工作部门分工方案的通知	国务院规范性文件	国务院办公厅	小型微型企业	国办函［2012］141号	2012年8月2日	2012年8月2日	有效遏制民间借贷高利贷化倾向以及大型企业变相转贷现象，依法打击非法集资、金融传销等违法活动。严格禁止金融从业人员参与民间借贷	是
国务院关于落实《政府工作报告》重点工作部门分工的意见（2012）	国务院规范性文件	国务院	政府工作	国发［2012］13号	2012年3月22日	2012年3月22日	规范各类借贷行为，引导民间融资健康发展	否
国务院批转发展改革委关于2012年深化经济体制改革重点工作意见的通知	国务院规范性文件	国务院	经济发展	国发［2012］12号	2012年3月18日	2012年3月18日	规范各类借贷行为，合理引导民间融资	否

续表

名称	效力级别	发布部门	法规类别	发文字号	发布时间	实施时间	主要内容	是否重点涉及民间借贷
国务院关于推进国有商业银行股份制改革深化金融体制改革工作的报告	国务院规范性文件	国务院	银行业		2006 年 12 月 26 日	2006 年 12 月 26 日	小额信贷公司起引导和规范民间借贷的作用	否
国务院关于印发深化农村信用社改革试点方案的通知	国务院规范性文件	国务院	信用社	国发［2003］15 号	2003 年 6 月 27 日	2003 年 6 月 27 日	信用社起到引导和规范民间借贷的作用	否
国务院批转中国农业银行关于改革信用合作社管理体制的报告的通知	国务院规范性文件	国务院	银行业		1984 年 8 月 6 日	1984 年 8 月 6 日	信用社起到引导和规范民间借贷的作用	否
国务院批转中国农业银行关于农村借贷问题的报告的通知	国务院规范性文件	国务院	民间借贷		1981 年 5 月 8 日	1981 年 5 月 8 日	农村借贷问题。严格区别个人之间的正常借贷与农村高利贷活动。信用社发挥引导和规范民间借贷的作用	否
中国人民银行关于印发《农村信用合作社管理暂行规定》的通知［失效］	部门规章	中国人民银行	信用社	银发［1990］251 号	1990 年 10 月 12 日	1990 年 10 月 12 日	农村信用社的基本任务之一为引导农村民间借贷，稳定农村金融	否

在国务院规范性文件方面，直接涉及民间借贷的有 10 个（见表 6－5）。在部门规范性文件方面，国务院诸多部门共计出台民间借贷有关文件 45 个，其中涉及部门包括保监会（1 个，2013 年）、工业和信息化部（1 个，2011 年）、农业部（1 个，2015 年）、商务部（1 个，2006 年）、审计署（1 个，2014 年）、司法部（2 个，1989 年和 1992 年），以及银监会（包括银监会牵头制定的文件 20 个，主要集中在 2011 年后）和中国人民银行（包括中国人民银行牵头制定的文

件18个，主要集中在2012年后）。综合而言，国务院部门层面对民间借贷的规范主要集中在银监会和央行，性质多为部门规范性文件，总体立法层次较低且多是不同部门从各自部门职能的角度进行规制，各部门联合监管民间借贷的部门规范性文件较少。

（五）地方法规、规章及规范性文件

地方法规、规章及规范性文件层面包括：2个省级地方性法规，2016年，山东省人大常委会发布《山东省地方金融条例》，将地方金融组织主要分为民间资本管理机构和民间融资登记服务机构；2013年，浙江省人大常委会发布《温州市民间融资管理条例》，将民间融资服务主体分为从事定向集合资金募集和管理等业务的民间资金管理企业、从事资金撮合和理财产品推介等业务的民间融资信息服务企业、从事民间融资见证等活动的民间融资公共服务机构；6个较大市地方性法规、经济特区法规、自治条例和单行条例（见表6-6）；879个地方规范性文件，其中233个重点涉及民间借贷（见表6-7）。总体而言，涉及民间借贷的地方立法颇多，形成了一定的底层制度创新成果，能够为民间借贷立法提供有益的实践基础和制度借鉴。

表6-6　　涉及民间借贷的部分地方性法规和自治条例

名称	效力级别	发布部门	批准部门	法规类别	发文字号	发布时间	实施时间	主要内容	是否重点涉及民间借贷
山东省地方金融条例	省级地方性法规	山东省人大	山东省人大常委会	民间金融	山东省人大常委会公告第129号	2016年3月30日	2016年7月1日	地方金融组织，是指依法设立，从事相关地方金融活动的小额贷款公司、融资担保公司、民间融资机构、开展权益类交易和介于现货与期货之间的大宗商品交易的交易场所、开展信用互助的农民专业合作社、私募投资管理机构和国务院及其有关部门授权省人民政府监督管理的从事金融活动的其他机构或者组织等。地方金融组织包括民间资本管理机构和民间融资登记服务机构	是

续表

名称	效力级别	发布部门	批准部门	法规类别	发文字号	发布时间	实施时间	主要内容	是否重点涉及民间借贷
大连区域性金融中心建设促进条例	较大市地方性法规	辽宁大连市人大	辽宁省人大常委会	金融发展	大连市人大常委会公告第6号	2015年10月13日	2016年1月1日	大连区域性金融中心建设，涉及民间资本和网络借贷	否
厦门经济特区促进两岸区域性金融服务中心建设条例	经济特区法规	福建厦门市人大常委会		金融发展	厦门市人大常委会公告第12号	2013年12月31日	2014年3月1日	两岸区域性金融服务中心建设，其中在第六章金融监管中涉及市区人民政府建立健全地方监管体系，对非金融机构和民间借贷承担金融监管职责和风险处置责任	否
温州市民间融资管理条例	省级地方性法规	浙江省人大	浙江省人大常委会	民间融资	浙江省人大常委会公告第10号	2013年11月22日	2014年3月1日	总则部分包含民间融资的定义、原则、监管机构，第二章三种民间融资服务主体包括注册资本、登记备案、业务内容、禁止收益承诺和保密制度，第三章民间借贷包括合同备案登记、利率约定、合同公证等，第四章定向债券融资和定向集合资金，第五章风险防范和处置包括地方金融管理部门的监管职责和职权、与其他行政机关和公安机关的衔接以及风险预警和突发事件应急预案，第六章法律责任以行政处罚为主，第七章附则	是

续表

名称	效力级别	发布部门	批准部门	法规类别	发文字号	发布时间	实施时间	主要内容	是否重点涉及民间借贷
甘肃省肃北蒙古族自治县自治条例	自治条例和单行条例	甘肃肃北蒙古族自治县人大（含常委会）	甘肃省人大（含常委会）	自治条例		1989年5月4日	1989年5月4日	自治县允许民间借贷	否

表6－7　涉及民间借贷的部分地方规范性文件

名称	效力级别	发布部门	法规类别	发文字号	发布时间	实施时间	主要内容	是否重点涉及民间借贷
江西省人民政府办公厅关于促进民间融资机构规范发展的意见	地方规范性文件	江西省政府	民间融资机构	赣府厅发［2016］54号	2016年9月14日	2016年9月14日	建立民间融资机构备案制度、动态监测制度、征信制度、信息公示制度日常监管制度、自律制度、备案制度、风险处置制度	是
河北省人民政府办公厅关于引导民间融资创新发展的意见	地方规范性文件	河北省政府	民间融资	冀政办字［2016］132号	2016年8月23日	2016年8月23日	规范民间融资交易行为，建立健全民间借贷日常信息监测机制；开展新型民间融资机构试点；引导符合条件的企业法人和其他经济组织发起设立民间资本管理公司，探索引导社会资本设立民间融资登记服务机构	是

续表

名称	效力级别	发布部门	法规类别	发文字号	发布时间	实施时间	主要内容	是否重点涉及民间借贷
山东省民间融资机构监督管理办法	地方规范性文件	山东省地方金融监督管理局	民间融资机构	鲁金监字［2016］6号	2016年8月29日	2016年8月29日	界定了民间融资机构、民间资本管理业务、民间融资登记服务业务	是
南平市人民政府关于发展民间借贷登记服务公司的指导意见（试行）	地方规范性文件	广西南平市政府	民间借贷登记服务公司	南政综［2014］285号	2014年12月26日	2014年12月26日	设立民间借贷登记服务公司，较为突出信息交换、借贷撮合、信息咨询的特点。在盈利模式上并不局限于单一信息对接的中介，提出在试点成熟时根据成功撮合交易额收取服务费。在监管方面较为严格，建立风险防控机制	是
莆田市人民政府办公室关于印发莆田市开展民间借贷登记服务中心试点工作实施方案（暂行）的通知	地方规范性文件	福建莆田市政府	民间借贷登记服务中心	莆政办［2014］12号	2014年1月21日	2014年1月21日	对民间借贷服务中心的定义、业务范围、组建设立、进驻机构、风险控制、监督管理和税费优惠等扶持政策进行规定	是
鄂尔多斯市人民政府关于公布《鄂尔多斯市规范民间借贷暂行办法》的通知	地方规范性文件	内蒙古鄂尔多斯市政府	民间借贷	鄂府发［2012］40号	2012年6月5日	2012年6月5日	加强监督管理，完善日常工作合作机制与重大突发事件预警、处理机制，防范系统性、交叉性、区域性风险。民间借贷登记服务中心发起成立鄂尔多斯市民间借贷协会，成立民间借贷风险基金，建立民间借贷风险处置机制和行业自救机制	是

续表

名称	效力级别	发布部门	法规类别	发文字号	发布时间	实施时间	主要内容	是否重点涉及民间借贷
潮州市政府办公室转发省政府办公厅关于开展民间借贷风险全面排查行动的通知	地方规范性文件	广东潮州市政府	民间借贷风险排查	潮府办［2012］10号	2012年2月14日	2012年2月14日	查清辖区内民间借贷规模，确保不出现因民间借贷引发的非法集资案件，确保不出现因非法集资引发金融风险和群体性事件	是
中国保监会吉林监管局关于禁止保险资金参与民间借贷有关情况的通知	地方规范性文件	中国保险监督管理委员会吉林监管局	保险业+民间借贷	吉保监发［2011］76号	2011年11月3日	2011年11月3日	不得使用保险资金参与民间借贷，不得协助相关机构和个人开展民间借贷。严禁通过其他形式变相参与民间借贷	是
青岛市工商局关于印发《青岛市工商系统规范民间借贷中介市场秩序专项整治工作的方案》的通知	地方规范性文件	山东青岛市工商行政管理局	民间借贷	青工商生发［2009］130号	2009年7月29日	2009年7月29日	民间借贷中介市场秩序监管包括公司经营、非法金融活动以及广告行为三个方面	是

二、依据颁布时间的考察和梳理

（一）民间借贷法律制度变迁的历史性考察

以时间为脉络梳理中华人民共和国成立以来的民间借贷法律制度能够发现1978年、2005年和2011年是三个制度发展维度的重要时间节点，与之相对应的经济发展阶段为计划经济时期（1949～1978年）、经济转型时期（1978～2005年）、经济发展时期（2006～2010年）和经济创新时期（2011年～至今①）四个阶段（见图6－1）。

① 鉴于本书的相关检索时间截至2017年3月20日，因此时间维度的民间借贷法律制度梳理也截至2016年。

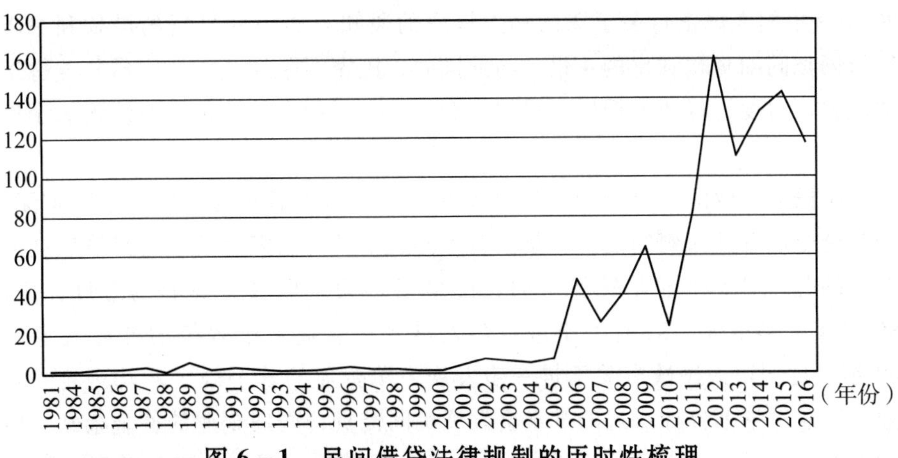

图 6-1　民间借贷法律规制的历时性梳理

资料来源：作者整理。

1. 计划经济时期我国民间借贷法律制度变迁历史（1949～1978 年）

中华人民共和国成立初期，百废待兴，计划经济体制下工农业亟待发展，这一阶段国家明确允许民间借贷发展：例如，1950 年，中国人民总行在《人民银行区行长会议关于几个问题的决定》中提倡在农村地区“恢复与发展农村私人借贷关系”，对农村私人借贷利息不加以限制；1953 年，中共中央《关于春耕生产给各级党委的指示》允许农村生产经营主体通过民间借贷弥补农业贷款缺口。与此同时，国家大力发展农村信用社，1951 年，全国农村金融工作会议讨论的《农村信用合作社章程准则（草案）》和《农村信用互助小组公约（草案）》将农村信用社作为农民自己的基层资金互助组织，部分农村地区逐渐从生产互助组发展成信用互助组再过渡为信用社。经过社会主义改造和“文化大革命”，全国清理和整顿各类私营钱庄，彻底改造合营银行，根据 1977 年人民银行提出的《信用合作社工作条例》和 1978 年的《农村金融机构的几点意见》，农村信用社几经辗转从“民办”变为国家银行在农村基层的金融机构，从而成为“官办”性质的金融机构，民间借贷被挤压为私人间互助性质的直接借贷行为，完成了国家垄断金融资源配置的制度安排。

2. 转型时期我国民间借贷法律制度变迁历史（1978～2005 年）

据不完全统计，2005 年以前直接涉及民间借贷的法规规章等规范性文件有 56 件。该阶段的立法多采用“引导”、“规范”类词语，对个人间的民间借贷行为原则上认定为有效，对企业之间的借贷行为认定为无效。

该阶段国家对个人间的借贷行为原则上认定为有效，但逐渐开始实施利率管制。1985 年《辽宁省人民政府关于保护农村专业户促进商品经济发展的布告》提出，民间借贷利润可略高于银行和信用社贷款，但没有确定具体的利率限制；

1996 年《中国人民银行关于取缔私人钱庄的通知》将民间借贷的借款利率限定为银行同类同期贷款利率的 4 倍。与此同时，国家不断加强对民间借贷金融组织的清理整顿力度，将地下钱庄、民间标会、合会、抬会等认定为非法组织予以严厉打击。

该阶段对企业间的借贷行为从原先的放松管制逐渐转变为原则上认定无效，这种制度变迁有其深刻的现实背景。改革开放初期，国家为了解决经济发展的信贷缺口问题，对乡镇企业发展中的民间借贷行为采取较为宽容的态度，例如，1986 年《天津市人民政府关于进一步发展乡镇企业若干政策的补充规定》和 1989 年《昆明市人民政府关于进一步发展乡镇企业的若干规定》均规定，乡镇企业可以通过举办各种形式的基金会发展民间借贷，调剂企业的资金余缺。但在 1990 年的《最高人民法院关于印发〈关于审理联营合同纠纷案件若干问题的解答〉的通知》中，国家开始将法人之间的借贷合同确定为无效。此后，最高人民法院 1996 年的《最高人民法院关于对企业借贷合同借款方逾期不归还借款的应如何处理的批复》和人民银行 1998 年的《中国人民银行关于对企业间借贷问题的答复》进一步明确企业间的借贷合同因违反金融法规属于无效合同。

整体而言，该阶段的民间借贷立法主要集中于农村经济管理领域，强调农村信用社和小额贷款公司要发挥引导和规范民间借贷的作用，严禁高息借贷，开始提出加快建设企业和个人信用服务体系，建立信用监督和失信惩戒制度。地方关于民间借贷的规范表现出时代因素的局限，以 2002 年《吉林省鼓励和促进民间投资的若干意见》为例，该规范性文件仅认识到民间投资的重要性，但未在民间投资中明确区分民间借贷的类型和作用，也未对民间借贷作为一种独立的民间融资情形进行规制。部分地区虽然开始关注民间借贷现象，但往往仅重视民间借贷中的高利借贷问题，以《山西省人民政府办公厅转发人行太原中心支行关于民间高利借贷情况调查报告的通知》为例，对民间借贷特别是高利借贷的形式、特点、产生原因、危害和负面影响等展开具体分析，提出农村信用社应当在平抑民间借贷中发挥重要作用。这种压制型的民间借贷立法状态一直延续到 2005 年温州市人民政府出台《温州市人民政府关于加强民间融资管理的意见》，该《意见》首次单独对民间融资进行规制，并将民间借贷作为民间融资的重要形式，提出应规范民间个人借贷行为，人民银行作为监管主体对民间借贷进行定期调查和信息反馈。但是该规范性文件主要针对个人借贷行为，仍侧重加强监管，缺少适当的激励措施。

3. 发展时期我国民间借贷法律制度变迁历史（2006～2010 年）

2006 年开始，民间借贷立法开始转而采取“鼓励”性的态度，鼓励发展各种民间借贷合作组织，特别是在农村经济领域开展资金互助组织。在企业借贷方面，四川省《遂宁市人民政府关于进一步加快中小企业发展的意见》允许中小企业在一定范围内建立以服务为宗旨的资金互助社，开展同业拆借活动。与此同时，在强调信用社引导和规范民间借贷的基础上，开始强调发挥小额贷款公司引导民间借贷阳光化、规范化的作用。另外，各地在鼓励、引导和规范民间借贷的同时，强调通过加强金融生态建设防范整体性金融风险，该年有 8 个规范性文件强调对民间借贷实施监测，明确提出人民银行承担民间借贷的利率监测职责。总体而言，2006 年涉及民间借贷的规范性文件从 2005 年的 7 个迅速增至 47 个，重点涉及民间借贷的规范性文件有 6 个（占比 12.8%），比较简略涉及民间借贷风险的规范性文件有 9 个（占比 19.1%），两者兼具者 5 个（占比 10.6%）。因此，2006 年虽然涉及民间借贷的规范性文件数量大幅增加，但是总体上针对性较强的规范性文件仍然较少，更多是在有关农村经济管理、小额贷款公司等问题的规范性文件中间接提及民间借贷，尚未形成系统的制度安排。

2007 年，对于民间借贷较为积极的态度在国家层面被确立下来，在《中共中央办公厅、国务院办公厅关于加强农村实用人才队伍建设和农村人力资源开发的意见》的基础上，地方规范性文件开始提出“稳步推进和积极规范民间借贷”①。部分地区逐渐放开企业间的拆借行为，允许企业间拆借，鼓励中小企业开展民间借贷，激活民间资金②。总体而言，2007 年出台的包含民间借贷的规范性文件有 26 个，重点涉及民间借贷的规范性文件有 3 个（占比 11.5%），比较简略地涉及民间借贷风险的规范性文件有 5 个（占比 19.2%），两者兼具者 1 个（占比 3.8%）。因此，2007 年虽然整体上开始转向积极引导和发展民间借贷，但仍然以间接涉及民间借贷为主，民间借贷风险防范的有关立法没有得到明显推进。

2008 年美国爆发次贷危机，我国有关民间借贷的立法开始重点关注民间借贷的风险防范问题，但未从立法层面对民间借贷风险的防范提出具体构想。在国家层面，以《中共中央关于推进农村改革发展若干重大问题的决定》为例，仅在建立现代农村金融制度中简单提及规范和引导民间借贷健康发展；在地方层面，即使较为具体的《温州市人民政府关于加快温州金融业改革发展的意见》也仅提及完善民间利率监测制度，引导民间资金合理流向。该阶段立法开始将民间借贷放在我国金融体制改革的在框架内，以各地出台金融业发展意见为主，在金融业发展中规范和引导民间借贷，通过社会信用体系构建、监督协调联动以及金融生

① 参见《中共台州市委办公室、台州市人民政府办公室关于实施“农村实用人才开发工程”的意见》等。

② 参见《中共邯郸市委、邯郸市人民政府关于印发〈邯郸市 2007 年“四大”建设推进计划〉的通知》等。

态环境建设等措施防范金融风险[①]，在宏观金融风险防范基础上再具体涉及民间借贷的风险防范，未有专门针对民间借贷风险防范的规范性文件。总而言之，2008年出台的包含民间借贷内容的规范性文件有40个，重点涉及民间借贷的规范性文件有4个（占比10%），比较简略涉及民间借贷风险的规范性文件有12个（占比30%），两者兼具者3个（占比7.5%）。

2009年及2010年，民间借贷立法情况与2008年的情况基本一致。受金融危机影响，2010年涉及民间借贷的规范性文件数量反而有所减少，更多开始关注民间借贷对企业资金链风险的重要影响，各地着手对企业资金链风险进行排查。

4. 创新时期我国民间借贷法律制度变迁历史（2011年至今）

2011年，全国范围内利用民间“会”、“社”等组织或者地下钱庄进行非法集资现象较为突出，民间借贷风险爆发，政府开始高度关注社会融资和民间借贷行为，强调建立民间借贷监测管理体系，加强对民间借贷资金来源、流向和利率水平的跟踪监控，健全和完善非法集资活动的监测预警和快速反应机制[②]。与此同时，部分地方立法提出民间资本服务中心试点的构想，为民间借贷提供信息发布、借贷合约公证和登记、交易款项结算、资产评估登记和法律咨询等综合服务，对企业民间借贷行为进行备案登记并定期统计，搭建民间借贷信息服务和监控平台[③]。2011年涉及民间借贷内容的规范性文件有82个，重点涉及民间借贷的规范性文件21个（占比25.6%），提出民间借贷风险防范措施的规范性文件计4个（占比4.9%），简略涉及民间借贷风险的也有49个（占比59.8%）。

2012年，民间借贷立法迎来井喷式发展，大量关于民间资本管理机构、民间借贷中介服务、民间借贷登记中心的规范性文件开始涌现，地方制度创新频现，各地开始着手民间资本管理公司的试点工作，组建民间借贷登记服务中心，并且建立民间融资监测体系，强调民间融资动态跟踪和风险预警。例如，在温州金融改革区的推动下，浙江省工商行政管理局准予核定“民间借贷登记服务”经营项目；《陕西省人民政府关于进一步促进金融业发展改革的意见》提出用市场化模式分别组建主要为债权融资服务的“民间借贷服务中心”和为股权融资服务的“民间资本投资服务中心”，探索建立民间金融债权和股权登记、公开交易机制；《东营市人民政府关于开展民间融资规范引导试点工作的意见》明确民间融资交易的三条底线为合法自有财产、利率限制、不得暴力追债。

---

① 例如，《鄂尔多斯市人民政府关于促进金融业快速发展的若干意见》提出建立规范民间借贷工作联席会议制度，形成各部门沟通协调机制。

② 如《陕西省人民政府办公厅关于贯彻落实全国整治非法集资问题专项行动电视电话会议精神的通知》、《佛山市人民政府办公室关于成立佛山市处置非法集资领导小组的通知》等。

③ 如《东营市人民政府关于加大金融财税支持力度促进中小企业平稳健康发展的意见》、《中共温州市委、温州市人民政府关于进一步加快温州地方金融业创新发展的意见》等。

值得注意的是，部分地方开始针对民间借贷制定专门性的规范性文件。以《鄂尔多斯市规范民间借贷暂行办法》为例，该《办法》将民间借贷中的放贷人限定为自然人，对放贷人和借款人的权利义务进行规定，将备案确定为放贷人的义务，由民间借贷登记服务中心发起成立鄂尔多斯市民间借贷协会，同时该民间借贷协会发起并与民间借贷登记服务中心登记的民间借贷市场主体共同出资成立民间借贷风险基金，建立民间借贷风险处置机制和行业自救机制，表现出兼顾激励发展和风险防范的规制特点。2012 年涉及民间借贷的规范性文件有 161 个，重点涉及民间借贷的规范性文件 50 个（占比 31.1%），针对民间借贷风险提出具体防范措施的规范性文件计 10 个（占比 6.2%）。因此从数量和内容上而言，民间借贷风险防范立法的针对性大大提高。

2013 年，民间借贷开始呈现出新的特点，网络借贷等新型金融业态兴起，监管部门开始加大对互联网金融的运行监测、风险研判和预案处置。银行业对民间借贷所导致的外部风险认识进一步加深，突破固有的仅从严禁银行业从业人员参与民间借贷或成为资金掮客的角度进行风险排查的传统措施，例如，《中国银监会办公厅关于防范外部风险传染的通知》就明确提出小贷公司、典当行、担保机构、民间融资、非法集资是银行业金融机构外部风险的五种主要来源。另外在立法层次上，《温州民间融资管理条例》作为全国首部专门规范民间借贷的地方性金融法规，超越了《鄂尔多斯市规范民间借贷暂行办法》的立法层次，在地方立法层面结合温州经济的特点和民间融资的实际情况，引入激励规制理论实现制度创新。2013 年包含民间借贷内容的规范性文件有 110 个，重点涉及民间借贷的规范性文件 29 个（占比 26.4%），比较具体涉及民间借贷风险防范的规范性文件 10 个（占比 9.1%）。

2014 年和 2015 年关于民间借贷的规范性文件数量继续增加，各地开始研究制定有关民间资本管理的规定，在监管上呈现出综合性、多部门性、跨行业性的特点，强调不同监管部门的协同监管，并且在互联网金融发展的大背景下呈现出新的特点，在民间借贷风险和金融风险防范中运用互联网和大数据建立信息化金融数据统计监测体系、风险监测预警体系、风险应急处置方案和信息共享机制，共同服务金融风险防范，实现信息共享、风险联防、联动监管①。2014 年包含民间借贷的规范性文件有 133 个，重点涉及民间借贷的规范性文件 32 个（占比 24.1%），具体涉及民间借贷风险防范的规范性文件有 17 个（占比 12.8%）。

---

① 如《山东省金融工作办公室关于印发〈山东省民间融资机构监督管理暂行办法〉的通知》、《江苏省政府关于促进互联网金融健康发展的意见》、《河南省人民政府关于贯彻落实国发（2015）59 号文件精神进一步做好防范和处置非法集资工作的通知》、《宜昌市人民政府关于支持金融改革创新发展的若干意》等。

2015 年包含民间借贷内容的规范性文件有 142 个，重点涉及民间借贷的规范性文件 32 个（占比 22.4%），具体涉及民间借贷风险防范的规范性文件有 16 个（占比 12.0%）。

2016 年关于民间借贷的规范性文件数量为 117 个，重点涉及民间借贷的规范性文件 60 个（占比 51.3%），涉及民间借贷风险防范的规范性文件 76 个（占比 65.0%）。虽然在总数上相较于 2015 年有所回落，但是在内容上表现出对于非法集资防范处置和互联网金融风险专项整治的高度关注。2016 年关于防范和处置非法集资工作的规范性文件 32 个，在该年规范性文件数量中的比例高达 27.4%。值得注意的是，历年以来中央和地方防范和处置非法集资工作的相关规范性文件共计 80 个，其中 2/5 的规范性文件均集中在 2016 年出台。另外，2016 年关于互联网风险专项整治工作的规范性文件 11 个，在该年涉及民间借贷的规范性文件总数中占比将近一成，这一现象在 1981 年相关规范性文件有据可查以来都是相当鲜见的。

（二）民间借贷法律制度变迁路径的考察

民间借贷的历史变迁表现出明显的特殊性和规律性，以时间为脉络进行梳理并探索民间借贷法律制度变迁的深层逻辑，是推进民间借贷法律制度改革和创新的基础。

1. 自下而上的诱致性变迁路径

制度变迁包括诱致性变迁和强制性变迁，民间借贷法律制度的变迁不是完全的后发外生型的强制性制度变迁，而是一种诱发性制度变迁。在实践发展的过程中，不同利益群体之间相互博弈，呈现出民间资金主体回应正规金融制度不均衡的自发性变迁。在非营利性的民间借贷中，诱变因素为借款人和出借人之间互助性借贷的低成本。熟人之间因临时资金需求形成无息或低息的小额民间借贷，借贷双方的信任和社会关系降低了信息成本，提高了契约履行的可靠性。而在营利性民间借贷中，诱变因素是出借人追求利润回报的逐利动机和借款人因正规金融无法满足的资金需求。负利率条件下大量民间资本难以找到合理的投资渠道，在金融压抑中出现“两多两难”（即民间资金多但投资难，中小企业多但融资难）问题。因此，非营利性民间借贷在降低信息成本的诱因下，营利性民间借贷资金所有者在资本增值的诱因下，都更倾向于将资金投入民间借贷，具有自发性和逐利性。

这种变迁模式直接导致民间借贷法律规制存在严重的制度“错位”，特别是对风险的防范远滞后于民间借贷自身的发展。2011 年民间借贷非法集资风险集中爆发之前，仅有 2003 年《山西省人民政府办公厅转发人行太原中心支行关于民间高利借贷情况调查报告的通知》和2009年《青岛市工商局关于印发〈青岛市工商系统规范民间借贷中介市场秩序专项整治工作的方案〉的通知》等相关地方规范性文件规定了较为具体的风险防范措施。前者虽然强调对民间借贷风险进行调查，但该规范性文件的主要目的在于为农村信用社发挥引导民间借贷的作用提供基础，而后者则是青岛市工商行政管理局对民间借贷中介市场秩序的监管，只涉及一个监管主体且主要针对公司运营、非法金融活动和广告行为三种情况，直接涉及民间借贷风险防范问题的内容较少。2011年11月，公安部决定在全国范围内展开为期三个月的非法集资问题专项行动，此后各地开始出台大量有关民间融资的规范性文件，通过开展民间融资服务平台建设、民间借贷登记备案的试点工作，建立民间融资监测机制追踪民间融资的规模、地区分布、期限结构、资金流向、利率水平和还款情况等，加强了对民间借贷风险的排查和防范。但是，民间借贷法律规制的滞后性使风险防范的制度需求始终难以得到满足，最终成为各地非法集资风险频频爆发、企业倒闭风和企业主跑路潮不断出现的制度性原因。

2. 重正规轻非正规的抑制性规制思路

我国民间借贷法律制度变迁史表明，国家立法长期重视正规金融的发展，轻视对民间借贷等非正规金融的发展。虽然非正规金融一直是正规金融的有益补充，发挥了弥补农村信贷缺口、缓解中小企业融资难问题、激活民间资本的作用，但非正规金融发展长期没有得到立法的重视，游走在灰色甚至黑色地带。国家对个人民间借贷的长期放任和对企业民间借贷的长期禁止，导致民间借贷不可能通过自身演化和扩展解决资金供求问题，极易发展成为私人钱庄、高利贷等非法金融形态。

2005年以后，国家有关民间借贷的立法开始从压制转向疏导，这一转变主要依托三条路径，并于2011年后在国家层面和地方层面呈现出两个方向的疏导进路：国家层面主要以吸收民间资本将其“收编”进入正规金融机构为主；地方层面主要以保留民间借贷的非正式形式，适度放开民间融资机构试点为主，但仍然缺少较为系统的激励性规制。

第一，吸收民间资本进入正规金融机构。2010年，国务院颁布《关于鼓励和引导民间投资健康发展的若干意见》，提出鼓励和引导民间资本进入金融服务领域，允许民间资本发起或参与设立商业银行、农村信用社、贷款公司等金融机构，从而达到有效控制民间资本风险并扩大金融机构资金存量的目的。这种“收编”式措施在2013年以来不断推进的民营银行试点和2015年国务院法制办发布的《非存款类放贷组织条例（征求意见稿）》中均有体现。国家尝试通过小额贷款公司试点弥补金融体系结构比较单一的缺陷[1]，但对这一路径的实践比较迟缓，小额贷款公司的法律性质长期以来较为模糊，实践中小额贷款公司是否适用2015年的《最高人民法院关于审理民间借贷案件适用法律若干问题的规定》（以下简称《新民间借贷司法解释》）存在争议[2]，实践中多视为“准金融机构”。

第二，建立“放贷人”制度。通过“放贷人”制度构建独立的市场主体，取代目前较为松散和分散的民间借贷组织和个人。放贷人相对金融机构而言准入门槛较低，业务范围有限，不得吸收存款，主要采用注册登记、准入监管和经营检查等措施实现监管。2008年央行起草的《放贷人条例》（草案）和2010年的《贷款通则（修订）》（征求意见稿）中均提及“放贷人”及“非金融机构贷款人”制度，试图创设一种新的市场主体经营民间资金并将其纳入监管体系，但两部立法草案因争议过大而被搁置。

第三，保留民间借贷的非正式形式并加以监管。我国在很长时期内采取这一路径作为主要的疏导方式，即实现民间借贷的合法化和阳光化。这一路径的监管方式较为宽泛，并不区分民间借贷中的商事行为和民事行为。近年来各地纷纷试点的民间资本管理公司和民间融资登记服务公司，实际上就是保留民间金融的非正式性，通过备案登记、合约公正、资产评估登记、征信体系以及信息共享等制度对民间借贷进行引导和规范。这种疏导方式对非营利性的民间借贷行为更为有效，对营利性民间借贷的风险防范则缺少针对性和有效性。

3. 重宏观轻微观的监管方式

我国有关民间借贷的风险防范历来重视宏观的方向性指导，对微观的制度设计尤其是风险防范和激励机制的认识不足，存在法律制度缺位的问题。

就宏观而言，我国民间借贷的总体规制方式是清晰的，主要是守住三大底线。一是允许以自有合法资金开展借贷，防止洗钱和转贷的风险传导；二是限制最高利率，防止高利贷积累风险；三是强调通过合法途径解决纠纷，防止暴力追债等违法行为。这三个底线的确是防范民间借贷和非法集资风险的重要抓手，但是民间借贷不仅是出借人与借款人双方的资金活动，还包括了资金的来源、流向、利率变化、总体规模、地区分布、期限结构、利息支付和还款情况等复杂因素，具体为全体出借资金的经手者、出借资金所涉行业、所涉企业的资金结构以

① 焦瑾璞：《关于小额贷款公司试点有关问题的说明》，载张健华等著：《中国农村多层次信贷市场问题研究》，经济管理出版社2009年版，第15页。

② 《新民间借贷司法解释》公布前小额贷款公司一直是民间借贷案件的适格主体，2015年《中国人民银行、中国银行业监督管理委员会、中国证券监督管理委员会等关于印发〈金融业企业划型标准规定〉的通知》将金融企业划分为五类，第三类为“贷款公司、小额贷款公司及典当行”，从文字表述上看并未明确其为金融机构，但第八类的兜底为“除贷款公司、小额贷款公司、典当行以外的其他金融机构”，可见在逻辑上是将小额贷款公司划入金融机构范围内。

及国家宏观经济政策等。从这个意义上讲，我国以资金来源、借贷主体、利率三个风险因素为规制重点的制度模式并不完整，效果被明显削弱。

从统计数据上分析，目前整理的1 016个有关民间借贷的规范性文件中，简略提及民间借贷风险防范的文件多达444个（占比43.7%），而针对民间借贷提出较为详细的风险防范措施的仅98个（占比9.6%），其中94个规范性文件是2011年之后出台的，仅2016年就有35个规范性文件针对民间借贷特别是非法集资的风险防范和处置进行规定。从内容上考察，针对民间借贷风险防范的措施大同小异，主要集中在金融协同监管机制、风险警示机制、金融风险应急处置预案、民间融资预警监测机制、信用体系建设和信息共享体系等方面，过于宏观而缺少具有可操作性的规则。

国家层面除了最高人民法院出台的相关司法解释，尚未出台专门针对民间借贷风险防范的法律法规和规章，仅有2015年国务院法制办公布的《非存款类放贷组织条例》征求意见稿以及2016年银监会、工信部、公安部和网信办联合发布的《网络借贷信息中介机构业务活动管理暂行办法》中有涉及民间借贷的内容。前者试图通过非存款类放贷组织的登记与监管推动民间借贷的规范化和阳光化；后者针对网络借贷的业务规则和风险管理提出明确要求，在实施网络借贷信息中介机构登记备案制度的同时，规定其不得为自身或变相为自身融资、不得归集资金设立资金池等13种禁止性业务行为，在风险控制方面对出借人实行风险承受能力评估和分级管理，并通过风险提示等信息披露措施保障出借人其知情权和决策权，同时对资金实行银行业金融机构第三方存管制度等，建立网络借贷行业重大事件的发现、报告和处置制度，防止网络借贷平台发生道德风险。

相对国家层面的立法而言，地方立法层面的制度创新较为活跃。近年来部分地方开始出台针对民间借贷风险防范的专门规定，主要形了成浙江模式、山东模式和河南模式三种不同类型的制度创新模式。

第一，浙江温州模式以熟人借贷、地下钱庄为主，2011年民间借贷风险爆发后民间信用体系基本崩溃，因此温州地区的民间借贷规制更强调对风险的防范。2013年出台于2014年施行的地方性法规《温州市民间融资管理条例》以依法守信、平等自愿、风险自负为原则，对民间借贷风险防范做了较为详细的规定。首先，在借贷类型上规定民间借贷是“自然人之间、自然人与非金融企业和其他组织之间”的借贷行为，并将企业间借贷、民间和会、农村资金互助会、企业内部集资和P2P平台等形式纳入民间借贷的范畴，明确了民间借贷的主体和范围。其次，建立民间借贷登记备案制度，规定存在单笔借款300万元以上、借款余额1 000万元以上、向30人以上特定对象借款情形之一的民间借贷必须进行合同备案。再次，限定了民间借贷的资金来源，要求出借人应当以自有资金出借，不得非法吸收、变相吸收公众资金或者套取金融机构信贷资金用于借贷。再次，在风险处置上，强调由地方金融管理部门履行监测、统计、分析、管理和监督检查职责，并赋予其查阅复制、先行登记保存、风险预警及约谈、风险提示、责令纠正、公布名录等措施的权力。2014 年温州市人民政府办公室颁布《温州市金融突发公共事件应急预案》，并在 2012～2015 年每年发布《温州市社会信用体系建设工作要点》，为民间金融提供政策保障。温州地区民间借贷风险防范的地方立法既有“松”，也有“紧”，对民间借贷内涵的界定和类型进行拓宽，是国内正式法律文件中的首创性规定，也为规范民间融资确立了逻辑前提。

第二，山东模式以青岛的民间借贷中介为典型，并在 2015 年发展成以民间融资机构为规范重点的模式。早在 2009 年，山东省青岛市工商行政管理局就对青岛市民间借贷中介市场进行专项整治，但因该次专项整治仅由单一监管部门开展，并且在实践中仅针对从事民间借贷中介的公司经营、非法金融活动和广告行为三个方面进行清理整顿，效果比较有限。经过改革试点，2013 年山东省政府出台《山东省人民政府办公厅关于进一步规范发展民间融资机构的意见》，将民间融资机构分为民间资本管理公司和民间融资登记服务公司，对两类民间融资机构的设立和经营管理均设置了较为严格的要求，在监督管理和风险防控方面加强日常监管和年度检查，并定期监测资金投向、融资额度及人数、资本净额、风险准备等经营管理和风险控制等内容，建立了分类监管、扶优汰劣的动态监管机制。在此基础上经过两年的实践，山东省金融办于 2015 年出台《山东省民间融资机构监督管理暂行办法》，进一步细化了对民间融资风险防范的措施，在全省范围内建立统一的监督信息平台，实行民间融资机构发展计划审核与备案制度、主办银行制度、主监管员制度、分类评级制度、从业人员定期培训制度、现场检查制度、非现场监管制度、第三方审计制度、重大风险事件报告制度、“穿透原则”等具体监管制度，以及定期上报机构信息、经营信息和风险评估报告的信息披露制度，强化对民间融资机构的风险提示和关注提示。山东省的地方立法规定了十多项具体的监管制度，但是整体而言约束远大于激励，权力远大于权利，设定了比较微观的规制工具，但未触及民间借贷风险防范的核心。

第三，河南民间借贷以“郑州模式”为代表，以担保公司“一对一”、“不摸钱”和“透明操作”为特点，但 2011 年河南地区爆发了一系列民间借贷案件，因此在民间借贷风险防范上多强调以金融生态建设为基础构建金融安全区，包括以企业信息、个人信息、行业信息为主要内容的统一征信系统，对担保公司、小额贷款公司、投资公司等机构建立金融监管协调机制，防范跨行业、跨市场的风险和非正规金融及其他相关领域风险向金融体系传导。河南省 2014 年和 2015 年均开展了全省范围内的非法集资风险防范的专项工作，严禁信贷资金流入非法集资活动，防范的重点是在银行业机构与民间借贷之间建立“防火墙”。整体而言，河南地区民间借贷规范性文件效力层次较低，缺少具体的操作规则，属于典型的重宏观、轻微观的风险防范模式。

三、依据关联度的考察和梳理

根据与民间借贷的关联程度高低，有关民间借贷的法规规章和规范性文件可以分为关联紧密、关联度一般以及关联度较低三个层次，现主要针对前两种进行梳理和分析。第一，约有 112 个文件与民间借贷关联较为紧密（占比 11.0%），这些文件在标题中直接包含“民间借贷”、“民间金融”、“民间融资”、“借贷”、“非法集资”等字样，并且在内容上主要针对民间借贷行为进行规范。在风险防范方面，有 71 个文件对民间借贷风险提出较为具体的防范措施（占比 63.4%），31 个文件对民间借贷风险有较为简略的防范措施（占比 27.7%）。第二，约有 167 个文件与民间借贷关联度一般（占比 16.4%），这些文件虽然在标题中不包含与民间借贷有关词汇，但是在内容上重点涉及民间借贷，将民间借贷作为重要内容进行单独规定。在风险防范方面，有 21 个文件对民间借贷风险提出较为具体的防范措施（占比 12.6%），94 个文件对民间借贷风险有较为简略的防范措施（占比 57.3%）。

整体而言，涉及民间借贷的文件大多包含在金融业发展、农村经济管理、经济发展和银行业监管等方面的规范性文件中，针对性不强，特别是在民间借贷风险防范方面，通常被作为金融风险防范的内容之一进行规定，没有出台专门针对民间借贷风险防范的规范性文件。有关民间借贷的立法也主要以行政区域为基础，根据统计的数据对不同省份的民间借贷案件数量（即民间借贷活跃程度）、民间借贷立法数量和经济发展程度三者之间进行趋同性分析（见表 6－8 和图 6－2），可以借助大数据描绘制度发展在时间和空间维度上的脉络。据此可以发现，民间借贷纠纷、民间借贷法律制度和经济发展具有高度的趋同性，经济发达地区民间借贷纠纷较多，纠纷的增加推动法律制度创新，同时民间借贷地方立法创新为民间借贷纠纷提供了争端解决途径，减少了非法追债等情况的出现，形成现实问题—实践积累—制度创新三者的趋同发展和循环助力。

以行政区域为基础，从民间借贷规范性文件数量角度考察，民间借贷的地方立法存在较大差距，无论以 2011～2015 年规范性文件数量排序，还是涉及民间借贷规范性文件的总数排序，前 5 名均为浙江、山东、河南、江苏和内蒙古，其中浙江、山东、河南 3 个省份民间借贷的规范性文件远超过其他省份。另外，内蒙古和江苏也颁布了 40 个以上涉及民间借贷的规范性文件。

表 6-8　近 5 年（2011 ~ 2015 年）民间借贷纠纷、立法趋势和经济发展比较

地区	近 5 年案件数量（单位：件）	中华人民共和国成立以来案件总数（单位：件）	内部占比	案件数量总占比	近 5 年规范性文件数量（单位：件）	规范性文件总数（单位：件）	内部占比	规范性文件总占比	近 5 年 GDP（单位：亿元）	近 5 年 GDP 总占比
重庆	24 760	25 292	0. 989	0. 020	1	2	0. 5	0. 002	64 062. 79	0. 019
上海	45 538	58 795	0. 775	0. 038	12	14	0. 857	0. 022	109 505. 44	0. 032
北京	12 008	12 034	0. 998	0. 010	3	5	0. 6	0. 005	97 931. 33	0. 029
天津	7 479	7 481	0. 999	0. 006	3	5	0. 6	0. 005	70 832. 02	0. 021
河北	34 315	34 413	0. 997	0. 028	22	25	0. 88	0. 040	138 619. 47	0. 041
山西	7 319	7 321	0. 999	0. 006	9	18	0. 5	0. 016	61 514. 6	0. 018
内蒙古	23 304	23 327	0. 999	0. 019	31	41	0. 756	0. 056	82 875. 15	0. 025
辽宁	23 944	24 022	0. 997	0. 020	8	13	0. 615	0. 014	131 520. 81	0. 039
江苏	117 910	118 331	0. 996	0. 098	36	48	0. 75	0. 065	297 418. 61	0. 088
吉林	13 336	13 772	0. 968	0. 011	8	10	0. 8	0. 014	63 567. 49	0. 019
宁夏	9 252	9 264	0. 999	0. 008	13	18	0. 722	0. 024	12 672. 47	0. 004
黑龙江	11 051	11 062	0. 999	0. 009	9	16	0. 563	0. 016	70 779. 58	0. 021
浙江	284 412	423 731	0. 671	0. 235	55	77	0. 714	0. 099	187 592. 18	0. 056
安徽	60 659	60 715	0. 999	0. 050	18	24	0. 75	0. 033	94 406	0. 028
福建	90 167	90 954	0. 991	0. 075	29	33	0. 879	0. 052	85 667. 32	0. 025
江西	13 506	13 641	0. 990	0. 011	19	26	0. 731	0. 034	71 422. 6	0. 021
山东	95 682	95 989	0. 997	0. 079	51	65	0. 785	0. 092	272 488. 29	0. 081

续表

地区	近5年案件数量（单位：件）	中华人民共和国成立以来案件总数（单位：件）	内部占比	案件数量总占比	近5年规范性文件数量（单位：件）	规范性文件总数（单位：件）	内部占比	规范性文件总占比	近5年GDP（单位：亿元）	近5年GDP总占比
河南	76 085	82 169	0.926	0.063	49	57	0.860	0.089	160 635.87	0.048
湖北	24 562	24 624	0.997	0.020	25	38	0.658	0.045	123 468.44	0.037
湖南	44 526	47 346	0.940	0.037	17	31	0.548	0.031	122 421.19	0.036
广东	44 503	44 710	0.995	0.037	17	28	0.607	0.031	313 046.99	0.093
广西	27 146	27 617	0.983	0.022	26	28	0.929	0.047	71 609.94	0.021
海南	1 303	1 307	0.997	0.001	4	6	0.667	0.007	15 727.5	0.005
新疆	5 923	5 924	0.999	0.005	10	16	0.625	0.018	41 139.66	0.012
四川	40 427	40 560	0.997	0.033	20	30	0.667	0.036	384 212.08	0.114
贵州	9 431	9 444	0.998	0.008	3	3	1	0.005	40 314.41	0.012
云南	7 092	7 117	0.996	0.006	12	17	0.706	0.022	57 455.96	0.017
西藏	155	155	1	0.0001	4	6	0.667	0.007	4 061.75	0.001
陕西	34 719	35 432	0.980	0.029	25	36	0.694	0.045	78 872.98	0.023
甘肃	16 450	16 519	0.996	0.014	11	20	0.55	0.020	30 563.84	0.009
青海	1 489	1 491	0.999	0.001	3	5	0.6	0.005	10 383.25	0.003

注：鉴于我国台湾地区民间借贷数量难以查证，因此该部分仅就我国除台湾地区以外的民间借贷纠纷、立法趋势和经济发展进行趋同性比较。

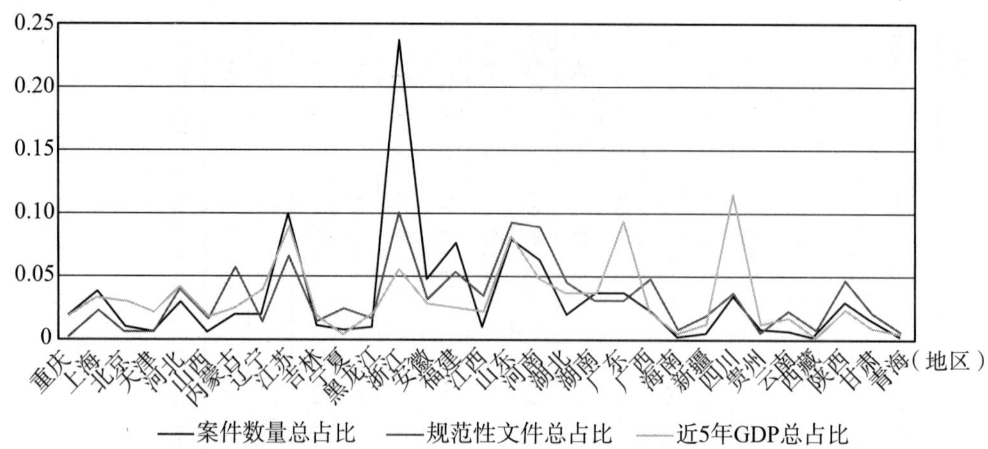

图 6－2　近 5 年（2011～2015 年）经济发展和民间借贷活跃度的立法趋同性

从民间借贷纠纷数量角度考察，统计 2011～2015 年一审民间借贷案件（包括刑事、民事、行政案件），文书性质限定为判决、裁定和调解，结合 2011～2015 年各省 GDP 数据，可以发现民间借贷地方立法的文件数量、民间借贷纠纷的案件数量和各省 GDP 的经济发展三者存在高度重合。民间借贷的地方立法指数一方面可以作为国家层面法律制度发展的补充，另一方面可以将民间借贷案件和经济发展双高的城市作为核心城市（如温州、泉州、济南等金融创新活跃的城市），连成实践发展和制度借鉴的地理脉络，带动该省其他城市民间借贷地方立法的制度创新，发挥辐射和模范作用。

四、依据风险防范机制类型的考察和梳理

我国民间借贷法律制度在很长时期都保持着传统命令控制型的法律治理模式，但这一立法模式无法有效引导民间资本资源配置，也难以防范民间借贷的风险积累①，存在一定的制度失灵现象。社会遵循其演化途径具有较强的路径依赖，任何改革都会遇到阻力。在目前顶层改革遇阻的情况下，地方立法呈现出大量的试点实践经验和底层制度创新，通过对其得失的评析可以为国家层面的民间借贷和非法集资风险防范立法提供有益借鉴。

以各个省市较为典型的规范性文件为基础，可以归纳出四条试点路径（见表 6－9）：一是以“民间借贷服务中心”为典型的单一主体试点模式，二是以“民

① 岳彩申：《民间借贷的激励性法律规制》，载《中国社会科学》2013 年第 10 期，第 121 页。

表 6-9 民间融资专业服务机构试点模式

试点模式	序号	省份	模式名称	规范性文件	效力界别	发布部门	发文字号	发布时间	实施时间	具体内容
一种主体模式	1	广西	民间借贷登记服务公司	南平市人民政府关于发展民间借贷登记服务公司的指导意见（试行）	地方规范性文件	广西南平市政府	南政综〔2014〕285号	2014年12月26日	2014年12月26日	民间借贷登记服务公司是指在工商部门注册登记、经市金融工作部门批准业务经营资格设立的，在一定区域范围内为民间借贷双方提供中介、登记等综合性服务的有限责任公司或者股份有限公司
	2	湖南	民间融资服务中介机构	湘西自治州人民政府办公室关于印发《湘西自治州民间融资服务中介机构管理暂行办法》的通知	地方规范性文件	湖南湘西土家族苗族自治州政府	州政办发〔2015〕14号	2015年4月21日	2015年4月21日	民间融资服务中介机构，是指经工商行政管理部门注册登记，在政府金融办备案，为当地民间借贷双方依法提供资金供需信息发布、中介、登记等综合性服务交易平台的有限公司或股份公司
	3	内蒙古	民间借贷服务中心	通辽市人民政府办公厅关于印发《通辽市规范民间融资试点工作方案》的通知	地方规范性文件	内蒙古通辽市政府	通政办字〔2015〕203号	2015年9月23日	2015年9月23日	民间借贷服务中心的功能是搭建对接桥梁、提供交易平台（定期发布通辽市民间借贷利率指数）、规避金融风险、激发资金活力以及宣传信贷知识的功能，突出信息对接、交易平台、规避风险、激发资金活力和宣传的功能

续表

试点模式	序号	省份	模式名称	规范性文件	效力界别	发布部门	发文字号	发布时间	实施时间	具体内容
一种主体模式	4	内蒙古	民间借贷登记服务中心	鄂尔多斯市人民政府关于公布《鄂尔多斯市规范民间借贷暂行办法》的通知	地方规范性文件	内蒙古鄂尔多斯市政府	鄂府发［2012］40号	2012年6月5日	2012年6月5日	民间借贷登记服务中心为民间借贷中介机构和相关配套服务机构提供工作场地、信息汇总及发布、借贷合同登记备案等综合服务，并通过相应的进驻组织为借贷双方提供借贷供求信息汇集、发布与查询、资信评价、信用管理、借款担保、规范借贷合同文本、合同公证和登记备案、交易款项支付结算、资产评估和法律咨询等综合服务
	5	福建	民间借贷服务中心	莆田市人民政府办公室关于印发莆田市开展民间借贷登记服务中心试点工作实施方案（暂行）的通知	地方规范性文件	福建莆田市政府	莆政办［2014］12号	2014年1月21日	2014年1月21日	民间借贷服务中心是经核准在一定区域范围内为民间借贷双方提供中介、登记等综合性服务的有限责任公司或股份有限公司
四种主体模式	6		民间资本管理公司；民间借贷登记服务公司；金融服务公司；中小企业票据服务公司	泉州市人民政府办公室关于规范民间资本管理公司等4类新型准金融机构监管的指导意见	地方规范性文件	福建泉州市政府	泉政办［2015］59号	2015年6月4日	2015年6月4日	民间资本管理公司是指在一定区域范围内开展资本投资咨询、资本管理、项目投资等服务的股份有限公司或有限责任公司； 民间借贷登记服务公司是指在一定区域范围内为民间借贷双方提供中介、登记等综合性服务的有限责任公司或者股份有限公司； 金融服务公司是指为客户提供包括金融产品及信息咨询、客户财务顾问等金融类服务的有限责任公司或股份有限公司； 中小企业票据服务公司是指为持票企业和贴现银行提供票据信息咨询服务的有限责任公司或股份有限公司

续表

试点模式	序号	省份	模式名称				规范性文件	效力界别	发布部门	发文字号	发布时间	实施时间	具体内容
三种主体模式	7	浙江	民间资金管理企业	民间融资信息服务企业	民间融资公共服务机构		温州市民间融资管理条例实施细则	地方规范性文件	浙江温州市政府	温州市人民政府令第141号	2014年2月28日	2014年3月1日	将民间借贷范围扩大至合会、农村资金互助会的资金互助、企业内部集资等，将非金融企业之间临时调剂性借贷的资金（自有资金）限定三个月的借款期限。税收优惠：非金融企业民间借贷的利息支出，不超过按照金融企业同期同类贷款利率计算的数额部分，准予在计算应纳税所得额时扣除
	8						温州市民间融资管理条例	省级地方性法规	浙江省人大常委会	浙江省人民代表大会常务委员会公告第10号	2013年11月22日	2014年3月1日	民间资金管理企业可从事定向集合资金募集和管理等业务（实缴货币注册资本不得低于5 000万元）；民间融资信息服务企业可从事资金撮合、理财产品推介等业务；民间融资公共服务机构可从事民间融资见证、从业人员培训、理财咨询、权益转让服务等活动。工商注册登记起15日内向温州地方金融管理部门备案
两种主体模式	9		民间融资服务中心	民间融资信息服务组织			湖州市人民政府关于印发湖州市开展民间融资规范管理试点工作实施意见的通知	地方规范性文件	浙江湖州市政府	湖政发［2013］53号	2014年1月2日	2014年1月2日	民间融资服务中心主要从事资金供需登记和发布、资金需求方信用风险分级、民间借贷交易撮合、借贷合同见证及督促执行、交易款项流向跟踪、提供出借资金的担保安排、抵押登记办理，以及借贷匹配、融资担保、定向私募基金发起设立及管理等业务； 民间融资信息服务组织主要从事民间资金供需双方的信息收集、交易撮合、理财产品推介，协助民间融资服务中心做好客户的信用调查和财务分析，以及管理行业性、区域性中小企业互助转贷资金（基金），为成员企业银行续贷提供短期周转等业务

续表

试点模式	序号	省份	模式名称				规范性文件	效力界别	发布部门	发文字号	发布时间	实施时间	具体内容
两种主体模式	10	山西	民间投融资机构	民间融资信息服务组织			晋城市人民政府关于印发《晋城市民间投融资机构管理办法（试行）》的通知	地方规范性文件	山西晋城市政府	晋市政发［2014］27号	2014年12月19日	2014年12月19日	民间投资机构指由符合条件的自然人、企业法人和其他社会组织发起，在我市行政区域内设立的对实体经济组织开展创业投资、产业投资、股权投资、债权投资、短期财务性投资及投资咨询、管理咨询、信用服务等业务的有限责任公司和股份有限公司； 民间融资服务机构是由符合条件的自然人、企业法人和其他社会组织发起设立的为当地民间借贷双方依法提供资金供需信息、投资咨询、管理咨询、信用服务等业务的有限责任公司和股份有限公司
	11	山东	民间资本管理机构	民间融资登记服务机构			淄博市人民政府金融证券工作办公室关于印发《淄博市民间融资机构监督管理暂行办法》的通知	地方规范性文件	淄博市人民政府金融证券工作办公室	淄金发［2015］71号	2015年8月13日	2015年10月1日	民间资本管理机构，是指由符合条件的自然人、企业法人和其他经济组织发起的，经批准在济南市设立，针对当地实体经济项目开展股权投资、债权投资、资本投资咨询、短期财务性投资及受托资产管理等业务的公司或合伙企业； 民间融资登记服务机构，是指经批准在一定区域内设立，为当地民间借贷双方依法提供资金供需信息发布、中介、登记等综合性服务交易平台的公司或民办非企业单位
	12						济南市金融工作办公室关于印发《济南市民间资本管理机构暂行操作指引》和《济南市民间融资登记服务机构暂行操作指引》的通知	地方规范性文件	山东济南市人民政府金融工作办公室	济金办［2015］98号	2014年12月8日	2014年12月8日	

续表

试点模式	序号	省份	模式名称		规范性文件	效力界别	发布部门	发文字号	发布时间	实施时间	具体内容
两种主体模式	13	山东	民间资本管理机构	民间融资登记服务机构	山东省金融工作办公室关于印发《山东省民间融资机构监督管理暂行办法》的通知	地方规范性文件	山东省金融工作办公室	鲁金办字［2014］306号	2015年6月8日	2015年6月8日	
	14				山东省人民政府办公厅关于进一步规范发展民间融资机构的意见	地方规范性文件	山东省政府	鲁政办发［2013］33号	2013年10月28日	2013年10月28日	
	15				威海市人民政府办公室关于印发威海市民间融资机构管理办法的通知	地方规范性文件	山东威海市政府	威政办发［2014］3号	2014年3月14日	2014年3月14日	民间资本管理公司，是指由符合条件的自然人、企业法人和其他经济组织发起，经批准在一定区域内设立，针对当地实体经济项目开展股权投资、债权投资、资本投资咨询、短期财务性投资及受托资产管理等业务的公司； 民间融资登记服务公司，是指经批准在一定区域内设立，为当地民间借贷双方依法提供资金供需信息发布、中介、登记等综合性服务交易平台的公司
	16				枣庄市人民政府办公室关于规范发展民间融资机构的实施意见	地方规范性文件	山东枣庄市政府	枣政办发［2014］23号	2014年6月11日	2014年6月11日	

续表

试点模式	序号	省份	模式名称		规范性文件	效力界别	发布部门	发文字号	发布时间	实施时间	具体内容
两种主体模式	17	湖北	民间资本管理机构	民间融资登记服务机构	湖北省人民政府办公厅关于规范发展民间融资机构的意见	地方规范性文件	湖北省政府	鄂政办发［2014］65号	2014年12月8日	2014年12月8日	民间资本管理机构（公司），是指由符合条件的自然人、企业法人和其他经济组织发起，依法在一定区域内设立，针对当地实体经济项目开展股权投资、债权投资、资本投资咨询、短期财务性投资及受托资产管理等业务的有限责任公司或股份有限公司；民间融资登记服务机构，是指经批准在一定区域内设立，为当地民间借贷双方依法提供资金供需信息发布、中介、登记等综合性服务交易平台的公司、中心或民办非企业单位
	18				湖北省工商局关于做好民间融资机构登记工作的意见	地方规范性文件	湖北省工商行政管理局	鄂工商注［2015］16号	2015年2月4日	2015年2月4日	
	19				黄石市人民政府办公室关于规范发展民间融资机构的实施意见	地方规范性文件	湖北黄石市政府	（空）	2015年11月12日	2015年11月12日	
	20	云南	民间资本管理公司	民间融资登记服务机构	云南省金融办公室关于开展民间融资登记服务机构试点工作的通知（附民间融资登记服务机构试点工作实施办法）	地方规范性文件	云南省人民政府金融工作办公室	云金办［2013］315号	2013年11月11日	2013年11月11日	民间融资登记服务机构是在一定区域范围内为民间借贷双方提供融资中介服务的有限责任公司或股份有限公司；民间资本管理公司是独立的企业法人，由符合条件的自然人、企业法人和其他经济组织发起，经批准在一定区域内设立，针对当地实体经济项目开展股权投资、债权投资以及投资咨询等业务的有限责任公司或股份有限公司
	21				云南省人民政府金融工作办公室关于开展民间资本管理公司试点工作的通知	地方规范性文件	云南省人民政府金融工作办公室	云金办［2014］3号	2014年1月8日	2014 1月8日	

资料来源：作者整理。

间资本管理机构”和“民间融资登记服务机构”为典型的双重主体试点模式，三是以“民间资金管理企业”、“民间融资信息服务企业”和“民间融资公共服务机构”为典型的三重主体试点模式，四是以“民间资本管理公司”、“民间借贷登记服务公司”、“金融服务公司”和“中小企业票据服务公司”为典型的四重主体试点模式。总体而言，在数量上以“民间资本管理机构”和“民间融资登记服务机构”的双重主体试点模式占优。具体而言，福建泉州将民间融资准金融机构分为民间资本管理公司、中小企业票据服务公司、金融服务公司和民间借贷登记服务公司四类，而福建莆田地区采民间借贷服务中心单一主体为试点模式；浙江温州将民间融资专业服务机构分为民间资金管理企业、民间融资信息服务企业、民间融资公共服务机构三类；湖北、山东、云南地区多采用民间资本管理机构和民间融资登记服务机构两类；山西地区虽然也采用两种分类模式，但是名称为民间投融资机构和民间融资服务机构；内蒙古地区以民间借贷服务中心为民间融资试点；湖南地区以民间融资服务中介机构为民间融资试点；广西地区以民间借贷登记服务公司为民间融资试点。

四种试点模式均形成于 2013 ~ 2014 年，属于我国同一时期不同地区对民间借贷规制模式的不同探索，从共时性维度上充分展现地方性的底层制度创新理路。

第一，以“民间借贷服务中心”为典型的单一试点模式侧重民间借贷的信息中介、信息发布、登记备案等综合性服务，注册资本一般为 500 万元，但是这一模式过于狭窄，只是对民间借贷阳光化和规范化较浅显的松散规制。

第二，以“民间资本管理机构”和“民间融资登记服务机构”为典型的双重试点模式，将民间资本投融资和登记服务分离开来。民间资本管理机构更侧重投资理财公司，业务范围较广，一般开展股权投资、债权投资、资本投资咨询、短期财务性投资及受托资产管理等业务，注册资本多为 3 000 万 ~ 5 000 万元。而民间融资登记服务机构类似于单一试点模式中的民间借贷服务中心，侧重于资金撮合、信息发布和登记等方面，注册资本一般为 200 万 ~ 500 万元，这种模式适用范围较广，属于民间借贷规制的“万灵方”。以山东省的双重试点模式为例，该地区试点模式表现出公私“两条腿”走路的制度构想。例如最为典型的山东省，截至 2015 年末，山东省已开业民间融资机构 489 家，注册资本 256.13 亿元。其中民间资本管理机构 444 家，注册资本金 255.18 亿元；民间融资登记服务机构 45 家，注册资本金 0.95 亿元[①]。2015 年，民间资本管理机构累计投资金

① 山东省金融工作办公室，http://www.sdjrb.gov.cn/art/2016/01/27/art_11240_337977.html，发布日期：2016 年 1 月 27 日，访问日期：2017 年 3 月 20 日。

额 346.50 亿元，同比减少 1.75%；累计募集资金 30.62 亿元，同比增长 77.40%。民间融资登记服务机构累计登记资金需求 31.14 亿元，同比增加 46.40%；累计登记资金出借 16.12 亿元，同比增长 29.27%；成功对接金额 14.01 亿元，同比增长 47.78%。其中，民间融资登记服务中心和民间资本管理机构在性质上存在根本区别，民间融资登记服务中心是公益性融资中心，而民间资本管理机构是私营性公司。民间融资登记服务中心被设计成一个纯粹的服务性中介是大部分地区的制度选择，这在 2015 年银监会公布的《网络借贷信息中介机构业务活动管理暂行办法（征求意见稿）》也得到了一定的体现。但是这种模式存在三个方面的现实障碍：一是民间融资登记服务机构本身的可持续性问题，目前民间融资登记服务机构仍然主要依靠手续费和政府补贴维持正常运营，需要寻求新的经营模式；二是规制重点存在一定误差，高利贷不愿意入场，但是这部分民间借贷却恰恰正是风险防范的重点；三是市场主体入场积极性较低，许多营利性民间借贷本身就依托于信息的不对称，不愿意入场交易提高成本。

第三，以“民间资金管理企业”、“民间融资信息服务企业”和“民间融资公共服务机构”为典型的三重试点模式以《温州市民间融资管理条例》为主要实践基础，在民间融资市场主体方面实现了一定程度的制度创新。温州地区试点模式将民间融资分为定向集合资金募集管理，资金撮合和理财产品等信息服务，以及咨询培训见证等其他公共服务三部分，规制范围更为广泛、程度更为深入，并在宏观角度开拓民间借贷的公共服务行业，更利于国家在民间金融领域实现动态监测和风险预警，实施近两年来开始收获成效[①]，截至 2015 年 9 月 1 日，温州市共备案民间借贷 12 863 笔，平均每笔备案金额 165.79 万元。但是温州模式在民间资金管理企业的准入方面设定过于严格，应当适当降低准入标准。

第四，以“民间资本管理公司”、“民间借贷登记服务公司”、“金融服务公司”和“中小企业票据服务公司”为典型的四重试点模式主要适用于福建泉州地区，这一模式是 2015 年 6 月的最新试点模式，本质上是在双重试点模式的基础上加入类似于三重主体模式中信息服务企业的金融服务公司，以及专为中小企业服务的中小企业票据服务公司。这一模式目前而言最为细致，但本质上仍然是双重模式和三重模式的结合。

---

① 邹雯雯：《〈温州市民间融资管理条例〉实施一年半来渐显成效　获中央、省“智囊团”点赞——温州民间融资“向阳生长”》，载《温州日报》2015 年 9 月 17 日，第 9 版。

第二节　构建民间借贷与非法集资风险防范法律机制的整体思路

一、充分考虑民间借贷与非法集资风险的新特点

民间资本规模在改革开放后呈现几何级数的增长态势，民间借贷风险频发，尤其在经济较为发达、民间资本较为集中的区域衍生出隐秘的民间金融网络，形成复杂的金融生态链。民间借贷资金通过满足企业资金融资和民众资金投资的双重需求，渗入到银行业、房地产业、能源业等各个行业之中。[①] 我国正在经历特殊的经济改革和社会变革，快速转型时期社会快速变迁引发社会秩序的失调，从宏观角度而言，民间借贷风险防范失控就是这种失调的集中体现。

第一，民间借贷的主体具有广泛性，其规模在地方经济中的比例逐渐增加。以鄂尔多斯为例，根据住建部联合高和投资发布的《中国民间资本投资调研报告》，2011 年民间借贷危机爆发之前，截至当年 2 月鄂尔多斯银行系统房地产开发贷款余额仅 59.7 亿元，但是该市房地产投资规模却高达 360.7 亿元，传统银行资金仅占 16%，其余房地产开发资金主要来自于民间借贷。[②] 同年在温州地区，有调查显示大约 1 100 亿元民间资本活跃在借贷市场，相当于全市银行贷款额的 20%[③]，且利率一直处于阶段性高位，年综合利率水平为 24.4%，高达九成的家庭和六成的企业参与民间借贷。[④] 本课题组于 2011 年对湖南省永济市的民间借贷情况进行了走访和调研，调查结果表明永济市农户、个体工商户、中小企业存在民间借贷的数量占到总数 60%，借贷总额大约占当地银行业机构贷款总额的 9%，民间借贷已成为影响地方经济和金融运行不可忽视的力量。民间借贷主体主要为小企业和个体工商户，约占 70% 左右。在被调研的 10 户小企业、10 户

① 2012 年 12 月，温州庄吉集团自曝涉及几十家企业、高达 300 多亿的银行担保债务链条，自此，民间借贷担保链已经突破行业限制，把温州银行业也拖入危机。

② 建部联合高和投资发布的《中国民间资本投资调研报告》将鄂尔多斯的金融模式称为“体内循环”，即“由煤矿产生财富，支撑政府改造城市。通过拆迁，分配给更多的人，再通过民间借贷聚集资金，贷给房地产和新的煤矿，令更多的人分享到高收益。”

③ 中国人民银行温州市中心支行课题组：《温州民间借贷利率变动影响因素及其监测体系重构研究》，载《浙江金融》2011 年第 1 期，第 15～20 页。

④ 吴国联：《对当前温州民间借贷市场的调查》，载《浙江金融》2011 年第 8 期，第 25～27 页。

个体工商户和10户种养殖农户中，10户种植和养殖大户中8户有民间借贷行为，10户小企业中7户有民间借贷行为，10户个体工商户中9户有民间借贷行为。同样，课题组于2012年对山西省临汾市36家企业和7家民间融资中介机构进行调研①，结果显示，截至2012年6月末，36家企业中有17家存在民间融资行为，同比增加4户，占企业总数的47%，融资总额同比增加25%。大量民间信贷资金游离于国家金融体系之外，脱离监管部门的监控，导致金融信号失真，使国家难以有效管控社会融资总量，对稳健货币政策的实施产生了负面影响。

第二，民间借贷的利率逐年走高，期限缩短。课题组2011年在湖南省永济市的调研结果显示，当地民间借贷的利率一般高于当地农村信用社2倍，从2010年下半年到2011年9月末借贷利率持续走高，月息大约在30‰~80‰，个别私人地下钱庄利率较高，有的月息甚至高达100‰。同时，农户参与的民间借贷时间较长一般在6个月~1年，多为生产性需求，小企业和个体工商户参与的民间借贷最短1个月最长不超过6个月，多为周转性需求；而在山西省临汾市的调研中，近年来民间借贷市场日趋活跃，民间融资利率也水涨船高，月利率区间在15‰~30‰，平均月利率为25‰，同比提高6.67个百分点。并且，在利率水平执行上趋向灵活，体现为"三高三低"，即信用融资利率高而抵押担保利率低，短期利率高而长期利率低，涉赌等违规经营利率高而正规生产经营消费利率低。例如，对实力较强、信用良好的企业生产经营性借款利率为15‰，借款用于周转银行贷款和临时性招投标需要的，利率一般在30‰。而在借款期限方面，民间融资期限短期化趋势明显，资金融入方和融出方在借贷期限上趋向于短期化。据调查，民间融资还款期在1个月之内的占调查总数的51%，1~6个月的占调查总数的32%，6~12个月的占调查总数的13%，12个月以上的仅占调查总数的4%。过高的借贷利率和过紧的还款期限直接导致民间借贷的违约率变高，特别是中小企业由于利率较高、市场疲软，相对违约率较高。一旦资金链断裂，极易发生借款人为躲避债务而携款外逃，以及因催收借款发生暴力讨债、非法拘禁等危及人身财产安全的违法犯罪行为，甚至引发群众集体上访等群体性事件，影响社会稳定。

第三，民间借贷在演变中表现出机构化和网络化特点，导致庞大的民间资金游离于国家金融体系之外。2011年5月内蒙古包头、鄂尔多斯等地民间借贷开始崩盘，随后9月浙江温州、江苏泗洪、河南郑州等地民间借贷跑路狂潮爆发，当年12月安阳等地上万受害群众在火车站等公共场合集会。此后我国每年都频现

① 本次调研中，被调查和走访的36家企业中有大型企业2家、中小企业31家、微型企业3家，7家民间融资中介机构中有典当行2家、小额贷款公司2家、融资性担保公司2家、投资咨询公司1家。

民间借贷崩盘事件，尤以浙江、山东、内蒙古、山西、陕西和河南地区较为严重，摧毁了民间借贷特别是高利借贷增值的“神话”。民间借贷从繁荣走向低谷，危机继续酝酿，这一趋势在2014年和2015年仍在持续发酵（见表6-10）。一方面，民间借贷的机构化特点反映出民间借贷放贷主体由原先的以个人为主转化为以机构为主，形成规模庞大的“影子银行”，最终演变为击鼓传花式的“链状”高利贷。另一方面，民间借贷网络化特点进一步扩大了民间借贷的主体范围、资金来源和波及效应，在经营困难和资金链脆弱因素的影响下导致不同程度的区域性系统性风险爆发。为了应对民间借贷形成的风险和危机，地方政府出台了一些阻断民间借贷和非法集资风险的规范性文件。例如，2011年9月，浙江省温州市政府出台《中共温州市委、温州市人民政府关于稳定规范金融秩序促进经济转型发展的意见》，同年11月，山东省东营市政府出台了《东营市人民政府关于加大金融财税支持力度促进中小企业平稳健康发展的意见》等地方规范性文件，规定暂缓各类融资性中介机构的审批设立，以缓释可能产生的风险传染。

表6-10　　2014~2015年非法集资重大案件

序号	时间	非法集资事件	涉案金额	受害人数
1	2014年6月	北京华融普银事件	55亿元	0.3万人
2	2014年8月	四川汇融担保事件	40亿元	3.7万人
3	2014年8月	河南中宏昌盛投资事件	20亿元	9万人
4	2015年4月	泛亚贵金属事件	430亿元	22万人
5	2015年9月	金赛银事件	60亿元	不详
6	2015年11月	河北卓达事件	100亿元	40万人
7	2015年11月	武汉财富基石事件	50亿元	7万人
8	2015年12月	e租宝事件	500亿元	90万人

资料来源：根据互联网检索，作者整理。

二、着力克服现有监管制度的失灵

民间借贷是社会资本在市场要素自由组合中形成的一种资金配置均衡状态，本身就具有一定的合理性和自我约束力，是对国家正规金融的有益补充，是多元融资体系的重要部分，满足市场不同层次的金融需要。[①] 美国学者McKinnon和

① 岳彩申、袁林、陈蓉：《民间借贷制度创新的思路和要点》，载《经济法论丛》（2009年上卷），武汉大学出版社2009年版，第185~214页。

Shaw 在对发展中国家金融市场结构进行分析的基础上提出“金融抑制”理论，国家信贷政策使信贷资金通过正规金融机构分配于特定产业领域，导致大量居民和企业融资需求无法得到满足，进而寻求正规金融体系以外的融资渠道。民间借贷对正规金融形成替代作用，最终导致正规金融与非正规金融并存的二元结构市场。① 与之类似，Bell 等学者从需求角度认为，正规金融与民间借贷市场之间存在“溢出效应”（spillover effect），部分居民和企业无法从正规金融机构获得融资，因此融资的超额需求就“溢出”到非正规金融市场，成为民间借贷发展的需求诱因。②

制度经济学认为新经济模式的出现可能归于市场经济内生演化发展，也可能是外部制度设计的结果。民间经济市场中资金需求和金融排斥之间的矛盾成为民间借贷市场的内生作用力量，两者博弈产生了诸如贷款公司、小额贷款公司等新型金融组织，成为金融体系的重要组成部分。民间借贷的优势和民间借贷市场的客观存在均肯定了民间借贷的工具价值，这并非老生常谈，而是在民间借贷风险防范立法中应具备的基本认知和态度。中华人民共和国成立后民间借贷 60 多年的发展史，也正是民间借贷的发挥作用的历史。中华人民共和国成立初期，国家利用民间借贷解决了当时农村信贷缺口问题，后私营行庄与公私合营银行被合并组成全国统一的公私合营银行，成为国家银行体系的一部分。改革开放后，经济迅速发展，资金需求日益膨胀，民间借贷弥补了国有经济垄断信贷资源条件下的民营经济发展资金缺口。2005 年以后，民间借贷被疏导后在事实上聚集了大量民间资本，国家开始引导民间资金服务实体经济的发展。因此，正是看到了民间借贷的功能及其在金融体系中的作用，2011 年，民间借贷风险爆发后国家并未禁止民间借贷，而是在严厉打击非法集资等非法金融行为的基础上，采取扩大民间借贷范围、允许企业之间的短期资金拆借、鼓励和引导 P2P 等新型金融形态等方式鼓励成立民间资本管理机构、民间借贷登记服务中心等专业服务机构。这些举措并非重回旧路，而是推动民间借贷走向阳光化、规范化，防范风险扩大和进一步积累。

金融危机是金融市场永恒的现象，每次金融市场局部或系统出现危机都反映出政府与市场关系的失调。民间借贷的风险性是否构成民间借贷危机的原罪？学者对于金融危机根源的研究成果层出不穷。在更深刻的意义上讲，与其说民间借贷的风险是民间金融的原罪，不如说是金融风险防范的制度危机，即现有民间借

---

① Ronald I. McKinnon. *Money and Capital in Economic Development*. Washington. D. C.: *The Brookings Institution*, 1973.

② Bell, C., T. N. Srinivasan, and C. Udry. *Rationing, Spill-over, and Interlinking in Credit Markets: The Case of Rural Punjab. Oxford Economic Papers*, vol. 49, 1997, pp. 557 - 585.

贷风险防范制度无法满足金融发展的需求，导致金融市场的脆弱性超过了制度的风险防范能力。

第一，民间借贷广泛的社会性和自发性导致监管制度无法完全覆盖风险防范的范围。首先，民间借贷存在于社会关系网络中，单一的民间借贷活动规模有限并且局限于一定范围和区域内，但是复杂社会关系网络的联结和传播使其具有社会性和公共性，一旦形成大规模的民间借贷活动就会产生传染性和蔓延性，最终演化为系统性风险。具体而言，传统民间借贷属于“关系金融”，依赖于血缘关系和地域关系[①]，以熟人社会关系作为交易和契约执行的基础[②]，在互联网时代中逐渐向陌生人社会转变，供销关系、担保关系、关联关系更为复杂。特别是当民间借贷关系网形成“担保圈”、“关联群”时，单体风险就有可能引发连锁反应，民间借贷风险传染性迅速增加。甚至在一些地方已然出现金融风险从小微企业向大中型企业蔓延，从产能过剩行业向上下游行业蔓延，从风险已经集中显现地区向其他地区蔓延的情况。以河南安阳为例，2009 年安阳开始兴起传销式民间借贷，出现全民皆“贷”现象，但在 2011 年 6 月开始出现崩盘趋势，一夜之间从全民借贷变成全民讨债，最终于 2012 年 1 月 1 日爆发万人上街游行[③]。其次，民间借贷经由社会关系网络形成集聚效应后爆发的原理在于，利息增速与生产增速存在“倒金字塔结构”，借贷利息膨胀程度大大超过资金对应的实体经济发展速度，一旦债务链条中某一点发生中断就会引起危机。2011 年民间借贷危机始发于房地产市场，形成于实业领域，但爆发后却逐渐传染至银行业等金融体系，正是因为高利贷套利模式使利息过度增长最终脱离实体经济基础，进一步推动了民间借贷泡沫，形成“民间借贷利息膨胀——→高利转贷——→信用膨胀——→房地产等基础资产”的风险传导链条，冲击金融监管体制对风险防范措施的有效性。

第二，民间借贷的非正规性和内生性[④]导致监管机制存在明显的失灵。如果对非正规金融不加限制和规范，将必然导致本应流向正规金融市场的资金出现大量分流，影响银行体系的稳定性[⑤]。从金融机构角度而言，民间借贷的高利率回报可能诱使贷款人获得银行信贷后不用于实体经营，而是进行高利转贷，导致金

---

① 杨汝岱、陈斌开、朱诗娥：《基于社会网络视角的农户民间借贷需求行为研究》，载《经济研究》2011 年第 11 期，第 116 ~ 126 页。

② 陈志武：《金融的逻辑》，国际文化出版社公司 2009 年版，第 120 页。

③ 河南安阳的民间融资发展由来已久，改革开放后就开始出现，先后经历了“读书社”式初级小额融资、实体经济民间融资、传销式资本空转三个阶段的演变，构成一部完整的大陆民间集资发展史。

④ 姜旭朝、丁昌锋：《民间金融理论与实践》，载《经济学动态》2004 年第 12 期，第 74 ~ 77 页。

⑤ Kellee Tsai. *Beyond Banks: The Local Logic of Informal Finance And Private Sector Development in China.* presented at the Conference on *Financial Sector Reform in China*, September 11 - 13, 2001, pp. 11 - 19.

融机构资金流向民间借贷形成“体外循环”，加之金融机构从业人员存在道德风险因素，民间借贷关系网中一旦出现债务人违约，银行作为最终债权人可能会成为风险的最后承担者。民间借贷危机爆发后，温州地区银行不良贷款率持续上升，在2014年甚至高达4.68%，经持续控制和调整，于2015年降到4%以下，但仍然处于高位①。民间借贷复杂的实践模式，揭示了这种特有的金融生态在金融自由化背景下会形成独特的金融风险。民间借贷经过多级转贷，利率不断提高，风险逐渐累积，传统的由银行和存贷款人组成的信用链，拉长为一个由众多出借人、借款人和若干转贷借款人、担保公司、投资公司、其他金融机构等多主体组成的信用链条。民间借贷风险中虽然存在民间借贷受害人本身趋利的有限理性因素，但更为重要的原因在于传统正规金融监管不能有效解决民间借贷的风险防范问题，存在监管失灵。

第三，民间借贷的流动性和隐蔽性可能导致国家宏观调控政策失效。首先，民间借贷独立于央行货币体系之外，多以现金方式运行，易于在民间金融市场、银行业等货币市场以及房地市场间快速流动，资金流向具有盲目性，增加了货币政策和产业政策的实施难度。以分业监管为基础的机构监管模式受部门监管职权、监管能力、监管资源等因素的影响，风险传导快于信息获取、评判和防范的速度，甚至隐藏于监管部门的风险防范体系之外。民间借贷因拉长的风险传导链和隐秘的资金流向，变得信息极不透明，借贷双方和监管机者都因信息缺失而无法及时采取有效的防范措施。其次，民间借贷利率基于资金的市场供求关系，由借贷双方协商确定，虽然新的民间借贷司法解释划定了利率24%和36%两线三区的限制，但民间借贷本身的隐蔽性使利率限制的实际效果大打折扣。再次，上述民间借贷的流动性和隐蔽性可能导致国家宏观调控政策失效。民间融资以其高利率、高收益吸引了许多投资者，社会闲散资金游离于国家金融监管部门的监控之外，使国家难以对社会融资总量实现有效管控，对宏观调控政策的实施产生了负面影响。

随着经济与科技的发展，现代金融方式逐渐取代传统的民间借贷，以血缘关系、亲友关系为纽带的民间借贷开始从“熟人间的交易”发展成陌生人间的融投资关系，民间借贷契约履行和风险防范的信用体系基础被削减，借贷风险通过新渠道和新方式进行传递和扩散，民间金融成为影子银行的温床，而影子银行又反过来增加了民间借贷法律治理的复杂性。目前我国民间借贷风险防范的重点仍然是债权保障和交易秩序维护，在区域性、系统性金融风险和社会公共风险防范方

---

① 张漫游：《半月开庭72次　温州银行深陷金融借贷纠纷》，中国经营报网，http：//www.cb.com.cn/finance/2015_1219/1156344.html，发布日期：2015年12月19日，访问日期：2017年4月11日。

面缺少有效的制度支持。因此，我国民间借贷法律治理必须直面现实，构建现代金融服务平台和风险防范的法律制度体系。

三、以人权保障为主线形成内生性的制度变迁

有关民间借贷风险防范的立法应当重塑其工具价值，以人权保障为主线形成内生性的制度变迁，在民间借贷和非法集资风险防范机制中兼具人本主义理念和现代性要求。

一方面，民间借贷与非法集资风险防范机制应当以人权保障为主线，贯彻人本主义理念。马歇尔提出的“公民资格理论”认为公民资格分为公民的、政治的和社会的，“社会要素意味着从享有少许经济福利和保障的权力，到享有分享全部社会遗产的权利，以及按照社会通行标准享受文明生存的生活权利”①。法的根本目的和终极意义在于如何在制度上以人为价值和尺度关怀人的自由全面发展。金融为民众的生产和生活提供资金融通，融资权利是公民生存权和发展权的一部分，民间借贷是信贷市场权利配置失衡的产物，当市场中权利配置不均衡，部分主体的融资权在金融部门无法得到满足时，民间借贷的存在就保证了其融资权的实现，在一定程度上缓释因权利分配不均所激化的社会矛盾。民间借贷监管制度构建应承认和尊重民间融资的客观存在和正常需要，将融资权作为公民生存权和发展权在民间借贷法律制度中的具体化加以规定和保护②。具体而言，就是避免将个人原子化和工具化，从个人是法律之目的为出发点③，以现实中的民间借贷样态和存在方式为现实基础来构建风险防范制度，提高民间借贷风险防范法律机制在实践中的有效性。从更为宏观和整体的意义上而言，以人权保障为主线的风险防范机制寻求的是一种以银行系统为典型的正规金融体系和以民间资金为主体的非正规金融体系之间的共生关系，这种共生关系是不同系统之间彼此依赖、共同生存的状态，是具有异质性的群体之间和谐共存的结合方式。

另一方面，民间借贷和非法集资风险防范机制的现代性要求制度变迁应当具备适度“前瞻性”。法律规则产生于既有的制度文明之上，带有一定的保守性，客观上不可能对社会需求形成镜像性的完美回应，制度需要和现行法律之间恒存的缺口为风险外溢和积累提供了寻租的机会。民间借贷和非法集资风险防范机制应当在具有滞后性和保守性的成文法基础上，回应制度规则创新性和风险多元化

---

① T. H. Marshall. *Citizenship and Social Class*. Cambridge: Cambridge University Press, 1950, p. 10.

② 岳彩申：《民间借贷监督制度的创新与完善——以农村金融制度改革为中心的研究》，载李昌麒主编：《经济法论坛》（第6卷），群众出版社2009年版，第191页。

③ 姚建宗：《法治的生态环境》，山东人民出版社2003年版，第323页。

的要求。前瞻性是防范民间借贷风险和完善金融监管制度的应有之义，在法律机制构建和制度创新中应当对未来（的风险）有一定的预判，在实践中预先制定可靠的应对预案和处置措施。尤其是民间借贷具有高度的流动性，风险防范更需要立足金融市场的整体性。然而，现行的监管模式无法实现风险防控的目标，虽然国家在监管机构方面设立了联席会议，在监督措施方面形成了定期通报机制，这种单独、零散的规制措施难以有效防范民间借贷的风险。因此，必须形成体系化的约束与激励相结合的二元规制体系（见图 6－3），遵循民间借贷诱致性制度变迁的性质，从风险点（行为性质、主体机构、利率限制）和风险链条两个路径出发，将后发外生型的强制性制度变迁转变为内生型的制度构建，科学安排民间借贷的风险防范制度，实现制度优化和创新。

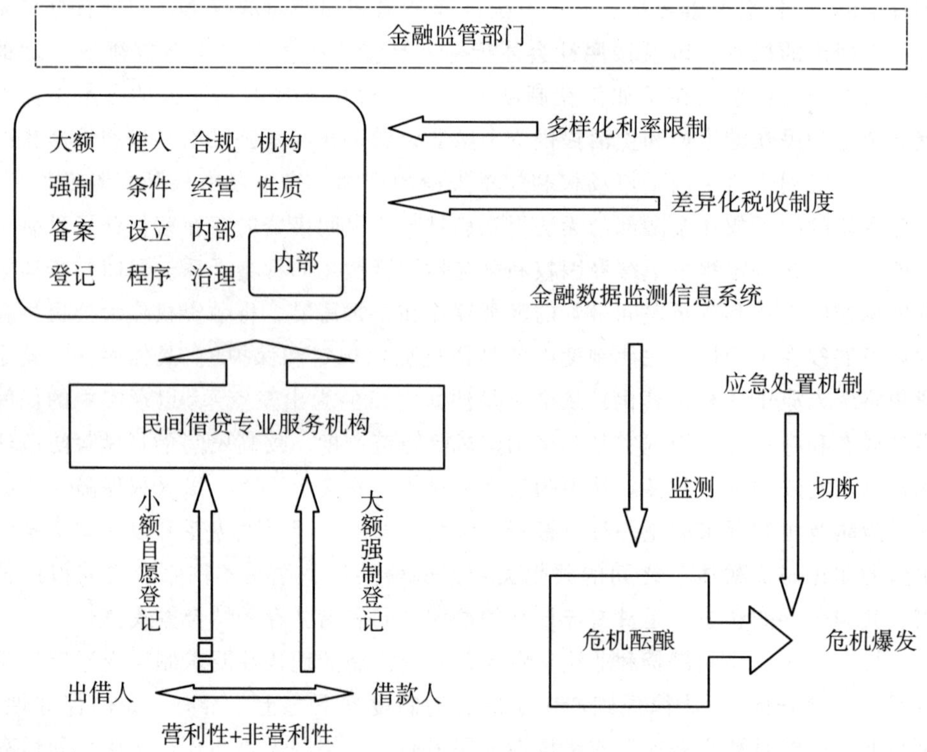

图 6－3　民间借贷和非法集资风险防范规制体系

四、建立约束与激励相容的规制机制

有效的法律和政策提供的秩序所形成的行为激励，很大程度上决定了市场被释放于经济活动发展和高风险逐利领域的比例，即制度质量对民间借贷市场资源配置的作用。制度质量高，更多的民间资本被引导到经济发展和技术进步领域，反之，则被高利引诱到高风险领域。因此，寻求有效、高效并且高质量的民间借贷法律制度本身就是一种激励。当常规或传统范式无法解释异常或新的现象时，就必须寻求新的范式予以解答[①]。长期以来，国家对民间借贷的规制主要采用打击、清理、压制等约束机制，民间借贷的法律治理存在特殊的信息约束条件，无法在现有的传统规制模式中找到有效路径，应当引入激励性规制机制，构建约束与激励相容的规制机制，提高民间借贷风险防范的效果。

（一）特殊的信息约束条件

美国学者乔治·施蒂格勒在《信息经济学》中提出信息的价值，认为获取信息要付出成本，不完备的信息会导致资源的不合理配置[②]。信息经济学认为价格的成本使其具有不完全性和非对称性（asymmetric information），分为隐藏知识和隐藏行动两种情况：前者是事前（ex ante）信息不对称产生逆向选择问题（adverse selection），在民间借贷中表现为借贷主体利用信息优势规避法律规制；后者是事后（ex post）信息不对称产生道德风险问题（moral hazard），在民间借贷中表现为借贷主体在追求自身利益最大化的同时可能损害他人利益甚至社会公共利益。另一方面，在信息不完全和非对称的条件下，完全理性转化为有限理性并可能进一步导致集体非理性，民间借贷同样受制于信息约束条件中行为人本身的有限理性。正如哈耶克所言，理性并不是“人之智性”的证明，而正是“人之智性有限度的证据”[③]。民间借贷行为主体作为经济人同时是立法者和违法者，当外化统一的法律和多变的社会情景产生冲突时，个体就会倾向于成为机会主义者。印度籍学者阿马蒂亚·森在《从增长到发展》中认为，信息是一切公共选择问题的基础，决定公共政策的有效性。因此，民间借贷法律规制的前提条件是规制机构需要大量信息用以监督法律法规的执行情况[④]。对于社会迅速转型时期的民间借贷风险防范，民间借贷规制的效果很大程度上取决于规制机构所掌握的信息数量和质量，无论在立法、司法、执法上均需要大量的信息支撑制度的改革和变迁。

---

① ［美］托马斯·库恩，金吴伦等译：《科学革命的结构》，北京大学出版社 2003 年版，第 6 页。

② George J. Stigler. *the Economics of Information. the Journal of Political Economy*, vol. 6, 1961, pp. 213 - 225.

③ ［奥］冯·哈耶克，邓正来选编译：《理性主义的种类》，载《哈耶克论文集》，首都经济贸易大学出版社 2001 年版，第 211 页。

④ ［美］丹尼尔·F. 史普博，余晖等译：《管制与市场》，上海三联书店、上海人民出版社 1999 年版，第 98 页。

一方面，实践层面关于民间借贷和非法集资的信息收集难度非常大。民间借贷具有隐蔽性和非正规性，属于正规金融市场之外的信贷资金体外循环系统。借贷主体之间的信息不对称引发市场失灵，隐藏非正规金融市场的信用风险。政府干预行为反而在很大程度上加重了规制信息的不对称程度，民间借贷主体为了逃避管制政策的控制，利用交易信息优势转入“地下”，使监管部门在客观上无法收集足够监管信息，难以发现民间借贷市场积聚的金融风险和社会风险。根据公安部相关数据显示，2014 年各地报送新发涉嫌非法集资案件共 3 500 多起，涉案金额近 1 600 亿元，参与集资人数逾 70 万①；2015 年全国非法集资新发案数量、涉案金额、参与集资人数同比分别上升 71%、57%、120%，集资金额超亿元案件同比分别增长 73%、78%、44%②，据此推算可得 2015 年全国非法集资新发案件数量近 6 000 起，参与集资人数超过 150 万人，涉案金额更是将近 2 500 亿元。近些年跨市、跨省甚至全国性的非法集资案件频发，这些数据均表明传统的命令控制型法律规制不能有效约束民间借贷市场的发展，更无法控制非法集资案件的蔓延和风险的扩张。

另一方面，制度层面仍然属于传统法律规制模式，无法对监管部门的信息收集形成制度支持。我国现行民间借贷法律规制属于命令控制型的制度设计，以经济与社会安全的公共利益为目标，以信息完全为制度设计前提，单纯依赖加强监管的规制方式，没有考虑民间借贷和非法集资行为特殊的信息约束条件③，缺少能够有效克服民间借贷信息不对称条件的制度安排，无益于金融市场的全面发展和金融资源的有效配置，反而会对经济发展产生负效应④。现行法律制度将不同信息不对称条件下的民间金融市场和正规金融市场统一规制，用监管正规金融常用的禁止、限制和打击等方法规制民间借贷，强调民间借贷市场服务于国家金融监管的需要，缺乏在民间借贷市场中形成资源自由配置的市场竞争机制，致使民间借贷主体权利义务的设计违背公平原则，义务过多而权利过少。而监管部门无法准确掌握“地下”民间融资活动的信息，导致传统的包括市场准入、利率规定、资金来源限制等监管手段无法发挥作用。因此，要有效实现民间借贷与非法集资风险防范机制就必须针对民间借贷的信息约束条件进行单独考察，分析民间借贷中交易信息相对完全和规制信息极不对称两种信息约束条件（见图 6-4）。

---

① 吴红毓然、吴雨俭：《2015 年非法集资案件达历史最高峰值》，财新网，http://finance.caixin.com/2016-04-27/100937395.html，发布日期：2016 年 4 月 27 日，访问日期：2017 年 4 月 11 日。

② 金彧：《去年非法集资案件同比增七成，年立案数攀升至上万起》，新京报网，http://www.bjnews.com.cn/finance/2016/04/28/401661.html，发布日期：2016 年 4 月 28 日，访问日期：2017 年 4 月 11 日。

③ 岳彩申：《民间借贷的激励性法律规制》，载《中国社会科学》2013 年第 10 期，第 122~125 页。

④ 卢峰、姚洋：《金融压抑下的法治、金融发展和经济增长》，载《中国社会科学》2004 年第 1 期，第 42~55 页。

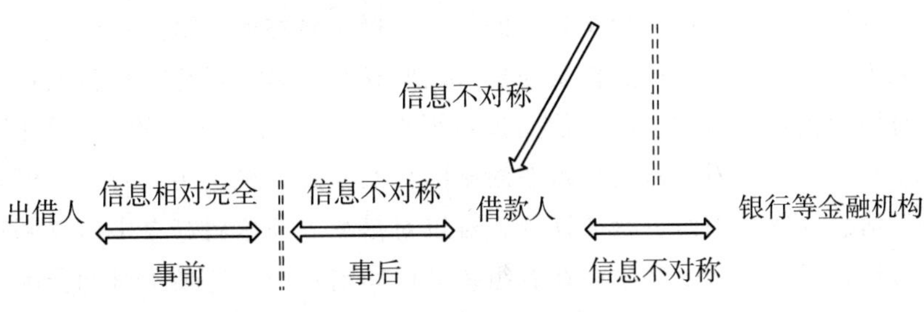

图 6-4　民间借贷的特殊信息约束条件

第一种情形中，民间借贷交易前的信息是相对完全的，这是民间借贷产生和发展的基础。一方面，借贷当事人之间信息相对完全。Stiglitz 和 Wiess 认为，民间借贷在信息搜集上具有独特优势，一定程度上解决了信息不对称问题，避免了逆向选择和道德风险，这也是民间借贷产生及长期存在的逻辑前提。国内学者如林毅夫和孙希芳也通过构建中小企业与贷款者在信息获取方面的市场模型，论证了民间借贷主体在收集关于中小企业的"软信息"方面较之正规金融部门更具优势，使金融市场的资源配置扭曲得到校正①。此时民间借贷信息处于相对充分的状态，在这种特定的"关系金融"的经济形式和"熟人"群体中②，主体受到信用自我约束性较强，合同的履行更多依靠民间的自我约束机制③。民间借贷利用一定区域内私人信息存量的信息优势，可以较好地解决逆向选择和道德风险问题，从而降低交易成本④，促进民间金融资源的优化配置，但这也为民间借贷行为主体逃避监管提供了便利条件。另一方面，民间借贷主体与银行等国家金融机构之间的信息存在不对称情形，这种信息不对称导致金融机构获取信息的成本过高，出于商业可持续性的考虑采用信贷配给制度，在一定程度上形成金融排斥(financial exclusion)。金融排斥逐渐从地理指向转向社会指向，导致部分市场主体因限制条件过多被排斥在市场之外，或是没有可行途径进入正规金融体系，难

---

① Stiglitz, J. E, and Wiess. A. *Credit Rationing in Markets with Imperfect Information. American Economic Review*, vol. 71, 1981, pp. 393 ~ 410.

② 陈志武：《金融的逻辑》，国际文化出版公司 2009 年版，第 120 页。

③ 林毅夫、孙希芳：《信息、非正规金融与中小企业融资》，载《经济研究》2005 年第 10 期，第 35 ~ 43 页。

④ 刘民权、徐忠、俞建拖：《信贷市场中的非正规金融》，载《世界经济》2003 年第 7 期，第 61 ~ 72 页。

以获得金融产品和服务[1]，从而在客观上被剥夺了平等地获得金融服务的机会[2]，作为金融弱势群体不得不求助于非正规金融渠道作为融资的替代措施。

第二种情形中，民间借贷交易后的信息是极不对称的，这是民间借贷风险不断积累的重要原因。一方面，借贷当事人之间存在信息不对称。借款人作为信息优势方对民间借贷信息的垄断地位是该情形中信息不对称问题的产生原因[3]，借款人出于自身利益的考虑可能出现垄断某些真实信息的机会主义行为，但是出借人却缺乏信息反馈和追踪的有效途径，难以对借款人的信用等事中信息和资金用途等事后信息进行监督，特别是在有组织的民间借贷中，这种不对称会因民间借贷规模和范围的扩大进一步加剧。另一方面，借贷主体与监管机构之间也存在信息不对称。民间借贷依赖熟人社会关系存在和发展，在信息方面具有人格化特征，隐私性较强，借款人出于便利、快速的需要通常采取比较自由和隐秘的交易方式，出借人为了竞争需要和满足借款人的要求也会尽量保守秘密[4]，这也是民间借贷降低信息成本的基础，这些主要由借款主体个人信息为主的“软信息”的体量和质量，在一定程度上决定了民间借贷的利率和条款[5]。

受到信息约束条件双重性的影响，规制机构和被规制者本身就具有信息不对称，仅采用命令控制型法律治理模式必然会导致逆向激励，从而面临三个悖论：一是民间借贷规制需要大量公共信息，但民间借贷信息多为私人信息，出现监管信息具有公共性和公开性但是民间借贷又具有极强的私人性和隐蔽性的悖论；二是民间借贷规制需要大量信息，但民间借贷主体本身又不愿主动为规制机构提供信息，出现监管压制导致民间金融进一步转入“地下”规避监管的悖论；三是民间借贷交易前的信息相对完全状态是规避法律监管的实现条件，出现民间借贷市场需要法律规制但却无法提供充分的监管信息的悖论。正规金融市场和民间借贷金融市场虽然是两种并存的金融形态，但是两者之间存在溢出效应，银行为主体的正规金融体系为了解决信息不对称问题通过信贷配给制降低风险、提高利润，但是这也导致许多市场主体特别是中小企业无法从正规金融市场获得足够资金支持生产活动，从而不得不依靠非正规金融体系中的社会资本获取民间资金。这三个悖论存在于民间借贷发展和制度规范的整个过程中，现行法律制度没有区分不

① Leyshon A, Thrift N. *Geographies of Financial Exclusion: Financial Abandonment in Britain and the United States. Transactions of the Institute of British Geographers*, vol. 20, 1995, pp. 312 ~ 341.

② Burchardt T. Hills J. *Financial Services and Social Exclusion. Insurance Trends*, Vol. 18, 1998, pp. 1 – 10.

③ 曲振涛、杨恺均：《规制经济学》，复旦大学出版社 2006 年版，第 168 页。

④ 张元红等：《中国农村民间金融研究：信用、利率与市场均衡》，社会科学文献出版社 2012 年版，第 16 页。

⑤ 胡金焱、张乐：《非正规金融与小额信贷：一个理论述评》，载《金融研究》2004 年第 7 期，第 123 ~ 131 页。

同信息条件下的民间借贷情形，而是采用命令控制方式简单划分合法行为和非法行为，对于前者仅采用利率限制、资金来源限制等传统手段进行规制，对于后者统一采取禁止、严厉打击的方式。这种以正规金融信息条件为前提建立的监管体系导致民间借贷法律治理出现功能失衡，存在泛刑法化现象，重强制功能而轻激励功能，强调事后救济而忽视风险防范所导致的规制失灵，导致“扭曲性激励”。由此，民间借贷中特有的双重信息约束条件进一步加剧了风险的积累，加之其特有的社会网络关系，导致民间借贷市场的负效应不断外溢。法律规制无法解决规制信息的不对称问题，也无法优化借贷主体之间的双重信息约束条件。要解决这种监管悖论难题就不能再依循传统的规制模式，仅依靠修补和加强命令控制型的规制路径；而是应该寻找新的风险防范范式，约束和激励相容的机制成为防范民间借贷和非法集资风险更加有效的路径。

（二）引入激励性法律规制机制

阿维纳什·迪克西特认为，法律可“视为影响人们行为的一种激励机制”[①]，经济学家将法律看成是一种“影响未来行为的激励系统而进行的‘事前研究’”[②]。从法律的历史性角度考察，法律的制裁性功能逐渐式微，指导性和激励性功能逐渐增强。法律激励个体合法行为的发生，使个体受到激励做出法律所要求和期望的行为。从法律本身的特点考察，法律具有语言明确、表述清晰、效力较强和传播迅速等特点，通过合理的民间借贷和非法集资风险防范法律制度的设计，以隐含的成本费用起到行为的价格杠杆作用，以权利义务关系为工具对不同主体的利益进行调节和确认，从而对行为主体的预期和决策产生影响，使其作为经济理性人因成本—收益的变化改变行为的内容和方向。从这一层面上而言，民间借贷风险防范法律机制应当扮演影响市场交易行为和社会财富配置格局的定价角色，关注激励效应而非单纯的惩戒结果。从法律主体层面考察，如果不在民间借贷风险防范领域引入激励性法律规制机制，民间借贷主体会被制度设计成具有高度社会责任感、主动报告监管信息、不存在机会主义行为的“自我实现人”，与民间借贷本身承载的逐利性的人性基础相矛盾，产生法律要在“自利人”中寻找“道德人”的悖论。

因此，民间借贷作为金融体系的重要组成部分，对其风险防范存在市场失灵和制度失灵的双重困境，法律作为国家适度干预经济关系的规则应当充分发挥激

---

① ［美］阿维纳什·迪克西特，郑江淮等译：《法律缺失与经济学》，中国人民大学出版社 2007 年版，第 2～13 页。

② 周林军：《经济规律与法律规则》，法律出版社 2009 年版，第 140 页。

励功能，从约束政治权力的自治型法（autonomous law）向回应型法（responsive law）转变[①]，寻求规则和政策的内在价值与国家政治理想、法律正义的统一，形成有效的经济法激励法律机制。在民间借贷规制中兼顾约束和激励两种规制方式，能够更好地发挥市场机制，鼓励信息优势主体“说真话”和接收规制的积极性，降低民间借贷的交易成本[②]。约束和激励相容规制模式可以在民间借贷风险防范中相互结合，形成功能上的互补，分享同一逻辑体系和价值指向，即人性相容原则。民间借贷和非法集资风险防范立法引入激励机制使正规金融和非正规金融实现互补，减少金融排斥，消解不同金融生态之间的冲突。

目前民间借贷法律制度中的激励内容较少，没有形成系统的激励机制。2005年前后国家对民间借贷的态度开始转向较为积极的鼓励和引导，但是国家层面的激励机制多关注民间资本领域，将民间借贷作为民间资本的形式之一进行引导，并没有针对民间借贷形成专门的激励规则：2005年国务院的《关于鼓励支持和引导个体私营等非公有制经济发展的若干意见》允许非公有资本进入金融服务业；2007年《中共中央办公厅、国务院办公厅关于加强农村实用人才队伍建设和农村人力资源开发的意见》提出稳步推进和积极规范民间借贷；2010年国务院《关于鼓励和引导民间投资健康发展的若干意见》鼓励民间资本发起或参与设立村镇银行、贷款公司、农村资金互助社等金融机构；2013年国务院《关于金融支持经济结构调整和转型升级的指导意见》进一步扩大了民间资本进入金融业的范围。地方政府层面也开始出台引导民间资本发展的文件，例如，2006年四川省遂宁市等地方开始允许在中小企业间互相拆借资金。相对国家层面的规定而言，地方政府的激励性规定更为切实地落到民间借贷这一特殊的民间资本形态之上。虽然国家部委层面和地方政府层面一系列文件不断扩大民间资本的领域和范围，在一定程度上缓解了监管部门对民间借贷市场的压制，但是在具体激励机制方面主要集中在税收激励方面，总体而言仍然较为零散（见表6－11），缺少具体的激励规制方案，没有形成激励与约束均衡的法律治理模式。

---

① 塞尔兹尼克和诺内特于20世纪60年代提出这一理论，认为法律的主要目的并非规定限制性责任，而在于授权和促进。参见［美］P·诺内特、P. 塞尔兹尼克，张志铭译：《转变中的法律与社会：迈向回应型法》，中国政法大学出版社2004年版，第131页。

② 周素彦：《民间借贷：理论、现实与制度重构》，载《现代经济探讨》2005年第10期，第72～76页。

表 6-11　　有关民间借贷的激励性规定

规范性文件名称	颁布时间	具体内容	财政补助	奖励奖金	税收优惠
《东营市人民政府关于印发支持民间融资规范引导试点工作若干政策的通知》	2013 年	1. 民间借贷服务中心由县区政府无偿提供营业场所或给予相应的房租补助。民间资本管理公司、资金互助专业合作社等民间融资新兴组织新购建自用办公用房，可由同级财政按每平方米不低于 500 元的标准给予一次性补助，补助额最高不超过 30 万元；租赁自用办公用房，自开办之日起 3 年内可由同级财政每年按年租金的 20% 给予补助，年租金补助额最高不超过 10 万元。 2. 设立民间融资规范引导试点工作奖励资金。根据民间借贷服务中心、民间资本管理公司及资金互助专业合作社等民间融资新兴组织对地方经济贡献情况，由同级财政给予适当奖励。鼓励和引导民间借贷参与主体入驻民间借贷服务中心开展业务，根据其进入民间借贷服务中心后对地方经济贡献情况，由同级财政给予适当奖励。 3. 对设立的民间借贷服务中心、民间资本管理公司及资金互助专业合作社等民间融资新兴组织，由同级财政按其注册资本的 2‰ 给予一次性补助，补助额最高不超过 20 万元	√	√	√
《泉州市人民政府关于开展民间借贷登记服务公司试点的指导意见（试行）》	2013 年	针对资金供求各方对进场登记交易会增加税负的顾虑，可以出台对借贷双方及进场中介机构提供税费减免，先征后奖、租金减免等优惠政策，并根据中介机构的考核评价给予适当奖励，对自行申报纳税的资金供给人提供减免政策	√		√
《温州市民间融资管理条例实施细则》	2013 年	非金融企业民间借贷的利息支出，不超过按照金融企业同期同类贷款利率计算的数额部分，准予在计算应纳税所得额时扣除			√

续表

规范性文件名称	颁布时间	具体内容	财政补助	奖励奖金	税收优惠
《福建省人民政府办公厅关于进一步扶持小微企业健康发展九条措施的通知》	2014 年	允许小微企业的民间借贷利息按相关税收法律法规据实在企业所得税前扣除作为激励措施			√
《莆田市人民政府办公室关于印发莆田市开展民间借贷登记服务中心试点工作实施方案（暂行）的通知》	2014 年	针对资金供求各方对进场登记交易会增加税负的顾虑，可以出台对借贷双方及进场中介机构提供税费减免，先征后奖、租金减免等优惠政策，并根据中介机构的考核评价给予适当奖励，对自行申报纳税的资金供给人提供减免政策	√		√
《济南市规范发展民间资本管理机构实施方案》	2014 年	逐步将民间资本管理机构纳入小型微型企业贷款风险补偿奖励和服务业有关扶持政策范围		√	
《湖州市人民政府关于印发湖州市开展民间融资规范管理试点工作实施意见的通知》	2015 年	民间融资服务中心财政补助政策参照融资服务平台补助政策，自设立之日起 5 年内按其缴纳的所得税地方留成部分全额予以补助、营业税（增值税）地方留成部分的 90% 予以补助			√

在未来民间借贷的立法活动中，为了更加有效地推动民间借贷走向阳光化和规范化，应当建立约束与激励相容的规制机制，充分调动包括借贷主体等民事主体和监管主体等政府部门在内的多元主体参与的能动性，激励民间借贷主体转让更多的信息，为防范风险创造必要的信息条件。从更宏观的角度而言，这种激励规制机制是一种复合、多元的联动激励模式。民间借贷与非法集资风险的复合性导致单纯的民法、刑法或行政法激励调整机制都无法回应风险防范的制度需求，应在法律层面形成包括民法激励、刑法激励、行政法激励和经济法激励等多个部门法协调有序、分工合作的联动均衡激励机制。

五、采用分类规制与重点规制相结合的路径

民间借贷的立法路径需要考虑两个基本问题：其一，哪些民间借贷行为应当纳入法律规制的范围，这决定了民间借贷法律规制的边界问题；其二，应由哪些法律来规制民间借贷市场，这取决于民间借贷法律规制的立法模式。

（一）选择重点规制的路径

民间借贷法律规制的边界和范围取决于民间借贷的不同种类和特点。民间借贷是放贷人让渡一定时间的资金使用权，由借款人到期还本付息的行为。民间借贷行为本身就具有多重属性：不以营利为目的的有偿或无偿的民间借贷行为应当认定为民事行为，这种民间借贷的形态多见于社会日常生活；以营利为目的、具有反复性的民间借贷行为作为一种经营活动，应当认定为商事行为。民间借贷行为性质的多重性决定民间借贷风险防范立法也具有多层次性和复杂性，民事性民间借贷行为和商事性民间借贷行为应当依循不同的规制路径。

一方面，并非所有的民间借贷形态都必须纳入法律重点规制的范围。从金融市场变迁角度考察，我国民间借贷正在从市场化显性信用阶段向规范化合法信用阶段转变，因此并非所有形式的民间信用形态都具有纳入法律规制体系的必要性和适应性，例如局部区域范围的小规模民间借贷活动就更宜以民间形态存在。另一方面，民间借贷领域进行统一和专门立法的必要性和可行性值得商榷。从法律文本角度考察，学界对于是否需要对民间借贷进行专门立法存在不同看法。考虑到民间借贷类型多样、涉及面广，建立全面规制的法律体系立法成本过高，难度过大，必要性不高，并且在世界范围内缺少可以借鉴的立法例。因此，应采取重点规制的立法路径，重点针对民间借贷中重要的特殊形态加以规制，形成一般性规制与专门性规制相结合的多层次立法体系①，前者包括民法、合同法等普通法律，后者包括专门针对民间借贷的法规、规章和地方规范性文件的特别规定。具体而言，经营性民间借贷是以营利为目的、由专门从事借贷业务的机构和个人所进行的商事性借贷，具有资金规模大、涉及范围广、流动性强、风险较大的特点，应当通过立法针对借贷主体的准入、利率、地域范围等方面加以重点规制；对于非经营性的民事性借贷，即非专门性的私人借贷行为，由于该种形态的民间借贷风险性较低，主要调整内容为借贷双方的权利和义务，负外部性外溢程度和风险传染性较低，一般不会对他人的利益和社会公益产生影响，只要把握其不触

---

① 岳彩申：《民间借贷规制的重点及立法建议》，载《中国法学》2011年第5期，第84～96页。

犯非法集资的底线，适用现行民法通则、合同法等普通民事法律进行规范即可，无需针对民事性民间借贷引入过多的国家干预或制定专门性法律。

（二）采用分类规制的模式

民间借贷已经成为民间资本的重要融资渠道，随着经济发展涉企民间借贷已经远超个人消费型借贷，中小微企业在包括借款人、出借人和担保人等在民间借贷中扮演着重要角色，甚至开始呈现出资本化、商业化趋势。企业通过民间借贷进行融资，将资金用于交易或经营活动，甚至在许多地区出现了专门“以钱炒钱”的现象，形成赚取利差的资金利益产业，加之职业放贷人、担保公司、投资公司等金融组织参与其中，民间借贷经营性特点愈发凸显，风险结构更为复杂。我国长期关注民间借贷的普遍性、一般性风险，没有针对风险类型和程度建立不同的风险防范机制，导致风险防范重点在制度上不明确，不但加重了金融抑制程度，忽视了民间借贷的正外部性，对民营经济发展特别是中小微企业融资经营产生不利影响，而且在真正需要风险防范的领域缺少有效制度安排。当前民间借贷和非法集资风险防范机制失效的主要原因之一就是对民间借贷行为规制过于简单化，仅以利率为标准区分普通借贷和高利贷，以法律规定为标准认定是否构成非法集资等违法行为，没有根据民间借贷的类型识别其风险特征，风险防范措施缺乏针对性，通常沦为事后救火式的处置措施。因此，从立法和法律制度构建的角度分析，民间借贷风险防范首先应当区分营利性和非营利性民间借贷等不同类型，根据不同情况采用分类规制的立法安排，针对不同类型民间借贷的特点建立不同的风险防范机制，并在市场准入、税收优惠、民间借贷备案登记、再融资等制度安排上对不同民间借贷行为分类规制①。

民间借贷分类规制的法律规范体系包括三个部分。第一部分为一般性规制体系，由民法通则、合同法等普通民事法律规范非营利性的私人借贷行为。第二部分为特殊主体规制体系，由相关主体法调整特殊主体的民间借贷机构的借贷行为，该部分主要包括四种类型：其一，直接融资领域的私募基金主要投资证券市场，并非直接投向实体经济领域或者满足人们的生活需要，宜将其纳入资本市场法制体系进行规制；其二，间接融资领域中具有合作金融性质的合作基金会和金融服务社属于民间性质的互助，归到合作金融方面的法律制度加以规范；其三，地下银行隐蔽性强、风险性高，应将其纳入银行类金融机构的监管体系，针对准入条件等实施正式和有效的监管；其四，财务公司、贷款公司等专门从事贷款业务但不吸收公众存款的金融机构，根据不同的性质归到各自的专门性法律制度中

① 岳彩申：《民间借贷规制的重点及立法建议》，载《中国法学》2011 年第 5 期，第 84 ~ 96 页。

进行规制。第三部分为专门性规制体系，属于民间借贷的专门调整规范，针对以营利为目的并专门从事借贷业务的机构和个人的借贷行为。民间借贷行为性质具有多重性，不以营利为目的的有偿或无偿的民间借贷属于民事行为，以收取利息为目的将发放贷款作为一种经营活动并具有反复性的民间借贷行为因客观上具有资金融通功能而具有商事行为的性质。但是，并非所有的有偿民间借贷都属于商事性民间借贷，只有那些以该项业务作为职业，通过多次、连续的借贷获取利润的行为才属于商事性民间借贷。从立法经验考察，其他一些国家或地区由于规范了商事性民间借贷主体，使这类问题得到了较好的监督和控制。例如，我国香港地区 1980 年颁布的《放债人条例》规定未领有牌照，任何人都不能经营放债业务；又如，美国纽约州《放债人法》第 340 条明确指出，个人或企业偶尔在该州发放贷款不需要遵守该法“禁止无牌照经营”的规定。

以营利性为标准将民间借贷区分为民事性民间借贷和商事性民间借贷，是我国民间借贷风险防范立法的科学性基础。民间借贷的主体并非是区分标准，个人与个人之间可能存在职业放贷人，企业与企业之间可能存在互助性的临时性资金借贷。同时，有偿性和营利性是两个相互联系但又相互区别的概念，有偿性不能当然地证明民间借贷行为具有营利性，因为后者更强调放贷行为的连续性和职业性。对于民事性民间借贷行为根据《新民间借贷司法解释》，年利率在 24% 以内的司法保护区均予以保护，在 24% ~36% 范围内为自然债务区，超过 36% 则被认定无效。对于商事性民间借贷无论放贷主体是自然人、法人还是其他组织，都应将主体限定在取得法定机关批准才能获得商事性民间借贷合法主体的资格。

第三节　完善民间借贷与非法集资风险防范机制的立法重点

一、建立多样化的差异性利率机制

国家早已为民间借贷风险防范画出了三条红线：自有资金、利率限制和不得非法追债。利率的高低决定了民间借贷的法律效力，传统民间借贷立法以“4 倍红线”的管制路径贯穿民间借贷的民事领域和刑事领域。《新民间借贷司法解释》用“两线三区”取代“4 倍红线”，民事领域根据利率标准确定借款人的民事责任，倾向于从严认定；而刑事领域对高利贷放贷人还没有形成有效的惩罚性，多以非法经营罪、非法集资罪等判定部分高息借款人的责任①。

利率限制关系到资金价格和信息定价，立法例中也常见规制机构通过借贷利率上限的限制规范民间借贷。例如，我国香港地区《放债人条例》第24条规定最高利率为60%；日本《利率限制法》规定最高利率上限为20%，在征得借款者同意后可以根据《出资法》提高到29.2%；同样美国部分州也专门规定了民间借贷（非正规金融机构）的贷款利率上限；包括加拿大、欧盟等国家和地区的法律也都在不同程度上规定了利率的上限②。为了更好地激励民间借贷主体接受法律规制，与风险防范的其他法律制度形成有效衔接，应尽早建立多样化利率限制体系，使利率机制发挥激励性规制工具的作用。

在民事司法领域，《新民间借贷司法解释》废止了以往“4倍银行利率”的做法，确定了“两线三区”的原则，已经初步形成了双层利率限制标准：利率24%以下（含24%）为司法保护区；超过36%的为不受司法保护区；24%～35%为自然债务区，法律不予强制保护，债务人可自愿履行。可以借鉴香港《放债人条例》的立法经验③。香港《放债人条例》第24条规定，任何人（不论是否为放债人）以超过年息60%的实际利率贷出款项或要约贷出款项，即属犯罪；第25条规定，关于任何贷款的还款协议或关于任何贷款利息的付息协议，如其所订的实际利率超逾年息48%，则为本条的施行，单凭该事实即可推定该宗交易属欺诈性。对于年息超过60%的借贷直接认定为犯罪行为，对于年息超过48%未到60%的借贷视个案具体情况由法官来判断其是否合法。由此，我国民间借贷立法也可以设置两个利率限制标准，对不同程度的违法行为设定不同的法律责任，建立梯级过渡的双层法律责任制度。考虑到目前民间借贷的实际利率水平和经济发展状况，可考虑尽快设定一个明确的利率标准（36%或36%以上某一确定利率）作为认定刑事责任的标准，超过该标准的放贷行为属于严重高利贷范畴，应当承担刑事责任。

第一，将利率限制与民间借贷登记备案制度相结合，区分登记合同和未登记合同。在24%的基础上对司法保护区和自然债务区衔接部分适当放宽备案登记民间借贷合同的利率上限，引导民间借贷主体主动采用书面合同并且登记备案，使更多借贷信息进入政府机构的统计范围，便于监管机关及时掌握民间借贷的规模、利率和资金流向等信息，为防范区域性和系统性风险提供可靠依据。

第二，将利率限制与民间借贷类型相结合，区分营利性和非营利性民间借贷

① 赵兴武：《民间借贷：自利与法律的冲突——南京市两级法院民间借贷纠纷案件审判工作调查》，载《人民法院报》2011年6月9日，第5版。

② 岳彩申：《民间借贷的激励性法律规制》，载《中国社会科学》2013年第10期，第135页。

③ 两层利率的限制架构是香港的商业惯例，也是英国为代表的其他国家的法例。

行为。非营利性民间借贷行为一般不以营利为目的，具有互助性特点，过高的利率反而会导致借款人陷入财务困难，可以在24%司法保护区部分适当限制此类民间借贷的利率上限。而对于营利性民间借贷，可以根据借款用途在24%的司法保护区和36%自然债务区衔接部分形成差异化的利率限制标准，引导民间借贷资金流向高新科技、环保等行业。同时，将利率限制与借贷金额相结合，针对小额民间借贷和大额民间借贷适用不同的利率上限：小额民间借贷中，借款人处于信息弱势地位，法律规制的重点为交易公平的保障，因此应当规定比较严格的利率上限；大额民间借贷中，资金多流向经营活动，借款人和出借人公平议价能力相对平衡，信息不对称程度较为缓和，法律规制的重点是市场机制的促进，因此可以适当放宽利率上限，提高民间借贷市场的资源配置效率。

第三，将利率限制与借贷期限相结合，区分短期借贷与长期借贷。民间借贷的利率结构和银行法定利率期限结构完全相反。短期民间借贷多用于调剂资金短缺的应急之用，可以接受较高的资金筹集成本，并且由于期限已经限定，借贷行为的风险也相对有限，可以适当放宽司法保护区24%的标准，这也符合民间借贷的实际利率结构。而长期民间借贷具有投资性和利率的稳定性①，应对利率上限严格规制，防止利滚利导致利息增长超过资金对应部分的经济增长速度形成"倒金字塔结构"，从而引发资金链危机。虽然利率限制可能会导致借贷主体会在多重因素影响下由部分长期借贷向短期借贷转变，但是考虑到后者在民间借贷的整体结构中影响有限，对民间借贷交易成本和风险积累的作用也可维持在有效控制之中。

差异化利率限制是民间借贷激励性法律规制机制的重要内容，作为价格工具在民间借贷法律规制中发挥有效的信息定价作用，与民间借贷的其他规制机制在风险防范中共同发挥引导作用，实现效率目标和公共利益目标的双重实现。

二、完善民间借贷主体制度

2011年后，民间借贷制度发展中的一大特点就是各地均开始发展不同特色的民间融资专业服务机构，主要形式为民间资本管理公司、民间借贷登记服务中心等。截至2014年6月，全国已有15个省（自治区）设立了77家民间借贷服务中心，对规范民间借贷和防范金融风险做了有益的尝试，提高了民间借贷的信息透明度，并在一定程度上引导了民间借贷市场有序发展。但目前民间借贷专业

① 郑振龙、林海：《民间金融的利率期限结构和风险分析：来自标会的检验》，载《金融研究》2005年第4期，第133～143页。

服务机构尚无成熟的试点模式，对于民间借贷专业服务机构的监管也处于真空状态，出现工商部门只负责注册登记不负责监管，地方金融办无职能管，而银监局无权管的局面①。

（一）明确民间借贷专业服务机构的性质

目前各地的规范性文件对于民间融资专业服务机构的性质和定位较为模糊，根据2015年“一行三会一局”的《金融企业划型标准规定》，应当属于第八类“除贷款公司、小额贷款公司、典当行以外的其他金融机构”，但在定位上却与小额贷款公司、股权投资基金、基金管理公司等存在重合。因此，民间借贷立法应当明确界定各类民间融资专业服务机构的市场主体性质和定位，确定其是否享有金融机构所享受的一系列优惠政策，是否适用金融监管和财政税收政策，是否需要发放《金融许可证》，以及是否应当按照金融企业的标准接受国家有关部门的监督管理。

民间借贷登记服务中心也同样面临定位的矛盾问题。根据目前地方试点的经验，民间借贷登记服务机构为自负盈亏的企业法人，经地方金融管理部门委托受理民间借贷备案，这一公共服务职能与其企业定位存在矛盾。地方法规和规范性文件都规定登记服务机构从事受理备案、发布指数、收集信息、风险监测、建立信用档案等事项时不得以营利为目的。这对民间借贷登记服务中心的商业可持续性提出了挑战，因为该服务中心目前仍然主要依靠手续费和政府补贴维持正常运营。有地方实践更进一步，允许登记备案中心在试点成熟时可从成功撮合的资金额中按比例收取服务费。这虽然能在一定程度上缓解商业可持续性压力，但会进一步加剧民间借贷登记备案的成本，对于推广民间借贷登记备案制度而言利弊难测。未来民间借贷登记服务中心的发展将重点建设金融数据基础信息库，与社会信用体系形成互联互通，利用大数据发挥风险防范作用。因此仅靠手续费和政府补贴维持正常运营的民间借贷登记服务中心没有资金和积极性实现技术升级，无法适应互联网时代技术更新的需要。作为民间借贷风险防范的主体基础，民间借贷登记服务机构必须处理好平台公益性和企业营利性之间的矛盾，探索新的经营模式，通过立法明确其特殊的法律地位，建立政府支持制度，规定政府扶持的力度、期限和标准，促进民间借贷登记备案中心在发挥风险防范功能的同时实现自身发展。

---

① 涂重航、沙璐、李骁晋：《民间集资泛滥暴露监管真空》，新华网，http：//news.xinhuanet.com/house/tz/2015-03-17/c_1114660415.htm，发布日期：2015年3月17日，访问日期：2017年4月11日。

（二）设定合理的准入条件和设立程序

民间借贷应在民事性民间借贷和商事性民间借贷分类规制的基础上，尽快构建商事性借贷主体准入制度。各地民间专业融资服务机构的试点模式虽然各有不同，但是均强调民间借贷登记服务机构和民间资本管理机构两类专业服务机构在民间借贷风险防范中的重要作用。地方法规及规范性文件对这两类专业服务机构的准入条件和设立程序方面的规定存在一定差异，甚至在省级行政区域的范围内都存在差别。

第一，在准入条件方面应当设定合理的注册资本要求，兼顾金融安全和金融效率。我国市场制度尚不完善，注册资本制度是金融市场安全的基本保障，可以对市场主体起到一定的筛选作用，排除部分不符合门槛要求的不合格主体。

对于民间融资登记服务机构，地方立法中规定应缴纳的货币资本多在200万～500万元。例如，2015年《山东省民间融资机构监督管理暂行办法》规定民间融资登记服务机构“注册资本实收货币资本一次足额缴纳不低于200万元”，《淄博市民间融资机构监督管理暂行办法》和《济南市民间融资登记服务机构暂行操作指引》等也有相似的规定。《云南省金融办公室关于开展民间融资登记服务机构试点工作的通知》（附民间融资登记服务机构试点工作实施办法）规定民间融资登记服务机构注册资本不低于500万元，2014年《威海市人民政府办公室关于印发威海市民间融资机构管理办法的通知》、《枣庄市人民政府办公室关于规范发展民间融资机构的实施意见》、《南平市人民政府关于发展民间借贷登记服务公司的指导意见（试行）》等有同样的规定。在此基础上，应当根据业务范围对民间借贷登记备案机构建立差异化的注册资本制度：考虑到部分县级地区设立综合性民间融资登记服务机构存在一定困难，对于仅就民间借贷进行简单的登记备案业务的，可以采用较低的200万元注册资本标准；对于兼具信息发布、中介、登记等综合性服务交易平台的民间融资登记服务机构，可以采用500万元的最低注册资本标准。

对于民间资本管理机构，地方立法中多采用实缴货币资本3 000万～5 000万元不等的准入限制，部分地区甚至对股份有限公司和有限责任公司划分了不同的注册资本标准。例如，2014年《威海市人民政府办公室关于印发威海市民间融资机构管理办法的通知》和《枣庄市人民政府办公室关于规范发展民间融资机构的实施意见》均规定民间融资机构“注册资本有限责任公司注册资本不得低于3 000万元，股份有限公司不得低于5 000万元”，《温州民间融资管理条例》规定民间资金管理企业注册资本5 000万元。通过比较可以发现，5 000万元的注册资本要求在准入门槛上显得过于谨慎，反而不利于民间资本管理机构的发展。

从横向比较，温州三重主体模式中的民间资金管理企业和双重主体模式中的民间资本管理机构比较相似，但各地规范性文件对民间资本管理机构的注册资本普遍采用3 000万元的标准。从纵向比较，考虑到民间资本管理公司和非存款类放贷组织存在一定相似性，根据2015年国务院法制办公开征求意见的《非存款类放贷组织条例》规定，非存款类放贷组织的有限责任公司注册资本不得低于500万元，股份有限公司不得低于1 000万元。无论是从国家层面对非存款类放贷组织的要求角度进行考察，还是从其他省份对民间资本管理机构的实践角度进行审视，《温州民间融资管理条例》虽然在民间融资专业服务机构的市场主体分类上实现了兼具实践性和操作性的制度创新，但应当适当降低民间资金管理公司的准入要求，以实现民间金融市场的充分竞争，引导更多民间金融浮出水面，推动民间借贷的阳光化和规范化。

另外，考虑到自然人在民间借贷领域的传统地位，参考先进立法区域的经验，应当确认自然人通过申请注册后亦可获得放贷主体，将自然人放贷主体纳入阳光之下。自然人放贷主体依法对外承担无限责任，虽然可以不对其设定资本金要求，但是作为准入资格的配套制度，应当同时构建个人破产制度和退出制度，否则自然人放贷主体无法在客观上真正承担无限责任，影响民间借贷制度的实施效果。

第二，在设立程序上根据民间借贷风险程度的差别，应当对民间借贷登记服务机构和民间资本管理机构进行区分。目前地方立法中存在将民间借贷登记服务机构与民间资本管理机构的设立程序统一规定的情况。例如，山东地区的双重主体模式就是将两种机构统一规定，采用“名称预先核准——县（市）区金融办初审——市金融办统一评审——省金融办进行备案——市规范发展民间融资工作领导小组可行性评估——登记注册”的流程；温州市规定民间融资信息服务企业均在工商行政管理部门注册登记之日起15日内，持营业执照副本向温州市地方金融管理部门备案，采用“注册登记——备案”的流程。民间借贷登记服务机构与民间资本管理机构的风险结构并不相同，前者主要从事信息中介、资金撮合和登记备案等综合性服务，不承担担保责任也不承担借贷风险，而后者的业务情况则较为复杂，包括投资理财等风险较高的民间资本运作。因此，统一的设立程序对于民间借贷登记服务机构而言过于复杂，抑制了市场主体成立登记服务中心的积极性，对于民间资本服务机构而言也不利于实现风险防范，宜规定不同的设立程序。

对于民间借贷登记服务机构，可以参考温州地区的经验，采取注册登记并限时备案登记的程序，以激励更多的民间资本成立借贷登记服务中心。其次，对于民间资本管理机构应当适当增加准入限制，但也不宜限定过高[①]。考虑到民间资本管理机构和投资理财公司、小额贷款公司存在一定的相似性，初审主要审查申报材料以及出资人资质等形式要件，而可行性评估主要集中在申请人的发起人、主要股东、高管人员的“软信息”，包括可行性报告论证、拟任高管任职资格、出资人出资能力及信用状况、股权结构（含股东关联关系）、公司治理结构、内部管理制度等内容，并且可以借鉴美国立法例对股东进行背景审查，包括信贷记录、民事诉讼和破产诉讼记录、犯罪记录、教育经历和从业经历等信息。考虑到联席会议涉及多个部门，为了防止多部门互相推诿职责，在明确各个部门在可行性报告审查中的职责基础上，可以聘请专门的专家评审会针对可行性报告中的专业问题进行论证，提高风险防范的有效性。

第三，在主体审查上应当重视对申请人、主要股东以及高级管理人员的“软信息”审查。民间借贷市场常被犯罪分子用于洗钱、高利贷、强迫欺诈交易等犯罪行为，并且常与黑社会性质组织、暴利收债公司等犯罪组织相联系，因此必须在准入门槛上对主体资格进行限制。例如，我国香港地区对于放债人牌照的主体资格审查就包括是否存在黑社会背景等方面，同样美国纽约州也会对放贷人牌照申请主体是否存在犯罪记录等因素进行背景审查。

（三）建立对经营合规性的监督机制

民间借贷风险防范法律制度的改革创新应当更加注重审慎监管和措施的可操作性，强化民间借贷专业服务机构内部控制和治理结构的监督。以《威海市人民政府办公室关于印发威海市民间融资机构管理办法的通知》为例，在股东资格方面规定自然人、企业法人以及其他经济组织均可出资，但在具体的股东资格的限制条件上存在差异，其中民间资本管理公司主发起人还需满足纳税、资产负债率、资产等方面的限制，民间融资登记服务公司只需另外满足资产负债率要求；在经营方面，民间资本管理公司必须遵守地区限制、股权投资比例、短期财务性投资和禁止性业务、融资和私募融资、对单一企业或者项目投融资余额和关联交易、资产分类和拨备等方面的规定，而民间融资登记服务公司必须遵守地区限制、资金来源及合法性调查、出借资金上下限和借出资金上限和借出方人数等方面限制。概括而言，经营合规性的监督机制主要包括合规经营和内部治理两个方面。

---

① 云南省人民政府金融办公室《民间融资登记服务机构评审办法（试行）》和《民间资本管理公司评审办法（试行）》中，将初审的审查主体设定为州（市）金融办，而复审的审查主体设定为省金融办，这种制度设计可操作性不强，省级金融办职责过重，反而不利于民间借贷专业服务机构的发展。

第一，在合规经营方面，首先强调资金来源的合法性，民间借贷登记服务机构出借资金和民间资本管理公司的运行资金必须为合法来源的自有资金。民间借贷登记服务机构通常要求出借人出具承诺书①，必要时登记服务机构可以进行合法性调查，但这一规定与民间借贷登记服务机构企业法人的定位存在矛盾。作为自负盈亏的企业法人接受金融监管机构的行政委托，但是行政委托需要遵守依法行政原则，委托的行政机关必须拥有法定权限，行政委托必须符合法定程序，委托对象为符合法定条件的有关企事业单位、社会组织或个人，受委托者以委托机关的名义实施管理行为和行使职权，并由委托机关承担法律责任。但目前民间借贷登记服务机构接受金融监管机构委托的依据不明，登记服务机构为进行合法性调查所能行使的行政职权亦不明确，导致合法性调查流于形式，难以发挥有效防范风险的功能。民间借贷登记服务机构虽然接受行政委托受理备案登记，但是可行使的调查权限不明，加之借贷主体信息私人性较强，借贷资金作为种类物极易与个人其他财产混同，对借贷资金合法性的简单调查只能限于形式审查，而若将资金来源合法性的实质审查交由地方金融办行使，又会加重行政机关的负担。因此，地方政府应当明确规定民间借贷登记机构接受行政委托后可行使的行政职权范围，由地方金融办牵头，中国银行业监督管理委员会地方监管局、中国人民银行地方支行等部门协同，由登记备案机构对借贷合同先进行合法性的形式审查，再由地方金融办联合多部门对部分大额或者存在重要风险因素的民间借贷合同进行实质性审查。为了保障审查效果，应在地方立法中采取列举式规定明确"必须实质审查"的情形。

第二，强调对出借资金实施管理而非限制。一方面，部分地方规范性文件对民间融资登记服务机构的出借资金规定了上限标准。例如，2014 年《湖北省人民政府办公厅关于规范发展民间融资机构的意见》、2015 年《黄石市人民政府办公室关于规范发展民间融资机构的实施意见》均规定，出借资金原则上每笔不高于 500 万元；2014 年《济南市民间融资登记服务机构暂行操作指引》规定，进入公司登记的出借资金，原则上每笔不低于 2 万元、不高于 300 万元。这些规定考虑了地方登记备案机构的实际能力和风险防范的需要，但登记备案在客观上提高了借贷成本，尤其是小额民间借贷本身不属于强制登记的范围，借贷主体是否自愿进行登记备案是其应有权利，地方规范性文件无必要规定限制，也无权限定"强制不登记"的民间借贷范围。因此，对登记备案的出借资金规定上限标准违背了登记备案制度的出发点，大额民间借贷强制登记机制本身是鼓励数额较大、

① 出借资金承诺书在实践中有利于免除登记机构的责任，但对于民间借贷的风险没有实质性的意义。

所涉主体较多或出借次数频繁的民间借贷主动登记，促进民间借贷阳光化和规范化，规定备案登记的借贷资金上限可能会减少登记服务机构的管理风险，但也可能将本应重点登记备案的民间借贷排除在外，无法实现民间借贷专业服务机构发挥风险防范作用的目标。

另外，部分地方法规和规范性文件对借入资金也进行限制。例如，《济南市民间融资登记服务机构暂行操作指引》规定，进入公司登记的单一借入方，其借入资金一般不超过 1 500 万元，且资金供给方不超过 10 人；《湖北省人民政府办公厅关于规范发展民间融资机构的意见》规定，借入资金一般不超过 1 000 万元，且资金供给方不超过 10 人。此类规定同样会使超过上限的大额民间借贷规避登记，降低了登记制度的作用。因此，登记备案制度应将重点放在资金管理上，强制大额民间借贷进行备案登记，通过资金合法来源调查、资金用途追踪、借款利率限制以及动态监测实现风险防范。对于一次借入资金数额庞大的借款人和多次出借数额达到规定标准的出借人予以重点关注，要求借款人对债权实现的保障、收入和信用情况、是否有其他未清偿债务、资金用途及相关证明等信息进行适当披露，并对借款人的履行风险进行提示。对于小额民间借贷行为，在激励借贷主体进行备案登记的同时，尊重借贷主体自主决定是否进行备案登记的权利。与此同时，监督管理机构建立定期检查机制、风险评价机制、社会监督机制等，防范登记服务机构存在道德风险。

第三，应当强化对民间融资专业服务机构的公司治理要求，明确公司治理标准。目前的地方法规和规范性文件对公司治理方面规定较少，重点关注准入标准中的股东资格，特别是主发起人的主体资格、股东持股比例、法人股东净资产限制等方面，不利于防范专业服务机构本身的风险和道德风险，应当建立有效法人治理结构和监督机制，强化内部风险控制。

（四）构建民间借贷主体身份转换的动态分流机制

我国金融业实行特许经营制度，不同类型的主体发展空间存在差异。出于风险防范的目的，信贷市场需要定期清理整顿各类投资公司或者推动其实现转型。根据业务层次的不同，金融市场从低级到高级依次由只贷不存的放贷人、可以吸收大额存款并放贷的金融机构、可以自由吸收各类存款并放贷的金融机构（即银行）组成。我国应参考发达国家金融市场结构，建立多层次的信贷市场，并且在此基础上构建促进民间借贷专业机构从低级机构向高级机构转型，甚至在满足条件时转变为银行业金融机构提供制度安排，激励民间借贷主体接受法律规制并且按照更高的法律标准实现合规经营。

第一，对于已有的民间借贷主体，凡经营规范的，应当引导其进行登记备案，达到民间资本管理公司标准，可转型为民间资本管理公司。目前对投资类公司的清理整顿多集中在打击非法集资等违法金融活动方面，对促进投资公司等金融企业与民间借贷登记服务机构业务衔接的规范较为缺失，无法充分利用登记备案制度发挥风险防范的作用。

第二，对于已有的民间借贷专业服务机构，为其提供向高级主体类型转变的法律路径。2013 年国务院办公厅印发的《关于金融支持经济结构调整和转型升级的指导意见》提出鼓励民间资本进入金融行业，在村镇银行、民营银行、金融租赁公司和消费金融公司等金融机构的主体限制方面逐渐放宽：一是鼓励民间资本投资入股金融机构和参与金融机构重组改造；二是允许发展成熟、经营稳健的村镇银行在最低股比例要求内，调整主发起行与其他股东持股比例；三是尝试由民间资本发起设立自担风险的民营银行、金融租赁公司和消费金融公司等金融机构。但是总体而言，我国信贷机构从低级向高级主体类型转变的法律路径过于原则，缺乏真正具体可行的途径。构建民间借贷主体身份转变制度应当摈弃按照固定主体身份建立不同法律制度的思维，为合法经营的民间借贷机构提供转型升级的可行路径，激励更多民间资本进入金融行业。对于经营时间较长且信誉较好的民间借贷主体，在申请转变为银行时可以享受一定的政策优惠，从而鼓励民间借贷机构追求长期发展目标，依法开展经营活动并走向规范发展的常态，抑制为寻求短期暴利从事高利贷和非法集资等违法金融行为的冲动。

三、构建差异化税收减免制度

税收是消除市场外部性的社会规制方式，能够协调各种制度，提供激励并产生弹性结果①，其方式主要包括税收优惠措施和税收重课措施。通过税收减免鼓励更多民间借贷行为进行登记备案，引导民间资本符合国家宏观调控和产业政策，减少民间借贷规制中因信息不对称导致的逆向选择和负外部性。

根据《个人所得税法》第 6 条规定，“利息、股息、红利所得”属于个人所得计入应纳税所得额，适用比例税率，税率为 20%。以温州民间借贷登记服务中心一周的登记数量为基础，2015 年 1 月 25 ~ 29 日共登记 579 笔，备案金额 35 243.44 万元，民间借贷服务中心年利率② 16.79%，全年以 52 周来计算，则仅温州民间融资登记服务中心一周的利息税就近 23 万元，每月能产生利息税近

① ［美］史蒂芬·布雷耶，李洪雷等译：《规制及其改革》，北京大学出版社 2008 年版，第 388 页。

② 此处的计算标准为民间借贷服务中心利率，数据来源为温州民间借贷服务网，因此处为估算登记服务机构部分民间借贷的纳税收入，因此不以温州地区民间融资综合利率指数为计算标准。

百万元。若以温州民间借贷登记服务中心 2012 年 4 月 26 日开业至 2016 年 1 月 29 日的登记总额 294.14 亿元计算，考虑到 2015 年 7 月 30 日温州全市民间借贷备案累计金额为 214.6 亿元，2015 年 8 月 ~2016 年 1 月 6 个月时间全市登记备案额增量为 79.54 亿元，以此数据为基础，以 15% 的利率计算，则仅温州民间融资登记服务中心最近半年利息税征收额就高达 1.2 亿元①。如果从全国范围内考虑，加之民间借贷实际利率高于 15%，且目前登记备案的数额与民间借贷实际总规模相比差距甚远。随着民间借贷登记备案制度的全面推进，实际的征税额可能更高②。以温州地区地方立法中的大额民间借贷强制登记制度为例，“单笔借款金额 300 万元以上的”、“累计借款金额 1 000 万元以上的”或“单笔借款金额 200 万元以上不满 300 万元或者累计借款金额 500 万元以上不满 1 000 万元，且涉及的出借人累计 30 人以上的”必须到平台登记。一旦进入正规市场就要开征 20% 的利息所得税，这无疑成了借贷主体规避登记备案的重要原因之一。

不合理的民间借贷税收制度不利于引导民间借贷走向规范化和阳光化，也不利于防范民间借贷和非法集资的风险：第一，若有法律规定但无法实施会严重损害税收法制的严肃性和权威性。我国民间借贷市场庞大，存在潜在的巨额所得收入，属于国家应予课税的重要税源，也是对国家财政收入和税收利益的维护。但是，由于民间借贷具有隐蔽性，税收机关很难掌握其信息，因此也就无法对其实现征税，使税法形同虚设。第二，民间借贷登记备案真正的难点不在于备案后的管理，而在于备案前的引导，即如何激励更多借贷主体自愿将借款合同进行登记，较高的税收负担会导致登记备案制度抑制民间借贷接受法律规制的积极性。第三，利用民间借贷税收制度引导民间资本更多地服务实体经济发展的作用，减少民间借贷无序性和盲目性对国家宏观调控政策产生的负面影响。因此，目前急需解决的问题是，如何利用税收制度实现民间借贷登记备案的有效激励。

民间借贷风险的基础是民间借贷行为的性质而非行为主体，尤其营利性质的高利民间借贷行为会不断积累风险，民间借贷风险防范应建立根据民间借贷行为性质而非借贷主体身份建立差异性的税收制度。本质而言，差异化税收减免实际上是对民间借贷主体转让信息的行为进行定价，并提供相应的制度租金。制度实施的效果取决于税收减免对出借人成本与收益的影响，即给予多少信息租金，基本标准应当是出借人所承担的税收负担小于法律保护所带来的收益：如果税收负

① 民间借贷期限长短不等，因此此处利息税估算势必与实际情况存在差距，考虑到一个月的期限较短虽然波动性较大但是大多数民间借贷的期限基数，而半年的期限符合民间借贷期限的正态分布，分别以这两个期限为基础能在一定程度上反映民间借贷的利息税税额。

② 在实践中，有学者认为利息税是指储蓄存款利息所得个人所得税，主要针对个人在中国境内存储人民币、外币而取得的利息所得征收的个人所得税，参见胡晓春：《利息税存在的必要性及配套措施改革》，载《西北师大学报》（社会科学版）2007 年第 7 期，第 129 页。

担超过法律保护所带来的收益，出借人就会为了利益而规避法律，信息不对称会加剧；如果税收负担小于法律保护所带来的收益，借贷主体就会自愿接受法律的约束。根据主体行为实行差异化税收具有三方面的意义：一是增强民间借贷接受法律调整的积极性，解决民间借贷长期脱离法律调整的难题；二是减少民间借贷规制中的逆向选择和负外部性；三是引导民间借贷更多地服务实体经济发展。

目前已有部分地方立法开始关注税收优惠措施，但都过于简略和笼统，没有区分税收激励的不同层次，缺少实际激励效果。纵向比较而言，地方立法中，例如《温州市民间融资管理条例实施细则》规定非金融企业民间借贷的利息支出，对于不超过按照金融企业同期同类贷款利率计算的数额部分，准予在计算应纳税所得额时扣除；《泉州市人民政府关于开展民间借贷登记服务公司试点的指导意见（试行）》和《莆田市人民政府办公室关于印发莆田市开展民间借贷登记服务中心试点工作实施方案（暂行）的通知》认为可以出台对借贷双方及进场中介机构提供税费减免，先征后奖、租金减免等优惠政策以缓解资金供求各方对进场登记交易会增加税负的顾虑；《湖州市人民政府关于印发湖州市开展民间融资规范管理试点工作实施意见的通知》规定，民间融资服务中心财政补助政策参照融资服务平台补助政策，自设立之日起5年内按其缴纳的所得税地方留成部分全额予以补助、增值税地方留成部分的90%予以补助。横向比较而言，金融机构支农小额贷款已实现了税收减免优惠，2016年12月31日前对金融机构不超过10万元的农户小额贷款利息收入免征营业税，按90%计入企业所得税应纳税所得额，而银行业储蓄存款2008年10月9日起已暂停征收个人所得税。因此，对民间借贷实施差异化税收制度的积极效果是可以预期的。

根据利率的高低和借贷行为的特点，民间借贷主体的放贷行为大致可分为营利性民间借贷和非营利性民间借贷，对两种民间借贷行为理论上均应当征收利息税，对出借人为自然人的民间借贷主体征收个人所得税，对企业征收企业所得税、增值税及城市建设维护税和教育附加费等。

首先，以民间借贷行为的性质为差异化税收制度的基础，对于纯粹的民事性借贷，因不具有营利性或营利性不明显，可以免除税收，这也符合国外立法的经验。互助性民间借贷行为具有偶然性，放贷目的并非出于营利，放贷资金多用于临时的生活、生产和经营需要，因此应给予一定税收减免。因此，对于纯粹互助性的民事性借贷，本质是一种民间互助性的资金调剂，无论是否收取利息都应当免征利息税；对于经营性融资活动，原则上应当征税，但是对支农民间借贷、中小企业民间借贷等具有公益性质的民间借贷活动，可以参照农村信用社或农村资金互助社的规定给予税收减免。

其次，辅以资金用途的差异化税收制度，根据资金用途形成不同程度的税收激励，引导其投向国家鼓励的领域，如借贷资金投向战略性新型产业、绿色环保产业等的民间借贷活动。对于符合国家产业政策和经济发展方向，改善社会民生和公共福利的领域，均应给予不同程度的税收激励，以鼓励民间资本的合理流向，实现民间金融市场的资源优化配置。

差异化税收减免本质而言是制度对民间借贷主体的租金和让利，其作为价格工具的重要表现形式具有三个方面的激励作用：一是增强民间借贷接受法律调整的积极性；二是减少民间借贷市场的逆向选择和负外部性；三是引导民间资金流向，更好地服务实体经济。差异化税收减免制度的实施效果取决于税收减免对出借人成本收益的影响，是否使出借人所承担的税负小于法律保护所带来的收益。如果税收负担超过法律保护所带来的收益，出借人就会为了利益规避法律，加剧信息不对称程度；相反，如果法律保护带来的收益高于税收负担，借贷主体在主观上会自愿接受法律规制，借由法律规制工具降低信息不对称程度。

四、完善民间借贷登记备案制度

民间借贷登记备案制度是风险防范中最为重要的信息提供机制。民间借贷的特殊信息约束条件在陌生人社会的交易背景中导致信息不对称越加严重，依托民间借贷专业服务机构进行登记备案对风险防范具有十分重要的现实意义。首先，从借贷主体角度而言，民间借贷专业服务机构对借款人的风险、信用和资信进行披露，对资金的流向、期限利率水平等进行追踪，可以一定程度上消解出借人的信息劣势。同时，还可以通过备案登记固化民间借贷的权利义务关系，增加民间借贷的规范性，通过固定证据减少不必要的争议、诉讼。其次，从规制机构角度而言，民间借贷登记备案制度能够对民间借贷资金的规模、流向、利率等因素进行定量分析和监测，形成风险预警机制，使地方政府和相关监管部门可以迅速识别风险，更加有效地防范系统性和区域性金融风险。同时，通过民间借贷备案登记完善金融信用信息基础数据库，将民间借贷信息纳入社会信用体系，降低民间借贷的信息成本和交易风险，发挥信用机制的约束和激励作用，促进民间借贷稳定发展。

但是，登记备案制度客观上必然会增加借贷成本，因此在缺少有效激励工具的情境中，民间借贷登记备案制度在实践中缺少可操作性，形式意义大于实质意义，甚至对立法权限的正当性也产生怀疑。例如，部分地方立法为了推行民间借贷登记备案制度规定人民法院“优先受理经登记备案的借贷当事人起诉的案件”（2012 年《鄂尔多斯市规范民间借贷暂行办法》第 31 条第 2 款），或者提高其证据效力规定“将民间融资备案、登记、报告的材料视为效力较高的证据和判断民间融资活动是否合法的重要依据”（2013 年《温州民间融资管理条例》第 30 条），前者在实践中难以得到落实，后者涉嫌干涉法院的独立审判权且与民间借贷合同公证存在冲突，均已超出地方立法权限。因此，各地试点中民间借贷主体主动登记备案的效果不尽如人意，主要原因有三个：一是借贷主体担心私人信息的保密性和安全性，出借人害怕信息被泄露，借款人担心财务信息被暴露；二是借贷主体有意规避登记备案后需要缴纳 20% 的利息税；三是法律保护措施不明确。受上述原因的影响，借贷主体规避登记现象较为严重，因此建议对现行的登记备案制度进行以下修正和完善。

（一）在全国建立统一的民间借贷登记备案制度

民间借贷登记备案制度并非是要求所有民间借贷行为都要被纳入统一登记之中，而是应以大额民间借贷为适用对象，以备案登记为基础，对登记主体实施差异化的利率上限、税收减免和债权保障。一方面，民间借贷登记制度能够满足民间借贷信息披露和信息保密的双重要求，登记制度并未违反甚至可以说在客观上满足民间借贷天生的私密性，满足监管机构获取民间借贷总量和结构性要素等监管信息的需求，为政府及时了解社会融资总规模等重要宏观调控指标提供参考，也为民间借贷主体双方缓解信息不对称程度、防范利用民间借贷进行违法交易等犯罪行为提供了信息基础。另一方面，应当在全国范围内进行统一建立并实现信息联网和共享，这种统一联网的备案登记并非是指各地实行同样的大额强制登记标准，而是应在全国性的民间借贷市场层面最终形成统一的信息数据库。

目前许多地区模仿《温州民间融资管理条例》采取大额民间借贷强制登记备案制度[①]，并且赋予地方金融管理部门责令限期改正、予以公示、处以罚款的行政处罚权。虽然温州市苍南县金融办在 2014 年 12 月对该县三家企业机构未报备民间融资的行为责令限期改正[②]，成为首例民间融资备案罚单，但是在实践中监管部门更多采取电话通知、责令限期改正等方式，而罚款等较为严厉的行政处罚措施多用于虚报信息等情形。这种实践困境的主要原因在于民间借贷登记备案制度尚未形成国家层面的制度安排，地方金融办对民间大额借贷强制备案登记的权力来源以及合同未备案的法律后果如何均存在争议。因此，应尽快通过行政法规、部门规章或国务院规范性文件等方式，确定民间借贷的备案范围、备案原

---

① 《15 省份试点借鉴复制温州经验》，杭州日报网，http：//hzdaily. hangzhou. com. cn/hzrb/html/2015 - 03/23/content_1921130. htm，发布日期：2015 年 3 月 23 日，访问日期：2017 年 4 月 11 日。

② 《P2P 网站虚报利率　温州开首例民间融资备案罚单》，网易财经网，http：//money. 163. com/15/0104/09/AF3S81Q50025335L. html，发布日期：2015 年 1 月 4 日，访问日期：2017 年 4 月 11 日。

则、强制性备案、自愿性备案的划分标准以及未按规定登记备案的法律后果[①]，同时规定民间借贷登记服务中心的准入、设立方式、业务范围、内部治理、风险控制、入驻机构和权利义务等内容，以及地方金融监管机关的具体监管职权。地级市原则上应至少有一家民间借贷登记服务中心，有条件的县级市也应积极开展试点，部分民间借贷比较活跃的省份应当首先在省级范围内联结省内各地区的民间借贷服务中心，在条件成熟时形成全国统一的民间借贷交易和登记备案平台，实现互联互通和信息共享。

（二）建立民间借贷大额强制登记备案制度

民间借贷强制登记备案以大额借贷为限，既可以满足民间借贷信息披露和信息保护的双重要求，提高监管措施的可操作性，又可以在尊重民间借贷信息私密性的基础上使监管机构能够在最大程度上掌握大额民间借贷的基本信息。对于普通的民事性民间借贷行为和小额的商事性民间借贷行为，为了保障民间资本市场的灵活性和民事生活的自治性，不宜纳入强制备案范畴，应遵循法律激励的路径鼓励借贷主体登记备案。

首先，对于“大额民间借贷”的认定标准，以《温州民间融资管理条例》为例，主要是指“单笔借款金额300万元以上的、累计借款金额1 000万元以上的、单笔借款金额200万元以上不满300万元或者累计借款金额500万元以上不满1 000万元且涉及的出借人累计30人以上的”三种情形。然而，这是温州地区根据该区域经济发展水平确定的标准，国家应对“大额民间借贷”的单笔借款、累计借款和借款人数三个方面确定标准的区间，由各省根据本行政区的经济发展状况和民间资本活跃程度等因素自行确定具体标准。省内地级市金融监管部门在省级标准的基础上制定本行政区的强制登记备案标准，并报省级金融监管部门备案或批准，从而形成差序的大额借贷强制登记备案制度，在风险可控的基础上激励政府部门发挥规制的主观能动性。

其次，鉴于互联网时代的新特点，民间借贷强制登记制度应特别关注P2P平台，注重与未来互联网金融法律制度的衔接。将P2P平台的民间借贷行为作为第四类必须强制登记的类型纳入强制登记备案的范畴。另外，国家层面的民间借贷

---

① 对于应登记备案而未登记备案的情形是否要设定法律责任存在争议，有学者认为对于没有登记的大额民间借贷主体不必设定额外的法律责任，只要取消相应的优惠激励措施即可。参见岳彩申：《民间借贷的激励性法律规制》，载《中国社会科学》2013年第10期，第137页。《温州市民间融资管理条例》第40条规定了相应的行政责任。在目前强制备案登记制度本身尚未成熟的发展阶段，即使规定了法律责任并赋予监管机关行政职权，在实际操作中也难以实现和操作。作为过渡，可以以取消优惠措施为基础，另外对于机构为出借人的情形，可以规定相应的应登记而未登记的法律责任，此处暂定为“法律后果”。

登记备案制度应注意与《非存款类放贷组织条例》的衔接，对于专业放贷人是由《非存款类放贷组织条例》单独规制还是接受双重规制的问题从立法上加以明确，同时明确大额民间借贷合同的主要条款，推动民间借贷合同的书面化和标准化，减少不必要的争端。

（三）建立民间借贷备案登记激励机制

民间借贷登记备案制度必然会增加借贷成本，作为对登记主体提供信息的对价，登记后的大额民间借贷可以享有两个方面的激励内容：第一，登记后的大额民间借贷主体在法律上享有三种权利，一是更高的利率浮动权；二是税收减免优惠；三是优先受偿权。第二，充分的隐私权保护。民间借贷备案登记激励性规定能够支付更多信息租金，正向鼓励民间借贷主体自愿登记的意愿，引导民间借贷主体自愿接受法律约束和风险监测，既可以提高大额民间借贷交易的透明度，又可以保护借贷主体隐私信息的安全性。

具体而言，首先，对司法保护区和自然债务区 24% 的利率标准适当放宽，对接受备案的民间借贷规定更为优惠的利率上限。其次，对于入场进行登记备案的民间借贷，应当明确减免其利息所得税。其中，对非营利性民间借贷原则上应当免除全部利息税，对营利性民间借贷可根据资金流向的行业等因素予以相应减免。再次，在债权保护方面，规定经过登记备案的民间借贷债权人可享有优先受偿权。最后，强化民间借贷登记服务中心的信息保护责任，充分保障借贷主体的金融隐私权，禁止民间借贷登记服务中心不正当的借贷信息披露行为，禁止民间借贷登记服务中心借贷主体之外的人不正当获取借贷交易信息。

五、建立阻断风险传染的危机监测和应对机制

随着融资规模和融资范围的扩大，民间借贷主体之间、民间借贷主体与监管机构之间、民间借贷市场和其他金融生态之间的信息不对称进一步加剧，“熟人之间”的信用和道德约束逐渐减弱，风险不断累积。民间借贷专业服务机构从风险主体角度防范金融风险是事前的、静态的防范机制，而危机监测和应急机制则是从风险传导角度防范金融风险，是事中和事后的动态防范机制。

（一）规定地方政府建立金融数据监测信息系统

规定地方政府建立金融数据监测信息系统，加强相关行业监管信息数据的交换与整合，完善地方金融数据监测平台建设，为地方制定监管政策和地方监管机

构开展日常监管工作提供科学依据。在地方金融数据的基础上实现数据互联互通，进一步升级为省级的区域金融数据库，并逐渐推动全国范围内的民间借贷数据库得以建立。其中，重点运用大数据技术建设以征信体系为基础的社会信用体系，以地方政府为主导，由地方金融监管部门牵头，联席会议的各部门推动和配合，以民间借贷专业服务机构为基本的数据收集机构，对借贷主体的信用数据进行采集、加工、核实和更新，形成信用信息互联互通的信用管理机制。经济学认为，行为主体的监督机制主要有社会偏好约束、利他惩罚和声誉的信息传递三种途径。在熟人社会中，社会偏好是对每一个主体自我利益最大化的约束条件，但是现代社会开始关注熟人社会以外的陌生人之间的合作实现，而社会信用体系就是大数据条件下的声誉信息传递机制。博弈论认为，在不完全信息条件下，理性参与人为了获取合作带来的长期收益有建立合作性声誉的积极性，声誉和信用机制成为社会走出囚徒困境的重要力量。除了法律制度，市场秩序在一定程度上需要声誉和信用机制的支持。目前各地立法已经开始强调社会信用体系的重要性，但多局限在宏观层面，部门壁垒严重，缺少细致和可操作的规定。民间借贷风险防范应当联结金融征信体系、行政管理征信体系和商业征信体系三大征信体系。

首先，金融征信体系主要采集企业和个人的授信信息，用于防范金融机构的授信风险，目前已建立中国人民银行征信中心以金融信贷信用信息为主，需要进一步拓展到小额信贷公司、典当行、信托公司等金融企业，并且增加包括金融企业高管人员的个人信用等信息内容。

其次，行政管理征信体系主要采集政府及职能部门的政务信息，用于防范政府风险，包括行政许可事项、失信者的行政处罚、警告、公示等信息，目前我国尚未建立完整统一的行政管理征信体系，已建成的行政管理征信体系主要集中在地方政府层面，并且完善程度存在较大差异。这显然不利于民间借贷风险的防范，借款人无法查询民间借贷专业服务机构的相关失信惩戒信息，地方金融监管部门虽然有权对应备案而未备案的企业和个人予以警告、公示和罚款等行政处罚措施，但是在没有建立完善的行政管理征信体系的情境中，大额强制登记备案制度的行政保障就没有基础。

最后，商业征信体系主要采集企业和个人的商事信息，用于防范市场交易风险，包括企业和个人的市场交易信息、失信记录等，减少民间借贷中的信息不对称，降低借贷主体的信息成本。民间借贷风险防范应当通过三种征信体系加强银行业、证券业、保险业及跨行业、跨市场和交叉性金融工具风险的监测，打通民间融资征信和正规金融体系征信之间的联系，避免信息不对称问题的加剧，切断民间融资与正规金融体系的风险传染链条，防止企业资金链断裂以及关联互保问题所导致的区域性金融风险。

（二）建立和完善风险和突发事件的应急处置机制

建立和完善风险和突发事件的应急机制是及时切断风险传导链条的制度保障，这一方面可以参考温州地区的金融突发公共事件应急预案的地方性实践，在全国范围内构建和完善风险和突发事件的应急处置机制。

2014 年，温州市政府出台《温州市金融突发公共事件应急预案》，专门规定了处置金融突发公共事件的应急预案，将金融突发公共事件分为重大事件或自然灾害等金融外因素引发的、政府部门等因各自职责不能解决导致的、非法集资等违法违规行为引起的三种危害金融安全和社会稳定的突发事件，并且根据危机的范围和程度分成一级突发事件、二级突发事件、三级突发事件。一方面，规定定期检测和定期通报的日常监管；另一方面，一旦发生金融风险，作为发生事件的单位（包括金融机构、市场基础设施和地方金融组织以及其他市场主体）应立即向同级金融监管部门报告，同时向当地政府、管委会及同级人民银行报告。对于特别重大的突发事件，市金融办（市金融局）、市人民银行、温州银监分局、温州保监分局和县（市、区）政府、功能区管委会按照规定最迟不超过 4 小时上报市地方金融监管协调小组，并抄送市地方金融监管协调小组办公室。《温州市金融突发公共事件应急预案》的另外一个制度创新就是明确提出了金融突发事件的资金救助顺序，通过建立地方金融组织风险准备金、行业协会救助资金和地方性财政救助资金三种方式防止风险进一步扩大，导致区域性的社会恐慌。

（三）强化“互联网+”时代民间借贷风险防范机制

互联网时代民间融资不同于正规金融市场，也有别于民间融资市场。互联网虽然没有改变融资活动的法律性质，但是其特有的性质改变了金融市场的市场要素：第一，民间融资的交易主体在互联网条件中更具广泛性和开放性。互联网状态中的民间融资市场处于开放状态，各种主体均可以借助互联网自由参与互联网民间融资，因而延伸和发展了民间借贷的地理范围。互联网在技术层面促进了民间金融市场的发展，丰富了民间金融市场的参与主体，但是也在一定程度上为法律监管的边界和有效性提出了挑战。互联网技术特有的普惠性增加了市场主体获得金融资源的能力，现有为防范民间融资过度投机而设定的法律规制，如高利转贷罪、非法经营罪等刑法规定在实践中的适用性降低。第二，民间融资交易价格的形成在互联网条件中更加依托市场机制。传统民间借贷利率由借贷双方在法律规定范围内自由约定，互联网民间融资在最高利率范围内基本上形成了完全市场化的利率机制，借贷双方在互联网平台上自由选择交易主体、交易对象和交易内容，有效缓解信息不对称程度，降低借贷成本。第三，民间融资交易工具在互联网条件中多借助互联网技术，例如，通过搜索引擎检索和梳理借贷信息，通过云计算挖掘和处理数据信息，直接对接和匹配民间融资市场的借方和贷方。因此，互联网改变了民间融资市场的基础要素，而传统民间借贷以社会网络为基础具有较强的私人性和隐蔽性，交易信息不对称具有双重性。当民间借贷的借贷信息进入互联网领域，传统民间借贷的社会基础从熟人社会扩展到陌生人社会[①]，从人格化的信用基础转变成规则化的信用基础，赋予民间借贷的交易信息公共性和公开性。

互联网民间融资市场是传统民间融资市场的延伸和发展，虽然民间融资的行为性质并未发生根本改变，但是两种市场要素的异质性使互联网民间融资不能完全适用正规金融市场的监管制度，也不能完全遵循传统民间金融市场的监管制度，应当根据其特有的风险特点增加专门针对互联网民间融资风险防范的法律制度供给。大规模的互联网民间融资活动突破了传统社会网络的边界，进入社会经济的公共领域，使其活动具有高度的社会性、公共性和连锁效应，极易引发非法集资等犯罪行为，甚至产生金融体系的系统性风险。

互联网时代民间融资风险防范重点包括三个方面：第一，防止民间融资利用互联网进行更为隐蔽的非法集资等违法行为，互联网带来的渠道革命对监管工具的升级和优化提出了挑战，唯有通过建立发现、监测、计量和预测风险的金融基础设施，用不断进步的技术对抗科技带来的附加风险，才能真正实现风险防范的目的；第二，强化互联网民间借贷主体的信息披露和消费者保护等制度，一方面遏制借贷主体的机会主义行为，另一方面从微观审慎的角度抑制互联网融资金融风险的累积，降低其引发金融危机的可能性；第三，当互联网民间融资市场达到一定规模后及时纳入系统性风险防范的宏观监管框架，减少互联网民间借贷的负外部性对金融体系和实体经济的溢出效应。

① 岳彩申：《互联网时代民间融资法律规制的新问题》，载《政法论丛》2014 年第 10 期，第 4 页。

附　录

有关民间借贷的法律法规规章及规范性文件统计表

序号	名称	效力级别	发文字号	实施时间	涉及程度	针对民间借贷风险的内容摘要
1	中共福建省委、福建省人民政府关于印发《福建省推进供给侧结构性改革总体方案（2016～2018年）》的通知	地方规范性文件		2016年7月30日	D	加强非法集资日常监管和信息收集
2	大连市人民政府关于加快构建大众创业万众创新支撑平台的实施意见	地方规范性文件	大政发［2017］12号	2017年2月24日	D	加强网络借贷行为规范管理和风险防控

续表

序号	名称	效力级别	发文字号	实施时间	涉及程度	针对民间借贷风险的内容摘要
3	沈阳市人民政府关于进一步做好防范和处置非法集资工作的实施意见	地方规范性文件	沈政发［2017］4号	2017年1月13日	A	非法集资的风险防范
4	青岛市人民政府办公厅关于印发青岛市“十三五”金融业发展规划的通知	地方规范性文件	青政办发［2017］4号	2017年1月9日	F	金融风险防控
5	合肥市人民政府关于进一步做好防范和处置非法集资工作的实施意见	地方规范性文件	合政［2016］188号	2016年12月30日	A	非法集资的风险防范
6	吉安市人民政府办公室关于印发《吉安市服务业“十三五”发展规划》的通知	地方规范性文件	吉府办发［2016］26号	2016年12月29日	F	金融生态环境建设
7	南宁市人民政府办公厅关于印发南宁市突发事件应急体系建设“十三五”规划的通知	地方规范性文件	南府办［2016］80号	2016年12月20日	H	
8	南京市政府办公厅转发市金融办和人行南京分行营管部《关于金融支持制造业发展的实施意见》的通知	地方规范性文件	宁政办发［2016］180号	2016年12月18日	F	有效防范和处置金融风险

续表

序号	名称	效力级别	发文字号	实施时间	涉及程度	针对民间借贷风险的内容摘要
9	内蒙古自治区人民政府办公厅关于进一步引导规范民间融资发展的指导意见	地方规范性文件	内政办发［2016］185号	2016年12月15日	B	完善重大民间融资案件应急管理
10	广东省人民政府办公厅关于印发《广东省推进普惠金融发展实施方案（2016～2020年）》的通知	地方规范性文件	粤府办［2016］132号	2016年12月12日	D	
11	四川省人民政府办公厅关于印发四川省金融业“十三五”发展规划的通知	地方规范性文件	川办发［2016］103号	2016年12月9日	F	金融风险监测和处置
12	内蒙古自治区人民政府办公厅关于印发互联网金融风险专项整治清理整顿工作实施方案的通知	地方规范性文件	内政办发电［2016］107号	2016年12月8日	D	稳妥有序处置风险
13	广西壮族自治区人民政府办公厅关于印发广西经济体制改革“十三五”规划的通知	地方规范性文件	桂政办发［2016］157号	2016年12月6日	D	加强民间融资动态监测和风险预警
14	黄石市人民政府办公室关于进一步做好防范和处置非法集资工作的通知	地方规范性文件	黄政办发［2016］62号	2016年11月29日	A	非法集资的风险防范

续表

序号	名称	效力级别	发文字号	实施时间	涉及程度	针对民间借贷风险的内容摘要
15	云南省财政厅关于2015年度全省融资担保机构规范整顿核查结果和后续处置事宜的通知	地方规范性文件	云财产业［2016］273号	2016年11月24日	D	涉及为民融登和P2P网络借贷平台提供项目担保并予以公告的融资担保机构，暂停办理年检换证、事项变更等相关手续
16	合肥市人民政府办公厅关于印发推进合肥市普惠金融发展重点工作及责任分解的通知	地方规范性文件	合政办［2016］55号	2016年11月15日	F	培育公众金融风险意识
17	十堰市人民政府关于印发《十堰市推进供给侧结构性改革实施方案》的通知	地方规范性文件	十政发［2016］40号	2016年11月11日	D	严厉打击非法集资，探索建立非法集资监测预警平台
18	内蒙古自治区人民政府关于印发普惠金融发展规划（2016～2020年）的通知	地方规范性文件	内政发［2016］125号	2016年11月4日	F	培育公众金融风险意识
19	蚌埠市人民政府关于推进普惠金融发展的实施意见	地方规范性文件	蚌政［2016］56号	2016年10月22日	D	加强金融知识宣传普及教育

续表

序号	名称	效力级别	发文字号	实施时间	涉及程度	针对民间借贷风险的内容摘要
20	大连市人民政府办公厅关于进一步优化企业融资服务支持实体经济发展的实施意见	地方规范性文件	大政办发［2016］180号	2016年10月20日	D	民间借贷对金融机构从业人员道德风险的影响
21	云南省人民政府关于加快构建大众创业万众创新支撑平台的实施意见	地方规范性文件	云政发［2016］86号	2016年10月15日	D	运用互联网技术优势构建风险控制体系
22	白银市人民政府办公室关于印发《金融机构不良贷款情况调研及工作建议的报告（摘要）》的通知	地方规范性文件	市政办发［2016］216号	2016年10月5日	D	系统外风险持续向银行转移
23	石家庄市人民政府关于印发石家庄市防范和处置非法集资工作方案的通知	地方规范性文件	石政发［2016］46号	2016年9月23日	A	非法集资的风险防范
24	青海省人民政府办公厅关于印发青海省“十三五”金融业发展规划的通知	地方规范性文件	青政办［2016］187号	2016年9月23日	F	加大金融风险易发领域监管力度
25	青岛市人民政府关于切实做好防范和处置非法集资工作的实施意见	地方规范性文件	青政发［2016］29号	2016年9月19日	A	非法集资的风险防范

续表

序号	名称	效力级别	发文字号	实施时间	涉及程度	针对民间借贷风险的内容摘要
26	江西省人民政府办公厅关于促进民间融资机构规范发展的意见	地方规范性文件	赣府厅发［2016］54号	2016年9月14日	C	建立民间融资风险处置制度
27	广西壮族自治区人民政府关于进一步做好防范和处置非法集资工作的实施意见	地方规范性文件	桂政发［2016］42号	2016年9月6日	A	非法集资的风险防范
28	最高人民法院关于依法审理和执行民事商事案件保障民间投资健康发展的通知	司法解释性质文件	法［2016］334号	2016年9月2日	G	
29	山东省地方金融监督管理局关于印发《山东省民间融资机构监督管理办法》的通知	地方规范性文件	鲁金监字［2016］6号	2016年9月1日	A	实行重大风险事件报告制度和监管信息报送制度
30	内蒙古自治区人民政府办公厅转发自治区金融办等部门关于金融支持县域经济发展工程试点指导意见的通知	地方规范性文件	内政办发［2016］111号	2016年8月31日	F	防范农村牧区金融领域风险
31	洛阳市人民政府办公室关于印发构建现代产业体系促进金融业发展实施方案的通知	地方规范性文件	洛政办［2016］86号	2016年8月31日	F	建立金融风险监管体系、金融风险预警体系和重大风险应急决策处置制度

续表

序号	名称	效力级别	发文字号	实施时间	涉及程度	针对民间借贷风险的内容摘要
32	龙岩市人民政府关于印发龙岩市推进供给侧结构性改革的实施方案（2016~2018年）的通知	地方规范性文件	龙政综［2016］163号	2016年8月31日	D	加强非法集资日常监管和信息收集
33	许昌市人民政府办公室关于印发优化企业融资服务若干政策措施的通知	地方规范性文件	许政办［2016］70号	2016年8月26日	D	遏制民间借贷高利贷化倾向
34	龙岩市人民政府关于有序降低杠杆率水平防范化解金融风险的实施意见	地方规范性文件	龙政综［2016］158号	2016年8月25日	D	开展互联网金融风险专项整治工作，严厉打击非法集资
35	南平市人民政府关于有序降低杠杆率水平防范化解金融风险的意见	地方规范性文件	南政综［2016］150号	2016年8月24日	D	加强类金融机构监管，严厉打击非法集资
36	河北省人民政府办公厅关于引导民间融资创新发展的意见	地方规范性文件	冀政办字［2016］132号	2016年8月23日	A	严厉打击和防范民间融资中违规违法行为
37	网络借贷信息中介机构业务活动管理暂行办法	部门规章	银监会令［2016］第1号	2016年8月17日	A	网络借贷信息中介机构的设立和监督管理事项

续表

序号	名称	效力级别	发文字号	实施时间	涉及程度	针对民间借贷风险的内容摘要
38	衡阳市人民政府办公室《关于印发衡阳市互联网金融风险专项整治工作实施方案》的通知	地方规范性文件	衡政办发［2016］22号	2016年8月10日	E	互联网金融风险防范
39	淮南市人民政府关于推进普惠金融发展的实施意见	地方规范性文件	淮府［2016］74号	2016年8月9日	F	培育公众金融风险意识
40	营口市人民政府关于印发进一步做好防范和处置非法集资工作实施方案的通知	地方规范性文件	营政发［2016］28号	2016年8月8日	A	非法集资的风险防范
41	阜新市人民政府关于进一步做好防范和处置非法集资工作的实施意见	地方规范性文件	阜政发［2016］50号	2016年8月8日	A	非法集资的风险防范
42	福建省人民政府办公厅关于有序降低杠杆率水平防范化解金融风险的实施意见	地方规范性文件	闽政［2016］32号	2016年7月29日	D	严厉打击非法集资
43	鄂尔多斯市人民政府办公厅关于印发加快推进“互联网+”行动实施方案的通知	地方规范性文件	鄂府办发［2016］84号	2016年7月27日	F	加快网络征信和信用评价体系建设

续表

序号	名称	效力级别	发文字号	实施时间	涉及程度	针对民间借贷风险的内容摘要
44	湖南省人民政府关于进一步做好防范和处置非法集资工作的实施意见	地方规范性文件	湘政发［2016］15号	2016年7月26日	A	非法集资的风险防范
45	连云港市政府办公室关于印发连云港市互联网金融风险专项整治工作实施方案的通知	地方规范性文件	连政办发［2016］101号	2016年7月21日	C	P2P网络借贷平台要严守法律底线和政策红线
46	珠海市工商行政管理局关于加强互联网金融广告审查的通知	地方规范性文件	珠工商广示字［2016］1号	2016年7月21日	F	非金融企业的融资类产品广告管理
47	沈阳市人民政府关于沈阳市促进产业金融发展实施方案（2016～2020年）的通知	地方规范性文件	沈政发［2016］33号	2016年7月21日	H	
48	海南省人民政府关于印发海南省进一步做好防范和处置非法集资工作的实施意见的通知	地方规范性文件	琼府［2016］70号	2016年7月14日	A	非法集资的风险防范
49	朝阳市人民政府关于进一步做好防范和处置非法集资工作的实施意见	地方规范性文件	朝政发［2016］30号	2016年7月12日	A	非法集资的风险防范

续表

序号	名称	效力级别	发文字号	实施时间	涉及程度	针对民间借贷风险的内容摘要
50	株洲市人民政府办公室关于印发《株洲市互联网金融风险专项整治工作实施方案》的通知	地方规范性文件	株政办发［2016］16号	2016年7月7日	C	P2P网络借贷平台的监管要求
51	邵阳市人民政府办公室关于印发《邵阳市互联网金融风险专项整治工作实施方案》的通知	地方规范性文件	市政办发［2016］8号	2016年7月4日	C	P2P网络借贷平台的监管要求
52	山东省地方金融条例	地方法规	山东省人民代表大会常务委员会公告第129号	2016年7月1日	E	建立健全地方金融监管体制
53	茂名市人民政府关于印发茂名市供给侧结构性改革总体方案（2016~2018年）及五个行动计划的通知	地方规范性文件	茂府［2016］33号	2016年6月29日	C	严厉打击非法集资
54	葫芦岛市人民政府关于进一步做好防范和处置非法集资工作的实施意见	地方规范性文件	葫政发［2016］23号	2016年6月23日	A	非法集资的风险防范

续表

序号	名称	效力级别	发文字号	实施时间	涉及程度	针对民间借贷风险的内容摘要
55	上海银监局办公室关于印发《上海银行业金融机构防范非法集资工作机制（暂行）》的通知	地方规范性文件	沪银监办通［2016］134号	2016年6月20日	A	银行业金融机构防范非法集资工作机制
56	最高人民法院关于防范和制裁虚假诉讼的指导意见	司法解释性质文件	法发［2016］13号	2016年6月20日	H	
57	扬州市政府办公室关于印发《扬州市互联网金融风险专项整治工作实施方案》的通知	地方规范性文件	扬府办发［2016］85号	2016年6月17日	C	P2P网络借贷平台要严守法律底线和政策红线
58	茂名市人民政府办公室关于印发《茂名市贯彻〈广东省“互联网+”行动计划（2015～2020年）〉的实施方案》的通知	地方规范性文件	茂府办［2016］23号	2016年6月16日	F	加强监管，保护消费者合法权益
59	淮安市政府办公室关于印发淮安市互联网金融风险专项整治工作实施方案的通知	地方规范性文件	淮政办发［2016］71号	2016年6月13日	C	P2P网络借贷平台要严守法律底线和政策红线
60	淄博市人民政府办公厅关于印发淄博市互联网金融风险专项整治工作实施方案的通知	地方规范性文件	淄政办字［2016］97号	2016年6月10日	C	P2P网络借贷平台的监管要求

续表

序号	名称	效力级别	发文字号	实施时间	涉及程度	针对民间借贷风险的内容摘要
61	茂名市人民政府关于落实广东省人民政府《贯彻落实〈国务院关于进一步做好防范和处置非法集资工作的意见〉的工作方案》的意见	地方规范性文件	茂府函［2016］216 号	2016 年 6 月 8 日	C	强化宣传警示
62	萍乡市人民政府关于进一步做好防范和处置非法集资工作的实施意见	地方规范性文件	萍府发［2016］10 号	2016 年 6 月 8 日	A	非法集资的风险防范
63	宁夏回族自治区人民政府办公厅关于印发宁夏回族自治区金融业发展“十三五”规划的通知	地方规范性文件	宁政办发［2016］88 号	2016 年 6 月 8 日	D	健全金融预警监测系统
64	萍乡市人民政府办公室关于进一步加强金融服务促进“三农”发展的实施意见	地方规范性文件	萍府办发［2016］15 号	2016 年 6 月 8 日	F	完善金融突发事件应急处置预案
65	宜昌市人民政府办公室关于印发宜昌市互联网金融风险专项整治工作实施方案的通知	地方规范性文件	宜府办发［2016］34 号	2016 年 6 月 7 日	C	严格类金融机构登记注册
66	松原市人民政府关于印发松原市农村金融综合改革试验实施方案的通知	地方规范性文件	松政发［2016］27 号	2016 年 6 月 6 日	D	加大金融犯罪侦查力度

续表

序号	名称	效力级别	发文字号	实施时间	涉及程度	针对民间借贷风险的内容摘要
67	山东省人民政府关于印发山东省“互联网+”行动计划（2016~2018年）的通知	地方规范性文件	鲁政发［2016］14号	2016年6月2日	D	建立完善省域内P2P监管工作机制和规章制度
68	安徽省人民政府关于推进普惠金融发展的实施意见	地方规范性文件	皖政［2016］47号	2016年6月1日	F	培育公众金融风险意识
69	山东省人民政府办公厅关于印发山东省互联网金融风险专项整治工作实施方案的通知	地方规范性文件	鲁政办字［2016］88号	2016年5月26日	C	P2P网络借贷平台的监管要求
70	常州市政府关于印发《供给侧结构性改革去杠杆的实施方案》的通知	地方规范性文件	常政发［2016］97号	2016年5月25日	F	全面开展互联网金融风险专项整治工作
71	河北省人民政府关于进一步做好防范和处置非法集资工作的实施意见	地方规范性文件	冀政发［2016］26号	2016年5月22日	A	非法集资的风险防范
72	大连市人民政府办公厅关于进一步做好防范和处置非法集资工作的实施意见	地方规范性文件	大政办发［2016］43号	2016年5月18日	A	非法集资的风险防范

续表

序号	名称	效力级别	发文字号	实施时间	涉及程度	针对民间借贷风险的内容摘要
73	江苏省政府办公厅关于印发江苏省互联网金融风险专项整治工作实施方案的通知	地方规范性文件	苏政办发［2016］53号	2016年5月18日	C	P2P网络借贷平台要严守法律底线和政策红线
74	淮安市人民政府关于供给侧结构性改革去杠杆的实施意见	地方规范性文件	淮政发［2016］73号	2016年5月16日	C	加大非法集资打击力度
75	辽宁省人民政府关于进一步做好防范和处置非法集资工作的实施意见	地方规范性文件	辽政发［2016］35号	2016年5月8日	A	非法集资的风险防范
76	中共河北省委、河北省人民政府关于促进民营经济又好又快发展的意见	地方规范性文件	冀发［2016］19号	2016年5月5日	H	
77	淮北市人民政府关于进一步做好防范和处置非法集资工作的实施意见	地方规范性文件	淮政［2016］23号	2016年5月4日	A	非法集资的风险防范
78	吉林省金融工作办公室关于进一步规范小额贷款公司健康发展的若干意见	地方规范性文件	吉金办文［2016］73号	2016年5月4日	A	小额贷款公司的监管要求

续表

序号	名称	效力级别	发文字号	实施时间	涉及程度	针对民间借贷风险的内容摘要
79	黄石市人民政府办公室关于加快推进市域金融工程建设实施意见	地方规范性文件	黄政发［2016］14号	2016年5月3日	F	金融风险管理工程
80	苏州市政府关于印发苏州市供给侧结构性改革总体方案（2016～2018年）和行动计划的通知	地方规范性文件	苏府［2016］72号	2016年4月29日	D	加大预防和打击非法集资处置力度
81	吉安市人民政府办公室关于印发切实做好防范和处置非法集资工作的实施意见的通知	地方规范性文件	吉府办发［2016］9号	2016年4月27日	A	非法集资的风险防范
82	宁夏回族自治区人民政府批转自治区金融工作局等部门关于做好金融助推脱贫攻坚工作指导意见的通知	地方规范性文件	宁政发［2016］45号	2016年4月27日	H	
83	福建省人民政府办公厅关于印发福建省“十三五”金融业发展专项规划的通知	地方规范性文件	闽政办［2016］60号	2016年4月26日	F	加强地方金融监管体系建设
84	盐城市人民政府关于供给侧结构性改革去杠杆的实施意见	地方规范性文件	盐政发［2016］35号	2016年4月20日	D	严厉打击非法集资

续表

序号	名称	效力级别	发文字号	实施时间	涉及程度	针对民间借贷风险的内容摘要
85	温州市人民政府办公室关于印发2016年温州市社会信用体系建设工作要点的通知	地方规范性文件	温政办［2016］35号	2016年4月18日	C	增强民间借贷参与者的诚信意识和风险防控能力
86	肇庆市人民政府关于印发肇庆市进一步做好防范和处置非法集资工作实施方案的通知	地方规范性文件	肇府函［2016］122号	2016年4月17日	A	非法集资的风险防范，完善民间借贷日常监测机制
87	襄阳市人民政府办公室关于印发《2016年全市金融工作任务清单》的通知	地方规范性文件	襄政办发［2016］31号	2016年4月17日	E	强化金融风险防控和处置，维护金融生态
88	中国银行业监督管理委员会等十五部委关于印发《P2P网络借贷风险专项整治工作实施方案》的通知	部门规范性文件	银监发［2016］11号	2016年4月13日	A	P2P网贷机构风险排查
89	广州市人民政府关于印发广州市供给侧结构性改革总体方案及5个行动计划的通知	地方规范性文件	穗府［2016］8号	2016年4月8日	C	严厉打击非法集资等金融违法犯罪活动
90	株洲市人民政府关于加快社会信用体系建设的实施意见	地方规范性文件	株政发［2016］6号	2016年4月7日	D	推进民间金融领域信用建设

续表

序号	名称	效力级别	发文字号	实施时间	涉及程度	针对民间借贷风险的内容摘要
91	许昌市人民政府关于印发许昌市“互联网+”三年行动计划的通知	地方规范性文件	许政［2016］33号	2016年4月5日	C	完善征信系统，强化风险控制
92	江苏省政府关于供给侧结构性改革去杠杆的实施意见	地方规范性文件	苏政发［2016］48号	2016年4月5日	F	健全网络借贷平台备案登记等制度
93	珠海市人民政府关于印发珠海市供给侧结构性改革总体方案（2016~2018年）及五个行动计划的通知	地方规范性文件	珠府［2016］38号	2016年4月1日	F	加强金融监管和监测预警
94	山东省人民政府关于贯彻国发［2015］59号文件进一步做好防范和处置非法集资工作的实施意见	地方规范性文件	鲁政发［2016］8号	2016年3月24日	A	非法集资的风险防范
95	上海市人民政府关于印发本市进一步做好防范和处置非法集资工作实施意见的通知	地方规范性文件	沪府发［2016］19号	2016年3月23日	A	非法集资的风险防范
96	鄂尔多斯市人民政府关于同意成立鄂尔多斯房地产与建筑业仲裁院和鄂尔多斯民间借贷仲裁院的批复	地方规范性文件	鄂府发［2016］38号	2016年3月22日	G	

续表

序号	名称	效力级别	发文字号	实施时间	涉及程度	针对民间借贷风险的内容摘要
97	连云港市政府关于进一步做好防范和处置非法集资工作的实施意见	地方规范性文件	连政发［2016］24号	2016年3月17日	A	非法集资的风险防范
98	莆田市人民政府关于印发莆田市国民经济和社会发展第十三个五年规划纲要的通知	地方规范性文件	莆政综［2016］20号	2016年3月10日	F	加强金融监管
99	商丘市人民政府关于贯彻落实国发［2015］59号文件精神进一步做好防范和处置非法集资工作的通知	地方规范性文件	商政［2016］6号	2016年3月9日	C	广泛宣传教育
100	广东省人民政府关于印发广东省供给侧结构性改革总体方案（2016~2018年）及五个行动计划的通知	地方规范性文件	粤府［2016］15号	2016年2月28日	C	严厉打击非法集资
101	新乡市人民政府办公室关于引导规范互联网金融发展的意见	地方规范性文件	新政办［2016］15号	2016年2月16日	A	网络借贷平台（P2P平台）坚持12不准
102	镇江市人民政府关于进一步做好防范和处置非法集资工作的实施意见	地方规范性文件	镇政发［2016］5号	2016年2月10日	A	完善民间借贷日常信息监测机制

续表

序号	名称	效力级别	发文字号	实施时间	涉及程度	针对民间借贷风险的内容摘要
103	天津市人民政府办公厅关于进一步做好防范和处置非法集资工作的意见	地方规范性文件	津政办发［2016］15号	2016年2月3日	A	非法集资的风险防范
104	毕节市人民政府办公室关于印发《毕节市进一步做好防范和处置非法集资工作实施方案》的通知	地方规范性文件	毕府办通［2016］9号	2016年2月3日	C	完善民间借贷日常信息监测机制
105	2016年年度人民法院工作要点	两高工作文件	法发［2016］4号	2016年2月3日	F	切实做好民间借贷司法解释实施情况的跟踪研判
106	江西省人民政府关于进一步做好防范和处置非法集资工作的实施意见	地方规范性文件	赣府发［2016］4号	2016年1月23日	A	非法集资的风险防范
107	文山州人民政府关于印发文山州防范和处置非法集资工作实施方案的通知	地方规范性文件	文政发［2016］5号	2016年1月20日	A	非法集资的风险防范
108	广东省人民政府印发贯彻落实《国务院关于进一步做好防范和处置非法集资工作的意见》工作方案的通知	地方规范性文件	粤府函［2016］19号	2016年1月16日	A	非法集资的风险防范

续表

序号	名称	效力级别	发文字号	实施时间	涉及程度	针对民间借贷风险的内容摘要
109	郑州市人民政府关于印发郑州市“互联网+”行动实施方案的通知	地方规范性文件	郑政［2016］7号	2016年1月15日	E	健全互联网金融风险防控体系
110	安徽省人民政府关于进一步做好防范和处置非法集资工作的实施意见	地方规范性文件	皖政［2016］4号	2016年1月8日	A	非法集资的风险防范
111	呼伦贝尔市人民政府办公厅关于印发《呼伦贝尔市防范和处置非法集资工作方案》的通知	地方规范性文件	呼政办发［2016］39号	2016年1月1日	C	非法集资的风险防范
112	沈阳市人民政府办公厅关于印发沈阳市发展产业金融加快东北区域金融中心建设若干政策措施的通知	地方规范性文件	沈政办发［2016］90号	2016年1月1日	H	
113	泉州市人民政府关于有序降低杠杆率水平防范化解金融风险的实施意见	地方规范性文件	泉政文［2016］112号	2016年1月1日	D	防范和处置非法集资
114	大连区域性金融中心建设促进条例	较大市地方性法规	大连市人民代表大会常委会公告第6号	2016年1月1日	F	建立健全金融综合监管、金融风险评估、预警和应急处置机制

续表

序号	名称	效力级别	发文字号	实施时间	涉及程度	针对民间借贷风险的内容摘要
115	国务院关于印发推进普惠金融发展规划（2016～2020年）的通知	行政法规	国发〔2015〕74号	2015年12月31日	F	加强风险监管
116	钦州市人民政府办公室关于印发钦州市全面推进深化农村金融改革强化金融服务“三农”发展实施方案的通知	地方规范性文件	钦政办〔2015〕140号	2015年12月28日	F	打击非法集资等金融犯罪行为
117	陕西省人民政府办公厅关于促进互联网金融产业健康发展的意见	地方规范性文件	陕政办发〔2015〕108号	2015年12月26日	F	互联网金融监管责任
118	内蒙古自治区人民政府办公厅关于印发进一步完善金融市场体系实施方案的通知	地方规范性文件	内政办发〔2015〕134号	2015年12月16日	C	加强民间融资监测和风险处置
119	烟台市人民政府关于印发烟台市社会信用体系建设规划（2015～2020年）的通知	地方规范性文件	烟政发〔2015〕27号	2015年12月16日	F	信用服务机构征信系统建设，建立健全风险防范机制
120	最高人民法院发布19起合同纠纷典型案例	司法解释性质文件		2015年12月4日	C	民间借贷的司法风险

续表

序号	名称	效力级别	发文字号	实施时间	涉及程度	针对民间借贷风险的内容摘要
121	石家庄市人民政府关于进一步加快金融改革发展的意见	地方规范性文件	石政发［2015］57号	2015年12月2日	F	完善地方金融监管体制
122	最高人民法院第八次全国法院民事商事审判工作会议纪要（民事部分）（征求意见稿）	两高工作文件		2015年12月1日	A	民间借贷的司法风险
123	上海银监局办公室关于当前辖内银行业潜在案件风险提示的通知	地方规范性文件	沪银监办通［2015］142号	2015年11月24日	C	重大案件（风险事件）风险管理和员工管控
124	河南省人民政府关于贯彻落实国发［2015］59号文件精神进一步做好防范和处置非法集资工作的通知	地方规范性文件	豫政［2015］70号	2015年11月20日	D	运用大数据和互联网服务风险防范
125	农业部关于贯彻落实《国务院关于进一步做好防范和处置非法集资工作的意见》的通知	部门规范性文件	农经发［2015］12号	2015年11月19日	C	非法集资问题日益凸显
126	宁夏回族自治区人民政府关于改善金融发展环境支持金融业健康发展的若干意见	地方规范性文件	宁政发［2015］92号	2015年11月17日	D	风险监测，建立金融监管协调机制

续表

序号	名称	效力级别	发文字号	实施时间	涉及程度	针对民间借贷风险的内容摘要
127	云南省人民政府关于进一步做好防范和处置非法集资工作的实施意见	地方规范性文件	云政发［2015］84号	2015年11月14日	B	建设民间借贷日常信息监测机制，建立信用信息共享交换平台
128	呼伦贝尔市人民政府关于印发《关于进一步加快呼伦贝尔市金融业发展的指导意见》《关于金融服务“三农三牧”发展的实施意见》《关于进一步推进多层次资本市场融资的实施意见》和《关于加快发展现代保险服务业的指导意见》的通知	地方规范性文件	呼政发［2015］140号	2015年11月13日	F	打击和防范非法集资活动
129	黄石市人民政府办公室关于规范发展民间融资机构的实施意见	地方规范性文件		2015年11月12日	A	民间融资登记服务机构的相关规定
130	宁夏回族自治区人民政府办公厅关于印发自治区金融工作局主要职责内设机构和人员编制规定的通知	地方规范性文件	宁政办发［2015］160号	2015年11月11日	D	针对民间借贷风险专门设置小额贷款公司建管处、融资担保机构监管处和金融稳定处
131	江苏省政府关于促进互联网金融健康发展的意见	地方规范性文件	苏政发［2015］142号	2015年11月9日	A	网络借贷平台风险防范

续表

序号	名称	效力级别	发文字号	实施时间	涉及程度	针对民间借贷风险的内容摘要
132	海南省人民政府办公厅关于印发海南省小微企业贷款风险保障资金管理暂行办法的通知	地方规范性文件	琼府办［2015］218号	2015年11月9日	D	贷款资金流向限制
133	株洲市人民政府办公室关于金融支持小微企业健康发展的实施意见	地方规范性文件	株政办发［2015］78号	2015年11月7日	F	建立民间金融的风险监测与预警机制
134	安徽省农业委员会关于全面开展农民专业合作社非法集资排查工作的通知	地方规范性文件	皖农合函［2015］954号	2015年11月6日	E	非法集资的四个认定条件
135	西安市人民政府办公厅关于进一步稳金融支撑促经济发展的实施意见	地方规范性文件	市政办发［2015］104号	2015年10月25日	H	
136	温州市人民政府办公室关于印发温州市创建全国社会信用体系建设示范城市工作实施计划的通知	地方规范性文件	温政办［2015］99号	2015年10月23日	F	金融领域信用建设
137	石家庄市人民政府办公厅印发关于全市金融重点工作推进措施的通知	地方规范性文件	石政办函［2015］123号	2015年10月21日	D	完善非法集资风险防范和处置机制

续表

序号	名称	效力级别	发文字号	实施时间	涉及程度	针对民间借贷风险的内容摘要
138	南宁市人民政府关于公布南宁市人民政府部门权力清单和责任清单（第二批）的通知	地方规范性文件	南府发［2015］24号	2015年10月21日	F	小额贷款公司和公司性担保公司的监管
139	国务院关于进一步做好防范和处置非法集资工作的意见	国务院规范性文件	国发［2015］59号	2015年10月19日	D	防控重点领域、重点区域风险
140	淄博市人民政府金融证券工作办公室关于印发《淄博市民间融资机构监督管理暂行办法》的通知	地方规范性文件	淄金发［2015］71号	2015年10月1日	A	信息披露的规定更为细化
141	广西壮族自治区人民政府关于公布自治区人民政府部门权力清单和责任清单（第二批）的通知	地方规范性文件	桂政发［2015］47号	2015年9月29日	F	小额贷款公司和公司性担保公司的监管
142	济南市人民政府关于促进服务业加快发展的意见	地方规范性文件	济政发［2015］16号	2015年9月28日	F	完善金融风险防控体系
143	沈阳市人民政府办公厅关于印发沈阳市打好“三大战役”加快生产性服务业集聚区建设工作方案的通知	地方规范性文件	沈政办发［2015］62号	2015年9月26日	F	开展民间借贷登记服务中心试点

续表

序号	名称	效力级别	发文字号	实施时间	涉及程度	针对民间借贷风险的内容摘要
144	广东省人民政府办公厅关于印发广东省“互联网+”行动计划（2015~2020年）的通知	地方规范性文件	粤府办［2015］53号	2015年9月23日	F	加强网络借贷的监管
145	通辽市人民政府办公厅关于印发《通辽市规范民间融资试点工作方案》的通知	地方规范性文件	通政办字［2015］203号	2015年9月23日	A	建立民间融资预警监测机制
146	廊坊市人民政府关于建立健全地方金融监督管理体制的实施意见	地方规范性文件	廊政［2015］71号	2015年9月16日	F	建立协调机制实行统一管理
147	中国银监会办公厅关于开展“两个加强、两个遏制”专项检查“回头看”自查工作的通知	部门规范性文件	银监办发［2015］147号	2015年9月16日	D	从业限制
148	赣州市人民政府办公厅关于印发《关于加强金融支持经济发展的若干措施》的通知	地方规范性文件	赣市府办发［2015］55号	2015年9月14日	E	健全和完善金融工作机制
149	淄博市人民政府关于促进全市金融业发展的若干意见	地方规范性文件	淄政发［2015］5号	2015年9月1日	E	健全金融监管体系

续表

序号	名称	效力级别	发文字号	实施时间	涉及程度	针对民间借贷风险的内容摘要
150	最高人民法院关于审理民间借贷案件适用法律若干问题的规定	司法解释	法释［2015］18号	2015年9月1日	C	民间借贷的司法风险
151	刑法	法律	主席令第83号	2015年8月29日	H	非法民间借贷的罪名和刑罚
152	最高人民法院关于认真学习贯彻适用《最高人民法院关于审理民间借贷案件适用法律若干问题的规定》的通知	两高工作文件		2015年8月25日	C	民间借贷的司法风险
153	中证机构间报价系统股份有限公司关于发布《机构间私募产品报价与服务系统非公开发行公司债券募集说明书编制指引（试行）》等三个文件的通知	行业规定		2015年8月20日	D	信息披露中涉及民间借贷的内容
154	国务院法制办公室关于《非存款类放贷组织条例（征求意见稿）》公开征求意见的通知	国务院规范性文件		2015年8月12日	A	非存款类放贷组织的监管要求
155	成都市人民政府办公厅关于印发成都市现代金融业发展工作推进方案的通知	地方规范性文件	成办发［2015］33号	2015年8月8日	D	担保体系建设对民间金融风险的影响

续表

序号	名称	效力级别	发文字号	实施时间	涉及程度	针对民间借贷风险的内容摘要
156	忻州市人民政府关于印发2015年度市人民政府系统重点工作目标责任分解方案的通知	地方规范性文件	忻政发［2015］17号	2015年8月7日	F	认真防范非法集资等金融风险
157	金华市人民政府办公室关于防范化解企业资金链担保链风险促进经济持续健康发展的实施意见	地方规范性文件	金政办发［2015］90号	2015年8月5日	D	企业两链风险中的民间借贷风险防范
158	淄博市人民政府办公厅关于印发淄博市财产顺位抵（质）押管理办法（试行）的通知	地方规范性文件	淄政办发［2015］8号	2015年8月1日	D	市地方金融监管局负责规范小额贷款公司、融资性担保公司、民间资本管理公司等地方金融组织顺位抵（质）押业务
159	陕西省人民政府办公厅关于进一步做好防范打击和处置非法集资工作的意见	地方规范性文件	陕政办发［2015］72号	2015年7月19日	D	鼓励各市、县（区）探索设立民间借贷服务中心或管理机构
160	中国人民银行、工业和信息化部、公安部等关于促进互联网金融健康发展的指导意见	部门规范性文件	银发［2015］221号	2015年7月18日	C	网络借贷业务由银监会负责监管

续表

序号	名称	效力级别	发文字号	实施时间	涉及程度	针对民间借贷风险的内容摘要
161	宜昌市人民政府关于支持金融改革创新发展的若干意见	地方规范性文件	宜府发［2015］24号	2015年7月15日	D	整合各种金融机构和民间借贷信用数据，提出“绿色通道”制度
162	贵港市人民政府办公室关于印发贵港市社会信用体系建设工作方案的通知	地方规范性文件	贵政办通［2015］92号	2015年7月14日	D	推进民间金融领域信用建设
163	山西省人民政府办公厅关于印发山西省金融改革发展总体规划（2015～2020年）的通知	地方规范性文件	晋政办发［2015］64号	2015年7月2日	E	健全金融业综合统计和分析制度
164	安阳市人民政府办公室关于金融支持实体经济发展和转型升级的实施意见	地方规范性文件	安政办［2015］30号	2015年6月18日	H	
165	梧州市人民政府印发贯彻落实《自治区人民政府关于千方百计做好稳增长工作的意见》的具体措施的通知	地方规范性文件	梧政发［2015］22号	2015年6月16日	D	针对民间借贷行为成立涉企金融风险处置领导小组
166	镇江市人民政府办公室关于工业经济“解难题、稳增长、促转型”的实施意见	地方规范性文件	镇政办发［2015］123号	2015年6月11日	D	禁止（融资性）担保公司为民间借贷提供担保

续表

序号	名称	效力级别	发文字号	实施时间	涉及程度	针对民间借贷风险的内容摘要
167	陕西省人民政府办公厅关于进一步稳金融支撑促经济发展的意见	地方规范性文件	陕政办发［2015］51号	2015年6月9日	F	民间资金流动的风险防控
168	山东省金融工作办公室关于印发《山东省民间融资机构监督管理暂行办法》的通知	地方规范性文件	鲁金办字［2014］306号	2015年6月8日	A	民间融资机构的监管要求
169	东营市人民政府办公室关于建立企业资金风险监测预警机制的通知	地方规范性文件	东政办字［2015］38号	2015年6月8日	D	小额贷款公司、民间融资机构资金情况和高额民间借贷纠纷的监测内容
170	泉州市人民政府办公室关于规范民间资本管理公司等4类新型准金融机构监管的指导意见	地方规范性文件	泉政办［2015］59号	2015年6月4日	A	4类新型准金融机构的监管要求
171	湖南省人民政府关于印发《湖南省社会信用体系建设规划（2015～2020年）》的通知	地方规范性文件	湘政发［2015］20号	2015年6月3日	F	金融信用信息基础设施建设
172	石家庄市人民政府关于建立健全地方金融监管体制的意见	地方规范性文件	石政发［2015］11号	2015年5月30日	D	非法集资等违法违规行为为民间借贷引导规范的监管重点

续表

序号	名称	效力级别	发文字号	实施时间	涉及程度	针对民间借贷风险的内容摘要
173	湖南省人民政府办公厅关于进一步缓解企业融资成本高问题的实施意见	地方规范性文件	湘政办发［2015］46 号	2015 年 5 月 28 日	D	信贷资金流向监测，金融信用信息基础数据库建设
174	荆门市人民政府关于金融支持实体经济发展的意见	地方规范性文件	荆政发［2015］13 号	2015 年 5 月 22 日	F	整合民间借贷信用数据建设信用体系
175	商洛市人民政府办公室关于印发开展非法集资风险排查专项行动实施方案的通知	地方规范性文件	商政办发［2015］33 号	2015 年 5 月 20 日	D	非法集资的风险排查
176	吐鲁番地区行署办公室批转人行吐鲁番地区中心支行关于加强金融稳定促进地区经济转型发展指导意见的通知	地方规范性文件	吐地行办［2015］69 号	2015 年 5 月 19 日	C	暂缓各类融资性中介机构的审批设立
177	中共温州市委办公室、温州市政府办公室关于印发《温州市信息化战略 2015 年实施方案》的通知	地方规范性文件	温委办发［2015］62 号	2015 年 5 月 18 日	B	完善金融业综合统计信息平台建设，加强非现场监管系统和“温州指数”推广应用，建立民间融资价格预报系统

续表

序号	名称	效力级别	发文字号	实施时间	涉及程度	针对民间借贷风险的内容摘要
178	嘉兴市人民政府办公室关于印发嘉兴市支持浙商创业创新促进嘉兴发展目标责任制考核实施办法的通知	地方规范性文件	嘉政办发［2015］31号	2015年5月15日	H	
179	开封市人民政府办公室关于印发开封市金融服务双计划工作方案的通知	地方规范性文件	汴政办［2015］65号	2015年5月12日	H	
180	福建省人民政府关于支持武夷新区加快绿色发展的若干意见	地方规范性文件	闽政［2015］21号	2015年5月9日	F	建立民间融资登记管理制度和监测体系
181	驻马店市人民政府办公室关于做好防范打击和处置非法集资工作的实施意见	地方规范性文件	驻政办［2015］52号	2015年5月7日	D	从业限制
182	桓仁满族自治县人民政府办公室关于印发金融支持县域实体经济发展指导意见的通知	地方规范性文件	桓政办发［2015］12号	2015年5月6日	D	信贷资金流向限制
183	宁波市人民政府关于加快金融改革创新建设金融生态示范区的若干意见	地方规范性文件	甬政发［2014］39号	2015年5月4日	F	加快社会信用体系建设

续表

序号	名称	效力级别	发文字号	实施时间	涉及程度	针对民间借贷风险的内容摘要
184	河北省工业和信息化厅关于加强融资性担保机构监管的意见	地方规范性文件	冀工信融［2015］144 号	2015 年 5 月 4 日	D	严格限制或禁止为民间借贷提供担保
185	平顶山市人民政府办公室关于加强金融服务着力缓解企业融资成本高问题的意见	地方规范性文件	平政办［2015］29 号	2015 年 4 月 30 日	F	企业融资风险
186	南平市人民政府关于做大政府主导融资性担保机构着力缓解企业融资难有关问题的意见	地方规范性文件	南政综［2015］97 号	2015 年 4 月 30 日	D	涉及民间借贷的企业融资的风险
187	榆林市人民政府办公室关于切实做好当前稳增长各项工作的通知	地方规范性文件	榆政办发［2015］38 号	2015 年 4 月 23 日	F	强化重点领域风险防控
188	南平市人民政府办公室关于印发 2015 年南平市经济社会事业领域改革重点工作分工方案的通知	地方规范性文件	南政办［2015］51 号	2015 年 4 月 22 日	F	建立第三方资金托管和第三方担保机制
189	湘西自治州人民政府办公室关于印发《湘西自治州民间融资服务中介机构管理暂行办法》的通知	地方规范性文件	州政发［2015］14 号	2015 年 4 月 21 日	A	民间融资服务中介机构的监管要求

续表

序号	名称	效力级别	发文字号	实施时间	涉及程度	针对民间借贷风险的内容摘要
190	大庆市人民政府关于印发2015年《政府工作报告》重点工作责任分解情况的通知	地方规范性文件		2015年4月21日	H	
191	咸阳市人民政府关于印发《咸阳市打击和处置非法集资工作指导意见》的通知	地方规范性文件	咸政发［2015］13号	2015年4月17日	D	非法集资的排查
192	湖州市人民政府办公室关于加快培育发展金融新业态的实施意见	地方规范性文件	湖政办发［2015］37号	2015年4月15日	E	加强对新型金融业态发展的动态监测和风险监管
193	河北省供销合作总社办公室关于省新合作金融服务有限公司设立分支机构的通知	地方规范性文件		2015年4月11日	G	
194	南平市人民政府办公室转发市发展改革委人行南平市中心支行关于南平市社会信用体系建设工作方案的通知	地方规范性文件	南政办［2015］46号	2015年4月11日	D	推进民间借贷与合同履约信用建设
195	攀枝花市人民政府办公室关于印发进一步加强全市金融生态环境建设具体措施的通知	地方规范性文件	攀办发［2015］23号	2015年4月8日	H	

续表

序号	名称	效力级别	发文字号	实施时间	涉及程度	针对民间借贷风险的内容摘要
196	许昌市人民政府办公室关于进一步做好防范打击和处置非法集资工作的意见	地方规范性文件	许政办［2015］22号	2015年3月31日	D	从业限制
197	温州市人民政府办公室关于印发2015年温州市社会信用体系建设工作要点的通知	地方规范性文件	温政办［2015］22号	2015年3月31日	H	
198	信阳市人民政府办公室关于进一步做好防范打击和处置非法集资工作的意见	地方规范性文件	信政办［2015］32号	2015年3月30日	D	从业限制
199	阜阳市人民政府关于推进金融改革发展的意见	地方规范性文件	阜政发［2015］12号	2015年3月30日	A	加强民间融资的监测预警
200	鹰潭市人民政府关于全面深化投融资体制改革的意见	地方规范性文件	鹰府发［2015］9号	2015年3月30日	H	
201	青海省人民政府办公厅关于着力缓解企业融资难融资贵问题的实施意见	地方规范性文件	青政办［2015］45号	2015年3月27日	F	加强社会信用体系建设

续表

序号	名称	效力级别	发文字号	实施时间	涉及程度	针对民间借贷风险的内容摘要
202	商丘市人民政府办公室关于进一步做好防范打击和处置非法集资工作的意见	地方规范性文件	商政办［2015］23号	2015年3月26日	D	从业限制
203	亳州市人民政府办公室关于印发《亳州市2015年金融工作要点》的通知	地方规范性文件		2015年3月26日	D	加强民间借贷等领域的风险监测和排查
204	周口市人民政府办公室关于进一步做好防范打击和处置非法集资工作的实施意见	地方规范性文件	周政办［2015］30号	2015年3月23日	D	从业限制
205	新乡市人民政府办公室关于进一步做好防范打击和处置非法集资工作的意见	地方规范性文件	新政办［2015］29号	2015年3月23日	D	从业限制
206	通辽市人民政府关于支持金融业发展的意见（2015）	地方规范性文件	通政字［2015］16号	2015年3月23日	H	
207	濮阳市人民政府办公室关于进一步做好防范打击和处置非法集资工作的意见	地方规范性文件	濮政办［2015］16号	2015年3月19日	D	从业限制

续表

序号	名称	效力级别	发文字号	实施时间	涉及程度	针对民间借贷风险的内容摘要
208	呼和浩特市人民政府关于开展民间资本管理公司试点工作的意见	地方规范性文件	呼政字［2015］59号	2015年3月18日	A	民间资本管理公司的监管要求
209	平顶山市人民政府办公室关于进一步做好防范打击和处置非法集资工作的意见	地方规范性文件	平政办［2015］10号	2015年3月17日	D	从业限制
210	辽阳市人民政府办公室关于转发市经济和信息化委市财政局建设银行辽阳分行辽阳市小微企业助保金贷款管理办法（试行）的通知	地方规范性文件	辽市政办发［2015］10号	2015年3月17日	D	借款人涉及民间借贷情况的审查
211	中华人民共和国第十二届全国人民代表大会第三次会议最高人民法院工作报告	工作报告		2015年3月12日	H	
212	鄂尔多斯市人民政府办公厅关于印发2015年全市政务信息报送要点的通知	地方规范性文件	鄂府办函［2015］9号	2015年3月5日	D	民间借贷纠纷影响经济运行
213	三明市人民政府办公室转发市财政局关于华兴金控公司开展金融创新试点工作实施方案的通知	地方规范性文件	明政办［2015］19号	2015年3月3日	E	建立金融风险的沟通协调和应急处置机制

续表

序号	名称	效力级别	发文字号	实施时间	涉及程度	针对民间借贷风险的内容摘要
214	内蒙古自治区人民政府办公厅关于多措并举着力缓解企业融资成本高问题的实施意见	地方规范性文件	内政办发［2015］17号	2015年3月2日	F	加强对非法集资活动的监测
215	河南省人民政府办公厅关于进一步做好防范打击和处置非法集资工作的意见	地方规范性文件	豫政办［2015］22号	2015年2月16日	D	从业限制
216	咸宁市人民政府办公室关于印发2015年全市金融工作要点的通知	地方规范性文件	咸政办函［2015］16号	2015年2月11日	D	民间借贷的规范和高利贷、非法集资的防范处置
217	宿迁市人民政府办公室关于转发市政府金融办2015年全市金融工作要点的通知	地方规范性文件	宿政办发［2015］14号	2015年2月11日	E	民间借贷信息监测登记机构的管理
218	甘肃省工业和信息化委员会关于落实全省防范化解非法集资风险工作会议精神及开展融资担保机构非法集资风险排查活动的通知	地方规范性文件	甘工信发［2015］60号	2015年2月9日	D	重点排查开展民间借贷担保业务等非银行融资担保的融资担保机构
219	河南省人民政府办公厅关于印发加快郑东新区金融集聚核心功能区建设实施方案的通知	地方规范性文件	豫政办［2015］18号	2015年2月6日	F	优化金融生态环境

续表

序号	名称	效力级别	发文字号	实施时间	涉及程度	针对民间借贷风险的内容摘要
220	湖北省工商局关于做好民间融资机构登记工作的意见	地方规范性文件	鄂工商注［2015］16号	2015年2月4日	G	
221	泉州市人民政府办公室关于印发泉州市2015年金融服务实体经济工作要点的通知	地方规范性文件	泉政办［2015］16号	2015年2月2日	A	推进金融风险监测、评估和预警体系建设，建立重点企业民间借贷清理维稳制度
222	六安市人民政府关于全面推进农村金融综合改革的指导意见	地方规范性文件	六政［2015］13号	2015年2月2日	F	建立县区农村信用信息系统
223	上海银监局关于2014年上海外资银行经营和监管情况的通报	地方规范性文件	沪银监通［2015］5号	2015年1月24日	D	从业限制
224	崇左市人民政府关于加强金融支持扶贫开发的实施意见	地方规范性文件	崇政发［2015］3号	2015年1月21日	D	加强民间动态监测和风险预警
225	中共湖南省委、湖南省人民政府关于促进非公有制经济发展的若干意见	地方规范性文件	湘发［2015］3号	2015年1月15日	H	

续表

序号	名称	效力级别	发文字号	实施时间	涉及程度	针对民间借贷风险的内容摘要
226	新疆维吾尔自治区政府关于金融支持发展纺织服装产业带动就业的意见	地方规范性文件	新政办发［2014］105号	2015年1月15日	D	加强动态监测
227	中国银监会、国家发展和改革委员会关于印发能效信贷指引的通知	部门规范性文件	银监发［2015］2号	2015年1月13日	D	借款人参与民间高利借贷作为可以约定的重大违约事件
228	巢湖市政府关于印发《巢湖市集中清理整顿各类投资理财中介机构工作方案》的通知	地方规范性文件	巢政办［2015］5号	2015年1月9日	F	清理投资理财中介机构中的违规行为
229	漳州市人民政府关于鼓励加快漳州金融业发展的若干意见	地方规范性文件	漳政综［2014］136号	2015年1月1日	D	建立“黑名单”以及市场禁入等制度
230	天津市中小微企业贷款风险补偿金管理办法（试行）（2015修订）	地方规范性文件	津政办发［2015］59号	2015年1月1日（2015年8月10日修订）	D	中小微企业贷款风险
231	天津市人民政府办公厅关于印发天津市中小微企业贷款风险补偿机制三个文件的通知	地方规范性文件	津政办发［2014］101号	2014年12月29日	D	贷款资金流向限制

续表

序号	名称	效力级别	发文字号	实施时间	涉及程度	针对民间借贷风险的内容摘要
232	南平市人民政府关于发展民间借贷登记服务公司的指导意见（试行）	地方规范性文件	南政综［2014］285号	2014年12月26日	C	建立风险防控机制，对重大事项进行列举式规定
233	温州市人民政府办公室关于印发《温州市金融突发公共事件应急预案》的通知	地方规范性文件	温政办［2014］145号	2014年12月25日	A	涉及民间借贷可能导致金融公共突发事件应急预案
234	晋城市人民政府关于印发《晋城市民间投融资机构管理办法（试行）》的通知	地方规范性文件	晋市政发［2014］27号	2014年12月19日	A	民间投融资机构的监管要求
235	最高人民法院关于依法平等保护非公有制经济促进非公有制经济健康发展的意见	两高工作文件	法发［2014］27号	2014年12月9日	H	
236	济南市金融工作办公室关于印发《济南市民间资本管理机构暂行操作指引》和《济南市民间融资登记服务机构暂行操作指引》的通知	地方规范性文件	济金办［2015］98号	2014年12月8日	A	民间投融资机构的监管要求
237	湖北省人民政府办公厅关于规范发展民间融资机构的意见	地方规范性文件	鄂政办发［2014］65号	2014年12月8日	A	民间投融资机构的监管要求

续表

序号	名称	效力级别	发文字号	实施时间	涉及程度	针对民间借贷风险的内容摘要
238	南宁市人民政府办公厅关于印发南宁市全面推进深化农村金融改革强化金融服务“三农”发展实施方案的通知	地方规范性文件	南府办［2014］105号	2014年12月3日	F	打击非法集资等金融犯罪行为
239	黑龙江省人民政府关于促进全省金融保险业发展若干政策措施的意见	地方规范性文件	黑政发［2014］30号	2014年12月2日	F	地方金融监管体制
240	河北省人民政府关于加快金融改革发展的实施意见	地方规范性文件	冀政［2014］113号	2014年12月1日	F	建立健全地方金融监管体制
241	济南市人民政府办公厅关于做好民间融资规范发展工作的通知	地方规范性文件	济政办字［2014］36号	2014年11月27日	A	民间投融资机构的监管要求
242	达州市人民政府关于深化投融资体制改革的实施意见	地方规范性文件	达市府发［2014］27号	2014年11月27日	F	民间投融资公共服务机构（民间借贷登记服务中心）的监管要求
243	驻马店市人民政府办公室关于印发驻马店市贫困乡村脱贫三年行动计划的通知	地方规范性文件	驻政办［2014］119号	2014年11月26日	H	

续表

序号	名称	效力级别	发文字号	实施时间	涉及程度	针对民间借贷风险的内容摘要
244	衡水市人民政府办公室关于明确打击和处置非法集资工作有关单位工作职责的通知	地方规范性文件	办字［2014］75号	2014年11月18日	D	非法集资的风险防范
245	巴中市人民政府办公室关于进一步推进农村金融服务改革创新的实施意见	地方规范性文件	巴府办发［2014］43号	2014年11月17日	F	建立健全有效管控机制和金融风险防范机制
246	杭州市人民政府关于推进互联网金融创新发展的指导意见	地方规范性文件	杭政函［2014］166号	2014年11月14日	E	建立互联网金融企业监督管理机制。健全互联网金融风险防范处置机制
247	最高人民法院关于充分发挥审判职能作用推动国家新型城镇化发展的意见	两高工作文件	法发［2014］20号	2014年11月14日	D	维护金融安全和社会稳定
248	开封市人民政府关于开封市人民政府关于进一步做好扩大有效投资工作的意见进一步做好扩大有效投资工作的意见	地方规范性文件	汴政［2014］70号	2014年11月5日	D	投资中的民间借贷风险防范应与专业机构的配套服务体系相结合
249	甘肃省人民政府办公厅关于着力缓解企业融资成本高问题的实施意见	地方规范性文件	甘政办发［2014］175号	2014年10月31日	D	支持建立企业风险化解联动机制

续表

序号	名称	效力级别	发文字号	实施时间	涉及程度	针对民间借贷风险的内容摘要
250	赣州市人民政府关于加快全市金融业改革发展的意见	地方规范性文件	赣市府发［2014］24号	2014年10月30日	F	地方金融风险防范和监管机制
251	荆门市人民政府办公室关于促进全市房地产市场持续健康发展的实施意见	地方规范性文件	荆政办发［2014］50号	2014年10月28日	D	涉房融资风险的监管
252	泰安市人民政府关于切实加强要素保障确保工业经济平稳运行的通知	地方规范性文件	泰政发［2014］24号	2014年10月27日	F	企业资金链风险的防范
253	珠海市人民政府办公室关于深化金融改革创新的实施意见	地方规范性文件	珠府办［2014］31号	2014年10月21日	H	
254	宿州市人民政府关于金融支持工业经济加快发展十二条措施的通知	地方规范性文件	宿政发［2014］22号	2014年10月15日	G	
255	河北省工业和信息化厅关于转发融资性担保业务监管部际联席会议《关于促进融资性担保机构服务小微企业和“三农”发展的指导意见》的通知	地方规范性文件	冀工信融［2014］420号	2014年9月25日	F	持续监测和及时预警

续表

序号	名称	效力级别	发文字号	实施时间	涉及程度	针对民间借贷风险的内容摘要
256	绍兴市人民政府办公室关于进一步促进工业经济稳增长的实施意见	地方规范性文件	绍政办发［2014］118号	2014年9月17日	D	从业限制
257	包头市人民政府办公厅关于印发包头市预防和处置非法集资突发事件应急预案的通知	地方规范性文件	包府办发［2014］215号	2014年8月29日	F	民间融资活动的调查和监测
258	云南省人民政府办公厅关于促进县域金融改革创新发展与服务便利化的实施意见	地方规范性文件	云政办发［2014］51号	2014年8月26日	D	推进全省小额贷款公司行业信息监管平台建设
259	中国银行业监督管理委员会上海监管局关于2014年上半年上海外资银行经营和监管情况的通报	地方规范性文件	沪银监通［2014］26号	2014年8月19日	D	联保和民间借贷行为导致的风险隐患
260	新余市人民政府关于企业资金链风险防范与化解的实施意见	地方规范性文件	余府发［2014］25号	2014年8月15日	D	企业资金链中防范民间借贷风险
261	阜阳市人民政府办公室关于印发阜阳市集中清理整顿各类投资理财中介机构工作方案的通知	地方规范性文件	阜政办秘［2014］57号	2014年8月8日	F	投资理财中介机构的监管要求

续表

序号	名称	效力级别	发文字号	实施时间	涉及程度	针对民间借贷风险的内容摘要
262	襄阳市人民政府办公室关于金融支持实体经济发展的意见	地方规范性文件	襄政办发［2014］59号	2014年8月1日	F	对信贷风险进行排查
263	广西壮族自治区人民政府办公厅关于全面推进深化农村金融改革强化金融服务“三农”发展的意见	地方规范性文件	桂政办发［2014］74号	2014年7月31日	F	打击非法集资等金融犯罪行为
264	融资性担保业务监管部际联席会议办公室关于融资性担保机构违规关联担保有关风险的提示函	部门规范性文件	融资担保办函［2014］42号	2014年7月31日	D	融资性担保机构违规关联担保等问题引发的风险事件
265	浙江省司法厅关于认真落实司法行政部门帮扶企业十项举措的通知	地方规范性文件	浙司［2014］84号	2014年7月25日	D	企业债风险的扩散问题
266	中共江苏省委、江苏省人民政府关于加快推进金融改革创新的意见	地方规范性文件	苏发［2014］17号	2014年7月24日	D	重点打击涉众涉稳不法金融活动，加强监控
267	崇左市人民政府关于整合资源支持和推进扶贫生态移民工作的实施意见	地方规范性文件	崇政发［2014］15号	2014年7月18日	F	依法打击农村地区的非法集资和非法金融活动

续表

序号	名称	效力级别	发文字号	实施时间	涉及程度	针对民间借贷风险的内容摘要
268	汕头市人民政府办公室关于印发贯彻落实《广东省市场监管体系建设规划（2012～2016年）》实施意见的通知	地方规范性文件	汕府办［2014］74号	2014年7月18日	F	建立健全维护区域金融稳定的协调机制
269	开封市人民政府关于印发开封市稳增长促转型增后劲惠民生保持经济好中求快发展的若干措施的通知	地方规范性文件	汴政［2014］56号	2014年7月17日	D	依托民间借贷登记服务中心加强风险把控
270	七台河市人民政府办公室关于印发《七台河市清理规范非融资性担保公司和打击以投资理财咨询服务等名义从事非法集资活动工作方案》的通知	地方规范性文件	七政办发［2014］26号	2014年7月16日	D	非融资性担保公司不得超出业务范围从事民间借贷担保活动
271	中共银川市委员会、银川市人民政府关于“金融强市”战略的实施意见	地方规范性文件	银党发［2014］28号	2014年7月16日	D	加大运行监测、风险研判和预案处置
272	上海市司法局关于进一步规范民间借贷类公证办证秩序的通知	地方规范性文件	沪司发［2014］54号	2014年7月16日	C	民间借贷类公证事项
273	杭州市人民政府办公厅关于印发杭州市企业资金链风险防范与化解工作方案的通知	地方规范性文件	杭政办函［2014］87号	2014年7月16日	D	企业资金链中防范民间借贷风险

续表

序号	名称	效力级别	发文字号	实施时间	涉及程度	针对民间借贷风险的内容摘要
274	包头市人民政府办公厅关于建立预防和处置非法集资工作机制的通知	地方规范性文件	包府办发［2014］175号	2014年7月7日	F	非法集资的风险防范
275	湖北省政府办公厅关于加强支小支农金融服务促进实体经济健康发展的意见	地方规范性文件	鄂政办发［2014］38号	2014年7月2日	D	加强监测和风险提示
276	福建省人民政府办公厅关于印发进一步完善金融市场体系实施方案的通知	地方规范性文件	闽政办［2014］90号	2014年7月1日	E	加强监测预警
277	湖南省商务厅关于印发《2014年湖南商务领域信用建设工作要点》的通知	地方规范性文件	湘商秩［2014］21号	2014年7月1日	H	
278	三门峡市人民政府办公室关于开展集中整治非法集资工作的通知	地方规范性文件	三政办［2014］37号	2014年6月25日	F	非法集资的风险防范
279	襄阳市人民政府关于促进房地产业健康规范有序发展的意见（试行）	地方规范性文件	襄政发［2014］19号	2014年6月24日	D	房地产开发企业资金中的民间借贷管理

续表

序号	名称	效力级别	发文字号	实施时间	涉及程度	针对民间借贷风险的内容摘要
280	吉林省人民政府办公厅关于支持跨境贸易电子商务零售出口加快发展的实施意见	地方规范性文件	吉政办发［2014］25号	2014年6月24日	H	
281	兰州市工商行政管理局关于印发兰州市工商行政管理局对投资公司进行规范整顿的实施方案的通知	地方规范性文件	兰工商发［2014］195号	2014年6月24日	D	投资公司涉嫌洗钱、搞民间借贷、违法非法吸存款、高利转贷等行为的处理
282	运城市人民政府办公厅关于印发运城市融资性担保机构管理暂行办法的通知	地方规范性文件		2014年6月20日	D	对从事民间借贷等情况实施动态监测
283	审计署审计结果公告2014年第8号——审计署移送至2014年5月已办结35起经济案件和事项处理情况	部门规范性文件	审计署审计结果公告2014年第8号	2014年6月18日	C	违法发放贷款罪、违法票据承兑罪
284	枣庄市人民政府关于加快全市金融改革发展的实施意见	地方规范性文件	枣政发［2014］8号	2014年6月11日	E	地方金融监管机制
285	连云港市人民政府关于加强金融生态环境建设的意见	地方规范性文件	连政发［2014］56号	2014年6月11日	C	强化民间借贷管理

续表

序号	名称	效力级别	发文字号	实施时间	涉及程度	针对民间借贷风险的内容摘要
286	枣庄市人民政府办公室关于规范发展民间融资机构的实施意见	地方规范性文件	枣政办发［2014］23号	2014年6月11日	A	民间融资登记服务机构的相关规定
287	广东保监局关于印发《广东保险业突发事件应急预案（2014年修订）》的通知	地方规范性文件	粤保监发［2014］74号	2014年6月10日	D	保险资金流向限制
288	浙江省司法厅、浙江省工商业联合会关于进一步加强商会人民调解工作的意见	地方规范性文件	浙司［2014］57号	2014年6月5日	H	
289	湖州市人民政府办公室关于印发着力支持工业经济发展促进经济转型升级等相关文件的通知	地方规范性文件	湖政办发［2014］59号	2014年6月4日	E	社会信用体系建设
290	巴音郭楞蒙古自治州人民政府办公室关于印发自治州非法集资风险专项排查工作方案的通知	地方规范性文件	巴政办发［2014］23号	2014年5月28日	D	非法集资的风险防范
291	驻马店市人民政府办公室关于金融支持经济结构调整和转型升级的实施意见	地方规范性文件	驻政办［2014］55号	2014年5月21日	D	防止风险传导

续表

序号	名称	效力级别	发文字号	实施时间	涉及程度	针对民间借贷风险的内容摘要
292	中共江苏省委、江苏省人民政府关于印发《江苏省新型城镇化与城乡发展一体化规划（2014～2020年）》的通知	地方规范性文件	苏发［2014］8号	2014年5月20日	D	加强对民间借贷的监控和风险预警处置
293	运城市人民政府办公厅关于印发运城市非融资性担保机构管理暂行办法的通知	地方规范性文件		2014年5月20日	D	融资性担保公司严格限制或禁止为民间借贷提供担保
294	揭阳市人民政府办公室关于整顿金融市场秩序的通知	地方规范性文件	揭府办［2014］47号	2014年5月19日	A	严厉打击非法集资和洗钱行为，加强企业贷前调查和贷后管理
295	新乡市人民政府办公室关于开展集中整治非法集资工作的通知	地方规范性文件	新政办［2014］41号	2014年5月16日	D	非法集资的风险防范
296	绍兴市人民政府办公室关于进一步加强企业帮扶促进经济持续健康发展的实施意见	地方规范性文件	绍政办发［2014］69号	2014年5月13日	D	从业限制
297	北海市人民政府关于印发北海市参与建设沿边金融综合改革试验区实施方案的通知	地方规范性文件	北政发［2014］15号	2014年5月12日	D	加强民间融资动态监测和风险预警

续表

序号	名称	效力级别	发文字号	实施时间	涉及程度	针对民间借贷风险的内容摘要
298	包头市人民政府办公厅关于印发包头市开展非法集资风险预防、排查、化解专项活动实施方案的通知	地方规范性文件	包府办发［2014］120号	2014年5月8日	D	非法集资的风险防范
299	淮南市人民政府关于金融支持经济结构调整和转型升级的实施意见	地方规范性文件	淮府秘［2014］7号	2014年5月6日	D	社会信用体系建设
300	包头市人民政府办公厅印发包头市关于支持金融业加快发展意见的通知	地方规范性文件	包府办发［2014］114号	2014年5月5日	D	建立民间融资风险监测预警机制
301	中国保险监督管理委员会陕西监管局关于印发《陕西保险业风险排查制度》的通知（2014）	地方规范性文件	陕保监发［2014］43号	2014年5月1日	D	加强资金管控风险
302	鹰潭市人民政府关于加快全市金融业改革发展的实施意见	地方规范性文件	鹰府发［2014］12号	2014年4月28日	F	完善金融监管协调机制
303	北京银监局关于个人综合消费贷款领域风险提示的通知	地方规范性文件	京银监发［2014］95号	2014年4月28日	D	从业限制

续表

序号	名称	效力级别	发文字号	实施时间	涉及程度	针对民间借贷风险的内容摘要
304	伊犁哈萨克自治州人民政府办公厅关于印发伊犁州直非法集资风险专项排查工作方案的通知	地方规范性文件	伊州政办发［2014］28号	2014年4月25日	D	非法集资的风险防范
305	泉州市人民政府关于发展民间借贷登记服务公司的指导意见［失效］	地方规范性文件	泉政文［2014］91号	2014年4月25日	A	重大事项通报机制和风险处理机制
306	鹰潭市人民政府办公室关于印发防范化解信贷风险支持市属优强及小微企业发展若干措施的通知	地方规范性文件	鹰府办字［2014］63号	2014年4月24日	D	加强影子银行的监督管理，每年开展非法集资风险排查
307	襄阳市人民政府关于规范金融市场防范金融风险的意见	地方规范性文件	襄政发［2014］14号	2014年4月22日	A	从业限制。企业禁止高利转贷，建立民间借贷登记制度，建立民间借贷风险预警和处置机制
308	河南省人民政府办公厅关于开展集中整治非法集资工作的通知	地方规范性文件	豫政办［2014］41号	2014年4月21日	F	非法集资的风险防范
309	南平市人民政府关于印发南平市金融支持经济结构调整和小微企业发展实施意见的通知	地方规范性文件	南政综［2014］68号	2014年4月21日	D	建立民间融资登记管理中心

续表

序号	名称	效力级别	发文字号	实施时间	涉及程度	针对民间借贷风险的内容摘要
310	克拉玛依市人民政府办公室关于印发克拉玛依市非法集资风险专项排查工作实施方案的通知	地方规范性文件	克政办发［2014］32号	2014年4月17日	C	非法集资的风险防范
311	塔城地区行政公署办公室关于印发塔城地区非法集资风险专项排查工作方案的通知	地方规范性文件	塔行办发［2014］28号	2014年4月15日	C	非法集资的风险防范
312	温州市人民政府办公室关于印发2014年温州市社会信用体系建设工作要点的通知	地方规范性文件	温政办［2014］42号	2014年4月10日	C	建立民间借贷备案管理制度与信息查询平台
313	江苏省政府办公厅关于加强金融环境整治防范化解金融风险的通知	地方规范性文件	苏政办发［2014］30号	2014年4月9日	F	重点打击非法集资等涉众涉稳不法金融活动
314	中国银监会浙江监管局办公室转发办公厅关于进一步加强银行业务和员工行为管理的通知	地方规范性文件	浙银监办发［2014］87号	2014年4月3日	D	全面排查严防民间借贷风险向银行业金融机构转嫁
315	六盘水市人民政府办公室关于印发六盘水市2014年金融增比进位工作方案的通知	地方规范性文件	六盘水府办发电［2014］24号	2014年4月1日	E	建立民间借贷登记机制，推进信用体系建设

续表

序号	名称	效力级别	发文字号	实施时间	涉及程度	针对民间借贷风险的内容摘要
316	威海市人民政府办公室关于印发威海市民间融资机构管理办法的通知	地方规范性文件	威政办发［2014］3号	2014年4月1日	A	民间融资机构的监管要求
317	攀枝花市人民政府关于2014年稳定工业经济增长若干措施的通知	地方规范性文件	攀府发［2014］9号	2014年3月31日	D	严厉打击非法集资、暴力收贷等不法行为
318	云南省文山壮族苗族自治州农村产权抵押贷款条例	自治条例和单行条例		2014年3月28日	F	鼓励和支持民间成立抵押资产的托管、监管和评估中介机构
319	中国银行业监督管理委员会上海监管局办公室关于规范银行从业人员参与民间融资、非法集资、违规销售等问责事项的通知	地方规范性文件	沪银监办通［2014］64号	2014年3月28日	C	从业限制
320	伊犁哈萨克自治州人民政府办公厅关于鼓励和引导各类互联网金融中介服务机构健康发展重点工作分工的通知	地方规范性文件	伊州政办发［2014］24号	2014年3月21日	B	互联网金融中介服务机构（包括P2P民间借贷互联网平台）的监管要求
321	上海银监局办公室关于转发进一步加强银行业务和员工行为管理的有关规定以及开展员工行为管理年主题活动的通知	地方规范性文件	沪银监办通［2014］55号	2014年3月21日	D	从业限制

续表

序号	名称	效力级别	发文字号	实施时间	涉及程度	针对民间借贷风险的内容摘要
322	云南省人民政府金融办公室关于印发《民间融资登记服务机构评审办法（试行）》和《民间资本管理公司评审办法（试行）》的通知	地方规范性文件	云金办［2014］104号	2014年3月20日	A	民间投融资机构的监管要求
323	莆田市人民政府办公室关于强化高利贷风险防范工作的通知	地方规范性文件	莆政办［2014］35号	2014年3月19日	A	高利贷风险防范
324	伊犁哈萨克自治州人民政府办公厅关于加快自治州融资性担保行业发展的意见	地方规范性文件	伊州政办发［2014］23号	2014年3月18日	D	防止风险传导
325	株洲市人民政府关于金融支持经济结构调整和转型升级的实施意见	地方规范性文件	株政发［2014］4号	2014年3月17日	E	优化金融生态环境，维护地方金融安全稳定
326	中国银监会办公厅关于进一步加强银行业务和员工行为管理的通知	部门规范性文件	银监办发［2014］57号	2014年3月15日	D	从业限制
327	宜昌市人民政府办公室转发人行市中心支行关于金融支持经济发展意见的通知	地方规范性文件	宜府办发［2014］15号	2014年3月13日	D	防止企业资金链断裂或进行高息民间借贷

续表

序号	名称	效力级别	发文字号	实施时间	涉及程度	针对民间借贷风险的内容摘要
328	中国银监会办公厅关于开展非法集资风险专项排查活动的通知	部门规范性文件	银监办发［2014］51号	2014年3月7日	D	非法集资风险专项排查
329	济南市规范发展民间资本管理机构实施方案	地方规范性文件	济金办［2014］9号	2014年3月7日	A	民间资本管理机构的监管要求
330	温州市民间融资管理条例实施细则	地方规范性文件	温州市人民政府令第141号	2014年3月1日	A	民间融资管理机构的监管要求
331	厦门经济特区促进两岸区域性金融服务中心建设条例	经济特区法规	厦门市人民代表大会常务委员会公告第12号	2014年3月1日	D	建立健全民间借贷的地方监管体系
332	温州市民间融资管理条例	省级地方性法规	浙江省人民代表大会常务委员会公告第10号	2014年3月1日	A	民间融资管理机构的监管要求

续表

序号	名称	效力级别	发文字号	实施时间	涉及程度	针对民间借贷风险的内容摘要
333	咸宁市人民政府办公室关于印发 2014 年咸宁市金融工作安排的通知	地方规范性文件	咸政办发［2014］17 号	2014 年 2 月 28 日	D	加大打击非法集资宣传工作力度
334	江西省人民政府关于加快全省金融业改革发展的意见	地方规范性文件	赣府发［2014］7 号	2014 年 2 月 15 日	F	完善金融监管协调机制
335	海南省人民政府办公厅关于印发海南省 2014 年金融改革创新指导意见的通知	地方规范性文件	琼府办［2014］22 号	2014 年 2 月 12 日	F	加强对影子银行、民间融资等重点领域的监测分析
336	宜昌市人民政府关于进一步改善金融生态环境促进经济健康发展的指导意见	地方规范性文件	宜府发［2014］3 号	2014 年 1 月 29 日	D	从业限制
337	徐州市人民政府关于金融支持中小微企业发展的意见	地方规范性文件	徐政发［2014］6 号	2014 年 1 月 25 日	D	资金流向限制
338	新乡市人民政府办公室关于金融支持经济结构调整和转型升级的实施意见	地方规范性文件	新政办［2014］7 号	2014 年 1 月 23 日	D	防止风险传导

续表

序号	名称	效力级别	发文字号	实施时间	涉及程度	针对民间借贷风险的内容摘要
339	莆田市人民政府办公室关于印发莆田市开展民间借贷登记服务中心试点工作实施方案（暂行）的通知	地方规范性文件	莆政办［2014］12号	2014年1月21日	A	民间借贷登记服务中心的监管要求
340	甘肃省商务厅关于2013年新设立典当行和分支机构申报审批工作的通知	地方规范性文件	甘商务流通发［2014］20号	2014年1月11日	D	禁止以借贷资金入股
341	内蒙古自治区党委贯彻落实《中共中央关于全面深化改革若干重大问题的决定》的意见	地方规范性文件		2014年1月10日	D	建立民间融资风险监测预警机制
342	广西壮族自治区人民政府关于建设沿边金融综合改革试验区的实施意见	地方规范性文件	桂政发［2014］3号	2014年1月8日	D	加强民间融资动态监测和风险预警
343	云南省人民政府金融工作办公室关于开展民间资本管理公司试点工作的通知	地方规范性文件	云金办［2014］3号	2014年1月8日	A	民间资本管理公司的监管要求
344	廊坊市人民政府办公室关于进一步加强防范和打击非法集资工作的通知	地方规范性文件		2014年1月6日	D	非法集资的风险防范

续表

序号	名称	效力级别	发文字号	实施时间	涉及程度	针对民间借贷风险的内容摘要
345	亳州市人民政府关于金融支持实体经济发展促进转型升级的意见	地方规范性文件	亳政［2014］3号	2014年1月5日	D	加大民间借贷等风险的监测力度
346	湖州市人民政府关于印发湖州市开展民间融资规范管理试点工作实施意见的通知	地方规范性文件	湖政发［2013］53号	2014年1月2日	A	民间融资机构的监管要求
347	福建省人民政府办公厅关于进一步扶持小微企业健康发展九条措施的通知	地方规范性文件	闽政办［2014］1号	2014年1月1日	H	
348	九江市人民政府办公厅关于支持小型微型企业发展的若干意见	地方规范性文件	九府厅发［2013］32号	2013年12月24日	H	
349	洛阳市人民政府办公室关于加强金融支持经济结构调整和转型升级的实施意见	地方规范性文件	洛政办［2013］140号	2013年12月20日	D	防止风险传导
350	泰安市人民政府关于进一步加快金融改革发展的实施意见	地方规范性文件	泰政发［2013］45号	2013年12月17日	A	加强民间融资的监测预警和宣传

续表

序号	名称	效力级别	发文字号	实施时间	涉及程度	针对民间借贷风险的内容摘要
351	中共潍坊市委、潍坊市人民政府关于进一步加快全市金融创新发展的若干意见	地方规范性文件		2013年12月7日	C	加大运行监测、风险研判和预案处置
352	福州市经济委员会关于防范关联企业担保风险提示的通知	地方规范性文件	榕经中小［2013］792号	2013年12月4日	D	对涉及民间借贷等领域的多元化经营公司加强监控
353	东营市人民政府关于加快推进全市金融改革发展的意见	地方规范性文件	东政发［2013］20号	2013年11月29日	C	探索建设民间融资征信体系
354	中国人民银行、国家发展和改革委员会、财政部等关于印发《云南广西建设沿边金融综合改革试验区总体方案》的通知	部门规范性文件	银发［2013］276号	2013年11月20日	D	加强民间融资动态监测和风险预警
355	成都市人民政府办公厅关于金融支持小微企业发展的若干意见	地方规范性文件	成办发［2013］53号	2013年11月16日	D	处置涉众型民间借贷案件
356	中国银行业监督管理委员会上海监管局办公室关于铜融资及其他类似商品融资业务风险提示的通知	地方规范性文件	沪银监办通［2013］180号	2013年11月15日	D	资金流监控

续表

序号	名称	效力级别	发文字号	实施时间	涉及程度	针对民间借贷风险的内容摘要
357	湖南省人民政府关于金融支持经济结构调整和转型升级的实施意见	地方规范性文件	湘政发［2013］37号	2013年11月14日	F	防止民间融资、非法集资等风险向金融系统传染渗透
358	云南省金融办公室关于开展民间融资登记服务机构试点工作的通知（附民间融资登记服务机构试点工作实施办法）	地方规范性文件	云金办［2013］315号	2013年11月11日	A	民间资本管理公司的监管要求
359	云南省人民政府金融办公室关于开展民间资本发起设立民营银行培育工作的通知	地方规范性文件	云金办［2013］305号	2013年11月5日	D	禁止以借贷资金入股
360	烟台市人民政府关于进一步加快金融业发展的意见	地方规范性文件	烟政发［2013］29号	2013年10月23日	F	加强对民间融资的监管和风险预警
361	上饶市人民政府办公厅关于印发贯彻落实推进扩大开放合作加快发展若干意见责任分工的通知	地方规范性文件	饶府厅发［2013］17号	2013年11月1日	H	
362	中国银行业监督管理委员会办公厅关于印发银行业金融机构案防工作办法的通知	部门规范性文件	银监办发［2013］257号	2013年11月1日	D	从业限制

续表

序号	名称	效力级别	发文字号	实施时间	涉及程度	针对民间借贷风险的内容摘要
363	山东省人民政府办公厅关于进一步规范发展民间融资机构的意见	地方规范性文件	鲁政办发［2013］33号	2013年10月28日	A	民间融资登记服务机构的相关规定
364	宁波市人民政府办公厅关于印发宁波市小额贷款公司监督管理暂行办法的通知	地方规范性文件	甬政办发［2013］212号	2013年10月26日	D	高利放贷行为是小额贷款公司重点监管的主要内容
365	通辽市人民政府办公厅关于印发促进民间融资规范发展实施方案的通知	地方规范性文件		2013年10月24日	C	建立民间融资预警监测机制
366	中国银监会办公厅关于加强银行业基层营业机构管理的通知	部门规范性文件	银监办发［2013］245号	2013年10月24日	D	从业限制
367	广西壮族自治区人民政府办公厅关于我区金融支持经济结构调整和转型升级的意见	地方规范性文件	桂政办发［2013］115号	2013年10月21日	D	信贷资金流向限制
368	湖南省司法厅、湖南省经济和信息化委员会关于印发《关于充分发挥律师职能作用做好企业法律顾问工作强化企业法律风险管理的意见》的通知	地方规范性文件	湘司发［2013］72号	2013年10月18日	D	依法打击非法集资

续表

序号	名称	效力级别	发文字号	实施时间	涉及程度	针对民间借贷风险的内容摘要
369	云南省人民政府关于金融支持经济结构调整和转型升级的意见	地方规范性文件	云政发［2013］144 号	2013 年 10 月 16 日	D	防止民间融资、非法集资、国际资本流动等风险向金融系统传染渗透
370	中国银监会新疆监管局关于印发关于银行业支持新疆纺织服装业发展的意见的通知	地方规范性文件	新银监发［2013］51 号	2013 年 10 月 12 日	D	民间借贷等风险因素会对企业经营的影响
371	安徽省人民政府关于金融支持经济结构调整促进转型升级的指导意见	地方规范性文件	皖政［2013］64 号	2013 年 10 月 10 日	D	防止民间融资、非法集资等风险向金融系统传染渗透
372	内江市人民政府办公室关于推进农村金融改革创新的实施意见	地方规范性文件	内府办发［2013］62 号	2013 年 10 月 9 日	D	建立健全有效管控机制和金融风险防范机制
373	河南省人民政府办公厅关于加强金融支持经济结构调整和转型升级的实施意见	地方规范性文件	豫政办［2013］86 号	2013 年 10 月 8 日	D	完善打击和处置非法集资工作机制
374	赤峰市人民政府批转赤峰银监分局关于防范银行业外部风险传染加强防火墙建设意见的通知	地方规范性文件	赤政字［2013］164 号	2013 年 10 月 8 日	D	防范民间借贷和非法集资等外部风险波及银行业

续表

序号	名称	效力级别	发文字号	实施时间	涉及程度	针对民间借贷风险的内容摘要
375	龙岩市人民政府关于贯彻落实金融支持经济结构调整和转型升级政策措施的实施意见	地方规范性文件		2013 年 9 月 30 日	D	信贷资金流向限制
376	陇南市人民政府关于批转市发展改革委陇南市 2013 年经济体制改革重点工作意见的通知	地方规范性文件	陇政发［2013］59 号	2013 年 9 月 30 日	H	
377	南平市人民政府关于优化南平金融环境提升金融服务水平的实施意见	地方规范性文件	南政综［2013］223 号	2013 年 9 月 18 日	D	统一加强民间借贷市场主体的管理
378	中国人民银行、中央机构编制委员会办公室、国家发展和改革委员会等关于印发浙江省义乌市国际贸易综合改革试点金融专项方案的通知	部门规范性文件	银发［2013］203 号	2013 年 9 月 17 日	G	
379	四平市人民政府办公室关于印发四平市金融稳定沟通协调工作制度的通知	地方规范性文件	四政办发［2013］50 号	2013 年 9 月 16 日	F	地方金融监管机制
380	江西省人民政府办公厅关于金融支持小微企业发展的若干措施	地方规范性文件	赣府厅字［2013］131 号	2013 年 9 月 11 日	D	遏制民间借贷高利贷化倾向

续表

序号	名称	效力级别	发文字号	实施时间	涉及程度	针对民间借贷风险的内容摘要
381	西安市人民政府关于鼓励和引导民间投资健康发展的意见	地方规范性文件	市政发［2013］49号	2013年9月6日	G	
382	淄博市人民政府办公厅关于推动淄博市民间融资登记服务中心加快发展的意见	地方规范性文件	淄政办发［2013］52号	2013年8月30日	C	严防信贷资金流入民间借贷领域
383	攀枝花市政府关于进一步稳定工业经济增长若干措施的通知	地方规范性文件	攀府发［2013］33号	2013年8月27日	D	规范民间借贷行为
384	晋中市人民政府关于贯彻落实国办、省办文件精神激励金融支持全市中小微企业发展的意见	地方规范性文件	市政发［2013］56号	2013年8月15日	G	
385	运城市人民政府办公厅转发运城银监分局关于运城银行业加强金融服务支持实体经济实施方案的通知	地方规范性文件		2013年8月11日	D	从业限制
386	山东省人民政府关于加快全省金融改革发展的若干意见	地方规范性文件	鲁政发［2013］17号	2013年8月7日	C	加强对民间融资的监管和风险预警

续表

序号	名称	效力级别	发文字号	实施时间	涉及程度	针对民间借贷风险的内容摘要
387	陕西省人民政府关于金融支持民营经济持续健康发展的意见	地方规范性文件	陕政发［2013］31 号	2013 年 8 月 3 日	D	民间借贷的区分性质、分类处置
388	攀枝花市人民政府关于进一步支持小型微型企业发展的实施意见	地方规范性文件	攀府发［2013］27 号	2013 年 8 月 2 日	D	有效遏制民间借贷高利贷化倾向
389	东营市人民政府关于印发支持民间融资规范引导试点工作若干政策的通知	地方规范性文件	东政发［2013］11 号	2013 年 7 月 25 日	C	依法打击非法吸收公众存款等经济违法犯罪行为
390	金昌市人民政府办公室关于印发 2013 年农村金融创新发展主要目标任务分解表的通知	地方规范性文件	金政办发［2013］98 号	2013 年 7 月 25 日	D	金融生态环境
391	邵阳市人民政府印发《关于进一步加快金融业发展的若干政策意见》的通知	地方规范性文件	市政发［2013］14 号	2013 年 7 月 18 日	D	建立健全民间融资监测体系
392	福建省人民政府办公厅关于贯彻落实金融支持经济结构调整和转型升级政策措施的实施意见	地方规范性文件	闽政办［2013］89 号	2013 年 7 月 16 日	D	信贷资金流向限制

续表

序号	名称	效力级别	发文字号	实施时间	涉及程度	针对民间借贷风险的内容摘要
393	乌海市人民政府办公厅关于调整乌海市防范和打击非法集资领导小组组成人员的通知	地方规范性文件	乌海政办字［2013］52号	2013年7月2日	B	非法集资的风险排查
394	国务院办公厅关于金融支持经济结构调整和转型升级的指导意见	国务院规范性文件	国办发［2013］67号	2013年7月1日	D	防止民间融资、非法集资等风险向金融系统传染渗透
395	泉州市人民政府办公室关于开展金融服务公司试点的指导意见（试行）	地方规范性文件	泉政办［2013］153号	2013年6月25日	A	金融服务公司的监管要求
396	中国保险监督管理委员会关于印发《人身保险公司风险排查管理规定》的通知	部门规范性文件	保监发［2013］48号	2013年6月19日	D	从业限制
397	中国人民银行关于银行票据风险案件的通报	部门规范性文件	银发［2013］148号	2013年6月18日	D	票据风险中涉及民间借贷的案件
398	广州市人民政府办公厅关于印发广州市金融业发展第十二个五年规划的通知	地方规范性文件	穗府办［2013］26号	2013年6月17日	D	定期发布民间金融交易信息，完善广州民间金融利率、费率形成机制，打造民间融资“广州价格”

续表

序号	名称	效力级别	发文字号	实施时间	涉及程度	针对民间借贷风险的内容摘要
399	青龙满族自治县人民政府关于加强打击和处置非法集资工作的通知	地方规范性文件	通知［2013］20号	2013年6月4日	D	从业限制
400	山西省人民政府办公厅印发关于进一步支持中小微企业发展的措施（2013年第2批）的通知	地方规范性文件	晋政办发［2013］57号	2013年5月22日	G	
401	固原市人民政府办公室关于开展防范和打击非法集资宣传活动的通知	地方规范性文件	固政办发［2013］55号	2013年5月20日	D	非法集资的风险排查
402	巴彦淖尔市人民政府关于加快金融业发展的意见	地方规范性文件	巴政发［2013］24号	2013年5月15日	D	加强对民间融资活动的调查研究、动态反映、风险隐患排查和监测、案件处置等工作
403	中国银监会办公厅关于防范外部风险传染的通知	部门规范性文件	银监办发［2013］131号	2013年5月14日	F	加强银行信贷资金流向监测
404	绍兴市人民政府办公室关于印发绍兴市小额贷款公司监督管理实施办法的通知	地方规范性文件	绍政办发［2013］51号	2013年5月11日	D	高利放贷行为是小额贷款公司重点监管的主要内容

续表

序号	名称	效力级别	发文字号	实施时间	涉及程度	针对民间借贷风险的内容摘要
405	濮阳市人民政府关于进一步促进小型微型企业发展的实施意见	地方规范性文件	濮政［2013］24号	2013年5月10日	H	
406	恩施土家族苗族自治州人民政府关于切实加强金融生态环境建设的通知	地方规范性文件		2013年4月27日	D	加强民间借贷等非银行金融机构和金融活动的监测
407	驻马店市人民政府关于进一步促进小型微型企业健康发展的若干意见	地方规范性文件	驻政［2013］61号	2013年4月26日	H	
408	甘肃省人民政府关于加快推进农村金融创新发展的意见	地方规范性文件	甘政发［2013］35号	2013年4月24日	D	农村金融风险防范
409	常州市人民政府办公室关于印发《常州市金融业发展三年行动计划（2013～2015）》的通知	地方规范性文件	常政办发［2013］54号	2013年4月18日	D	加强企业资金链、担保链风险的防范和化解
410	泉州市人民政府关于开展民间借贷登记服务公司试点的指导意见（试行）	地方规范性文件	泉政文［2013］80号	2013年4月5日	A	民间借贷登记服务公司的监管要求

续表

序号	名称	效力级别	发文字号	实施时间	涉及程度	针对民间借贷风险的内容摘要
411	新乡市人民政府关于加大政府扶持力度促进中小微企业健康发展的意见	地方规范性文件	新政［2013］3号	2013年4月3日	H	
412	三亚市人民政府办公室关于印发三亚市2013年金融服务项目建设年和金融改革创新实施意见的通知	地方规范性文件	三府办［2013］87号	2013年4月2日	D	加强风险防范体系建设，防范民间借贷风险
413	宜昌市人民政府办公室转发人行市中心支行等部门关于做好2013年全市金融工作意见的通知	地方规范性文件	宜府办发［2013］20号	2013年4月2日	D	加强对民间借贷、社会融资的风险防范
414	陕西省金融工作办公室关于印发小额贷款公司发展规划纲要（2013～2015年）的通知	地方规范性文件	陕金融发［2013］6号	2013年4月2日	C	规范小额贷款公司的放贷利率
415	泉州市人民政府办公室关于印发2013年全市深化重点领域改革工作要点的通知	地方规范性文件	泉政办［2013］70号	2013年3月27日	C	建立民间融资监测体系、民间融资网络登记备案制度
416	榆林市人民政府关于鼓励和引导民间投资健康发展的实施意见	地方规范性文件	榆政发［2013］20号	2013年3月26日	E	完善信用担保公司的风险补偿机制和风险分担机制

续表

序号	名称	效力级别	发文字号	实施时间	涉及程度	针对民间借贷风险的内容摘要
417	包头市人民政府办公厅关于印发包头市贯彻落实支持小型微型企业健康发展意见的责任分解方案的通知	地方规范性文件	包府办发［2013］42号	2013年3月26日	D	有效遏制民间借贷高利贷化倾向以及大型企业变相转贷现象
418	平顶山市人民政府关于进一步促进小型微型企业健康发展的若干意见	地方规范性文件	平政［2013］15号	2013年3月26日	H	
419	延安市人民政府办公室关于贯彻《陕西省人民政府关于进一步促进金融业发展改革的意见》的实施意见	地方规范性文件	延政办发［2013］21号	2013年3月21日	D	地方金融监管服务中心
420	四川省人民政府办公厅关于印发大力扶持小型微型企业发展重点工作部门分工方案的通知	地方规范性文件	川办函［2013］31号	2013年3月19日	D	有效遏制民间借贷高利贷化倾向
421	渭南市人民政府办公室关于印发渭南市2013年金融工作要点的通知	地方规范性文件	渭政办［2013］39号	2013年3月15日	F	社会信用体系建设
422	温州市人民政府关于下达2013年温州市国民经济和社会发展计划的通知	地方规范性文件	温政发［2013］41号	2013年3月13日	D	实时发布“温州指数”

续表

序号	名称	效力级别	发文字号	实施时间	涉及程度	针对民间借贷风险的内容摘要
423	中国银监会办公厅关于印发2013年农村中小金融机构监管工作要点的通知	部门规范性文件	银监办发［2013］71号	2013年3月8日	C	严防民间融资风险传染
424	中国人民银行杭州中心支行关于2013年浙江省货币信贷工作的指导意见	地方规范性文件	杭银发［2013］53号	2013年3月7日	B	加强信贷管理和风控制度建设，强化信贷资金流向及用途的跟踪监测
425	浙江银监局关于印发《浙江银行业“提升信用品质服务实体经济”主题活动方案》的通知	地方规范性文件	浙银监发［2013］10号	2013年2月28日	D	加强员工行为监督和动态风险排查
426	中国保险监督管理委员会湖南监管局关于开展保险业案件风险排查的通知	地方规范性文件	湘保监发［2013］7号	2013年2月27日	D	从业限制
427	威海市人民政府办公室关于印发威海市民间融资服务公司试点工作管理办法的通知［失效］	地方规范性文件	威政办发［2013］14号	2013年2月25日	A	民间融资服务公司的监管要求
428	中国银行业监督管理委员会上海监管局关于2013年上海外资银行风险防范和稳健发展有关要求的通知	地方规范性文件	沪银监通［2013］15号	2013年2月25日	D	从业限制

续表

序号	名称	效力级别	发文字号	实施时间	涉及程度	针对民间借贷风险的内容摘要
429	浙江省人民政府关于下达2013年浙江省国民经济和社会发展计划的通知	地方规范性文件	浙政发［2013］11号	2013年2月22日	C	健全“温州指数”体系，加强社会信用体系建设
430	德州市人民政府办公室关于印发《2013年全市金融工作要点》的通知	地方规范性文件	德政办字［2013］14号	2013年2月16日	C	建立科学的评价和监管体系
431	威海市人民政府关于促进民间融资规范发展的意见	地方规范性文件	威政发［2013］11号	2013年2月8日	A	民间融资的监管要求
432	徐州市人民政府办公室关于2012年《政府工作报告》主要目标任务完成情况的通报	地方规范性文件	徐政办发［2013］11号	2013年2月6日	D	切实加强对民间借贷行为的监管
433	巴中市人民政府办公室关于印发巴中市农村产权抵押融资实施方案的通知	地方规范性文件	巴府办发［2013］7号	2013年2月5日	H	
434	钦州市人民政府办公室关于印发金融支持实体经济发展的若干意见的通知	地方规范性文件	钦政办［2013］5号	2013年1月13日	D	有效遏制民间借贷高利贷化倾向

续表

序号	名称	效力级别	发文字号	实施时间	涉及程度	针对民间借贷风险的内容摘要
435	德州市人民政府办公室转发市金融办等部门关于促进小额贷款公司规范健康发展的意见的通知	地方规范性文件	德政办发［2013］1号	2013年1月13日	D	贷款资金流向限制
436	白银市人民政府关于加快推进民间投资发展的实施意见	地方规范性文件	市政发［2013］1号	2013年1月11日	C	民间投资监测分析和信息引导
437	信阳市人民政府关于进一步促进小型微型企业健康发展的意见	地方规范性文件	信政［2013］2号	2013年1月4日	H	
438	中国证券业协会关于发布《证券公司投资者适当性制度指引》的通知	行业规定	中证协发［2012］248号	2012年12月30日	D	审查是否有尚未清偿的数额较大的债务，包括民间借贷
439	广东省人民政府办公厅关于进一步支持小型微型企业健康发展的实施意见	地方规范性文件	粤府办［2012］130号	2012年12月21日	D	有效遏制民间借贷高利贷化倾向以及大型企业变相转贷现象
440	包头市人民政府印发关于支持小型微型企业健康发展若干意见的通知	地方规范性文件	包府发［2012］158号	2012年12月18日	D	有效遏制民间借贷高利贷化倾向以及大型企业变相转贷现象

续表

序号	名称	效力级别	发文字号	实施时间	涉及程度	针对民间借贷风险的内容摘要
441	九江市人民政府办公厅转发市银监局关于九江银行业支持推进工业化城镇化发展指导意见的通知	地方规范性文件	九府厅发［2012］95号	2012年12月18日	D	从业限制
442	温州市人民政府关于进一步深化社会信用体系建设的意见	地方规范性文件	温政发［2012］104号	2012年12月16日	B	增强民间借贷参与者的诚信意识和风险防控能力。重建温州民间金融信用体系
443	中国银监会办公厅关于做好老少边穷地区农村金融服务工作有关事项的通知	部门规范性文件	银监办发［2012］330号	2012年12月11日	D	从业限制
444	内江市人民政府办公室关于加强金融工作促进经济健康发展的意见	地方规范性文件	内府办发［2012］120号	2012年12月4日	D	风险监测、评估、预警和处置工作
445	新乡市人民政府办公室关于对进一步加强金融工作加快金融业发展目标任务进行分解的通知	地方规范性文件	新政办［2012］175号	2012年11月27日	D	完善金融监管协调机制，加快社会信用体系建设
446	普洱市人民政府关于金融支持民营经济发展的意见	地方规范性文件	普政发［2012］165号	2012年11月23日	D	禁止向民间借贷中介机构融资。加强对民间借贷的监测

续表

序号	名称	效力级别	发文字号	实施时间	涉及程度	针对民间借贷风险的内容摘要
447	四川省人民政府关于大力扶持小型微型企业发展的实施意见	地方规范性文件	川府发［2012］39号	2012年11月23日	D	有效遏制民间借贷高利贷化倾向以及大型企业变相转贷现象。从业限制
448	新乡市人民政府办公室关于印发新乡市推动金融工作加强资金保障专项工作方案的通知	地方规范性文件	新政办［2012］169号	2012年11月22日	D	引导民间资金合理流动
449	陕西省人民政府办公厅关于贯彻落实进一步促进金融业发展改革意见任务分工的通知	地方规范性文件	陕政办发［2012］111号	2012年11月21日	C	设立我省地方金融监管服务中心负责监管民间借贷服务中心和民间资本投资服务中心
450	邢台市人民政府印发关于加快服务业跨越发展实施意见的通知	地方规范性文件	邢政［2012］21号	2012年11月20日	D	加强民间借贷等重点领域金融监管
451	商洛市人民政府关于进一步促进金融业支持实体经济发展的意见	地方规范性文件	商政发［2012］41号	2012年11月16日	F	加强征信系统建设
452	广西壮族自治区人民政府办公厅关于印发金融支持实体经济发展若干意见的通知	地方规范性文件	桂政办发［2012］304号	2012年11月16日	C	有效遏制民间借贷高利贷化倾向

续表

序号	名称	效力级别	发文字号	实施时间	涉及程度	针对民间借贷风险的内容摘要
453	中卫市人民政府关于印发鼓励支持中小微企业繁荣发展的 20 条政策的通知	地方规范性文件	卫政发[2012]250 号	2012 年 11 月 12 日	C	区别对待、分类管理
454	徐州市人民政府办公室关于 2012 年政府工作报告主要目标任务前三季度进展情况的通报	地方规范性文件	徐政办发[2012]178 号	2012 年 11 月 9 日	D	加强民间借贷行为的监管
455	新乡市人民政府关于进一步加强金融工作加快金融业发展的意见	地方规范性文件	新政[2012]18 号	2012 年 11 月 7 日	F	社会信用体系建设
456	阿拉善盟行政公署关于加快金融业发展的意见	地方规范性文件	阿署发[2012]61 号	2012 年 11 月 1 日	C	及时分析和监测民间融资情况。从业限制
457	青岛市金融发展促进条例	较大市地方性法规		2012 年 11 月 1 日	E	地方金融监管机制
458	河南省人民政府办公厅关于印发河南省推动金融工作加强资金保障专项工作方案的通知	地方规范性文件	豫政办[2012]136 号	2012 年 10 月 25 日	D	加强民间借贷管理，有效遏制高利贷倾向

续表

序号	名称	效力级别	发文字号	实施时间	涉及程度	针对民间借贷风险的内容摘要
459	白山市人民政府关于促进服务业跨越发展的实施意见	地方规范性文件	白山政发［2012］10号	2012年10月24日	F	推进社会信用体系建设
460	新疆维吾尔自治区公证协会关于印发《关于规范办理民间借贷等赋予强制执行效力债权文书证的意见》的通知	地方规范性文件		2012年10月21日	A	民间借贷的公证问题
461	黑龙江省人民政府办公厅关于金融支持我省现代农业发展的意见	地方规范性文件	黑政办发［2012］74号	2012年10月18日	H	
462	河北省人民政府办公厅关于印发河北省进一步支持小型微型企业和民营经济健康发展重点工作责任分工方案的通知	地方规范性文件	冀政办［2012］18号	2012年10月17日	C	构建民间借贷监管协调机制，建立民间借贷统计指数
463	攀枝花市人民政府关于稳定工业经济增长若干措施的通知	地方规范性文件	攀府发［2012］37号	2012年10月16日	D	规范民间借贷行为
464	沈阳市人民政府关于印发支持中小微型企业发展政策措施的通知	地方规范性文件	沈政发［2012］51号	2012年10月15日	D	规范管理、防范风险

续表

序号	名称	效力级别	发文字号	实施时间	涉及程度	针对民间借贷风险的内容摘要
465	陕西省人民政府关于进一步促进金融业发展改革的意见	地方规范性文件	陕政发［2012］43号	2012年10月8日	C	设立我省地方金融监管服务中心监管民间借贷服务中心和民间资本投资服务中心
466	淄博市人民政府关于进一步促进中小企业发展的意见	地方规范性文件	淄政发［2012］27号	2012年10月1日	D	规范民间借贷行为
467	泉州市人民政府关于印发泉州市金融服务实体经济工作意见的通知	地方规范性文件	泉政文［2012］227号	2012年9月29日	C	建立健全民间融资监测体系
468	天津市人民政府办公厅关于开展融资性担保机构专项检查工作的通知	地方规范性文件	津政办发［2012］116号	2012年9月26日	D	融资性担保机构禁止对民间借贷、理财业务提供担保
469	广西壮族自治区人民政府印发关于支持小型微型企业发展若干金融财税政策的通知	地方规范性文件	桂政发［2012］72号	2012年9月24日	C	加强民间借贷监管

续表

序号	名称	效力级别	发文字号	实施时间	涉及程度	针对民间借贷风险的内容摘要
470	包头市人民政府批转市发展改革委关于2012年深化经济体制改革重点工作实施意见的通知	地方规范性文件	包府发［2012］131号	2012年9月19日	C	探索建立民间金融规范运作机制
471	日照市人民政府关于加强和改善金融服务支持小型微型企业发展的意见	地方规范性文件	日政发［2012］30号	2012年9月18日	D	遏制民间借贷高利贷化倾向。从业限制
472	金融业发展和改革“十二五”规划	部门规范性文件		2012年9月17日	C	从业限制
473	宁夏回族自治区人民政府办公厅转发中国人民银行银川中心支行关于进一步加强和改善金融服务支持实体经济平稳较快发展意见的通知	地方规范性文件	宁政办发［2012］172号	2012年9月14日	D	信贷资金流向限制
474	河南省人民政府关于进一步促进小型微型企业健康发展的若干意见	地方规范性文件	豫政［2012］81号	2012年9月3日	H	
475	河南省人民政府办公厅印发河南省人民政府关于进一步加强金融工作加快金融业发展意见目标任务分解方案的通知	地方规范性文件	豫政办［2012］115号	2012年8月29日	D	加强民间借贷管理，做好风险排查和监测预警工作

续表

序号	名称	效力级别	发文字号	实施时间	涉及程度	针对民间借贷风险的内容摘要
476	西宁市人民政府办公厅关于转发西宁市金融工作会议重点工作责任分工意见的通知	地方规范性文件	宁政办［2012］202号	2012年8月24日	E	加快社会诚信体系建设
477	云南省人民政府办公厅关于促进小微企业融资便利化的意见	地方规范性文件	云政办发［2012］156号	2012年8月15日	D	遏制民间借贷高利贷化倾向以及大型企业变相转贷现象
478	宁波市人民政府关于宁波市金融业提升跨越发展的实施意见	地方规范性文件	甬政发［2012］79号	2012年8月14日	C	健全民间融资监测体系
479	九江市人民政府办公厅关于加强防范金融风险维护社会稳定的通知	地方规范性文件	九府厅字［2012］148号	2012年8月13日	F	建设监测预警、信息报送、案件查处等机制
480	常州市政府办公室关于加强全市企业资金链风险防范促进经济稳定健康发展的通知	地方规范性文件	常政办发［2012］106号	2012年8月13日	D	加强企业资金链风险预警监测
481	河南省人民政府办公厅关于印发河南省银行业“十二五”发展规划纲要的通知	地方规范性文件	豫政办［2012］103号	2012年8月10日	D	加强民间资金流动情况调查研究，完善民间融资监测机制

续表

序号	名称	效力级别	发文字号	实施时间	涉及程度	针对民间借贷风险的内容摘要
482	通辽市人民政府批转市发展改革委关于2012年深化经济体制改革重点工作实施意见的通知	地方规范性文件		2012年8月7日	D	创办民间资本管理服务公司，组建民间借贷登记服务中心
483	中共郴州市委办公室、郴州市人民政府办公室关于进一步扶持小型微型企业健康发展的意见	地方规范性文件	郴办发［2012］14号	2012年8月7日	D	搭建民间融资备案管理制度，建立民间融资监测体系
484	广西壮族自治区人民政府关于促进小额贷款公司发展的意见	地方规范性文件	桂政发［2012］58号	2012年8月6日	F	强化规范管理
485	国务院办公厅关于印发进一步支持小型微型企业健康发展重点工作部门分工方案的通知	国务院规范性文件	国办函［2012］141号	2012年8月2日	C	遏制民间借贷高利贷化倾向以及大型企业变相转贷现象。从业限制
486	中国银监会关于当前重点风险防范和改革发展工作的通知	部门规范性文件	银监发［2012］47号	2012年8月2日	C	从业限制
487	徐州市人民政府办公室关于2012年政府工作报告主要目标任务上半年进展情况的通报	地方规范性文件	徐政办发［2012］131号	2012年8月1日	D	加强对民间借贷行为的监管

续表

序号	名称	效力级别	发文字号	实施时间	涉及程度	针对民间借贷风险的内容摘要
488	内蒙古自治区人民政府关于促进小型微型企业持续健康发展的意见	地方规范性文件	内政发［2012］88号	2012年7月30日	C	加强对民间借贷的规范管理
489	平顶山市人民政府关于进一步加强金融工作加快金融业发展的意见	地方规范性文件	平政［2012］61号	2012年7月27日	F	加快社会信用体系建设，完善金融监管协调机制
490	东营市人民政府关于开展民间融资规范引导试点工作的意见	地方规范性文件	东政发［2012］17号	2012年7月27日	A	民间融资交易的三条底线，市金融办负责创新类民间金融机构的日常监管和风险处置
491	中国人民银行、国家发展改革委、财政部等关于印发浙江省温州市金融综合改革试验区总体方案的通知	部门规范性文件	银发［2012］188号	2012年7月27日	A	形成疏堵结合的民间融资管理体系，探索建立民间融资备案管理制度，建立健全民间融资监测体系
492	内蒙古自治区人民政府关于鼓励和引导民间投资健康发展的实施意见	地方规范性文件	内政发［2012］86号	2012年7月25日	C	民间借贷风险防范机制和信用担保体系

续表

序号	名称	效力级别	发文字号	实施时间	涉及程度	针对民间借贷风险的内容摘要
493	吉林省公安厅服务吉林发展振兴的工作意见	地方规范性文件		2012年7月24日	C	严格区分合法融资与非法集资、经济纠纷与经济犯罪的界限
494	杭州市人民政府办公厅关于深入推进全市小额贷款公司健康快速发展的实施意见	地方规范性文件	杭政办［2012］4号	2012年7月21日	D	贷款资金流向限制
495	浙江省司法厅关于法律服务金融改革发展的若干意见	地方规范性文件	浙司［2012］107号	2012年7月19日	A	引导进行民间融资备案登记
496	蚌埠市人民政府办公室关于印发蚌埠市城乡小额贷款保证保险试点工作实施意见的通知	地方规范性文件	蚌政办［2012］46号	2012年7月18日	D	资金流向限制
497	威海市人民政府办公室转发市金融办等部门关于金融支持实体经济发展的指导意见的通知	地方规范性文件	威政办发［2012］54号	2012年7月17日	C	保险业机构鼓励为民间借贷提供保险
498	贵州省人民政府关于进一步深化农村金融体制改革的指导意见	地方规范性文件	黔府发［2012］22号	2012年7月8日	H	

续表

序号	名称	效力级别	发文字号	实施时间	涉及程度	针对民间借贷风险的内容摘要
499	西藏保监局关于加强保险风险防范全面开展风险排查工作的通知	地方规范性文件	藏保监发［2012］10号	2012年7月6日	D	保险业风险排查工作
500	遂宁市人民政府办公室关于印发《迅速落实稳增长措施切实做好当前经济工作的实施方案》的通知	地方规范性文件	遂府办函［2012］126号	2012年7月4日	F	全国中小企业信用体系示范区建设
501	定西市人民政府办公室批转人行定西市中心支行关于定西市农村信用组织信用信息采集管理办法的通知	地方规范性文件	定政办发［2012］246号	2012年7月1日	C	家庭的民间借贷情况作为农村信用组织信用信息采集的重要内容
502	青海省人民政府办公厅关于印发全省金融工作会议重点工作责任分工意见的通知	地方规范性文件	青政办［2012］186号	2012年6月29日	F	社会信用体系建设
503	徐州市人民政府办公室转发市金融办关于加快小额贷款公司发展的实施意见的通知	地方规范性文件	徐政办发［2012］119号	2012年6月29日	D	贷款资金流向限制
504	南阳市人民政府办公室关于印发中国人民银行南阳市中心支行贯彻稳健货币政策支持实体经济发展意见的通知	地方规范性文件	宛政办［2012］75号	2012年6月21日	D	信贷资金流向限制

续表

序号	名称	效力级别	发文字号	实施时间	涉及程度	针对民间借贷风险的内容摘要
505	温州市人民政府办公室关于印发2012年温州市服务业发展行动计划的通知	地方规范性文件	温政办［2012］116号	2012年6月20日	F	监管协调机制
506	中国保险监督管理委员会海南监管局关于进一步加强保险风险防范工作的通知	地方规范性文件	琼保监办发［2012］22号	2012年6月19日	D	保险业防范非法集资风险
507	陕西保监局关于加强保险风险防范全面开展风险排查工作的通知	地方规范性文件	陕保监发［2012］86号	2012年6月14日	D	保险资金安全性的风险隐患
508	湖南省人民政府关于进一步支持中小微企业发展的实施意见	地方规范性文件	湘政发［2012］18号	2012年6月10日	D	探索搭建民间融资备案管理制度，建立民间融资监测体系
509	湖北省人民政府办公厅关于转发省政府金融办等十部门湖北省融资性担保公司管理暂行办法的通知	地方规范性文件	鄂政办发［2012］41号	2012年6月7日	D	不得以借贷资金入股
510	威海市人民政府关于进一步支持小型微型企业健康发展的实施意见	地方规范性文件	威政发［2012］20号	2012年6月6日	D	从业限制

续表

序号	名称	效力级别	发文字号	实施时间	涉及程度	针对民间借贷风险的内容摘要
511	鄂尔多斯市人民政府关于公布《鄂尔多斯市规范民间借贷暂行办法》的通知	地方规范性文件	鄂府发［2012］40号	2012年6月5日	A	民间借贷风险防范的具体机制
512	宜昌市人民政府办公室转发宜昌银监分局关于进一步加强和改进小微企业金融服务工作指导意见的通知	地方规范性文件	宜府办发［2012］47号	2012年6月4日	D	融资限制
513	吉林省人民政府关于进一步促进小型微型企业发展的意见	地方规范性文件	吉政发［2012］22号	2012年6月1日	D	防止高利贷化倾向
514	江苏省人民政府关于加大金融服务实体经济力度的意见	地方规范性文件	苏政发［2012］66号	2012年5月30日	D	从业限制。加强对农村资金互助社等机构的全面监测及有效监管
515	甘孜藏族自治州人民政府办公室关于印发2012年全州金融工作要点的通知	地方规范性文件	甘办发［2012］29号	2012年5月25日	C	加大对违法民间借贷市场的查处和打击
516	中国银行业监督管理委员会上海监管局办公室关于转发银监会办公厅有关严禁银行业金融机构及其从业人员参与民间融资活动的通知	地方规范性文件	沪银监办通［2012］45号	2012年5月25日	C	从业限制

续表

序号	名称	效力级别	发文字号	实施时间	涉及程度	针对民间借贷风险的内容摘要
517	中国银行业监督管理委员会办公厅关于严禁银行业金融机构及其从业人员参与民间融资活动的通知	部门规范性文件		2012年5月23日	C	从业限制
518	嘉兴市人民政府关于保持工业经济平稳较快增长促进工业做大做强的通知	地方规范性文件	嘉政发［2012］63号	2012年5月21日	D	加强对民间借贷的监管
519	云南省人民政府关于金融支持民营经济发展的意见	地方规范性文件	云政发［2012］78号	2012年5月18日	D	融资限制
520	中国银行业监督管理委员会上海监管局关于印发廖岷局长在2012年第一季度上海外资银行经济金融形势通报会上讲话的通知	地方规范性文件		2012年5月18日	D	建立专门贷款内部授信制度和防火墙
521	枣庄市人民政府关于促进金融业更好更快发展的意见	地方规范性文件	枣政发［2012］19号	2012年5月17日	F	引导和规范民间借贷行为
522	自贡市人民政府办公室印发自贡市“十二五”金融业发展规划（2011～2015年）的通知	地方规范性文件	自府办发［2012］28号	2012年5月16日	D	金融生态建设

续表

序号	名称	效力级别	发文字号	实施时间	涉及程度	针对民间借贷风险的内容摘要
523	宜昌市人民政府办公室转发人行市中心支行等部门关于做好2012年全市金融工作意见的通知	地方规范性文件	宜府办发〔2012〕38号	2012年5月15日	D	加强对民间借贷、社会融资的调研监测
524	漯河市人民政府关于加快金融业发展的意见	地方规范性文件	漯政〔2012〕46号	2012年5月13日	D	严厉打击非法集资活动和高利放贷行为
525	漯河市人民政府办公室关于加强金融生态环境建设的实施意见	地方规范性文件	漯政办〔2012〕55号	2012年5月12日	D	完善信贷征信系统，加强民间借贷管理
526	内蒙古自治区人民政府批转自治区发展改革委关于2012年深化经济体制改革重点工作实施意见的通知	地方规范性文件	内政发〔2012〕57号	2012年5月11日	C	组建民间借贷登记服务中心
527	许昌市人民政府关于进一步加快许昌市金融产业发展的意见	地方规范性文件	许政〔2012〕21号	2012年5月7日	F	加快社会信用体系建设，完善金融监管协调机制，做好风险排查和监测预警工作
528	宁夏回族自治区人民政府关于金融支持小型微型企业和“三农”发展的若干实施意见	地方规范性文件	宁政发〔2012〕72号	2012年5月4日	F	建立社会信用信息数据库和服务平台

续表

序号	名称	效力级别	发文字号	实施时间	涉及程度	针对民间借贷风险的内容摘要
529	福建省人民政府关于金融服务实体经济发展十一条措施的通知	地方规范性文件	闽政［2012］26号	2012年5月3日	C	建立民间融资管理长效机制
530	江苏省人民政府办公厅关于转发省发展改革委江苏省2012年经济体制改革要点的通知	地方规范性文件	苏政办发［2012］78号	2012年5月2日	D	加强对民间借贷的监管、规范和引导
531	辽宁省人民政府关于支持小微型企业发展的若干意见	地方规范性文件	辽政发［2012］19号	2012年5月2日	D	促进民间借贷健康发展
532	安阳市人民政府办公室转发中国人民银行安阳市中心支行关于加强和改进金融服务支持安阳市实体经济发展的指导意见的通知	地方规范性文件	安政办［2012］76号	2012年4月28日	D	信贷资金流向限制
533	徐州市人民政府办公室关于2012年《政府工作报告》主要目标任务一季度进展情况的通报	地方规范性文件	徐政办发［2012］78号	2012年4月26日	D	加强对民间借贷行为的监管
534	宝鸡市人民政府办公室关于加强民间融资监测严厉打击非法金融活动的实施意见	地方规范性文件	宝政办发［2012］42号	2012年4月25日	A	建立对民间融资的制度性监测体系、融资风险预警机制，加强贷前调查和贷后管理

续表

序号	名称	效力级别	发文字号	实施时间	涉及程度	针对民间借贷风险的内容摘要
535	白银市人民政府办公室关于批转加强和改进金融服务支持实体经济发展指导意见的通知	地方规范性文件	市政办发［2012］67号	2012年4月25日	D	信贷资金流向限制
536	阿坝州人民政府办公室关于印发阿坝州2012年金融工作要点的通知	地方规范性文件	阿府办函［2012］54号	2012年4月24日	C	加强对民间借贷市场的监测分析
537	浙江银监局关于进一步加强小型微型企业金融服务的指导意见	地方规范性文件	浙银监发［2012］124号	2012年4月16日	D	信贷资金的科学合理配置
538	中国银行业监督管理委员会上海监管局关于进一步加强外资银行员工管理风险提示的通知	地方规范性文件	沪银监通［2012］82号	2012年4月15日	D	员工风险事件
539	河南省人民政府关于进一步加强金融工作加快金融业发展的意见	地方规范性文件	豫政［2012］40号	2012年4月13日	D	风险排查和监测预警工作
540	江苏省人民政府办公厅关于印发江苏省“十二五”服务业发展规划的通知	地方规范性文件	苏政办发［2012］63号	2012年4月10日	D	将民间借贷作为重点金融监管领域

续表

序号	名称	效力级别	发文字号	实施时间	涉及程度	针对民间借贷风险的内容摘要
541	徐州市人民政府办公室转发市人行等部门关于金融支持实体经济发展的指导意见的通知	地方规范性文件	徐政办发［2012］58 号	2012 年 4 月 8 日	D	信贷资金流向限制
542	山东省人民政府办公厅转发省金融办等部门关于促进小额贷款公司规范健康发展的意见的通知	地方规范性文件	鲁政办发［2012］21 号	2012 年 4 月 6 日	D	贷款资金流向限制
543	广州市经济贸易委员会印发关于广州市典当行业经营性风险排查专项行动工作方案的通知	地方规范性文件	穗经贸函［2012］304 号	2012 年 4 月 5 日	C	将典当行业作为民间借贷形式之一进行经营性风险排查
544	浙江省工商行政管理局关于支持温州金融综合改革试验区建设的若干意见	地方规范性文件	浙工商综［2012］16 号	2012 年 4 月 1 日	G	
545	连云港市人民政府关于印发 2012 年全市金融工作意见的通知	地方规范性文件	连政发［2012］40 号	2012 年 3 月 31 日	F	构筑金融风险“防火墙”
546	成都市人民政府办公厅转发市发展改革委关于《成都市促进小微企业发展的财税金融工作意见》的通知［失效］	地方规范性文件	成办发［2012］14 号	2012 年 3 月 31 日	C	遏制高利贷化倾向。从业限制

续表

序号	名称	效力级别	发文字号	实施时间	涉及程度	针对民间借贷风险的内容摘要
547	陕西省人民政府关于印发省“十二五”社会信用体系建设规划的通知	地方规范性文件	陕政发［2012］19号	2012年3月31日	D	积极探索创新民间借贷等领域信用管理和服务机制
548	襄阳市人民政府办公室关于转发市政府金融办《2012年金融工作要点》的通知	地方规范性文件	襄阳政办发［2012］37号	2012年3月30日	D	加强对民间借贷、房地产等领域融资的监管
549	常州市政府办公室关于加大对小微企业金融支持力度的若干意见	地方规范性文件	常政办发［2012］49号	2012年3月30日	D	信贷资金流向限制
550	山东省人民政府关于促进全省县域金融业更好更快发展的意见	地方规范性文件	鲁政发［2012］14号	2012年3月29日	D	引导和规范民间借贷行为
551	宁波市人民政府关于全市金融支持实体经济发展的若干意见	地方规范性文件	甬政发［2012］27号	2012年3月28日	C	加强对民间借贷情况的调查摸底
552	鹤岗市人民政府办公室关于印发2012年重点金融工作推进方案的通知	地方规范性文件	鹤政办发［2012］11号	2012年3月27日	C	加强民间借贷的监测，健全打击和处置非法集资工作机制

续表

序号	名称	效力级别	发文字号	实施时间	涉及程度	针对民间借贷风险的内容摘要
553	国务院关于落实《政府工作报告》重点工作部门分工的意见（2012）	国务院规范性文件	国发［2012］13号	2012年3月22日	D	规范各类借贷行为
554	国务院批转发展改革委关于2012年深化经济体制改革重点工作意见的通知	国务院规范性文件	国发［2012］12号	2012年3月18日	D	规范各类借贷行为
555	广元市人民政府办公室关于印发《广元市“十二五”金融业发展专项规划》的通知	地方规范性文件	广府办发［2012］23号	2012年3月16日	D	加强监管
556	青岛市工商行政管理局关于印发2012年各项业务工作要点的通知	地方规范性文件	青工商办发［2012］40号	2012年3月12日	D	严厉打击非法民间借贷经营行为
557	福建省人民政府办公厅关于印发《福建省小额贷款公司暂行管理办法》的通知	地方规范性文件	闽政办［2012］32号	2012年3月10日	D	
558	凉山州人民政府办公室关于印发《2012年全州金融工作要点》的通知	地方规范性文件	凉府办函［2012］48号	2012年3月9日	C	引导规范民间借贷行为

续表

序号	名称	效力级别	发文字号	实施时间	涉及程度	针对民间借贷风险的内容摘要
559	山东省人民政府办公厅关于促进民间融资规范发展的意见	地方规范性文件	鲁政办发［2012］18号	2012年3月8日	A	民间融资三条底线，建立民间融资监测机制，制定民间融资风险防范和处置预案
560	人民法院工作年度报告（2011年）	白皮书		2012年3月1日	H	
561	大连市人民政府关于组织开展中小微企业融资促进行动的实施意见	地方规范性文件	大政发［2012］13号	2012年3月1日	G	
562	西安市人民政府关于印发西安市金融业“十二五”发展规划的通知	地方规范性文件	市政发［2012］14号	2012年2月27日	D	规范民间借贷行为
563	中国人民银行大连市中心支行关于金融支持实体经济发展的指导意见	地方规范性文件		2012年2月27日	D	信贷资金流向限制
564	最高人民法院印发《关于人民法院落实廉政准则防止利益冲突的若干规定》的通知	两高工作文件	法发［2012］6号	2012年2月27日	D	民间借贷的司法风险

续表

序号	名称	效力级别	发文字号	实施时间	涉及程度	针对民间借贷风险的内容摘要
565	潮州市人民政府办公室转发市政府金融工作局开展民间借贷风险全面排查行动工作方案的通知	地方规范性文件	潮府办［2012］16号	2012年2月27日	C	民间借贷风险的全面排查
566	陕西保监局关于对保单质押贷款业务开展摸底排查的通知	地方规范性文件	陕保监发［2012］22号	2012年2月22日	D	保险资金流向限制
567	江门市人民政府办公室印发江门市开展民间借贷风险全面排查行动专项方案的通知	地方规范性文件	江府办［2012］8号	2012年2月17日	A	对民间借贷导致的三类风险进行分类型处理
568	最高人民法院关于当前形势下加强民事审判切实保障民生若干问题的通知	司法解释性质文件	法发［2012］40号	2012年2月15日	C	民间借贷的司法风险
569	潮州市政府办公室转发省政府办公厅关于开展民间借贷风险全面排查行动的通知	地方规范性文件	潮府办［2012］10号	2012年2月14日	C	查清辖区内民间借贷规模
570	最高人民法院印发《关于人民法院为防范化解金融风险和推进金融改革发展提供司法保障的指导意见》的通知	司法解释性质文件	法发［2012］3号	2012年2月10日	D	民间借贷的司法风险

续表

序号	名称	效力级别	发文字号	实施时间	涉及程度	针对民间借贷风险的内容摘要
571	淮安市人民政府关于印发淮安市突发事件总体应急预案的通知	地方规范性文件	淮政发［2012］9号	2012年2月7日	D	将因非法集资或民间借贷引发的影响较大的事件作为较大金融突发事件
572	河北省人民政府关于支持小型微型企业发展的实施意见	地方规范性文件	冀政［2012］14号	2012年2月7日	C	构建民间借贷监管协调机制，建立民间借贷统计指数
573	中国人民银行杭州中心支行关于金融支持浙江省实体经济发展的指导意见	地方规范性文件	杭银发［2012］37号	2012年2月6日	D	信贷资金流向限制
574	南通市人民政府关于改善中小企业发展环境的意见	地方规范性文件	通政发［2012］8号	2012年2月3日	C	建立健全民间融资防范和预警机制、民间金融领域违法犯罪活动合作机制。建立“黑名单”库
575	徐州市人民政府关于印发2012年政府工作报告主要目标任务分解方案的通知	地方规范性文件	徐政发［2012］9号	2012年2月2日	D	加强对民间借贷行为的监管
576	中国保险监督管理委员会湖南监管局关于开展保险业整治非法集资问题专项工作的通知	地方规范性文件	湘保监发［2012］3号	2012年1月17日	A	保险业风险排查工作

续表

序号	名称	效力级别	发文字号	实施时间	涉及程度	针对民间借贷风险的内容摘要
577	陕西省人民政府办公厅关于加强民间融资监测严厉打击非法金融活动的通知	地方规范性文件	陕政办发［2012］13号	2012年1月4日	A	建立民间融资的制度性监测体系
578	宁波市政府办公厅关于深入推进小额贷款公司改革发展的若干意见	地方规范性文件	甬政办发［2011］365号	2012年1月4日	D	贷款资金流向限制
579	中国保险监督管理委员会广东监管局关于修订《广东保险业风险排查制度（试行）》的通知	地方规范性文件	粤保监发［2011］448号	2011年12月31日	D	保险业风险排查工作
580	永州市人民政府办公室关于印发《永州市创建省级创业型城市工作实施方案》的通知	地方规范性文件	永政办发［2011］65号	2011年12月26日	D	规范发展民间借贷
581	重庆市人民政府办公厅关于印发重庆市非公有制经济“十二五”发展规划的通知	地方规范性文件	渝办发［2011］370号	2011年12月26日	H	
582	工业和信息化部关于做好两节两会期间工业经济运行组织协调工作的通知	部门规范性文件		2011年12月23日	D	建立应急转贷资金、做好银企协调工作等

续表

序号	名称	效力级别	发文字号	实施时间	涉及程度	针对民间借贷风险的内容摘要
583	中共辽宁省委、辽宁省人民政府关于贯彻落实《中国农村扶贫开发纲要（2011～2020年）》的实施意见	地方规范性文件	辽委发［2011］26号	2011年12月23日	H	
584	固原市人民政府办公室关于对全市金融生态环境建设进行考核评价的通知	地方规范性文件	固政办发［2011］166号	2011年12月21日	A	提出民间借贷管理规范程度的具体考察标准
585	安阳市人民政府办公室关于印发安阳市“十二五”金融业发展规划的通知	地方规范性文件	安政办［2011］195号	2011年12月21日	F	完善信贷风险补偿机制，加强社会信用体系、担保体系建设
586	柳州市人民政府关于加快金融业发展的实施意见	地方规范性文件	柳政发［2011］75号	2011年12月20日	F	建立区域金融生态监测和预警机制
587	佛山市人民政府办公室关于成立佛山市处置非法集资领导小组的通知	地方规范性文件	佛府办函［2011］732号	2011年12月12日	C	信贷资金流向限制
588	河北省人民政府办公厅转发省工业和信息化厅等部门关于促进融资性担保行业规范发展实施意见的通知	地方规范性文件	冀政办［2011］23号	2011年12月12日	H	

续表

序号	名称	效力级别	发文字号	实施时间	涉及程度	针对民间借贷风险的内容摘要
589	济南市城乡建设委员会关于开展全市在建在售商品房项目专项检查的通知	地方规范性文件		2011年12月8日	D	排查房地产项目是否存在民间融资、民间借贷资金
590	中共银川市委办公厅、银川市人民政府办公厅关于印发《关于开展进一步营造风清气正的发展环境活动实施方案》的通知	地方规范性文件	银党办发［2011］147号	2011年12月6日	D	规范引导民间借贷
591	陕西省人民政府办公厅关于贯彻落实全国整治非法集资问题专项行动电视电话会议精神的通知	地方规范性文件	陕政办发［2011］118号	2011年12月5日	A	建立民间借贷地方登记和监测管理体系
592	固原市人民政府办公室关于印发《固原市金融支持中小微型企业发展的指导意见》的通知	地方规范性文件	固政办发［2011］159号	2011年12月5日	F	积极引导民间借贷规范发展
593	最高人民法院关于依法妥善审理民间借贷纠纷案件促进经济发展维护社会稳定的通知	司法解释性质文件	法［2011］336号	2011年12月2日	A	民间借贷的司法风险
594	江西省人民政府关于贯彻落实国务院支持小型微型企业发展若干政策的实施意见	地方规范性文件	赣府发［2011］30号	2011年12月2日	H	

续表

序号	名称	效力级别	发文字号	实施时间	涉及程度	针对民间借贷风险的内容摘要
595	东营市人民政府关于加大金融财税支持力度促进中小企业平稳健康发展的意见	地方规范性文件	东政发［2011］23号	2011年11月30日	C	搭建民间借贷信息服务和监控平台
596	中国银行业监督管理委员会办公厅关于银行员工涉及社会融资行为风险提示的通知	部门规范性文件	银监办发［2011］369号	2011年11月29日	C	从业限制
597	南宁市人民政府办公厅关于印发南宁市防范和打击非法集资宣传教育规划纲要（2011～2015年）的通知	地方规范性文件	南府办［2011］238号	2011年11月22日	D	排查非法集资
598	连云港市人民政府办公室关于进一步支持中小企业融资的意见	地方规范性文件	连政办发［2011］178号	2011年11月22日	C	加强对融资性机构的管理
599	中国银行业监督管理委员会安徽监管局关于实施差异化监管加强小型微型企业金融服务的意见	地方规范性文件	皖银监发［2011］28号	2011年11月17日	C	信贷资金流向限制
600	常州市人民政府关于改善企业经营环境促进经济稳定发展的意见	地方规范性文件	常政发［2011］142号	2011年11月7日	C	利率限制，遏制高利贷

续表

序号	名称	效力级别	发文字号	实施时间	涉及程度	针对民间借贷风险的内容摘要
601	中共温州市委、温州市人民政府关于进一步加快温州地方金融业创新发展的意见	地方规范性文件	温委［2011］10号	2011年11月4日	C	加强民间借贷利率监测
602	宁夏回族自治区党委办公厅、宁夏回族自治区人民政府办公厅印发《关于开展进一步营造风清气正的发展环境活动的实施意见》的通知	地方规范性文件	宁党办［2011］64号	2011年11月4日	D	规范引导民间借贷
603	宁德市人民政府关于扶持小微企业发展的若干措施	地方规范性文件	宁政［2011］18号	2011年11月4日	D	从业限制
604	中国保监会吉林监管局关于禁止保险资金参与民间借贷有关情况的通知	地方规范性文件	吉保监发［2011］76号	2011年11月3日	A	保险业民间借贷风险排查工作
605	凉山州人民政府办公室关于印发《凉山州金融业发展"十二五"规划》的通知	地方规范性文件	凉府办函［2011］269号	2011年11月2日	F	完善新型地方金融稳定协调机制、金融风险预警指标和金融稳定监测指标体系
606	安徽省人民政府关于进一步加快全省金融业发展的意见	地方规范性文件	皖政［2011］102号	2011年11月2日	D	从业限制

续表

序号	名称	效力级别	发文字号	实施时间	涉及程度	针对民间借贷风险的内容摘要
607	三明市人民政府办公室转发三明银监分局关于三明市银行业金融机构进一步推进小型和微型企业金融服务工作意见的通知	地方规范性文件	明政办［2011］165号	2011年11月2日	D	银行业积极遏制民间借贷高利贷化倾向
608	江苏省人民政府关于改善中小企业经营环境的政策意见	地方规范性文件	苏政发［2011］153号	2011年11月2日	C	出台民间融资管理的指导意见，严格规范利息
609	山东省人民政府关于加大金融财税支持力度促进小型微型企业持续健康发展的意见	地方规范性文件	鲁政发［2011］43号	2011年11月1日	C	加强民间借贷各类经营费率、业务手续费等监管
610	南通市人民政府关于千方百计保持经济平稳较快发展的意见	地方规范性文件	通政发［2011］72号	2011年10月31日	F	开展企业资金链风险排查和监测分析
611	扬州市人民政府关于加大企业服务扶持力度促进工业经济平稳发展的意见	地方规范性文件	扬府发［2011］230号	2011年10月30日	D	引导民间借贷合法规范运行
612	宁波市人民政府关于保增促调推进中小微企业平稳健康发展的若干意见	地方规范性文件	甬政发［2011］112号	2011年10月29日	C	银行业禁止向民间借贷中介机构融资

续表

序号	名称	效力级别	发文字号	实施时间	涉及程度	针对民间借贷风险的内容摘要
613	最高人民法院印发《关于充分发挥审判职能作用加强和创新社会管理的若干意见》的通知	两高工作文件	法发［2011］16号	2011年10月27日	D	妥善处理企业之间互相担保、企业资金链断裂引发的各类矛盾纠纷
614	绍兴市人民政府办公室转发市金融办、人行绍兴市中心支行、绍兴银监分局关于金融支持中小企业发展若干意见的通知	地方规范性文件	绍政办发［2011］170号	2011年10月25日	D	防止信贷资金直接或间接流入民间借贷市场
615	北京市通州区人民政府办公室关于印发通州区“十二五”时期金融业发展规划的通知	地方规范性文件	通政办发［2011］42号	2011年10月21日	H	
616	绍兴市人民政府办公室关于加强风险防范促进工业经济健康发展的意见	地方规范性文件	绍政办发［2011］167号	2011年10月20日	D	银监部门负责企业银行贷款和民间借贷的监督管理
617	舟山市人民政府关于进一步加强金融服务支持中小企业健康发展的实施意见	地方规范性文件	舟政发［2011］64号	2011年10月20日	C	探索建立登记和监测制度
618	宁波市人民政府办公厅关于金融支持中小微企业发展的若干意见	地方规范性文件	甬政办发［2011］310号	2011年10月19日	C	加强对民间借贷情况的调查摸底

续表

序号	名称	效力级别	发文字号	实施时间	涉及程度	针对民间借贷风险的内容摘要
619	福建省人民政府关于印发支持小型和微型企业发展十二条金融财税措施的通知	地方规范性文件	闽政［2011］89号	2011年10月16日	D	遏制民间借贷高利贷化倾向
620	浙江省司法厅关于律师服务中小企业发展的若干意见	地方规范性文件	浙司［2011］154号	2011年10月15日	D	加强对民间借贷的监管
621	南京市人民政府关于应对当前经济形势保持经济平稳健康运行的意见	地方规范性文件	宁政发［2011］225号	2011年10月14日	F	引导和规范民间资金、企业闲置资金合理有序流动
622	河北银监局关于进一步提高信贷服务水平的通知	地方规范性文件	银监冀局发［2011］198号	2011年10月13日	D	筑牢防火墙
623	中共温州市委、温州市人民政府关于稳定规范金融秩序促进经济转型发展的意见	地方规范性文件		2011年9月28日	C	规范民间借贷
624	咸宁市人民政府关于印发咸宁市金融业“十二五”发展规划的通知	地方规范性文件		2011年9月26日	F	加强金融监管

续表

序号	名称	效力级别	发文字号	实施时间	涉及程度	针对民间借贷风险的内容摘要
625	广东省人民政府办公厅关于促进小额贷款公司平稳较快发展的意见	地方规范性文件	粤府办［2011］59号	2011年9月13日	D	打击非法民间借贷组织假冒小额贷款公司之名实施民间高利借贷、诈骗等违法犯罪活动
626	中国人民银行大连市中心支行关于进一步加强信贷结构调整扎实做好小型微型企业金融服务的意见	地方规范性文件		2011年9月8日	D	防止企业、特别是部分小微企业从银行获取信贷资金后通过不同渠道直接或间接转手进行民间借贷
627	聊城市人民政府办公室关于印发《聊城市投资理财类公司管理试行办法》的通知	地方规范性文件	聊政办发［2011］35号	2011年8月24日	D	不得以借贷资金入股
628	中国银监会办公厅关于人人贷有关风险提示的通知	部门规范性文件	银监办发［2011］254号	2011年8月23日	D	建立与人人贷中介公司之间的“防火墙”
629	柳州市人民政府办公室关于印发柳州市防范和打击非法集资规划纲要（2011~2015年）通知	地方规范性文件	柳政办［2011］138号	2011年8月17日	D	严防利用民间“会”、“社”等组织或者地下钱庄进行非法集资

续表

序号	名称	效力级别	发文字号	实施时间	涉及程度	针对民间借贷风险的内容摘要
630	固原市人民政府办公室关于印发《固原市防范和处置非法集资宣传教育方案》的通知	地方规范性文件	固政办发［2011］107号	2011年8月12日	D	严防利用民间“会”、“社”等组织或者地下钱庄进行非法集资
631	中国银监会关于2011年第三季度重点风险防范工作的通知	部门规范性文件	银监发［2011］87号	2011年8月11日	D	筑牢防火墙
632	武汉市人民政府关于进一步深化全民创业大力推进微型企业发展的意见	地方规范性文件	武政规［2011］9号	2011年7月30日	H	
633	黑龙江人民政府办公厅关于印发黑龙江省小额贷款公司管理办法的通知	地方规范性文件	黑政办发［2011］31号	2011年6月25日	D	自然人股东、企业法人股东不得以借贷资金入股
634	湖州市人民政府办公室关于印发2011年湖州市金融工作推进计划的通知	地方规范性文件	湖政办发［2011］115号	2011年6月16日	C	加强民间借贷的监测
635	中山市人民政府关于进一步推进金融业创新发展的意见	地方规范性文件	中府［2011］79号	2011年6月16日	F	加强企业和个人征信系统建设，完善金融风险预警指标和金融稳定监测指标体系，加强公众金融教育

续表

序号	名称	效力级别	发文字号	实施时间	涉及程度	针对民间借贷风险的内容摘要
636	广东省中小企业局关于开展中小企业融资情况调查的通知	地方规范性文件	粤中小企函［2011］35号	2011年5月18日	C	对中小企业融资资金来源占比、民间借贷实际利率进行调查和监管
637	咸阳市人民政府办公室关于严厉打击非法集资有关问题的通知	地方规范性文件	咸政办发［2011］60号	2011年5月14日	D	非法集资的风险排查
638	苏州市人民政府关于印发苏州市金融业发展“十二五”规划的通知	地方规范性文件	苏府［2011］102号	2011年5月10日	F	健全地方金融协调制度
639	张家口市人民政府关于2011年全市金融工作的指导意见	地方规范性文件	政字［2011］54号	2011年5月3日	D	加强对民间借贷、社会融资的调研监测
640	菏泽市人民政府办公室关于印发菏泽市防范和打击非法集资宣传教育规划纲要（2011～2015年）的通知	地方规范性文件	菏政办发［2011］15号	2011年4月23日	D	严防利用民间“会”、“社”等组织或者地下钱庄进行非法集资
641	青岛市人民政府关于进一步促进金融业发展的意见	地方规范性文件	青政发［2011］15号	2011年3月22日	F	优化信用环境

续表

序号	名称	效力级别	发文字号	实施时间	涉及程度	针对民间借贷风险的内容摘要
642	青岛市工商局关于印发2011年各项业务工作要点的通知	地方规范性文件		2011年2月18日	D	对民间借贷机构的违法广告宣传进行专项整治
643	陕西省人民政府办公厅贯彻落实国务院办公厅关于严厉打击非法集资有关问题的通知	地方规范性文件	陕政办发［2011］9号	2011年2月11日	D	非法集资监测预警制度和防范预警体系
644	固原市人民政府关于印发《政府工作报告主要目标任务分解方案》的通知	地方规范性文件	固政发［2011］14号	2011年2月11日	D	严厉打击民间非法借贷等违法犯罪行为
645	中国银监会上海监管局办公室关于印发2011年上海银行业案件防控工作监管意见的通知	地方规范性文件	沪银监通［2011］18号	2011年1月31日	D	银行业民间借贷的风险转嫁问题
646	德州市人民政府关于加快全市民营经济发展的意见	地方规范性文件	德政发［2011］1号	2011年1月29日	F	健全完善中小企业征信制度
647	中共西藏自治区委员会、西藏自治区人民政府关于推进非公有制经济跨越式发展的意见	地方规范性文件	藏党发［2011］19号	2011年1月1日	D	规范民间借贷行为

续表

序号	名称	效力级别	发文字号	实施时间	涉及程度	针对民间借贷风险的内容摘要
648	赣州市人民政府关于金融支持中小企业发展的若干意见	地方规范性文件	赣市府发［2010］47号	2010年12月22日	H	
649	温州市人民政府关于鼓励和引导民间投资健康发展的实施意见	地方规范性文件	温政发［2010］74号	2010年12月12日	G	
650	延安市人民政府关于进一步支持金融业发展的实施意见	地方规范性文件	延政发［2010］78号	2010年11月11日	D	引导农户发展资金互助组织。规范和引导民间借贷
651	成都市人民政府关于大力扶持微型企业发展的意见	地方规范性文件	成府发［2010］39号	2010年11月9日	H	
652	达州市人民政府办公室关于转发市政府金融办等部门《关于进一步促进金融支持经济发展的意见》的通知	地方规范性文件	达市府办［2010］42号	2010年9月13日	D	进一步规范民间借贷
653	衢州市人民政府关于深化农村金融服务加快推进新农村建设的意见	地方规范性文件	衢政发［2010］40号	2010年9月6日	F	着力深化农村信用体系建设

续表

序号	名称	效力级别	发文字号	实施时间	涉及程度	针对民间借贷风险的内容摘要
654	福建省人民政府办公厅关于扩大小额贷款公司试点的通知	地方规范性文件	闽政办［2010］221号	2010年8月9日	D	
655	博尔塔拉蒙古自治州人民政府办公室关于转发继续贯彻适度宽松货币政策推动自治州跨越式发展意见	地方规范性文件	博州政办发［2010］63号	2010年7月28日	C	建立有效的民间金融监测体系
656	哈密地区行政公署办公室印发关于贯彻实施适度宽松货币政策全力推进哈密跨越式发展指导意见的通知	地方规范性文件	哈行办发［2010］55号	2010年7月28日	C	建立有效的民间金融监测体系
657	最高人民法院印发《关于为加快经济发展方式转变提供司法保障和服务的若干意见》的通知	司法解释性质文件	法发［2010］18号	2010年6月29日	D	依法打击各种非法集资等违法犯罪活动
658	达州市人民政府关于印发《达州市2010年金融工作要点》的通知	地方规范性文件	达市府函［2010］105号	2010年4月22日	H	
659	云南省人民政府办公厅转发省金融办关于金融支持服务“三农”指导意见的通知	地方规范性文件	云政办发［2010］36号	2010年3月26日	F	严厉打击非法集资

续表

序号	名称	效力级别	发文字号	实施时间	涉及程度	针对民间借贷风险的内容摘要
660	中国银行业监督管理委员会上海监管局关于印发《2010年上海银行业案件防控工作的监管意见》的通知	地方规范性文件	沪银监发［2010］60号	2010年3月5日	F	建立案件风险排查和整改机制
661	宁夏回族自治区人民政府办公厅转发自治区金融服务办人民银行银川中心支行关于自治区金融生态环境建设考核评价办法的通知	地方规范性文件	宁政办发［2010］31号	2010年2月12日	E	金融生态考核的具体内容
662	张家口市人民政府关于2010年全市金融工作的指导意见	地方规范性文件	张政［2010］4号	2010年1月28日	F	加强对金融机构的动态监测
663	连云港市人民政府印发关于加快金融产业发展若干政策意见的通知	地方规范性文件	连政发［2010］9号	2010年1月11日	D	规范民间借贷行为
664	巴音郭楞蒙古自治州人民政府办公室转发州发展改革委关于2009年自治州经济体制改革工作指导意见的通知	地方规范性文件	巴政办发［2009］120号	2009年10月29日	F	建立应对金融突发事件的长效机制，防范金融风险跨行业传递
665	中共青岛市委、青岛市人民政府关于进一步改善中小企业发展环境的若干意见	地方规范性文件	青发［2008］16号	2009年10月24日	F	完善信用担保体系

续表

序号	名称	效力级别	发文字号	实施时间	涉及程度	针对民间借贷风险的内容摘要
666	北京市财政局关于印发《北京市中小企业信用再担保资金使用管理暂行办法》的通知	地方规范性文件	京财经［2009］2076号	2009年10月16日	D	不属于再担保保证范围
667	广州市人民政府办公厅印发广州市金融业发展“十一五”规划的通知	地方规范性文件	穗府办［2006］33号	2009年9月30日	H	
668	中国银行业监督管理委员会上海监管局关于进一步维护上海银行业良好竞争秩序的通知	地方规范性文件	沪银监通［2009］124号	2009年9月29日	D	从业限制
669	四川省人民政府办公厅关于加强融资性担保业务监管工作的通知	地方规范性文件	川办函［2009］230号	2009年9月9日	D	不得以借贷资金入股融资性担保公司
670	东莞市经济贸易局关于加强监管促进典当业健康发展的意见	地方规范性文件	东经贸［2009］268号	2009年8月18日	A	要求防范典当行的风险防范要求
671	厦门市人民政府办公厅关于印发厦门市金融服务产业集群2009~2015年发展规划的通知	地方规范性文件	厦府办［2009］205号	2009年8月5日	D	充分发挥非法集资联席会议的功能和作用

续表

序号	名称	效力级别	发文字号	实施时间	涉及程度	针对民间借贷风险的内容摘要
672	青岛市工商局关于印发《青岛市工商系统规范民间借贷中介市场秩序专项整治工作的方案》的通知	地方规范性文件	青工商生发［2009］130号	2009年7月29日	A	民间借贷中介市场秩序的监管要求
673	新疆维吾尔自治区人民政府办公厅转发自治区发展改革委关于2009年自治区经济体制改革工作要点的通知	地方规范性文件	新政办发［2009］121号	2009年7月17日	F	推进社会信用体系建设，研究建立应对金融突发事件的长效机制
674	三亚市人民政府办公室关于印发三亚市2009年金融支持社会主义新农村建设指导意见的通知	地方规范性文件	三府办［2009］140号	2009年7月7日	H	
675	中国银监会对十一届全国人大二次会议第4506号建议的答复	部门规范性文件	银监函［2009］205号	2009年7月1日	C	地方政府做好对民间借贷行为的监测和管理
676	汕尾市人民政府办公室关于印发《汕尾市开展小额贷款公司试点工作方案》的通知	地方规范性文件	汕府办［2009］48号	2009年6月30日	F	简略提及小额贷款公司的风险处置
677	中共湖州市委办公室、湖州市人民政府办公室关于进一步促进个体私营经济快速发展的若干意见	地方规范性文件	湖委办［2009］13号	2009年6月25日	H	

续表

序号	名称	效力级别	发文字号	实施时间	涉及程度	针对民间借贷风险的内容摘要
678	宝鸡市人民政府办公室关于扩大我市小额贷款公司试点的实施意见的通知	地方规范性文件		2009年6月19日	F	建立小额贷款公司动态监测系统
679	吉安市人民政府办公室关于印发吉安市金融支持农民工返乡就业创业发展若干措施的通知	地方规范性文件		2009年6月9日	H	
680	淄博市司法局关于印发《关于开展集中排查化解矛盾纠纷百日活动的实施方案》的通知	地方规范性文件	淄司［2009］40号	2009年6月5日	A	重点排查因金融危机引发的民间借贷、小额贷款、担保等新类型案件
681	怀化市人民政府办公室关于加快金融支农体系建设的实施意见	地方规范性文件	怀政办发［2009］22号	2009年5月8日	G	
682	商洛市人民政府办公室印发商洛市金融业发展规划的通知	地方规范性文件	商政办发［2009］67号	2009年5月7日	F	加快建立金融生态建设协调机制
683	抚州市人民政府批转人民银行抚州市中心支行关于落实金融促进经济发展政策的意见的通知	地方规范性文件	抚府发［2009］16号	2009年4月29日	F	推进中小企业信用担保体系建设

续表

序号	名称	效力级别	发文字号	实施时间	涉及程度	针对民间借贷风险的内容摘要
684	镇江市人民政府办公室印发关于创新农村金融制度的实施办法的通知	地方规范性文件	镇政办发［2009］105号	2009年4月22日	C	遏制高利贷行为，坚决制止非法集资
685	最高人民法院应对金融危机商事审判工作座谈会	两高工作文件		2009年4月17日	D	严厉打击挪用农村信贷资金、非法吸收公众存款以及各类危害农村金融秩序的犯罪活动
686	益阳市人民政府关于严厉打击非法集资非法办理金融业务的通告	地方规范性文件	益政通［2009］2号	2009年4月13日	C	严厉打击"地下钱庄"、高利贷等活动和吸收他人资金转手放贷
687	成都市人民政府关于进一步加快金融业发展的若干意见	地方规范性文件	成府发［2009］24号	2009年4月9日	F	加强征信体系建设和金融生态环境建设
688	巴音郭楞蒙古自治州人民政府办公室转发人行巴州中心支行关于贯彻适度宽松货币政策促进自治州经济平稳较快发展指导意见的通知	地方规范性文件	巴政办发［2009］38号	2009年4月8日	C	建立有效的监测体系和长效管理机制
689	聊城市人民政府办公室转发人民银行聊城市中心支行关于2009年聊城市银行业金融机构支持地方经济平稳较快发展意见的通知	地方规范性文件	聊政办发［2009］20号	2009年4月2日	F	改善金融生态环境

续表

序号	名称	效力级别	发文字号	实施时间	涉及程度	针对民间借贷风险的内容摘要
690	荆门市人民政府关于做好金融工作促进地方经济发展的意见	地方规范性文件	荆政发［2009］8号	2009年3月26日	F	推动地方信用体系建设
691	运城市人民政府办公厅关于印发运城市小额贷款公司试点工作实施意见及暂行管理办法的通知	地方规范性文件	运政办发［2009］44号	2009年3月16日	F	小额贷款公司的监管要求
692	黄山市人民政府办公厅关于保企业保增长解决当前工业企业发展中突出问题的通知	地方规范性文件	黄政办［2009］12号	2009年3月9日	F	建立企业信用征信系统和企业评级体系
693	鹤岗市人民政府办公室关于进一步加强房地产业税收管理的通知	地方规范性文件	鹤政办发［2009］14号	2009年3月2日	D	及时报送存在民间借贷业务的房地产开发企业用房产偿还民间贷款的情况
694	梅州市人民政府办公室关于印发梅州市金融业发展规划（2009～2011年）的通知	地方规范性文件	梅市府办［2009］20号	2009年3月2日	E	社会信用体系建设
695	江苏省人民政府关于加快推进农村金融改革发展建立现代农村金融制度的意见	地方规范性文件	苏政发［2009］51号	2009年3月2日	C	规范和引导民间借贷健康发展

续表

序号	名称	效力级别	发文字号	实施时间	涉及程度	针对民间借贷风险的内容摘要
696	青海省人民政府办公厅转发省经委青海银监局人行西宁中心支行关于开展小额贷款公司试点工作指导意见的通知	地方规范性文件	青政办［2009］37号	2009年3月2日	F	严防小额贷款公司风险
697	梅州市人民政府办公室转发市金融办等部门关于开展小额贷款公司试点工作实施方案的通知	地方规范性文件	梅市府办［2009］12号	2009年2月16日	F	小额贷款公司的风险处置
698	金华市人民政府关于金融进一步支持中小企业发展的若干意见	地方规范性文件	金政发［2009］6号	2009年2月6日	D	打击非法借贷、非法集资活动
699	固原市人民政府关于印发《政府工作报告主要目标任务分解方案》的通知	地方规范性文件	固政发［2009］9号	2009年2月5日	F	严厉打击不法地下借贷行为
700	中共肇庆市委、肇庆市人民政府关于加快农村改革发展开创农村工作新局面的实施意见	地方规范性文件	肇发［2009］4号	2009年1月23日	F	构建农村信用体系建设
701	中共云南省委贯彻《中共中央关于推进农村改革发展若干重大问题的决定》的实施意见	地方规范性文件	云发［2009］1号	2009年1月12日	D	规范和引导民间借贷健康发展

续表

序号	名称	效力级别	发文字号	实施时间	涉及程度	针对民间借贷风险的内容摘要
702	日照市人民政府关于支持工业企业发展的意见	地方规范性文件	日政发［2008］60号	2008年12月27日	D	完善信用担保体系
703	郴州市人民政府办公室关于进一步深化金融安全区暨金融生态环境建设工作的通知	地方规范性文件	郴政办发［2008］28号	2008年12月18日	D	社会信用体系建设
704	徐州市人民政府关于促进中小企业平稳健康发展的意见	地方规范性文件	徐政发［2008］152号	2008年12月12日	F	完善信用担保体系
705	最高人民法院印发《关于为维护国家金融安全和经济全面协调可持续发展提供司法保障和法律服务的若干意见》的通知	两高工作文件	法发［2008］38号	2008年12月3日	D	司法保障和衔接
706	最高人民法院印发《关于为推进农村改革发展提供司法保障和法律服务的若干意见》的通知	两高工作文件	法发［2008］36号	2008年12月3日	H	
707	绵阳市人民政府办公室关于建立预防和打击经济违法犯罪协调会商机制的通知	地方规范性文件	绵府办发［2008］56号	2008年11月13日	D	非法借贷信息收集和交流

续表

序号	名称	效力级别	发文字号	实施时间	涉及程度	针对民间借贷风险的内容摘要
708	天水市人民政府办公室转发人行天水市中心支行关于天水市银行业金融机构支持社会主义新农村建设工作的意见	地方规范性文件	天政办发［2008］153 号	2008 年 11 月 13 日	D	加强监测分析
709	潍坊市人民政府关于支持中小企业又好又快发展的意见	地方规范性文件	潍政发［2008］26 号	2008 年 10 月 28 日	F	加强担保体系建设
710	海口市人民政府办公厅关于印发《中共中央关于推进农村改革发展若干重大问题的决定》学习要点亮点的通知	地方规范性文件	海府办［2008］251 号	2008 年 10 月 24 日	F	加快农村信用体系建设
711	中国银监会办公厅关于做好当前处置非法集资工作有关问题的紧急通知	部门规范性文件	银监办发［2008］238 号	2008 年 10 月 10 日	F	非法集资的风险防范
712	浙江省人民政府办公厅转发省经贸委、浙江银监局关于做好行业龙头企业资金链安全保障工作若干意见的通知	地方规范性文件	浙政办发［2008］58 号	2008 年 9 月 12 日	F	风险保障处置机制和监测分析
713	盐城市人民政府办公室关于印发盐城市农村小额贷款组织试点工作方案的通知	地方规范性文件	盐政办发［2008］89 号	2008 年 9 月 10 日	H	

续表

序号	名称	效力级别	发文字号	实施时间	涉及程度	针对民间借贷风险的内容摘要
714	温州市人民政府关于加快温州金融业改革发展的意见	地方规范性文件	温政发［2008］70号	2008年9月8日	D	民间利率监测制度，信用监督和失信惩戒制度
715	金华市人民政府关于金融支持中小企业发展的若干意见	地方规范性文件	金政发［2008］72号	2008年8月21日	F	推进中小企业信用环境建设
716	重庆市人民政府关于印发重庆市推进小额贷款公司试点指导意见的通知	地方规范性文件	渝府发［2008］76号	2008年8月1日	H	
717	伊犁州人民政府办公厅印发关于促进金融发挥核心作用支持自治州经济社会更好更快发展若干意见的通知	地方规范性文件	伊州政办发［2008］97号	2008年7月22日	H	
718	哈密地区行政公署办公室关于近期政务信息报送要点的通知	地方规范性文件	哈行办发［2008］47号	2008年5月26日	F	政务信息报送金融运行情况
719	周口市人民政府办公室转发市人民银行关于加强农村金融生态环境建设意见的通知	地方规范性文件	周政办［2008］95号	2008年5月9日	F	推进农村信用体系建设

续表

序号	名称	效力级别	发文字号	实施时间	涉及程度	针对民间借贷风险的内容摘要
720	鄂尔多斯市人民政府关于促进金融业快速发展的若干意见	地方规范性文件	鄂府发［2008］24号	2008年4月29日	C	引导规范民间借贷发展
721	巴中市人民政府印发《关于进一步推进乡镇机构改革的实施意见》、《关于进一步深化农村义务教育管理体制改革的实施意见》、《关于进一步推进县乡财政管理体制改革的实施意见》、《关于做好控制和化解乡村债务工作的实施意见》的通知	地方规范性文件	巴府发［2008］23号	2008年4月24日	D	民间借贷的利率管理
722	平顶山市人民政府办公室关于切实做好2008年清理整顿“三会一部”工作的通知	地方规范性文件	平政办［2008］24号	2008年3月27日	C	加强监督兑付
723	天津市人民政府办公厅转发市金融服务办等五部门关于依法防范和及时处置非法金融业务活动规范市场和金融秩序意见的通知［失效］	地方规范性文件	津政办发［2008］24号	2008年3月19日	C	地下钱庄和民间借贷是利用非正规汇款体系洗钱的主要方式
724	中国人民银行、中国银行业监督管理委员会、中国证券监督管理委员会、中国保险监督管理委员会关于金融支持服务业加快发展的若干意见	部门规范性文件	银发［2008］90号	2008年3月19日	H	

续表

序号	名称	效力级别	发文字号	实施时间	涉及程度	针对民间借贷风险的内容摘要
725	中国人民银行关于按月填报利率监测报表有关事宜的通知	部门规范性文件	银发［2008］26号	2008年1月25日	D	民间借贷的利率监测
726	江苏省政府办公厅关于开展农村小额贷款组织试点工作的意见（试行）	地方规范性文件	苏政办发［2007］142号	2007年11月24日	F	农村小额贷款组织的风险防控
727	定西市人民政府办公室批转人民银行定西市中心支行关于定西市金融业支持现代农业发展推进社会主义新农村建设指导意见的通知	地方规范性文件	定政办发［2007］118号	2007年10月9日	F	加强对民间借贷的监测分析
728	河南省人民政府办公厅关于明确全省金融工作会议提出的各项金融重点工作责任单位的通知	地方规范性文件	豫政办［2007］80号	2007年8月6日	H	
729	宁夏回族自治区党委、人民政府关于加快金融业发展的实施意见	地方规范性文件	宁党发［2007］62号	2007年7月5日	D	防范和化解金融风险
730	南通市政府关于进一步优化金融发展环境全面提升金融业服务水平的若干意见（试行）	地方规范性文件	通政发［2007］52号	2007年7月3日	F	推进信用体系建设

续表

序号	名称	效力级别	发文字号	实施时间	涉及程度	针对民间借贷风险的内容摘要
731	牡丹江市人民政府办公室关于执行稳健的货币政策支持地方经济实现追赶型跨越式发展的指导意见	地方规范性文件	牡政办综［2007］14号	2007年7月1日	D	规范民间借贷
732	陕西省人民政府办公厅关于印发陕西省"十一五"金融业发展专项规划的通知	地方规范性文件	陕政办发［2007］82号	2007年6月20日	F	加强社会信用体系建设
733	岳阳市人民政府办公室转发人民银行岳阳市中心支行关于2007年金融支持全市经济发展信贷政策指导意见的通知	地方规范性文件	岳政办函［2007］44号	2007年5月11日	F	严禁非法集资活动
734	甘肃省人民政府办公厅关于印发甘肃省2007年经济体制改革工作指导意见的通知	地方规范性文件	甘政办发［2007］42号	2007年4月13日	F	加快社会信用体系建设
735	运城市人民政府办公厅关于做好清理化解乡村债务工作的实施意见	地方规范性文件		2007年4月13日	H	
736	濮阳市人民政府关于鼓励支持和引导非公有制经济发展的实施意见	地方规范性文件	濮政［2007］20号	2007年4月9日	F	信用制度建设

续表

序号	名称	效力级别	发文字号	实施时间	涉及程度	针对民间借贷风险的内容摘要
737	乌海市人民政府办公厅关于转发人民银行乌海中心支行《关于切实执行货币政策维护金融稳定提升金融服务水平的意见》的通知	地方规范性文件	乌海政办发［2007］7号	2007年4月5日	D	加强监测分析
738	西藏自治区人民政府办公厅关于转发中国人民银行拉萨中心支行西藏自治区2007年信贷指导意见的通知	地方规范性文件	藏政办发［2007］28号	2007年4月2日	D	民间借贷利率的监测
739	平顶山市人民政府办公室关于做好2007年清理整顿“三会一部”工作的通知	地方规范性文件	平政办［2007］19号	2007年3月19日	C	加强监督兑付
740	包头市人民政府办公厅印发关于加快金融业发展的若干意见的通知	地方规范性文件	包府办发［2007］36号	2007年2月14日	F	优化金融生态环境
741	湖北省人民政府办公厅转发人民银行武汉分行关于金融支持湖北省社会主义新农村建设指导意见的通知	地方规范性文件	鄂政办发［2007］3号	2007年1月8日	F	农村金融生态环境建立
742	海西州人民政府办公室关于印发乌兰天峻县域金融服务试点工作实施方案的通知	地方规范性文件	西政办［2006］113号	2006年12月12日	H	

续表

序号	名称	效力级别	发文字号	实施时间	涉及程度	针对民间借贷风险的内容摘要
743	黄冈市人民政府关于促进黄冈金融业发展的意见［失效］	地方规范性文件	黄政发［2006］30号	2006年12月8日	F	积极推进“信用黄冈”建设
744	中国人民银行济南分行关于金融支持社会主义新农村建设的指导意见	地方规范性文件		2006年9月25日	F	强化金融生态建设
745	甘肃省人民政府办公厅关于印发甘肃银行业支持社会主义新农村建设指导意见的通知	地方规范性文件	甘政办发［2006］102号	2006年8月31日	F	加强监测分析
746	常德市人民政府关于加强金融生态建设的意见	地方规范性文件	常政发［2006］13号	2006年8月11日	C	打击金融“三乱”
747	铁岭市人民政府批转市人民银行铁岭市金融系统支持社会主义新农村建设指导意见的通知	地方规范性文件	铁政发［2006］32号	2006年7月28日	F	优化农村金融生态环境
748	中共湖南省委办公厅、湖南省人民政府办公厅关于印发《湖南省“十一五”期间深化经济体制改革的指导意见》的通知	地方规范性文件	湘办发［2006］18号	2006年7月21日	F	地方金融监管机制

续表

序号	名称	效力级别	发文字号	实施时间	涉及程度	针对民间借贷风险的内容摘要
749	青海省人民政府办公厅转发中国人民银行西宁中心支行关于银行业支持社会主义新农村新牧区建设的指导意见的通知	地方规范性文件	青政办［2006］94号	2006年7月3日	F	大力推动信用村（镇）建设
750	中国人民银行银川中心支行关于宁夏金融业支持社会主义新农村建设的指导意见	地方规范性文件	银银发［2006］67号	2006年6月10日	F	信用村镇建设
751	河南省人民政府关于贯彻国发［2005］3号文件精神鼓励支持和引导非公有制经济发展的实施意见	地方规范性文件	豫政［2006］32号	2006年6月12日	F	信用担保体系建设
752	遂宁市人民政府关于进一步加快中小企业发展的意见	地方规范性文件	遂府发［2006］20号	2006年6月2日	D	完善信用评价体系
753	岳阳市人民政府办公室转发市人民银行关于2006年金融支持全市经济发展信贷政策指导意见的通知	地方规范性文件	岳政办函［2006］63号	2006年6月1日	H	
754	陕西省人民政府办公厅转发中国人民银行西安分行关于金融业支持陕西社会主义新农村建设的指导意见的通知	地方规范性文件	陕政办发［2006］45号	2006年6月1日	C	加强对民间借贷的监测分析

续表

序号	名称	效力级别	发文字号	实施时间	涉及程度	针对民间借贷风险的内容摘要
755	新余市人民政府办公室转发人行新余市中心支行关于新余市金融支持新农村建设指导意见的通知	地方规范性文件	余府办发［2006］17号	2006年5月26日	H	
756	赣州市人民政府关于赣州市金融机构支持社会主义新农村建设的意见	地方规范性文件	赣市府发［2006］14号	2006年4月20日	D	银监部门要出台地方性民间融资指引
757	泸州市人民政府关于加强金融生态环境建设工作的意见	地方规范性文件	泸市府发［2006］19号	2006年4月18日	C	联合建立民间借贷监测系统
758	中国人民银行办公厅关于增加利率报备监测内容等有关事宜的通知	部门规范性文件	银办发［2006］80号	2006年4月10日	C	民间借贷的利率监测
759	牡丹江市人民政府办公室批转中国人民银行牡丹江市中心支行关于金融工作的三个指导意见内容摘要的通知	地方规范性文件	牡政办综［2006］16号	2006年3月23日	D	关注民间借贷发展状况并适时监测
760	中国人民银行济南分行关于加大金融支持力度促进中小企业加快发展的指导意见	地方规范性文件		2006年3月15日	H	

续表

序号	名称	效力级别	发文字号	实施时间	涉及程度	针对民间借贷风险的内容摘要
761	嘉兴市人民政府办公室转发人行嘉兴市中心支行关于嘉兴市金融支持现代新农村建设指导意见的通知	地方规范性文件	嘉政办发［2006］31号	2006年3月14日	D	民间借贷利率监测制度
762	晋城市人民政府办公厅关于转发市人民银行《关于金融支持晋城经济发展的指导意见》的通知	地方规范性文件	晋市政办［2006］20号	2006年3月10日	H	
763	乌兰察布市人民政府印发乌兰察布市关于加强金融生态环境建设的实施意见的通知	地方规范性文件	乌政发［2006］7号	2006年1月4日	C	坚决打击地下钱庄等非法融资活动
764	张家界市人民政府关于金融生态环境建设的意见	地方规范性文件	张政发［2005］14号	2005年8月10日	F	地方金融监管机制
765	温州市人民政府关于加强民间融资管理的意见	地方规范性文件	温政发［2005］32号	2005年8月2日	C	人民银行要完善监测体系
766	江门市人民政府办公室关于改善民营企业金融服务环境的实施意见	地方规范性文件	江府办［2005］56号	2005年7月8日	C	民间金融的监测体系

续表

序号	名称	效力级别	发文字号	实施时间	涉及程度	针对民间借贷风险的内容摘要
767	浙江省人民政府关于我省地方金融业改革发展的若干意见	地方规范性文件	浙政发［2005］30 号	2005 年 6 月 17 日	F	着力防范和化解金融风险
768	安徽省人民政府关于印发深化农村信用社改革试点实施方案的通知	地方规范性文件	皖政［2005］19 号	2005 年 3 月 16 日	H	
769	荆门市人民政府办公室关于印发《荆门市新型工业化规划纲要》的通知	地方规范性文件	荆政办发［2004］63 号	2004 年 8 月 27 日	F	建立健全市场信用体系
770	北京市农村工作委员会、北京市农村信用合作社联合社关于印发《实施“三信工程”加强信用户信用村信用镇（乡）建设的指导意见》的通知	地方规范性文件	京政农发［2004］18 号	2004 年 4 月 20 日	H	
771	黑龙江省人民政府办公厅转发省农委、省信用合作协会关于积极稳妥推进农户小额信用贷款工作意见的通知［失效］	地方规范性文件	黑政办发［2004］9 号	2004 年 3 月 31 日	H	
772	中国银行业监督管理委员会关于农村信用社进一步做好信贷支农工作的通知	部门规范性文件	银监发［2004］19 号	2004 年 3 月 28 日	H	

续表

序号	名称	效力级别	发文字号	实施时间	涉及程度	针对民间借贷风险的内容摘要
773	徐州市人民政府办公室转发市人行关于徐州市推进创建信用村镇工作实施方案的通知	地方规范性文件	徐政办发［2003］181号	2003年11月25日	D	查处和遏制民间高利借贷及金融“三乱”行为
774	湖南省人民政府关于深化农村税费改革的意见［失效］	地方规范性文件	湘政发［2003］13号	2003年7月21日	F	严格借贷管理制度
775	湖北省人民政府关于积极稳妥化解村级债务的通知［失效］	地方规范性文件	鄂政发［2003］21号	2003年6月28日	G	
776	国务院关于印发深化农村信用社改革试点方案的通知	国务院规范性文件	国发［2003］15号	2003年6月27日	H	
777	内蒙古自治区人民政府关于推进农牧户小额信用贷款和创建信用村镇工作的意见	地方规范性文件	内政字［2003］207号	2003年6月26日	H	
778	山西省人民政府办公厅转发人行太原中心支行关于民间高利借贷情况调查报告的通知	地方规范性文件	晋政办发［2003］19号	2003年5月7日	A	民间借贷风险的调查报告

续表

序号	名称	效力级别	发文字号	实施时间	涉及程度	针对民间借贷风险的内容摘要
779	黑龙江省人民政府办公厅转发中国人民银行沈阳分行关于印发农村信用社支农工作指导意见通知的通知	地方规范性文件	黑政办发［2002］25号	2002年5月16日	H	
780	吉林省人民政府办公厅转发中国人民银行沈阳分行关于《农村信用社支农工作指导意见》的通知	地方规范性文件	吉政办发［2002］20号	2002年5月6日	H	
781	襄樊市人民政府办公室关于印发襄樊市创建农村信用工程支持农村经济发展意见的通知	地方规范性文件	襄政办发［2002］83号	2002年3月27日	D	引导和规范民间借贷活动
782	吉林省鼓励和促进民间投资的若干意见	地方规范性文件		2002年3月1日	E	鼓励建立中小企业信用担保体系
783	江西省人民政府办公厅转发人民银行南昌中心支行关于全面推广农户小额信用贷款创建信用村（镇）支持农村经济发展意见的通知	地方规范性文件	赣府字［2002］7号	2002年2月25日	D	引导和规范民间借贷活动
784	中国人民银行关于取缔地下钱庄及打击高利贷行为的通知	部门规范性文件	银发［2002］30号	2002年1月31日	G	

续表

序号	名称	效力级别	发文字号	实施时间	涉及程度	针对民间借贷风险的内容摘要
785	湖北省推广农户小额信用贷款，创建“农村信用工程”，支持农村经济发展的意见	地方规范性文件	鄂政办发［2002］7号	2002年1月22日	D	引导和规范民间借贷活动
786	中国人民银行关于在农村村级“三个代表”重要思想学习教育活动中进一步改进支农服务的指导意见	部门规范性文件	银办函［2001］424号	2001年12月24日	C	引导和规范民间借贷活动
787	中国人民银行关于开展农村信用社利率改革试点工作的通知	部门规范性文件	银办函［2001］412号	2001年12月14日	D	平抑和引导民间借贷
788	中国人民银行办公厅关于以高利贷形式向社会不特定对象出借资金行为法律性质问题的批复	部门规范性文件	银办函［2001］283号	2001年4月26日	C	民间借贷的司法风险
789	中国人民银行关于做好当前农村信用社支农工作的指导意见	部门规范性文件	银发［2001］53号	2001年3月12日	H	
790	中共辽宁省委、辽宁省人民政府关于化解村级不良债务的若干意见	地方规范性文件	辽委发［2000］34号	2000年11月3日	C	严格控制民间高息借贷

续表

序号	名称	效力级别	发文字号	实施时间	涉及程度	针对民间借贷风险的内容摘要
791	最高人民法院关于如何确认公民与企业之间借贷行为效力问题的批复	司法解释	法释［1999］3号	1999年2月9日	C	民间借贷的司法风险
792	中国人民银行关于对企业间借贷问题的答复	部门规范性文件	银条法［1998］13号	1998年3月16日	G	
793	中国人民银行关于印发《农村信用社改进和加强支农服务十条意见》的通知	部门规范性文件	银发［1997］426号	1997年10月14日	H	
794	最高人民法院关于对企业借贷合同借款方逾期不归还借款的应如何处理的批复	司法解释性质文件	法复［1996］15号	1996年9月23日	G	
795	中国人民银行关于取缔私人钱庄的通知	部门规范性文件		1996年7月7日	C	民间个人资金临时借出仅限于其本人合法收入的自有资金
796	贷款通则	部门规章		1996年8月1日	C	借款人利用贷款资金办理民间借贷的，由中国人民银行责令改正

续表

序号	名称	效力级别	发文字号	实施时间	涉及程度	针对民间借贷风险的内容摘要
797	湖南省人民政府办公厅转发省政府农村办关于进一步办好农村合作基金会报告的通知	地方规范性文件	湘政办发［1995］11号	1995年2月6日	H	
798	司法部关于办理民间借贷合同公证的意见	部门规范性文件	司发通［1992］074号	1992年8月12日	G	
799	最高人民法院印发《关于人民法院审理借贷案件的若干意见》的通知［失效］	司法解释性质文件	法释［1999］4号	1991年8月13日	G	
800	最高人民法院关于印发《关于审理联营合同纠纷案件若干问题的解答》的通知	司法解释性质文件	法［经］发［1990］27号	1990年11月12日	H	
801	中国人民银行关于印发《农村信用合作社管理暂行规定》的通知（失效）	部门规章	银发［1990］251号	1990年10月12日	H	
802	司法部关于暂不为民间借贷合同办理公证问题的批复	部门规范性文件	［89］司发公函字第381号	1989年11月3日	G	

续表

序号	名称	效力级别	发文字号	实施时间	涉及程度	针对民间借贷风险的内容摘要
803	广西壮族自治区人民政府批转区农业银行关于搞活我区农村金融若干问题的报告的通知［失效］	地方规范性文件	桂政发［1987］75号	1987年9月10日	H	
804	关于农村信用社信贷资金管理的暂行规定	行业规定		1987年10月1日	H	
805	中华人民共和国银行管理暂行条例	行政法规		1986年1月7日	H	
806	辽宁省人民政府关于保护农村专业户促进商品经济发展的布告	地方规范性文件		1984年5月9日	H	
807	国务院批转中国农业银行关于改革信用合作社管理体制的报告的通知	国务院规范性文件		1984年8月6日	H	
808	国务院批转中国农业银行关于农村借贷问题的报告的通知	国务院规范性文件		1981年5月8日	C	严格区别个人之间的正常借贷与农村高利贷活动

注："涉及程度"一栏的归类基础为"是否重点涉及民间借贷"和"是否有涉及民间借贷风险的内容"两项内容。"是否重点涉及民间借

贷”以是否明确规定民间借贷相关内容为标准，分为“是”和“否”两类；“是否有涉及民间借贷风险的内容”以相关立法中提及民间借贷风险防范措施的具体程度为标准，分为较为具体的民间借贷风险防范内容、较为简略的民间借贷风险防范内容、仅有金融风险防范内容和无相关风险防范内容四类。根据文件与风险防范内容的关联度及所规定风险防范内容的具体化程度，将涉及民间借贷的法律、法规及规范性文件分为A～H八个等级，具体而言：

A类文件重点涉及民间借贷的内容，对民间借贷风险防范提出了较为具体的措施；

B类文件部分涉及民间借贷的内容，对民间借贷风险防范提出了较为具体的措施；

C类文件重点涉及民间借贷的内容，对民间借贷风险防范提出了较为简略的措施；

D类文件部分涉及民间借贷的内容，对民间借贷风险防范提出了较为简略的措施；

E类文件重点涉及民间借贷的内容，对金融风险防范提出了相关措施；

F类文件部分涉及民间借贷的内容，对金融风险防范提出了相关措施；

G类文件重点涉及民间借贷的内容，对相关风险防范未提出具体措施；

H类文件部分涉及民间借贷的内容，对相关风险防范未提出具体措施。

参考文献

1. [美] R. 科斯等，刘守英等译：《财产权利与制度变迁——产权学派与新制度学派译文集》，上海人民出版社1994年版。

2. [美] 波斯纳，蒋兆康译：《法律的经济分析》，中国大百科全书出版社1997年版。

3. [美] 富兰克林·H. 奈特，王宇等译：《风险、不确定性和利润》，中国人民大学出版社2005年版。

4. [美] 托马斯·库恩，金吴伦等译：《科学革命的结构》，北京大学出版社2003年版。

5. [美] 阿维纳什·迪克西特，郑江淮等译：《法律缺失与经济学》，中国人民大学出版社2007年版。

6. [美] 史蒂芬·布雷耶，李洪雷等译：《规制及其改革》，北京大学出版社2008年版。

7. [英] 哈特著，张文显等译：《法律的概念》，中国大百科全书出版社2003年版。

8. [英] 爱德华·钱塞勒，姜文波译：《金融投机史》，机械工业出版社2013年版。

9. [德] 马克思，编译局译：《资本论（第一卷）》，人民出版社1975年版。

10. [德] 迪特尔·梅迪库斯，邵建东译：《德国民法总论》，法律出版社2000年第1版。

11. [德] 柯武刚、史漫飞，韩朝华译：《制度经济学——社会秩序与公共政策》，商务印书馆2000年出版。

12. [法] 伊夫·居荣，罗结珍、赵海峰译：《法国商法》，法律出版社2004年版。

13. [奥] 冯·哈耶克，邓正来选编译：《理性主义的种类》，载《哈耶克论文集》，首都经济贸易大学出版社2001年版。

14. [日] 青木昌彦，周黎安译：《比较制度分析》，上海远东出版社 2001 年版。

15. [孟] 尤努斯，吴士宏译：《穷人的银行家》，三联书店 2006 年版。

16. 张明楷：《刑法学》，法律出版社 2007 年版。

17. 刘少军：《法边际均衡论——经济法哲学》，中国政法大学出版社 2007 年版。

18. 刘少军、王一鹤：《经济法学总论》，中国政法大学出版社 2015 年版。

19. 王曙光：《经济转型中的金融制度演进》，北京大学出版社 2007 年版。

20. 罗培新：《温州金融实践与危机调研报告》，法律出版社 2013 年版。

21. 黄鉴晖：《中国钱庄史》，山西经济出版社 2005 年版。

22. 刘梅英：《民间金融机构与政府：上海钱庄研究》，中国社会科学出版社 2013 年版。

23. 刘秋根：《明清高利贷资本》，社会科学文献出版社 2000 年版。

24. 李娜：《论金融安全的刑法保护》，武汉大学出版社 2009 年版。

25. 曲振涛、杨恺均：《规制经济学》，复旦大学出版社 2006 年版。

26. 张元红等：《中国农村民间金融研究：信用、利率与市场均衡》，社会科学文献出版社 2012 年版。

27. 周林军：《经济规律与法律规则》，法律出版社 2009 年版。

28. 卢汉川主编：《中国农村金融历史资料（1949～1985）》，湖南出版事业管理局 1986 年版。

29. 刘远：《金融欺诈犯罪立法原理与完善》，法律出版社 2010 年版。

30. 广州民间金融研究院、中央财经大学金融学院课题组：《中国民间金融发展研究报告》，知识产权出版社 2013 年版。

31. [美] Ellen Seidman，孙天琦等译：《对消费者来说更加现代的〈社区再投资法〉》，载《西部金融》2012 年第 1 期。

32. 岳彩申：《民间借贷的激励性法律规制》，载《中国社会科学》2013 年第 10 期。

33. 岳彩申：《民间借贷规制的重点及立法建议》，载《中国法学》2011 年第 5 期。

34. 岳彩申：《互联网时代民间融资法律规制的新问题》，载《政法论丛》2014 年第 3 期。

35. 孙笑侠、郭春镇：《法律父爱主义在中国的适用》，载《中国社会科学》2006 年第 1 期。

36. 关保英：《社会变迁中行政授权的法理基础》，载《中国社会科学》2013

年第 10 期。

37. 卢峰、姚洋：《金融压抑下的法治、金融发展和经济增长》，载《中国社会科学》2004 年第 1 期。

38. 彭冰：《非法集资活动规制研究》，载《中国法学》2008 年第 4 期。

39. 罗培新：《美国金融监管的法律与政策困局之反思——兼及对我国金融监管之启示》，载《中国法学》2009 年第 3 期。

40. 张德峰：《论我国合作金融行业组织体系的法律重构》，载《现代法学》2014 年第 5 期。

41. 刘远：《经济犯罪死刑立法的多维解析》，载《现代法学》2007 年第 6 期。

42. 邱兴隆：《民间高利贷的泛刑法分析》，载《现代法学》2012 年第 1 期。

43. 杨东：《金融申诉专员制度之类型化研究》，载《法学评论》2013 年第 4 期。

44. 刘宪权：《刑法严惩非法集资行为之反思》，载《法商研究》2012 年第 4 期。

45. 彭冰：《非法集资活动的刑法规制》，载《清华法学》2009 年第 3 期。

46. 侯婉颖：《集资诈骗罪中非法占有目的的司法偏执》，载《法学》2012 年第 3 期。

47. 刘伟：《论民间高利贷的司法犯罪化的不合理性》，载《法学》2011 年第 9 期。

48. 叶良芳：《从吴英案看集资诈骗罪的司法认定》，载《法学》2012 年第 3 期。

49. 肖海军：《论营业权入宪——比较宪法视野下的营业权》，载《法律科学》（西北政法大学学报）2005 年第 2 期。

50. 姜涛：《非法吸收公众存款罪的限缩适用新路径：以欺诈和高风险为标准》，载《政治与法律》2013 年第 8 期。

51. 姚辉：《关于民间借贷若干法律问题的思考》，载《政治与法律》2013 年第 12 期。

52. 刘伟：《非法吸收公众存款罪的扩张与限缩》，载《政治与法律》2012 年第 11 期。

53. 何小勇：《非法集资犯罪规制的中国式难题》，载《政治与法律》2017 年第 1 期。

54. 龚振军：《民间高利贷入罪的合理性及路径探讨》，载《政治与法律》2012 年第 5 期。

55. 涉众型经济犯罪问题研究课题组：《非法吸收公众存款罪构成要件的解释与认定》，载《政治与法律》2012 年第 11 期。

56. 王煜宇：《我国农村金融法律制度的演进逻辑与路径创新》，载《法学论坛》2009 年第 5 期。

57. 张世鹏：《论我国高利贷认定标准立法转型》，载《法学论坛》2012 年第 6 期。

58. 何荣功：《经济自由与刑法理性：经济刑法的范围界定》，载《法律科学》（西北政法大学学报）2014 年第 3 期。

59. 黄滔：《刑法完不成的任务——治理非法集资刑事司法实践的现实制度困境》，载《中国刑事法杂志》2011 年第 11 期。

60. 赵泉民：《农村民间借贷兴盛的内蕴、效应及对策》，载《农业经济问题》2003 年第 10 期。

61. 肖芍芳：《台湾合会经验及其对中国大陆的启示》，载《中国农村经济》2005 年第 8 期。

62. 胡启忠、秦正发：《民间高利贷入罪的合法性论辩与司法边界厘定》，载《社会科学研究》2014 年第 1 期。

63. 刘宪权、金华捷：《P2P 网络集资行为刑法规制评析》，载《华东政法大学学报》2014 年第 5 期。

64. 刘志伟：《民间借贷风险的法律规制——以风险的类型化为视角》，载《四川师范大学学报（社会科学版）》2014 年第 1 期。

65. 强力：《我国民间融资利率规制的法律问题》，载《中国政法大学学报》2012 年第 5 期。

66. 尹凤桐、刘远：《论金融刑法改革的视域拓展》，载《东岳论丛》2007 年第 4 期。

67. 陈蓉：《论民间融资法律规制理念的反思与重构》，载《浙江金融》2011 年第 7 期。

68. 庄哲耕：《我国古代民间借贷利率对法律监管的启示》，载《人民论坛》2014 年第 8 期。

69. 杜伟、陈安存：《我国民间金融的历史回溯》，载《金融理论与实践》2011 年第 2 期。

70. 最高人民法院课题调研组：《建立和完善我国民间借贷法律规制的报告》，载《民事审判指导与参考》2012 年第 1 期。

71. 中国人民银行赤峰市中心支行课题组：《民间资本规范利用与风险控制研究》，载《内蒙古金融》2012 年第 10 期。

72. 郑永福、李道永：《清末民初民间借贷中的民事习惯》，载《江西财经大学学报》2012 年第 1 期。

73. 陈蓉、张海艳：《完善我国放贷人法律规制的路径选择》，载《上海金融》2011 年第 11 期。

74. 李阳等：《民间金融弥补“麦克米伦缺口”的有效路径》，载《税务与经济》2017 年第 1 期。

75. 中国人民银行温州市中心支行课题组：《温州民间借贷利率变动影响因素及其监测体系重构研究》，载《浙江金融》2011 年第 1 期。

76. 林毅夫、孙希芳：《信息、非正规金融与中小企业融资》，载《经济研究》2005 年第 7 期。

77. “依法妥善审理民间借贷纠纷案件——最高法院负责人就民间借贷纠纷案件立案受理、利息保护等有关问题答记者问”，载《人民日报（海外版）》2011 年 12 月 7 日。

78. 张玫：《担保公司异化成“地下钱庄”——温州民间借贷真相调查》，载《经济日报》2011 年 10 月 10 日。

79. 何艳春：《我国民间借贷的历史渊源与管制》，载《人民法院报》2013 年 4 月 19 日。

80. 翁钢粮等：《民间借贷、金融纠纷案件审理情况的调研报告》，载《人民司法》2009 年第 17 期。

81. 岳彩申：《民间借贷监督制度的创新与完善——以农村金融制度改革为中心的研究》，载李昌麒主编：《经济法论坛》（第 6 卷），群众出版社 2009 年版。

82. 岳彩申、袁林、陈蓉：《民间借贷制度创新的思路和要点》，载《经济法论丛》（2009 年上卷），武汉大学出版社 2009 年版。

83. 张育军：《我国资本市场二十年法制建设回顾与展望》，载《证券法苑》（2010）第二卷。

84. 焦瑾璞：《关于小额贷款公司试点有关问题的说明》，载张健华等著：《中国农村多层次信贷市场问题研究》，经济管理出版社 2009 年版。

85. “北京首例网络借贷平台跑路，金融骗局曝监管盲区”，网易财经，http：//money. 163. com/14/0610/8/9UC8PGVE00253B0H. html.

86. “民间高利贷纠纷致暴力讨债激增”，中国新闻网，http：//business. sohu. com/20120227/n336019037. shtml.

87. “人行温州市中心支行发布《温州民间借贷市场报告》”，浙江政务服务网，http：//www. wenzhou. gov. cn/art/2011/8/12/art_3906_175835. html.

88. 中国人民银行：“2013 年金融统计数据报告”，http：//www. pbc. gov. cn/publish/goutongjiaoliu/524/2014/20140115094127727196947/20140115094127727196947_. html.

89. 中华人民共和国国家工商行政管理总局研究中心：“发达国家如何支持中小企业发展”，中华人民共和国国家工商行政管理总局网站，http：//www. saic. gov. cn/yjzx/gzyj/gzyj_wzzy/201202/t20120216_123685. html.

90. 温州市政务公开：“温州民营经济 30 年”，温州政府网站，http：//www. wenzhou. gov. cn/art/2008/11/20/art_4448_82449. html.

91. 山东省金融工作办公室，http：//www. sdjrb. gov. cn/art/2016/01/27/art_11240_337977. html.

92. Bell, C. , T. N, Srinivasan, and C. Udry. *Rationing, Spill-over, and Interlinking in Credit Markets: The Case of Rural Punjab.* Oxford Economic Papers, Oxford: Oxford University Press , 49 (1997).

93. Ronald I. McKinnon. *Money and Capital in Economic Development.* Washiton, D. C. : The Brookings Institution, 1973.

94. T. H. Marshall. *Citizenship and Social Class.* Cambridge: Cambridge University Press, 1950.

95. Stiglitz, J. E. , Wiess, A. Credit Rationing in Markets with Imperfect Information. *American Economic Review*, vol. 71, 1981.

96. R. H. COASE. The Nature of the Firm. Economic, vol. 4, Issue16, November, 1937.

97. Kreps, David M. & Wilson, Robert. Reputation and Imperfect Information. *Journal of Economic Theory*, vol. 27, 1982.

98. Jackson R. Collins. Evasion And Avoidance of Usury Laws. *Law & Contemporary Problems*, Winter1941, pp. 54 - 54.

99. Bell, C. , T. N. Srinivasan, and C. Udry. Rationing, Spill-over, and Interlinking in Credit Markets: The Case of Rural Punjab. Oxford Economic Papers, vol. 49, 1997.

100. Kellee Tsai. Beyond Banks: The Local Logic of Informal Finance And Private Sector Development in China. presented at the Conference on Financial Sector Reform in China, September 11 - 13, 2001.

101. Leyshon A. , Thrift N. Geographies of Financial Exclusion: Financial Abandonment in Britain and the United States. *Transactions of the Institute of British Geographers*, Vol. 20, 1995.

102. Burchardt T. , Hills J. Financial Services and Social Exclusion. *Insurance Trends*, Vol. 18, 1998.

103. the Free Encyclopedia. National Credit Union Administration, Wikipedia, http: //en. wikipedia. org/wiki/National_Credit_Union_Administration.

104. The Speech of Chairman Ben S. Bernanke At the Independent Commnunity Bankers of America National Convention and Techworld. Las Vegas, Nevada, http: // www. federalreserve. gov/newsevents/speech/bernanke20060308a. htm.

教育部哲学社會科学研究重大課題攻關項目
成果出版列表

序号	书　名	首席专家
1	《马克思主义基础理论若干重大问题研究》	陈先达
2	《马克思主义理论学科体系建构与建设研究》	张雷声
3	《马克思主义整体性研究》	逄锦聚
4	《改革开放以来马克思主义在中国的发展》	顾钰民
5	《新时期　新探索　新征程 ——当代资本主义国家共产党的理论与实践研究》	聂运麟
6	《坚持马克思主义在意识形态领域指导地位研究》	陈先达
7	《当代资本主义新变化的批判性解读》	唐正东
8	《当代中国人精神生活研究》	童世骏
9	《弘扬与培育民族精神研究》	杨叔子
10	《当代科学哲学的发展趋势》	郭贵春
11	《服务型政府建设规律研究》	朱光磊
12	《地方政府改革与深化行政管理体制改革研究》	沈荣华
13	《面向知识表示与推理的自然语言逻辑》	鞠实儿
14	《当代宗教冲突与对话研究》	张志刚
15	《马克思主义文艺理论中国化研究》	朱立元
16	《历史题材文学创作重大问题研究》	童庆炳
17	《现代中西高校公共艺术教育比较研究》	曾繁仁
18	《西方文论中国化与中国文论建设》	王一川
19	《中华民族音乐文化的国际传播与推广》	王耀华
20	《楚地出土戰國簡册［十四種］》	陈　伟
21	《近代中国的知识与制度转型》	桑　兵
22	《中国抗战在世界反法西斯战争中的历史地位》	胡德坤
23	《近代以来日本对华认识及其行动选择研究》	杨栋梁
24	《京津冀都市圈的崛起与中国经济发展》	周立群
25	《金融市场全球化下的中国监管体系研究》	曹凤岐
26	《中国市场经济发展研究》	刘　伟
27	《全球经济调整中的中国经济增长与宏观调控体系研究》	黄　达
28	《中国特大都市圈与世界制造业中心研究》	李廉水

序号	书　名	首席专家
29	《中国产业竞争力研究》	赵彦云
30	《东北老工业基地资源型城市发展可持续产业问题研究》	宋冬林
31	《转型时期消费需求升级与产业发展研究》	臧旭恒
32	《中国金融国际化中的风险防范与金融安全研究》	刘锡良
33	《全球新型金融危机与中国的外汇储备战略》	陈雨露
34	《全球金融危机与新常态下的中国产业发展》	段文斌
35	《中国民营经济制度创新与发展》	李维安
36	《中国现代服务经济理论与发展战略研究》	陈　宪
37	《中国转型期的社会风险及公共危机管理研究》	丁烈云
38	《人文社会科学研究成果评价体系研究》	刘大椿
39	《中国工业化、城镇化进程中的农村土地问题研究》	曲福田
40	《中国农村社区建设研究》	项继权
41	《东北老工业基地改造与振兴研究》	程　伟
42	《全面建设小康社会进程中的我国就业发展战略研究》	曾湘泉
43	《自主创新战略与国际竞争力研究》	吴贵生
44	《转轨经济中的反行政性垄断与促进竞争政策研究》	于良春
45	《面向公共服务的电子政务管理体系研究》	孙宝文
46	《产权理论比较与中国产权制度变革》	黄少安
47	《中国企业集团成长与重组研究》	蓝海林
48	《我国资源、环境、人口与经济承载能力研究》	邱　东
49	《"病有所医"——目标、路径与战略选择》	高建民
50	《税收对国民收入分配调控作用研究》	郭庆旺
51	《多党合作与中国共产党执政能力建设研究》	周淑真
52	《规范收入分配秩序研究》	杨灿明
53	《中国社会转型中的政府治理模式研究》	娄成武
54	《中国加入区域经济一体化研究》	黄卫平
55	《金融体制改革和货币问题研究》	王广谦
56	《人民币均衡汇率问题研究》	姜波克
57	《我国土地制度与社会经济协调发展研究》	黄祖辉
58	《南水北调工程与中部地区经济社会可持续发展研究》	杨云彦
59	《产业集聚与区域经济协调发展研究》	王　珺

序号	书　名	首席专家
60	《我国货币政策体系与传导机制研究》	刘　伟
61	《我国民法典体系问题研究》	王利明
62	《中国司法制度的基础理论问题研究》	陈光中
63	《多元化纠纷解决机制与和谐社会的构建》	范　愉
64	《中国和平发展的重大前沿国际法律问题研究》	曾令良
65	《中国法制现代化的理论与实践》	徐显明
66	《农村土地问题立法研究》	陈小君
67	《知识产权制度变革与发展研究》	吴汉东
68	《中国能源安全若干法律与政策问题研究》	黄　进
69	《城乡统筹视角下我国城乡双向商贸流通体系研究》	任保平
70	《产权强度、土地流转与农民权益保护》	罗必良
71	《我国建设用地总量控制与差别化管理政策研究》	欧名豪
72	《矿产资源有偿使用制度与生态补偿机制》	李国平
73	《巨灾风险管理制度创新研究》	卓　志
74	《国有资产法律保护机制研究》	李曙光
75	《中国与全球油气资源重点区域合作研究》	王　震
76	《可持续发展的中国新型农村社会养老保险制度研究》	邓大松
77	《农民工权益保护理论与实践研究》	刘林平
78	《大学生就业创业教育研究》	杨晓慧
79	《新能源与可再生能源法律与政策研究》	李艳芳
80	《中国海外投资的风险防范与管控体系研究》	陈菲琼
81	《生活质量的指标构建与现状评价》	周长城
82	《中国公民人文素质研究》	石亚军
83	《城市化进程中的重大社会问题及其对策研究》	李　强
84	《中国农村与农民问题前沿研究》	徐　勇
85	《西部开发中的人口流动与族际交往研究》	马　戎
86	《现代农业发展战略研究》	周应恒
87	《综合交通运输体系研究——认知与建构》	荣朝和
88	《中国独生子女问题研究》	风笑天
89	《我国粮食安全保障体系研究》	胡小平
90	《我国食品安全风险防控研究》	王　硕

序号	书　名	首席专家
91	《城市新移民问题及其对策研究》	周大鸣
92	《新农村建设与城镇化推进中农村教育布局调整研究》	史宁中
93	《农村公共产品供给与农村和谐社会建设》	王国华
94	《中国大城市户籍制度改革研究》	彭希哲
95	《国家惠农政策的成效评价与完善研究》	邓大才
96	《以民主促进和谐——和谐社会构建中的基层民主政治建设研究》	徐　勇
97	《城市文化与国家治理——当代中国城市建设理论内涵与发展模式建构》	皇甫晓涛
98	《中国边疆治理研究》	周　平
99	《边疆多民族地区构建社会主义和谐社会研究》	张先亮
100	《新疆民族文化、民族心理与社会长治久安》	高静文
101	《中国大众媒介的传播效果与公信力研究》	喻国明
102	《媒介素养：理念、认知、参与》	陆　晔
103	《创新型国家的知识信息服务体系研究》	胡昌平
104	《数字信息资源规划、管理与利用研究》	马费成
105	《新闻传媒发展与建构和谐社会关系研究》	罗以澄
106	《数字传播技术与媒体产业发展研究》	黄升民
107	《互联网等新媒体对社会舆论影响与利用研究》	谢新洲
108	《网络舆论监测与安全研究》	黄永林
109	《中国文化产业发展战略论》	胡惠林
110	《20世纪中国古代文化经典在域外的传播与影响研究》	张西平
111	《国际传播的理论、现状和发展趋势研究》	吴　飞
112	《教育投入、资源配置与人力资本收益》	闵维方
113	《创新人才与教育创新研究》	林崇德
114	《中国农村教育发展指标体系研究》	袁桂林
115	《高校思想政治理论课程建设研究》	顾海良
116	《网络思想政治教育研究》	张再兴
117	《高校招生考试制度改革研究》	刘海峰
118	《基础教育改革与中国教育学理论重建研究》	叶　澜
119	《我国研究生教育结构调整问题研究》	袁本涛 王传毅
120	《公共财政框架下公共教育财政制度研究》	王善迈

序号	书　名	首席专家
121	《农民工子女问题研究》	袁振国
122	《当代大学生诚信制度建设及加强大学生思想政治工作研究》	黄蓉生
123	《从失衡走向平衡：素质教育课程评价体系研究》	钟启泉 崔允漷
124	《构建城乡一体化的教育体制机制研究》	李　玲
125	《高校思想政治理论课教育教学质量监测体系研究》	张耀灿
126	《处境不利儿童的心理发展现状与教育对策研究》	申继亮
127	《学习过程与机制研究》	莫　雷
128	《青少年心理健康素质调查研究》	沈德立
129	《灾后中小学生心理疏导研究》	林崇德
130	《民族地区教育优先发展研究》	张诗亚
131	《WTO 主要成员贸易政策体系与对策研究》	张汉林
132	《中国和平发展的国际环境分析》	叶自成
133	《冷战时期美国重大外交政策案例研究》	沈志华
134	《新时期中非合作关系研究》	刘鸿武
135	《我国的地缘政治及其战略研究》	倪世雄
136	《中国海洋发展战略研究》	徐祥民
137	《深化医药卫生体制改革研究》	孟庆跃
138	《华侨华人在中国软实力建设中的作用研究》	黄　平
139	《我国地方法制建设理论与实践研究》	葛洪义
140	《城市化理论重构与城市化战略研究》	张鸿雁
141	《境外宗教渗透论》	段德智
142	《中部崛起过程中的新型工业化研究》	陈晓红
143	《农村社会保障制度研究》	赵　曼
144	《中国艺术学学科体系建设研究》	黄会林
145	《人工耳蜗术后儿童康复教育的原理与方法》	黄昭鸣
146	《我国少数民族音乐资源的保护与开发研究》	樊祖荫
147	《中国道德文化的传统理念与现代践行研究》	李建华
148	《低碳经济转型下的中国排放权交易体系》	齐绍洲
149	《中国东北亚战略与政策研究》	刘清才
150	《促进经济发展方式转变的地方财税体制改革研究》	钟晓敏
151	《中国—东盟区域经济一体化》	范祚军

序号	书　名	首席专家
152	《非传统安全合作与中俄关系》	冯绍雷
153	《外资并购与我国产业安全研究》	李善民
154	《近代汉字术语的生成演变与中西日文化互动研究》	冯天瑜
155	《新时期加强社会组织建设研究》	李友梅
156	《民办学校分类管理政策研究》	周海涛
157	《我国城市住房制度改革研究》	高　波
158	《新媒体环境下的危机传播及舆论引导研究》	喻国明
159	《法治国家建设中的司法判例制度研究》	何家弘
160	《中国女性高层次人才发展规律及发展对策研究》	佟　新
161	《国际金融中心法制环境研究》	周仲飞
162	《居民收入占国民收入比重统计指标体系研究》	刘　扬
163	《中国历代边疆治理研究》	程妮娜
164	《性别视角下的中国文学与文化》	乔以钢
165	《我国公共财政风险评估及其防范对策研究》	吴俊培
166	《中国历代民歌史论》	陈书录
167	《大学生村官成长成才机制研究》	马抗美
168	《完善学校突发事件应急管理机制研究》	马怀德
169	《秦简牍整理与研究》	陈　伟
170	《出土简帛与古史再建》	李学勤
171	《民间借贷与非法集资风险防范的法律机制研究》	岳彩申
	……